LE SCIE

Martin Gilbert

CHURCHILL

ARNOLDO MONDADORI EDITORE

Traduzione di Davide Panzieri

ISBN 88-04-36047-X

Titolo dell'opera originale: Churchill
I edizione ottobre 1992

INDICE

VII		Ringraziamenti
IX		Prefazione
3	1	L'infanzia
14	2	Harrow
22	3	Verso una nuova vita
32	4	Secondo luogotenente: «Non riesco a stare fermo»
44	5	In azione
51	6	A Omdurman e oltre
65	7	Sud Africa: Avventura, cattura e fuga
80	8	Al Parlamento
103	9	La politica sociale
122	10	Al ministero della Marina
133	11	1914: verso la guerra
140	12	La guerra
162	13	Isolamento e fuga
171	14	In trincea
185	15	«Un tormento profondo e incessante»
193	16	Al ministero degli Approvvigionamenti
206	17	Al ministero della Guerra
218	18	La questione coloniale
232	19	Allo Scacchiere
237	20	All'opposizione
249	21	Il momento della verità
259	22	Non c'è posto per Churchill
274	23	Da Monaco alla guerra

283 24 Ritorno all'Ammiragliato
294 25 Primo ministro
312 26 L'Inghilterra allo stremo
319 27 La guerra si estende
338 28 Piani di vittoria
352 29 Malattia e guarigione
361 30 La Normandia e dopo
376 31 Guerra e diplomazia
391 32 «Advance, Britannia!»
400 33 Una cortina di ferro
421 34 Primo ministro in tempo di pace
426 35 La guarigione, l'ultima ambizione, le dimissioni
438 36 Gli ultimi anni

453 *Indice dei nomi*

RINGRAZIAMENTI

Ringrazio tutti coloro che negli ultimi trent'anni mi hanno fornito i loro ricordi di Churchill. Le persone citate nel volume mi hanno messo generosamente a disposizione il loro tempo e le loro memorie. Desidero ringraziare Valentin Berezkov, Harold J. Bourne, Sir John Colville, Ivon Courtney, Sir William Deakin, Sir Donald MacDougall, Robert Fox, Eve Gibson, Elizabeth Gilliatt, Grace Hamblin, Pamela Harriman, Kathleen Hill, Marian Holmes, Patrick Kinna, Elizabeth Layton, James Lees-Milne, il comandante di brigata Maurice Lush, John J. McCloy, Jock McDavid, Malcolm MacDonald, il visconte Margesson, Sir John Martin, Trevor Martin, Anthony Montague Browne, il feldmaresciallo visconte Montgomery di Alamein, Sir John Peck, il capitano Sir Richard Pim, Doreen Pugh e Lady Williams di Elvel (Jane Portal).

Sono particolarmente grato ai figli di Churchill, Sarah Lady Audley, Lady Soames e Randolph Churchill, mio predecessore come biografo, per le idee e il materiale che mi hanno fornito nel corso di molti anni.

Desidero ringraziare, oltre a tutti coloro che mi hanno aiutato con i loro ricordi, le persone che hanno risposto alle mie domande di carattere storico o mi hanno fornito nuovo materiale documentario. Ringrazio pertanto Patricia Ackerman, archivista, Churchill College Archives Centre; J. Albrecht, Ligue Suisse pour la Protection de la Nature; Larry Arnn, Claremont Institute for the Study of Statesmanship and Political Philosophy; Jeanne Berkeley; Alan S. Baxendale; il dr. David Butler; Julian Challis; Robert Craig; Henry E. Crooks; Michael Diamond; il dr. Michael Dunnill; Felicity Dwyer, ricercatrice, «Daily Express»; Nicholas P. Eadon; Linda Greenlick, capo bibliotecaria, «Jewish Chronicle»; Irene Morrison, Scottish Tourist Board; David Parry, Department of Photographs, Imperial War Museum; Gordon Ramsey; Andrew Roberts; James Rusbridger; Matthew Spalding; Ken Stone, Metropolitan Police Historical Museum; Jonathan de Souza; Lord Taylor di Hadfield; il professor Vladimir Trukanovskij; la signora M.E.Vinall, direttrice del personale e dell'amministrazione, «Evening Standard»; Frank Whelan, ricercatore, «Sunday Call-Chronicle», e Benedict K. Zobrist, direttore della Harry S. Truman Library, Independence, Missouri.

Ringrazio inoltre, per il materiale inedito su Churchill, la British Library Manuscript Collections, la sala d'aste Christie, la Hollinger Corporation, A. Rosenthal, Chas W. Sawyer, John R. Smethurst, «The Times» Archive, Blenheim Palace Archive e National Trust Collection.

Desidero ringraziare, per l'autorizzazione a pubblicare le fotografie, Radio Times Hulton Picture Library (5, 9, 17, 31, 35, 36, 68); Syndication International, Photo Division, «Daily Mirror» (13); Elliot and Fry (16); The Press Association (19, 21, 28, 63); «Daily Sketch» (22); London News Agency Photo (29); il maggiore generale Sir Edmund Hakewill-Smith (25); Imperial War Museum (26, 41, 42, 44, 45, 46, 48, 49, 58, 59, 60, 62); Keystone Press (47, 64); The Topical Press Agency Ltd (30); Associated Press Ltd (32, 34, 39); Fox Photos (37, 40); United Press International (43, 50, 70); Thomas Dalby (55); Donald Wiedenmayer (56); Earl Alexander Collection (57); Signal Corps Photo (65); Photo Heminger (66); Life Photo, fotografo N.R.Farbman (67); Emery Reves (71). Le fotografie restanti provengono dalla Broadwater Collection del Churchill College di Cambridge.

Un ringraziamento particolare va a Sir David Hunt, Adam O'Riordan e Edward Thomas, che mi hanno aiutato a riesaminare il testo dandomi suggerimenti preziosi grazie alle loro notevoli conoscenze e capacità critiche. Helen Fraser, Laura Beadle e le numerose altre persone che hanno lavorato alla pubblicazione del volume alla William Heinemann sono state prodighe di aiuti e incoraggiamenti nelle diverse e a volte difficili fasi della sua elaborazione; il testo è stato curato con mano esperta da Lisa Glass e Arthur Neuhauser. Rachelle Gryn ha contribuito alla scoperta di elementi importanti; Kay Thomson ha svolto un'infinità di compiti segretariali.

In questo lavoro su Churchill, come nel precedente, ho un debito con mia moglie Susie per il suo contributo in ogni momento e a ogni pagina.

PREFAZIONE

Scopo di questo volume è di offrire un ritratto compiuto della vita di Churchill nei suoi aspetti sia personali sia politici. La sua carriera è stata al centro di studi innumerevoli in cui il personaggioè stato giudicato a volte in modo benevolo e a volte duramente. Mi sono proposto di darne una valutazione equilibrata sulla base delle sue idee e azioni, dei risultati che ottenne e delle sue convinzioni, onde dissipare i numerosi equivoci sorti su di lui.

La documentazione sulla vita di Churchill è particolarmente ricca e comprende una quantità di materiale contemporaneo; pertanto è possibile ritrovare, in quasi tutti gli eventi cui partecipò, le sue parole e argomentazioni, ciò che pensava, le sue reali intenzioni, le sue iniziative concrete.

Questa ricerca è iniziata nell'ottobre 1962, quando cominciai a lavorare nel gruppo di ricerca di Randolph Churchill in qualità di giovane collaboratore; l'anno precedente il padre gli aveva chiesto di scrivere una biografia in più volumi e di pubblicare i documenti attinenti. Al momento in cui morì nel 1968, Randolph Churchill aveva ricostruito la storia del padre fino allo scoppio della guerra nel 1914; mi fu chiesto di proseguire il suo lavoro. Il mio volume finale, ottavo della serie, si concludeva con la morte di Churchill all'età di novant'anni.

La biografia ufficiale, così è ormai definita, ricostruiva nei particolari la vita di Churchill sulla base di cinque fonti principali, su cui sono ritornato per scrivere questo volume; da tali fonti ho attinto anche molto materiale nuovo, in particolare per la prima parte della vita dello statista, fino alla prima guerra mondiale.

La prima fonte è il vastissimo archivio personale di Churchill, costituito dalla corrispondenza politica, ministeriale, letteraria e personale, oggi al Churchill College di Cambridge; la corrispondenza, personale e pubblica, abbraccia tutti i suoi novant'anni di vita.

La seconda fonte sono le carte della moglie Clementine, tra cui centinaia di lettere scritte dal marito a partire dal matrimonio nel 1908 fino ai suoi ultimi anni; sono state affidate alla figlia di Churchill, Lady Soames, e costituiscono un ritratto in profondità di ogni aspetto della sua personalità.

La terza fonte è l'archivio governativo delle due *premiership* di Churchill e della sua attività ministeriale ufficiale, iniziata nel dicembre 1905 e proseguita fino al suo ritiro dalla vita pubblica nell'aprile 1955. L'archivio, che si trova al Public Record Office di Kew, contiene i verbali delle riunioni del Gabinetto di guerra e dei capi di stato maggiore nella seconda guerra mondiale, nonché i documenti relativi agli undici ministeri che ricoprì in quegli anni e al Consiglio di guerra di cui fece parte nel 1914 e 1915.

La quarta fonte sono gli archivi privati, alcuni cospicui, altri frammentari, di amici, colleghi e avversari, di coloro che rimasero in contatto con lui in vari momenti della sua esistenza. Questo materiale si trova in molti archivi, biblioteche e collezioni private in Gran Bretagna e all'estero e dimostra l'effetto che fece sui contemporanei: ciò che dicevano di lui tra loro, quanto alcuni lo detestassero e altri, fin dai primi anni, vedessero in lui una persona di qualità eccezionali, un futuro primo ministro.

La quinta fonte, ricostruita da chi scrive in trent'anni di lavoro, sono i ricordi personali della famiglia di Churchill, dei suoi amici e contemporanei. Sono ricordi di persone di tutte le condizioni, tra cui i piloti che gli insegnarono a volare negli anni precedenti la prima guerra mondiale e gli ufficiali e soldati che furono al suo fianco sul fronte occidentale nel 1916. Ho avuto la fortuna di incontrare e di far conoscenza con i suoi collaboratori letterari del periodo pre e postbellico, tra cui Maurice Ashley, Sir William Deakin e Denis Kelly; i suoi segretari privati, tra cui Sir Herbert Creedy, che fu al suo fianco nel 1919, e i membri del suo ufficio privato nella seconda guerra mondiale, tra cui Sir John Martin, Sir John Peck e Sir John Colville, e infine Anthony Montague Browne, che rimase accanto a lui dal 1953 al 1965.

È stata per me una grande fortuna aver potuto esaminare Churchill anche dal punto di vista delle sue segretarie, tra cui Kathleen Hill, che fu con lui nel 1936, Elizabeth Layton e Marianne Holmes, che lavorarono con lui durante la seconda guerra mondiale, e Elizabeth Gilliatt, Lady Onslow, Jane Portal e Doreen Pugh, che gli furono accanto negli ultimi anni. Churchill trascorse gran parte della vita a Chartwell; Grace Hamblin, che vi lavorò a partire dal 1932, è stata la mia guida per quegli anni.

Vari milioni di parole tratte da queste cinque fonti sono riportati e commentati nei volumi di documenti pubblicati (o in via di pubblicazione) che accompagnano ciascun volume della biografia.

In questo libro ho cercato di offrire ai lettori materiale sufficiente perché possano giudicare da sé le iniziative e le capacità di Churchill nel corso della sua lunga carriera, contrassegnata da numerose polemiche e punteggiata da antagonismi: fu infatti sempre schietto e indipendente, espresse le sue opinioni senza reticenze, criticando coloro che a suo giudizio sbagliavano con un ricco arsenale di conoscenze e con parole energiche, precise e taglienti.

Churchill partecipò alla vita pubblica per più di cinquant' anni. Prima di diventare primo ministro ebbe otto incarichi di Gabinetto. Quando nel 1955 si dimise dalla seconda *premiership*, sedeva in Parlamento da 55 anni. Straordinaria è la gamma delle sue attività ed esperienze: fu nominato ufficiale durante il regno della regina Vittoria e prese parte alla carica di cavalleria di Omdurman, partecipò attivamente alle prime fasi di sviluppo dell'aviazione, imparando a volare negli anni precedenti la prima guerra mondiale e creando il Royal Naval Air Service. Fu un pioniere, oltre che del carro armato, dello sviluppo della difesa antiaerea e dell'evoluzione della guerra aerea, previde l'invenzione di armi per lo sterminio di massa e nell'ultimo discorso che pronunciò in Parlamento propose di sfruttare la bomba all'idrogeno, con il suo potere deterrente, per avviare un disarmo su scala mondiale

Ebbe fin da giovane una comprensione e una visione singolarmente acute dello sviluppo futuro degli eventi; nutriva una grande fiducia nella propria capacità di contribuire alla sopravvivenza della civiltà e al progresso del benessere materiale dell'umanità. La formazione militare e la fantasia innata gli consentirono intuizioni profonde sulla natura della guerra e della società. Al coraggio personale, sui campi di battaglia dell'impero al volgere del secolo, sul fronte occidentale nel 1916 o ad Atene nel 1944, accompagnava una profonda consapevolezza degli orrori della guerra e delle devastazioni della battaglia.

Fu un radicale sia da liberale sia da conservatore; credeva nella necessità di un intervento attivo dello stato, mediante leggi e finanziamenti, per garantire un tenore minimo di vita, lavoro e benessere sociale a tutti i cittadini. Tra i settori sociali in cui ebbe un ruolo di primo piano, redigendo tra l'altro leggi importanti, ci sono la riforma carceraria, l'assicurazione contro la disoccupazione, le pensioni per vedove e orfani finanziate dallo stato, un apparato permanente per arbitrare i conflitti di lavoro, l'assistenza statale per le persone in cerca di occupazione, un orario di lavoro ridotto e il miglioramento delle condizioni a livello di officina e di fabbrica. Sostenne inoltre la necessità di un servizio sanitario statale, di un più largo accesso all'istruzione, della tassazione dei sovraprofitti e della compartecipazione dei dipendenti agli utili. Nel primo discorso pubblico che risale al 1897, tre anni prima di entrare in Parlamento, auspicò che un giorno i lavoratori potessero diventare «azionisti delle imprese in cui lavorano».

Nei momenti di tensione nazionale Churchill sostenne tenacemente la conciliazione, se non la coalizione, evitando la strada della divisione e del confronto non inevitabile. Negli affari internazionali cercò coerentemente di eliminare i motivi di lagnanza degli sconfitti e di costituire alleanze concrete per riconciliare gli ex avversari. Dopo due guerre mondiali si batté per mantenere la forza dei vincitori al fine di riparare i torti dei vinti e preservare la pace. Fu lui a utilizzare per la prima volta il termine «summit» per un incontro dei leader del mondo occidentale e di quello comunista, e fece quanto in suo potere per promuovere tali incontri e mettere fine al pericoloso confronto della guerra fredda. Negoziò tra l'altro, con pazienza e con intelligenza, gli accordi costituzionali in Sud Africa e in Irlanda e i piani di restituzione dei debiti di guerra dopo la prima guerra mondiale.

Churchill, commentatore sensibile e perspicace degli eventi che si verificavano intorno a lui, fu sempre un tenace assertore di scelte coraggiose e lungimiranti. Una delle sue doti più rilevanti, che emerge in migliaia di discorsi pubblici anche radiofonici, era la capacità di sfruttare l'eccezionale padronanza della parola, l'amore per la lingua, per spiegare le sue idee nei minimi dettagli ed esprimere verità essenziali, per informare, convincere, ispirare. Era dotato di grande senso dell'umorismo, ardore e magnanimità ed ebbe sempre, coerentemente, una visione liberale; a lui si rivolsero numerosi primi ministri per la sua abilità di conciliatore. Alla base di gran parte del suo pensiero c'era un'avversione per l'ingiustizia, per l'inganno, per la prepotenza, tanto in patria quanto all'estero.

L'attività pubblica di Churchill ha riguardato ogni aspetto della politica interna ed estera britannica, dalla lotta per le riforme sociali negli anni precedenti la prima guerra mondiale alla promozione di una conferenza al vertice dopo la seconda, ai rapporti della Gran Bretagna con la Francia, la Germania, gli Stati Uniti e l'Unione Sovietica, ogni volta nelle fasi più cruciali. Egli visse il suo momento più fulgido guidando il suo paese nel periodo in cui era più isolato, minacciato e debole, nel quale il suo coraggio, la sua determinazione e la sua fiducia nella democrazia rispecchiarono lo stato d'animo della nazione.

Martin Gilbert,
Merton College, Oxford
23 gennaio 1991

CHURCHILL

Per Natalie, David e Joshua

1
L'INFANZIA

Winston Churchill nacque nel 1874, nel pieno dell'età vittoriana. Nel novembre di quell'anno sua madre, Lady Randolph Churchill, incinta di meno di sette mesi, era scivolata e caduta mentre partecipava a una partita di caccia a Blenheim Palace. Qualche giorno dopo, mentre percorreva su una carrozza un terreno accidentato, ebbe le prime doglie. Fu riportata in tutta fretta al palazzo dove, nelle prime ore del 30 novembre, diede alla luce il primo figlio.

Lo splendido palazzo di Blenheim era la residenza del nonno di Winston, il settimo duca di Marlborough; per linea paterna egli era un rampollo dell'aristocrazia britannica, discendente del primo conte Spencer e dell'illustre militare John Churchill, primo duca di Marlborough, comandante della coalizione di eserciti che aveva sconfitto la Francia agli inizi del Settecento. L'ascendenza materna era invece americana: suo nonno Leonard Jerome, che viveva allora a New York, era un agente di cambio e finanziere di successo e proprietario di giornali. Cento anni prima i suoi antenati avevano combattuto sotto Washington per l'indipendenza delle colonie americane.

Poco meno di un anno prima della nascita di Churchill suo padre, Lord Randolph Churchill, era stato eletto deputato alla Camera dei Comuni per Woodstock, piccola circoscrizione elettorale di cui faceva parte Blenheim, che contava poco più di mille elettori e che da lungo tempo eleggeva a Westminster un membro della famiglia ducale, o un suo candidato. Nel gennaio 1877 il nonno di Churchill, il settimo duca di Marlborough, fu nominato viceré d'Irlanda e Lord Randolph divenne il suo segretario privato. Il piccolo Winston si trasferì con i genitori e con la bambinaia, signora Everest, a Dublino.

Quando Winston aveva quattro anni l'Irlanda fu vittima di una grave carestia di patate e di un'ondata di tumulti nazionalistici guidati dai feniani. «La mia bambinaia, Mrs Everest, aveva timore dei feniani», avrebbe scritto in seguito. «Ne dedussi che si trattava di malvagi e che non c'era limite a ciò che avrebbero fatto se l'avessero spuntata.» Un giorno, mentre Winston cavalcava sul suo asino, la bambinaia credette di vedere avvicinarsi un corteo di feniani. In seguito egli avrebbe scritto: «Oggi sono sicuro che doveva trattarsi della Rifle Brigade in marcia di addestramento, ma allora ci allarmammo molto, soprattutto il somaro, che espresse la sua inquietudine scalciando. Venni disarcionato e riportai una commozione cerebrale. Questo fu il mio primo approccio alla politica irlandese!»

A Dublino il piccolo Winston fu affidato a un'istitutrice, che doveva insegnargli a leggere e a far di conto. «Queste complicazioni», avrebbe poi scritto, «gettavano un'ombra sempre più minacciosa sulla mia vita quotidiana. Mi distoglievano da tutte le cose interessanti che si potevano fare in camera o in giardino.» Inoltre sua madre, pur non «prendendo parte a queste imposizioni», gli aveva fatto capire che le approvava e «si schierava quasi sempre dalla parte dell'istitutrice».

Cinquant'anni dopo, Churchill avrebbe scritto di sua madre: «Per me splendeva come la stella della sera. L'amavo teneramente – ma da lontano». Nella bambinaia trovò l'affetto che non gli davano i genitori. «La *nurse* era la mia confidente. Era la signora Everest a occuparsi di me e a soddisfare tutti i miei bisogni. Riversai su di lei le mie pene».

Nel febbraio 1880 nacque suo fratello Jack. «Ricordo che mio padre entrò nella mia camera da letto al Vice-Regal Lodge di Dublino e mi disse (avevo 5 anni): "Hai un fratellino"», scrisse 65 anni dopo. Poco dopo la nascita di Jack, la famiglia ritornò a Londra, al 29 di St James's Place.

Il giorno di Natale 1881, poco dopo il suo settimo compleanno, Churchill si trovava a Blenheim dove scrisse la prima lettera rimastaci, impostata il 4 gennaio 1882. «Mia cara mamma», scriveva, «spero che stiate bene. Vi ringrazio moltissimo dei bei regali, i soldati e le bandiere e il castello sono davvero belli, è stato molto gentile da parte tua e del caro papà; vi mando i miei saluti affettuosi e tantissimi bacioni. Con affetto Winston.» In primavera tornò per due mesi a Blenheim. «È bello stare in campagna», scrisse alla madre in aprile. «È molto più bello passeggiare nei giardini e nel parco che in Green Park o in Hyde Park.» Però gli mancavano i genitori, e quando sua nonna si recò a Londra egli scrisse al padre:«Vorrei essere venuto con lei per potervi dare un bacio».

A Blenheim era la signora Everest a badare ai due fratelli. Poco prima di Pasqua Winston scrisse alla madre: «Venerdì, mentre eravamo in giro vicino alla cascata, abbiamo visto un serpente che strisciava nell'erba. Volevo ucciderlo, ma Everest non me lo ha permesso.» A Pasqua la Everest portò i ragazzi all'isola di Wight dove suo cognato era capo carceriere alla prigione di Parkhurst. Alloggiavano nel suo villino a Ventnor sul mare e da là Churchill scrisse a sua madre: «Abbiamo fatto un picnic, siamo andati a Sandown, abbiamo pranzato sulla spiaggia e siamo andati a vedere i forti e i cannoni di Sandown, c'erano certi enormi cannoni da 18 tonnellate».

In autunno Winston seppe di dover andare in collegio. «Ero un ragazzino difficile, come dicevano gli adulti sbrigativamente. A quanto pareva dovevo rimanere lontano da casa per settimane di seguito per fare lezioni con i maestri.» Ma non era «difficile» per tutti: Leonie, la sorella di Lady Randolph, lo trovava «molto divertente e per niente impacciato» quando era con lei.

Il collegio era quello di St George's presso Ascot. Churchill vi entrò quattro settimane prima di compiere otto anni. Il trimestre era trascorso per più di metà e sua madre lo accompagnò il primo giorno. Bevvero entrambi un tè con il direttore. «Ero in preda alla paura», avrebbe ricordato Churchill quasi cinquant'anni dopo, «di rovesciare la tazza e "partire col piede sbagliato". Inoltre ero triste all'idea di restare da solo in mezzo a tutti quegli sconosciuti in quel posto grande, spaventoso, imponente».

A scuola non tardò a sentirsi infelice. «Dopo tutto», avrebbe scritto poi, «avevo solo sette anni e ero stato davvero felice con tutti i miei giocattoli. Ne avevo di meravigliosi: una vera macchina a vapore, una lanterna magica, una collezione di soldatini di quasi mille pezzi. Ora invece solo lezioni». La severità e a volte la brutalità facevano parte della vita al St George's. «Battere con la verga, alla maniera di Eton», avrebbe raccontato, «era la specialità del corso di studi».

Tra i bambini che assistettero a queste bastonature c'era Roger Fry. «Il maestro usava la frusta con tutta la sua forza e bastavano due o tre colpi perché si formassero dappertutto macchie di sangue; continuava per 15 o 20 colpi, finché il sedere del povero ragazzo era una massa sanguinante». Lo stesso Churchill avrebbe ricordato che in queste occasioni gli altri ragazzi «sedevano tremanti, ascoltando le grida».

«Quanto odiavo la scuola, e che vita angosciata ho vissuto per più di due anni! Facevo ben pochi progressi negli studi e proprio nessuno nei giochi. Contavo i giorni e le ore che mancavano alla fine di ogni trimestre, quando sarei tornato a casa da quella schiavitù odiosa e avrei schierato i miei soldatini in battaglia sul pavimento della camera dei giochi».

La prima vacanza, dopo un mese e mezzo di scuola, fu per il Natale 1882. La residenza londinese era adesso al numero 2 di Connaught Place, dalla parte settentrionale di Hyde Park, dove i suoi genitori avrebbero abitato nei dieci anni seguenti. «Quanto ai progressi di Winston», scrisse sua madre al marito il 26 dicembre, «temo di dover dire che non ne riscontro alcuno. Forse non ce n'è stato il tempo. Legge molto bene ma questo è quanto, e nei primi due giorni dopo essere tornato parlava a voce alta un gergo terribile. Nel complesso sono delusa, ma hanno spiegato a Everest che il prossimo trimestre saranno più severi con lui». Lady Randolph riferì inoltre al marito che il loro primogenito era «più che mai dispettoso con il piccolo»; per ovviare, «lo terrò sotto controllo». Concludeva così i commenti sul figlio di otto anni: «Sembra che abbia paura di me».

La prima pagella di Churchill fu brutta. Era undicesimo in una classe di undici ragazzi. In grammatica «è avviato», quanto alla diligenza,«ha buone intenzioni, ma deve considerare in generale il suo lavoro più seriamente il prossimo trimestre». La pagella riportava una nota del direttore: «Molto sincero, ma per molti versi ancora un vero "diavoletto": non ha assimilato la mentalità della scuola, ma non lo si può ancora pretendere».

All'angoscia dovuta alla scuola si accompagnava una salute cagionevole, altro motivo di preoccupazione per i genitori. «Mi dispiace che il povero piccolo Winston non sia stato bene», scrisse Lord Randolph alla moglie dalla Francia meridionale il 1° gennaio 1883, «ma non capisco che cos'abbia. Sembra che siamo una famiglia malaticcia e non possiamo fare a meno dei medici». Quattro giorni dopo le riscrisse: «Sono lieto di sapere che Winny si è rimesso. Dagli un bacio da parte mia». Per curare il bambino, qualunque cosa avesse, il medico consigliò di portarlo una settimana al mare, a Herne Bay.

Quell'estate, mentre Churchill era a scuola, morì suo nonno, il settimo duca di Marlborough. Lord Randolph, profondamente addolorato, cercò di consolarsi viaggiando. Nella biografia del padre, Churchill avrebbe poi scritto che «Lord Randolph se ne scappò con moglie e figlio a Gastein». Questo soggiorno in una delle stazioni termali più eleganti dell'impero austro-ungarico fu il primo viaggio di Churchill in Europa. Per arrivare a Gastein padre e figlio passarono per Parigi. «Attraversammo insieme Place de la Concorde», avrebbe raccontato 63 anni dopo ai cittadini di Metz. «Poiché ero un bambino curioso, osservai che uno dei monumenti era coperto di corone e crespo e subito chiesi a mio padre perché. Mi rispose: "Questi sono i monumenti delle province francesi. Due di esse, Alsazia e Lorena, sono state strappate dalla Germania alla Francia nell'ultima guerra; i francesi ne sono molto rattristati e sperano un giorno di riaverle". Ricordo distintamente di aver pensato: "Spero che le riavranno"».

Dopo il ritorno al St George's, al buon profitto non si accompagnò una buona condotta. Secondo quanto diceva la pagella, «ha cominciato bene il trimestre, ma ultimamente è stato *molto* disubbidiente! Nel complesso ha fatto progressi». Nella pagella successiva ottenne «splendidi» voti in storia e geografia e il direttore commentò: «Spero che cominci a capire che scuola significa lavoro e disciplina», aggiungendo: «Mangia con una certa ingordigia».

Nel febbraio 1884 Lord Randolph annunciò l'intenzione di candidarsi al parlamento per Birmingham, in quanto Woodstock era una delle centinaia di circoscrizioni di famiglia in procinto di essere abolite. Presentandosi in una zona a prevalenza radicale voleva dimostrare che la «democrazia tory» non era un mero slogan. A marzo la moglie del direttore della scuola si recò nelle Midlands «e sentì dire che l'elezione di papà a Birmingham era data due a uno», scrisse Churchill alla madre nella prima lettera in cui compare la politica. Per il resto parlava di una gita scolastica: «L'altro giorno siamo andati tutti in una cava di sabbia e abbiamo fatto un gioco molto divertente. Poiché le pareti sono alte circa 24 piedi e molto scoscese, quelli che sono saliti per primi hanno ingaggiato una dura battaglia con gli altri».

La pagella seguente dimostrava che pur essendo senza dubbio intelligente era però anche assai infelice. Andava benissimo in storia e geografia, specie la prima, ma la condotta andava «malissimo. Non si può fare affidamento su di lui per alcunché» e i suoi ritardi alle lezioni del mattino, venti in quaranta giorni, erano «davvero vergognosi». I commenti sulla pagella rivelano il suo tormento: «È una preoccupazione costante per tutti e si mette sempre in qualche guaio»; «Non si può sperare che si comporti bene, ovunque si trovi». Ma neppure al direttore del St George's poteva sfuggire che quel bambino di nove anni aveva «ottime capacità».

Quando Churchill ebbe nove anni e mezzo, il padre gli diede da leggere *L'isola del tesoro* di R.L.Stevenson. «Ricordo con quanto piacere lo divorai; i miei insegnanti mi consideravano al contempo tardivo e precoce, leggevo libri difficili per la mia età ma ero l'ultimo della classe. Erano scandalizzati: avevano a disposizione strumenti efficaci di costrizione ma mi dimostravo testardo». Anche la pagella estiva mise in rilievo il problema della disciplina sotto la voce *diligenza*: «Nel complesso buono. A volte crea problemi notevoli».

La pagella non specificava quali fossero i problemi, ma un altro allievo del St George's, Maurice Baring, giunto nella scuola poco dopo che Churchill l'aveva lasciata, scrisse nelle memorie che Winston era stato frustato «per aver preso lo zucchero dalla dispensa e, lungi dal pentirsene, aveva preso la sacra paglietta del direttore dal gancio dov'era appesa sulla porta e l'aveva distrutta a calci». Questa sfida era già diventata leggendaria.

In autunno Churchill si ammalò di nuovo e il medico di famiglia, Robson Roose, che esercitava sia a Londra sia a Brighton, dichiarò che per Winston sarebbe stato opportuno frequentare una scuola al mare; consigliò quella di Brighton, in cui andava anche suo figlio, e si offrì di sorvegliare il ragazzino. «Poiché si pensava che fossi molto gracile», ricordò in seguito Churchill, «si giudicò opportuno tenermi sotto il suo controllo». Il nuovo collegio era diretto dalle due sorelle Thomson e si trovava al 29 e 39 di Brunswick Road a Brighton. La scuola cominciò nel settembre 1884. «Sono molto felice qui», scrisse Winston alla madre a fine ottobre. Due giorni dopo le riscrisse: «Ho fatto grandi acquisti, ho comprato un bell'album e dei francobolli, per piacere mandatemi qualche altro soldo».

A Brighton, come prima ad Ascot, Churchill desiderava ardentemente che sua madre andasse a trovarlo; un'occasione era lo spettacolo scolastico. «Mi aspetto di vedervi», scrisse a fine gennaio, «e sarò davvero molto deluso se non vi vedrò, perciò venite». Lady Randolph lo accontentò e portò con sé Jack, che aveva cinque anni. «Erano così felici insieme», scrisse al marito il giorno dopo, «e Winny era terribilmente eccitato, ma sembrava molto pallido e gracile. Quanto mi preoccupa!». Tuttavia, «mi ha detto di essere molto contento e direi che la scuola gli piace».

La prima pagella parlava di «progressi molto soddisfacenti». In inglese, francese e materie classiche Churchill era quarto su dieci, ma in condotta era 29° su 29. Quando tornò a scuola dopo le vacanze, molti episodi gli ricordarono la fama crescente di Lord Randolph. «Sono andato a cavallo con un gentiluomo», scrisse Winston al padre a maggio, «il quale pensa che Gladstone sia un bruto e ritiene che Premier dovrebbe essere quello con i baffi arricciati». Il macchinista della ferrovia elettrica che correva sul lungomare era arrivato a dichiarare che «Lord R.Churchill dev'essere Primo Ministro».

Quel mese Churchill scrisse alla madre che stava imparando a nuotare e «procedeva a meraviglia». Gli piaceva anche andare a cavallo. Quanto allo studio, «procedo bene in francese e latino, ma sono un po' indietro con il greco». Sperava tuttavia di proseguire la scuola a Winchester, «per esercitarmi e prepararmi».

Il ragazzo, ora decenne, quell'estate lesse con entusiasmo un articolo su suo padre sul «Graphic». Era «davvero ottimo», comunicò alla madre. C'era una fotografia «di papà in biblioteca con tutte le fotografie e il calamaio». Sei giorni dopo il governo liberale fu battuto alla Camera dei Comuni e Gladstone si dimise. Il leader conservatore Lord Salisbury formò un nuovo governo e il padre di Churchill fu nominato ministro dell'India.

Il terzo trimestre a Brighton terminò a luglio; se in condotta Churchill era ancora l'ultimo della classe, trentesimo su trenta, andava invece bene nelle materie accademiche, primo su nove nelle materie classiche e terzo in francese. «Progressi notevoli durante il trimestre», scriveva Charlotte Thomson. «Se continuerà a migliorare quanto a diligenza e applicazione come in questo trimestre, otterrà risultati eccellenti». Quell'estate Winston e suo fratello trascorsero le vacanze a Cromer sul Mare del Nord, mentre i genitori erano in vacanza altrove. «Venite a trovarci presto», scrisse Winston alla madre a metà agosto. Sei giorni dopo le scrisse di nuovo: «Verrete a trovarmi?».

Lady Randolph non rispose all'appello del figlio, ma decise di mandarlo a lezione da un'istitutrice durante le vacanze. Il ragazzo non gradì: «Non mi diverto molto perché le lezioni mi impegnano sempre», le scrisse il 25 agosto; otto giorni dopo le riscrisse: «Il tempo è bello ma non mi diverto molto. L'istitutrice è molto scostante, così rigida e severa, non mi diverto per niente». L'unica consolazione era che entro pochi giorni la madre sarebbe tornata e sarebbe rimasta con lui per dieci giorni. «Allora potrò raccontarti tutte le mie pene». La cattiva salute aveva guastato le vacanze: dapprima un esantema alle gambe lo aveva costretto a girare su un carretto. Poi, spiegava, non era stato «dell'umore migliore, ma penso che sia dovuto al fegato, perché ho avuto un travaso di bile che mi ha abbattuto e avevo la temperatura più alta del normale».

Winston, tornato a Brighton per il trimestre autunnale, lesse sul giornale locale che il padre aveva pronunciato un discorso in città. «Non capisco perché non siete venuti a trovarmi mentre eravate a Brighton, ero molto deluso, ma immagino che foste troppo occupati».

A marzo una polmonite portò l'undicenne Churchill in punto di morte. La temperatura salì molto e Lady Randolph si precipitò a Brighton, seguita dal marito. Il dottor Roose scrisse a Lord Randolph la sera di domenica 14 marzo: «Sono nella camera accanto e veglierò il paziente durante la notte, non sono tranquillo». A mezzanotte la febbre alta allarmò il medico: «Denota spossatezza», disse a Lord Randolph alle sei del mattino seguente; «ho utilizzato stimolanti, per bocca e retto, con il risultato che alle 2,15 di notte la febbre era scesa a 101 e ha continuato a scendere, grazie a Dio!». Aggiunse che avrebbe rinunciato a andare a Londra per «rimanere vicino al bambino oggi».

A mezzodì di lunedì 15 marzo era tornata la febbre. «Stiamo ancora combattendo la battaglia per vostro figlio», scrisse Roose a Lord Randolph all'una del pomeriggio. «La temperatura è alta, ma assume *meglio* il nutrimento e non vi è aumento del danno polmonare. Non mi preoccupo finché riesco a tenere sotto controllo la temperatura». La crisi non cessava, ma Roose confidava di riuscire a scongiurare il pericolo. «Nutrimento, stimolanti e un'attenta vigilanza salveranno vostro figlio», scrisse nel bollettino dell'una di pomeriggio, aggiungendo: «Sono fiducioso».

Il mattino di mercoledì 17 marzo Churchill aveva superato il momento peggiore. «Winston ha trascorso *6 ore di riposo tranquillo*», riferì Roose. «Ora il delirio è cessato. Temp. normale, polso 92, respirazione 28. Saluta voi e sua Signoria». Il ragazzo voleva vedere la signora Everest, che non aspettava altro, ma il medico lo sconsigliò: «perdonate se vi importuno con queste righe», scrisse a Lady Randolph il 17 marzo, «ma insisto sulla necessità assoluta di riposo e di sonno per Winston, sicché Mrs Everest non dovrebbe essere ammessa nella camera del malato per oggi – anche l'eccitazione di vederla potrebbe nuocere! E temo una ricaduta, dato che non siamo ancora fuori dalle secche».

A luglio Churchill si era rimesso tanto da poter tornare a scuola. Era eccitato all'idea delle elezioni generali imminenti. «Spero che i conservatori vincano; pensi che ce la faranno?», scrisse alla madre. Suo padre aveva già affrontato gli elettori il 2 luglio. «Sono tanto lieto che papà sia stato eletto con una simile maggioranza a South Paddington. È stata una bella vittoria!». Lord Randolph aveva ottenuto 2576 voti contro i 769 del suo avversario. Il risultato elettorale dipendeva dalla scelta di Joseph Chamberlain e degli altri 77 liberali scissionisti che, contrari all'autonomia dell'Irlanda, si erano dati il nome di liberali unionisti e sostenevano i conservatori. Lord Salisbury formò il suo secondo governo grazie a questa alleanza. Andava nascendo un nuovo partito politico, il Partito conservatore e unionista, di cui cinquantatré anni dopo Churchill sarebbe diventato il leader.

Lord Randolph, che aveva favorito in tutti i modi la scissione dei liberali unionisti, fu nominato a trentasette anni Cancelliere dello Scacchiere e suo figlio, che aveva seguito da vicino la campagna e il dopo elezioni, ne fu orgoglioso. Inoltre a Brighton era felice. «Pian piano diventai molto più robusto in quell'aria tonificante e in quell'ambiente mite», avrebbe scritto in seguito; «potevo apprendere cose che mi interessavano: francese, storia, molte poesie a memoria e soprattutto a cavalcare e a nuotare. Quegli anni hanno lasciato nella mia mente una sensazione piacevole, in contrasto con i precedenti ricordi scolastici».

Ricordando il periodo trascorso a Brighton sei anni dopo, quando studiava a Harrow, Churchill si espresse più prosaicamente: «Ho pensato spesso a Miss Thomsons», scrisse a un compagno, «e sono giunto alla conclusione che tante regole e gran parte del cibo erano assolutamente detestabili. Lungi da me, tuttavia, l'idea di parlar male di Miss Kate o di Miss J., dacché ho sempre "conservato il più caro ricordo di entrambe" – puré, la mezza salsiccia, puàh!!!».

In una delle lettere dell'estate 1886 Churchill scriveva alla madre: «Mi dispiace molto dirti che sono squattrinato e un po' di soldi sarebbero i benvenuti». Non era la prima richiesta di denaro e non sarebbe stata l'ultima, anzi: si moltiplicarono tanto che nelle lettere di sua madre crebbero le lamentele per le sue spese. Inoltre si interessava sempre di più al mondo extra scolastico; a settembre parlò alla madre della spesa di 19.000 sterline della municipalità di Brighton per allargare la Parade. «Penso sia un grande spreco di denaro». A prezzi 1990, si trattava di 750.000 sterline.

La lettera di Churchill su questa eccessiva spesa pubblica fu scritta quattro giorni prima che Lord Randolph, parlando a Dartford, nel Kent, si impegnasse a ridurre le spese del governo. Quell'autunno studiò vari progetti per modificare la base fiscale per applicare, avrebbe poi scritto suo figlio, «molto più a fondo dei suoi predecessori il principio fondamentale di una finanza democratica: adeguare la tassazione alla capacità di pagare del cittadino».

Nel corso dell'inverno il bisogno di amore paterno di Winston fu nuovamente frustrato. Il 10 novembre, tre settimane prima di compiere 12 anni, gli scrisse: «Non sei mai venuto a trovarmi la domenica quando eri a Brighton». Era la seconda volta che suo padre si recava a Brighton senza però andarlo a trovare.

Durante la preparazione del suo primo *budget*, Lord Randolph cercò di convincere sia il ministro della Marina sia il ministro della Guerra a ridurre la spesa per l'anno venturo, per conseguire l'obiettivo di un sistema fiscale più equo e frustrare quella che suo figlio avrebbe definito in seguito «una politica estera ambiziosa, fondata sulla crescita degli armamenti». Il 20 dicembre, essendo ormai evidente che i due ministri delle Forze armate rifiutavano di tagliare le spese nei rispettivi dicasteri, Lord Randolph scrisse a Lord Salisbury: «Non intendo scatenare polemiche nel Gabinetto e pertanto debbo chiedere che mi sia consentito rinunciare all'incarico e ritirarmi dal governo». Salisbury ricevette la lettera, ritenne che volesse dare le dimissioni e le accettò. Lord Randolph rimase sconvolto: la lettera voleva essere una mossa, forse decisiva, nella battaglia contro i ministeri della Marina e della Guerra, non certo una lettera di dimissioni che metteva bruscamente fine alla sua carriera.

Ma il dado era tratto: Lord Randolph non era più il Cancelliere dello Scacchiere e non avrebbe più presentato un *budget* né sarebbe tornato nel Gabinetto. Vent'anni dopo Churchill pubblicò un resoconto dettagliato delle dimissioni del padre. «Sperava naturalmente che gli altri cedessero», scriveva; «pensava senza dubbio di spuntarla». Lord Randolph aveva commesso l'errore di «ignorare la stizza e l'invidia che la sua repentina ascesa al potere avevano suscitato».

Il ragazzo dodicenne avrebbe presto conosciuto quegli stati d'animo. Nel febbraio1887 Lady Randolph raccontava al marito, allora in Marocco: «Winston è andato a una pantomima a Brighton in cui hanno fischiato una scenetta su di te, è scoppiato in lacrime e poi si è scagliato contro un uomo – che fischiava dietro di lui – dicendogli: "Smettila con questo schiamazzo, radicale col naso rincagnato!!!"». Lord Randolph fu tanto commosso dalla lealtà del figlio che volle gli fosse mandata una sovrana d'oro. «Naturalmente noi tutti non vedevamo l'ora che riconquistasse il potere», scrisse in seguito Churchill. «Noi ragazzi vedevamo che i passanti per strada si levavano il cappello e gli operai sogghignavano quando vedevano i suoi baffi imponenti».

Tornato a Brighton, seppe che i genitori lo avrebbero mandato non a Winchester come si aspettava bensì a Harrow, che i problemi di salute rendevano preferibile in quanto si trovava in collina. In autunno il direttore, Welldon, scrisse a Lord Randolph: «Sappia che ho scelto per lui una sistemazione dove vigileremo sollecitamente sulla sua salute».

Churchill ne fu lieto: «Sono molto contento di sapere che andrò a Harrow e non a Winchester», scrisse al padre; «penso che supererò l'esame d'ammissione, che non è severo come a Winchester». In aritmetica «stiamo facendo le radici quadrate e abbiamo imparato le frazioni decimali e la regola del tre»; stava studiando un secondo gruppo di verbi greci e a fine trimestre avrebbe recitato nel ruolo di Martine nel *Médecin malgré lui* di Molière; inoltre stava studiando una parte in una riduzione dai *Cavalieri* di Aristofane, «in cui ci sono due soli personaggi, uno dei quali sarò io».

Per preparare l'esame di ammissione a Harrow, Churchill studiò a fondo i verbi greci, facendo progressi costanti. Chiese di sua iniziativa consiglio a un ragazzo che era stato con lui a Brighton e si era poi iscritto a Harrow. «Mi ha risposto raccontandomi tutto», riferì alla madre. A mano a mano che l'esame si avvicinava, il suo morale migliorava: «Spero di avere il successo che mi spetta dopo un lungo periodo di duro lavoro». Jack e la Everest erano a Brighton, altro fattore che contribuiva al suo morale. Il risultato fu ottimo: sulle prime sei prove che sostenne, fu il migliore in quattro, storia inglese, algebra, storia antica e storia biblica, e secondo in geografia. Due settimane dopo si classificò secondo in aritmetica.

Mentre gli esami continuavano, Lord Randolph andò a Brighton e portò suo figlio a un tè. Il ragazzo tredicenne stava già pianificando le feste di Natale. «Quest'anno non ci sarà un albero di Natale», scrisse alla madre il 13 dicembre; «penso che andrebbero meglio un buon prestigiatore da 3 ghinee, un tè e divertimenti e giochi dopo il tè». Per tre ghinee, precisò, il prestigiatore «fa il ventriloquo e offre un'ora di buona prestidigitazione». Questa volta si sarebbe procurato «un mucchio di indirizzi» di ragazzi da invitare.

Il giorno seguente i progetti natalizi di Churchill naufragarono: i suoi genitori sarebbero partiti per la Russia cinque giorni dopo, per tornare a febbraio. «Sono molto addolorato di dover trascorrere le vacanze senza di voi», scrisse alla madre non appena ebbe la notizia dalla signora Thomson, «ma cercherò di fare buon viso a cattivo gioco. Ovviamente non potremo dare una festa». Tornato a Londra, trascorse le vacanze di Natale senza i genitori. «È davvero triste senza di voi», scrisse alla madre il 26 dicembre; le raccontò inoltre di aver vinto due premi scolastici in inglese e Sacre Scritture.

Durante il Natale la signora Everest fu colpita dalla difterite. «È molto duro da sopportare», scrisse Churchill alla madre il 30 dicembre, «ci sentiamo così tristi». I due fratelli avevano lasciato Connaught Place e si erano trasferiti a casa del dottor Roose, al 45 di Hill Street, vicino a Berkeley Square. Quattro giorni dopo furono condotti a Blenheim, dove rimasero una settimana. «Ha fatto loro bene», scrisse la nonna, la duchessa madre, a Lord Randolph l'8 gennaio 1888, «e tengo sotto controllo Winston, sapendo che è quanto desideri. È un ragazzo intelligente e non è cattivo, ma ha bisogno di una mano ferma. Con Jack non è necessario».

I due ragazzi tornarono da Blenheim a Londra e rimasero con la duchessa al 46 di Grosvenor Square. Assistettero al nuovo spettacolo di Gilbert e Sullivan, *HMS Pinafore*, e alla pantomima *Puss in Boots*. Ma ogni giorno, dalle dieci alle sette, erano affidati a un'istitutrice e la duchessa non li faceva uscire spesso la sera. «Temo che Winston mi giudichi molto severa», scrisse il 19 gennaio a Lord Randolph, «ma penso che esca troppo spesso e non voglio che faccia tardi: è tanto eccitabile. Ma lunedì tornerà a scuola e comunque è affettuoso e non disubbidisce». Era anche molto preoccupato per la Everest, che aveva soprannominato «Woomany». «Sarebbe stato molto peggio se Woomany fosse morta», scrisse alla madre che si trovava ancora in Russia.

In una lettera destinata a attendere sua madre a Londra, chiese «un buon dizionario latino-inglese e inglese-latino». Una settimana dopo chiese un dizionario greco. Aveva cominciato Virgilio, «che mi piace», e anche Erodoto in greco. Sperava di ottenere buoni risultati all'esame di ammissione a Harrow. «Ho saputo che algebra è una materia supplementare e quindi spero di avere un buon voto, dato che mi piace molto». A fine trimestre avrebbe saputo a memoria il primo libro di Euclide, «più di quanto abbia bisogno. Chiedono solo aritmetica, frazioni comuni e decimali e interesse semplice e composto, che so già». Aveva fatto ulteriori progressi nelle lingue: «Ho imparato alcuni verbi irregolari greci e molti francesi. Dunque voglio farcela».

A febbraio Churchill scrisse alla madre: «Lavoro sodo per Harrow». Non conosceva bene «il verso latino, ma ha poca importanza, la prosa è la cosa essenziale e sto facendo rapidi progressi». Stava studiando la geografia degli Stati Uniti. «Quando torno a casa devi interrogarmi». Inoltre leggeva romanzi; quando Rider Haggard gli mandò una copia del suo ultimo libro, *Allan Quatermain*, Churchill gli rispose che gli era piaciuto più di *Le Miniere di Re Salomone*, che secondo lui era «più divertente».

Nove giorni prima dell'esame di ammissione, riferì a suo padre che stava «procedendo bene con il secondo libro dell'*Eneide* di Virgilio, che mi piace più di qualunque altra cosa». Aveva terminato un altro gruppo di verbi greci: «spero di passare l'esame, anzi penso che ce la farò».

Tanta fiducia non era malriposta: il 15 marzo sostenne e superò l'esame di ammissione a Harrow.

2
HARROW

Churchill entrò a Harrow nell'aprile 1888. Come al St George's e a Brighton, era un pensionante e vedeva i genitori al più nei giorni festivi. Nella prima lettera scritta a casa tre giorni dopo, dichiarò che «tutto mi piace moltissimo». Nella seconda lettera, scritta il giorno seguente, riferì con orgoglio che uno degli insegnanti gli aveva detto che la sua prova di aritmetica era stata «la migliore».

Nel primo mese trascorso a Harrow entrò a far parte dei cadetti e, disse a sua madre, «svolgo puntualmente le esercitazioni». Con i cadetti andò a Rickmansworth, dove si svolse una finta battaglia con la scuola Haileybury. «Non avendo un'uniforme, portai solo le cartucce», scrisse ai suoi; «ho portato 100 colpi da distribuire nel folto della mischia, cosicché il mio incarico mi ha consentito di avere una buona visione del campo. È stato davvero eccitante, attraverso il fumo si vedeva il nemico avvicinarsi sempre più». Tuttavia i ragazzi di Harrow furono sconfitti «e costretti a ritirarsi».

Nel primo tema scritto a Harrow, Churchill parlò della Palestina all'epoca di Giovanni Battista, quando il paese «era ai piedi dei romani, allora all'apice della gloria». A proposito degli Zeloti scrisse che erano «sempre pronti alla rivolta, pronti a rischiare la vita, la casa, gli averi per la libertà del loro paese». Quanto ai Farisei, «tante furono le loro colpe. Ma chi ha poche colpe? Infatti chi, con tutti i benefici del cristianesimo, affermi che essi sono più malvagi di lui, commette lo stesso crimine di cui li accusa».

Imparò a usare il fucile Martini-Henry, l'arma usata dall'esercito. Inoltre studiò un migliaio di versi di Macaulay per vincere un premio scolastico. «Chiunque si prenda la briga di studiarli può vincerne uno», spiegò al padre, «non essendovi limite ai premi». In questo caso furono un migliaio di versi tratti da *The Lays of Ancient Rome* ad assicurargli il premio.

Sperava sempre che sua madre andasse a trovarlo, ma a volte queste visite lo rendevano infelice. «Non essere più arrabbiata con me», le scrisse a fine giugno; «ce la metterò tutta, ma eri così irritata che mi sono sentito proprio triste. Dopo la tua visita ho tenuto in ordine camera mia». E ancora: «Vieni a trovarmi sabato. Non sono pigro e disordinato, ma trascurato e distratto».

Non vedeva l'ora di tornare a casa per un fine settimana a luglio, come previsto dal calendario, ma fu costretto a rinunciare. Non che fosse «in alcun modo volutamente irritante», spiegò a Lady Randolph il vicedirettore Henry Davidson, «ma la sua negligenza, trascuratezza, mancanza di puntualità e ogni sorta di irregolarità sono state davvero tanto gravi che vi scrivo per chiedervi di parlargli con estrema severità quando sarà a casa».

Le lamentele sarebbero continuate. «Mi duole dire che Winston è forse addirittura peggiorato con il passare del trimestre», spiegò Davidson. «Sempre in ritardo a scuola, perde i libri e i quaderni e varie altre cose che non sto a specificare – è così regolare nella sua irregolarità che non so davvero come comportarmi; a volte penso che non ci sia niente da fare». Se non fosse riuscito a «vincere siffatta negligenza», ammoniva, «non avrà mai successo in una *public school*». Era molto grave che fosse preda di «una simile, fenomenale trascuratezza». Aveva «ottime capacità» che però sarebbero state «vanificate dalla solita negligenza». Nondimeno, aggiungeva Davidson, «non voglio congedarmi senza dirvi che sono molto soddisfatto di un lavoro di storia che ha fatto per me». Quel trimestre Churchill vinse un premio in storia inglese.

Una nuova sfida, nel trimestre autunnale, era il premio scolastico per la recita di un migliaio di versi di Shakespeare. Le lettere di Churchill ai genitori rivelano quanto ambisse a vincerlo; invece perse, sia pure di soli 27 punti, e scrisse loro: «Mi ha alquanto stupito aver superato una ventina di ragazzi molto più grandi di me». Poco prima di compiere 14 anni riferì loro con orgoglio di aver vinto un premio di storia per il secondo trimestre consecutivo. Era al primo posto anche in storia romana e se la cavava bene in greco e latino.

Le qualità di Churchill non passarono inosservate. Ad aprile Welldon decise di ospitarlo nella propria pensione e scrisse a Lord Randolph: «Ha grandi doti e a mio parere sta facendo progressi nel suo lavoro». Lord Randolph aveva mandato una bicicletta a suo figlio, che a maggio gli scrisse di aver fatto «otto miglia con questa piccola, magnifica macchina». La nuova pensione gli piaceva e disse alla madre che «tutti i ragazzi sono tanto gentili e simpatici». Ma si fece di nuovo male cadendo rovinosamente dalla bicicletta e fu costretto a letto per una settimana. La Everest si precipitò subito a Harrow, ma Churchill voleva accanto sua madre. «Non potresti venire tu? Sono rimasto male non vedendoti, dato che ti aspettavo». La caduta era stata seria. «Mi fa male dappertutto», scrisse alla madre, «ma mi sento allegro e per niente depresso, il tempo passa molto in fretta, soprattutto quando posso ricevere visite». La notizia migliore era che l'infermiera se n'era andata «e così sono solo con Woomany».

Ripresosi dalla caduta, chiese al padre di andarlo a trovare per il giorno della premiazione. «Non credo che ti chiederanno di fare un discorso», cercò di rassicurarlo. «Direi anzi che è molto improbabile»; aggiunse che non era mai andato a trovarlo, sicché «tutto sarà una novità per te». Churchill si trovava a Harrow da più di un anno quando finalmente Lord Randolph andò a trovarlo; colse l'occasione per dire a Welldon che desiderava che Winston frequentasse la classe militare anziché quelle regolari. Poiché questa comportava lezioni supplementari nelle materie necessarie per entrare in un'accademia militare, il ragazzo non avrebbe più potuto studiare le materie scelte dai compagni destinati all'università, dove già sperava di iscriversi.

Quel trimestre i suoi risultati furono tali da far pensare che potesse superare l'esame di ammissione all'università, ma Lord Randolph era deciso a far entrare il figlio nell'esercito e a fargli frequentare pertanto la classe militare. Molti anni dopo Churchill, riflettendo sulla decisione del padre, ricordò una visita di ispezione che aveva fatto in un giorno di festa per vedere la sua collezione di circa 1500 soldatini. «Tutti i soldati erano schierati nella giusta formazione d'attacco. Passò venti minuti a studiare la scena – davvero impressionante – con un largo, accattivante sorriso, e infine mi chiese se mi sarebbe piaciuto entrare nell'esercito. Pensavo che sarebbe stato meraviglioso comandare un esercito e perciò risposi subito di sì; fui preso immediatamente in parola».

Dichiarò inoltre: «Per anni pensai che mio padre, con la sua esperienza e il suo intuito, avesse colto in me le qualità del genio militare, ma anni dopo seppi che era giunto alla conclusione che non ero abbastanza intelligente per fare l'avvocato». Welldon organizzò l'esame di ammissione di Churchill alla classe militare; non andò bene in matematica, il che escludeva l'accademia di Woolwich, destinata ai cadetti che volevano diventare ufficiali di artiglieria o del genio. Si sarebbe dunque preparato per entrare a Sandhurst, l'accademia per gli aspiranti ufficiali di fanteria e di cavalleria. «Sono entrato nell'*Army Class*», scrisse alla madre a fine settembre; «è un po' una "seccatura" perché porta via metà delle vacanze; però facciamo francese e disegno geometrico, le due materie indispensabili per l'esercito».

Una settimana dopo aver compiuto 15 anni, scrisse con orgoglio alla madre: «Lavoro davvero sodo»: al punto che, nonostante il lavoro supplementare per la classe militare, fu promosso a un corso superiore della quarta classe. «Ci ha fatto piacere sapere della tua promozione», gli scrisse sua madre alla vigilia di un nuovo viaggio in Europa «e speriamo che continuerai a lavorare; dovresti sentirti molto incoraggiato e pieno di ambizione».

Churchill aveva cominciato a studiare inglese con un insegnante capace e entusiasta che sapeva animare il soggetto solitamente noioso della costruzione del periodo. L'insegnante si chiamava Robert Somervell, «un uomo davvero incantevole», avrebbe scritto Winston, «nei confronti del quale ho un debito immenso». Il metodo di Somervell consisteva nel dividere un lungo periodo nelle proposizioni componenti «mediante inchiostro nero, rosso, blu e verde», insegnandolo quasi ogni giorno come «una specie di esercitazione»; grazie a questo metodo «assimilai la struttura essenziale della frase inglese, un'ottima cosa».

«Procedo a meraviglia nella nuova classe», riferì alla madre nel gennaio 1890; «papà ha detto che ritiene il canto una perdita di tempo, sicché vi ho rinunciato e ho cominciato disegno». Studiava disegno un'ora in più alla settimana, di sera, e scrisse a sua madre di aver disegnato «piccoli paesaggi e ponti e questo genere di cose»; stava per cominciare l'ombreggiatura a seppia. La nonna, duchessa Fanny, gli scrisse un'inattesa lettera di incoraggiamento: «Sono lieta di vedere che cominci a essere ambizioso! Hai un grande esempio di diligenza e di serietà nel lavoro nel tuo caro padre».

A maggio cominciò a studiare il tedesco. «Mah!», scrisse alla madre, «pure spero di riuscire a *Sprechen ze Deutche* uno di questi giorni». Ma tale speranza non si sarebbe mai realizzata.

A metà del trimestre estivo del 1890 Churchill dovette fare i conti con la collera dei genitori. Suo padre gli aveva mandato cinque sterline e aveva ricevuto la lettera di ringraziamento solo dopo una settimana. Anche la pagella di metà trimestre era deludente, e questi due fatti provocarono una dura reazione di sua madre: «Lavori in un modo tanto incostante e disarmonico», gli scrisse, «che finirai per essere l'ultimo – guarda la tua posizione in classe!». La lettera proseguiva: «Carissimo Winston, mi rendi molto infelice – avevo riposto tali speranze su di te ed ero così orgogliosa – e ora tutto è crollato. La mia sola consolazione è che la tua condotta è buona e che sei un figlio affettuoso – ma il tuo lavoro è un insulto alla tua intelligenza. Se solo volessi tracciare un piano d'azione, lo mantenessi e fossi risoluto a eseguirlo, sono certa che potresti realizzare tutto ciò che volessi». I consigli non finivano qui. «I prossimi due anni, e l'uso che ne farai, influenzeranno tutta la tua vita: fermati a rifletterci da te e fai uno sforzo, prima che sia troppo tardi».

Churchill cercò di difendersi: la lettera di ringraziamento al padre era stata scritta la sera stessa, ma essendo tardi era stato costretto a affidarla a un'altra persona perché la imbucasse. «Penso che se ne sia dimenticato e l'abbia impostata soltanto dopo diversi giorni». Quanto alla brutta pagella, «non cercherò scuse per non aver lavorato sodo, perché so che tra una cosa e l'altra sono stato alquanto pigro. Di conseguenza a fine mese c'è stato il crollo, ho avuto brutti voti che sono finiti sulla pagella ecc ecc, ormai più di 3 settimane orsono, ma il mese prossimo avrò senz'altro una buona pagella». C'era ancora tempo prima della fine del trimestre e quindi «farò del mio meglio per il tempo che resta».

La crisi passò, i risultati di Churchill migliorarono e la collera dei genitori si placò. In autunno cominciò a fumare, attirandosi altre critiche. «Caro Winston», gli scrisse la madre a settembre, «spero che smetterai di fumare. Se solo sapessi quanto sembri sciocco e ridicolo rinunceresti, almeno per qualche anno». Gli diede un incentivo per smettere: «Dirò a papà di comprarti un fucile e un pony». Churchill si sottomise al desiderio materno. Avrebbe smesso di fumare «almeno per sei mesi». A settembre la duchessa Fanny gli diede un altro consiglio: «Abbi cura di te, lavora bene, tienti lontano dai guai e non infiammarti con tanta facilità!!!».

Mentre si avvicinava al sedicesimo compleanno, Churchill seguiva allarmato il diffondersi di un'epidemia di influenza che dopo aver infuriato in Europa e in Asia toccò per breve tempo la Gran Bretagna. L'epidemia fu il soggetto di una sua poesia di dodici strofe pubblicata sulla rivista «Harrovian». Eccone una:

Per miglia e miglia di brulle piane siberiane
ove gli esuli russi si trascinano in catene
essa si è mossa con passo silenzioso,
e mentre lenta si allontanava
attraverso il cielo la seguivano
gli spiriti dei defunti.

Un'altra strofa parlava delle due province tedesche che aveva visitato con suo padre sette anni prima:

La bell'Alsazia, la Lorena dimenticata,
causa di amarezza e di dolore
in tanti gallici petti,
soffrono l'atroce, insaziabile flagello,
e dalle loro città esso emerge
né mai si ferma né si riposa.

L'ultima strofa si rallegrava del fatto che la Gran Bretagna non era stata colpita con la stessa violenza del continente e esprimeva il suo orgoglio per l'impero britannico:

Dio salvi il nostro impero dalla possa
di guerra e carestia, di pestilenza e male
e da tutto il potere dell'Inferno,
e sempre lo conservi nelle mani
di coloro che pugnarono contro altre terre,
che pugnarono e bene trionfarono.

Il sedicesimo compleanno era vicino e Churchill studiava per l'esame di ammissione all'esercito. Sua madre, stranamente insensibile alle tensioni provocate dall'impegno, gli fece sapere di non essere soddisfatta dei suoi progressi. «Vedo che sei molto irritata con me!», le scrisse Winston; «mi dispiace molto, ma lavoro sodo e temo che qualche maligno abbia insinuato dubbi nella tua mente». Le aveva già spiegato che i problemi passati dipendevano da «un insegnante che odiavo e che ricambiava quest'odio». Ora aveva «insegnanti che si preoccupano molto di me e dicono che ho lavorato molto bene. Se vuoi credere alla mia parola d'onore che sto facendo del mio meglio, bene; altrimenti non posso fare altro che tentare».

Un anno dopo, una settimana prima di compiere 17 anni, Churchill andò a Londra in giornata. Un poscritto della successiva lettera a casa contiene un riferimento all'altro sesso: «È stata una sfortuna terribile dover andare», scrisse alla madre, «proprio quando stavo facendo buona impressione sulla graziosa Miss Weaslet. Altri dieci minuti e...!?».

Durante la giornata Churchill seppe che la signora Everest avrebbe lasciato l'impiego presso Lady Randolph. Jack aveva orma 11 anni e non c'era più bisogno di una bambinaia. «Non mi sento molto felice e non riesco a dormire», scrisse la Everest a Churchill, «ma suppongo che ogni cosa debba aver fine». Winston doveva ricordarsi di indossare il cappotto «con questo tempo umido». Quanto a suo fratello minore, «per piacere, non dire a Jack che vado via, sarà tanto triste, povero caro. Che mondo crudele!». Churchill, afflitto per l'imminente partenza della bambinaia, protestò energicamente a nome di Jack. Infine fu stabilito che la Everest avrebbe lavorato per la duchessa Fanny a Grosvenor Square, dove i due ragazzi avrebbero continuato a vederla.

Nel corso dei primi mesi del 1892 Churchill lavorò con grande scrupolo e cominciò anche a prepararsi per la coppa di scherma della scuola. Continuava a essere afflitto da problemi di denaro. «Le mie finanze sono terribilmente a secco», scrisse alla madre a febbraio; «dici che non scrivo mai per affetto ma soltanto per i soldi. Credo che tu abbia ragione, ma rammenta che sei il mio banchiere, a chi altri dovrei scrivere?».

A marzo Lady Randolph andò a Montecarlo. «Sono molto dispiaciuto che te ne sia andata così», le scrisse Winston: mancavano pochi giorni alla gara di scherma. Si era ancor più «spaventato» apprendendo che era stata derubata della borsa al Casinò, «perché proprio adesso devo chiederti *un peu plus d'argent*». Doveva inoltre comunicarle una buona notizia: «Ho vinto la gara. Una splendida coppa. Sono stato di gran lunga il migliore. Nelle finali non mi hanno toccato una sola volta».

Quindi si esercitò in vista del campionato di scherma delle *public schools*, ma quando chiese al padre di venire ad Aldershot per assistervi si sentì rispondere: «Debbo andare alle corse di Sandown». Quanto alle continue richieste di denaro del figlio, Lord Randolph lamentò: «Se fossi milionario, non potresti essere più spendaccione». Se fosse entrato nell'esercito «in sei mesi finiresti alla corte dei debiti». Churchill replicò a propria difesa che si doveva pagare ogni settimana tè e colazione, la frutta e i biscotti del sabato sera; bastava questo a prosciugare la gratifica settimanale di una sterlina. Ma la spiegazione, per quanto fondata, non placò sua madre, che all'inizio di maggio gli scrisse: «Hai molte esigenze, e per quanto riguarda il denaro hai le mani bucate».

A maggio Churchill vinse il campionato di scherma delle *public schools*; «Il suo successo», scrisse «Harrovian», «è dovuto in primo luogo al suo attacco rapido e impetuoso, che ha alquanto sorpreso i suoi avversari». Si preparava senza posa all'esame per l'esercito. «Lavoro davvero tanto», scrisse alla madre, «sul serio, oggi ho studiato almeno 10 ore». Ma lo sforzo fu inutile: all'esame di ammissione a Sandhurst a luglio fu respinto. Il minimo necessario per entrare in cavalleria erano 6.457 punti; ne ottenne 5.100 e giunse 390° su 693 candidati. Il risultato non era totalmente scoraggiante: in storia inglese si classificò 18° su più di 400 candidati che sostennero la prova. «Considero i tuoi punti e la tua posizione degni di elogio, come primo tentativo», gli scrisse l'insegnante della classe militare Louis Moriarty.

Churchill avrebbe dovuto riprovare. «Se fallirà ancora», scrisse Lord Randolph alla duchessa Fanny, «mediterò se avviarlo agli affari. Potrei trovargli un'ottima sistemazione» grazie ai rapporti con i Rothschild.

Nell'estate 1892 il governo conservatore di Lord Salisbury fu battuto e Gladstone ridivenne primo ministro. Era opinione comune, avrebbe scritto Churchill, che Lord Randolph, pur essendo da tempo escluso dal vertice conservatore, potesse riguadagnare all'opposizione la sua influenza parlamentare: «Nessuno più di me nutriva tale speranza», che si rivelò un'illusione. «Sebbene in passato non si fosse detto molto in mia presenza, non si poteva crescere in casa di mio padre, e ancor meno vicino a sua madre e alle sue sorelle, senza capire che si era verificato un grande disastro politico».

Ad agosto, a Banstead, Winston allarmò il padre sparando con una doppietta a un coniglio che era apparso sul prato sotto la sua finestra. «Ne fu irritato e preoccupato», scrisse poi, «ma avendo capito subito che ero contrito colse l'occasione per rassicurarmi. Ebbi allora con lui una di quelle tre o quattro lunghe, intime conversazioni che sono tutto quanto posso vantare». Lord Randolph spiegò al figlio che gli adulti, assorbiti dai propri affari, non sempre erano attenti ai figli; «possono parlare in modo brusco, con improvviso fastidio». Quindi prese a parlare «nel modo più meraviglioso e accattivante della scuola e dell'esercito e della vita adulta che mi aspettava. Ascoltavo incantato quest'improvvisa, totale rottura con il suo riserbo abituale, stupito dalla sua intima comprensione di tutti i miei affari. Alla fine disse: "Rammenta che le cose non sempre mi vanno bene. Ogni mia azione viene mal giudicata e ogni parola distorta. Tienilo in debito conto"».

In autunno Jack raggiunse a Harrow suo fratello, che studiava per ridare l'esame di ammissione all'esercito previsto per la fine di novembre, un giorno prima del suo 18° compleanno; l'esame fallì e Churchill rimase male; era andato meglio della prima volta, ma gli mancavano ancora 351 punti.

Quel mese morì improvvisamente a Blenheim l'8° duca di Marlborough, Blandford, fratello maggiore di Lord Randolph, all'età di 48 anni. Suo figlio Sunny, cugino di Winston, diventò duca di Marlborough a neppure 21 anni;

se fosse morto senza figli, Lord Randolph sarebbe diventato duca di Marlborough e Churchill, in quanto suo erede, marchese di Blandford.

Winston, ora diciottenne, per entrare nell'esercito doveva sostenere l'esame per la terza volta e lo avrebbe preparato non a scuola ma con appositi esaminatori. I nove anni come studente e pensionante al St George's, a Brighton e a Harrow erano stati un periodo per lo più infelice, «una scura macchia grigia sulla carta del mio viaggio», per usare le sue parole; «una sequela interminabile di crucci che allora non sembravano insignificanti, di fatica non coronata da risultati, un periodo di disagi, restrizioni e monotonia senza scopo». I suoi coetanei e anche i ragazzi più giovani «sembravano sotto tutti gli aspetti più adatti di me alla realtà del nostro piccolo mondo. Erano molto più bravi sia nei giochi sia nelle lezioni. Non è piacevole sentirsi così completamente surclassati e staccati fin dall'inizio della gara».

«Sono del tutto favorevole alle *public schools*», avrebbe dichiarato nel 1930, «ma non intendo ritornarci».

3
VERSO UNA NUOVA VITA

L'11 gennaio 1893 i lettori attenti del «Times» appresero da un trafiletto che il primogenito di Lord e Lady Randolph Churchill aveva «avuto un incidente» il pomeriggio precedente. «Non ha subito fratture», riferiva il giornale, «ma ha riportato numerose contusioni». In realtà si era fratturato il femore, anche se nell'anno che precedette il primo impiego dei raggi X non lo si scoprì; per venirne a conoscenza ci vollero settant'anni, quando nel 1963 lo stesso femore fu sottoposto a radiografia dopo una caduta a Montecarlo.

Winston, cercando di sfuggire al fratello e a un cugino durante un gioco nella tenuta della nonna a Bournemouth, si vide intrappolato su un ponte sopra un burrone e, mentre cercava il modo per non farsi prendere, vide la punta sottile di un abete e fece un salto per aggrapparvisi, ma la presa gli sfuggì e precipitò nel burrone, una caduta di dieci metri su terreno duro. Rimase privo di sensi per tre giorni e poi, dati i forti dolori, fu portato a Londra. «I medici dicono che non guarirò prima di due mesi», scrisse a Jack la prima settimana di febbraio; «trascorro la maggior parte del tempo a letto».

Per l'ultimo mese di convalescenza tornò sulla costa, questa volta a Brighton, nella residenza della vedova dell'8° duca di Marlborough, la duchessa Lily. Era «la gentilezza in persona», scrisse a suo padre. Mentre si trovava a Brighton fece amicizia con un giovane ufficiale, Hugh Wyllie, che ventitré anni dopo, mentre prestava servizio sul fronte occidentale, fu ucciso da una granata sulla strada per Menin.

Ai primi di marzo Churchill cominciò a studiare con il capitano James, un insegnante di Lexham Gardens, nella zona occidentale di Londra. «Ho dato ordine», scrisse James a Lord Randolph, «che vostro figlio si metta al lavoro e in futuro lo faccia a tempo pieno. Ho dovuto parlargli l'altro giorno a proposito della sua negligenza. Penso che il ragazzo abbia buone intenzioni, ma tende chiaramente a distrarsi e presume troppo delle sue capacità». Churchill era stato fino ad allora «un po' troppo propenso a insegnare ai suoi precettori, anziché cercare di imparare da loro, e non è questo l'abito mentale che conduce al successo». James si era particolarmente irritato quando il nuovo allievo gli aveva «fatto capire che la sua conoscenza della storia era tale che non aveva più bisogno di studiarla! Il ragazzo possiede molte buone doti, ma è necessario trattarlo con molta fermezza».

Ai pranzi e ai ricevimenti offerti dai suoi genitori nella primavera del 1893 Churchill conobbe due futuri primi ministri liberali, Lord Rosebery e H.H.Asquith. Il 21 aprile si trovava nella Gallery [la tribuna riservata al pubblico ai Comuni] quando Gladstone concluse la seconda lettura del progetto di legge sullo Home Rule. «Il grande vecchio», avrebbe poi ricordato, «sembrava una imponente aquila bianca, al contempo fiera e magnifica. Le sue frasi si srotolavano maestose e tutti pendevano dalle sue labbra e dai suoi gesti, pronti ad applaudire o a schernire».

Un nuovo deputato conservatore, Edward Carson, invitò Churchill a pranzare con lui alla Camera dei Comuni e Winston chiese a suo padre il permesso di interrompere lo studio a questo scopo. In settimana fu ospite di Carson al dibattito sullo Home Rule. Ventun anni dopo, quando Carson portò nelle strade lo slogan di Lord Randolph, «l'Ulster combatterà, l'Ulster la spunterà», Churchill non solo si batté contro di lui, ma era pronto a usare la forza contro i suoi Ulster Volunteers.

A fine luglio si presentò per la terza volta a Sandhurst; il 3 agosto, prima che i risultati fossero resi noti, si preparava a partire da Londra per la Svizzera con il fratello Jack e un precettore, John Little. Si incontrarono alla stazione, dove Little si congratulò con uno stupito Churchill per il suo successo. Era stato il primo a saperlo. «Guardai il foglio», disse a suo padre, «e vidi che era vero». Era finalmente un soldato!

Aveva ottenuto 6.309 punti, non sufficienti a entrare in fanteria, che però gli valsero il quarto posto nel ruolo della cavalleria. Prima di attraversare la Manica spedì da Dover telegrammi per annunciare il successo ai genitori, ai parenti e al suo vecchio direttore.

Il 14 agosto, mentre era a Milano, ricevette una lettera di suo padre sui risultati dell'esame, ma non di congratulazioni o di encomio. Lord Randolph, a insaputa del figlio, era affetto da un male, che i medici diagnosticarono come sifilide, che ne minava la salute e la sanità mentale. Non gioì del successo di suo figlio come la duchessa Lily o il dottor Welldon. «Sono piuttosto sorpreso», gli scrisse, «del tuo tono di esultanza per l'inclusione nel ruolo di Sandhurst. Vi sono due modi di superare un esame, uno degno di lode e l'altro no. Sfortunatamente, hai scelto il secondo metodo e sembri molto soddisfatto del successo». Proseguiva affermando che il mancato ingresso in fanteria «dimostra in modo inconfutabile il tuo stile di lavoro sciatto, spensierato e irresponsabile, con cui ti sei sempre distinto nelle varie scuole. Non ho mai sentito un giudizio davvero positivo sulla tua condotta nello studio da nessun insegnante o istitutore con cui hai avuto a che fare di volta in volta».

Lord Randolph, manifestando tutta l'ira che avrebbe accompagnato il crollo graduale del suo sistema nervoso, proseguiva così: «Con tutti i vantaggi che hai avuto, con tutte le capacità che ritieni scioccamente di avere e che alcuni parenti ti attribuiscono, con tutti gli sforzi fatti per renderti la vita facile e gradevole e il lavoro non opprimente o spiacevole, il grande risultato è che guadagni una classe di 2° o 3° rango, valida solo per un brevetto in un reggimento di cavalleria». L'ira sarebbe ancora cresciuta in futuro, segno di una mente che impazziva lentamente, sebbene il giovane Churchill non ne sapesse nulla. «Ora è bene», continuava Lord Randolph, «spiegarti le cose in tutta franchezza. Non pensare che mi prenda il disturbo di scriverti lunghe lettere dopo ogni tua sciocchezza e insuccesso. Non scriverò più a questo proposito, e non è necessario che ti disturbi a rispondere a questa parte della lettera, giacché non attribuisco più il minimo peso a ciò che puoi dire sui tuoi risultati e le tue imprese».

Il brano che seguiva era ancor più duro: «Imprimiti indelebilmente nella mente quanto segue: se la tua condotta e le tue azioni a Sandhurst saranno analoghe a ciò che sono state in altre istituzioni in cui vanamente si è cercato di impartirti una certa educazione, allora la responsabilità che ho di te verrà meno. Lascerò che tu faccia assegnamento su te stesso, dandoti solo l'aiuto necessario per consentirti una vita rispettabile. Sono certo infatti che se non saprai evitare di condurre la vita oziosa, inutile e vana che hai vissuto durante i giorni di scuola e nei mesi seguenti, diverrai null'altro che un rifiuto sociale, uno delle centinaia di falliti delle *public schools*, fino a precipitare in un'esistenza meschina, infelice e futile. Se così sarà, dovrai sopportare l'intera responsabilità di tali disgrazie. La tua coscienza ti permetterà di ricordare e enumerare tutti gli sforzi fatti per offrirti le migliori opportunità cui ti dava diritto la tua condizione, e come tu le abbia trascurate praticamente tutte».

Da Milano il povero Winston rispose al padre: «Sono davvero dolente che tu sia scontento di me, ma poiché mi dici di non parlare della parte della lettera che riguarda l'esame, non lo farò, ma cercherò di modificare l'opinione che hai di me con il mio lavoro e la mia condotta a Sandhurst per il tempo che vi trascorrerò». Cercò inoltre di rassicurarlo: «Il punteggio molto basso con cui sono stato ammesso non avrà effetto alcuno sulle mie possibilità». Il giorno stesso scrisse alla madre della sua delusione nell'apprendere che suo padre non era soddisfatto, aggiungendo che «dopo aver sgobbato a Harrow e James' per questo esame, cercando per quanto potevo di riguadagnare il tempo sprecato, sono stato davvero felice di scoprire di avercela finalmente fatta». A Sandhurst avrebbe affrontato nuove materie, «in cui non sarò svantaggiato dalla passata malattia».

«Se avessi fallito», proseguiva, «avrei perduto ogni opportunità. Così invece il destino è nelle mie mani e posso ricominciare da zero».

La vacanza continuò con nuotate nelle piscine di Milano e una visita al duomo. I tre si recarono poi a Baveno per una gita in barca a remi sul Lago Maggiore e quindi tornarono in Svizzera, a Zermatt, prima di fare ritorno in

Inghilterra. Churchill apprese con piacere di poter entrare in fanteria, grazie a una serie di rinunce all'ultimo momento. In realtà Lord Randolph aveva usato la sua influenza per ottenere un brevetto speciale per il figlio nel 60° Fucilieri. «Ora il futuro è nelle tue mani», gli scrisse a settembre Lady Randolph, «nel bene o nel male. Confido che saprai riuscire».

Le prime lettere di Churchill dal Royal Military College di Sandhurst rivelano la determinazione a fare del suo meglio. «Naturalmente è molto disadorna», scrisse al padre della sua camera; «non ci sono tappeti o tende, nessun genere di ornamenti; non c'è acqua calda, solo fredda e poca». La disciplina era «molto più rigida che a Harrow. Ai giovani che arrivano non viene fornita quasi nessuna regola. Non viene accettata alcuna scusa – neppure "non lo sapevo" – dopo le prime ore, e ovviamente non sono tollerati la mancanza di puntualità o il disordine». Tuttavia, scriveva, c'era «qualcosa di entusiasmante nel modo militare con cui tutto funziona; penso che mi piacerà moltissimo la vita qui nei prossimi 18 mesi».

Fu ben presto assorbito dal mondo professionale del soldato. «Il lavoro è molto interessante e estremamente pratico», scrisse a suo padre il decimo giorno; «proiettili e granate di ogni genere – ponti, cannoni, campo e assedio, mappe, contabilità della cassa del reggimento, ispezione dei pasti ecc.», nonché parate e esercitazioni. Le materie di studio erano cinque: fortificazione, tattica, topografia, legge marziale e amministrazione militare.

Le lettere di Churchill ai genitori traboccavano di entusiasmo. «Oggi», scrisse al padre il 20 settembre, «abbiamo imparato a fare ogni genere di nodi e a legare le travi. Abbiamo anche fatto un'uscita per disegnare o imparare a disegnare mappe schematiche». Si esercitava sia con la pistola sia con il fucile. «Lunedì andremo a sparare con un nuovo fucile da 12 libbre appena consegnato all'artiglieria». Dopo un mese scrisse con orgoglio alla madre: «Finora non sono mai arrivato in ritardo (e ci sono almeno sei impegni quotidiani)». La Everest gli ripeté gli stessi consigli solleciti che gli aveva dato a Harrow: «Non esporti al sole con questo caldo, mio caro»; «Non contrarre debiti e non frequentare cattive compagnie».

La cattiva salute era ancora un peso e una preoccupazione; a ottobre, dopo una corsa di un chilometro con «fucile e equipaggiamento», Churchill dovette essere portato fuori dal campo delle manovre e, disse alla madre, «sono stato male da allora». Era stato dal medico che gli aveva detto che tutto era a posto, «salvo il fatto che il cuore non sembra molto forte».

Durante l'inverno Lady Randolph comunicò a suo figlio che la duchessa Fanny, che aveva preso al suo servizio la signora Everest due anni prima, non aveva più bisogno lei e l'avrebbe licenziata per lettera. «Se permettessi che Mrs Everest fosse congedata nel modo previsto senza protestare», scrisse Churchill, «mi dimostrerei davvero un ingrato. Inoltre mi spiacerebbe molto non trovarla a Grosvenor Square, perché nella mia mente è associata alla casa più di ogni altra cosa». Osservò che la Everest era «una donna anziana»; era stata al servizio di Lady Randolph per quasi vent'anni. «Vuol bene a Jack e a me più di ogni altra persona al mondo, ed è possibile, se non probabile, che essere mandata via nel modo suggerito dalla duchessa sarebbe un colpo irrimediabile».

Ma, come stabilito, la Everest fu licenziata per lettera. «Considero questa condotta crudele e alquanto meschina», scrisse Churchill; non si avrebbe dovuto mandarla via finché non avesse trovato un altro «buon posto». «Cara mamma, so che sei irritata con me per questa lettera. Mi dispiace molto, ma non posso sopportare l'idea che Everest non torni e ancor meno che ci sbarazziamo di lei in questa maniera». Il suo appello fu inutile e la signora Everest lasciò il servizio.

Lady Randolph ammonì il figlio che suo padre non gradiva che fumasse sigari. «Non lo farò più», promise lui; «non li amo al punto da aver difficoltà a rinunciarvi». Promise al padre di non fumarne «più di uno o due al giorno – e molto raramente».

Churchill aveva ormai tanta paura dell'ira di suo padre che quando a Sandhurst gli cadde l'orologio in un ruscello vicino a uno stagno profondo si levò subito i vestiti e si immerse per ritrovarlo. Aveva ragione di preoccuparsi: si trattava di un orologio d'oro che aveva sul dorso lo stemma smaltato di famiglia, che aveva già fatto cadere ammaccandone la cassa, e suo padre se ne era dispiaciuto. Ma il fondo dello stagno era tanto irregolare e l'acqua tanto fredda che poté immergersi solo per dieci minuti, senza riuscire a trovare l'oggetto. Il giorno dopo fece dragare lo stagno, ma invano. Ricorse allora a un gruppo di ventitré soldati di un distaccamento di fanteria, li pagò perché deviassero il ruscello, prese in prestito la pompa antincendio del College e prosciugò lo stagno. Trovò finalmente l'orologio e lo spedì subito all'orologiaio londinese di suo padre, Dent, affinché lo riparasse. Per una sfortunata coincidenza, quella settimana Lord Randolph si recò da Dent che gli riferì del nuovo guasto subito dall'orologio. Infuriato, disse a sua moglie: «Ho scritto a Winston una lettera che non dimenticherà».

Non sapendo nulla delle peripezie del figlio per ritrovare l'orologio, gli scrisse: «non riesco a credere che tu possa essere tanto stupido. È chiaro che non ti si può affidare un orologio prezioso, e quando lo ritirerò da Mr Dent non te lo riconsegnerò». L'infuriato genitore gli fece presente che suo fratello «ha l'orologio che gli ho dato da più tempo di quanto tu abbia il tuo. Jack è infinitamente migliore di te per quanto riguarda la diligenza, l'attenzione per le sue cose, l'evitare di commettere sciocchezze».

Winston rispose raccontandogli per filo e per segno la ricerca dell'orologio. «Ti racconto tutto ciò per dimostrarti che ho pienamente presente il valore dell'orologio; non ho preso l'incidente alla leggera. Il lavoro dei soldati mi è costato più di 3 sterline». Tutto ciò che gli aveva donato, aggiungeva, «è in buono stato come quando me lo desti. Ti prego di non giudicarmi basandoti solo sull'episodio dell'orologio». Lord Randolph diede l'orologio a Jack, che lo conservò per tutta la vita; ma la sua salute era nuovamente peggiorata e due settimane dopo la lettera sull'orologio il dottor Roose gli consigliò di ritirarsi dalla vita pubblica «almeno per un po'», in quanto la sintomatologia nervosa richiedeva riposo.

Lord Randolph stabilì di girare il mondo accompagnato dalla moglie e da un medico, George Keith. Prima della partenza dei genitori, Churchill chiese una licenza per recarsi a Londra a salutarli. Poiché si era a metà settimana, la richiesta fu come di norma respinta, ma Lord Randolph telegrafò al ministro della Guerra, Sir Henry Campbell-Bannerman, facendogli presente che era il suo «ultimo giorno in Inghilterra». La licenza fu concessa, ma Winston non era a Sandhurst quando arrivò: stava disegnando una mappa stradale su Chobham Common.

Un messaggero partì subito in bicicletta da Sandhurst con l'ordine per Winston di «proseguire subito per Londra». Il giorno seguente Lord Randolph era pronto per la partenza. Tra coloro che erano andati a salutarlo alla stazione c'era il Primo Ministro Lord Rosebery. Churchill ricordò così il commiato: «Nonostante il barbone che si era fatto crescere durante il viaggio in Sud Africa, quattro anni prima, aveva un aspetto terribilmente sofferente e consunto dalla malattia mentale. Mi batté sul ginocchio con un gesto che per quanto semplice era davvero sentito. Quindi iniziò il suo lungo viaggio intorno al mondo. Non lo vidi più, se non come un'ombra che svanisce rapidamente». Churchill non sapeva quanto suo padre fosse malato. «Se papà tornerà guarito», scrisse a sua madre a metà luglio, «non mi dispiacerà che siate partiti».

Con i genitori lontani, raccontava regolarmente alla Everest le sue peripezie. «Ho notizie da Winny», scriss'ella a Jack, «dice che sta meglio e va in giro. Spero che non esageri con quel tipo di cose, se cade da cavallo può restare storpio per il resto della vita e magari ammazzarsi, mio povero caro, è così avventato». In un'altra lettera scrisse a Jack, dopo aver visto Winston a Londra: «Mio povero caro, non stava affatto bene, aveva due vesciche così dolorose sul didietro che poteva a malapena camminare, e aveva anche un brutto mal di denti, insomma era proprio malconcio. È tornato a Sandhurst nonostante i malanni; comunque sono rimasta con lui fino alla partenza». A detta della Everest il problema era Londra, «le ore piccole e le cene a notte fonda e così via, niente aria pura né moto, è assolutamente impossibile farne a meno». Qualche giorno dopo scriveva: «Il capriccioso Winny viene a Londra tutte le settimane. Sembra che qui si diverta».

Ad agosto Churchill ritornò in Europa con Jack e Little. In Belgio vollero visitare il campo di battaglia di Waterloo. Ad Anversa videro una nave da guerra americana, la *Chicago*; «La esaminammo», scrisse a sua madre, «quanto più accuratamente ci fu consentito dalle autorità». Giunti in Svizzera, si recarono a Zermatt dove Winston scalò il Monte Rosa. «Più di sedici ore di cammino continuo», raccontò alla madre; «ero molto fiero e soddisfatto per esserci riuscito ed essere tornato ancora fresco».

Da Zermatt Winston, suo fratello e Little si recarono a Ouchy, presso Losanna. Il terzo giorno i due fratelli andarono a vogare sul lago e dalla barca si gettarono in acqua, ma una ventata gonfiò il tendalino che copriva i sedili di poppa, allontanando la barca. Churchill, buon nuotatore, cercò invano di raggiungerla. A più riprese, non appena credeva di avercela fatta, la barca si allontanava. Frattanto la brezza rinfrescava e i due fratelli, Jack in particolare, cominciavano a essere stanchi. «Fino a quel momento non mi aveva sfiorato l'idea del pericolo. Il sole giocava sulla scintillante acqua azzurra; il fantastico panorama di montagne e valli, gli alberghi e le ville vivaci sorridevano ancora, ma ora vedevo la morte vicina come credo mai mi sia accaduto. Nuotava nell'acqua accanto a noi, sussurrando di quando in quando nel vento crescente che continuava a allontanare la barca più o meno alla stessa velocità a cui nuotavamo».

Cercò di arrivare alla barca altre due volte, ma sempre una raffica la allontanava. Poi, «con uno sforzo supremo, mi afferrai a un bordo proprio un attimo prima che una raffica più forte gonfiasse di nuovo il tendalino». Si mise ai remi e raggiunse Jack che, avrebbe scritto in seguito, «seppure stanco non aveva percepito evidentemente l'opaco bagliore del pericolo mortale che ci aveva avvolto d'improvviso».

Tornato a Sandhurst, Winston preparò gli esami finali. Ora la sua gioia e passione era l'equitazione, in cui eccelleva. Ma quando scrisse a suo padre per chiedergli il permesso di entrare in cavalleria, Lord Randolph gli rispose dalla California: «Farai bene a levartelo dalla testa, almeno finché sarò in vita e dipenderai da me». L'ostacolo era costituito dalla spesa supplementare per i cavalli. «Spero ancora», scrisse Winston alla madre a settembre, «che quando vedrà quanto lo desidero, non mi costringerà a entrare in fanteria contro la mia inclinazione».

Lord e Lady Randolph erano giunti in Giappone, dove il malato cominciò a peggiorare. A Londra suo figlio fece la prima comparsa nell'arena pubblica, unendosi alle proteste per la decisione di chiudere l'Empire Theatre. Causa della chiusura era la presenza di giovani che, scrisse più avanti, «non solo chiacchieravano durante gli spettacoli e gli intervalli, ma di tanto in tanto si ristoravano con bevande alcoliche». Inoltre il *foyer* era uno dei ritrovi preferiti delle «dame dell'impero».

In una lettera alla «Westminster Gazette», firmata con le iniziali WLSC, Churchill dichiarò che «il progresso della pubblica decenza è dovuto alle migliorate condizioni sociali e alla diffusione dell'educazione, più che alle crociate della gente *prude*». Ignaro della malattia del padre e delle sue cause, scrisse che «la natura impartisce punizioni gravi e terribili al "roué e libertino" – ben più gravi di quanto possa comminare uno stato civile. Tali punizioni sono state impartite dalla notte dei tempi, tuttavia l'immoralità è ancora diffusa. L'intervento dello stato, sotto forma di legge o per decisione delle commissioni che concedono le licenze, non sradicherà mai il male».

Ammetteva che entrambi i contendenti dell'Empire aspiravano a un'Inghilterra «migliore e più morale», ma sottolineava che «laddove le Società di Vigilanza vogliono abolire il peccato per legge parlamentare e sono disposte per giunta a sacrificare buona parte della libertà del suddito, gli *anti-prude* preferiscono una procedura meno coercitiva e più moderata». Cercare di migliorare la situazione con misure repressive era «un metodo pericoloso che solitamente sfocia nella reazione».

La lettera fu pubblicata il 18 ottobre; il 3 novembre Winston fece un ultimo tentativo di chiamare a raccolta le forze moderate. «Hai letto gli articoli sul tumulto all'Empire sabato scorso?», scrisse al fratello; «ero io a capo dei rivoltosi, e ho arringato la folla!». Il suo grido di battaglia era stato «dame dell'impero, mi batto per la libertà!»; inoltre aveva detto agli altri protestatari: «Questa sera ci avete visto abbattere le barricate. Fate in modo da abbattere coloro che ne sono responsabili alle prossime elezioni». Ma la battaglia fu perduta e il teatro chiuso. «Non so proprio quale sia la tua opinione in proposito», scrisse Churchill al fratello, «ma sono certo che disapproverai un provvedimento tanto coercitivo e inutile».

Lord Randolph stava viaggiando da Hong Kong all'India; nella prima settimana di settembre un telegramma del dottor Keith comunicò che soffriva di allucinazioni passeggere e non riusciva a parlare correttamente. Churchill, allarmatissimo, convinse il dottor Roose a dirgli la verità sulla salute del padre; questi gli parlò dei sintomi, non della causa. «Non avevo affatto capito la gravità del male di papà», scrisse subito a sua madre, «e finora non avevo mai pensato che la cosa fosse tanto seria».

A fine novembre, mentre Lord Randolph era a Madras, il dottor Keith telegrafò a Roose per comunicargli la terribile notizia che al paziente restavano solo «sei mesi di vita». Roose mostrò il telegramma a Winston, che decise di partire subito per l'India. «Non so quando la malattia di papà arriverà a conclusione», scrisse alla madre, «ma sono determinato a partire per rivederlo». Suggerì inoltre un immediato ritorno dei genitori in Egitto o sulla riviera francese, dove lui e Jack avrebbero potuto raggiungerli. «Dev'essere terribile per te», scrisse a sua madre, «ma per me lo è quasi altrettanto. Perlomeno tu sei lì sul posto, vicino a lui».

Lady Randolph decise di riportare il marito, sempre più sovente vittima di delirio e incoerenza, nella Francia meridionale. Churchill scrisse a Jack il 29 novembre, un giorno prima di compiere vent'anni: «Papà e mamma stanno tornando e arriveranno a Montecarlo a fine dicembre – dunque potremo andare a trovarli. I medici ritengono che se rimarrà *assolutamente* tranquillo potrà ancora guarire – ma non potrà più dedicarsi alla politica».

Proprio allora si stava concludendo il periodo di Churchill a Sandhurst. All'esame di equitazione si piazzò secondo su 127 cadetti. «Spero che sarai contento», scrisse al padre, ma Lord Randolph non era più in grado di afferrare quel che succedeva intorno a lui; a Colombo bisognò ricorrere a una camicia di forza. Di lì fu portato al Cairo ma, poiché era troppo malato per sperare che si ristabilisse in Francia meridionale, fu riportato a Londra.

Il 24 dicembre era nuovamente in Grosvenor Square; qualche giorno dopo ebbe dolori così forti che i familiari pensarono stesse per morire. Allarmato, il principe di Galles incaricò il proprio medico, Sir Richard Quain, di informarsi dal neurologo di Randolph, Buzzard, circa la natura del male. La risposta fu: «Lord Randolph è affetto da paralisi generale i cui primi sintomi, sotto forma di tremore della lingua e difettosa articolazione delle parole, mi sono apparsi manifesti in una visita di due anni orsono. Non lo vedevo da un lungo periodo – direi uno o due anni – sicché è impossibile stabilire da quanto tempo sia affetto dalla malattia». Per chi non lo sappia, la «paralisi generale» è una manifestazione della sifilide che si verifica solitamente da dieci a venti anni di distanza dall'infezione.

Il 3 gennaio 1895 Lady Randolph scrisse alla sorella Leonie: «Sta meglio fisicamente, ma 1000 volte peggio mentalmente. Persino sua madre ora vorrebbe che fosse morto l'altro giorno». Qualche giorno dopo Lord Randolph, svegliandosi da un sonno profondo, chiese ai presenti quando sarebbero partiti per Montecarlo. Gli risposero che la partenza era fissata per il giorno seguente. «Bene», disse. Quindi vide suo figlio e gli chiese quando e come aveva superato l'esame di Sandhurst; Churchill si era classificato ventesimo su 130.

Lord Randolph morì il mattino del 24 gennaio, tre settimane prima di compiere 46 anni, e tre giorni dopo fu sepolto nel cimitero di Bladon, appena fuori dalla cinta di Blenheim. «Sul paesaggio che il sole faceva risplendere», ha scritto Churchill, «la neve aveva steso un manto lucente».

Ignaro della causa terribile della morte del padre, Winston si convinse che fosse un'ulteriore prova del fatto che i Churchill morivano giovani. Sia lui sia Jack erano nati prematuri, e anzi, al momento della nascita, Jack era stato dato per morto. Tre fratelli di Lord Randolph erano morti in tenera età e un quarto, l'8° duca, era morto pressappoco all'età di Lord Randolph. Winston stesso aveva sempre avuto una salute cagionevole.

Tutto questo metteva paura; egli non era solo indotto a difendere la memoria di suo padre e a provare a se stesso di non essere un buono a nulla come pensava Lord Randolph, ma era anche ossessionato dall'idea di morire giovane, tanto che vent'anni dopo si sarebbe chiesto: «Quaranta [anni] ed è finita?». Non avendo letto la lettera di Buzzard a Quain, che fu ritrovata e pubblicata da suo figlio Randolph nel 1967, Churchill non poteva sapere che la sua paura di morire giovane a causa di una tara ereditaria era priva di fondamento.

Sei mesi dopo la morte di suo padre, nell'estate del 1895, fece visita alla sua tomba a Bladon.

4
SECONDO LUOGOTENENTE: «NON RIESCO A STARE FERMO»

Il 20 febbraio 1895, quattro settimane dopo la morte di suo padre, Churchill entrò in cavalleria e fu destinato, con il grado di secondo luogotenente, al 4° Ussari allora di stanza a Aldershot. Il brevetto di ufficiale fu rilasciato, come voleva la consuetudine, dalla regina Vittoria al «nostro fedele e diletto Winston Leonard Spencer Churchill, gentiluomo»; era firmato dal ministro della Guerra, Campbell-Bannerman, che poco meno di undici anni dopo avrebbe conferito a Churchill il primo incarico di governo, quello di viceministro delle Colonie.

La disciplina ad Aldershot non era severa. La giornata iniziava alle 7,45, scrisse Churchill al fratello durante la prima settimana, con la «colazione a letto». Per un'ora al giorno comandava un plotone di 30 soldati, «sorvegliando che i cavalli siano strigliati, lavati e nutriti e le camere degli uomini pulite ecc.». Ogni mattino c'erano due ore di lezione di equitazione e al pomeriggio un'esercitazione «in cui per lo più addestro io stesso gli uomini». Seguivano «bagni caldi», cena, biliardo e bazzica.

Dopo due sole settimane trascorse ad Aldershot, il ventunenne ufficiale subalterno fu invitato a parlare agli elettori della circoscrizione di Barnesbury; era la prima volta che succedeva ma, «dopo profonda meditazione», disse al fratello, «scrissi loro che era un onore troppo grande – o qualcosa del genere».

A giugno una sua amica, Polly Hacket, sposò Edward Wilson. Winston aveva fatto amicizia con la sorella di Wilson, Muriel, che fu sua ospite ad Aldershot per la parata del Queen's Birthday. Quel mese diventò socio del Bachelors' Club di Londra. «Ho ricevuto moltissimi inviti», disse alla madre, «e se volessi potrei andare a un ballo tutte le sere – ma i giorni di manovre e le esercitazioni mi fanno desiderare il letto più di ogni altra cosa». A giugno giunse in visita in Inghilterra Nasrulla Khan, figlio dell'emiro dell'Afghanistan; e quando questi ispezionò le truppe ad Aldershot, Churchill fece parte della scorta del duca di Connaught. «Sono rimasto sette ore a cavallo senza smontare né togliermi il colbacco», raccontò a sua madre, «più altre due ore dopo pranzo – ma è un grande onore essere stato scelto».

La sera del 2 luglio ricevette a Aldershot un telegramma che gli comunicava che le condizioni della signora Everest erano «critiche». Partì subito per la casa dell'ex bambinaia, al 15 di Crouch Hill nella zona settentrionale di Londra. «Sapeva di essere in pericolo, ma si preoccupava solo per me», ricordò in seguito. «C'era stato un diluvio e la mia giacca era fradicia; quando la toccò, si mise in allarme perché temeva che prendessi freddo. Per tranquillizzarla dovetti togliermela e farla asciugare».

Churchill si precipitò quindi in centro città per cercare un'infermiera e consultare il dottor Keith, che accettò di recarsi subito al capezzale della Everest. Poi prese il treno di mezzanotte per tornare a Aldershot, onde non perdere la parata del mattino; non appena fu terminata tornò a Londra. Nonostante le speranze di una ripresa, «ella sprofondò nell'incoscienza», scrisse egli a sua madre, «fino al sopraggiungere della morte alle 2 e 15 del mattino». L'infermiera era arrivata poco prima della fine. «Fu molto triste e la sua morte è stata sconvolgente – ma non credo che abbia sofferto molto».

Erano ancora le prime ore del mattino e Churchill prese il treno per Harrow per dare la notizia a Jack: voleva risparmiargli l'angoscia di un telegramma. «Era terribilmente sconvolto, ma ha cercato di non mostrarlo». Tornato a Londra, fece i preparativi necessari per le esequie. Ordinò anche una corona a nome di sua madre: «Pensavo che ti avrebbe fatto piacere mandarne una». Quanto alla signora Everest, «non troverò mai più una simile amica».

«Ero molto triste e depresso», scrisse alla madre; «in effetti scompare un altro vincolo con il passato, e ricordo con nostalgia i giorni trascorsi a Connaught Place, quando il destino sorrideva ancora». Ora Lady Randolph non aveva neppure una propria residenza; viveva in albergo o presso parenti. «Non vedo l'ora che tu abbia una tua casetta», le scrisse, «e di poter sentire dentro di me di avere una casa». La sua casa era Aldershot: «Ho moltissimi amici e mi sento a mio agio».

La vita ad Aldershot ruotava intorno ai cavalli. «Ora siamo nel pieno delle manovre», scrisse ad agosto alla madre. «Otto ore in sella ogni giorno – poi due ore di scuderia e quindi, senza requie, il polo». Ma la politica lo allettava già. «È un bel gioco da giocare, il gioco della politica, e vale senz'altro la pena di aspettare una buona mano prima di tuffarvisi davvero. Comunque quattro anni di esistenza sana e piacevole, unita alla responsabilità e alla disciplina, non possono nuocermi, al contrario». Quanto più conosceva la vita militare «tanto più mi piace, ma mi convinco che non è il mio *metier*. Bene, staremo a vedere».

Nell'autunno del 1895 Lady Randolph acquistò una casa a Londra al 35 di Great Cumberland Place. Se fosse stato di guarnigione vicino alla capitale, Churchill avrebbe potuto «abitare al 35 con te e viaggiare con un biglietto in abbonamento». Aveva «tanto desiderato avere di nuovo una casa. Sarà meraviglioso poter suonare di nuovo il campanello di casa propria. Povera cara

Everest – come le sarebbe piaciuto vederci di nuovo sistemati in una casa. Lo desiderava tanto».

Nell'ottobre 1895 Churchill decise di fare un viaggio a Cuba, dove forze spagnole cercavano di reprimere una rivolta locale, con l'amico Reginald Barnes. Alla madre, che espresse qualche timore, scrisse: «Il fatto è che ho deciso di andare». Lady Randolph rispose: «Considerato che sono io a pagare, mi sembra che anziché dire "*ho* deciso di andare", per prima cosa sarebbe stato più gentile e forse più saggio consultarmi». Non intendeva ostacolarlo, «ma penso che a suo tempo l'esperienza ti insegnerà che il tatto è un ingrediente indispensabile in ogni cosa».

Mentre si preparava per partire, ebbe un colloquio con il feldmaresciallo Lord Wolseley, comandante in capo dell'esercito britannico, grazie al quale lui e Barnes incontrarono il direttore dell'Ufficio Informazioni, generale Chapman, che fornì loro mappe e informazioni. Churchill raccontò alla madre che gli era stato chiesto di raccogliere notizie e dati su vari fatti, «in particolare circa gli effetti della nuova pallottola, il suo potere di penetrazione e di impatto». Questa richiesta «conferisce alla nostra missione un carattere semiufficiale e non mancherà di essere d'aiuto in futuro». Il viaggio aveva anche una finalità meno ufficiale: «Tornerò con un sacco di sigari Avana, parte dei quali può essere riposta nelle cantine di Great Cumberland Place 35». Prima di partire convinse il «Daily Graphic», per il quale aveva scritto suo padre dal Sud Africa, a pubblicare i suoi servizi regolari dalla scena dell'insurrezione.

Giunto a New York, espresse il suo entusiasmo: «Sono tutti molto gentili e siamo già impegnati per i pranzi dei prossimi giorni»; i cugini della madre erano tutti molto servizievoli; uno di loro aveva assunto un «ottimo valletto» per i due viaggiatori. Visitarono il quartier generale dell'Atlantic Military District e anche West Point, la Sandhurst americana. Il giovane diplomato di Sandhurst rimase impressionato dalla disciplina che vigeva a West Point. «Non è permesso fumare né possedere denaro», scrisse al fratello, «né viene loro concessa alcuna licenza, salvo due mesi dopo i primi due anni». Era una condizione «realmente deplorevole: giovani di 24 o 25 anni disposti a rinunciare in siffatta misura alla libertà personale non potranno mai essere buoni cittadini o bravi soldati. Un bambino che si ribelli a questo genere di controllo dovrebbe essere frustato, e così anche un uomo che non vi si ribelli».

Molte cose lo stimolavano; l'essenza del giornalismo americano, scrisse a suo fratello, era «la volgarità spogliata della verità». Non voleva però essere ipercritico: «Sappi che a mio parere la volgarità è un segno di forza. Gli americani sono un popolo grande, rozzo, forte e giovane, simile a un robusto, chiassoso ragazzo in mezzo a dame e gentiluomini fiacchi ma bene educati». Concludeva in modo entusiastico: «Immagina il popolo americano come un ragazzone gagliardo che calpesta tutta la tua sensibilità, che perpetra ogni possibile nefandezza in fatto di maleducazione, cui né l'età e neppure la tradizione ispirano rispetto, e che pure si muove in mezzo ai suoi affari con una freschezza spensierata che può ben suscitare l'invidia di nazioni più vecchie».

Dopo aver trascorso una settimana a New York, Churchill e Barnes andarono in Florida in treno. Il loro anfitrione newyorkese, Bourke Cockran, prenotò un compartimento per loro, cosicché il viaggio di trentasei ore verso sud non fu «sgradevole», scrisse alla madre, «come se avessimo viaggiato in un compartimento normale». A Key West presero la nave per l'Avana, dove il console generale britannico li presentò al governatore militare spagnolo, che telegrafò a sua volta al comandante in capo spagnolo del loro arrivo.

Il 21 novembre Churchill e Barnes partirono in treno dall'Avana per raggiungere le truppe spagnole sul campo. «Abbiamo avuto una fortuna incredibile», scrisse Churchill alla madre; «abbiamo perso due treni che sono stati distrutti dai ribelli dopo una mezz'ora. Siamo giunti in una città in cui si propagava ogni sorta di terribili malattie e infine, se non mi fossi spostato di un metro a destra senza una ragione particolare, sarei stato senza dubbio colpito [da una pallottola]». Oltre a tutto questo, «ho fatto puntare cinque sterline su The Rush, dato 8 a 1, che ha vinto alla grande. Vedi dunque, cara mamma, che l'angioletto *esiste*».

I suoi cinque dispacci al «Daily Graphic» erano intitolati *Lettere dal Fronte* e firmati con le iniziali «WSC». Non c'era dubbio, scrisse nella prima lettera, stilata sulla via per il fronte, che gli insorti cubani «hanno la solidarietà dell'intera popolazione e perciò informazioni continue e precise. D'altro canto, la Spagna è parimenti decisa ad annientarli e sta facendo affluire tuttora migliaia di nuovi soldati. È impossibile prevedere come finirà, ma chiunque vinca e quali che siano i risultati, non ci sono dubbi sulle sofferenze e le privazioni dell'intera comunità».

Il 23 novembre Churchill arrivò nel centro dell'isola. «Quanto più vedo Cuba», scrisse quel giorno, «tanto più sono certo che la richiesta di indipendenza è nazionale e unanime. Le forze degli insorti annoverano le migliori famiglie dell'isola e non possono essere definite, falsando la verità, come briganti. In realtà è una guerra, non una ribellione». Il giorno seguente il generale Valdez formò una colonna di circa 2.700 uomini che doveva scortare attraverso le montagne gli approvvigionamenti alle varie guarnigioni spagnole. «Il generale ci ha fornito cavalli e servitori», scrisse Churchill alla madre due settimane dopo, al ritorno all'Avana, «e siamo rimasti con il suo staff personale».

Il 30 novembre Winston compì 21 anni e quel giorno il generale Valdez guidò le sue truppe alla caccia del grosso dell'armata ribelle. Churchill e Barnes lo accompagnarono; la notte si accamparono all'aperto. Il giorno seguente, dopo essere arrivati a un altro campo, i due inglesi convinsero due ufficiali spagnoli a accompagnarli a fare un «bagno nel fiume». Finito di nuotare, i quattro stavano rivestendosi sulla riva quando «d'improvviso», scrisse Churchill nel dispaccio seguente, «udimmo un colpo di fucile, poi un secondo e un terzo e infine una scarica. Le pallottole fischiavano sopra le nostre teste. Evidentemente era in atto un attacco». Vestitosi in tutta fretta, uno degli ufficiali spagnoli si precipitò a schierare cinquanta soldati che respinsero gli assalitori.

Churchill e Barnes tornarono al quartier generale di Valdez, a mezzo miglio di distanza, dove era in corso uno scontro di maggiori dimensioni. Fu respinto anch'esso. Poi, poco prima di mezzanotte, i ribelli «tornarono alla carica e spararono contro di noi per un'ora circa». Caddero diversi soldati spagnoli. «Una pallottola perforò la baracca in cui dormivamo e un'altra ferì un attendente lì fuori».

Il giorno seguente, 2 dicembre, data che un anno dopo Churchill avrebbe definito «l'anniversario più importante della mia vita», le truppe spagnole si misero in marcia alle prime luci dell'alba. La bruma, scrisse nel dispaccio al «Daily Graphic», «offriva un riparo ai tiratori ribelli, che ci salutarono con un fuoco ben mirato non appena attraversammo il fiume». Più tardi la colonna fu costretta a fermarsi, mentre la fanteria spagnola avanzava. Durante la fermata «le pallottole nemiche sibilavano sopra le nostre teste o si conficcavano nel terreno molle sotto i nostri piedi». La colonna di cavalleria avanzò finché, riferì alla madre, «attaccammo le posizioni del nemico avanzando su un terreno scoperto sotto un fuoco intenso». Sfortunatamente il generale Valdez, «un soldato molto coraggioso, con la sua uniforme bianca e dorata su un cavallo grigio attirava su di noi gran parte del fuoco, e ho sentito fischiare e ronzare tante pallottole da averne abbastanza per un po'».

«Si udiva nell'aria un suono», scrisse nel dispaccio, «simile in alcuni momenti a un sospiro, in altri a un fischio, in altri ancora al ronzio di una vespa infuriata». Churchill e Barnes rimasero vicini al generale durante l'azione, con il risultato di trovarsi «nel punto più pericoloso del campo». A suo giudizio gli spagnoli erano stati fortunati a non perdere più uomini, «ma i ribelli sparavano di solito molto alto». Dopo dieci minuti di fuoco intenso i ribelli si ritirarono senza essere inseguiti, e a quel punto gli spagnoli ripiegarono. «Insomma», scrisse nel quinto e ultimo dispaccio, «un generale di divisione e duemila tra i suoi migliori soldati sull'isola vanno alla caccia del nemico per più di dieci giorni, superando ogni sorta di difficoltà e sopportando ogni genere di avversità, per poi accontentarsi di catturare trenta o quaranta ribelli e impadronirsi di una collina spelacchiata priva di ogni importanza». A quel modo «l'imperatore Guglielmo, con l'esercito tedesco, ci metterebbe vent'anni a reprimere la rivolta».

Nell'ultimo dispaccio fece alcune considerazioni sulla giustizia della lotta dei ribelli. Cuba era stata spremuta «in misura enorme per un periodo considerevole». La Spagna estorceva tanto denaro al paese che «le industrie sono paralizzate e lo sviluppo è impossibile». La corruzione dilagava nell'amministrazione «a livelli quasi cinesi». L'intera amministrazione spagnola era corrotta. «Unico esito possibile di un sistema siffatto è una rivolta nazionale e giustificabile». Ma i metodi dei ribelli copiavano la tattica di «incendiari e briganti – bruciare i campi di canna, sparare da dietro le siepi, tirare sugli accampamenti durante il sonno, distruggere proprietà, far deragliare treni, scagliare dinamite»: mezzi «perfettamente legittimi in guerra, senza dubbio, ma non atti su cui si fondano gli stati».

Nella seconda settimana di dicembre Churchill partì da Cuba per gli Stati Uniti e poi per l'Inghilterra. Parlando a New York a un giornalista del «New York World», disse dei soldati spagnoli: «Non ne critico il coraggio, ma mi sembrano molto versati nell'arte della ritirata». Quanto al futuro, «ritengo che alla fine gli Stati Uniti interverranno per mettere pace». In effetti gli Stati Uniti avrebbero di lì a poco dichiarato guerra alla Spagna, sconfiggendola e dando vita nel 1901 alla repubblica indipendente di Cuba.

Nel febbraio 1896 gli americani cominciarono a premere sulla Spagna perché lasciasse Cuba. Churchill scrisse a Bourke Cockran: «Spero che gli Stati Uniti non costringano la Spagna a abbandonare Cuba, a meno che non siate pronti a assumere la responsabilità dei risultati di tale iniziativa». Tuttavia, se gli Stati Uniti si fossero annessi Cuba, «nonostante questo possa essere un colpo per la Spagna, sarebbe la scelta migliore e più opportuna sia per l'isola sia per il mondo in generale». Ma avrebbe giudicato «mostruoso» che l'America si limitasse a permettere «la nascita di un'altra repubblica sudamericana» senza esercitare «alcun tipo di controllo sul suo comportamento»; e soprattutto Gran Bretagna e Stati Uniti dovevano evitare di scontrarsi. «Restate calmi e non costringete il 4° Ussari a schierarsi in Canada per un conflitto insensato e criminale».

Cockran era irritato perché il governo britannico aveva arrestato alcuni irlandesi trovati in possesso di dinamite. «Ho avuto modo di parlarne con Mr Asquith», gli disse Churchill, «e gli ho detto che io li avrei rilasciati per rispetto dei sentimenti del popolo irlandese».

A febbraio la «Saturday Review» pubblicò un suo articolo su Cuba e Lady Randolph ne inviò una copia a Joseph Chamberlain, che rimase colpito da quella che definì «la migliore sintesi che abbia letto sui problemi che gli spagnoli si trovano ad affrontare, e che concorda con le mie conclusioni». Aggiunse: «È evidente che Mr Winston ha tenuto gli occhi aperti».

Nell'estate del 1896 Churchill voleva essere inviato in Egitto, nella speranza di diventare «aiutante di campo» del comandante in capo delle truppe britanniche, generale Sir Herbert Kitchener, nel conflitto per riconquistare il Sudan. Naufragate queste speranze, chiese al «Daily Chronicle» di potersi recare come suo corrispondente a Creta, dove i greci dell'isola si battevano per l'indipendenza dal dominio turco. Chiese inoltre alla madre di esercitare la sua influenza sul ministro della Guerra, Lord Lansdowne, per potersi unire alle forze impegnate nella repressione della sollevazione in Matabeleland.

Lansdowne non solo non lo aiutò, ma «come amico» ammonì Lady Randolph che in vista dell'inchiesta sulle accuse mossegli da «Truth», per un presunto scandalo verificatosi nel suo reggimento, non era «opportuno da parte di Winston lasciare l'Inghilterra in questo momento. Non mancano certo le persone maldisposte, e non è affatto da escludere che tentino di travisare la sua iniziativa». Un mese dopo la lettera di Lansdowne, Churchill cercava ancora di ottenere l'autorizzazione per andare in Matabeleland. Laddove il suo reggimento sarebbe dovuto partire tra breve per l'India, il 9° Lancieri doveva partire per il Matabeleland a fine agosto. «Ne discuteremo venerdì», scrisse alla madre all'inizio del mese, «ma, cara mamma, non puoi sapere quanto vorrei fare rotta fra qualche giorno per uno mondo avventuroso e eccitante – in posti ove potrei fare esperienza e trarne beneficio – anziché per la tediosa terra d'India, dove sarò parimenti lontano dalle gioie della pace e dagli azzardi della guerra».

Andare in India con il suo «sfortunato reggimento», disse alla madre, era una prospettiva «davvero poco allettante». Non partecipare alla guerra in Matabeleland significava lasciarsi sfuggire «un'occasione d'oro. Mi sentirei colpevole di un'assurda indolenza di cui mi dorrei per tutta la vita». Qualche mese in Matabeleland gli avrebbe procurato la South Africa Medal e «con ogni probabilità» la British South Africa Company's Star. «Di lì di gran carriera in Egitto, per tornare dopo uno o due anni con altre due decorazioni – e sostituire alla spada la valigia diplomatica». Matabeleland ed Egitto erano possibilità concrete, e invece «sono qui, tagliato fuori. Non posso credere che, con tutti gli amici influenti che hai e tutti quelli che sono disposti a fare qualcosa per me per riguardo a mio padre, non mi sia concesso partire, ove quell'influenza sia esercitata nel modo opportuno».

Pregò la madre di usare la sua influenza: «È inutile predicare a me il vangelo della pazienza. Altri giovani sono già lanciati, e che speranze ho di raggiungerli? Perciò ti dico – nero su bianco – che non dovresti davvero lasciare nulla d'intentato per aiutarmi in questo frangente. Possono passare anni prima che si ripresenti una possibilità del genere». Era vivamente frustrato: appena ventunenne, temeva di passare l'intero servizio militare in caserma, lontano dall'azione. «Non puoi capire quanto questa vita mi sia terribilmente insopportabile quando accadono tante cose a un mese di distanza da qui».

Ma il Matabeleland sfumò: l'11 settembre partì via mare per l'India con il 4° Ussari, frustrato nelle sue speranze di azione. Il 1° ottobre giunse a Bombay e tre giorni dopo al campo di Poona. «Ho assunto un ottimo servitore indiano», scrisse a sua madre, «che bada a me indefessamente e ha un'ottima reputazione di onestà». Da Poona fu trasferito a Bangalore, dove rimase più di sei mesi. La città, a mille metri sopra il livello del mare, era famosa per il clima salubre. Churchill divideva un ampio *bungalow* con due amici, Reginald Barnes e Hugo Baring: «Uno splendido palazzo decorato in stucco bianco e rosa, in mezzo a un magnifico grande giardino».

Churchill, Barnes e Baring avevano ciascuno un maggiordomo incaricato di «servire a tavola, governare la casa e badare alla scuderia», un primo cameriere addetto all'uniforme, con un aiutante, e un *groom* per ogni cavallo o pony. Inoltre i tre giovani ufficiali si avvalevano dei servigi di due giardinieri, quattro lavandai e un sorvegliante. «Ecco qua il nostro ménage», scrisse Churchill alla madre. Questa prima lettera conteneva anche varie richieste: desiderava che sua madre gli mandasse un tavolino da gioco, «libri (assai graditi)», la bicicletta, una dozzina di camicie e vari oggetti per andare a caccia di farfalle: contenitori, bacheche, una rete, una scatola di spilli e una «latta per ucciderle». Quanto ai suoi «peccati», «non bevo e in pratica non fumo fino al tramonto – bevo spremuta di limone o di tanto in tanto birra, che dopotutto è indice di moderazione».

Fin da bambino Churchill era stato afflitto da un'incapacità di pronunciare correttamente la lettera 's', che tendeva a pronunciare come 'sh'. Prima di partire per l'India aveva consultato Felix Simon, eminente specialista di malattie della gola, la cui diagnosi gli arrivò in India. «Confida che siano sufficienti la pratica e la perseveranza e ritiene che non vi sia difetto organico», scrisse alla madre.

L'India era «una terra empia di miserabili e di seccatori». Ma all'inizio di novembre, mentre giocava a polo a Secunderabad, conobbe Pamela Plowden, figlia del residente britannico di Hyderabad. «Debbo dire che è la ragazza più bella che abbia mai visto», scrisse alla madre. «Cercheremo di visitare insieme la città di Hyderabad – su un elefante. Non si osa andare a piedi perché gli indigeni sputano sugli europei, il che provoca reazioni che sfociano in sommosse».

La visita a dorso di elefante diede origine a un'amicizia che sarebbe durata tutta la vita. Cinquantacinque anni dopo Churchill avrebbe scritto a Pamela: «Conservo il tuo ricordo attraverso gli anni, dai giorni in cui ero considerato strano – sempre così – ma molto odiato ed escluso, anche se una persona vedeva in me qualche qualità».

Il 30 novembre Churchill compì ventidue anni. Mancandogli l'azione, pregò la madre di fargli ottenere un trasferimento presso l'armata di Kitchener in Egitto. «Ho saputo che si è deciso di fare un'altra avanzata quest'anno». Compito di Lady Randolph era rivolgersi direttamente a Kitchener. «Due anni in Egitto», le scrisse tre settimane dopo, «per giunta con una campagna, mi darebbero diritto di sostituire alla spada il tagliacarte e alla giberna il comizio».

A dicembre andò a Calcutta, un viaggio in treno di cinque giorni, per giocare a polo. «Incontrerò molte persone simpatiche e alcune che possono essermi utili». Ma giunto a Calcutta trovò la città «piena di gente assolutamente poco interessante». C'era stato un ballo alla Viceregal Lodge, ma «come sai sul *parquet* non brillo», sicché non c'era andato. Ogni qual volta incontrava i residenti britannici, «provo il desiderio immediato di scappare dal paese. Solo nel mio comodo *bungalow*, tra le rose, i pony per il polo e le farfalle provo quella calma filosofica che sola può rendere tollerabile il soggiorno in India». Calcutta era «terribilmente fredda al calar della notte» e si era preso un raffreddore, ma era contento di aver visitato la città «per la stessa ragione per cui papà diceva di essere contento di aver visto Lisbona, cioè perché non sarà necessario rivederla».

Nel febbraio del 1897 i greci dell'isola di Creta iniziarono la rivolta contro i dominatori turchi. La Gran Bretagna si schierò con la Turchia e il governo di Lord Salisbury inviò una flotta da guerra nel Mediterraneo per interrompere il flusso di aiuti dalla Grecia a Creta. Le simpatie di Churchill andavano agli insorti greci, così com'era avvenuto due anni prima con gli insorti cubani. Quando sua madre affermò che era giusto aiutare le autorità turche, egli replicò: «Stiamo commettendo un'infamia sparando sugli insorti cretesi e imponendo il blocco alla Grecia perché non possa soccorrerli». Ammetteva che «gli argomenti materiali» gli davano torto e che le cose non potevano che andare in quel modo, ma non si poteva guardare soltanto ai benefici materiali: «Considero la questione dal punto di vista del bene e del male, Lord Salisbury da quello del profitto e della perdita».

Il vero scopo di Salisbury, spiegò a Lady Randolph, era la difesa dell'impero turco per evitare che la Russia si impadronisse di Costantinopoli. «È deciso a difendere l'impero turco. Non gli importa un accidente delle sofferenze di coloro che sono oppressi da quell'impero». Quanto alla capitale turca, «com'è vero che la notte segue il giorno i russi finiranno per prendere Costantinopoli. Non potremmo fermarli neppure se volessimo. Non dovremmo desiderare nulla che possa impedire l'espulsione del vile orientale dall'Europa». Il desiderio russo di conquistare Costantinopoli era la «giusta aspirazione di un grande popolo. Preferirei affrontare una valanga. Settanta milioni di individui senza un porto su un mare caldo. È ragionevole?».

Tuttavia la presenza della Russia a Creta disturbava Churchill: «Non le credo. Tanta rettitudine non sarebbe umana. Non sta agendo in buona fede». Era «inconcepibile» che la Russia agisse in modo disinteressato. «Non lo crederò mai».

Le scrisse inoltre che se si fosse trovato in parlamento non avrebbe lasciato nulla d'intentato per opporsi al governo di Salisbury. «Sono un liberale in tutto, salvo il nome». Le sue opinioni suscitavano «il pio orrore» degli altri ufficiali. Se non fosse stato per lo Home Rule, «al quale non darò mai il mio assenso, entrerei in parlamento come liberale». Enunciò quindi un programma interno essenzialmente liberale: estensione del diritto di voto a ogni uomo adulto, istruzione universale, riconoscimento di tutte le religioni, imposta progressiva sul reddito. «Voterò per tutto questo». In politica estera era favorevole al non intervento in Europa, a «mantenersi del tutto sganciati, se vuoi isolati», a difendere le colonie con una «flotta potente» e a creare un sistema di difesa imperiale. Ma a oriente di Suez «le redini democratiche non sono possibili. L'India dev'essere governata secondo i vecchi princìpi; ecco il credo della democrazia *tory*. Pace e potere all'estero – prosperità e progresso all'interno».

Intendeva tornare in Inghilterra per un mese di licenza, ma la reazione di sua madre lo sbalordì. Gli disse che il suo era un «progetto sventato» e «assolutamente fuori questione, non solo per via del denaro ma nell'interesse della tua reputazione». Gli spiegò: «Diranno, con qualche ragione, che non sopporti alcunché. Sei lontano da soli sei mesi ed è probabile che possa essere destinato all'Egitto. Ci sono tante cose che puoi fare in India. Confesso di essere piuttosto sconfortata: non mi sembra che tu abbia un vero scopo nella vita e non capisci, a ventidue anni, che per un uomo la vita significa lavoro, duro lavoro, se si propone di riuscire».

Churchill rimase in India; in primavera, mentre si trovava al poligono di tiro durante un'esercitazione come addetto ai bersagli, rischiò di farsi ammazzare; come raccontò a sua madre, «una pallottola colpì il bordo di ferro del bersaglio, esplose in tante schegge e rimbalzò verso di me». Uno dei frammenti lo colpì alla mano sinistra, sotto il pollice, penetrando profondamente. «È grazie a Dio, direbbero alcuni, o alla volontà del caso o alla teoria delle probabilità, sosterrebbero altri, che non sono stato colpito all'occhio; in tal caso sarei rimasto sicuramente cieco». Dopo «venti orribili minuti» di scavo da parte del medico, la scheggia fu estratta «e da quel momento ho trascorso brutti momenti ogni mattino, quando bisogna siringare la ferita. Ben conoscendo la mia viva avversione per il dolore fisico e anche per il disagio, sicuramente mi compatirai». Sempre pieno di risorse, e ardito, giocava a polo con le redini legate al polso.

A metà aprile la Turchia dichiarò guerra alla Grecia. Churchill adesso aveva un nuovo obiettivo: andare al fronte come corrispondente. Sua madre doveva trovargli un giornale per cui lavorare. «Lord Rothschild sarebbe la persona che può aiutarmi», le scrisse, «dato che conosce tutti». Aggiunse: «Cara mamma dipende da te» decidere da quale parte. «Le mie simpatie vanno naturalmente ai greci, ma d'altro canto è destino che vincano i turchi: hanno una forza enorme e si lanceranno all'offensiva. Se andrò dalla loro parte, sarà meno glorioso ma molto più sicuro e, non avendo io nessun desiderio di trovarmi travolto dalla rotta di un esercito sconfitto, ritengo che sarebbe più opportuno. Decidi tu. Se puoi farmi ottenere buone credenziali per i turchi, andrò con loro; se le otterrai per i greci, andrò dai greci».

In attesa della risposta della madre, partì da Bombay sperando di trovare tutto pronto al suo arrivo in Italia. Prevedeva una guerra «breve e violenta»; con ogni probabilità «arriverò tardi». In effetti così fu: i turchi sconfissero i greci prima che la sua nave fosse giunta in Italia. Proseguì quindi per Londra; recatosi alla sede centrale del partito conservatore, chiese ai funzionari di organizzargli una serie di comizi finché era in congedo, con il risultato che il 26 giugno pronunciò il suo primo discorso politico alla Primrose League riunitasi nelle vicinanze di Bath. La Lega era stata fondata da suo padre al fine di perpetuare il ricordo di Disraeli e i valori della democrazia *tory*.

L'oratore ventiduenne era stato presentato al pubblico come il figlio di Lord Randolph e nel suo discorso parlò in termini entusiastici della democrazia *tory*. Il lavoratore britannico poteva «sperare di più dalla marea montante della democrazia tory che dal canale prosciugato del radicalismo». Sperava che i lavoratori sarebbero divenuti «azionisti delle aziende in cui lavorano», il che li avrebbe indotti a resistere alle pressioni degli anni negativi «perché si spartiscono parte dei profitti di quelli positivi».

Quanto alle questioni imperiali, parlò di chi, perfino nell'anno del *Jubilee* del 1897 (il 60° anniversario del regno della regina Vittoria), sosteneva che l'impero britannico aveva toccato il culmine della gloria e del potere, «e ora dovrebbe iniziare il declino, come a Babilonia, Cartagine e Roma». Non bisognava credere a quegli uccelli del malaugurio, «ma smentire la loro lugubre profezia mostrando con le nostre azioni che il vigore e la vitalità della nostra razza restano integri, che da veri inglesi siamo decisi a conservare l'impero ereditato dai nostri padri» – applausi – «che la nostra bandiera sventolerà alta sui mari, la nostra voce sarà ascoltata nei consigli d'Europa, la nostra Sovrana incoraggiata dall'amore dei suoi sudditi, sicché continueremo a seguire la strada indicataci da una mano onnisciente e a svolgere la nostra missione di portare pace, civiltà e buon governo nei più remoti angoli della terra».

«Il discorso è andato bene», scrisse al fratello; «il "Morning Post" ne ha parlato favorevolmente e tutti sono sembrati soddisfatti». Da Bath andò a Goodwood per le corse. «Mi trovavo sui prati di Goodwood, il tempo era incantevole e vincevo qualche soldo quando scoppiò la rivolta afgana alla frontiera indiana». Lesse sui giornali che per reprimere la sollevazione si stava formando un corpo di spedizione di tre brigate, a capo del quale sarebbe stato messo il generale Sir Bindon Blood che, incontrando Churchill in casa della duchessa Lily, gli aveva promesso di portarlo con sé se avesse comandato un'altra spedizione alla frontiera. Churchill gli telegrafò subito per ricordargli la promessa fatta e, prima di ricevere risposta, partì in treno da Londra per Brindisi dove salpò con il postale indiano *Rome*. Mentre la nave si avvicinava a Aden, scrisse alla madre chiedendole di mandargli le mazze da polo e anche le raccolte dei discorsi di Gladstone e Disraeli.

Tre settimane dopo il discorso di Bath, Churchill era nuovamente a Bangalore. Il suo discorso «è stato molto apprezzato quaggiù. Tutti leggono il

"Morning Post"». E aggiungeva: «[Ti chiedo] un altro favore. Solletica la mia vanità mandandomi tutte le opinioni favorevoli di cui sei a conoscenza». In Inghilterra aveva raccontato alla madre la trama di un romanzo che intendeva scrivere. «Ho lavorato al romanzo tutti i giorni», le scrisse da Bangalore il 24 agosto. «È di gran lunga la miglior cosa che abbia mai fatto». Aveva già scritto 80 pagine; si trattava di un romanzo politico ambientato in una repubblica immaginaria. «Ne sono entusiasta. Tutta la mia filosofia è messa in bocca all'eroe». La sua lettera si incrociò con quella di Sir Bindon Blood, che gli comunicava che il suo staff personale era completo e gli suggeriva di recarsi alla frontiera nordoccidentale come corrispondente: «Quando sarai qui ti inserirò alla prima occasione tra gli effettivi». Un suo amico lo aveva già fatto, gli spiegò il generale, e era stato assegnato agli effettivi in sostituzione di un ufficiale caduto in azione.

Churchill telegrafò subito alla madre perché gli trovasse un giornale inglese per cui lavorare come corrispondente. Ottenne quindi «con grande difficoltà» un mese di congedo, mise da parte il romanzo, chiese a sua madre di mandargli il primo volume della corrispondenza di Gibbon e si preparò per il viaggio di cinque giorni verso il nord, portando con sé i suoi cavalli. Se il treno si fosse arrestato avrebbe proseguito a cavallo. «Ho considerato ogni cosa», le scrisse all'inizio di un viaggio in treno di oltre tremila chilometri, «e ritengo che il fatto di aver prestato il servizio militare ancora giovane mi darà un maggior peso politico – accrescerà il mio diritto di essere ascoltato e può forse accrescere le mie speranze di acquistare popolarità nel paese».

Questa lettera fu scritta nella tarda serata del 29 agosto. Il giorno seguente il suo ufficiale comandante a Bangalore scrisse a Lady Randolph: «Ho pensato che forse avreste gradito due righe, in quanto vostro figlio è partito ieri sera per la frontiera».

5

IN AZIONE

Churchill si avvicinava al teatro di uno scontro violento. Quasi tutte le «fiere, selvagge, bellicose tribù di razza afgana sono in rivolta», spiegò al fratello il 31 agosto in una lettera scritta sul treno che andava a nord. «Contro di loro si erano raccolti più di 50.000 soldati inglesi e indiani. Per il governo britannico, aggiunse, era impossibile «ignorare un torto subìto: bisogna vendicarlo. Così a nostra volta dobbiamo attaccare afridi e orakzai e altri che hanno osato violare la Pax Britannica».

Alle spalle di Churchill, nella regione di Bangalore, meno di 500 soldati inglesi sorvegliavano una regione abitata da oltre 12 milioni di indiani, in prevalenza musulmani, solidali con gli afridi. Attraversando una regione vasta quasi come la distanza che separa l'America dall'Inghilterra, scrisse al fratello: «È motivo di orgoglio pensare che quest'immensa distesa di terra fertile e popolosa è retta e amministrata dagli inglesi, tanto più se si pensa quanto il dominio sia completo e minuzioso e quanto pochi siano i dominatori».

Giunse a Malakand alla frontiera nordoccidentale la prima settimana di settembre e seppe che sua madre aveva convinto l'autorevole «Daily Telegraph» a pubblicare le sue lettere dal fronte. Ella doveva decidere se andavano firmate con il nome di Winston. «Quanto a me, sono favorevole a firmarle», le scrisse, «perché in caso contrario non me ne verrà attribuito il merito. Può essere d'aiuto sul piano politico presentarsi in questo modo all'opinione pubblica».

Aveva convinto anche l'«Allahabad Pioneer», su cui aveva scritto Kipling, a accettare un telegramma quotidiano di 300 parole dalla frontiera; fu questo incarico a permettergli di arrivare al quartier generale di Sir Bindon Blood. «Quanto alla battaglia», scrisse il 5 settembre alla madre, «ci metteremo in marcia domani». Prima della fine della settimana ci sarebbe stato uno scontro, «il maggiore combattuto quest'anno alla frontiera». «Ho fede nella mia stella», aggiunge. «Sono destinato a far qualcosa a questo mondo. Che importa se mi sbaglio? La mia vita è stata piacevole e anche se rimpiangerei di doverla lasciare, sarà forse un rimpianto che non conoscerò mai».

In attesa dell'inizio del combattimento, spedì le prime nove lettere al

«Daily Telegraph» descrivendo la situazione alla frontiera; furono pubblicate senza il suo nome, con l'intestazione «Un giovane ufficiale». Nello scontro alla frontiera nordoccidentale, scrisse il 12 settembre, «la civiltà si trova faccia a faccia con l'islamismo militante». Date le «forze morali e materiali» che si fronteggiavano, «non bisogna temere l'esito finale, ma quanto più si manterrà la politica delle mezze misure, tanto più si allontanerà la fine del conflitto».

Cavalcò fino a Nawagai, attraversando la valle di Mohmand. Ansioso di arrivare «in tempo per un'azione», viaggiò da solo davanti a un distaccamento di cavalleria e incontrò «una cinquantina di indigeni armati. Fortunatamente si rivelarono amici: erano molto sorpresi vedendomi galoppare selvaggiamente in mezzo a loro con la pistola in mano. Come potevo spiegare? Ero così vicino che non restava altro da fare che attaccare».

Raggiunta Nawagai senza ulteriori incidenti, scrisse a Reggie Barnes: «I Mohmand hanno bisogno di una lezione – e non c'è dubbio che siamo un popolo molto crudele». A Malakand i sikh avevano «ficcato un ferito nell'inceneritore e l'hanno bruciato vivo. La cosa è stata taciuta». Aggiunse: «Mi sento un avvoltoio. La sola scusa è che potrei essere io stesso la carogna». Il giorno dopo aver scritto questa lettera, fu assegnato su richiesta del generale Blood alla seconda brigata del corpo di spedizione di Malakand, che stava per entrare in azione. Il giornalista a tempo perso tornava a essere un ufficiale in servizio. Il giorno seguente, 16 settembre, partecipò all'azione che agognava presso il villaggio di frontiera di Markhanai. La giornata cominciò alle sei e mezzo; egli avanzò con altri 1.300 cavalieri e, scrisse alla madre, «sentii sparare il primo colpo». Dopo un'ora di scaramucce, avanzò sul suo pony lungo un contrafforte con un reggimento di fanteria sikh, il 35°, «finché il fuoco si fece tanto intenso che il mio pony grigio rischiava l'incolumità». Continuò a piedi finché fu dato l'ordine di ripiegare lungo il contrafforte. «Rimasi fino all'ultimo. La ritirata si tramutò in una rotta spaventosa, in cui i feriti venivano abbandonati e fatti a pezzi da quelle bestie feroci».

Due ufficiali inglesi che si trovavano vicino a Churchill, i luogotenenti Cassells e Hughes, furono colpiti dalle pallottole degli afridi; poi un soldato nemico, balzato su Hughes, cercò di finirlo e Churchill gli sparò da una trentina di metri; «cadde ma riprese a avanzare». Hughes morì e Cassells sopravvisse. Churchill, insieme con un terzo subalterno, riportò un sikh ferito verso i soldati che ripiegavano e, «se qualcuno avesse assistito alla scena, ne avresti avuto notizia», riferì alla madre. «I miei pantaloni sono ancora macchiati del sangue dell'uomo».

Gli afridi arrivarono a quaranta metri; Churchill e Bethune sparavano con le pistole e i loro nemici rispondevano con le pietre. Poi riaprirono il fuoco. «Fu una cosa orribile. Non era possibile aiutare chi cadeva. Non ero affatto eccitato e molto poco spaventato. L'eccitazione scomparve nel momento in cui la situazione si fece realmente critica». Corse seri pericoli per un'ora, finché si rinnovarono gli attacchi del nemico. «La situazione era così critica», raccontò alla nonna, «che fui costretto a scaricare la pistola nove volte per difendermi». A un certo punto usò un fucile lasciato cadere da un ferito e, disse a Reggie Barnes, «sparai 40 colpi a bruciapelo con buoni risultati. Non ne sono certo, ma credo di aver colpito 4 uomini. Ad ogni modo sono caduti». L'azione si concluse e ripresero le scaramucce. Dopo quel che aveva passato, raccontò a sua madre, «non mi eccitavano affatto, mentre gli ufficiali giovani del reggimento erano entusiasti per le pallottole che fischiavano o sollevavano polvere vicino a loro, pensando ogni volta di averla scampata bella». Nel complesso, riferì a Lord William Beresford, «è stata una giornata animata. Sono rimasto sotto il fuoco dalle 7,30 del mattino alle 8,30 di sera senza sosta, anche se naturalmente in situazioni diverse».

Riflettendo tre giorni dopo su quanto aveva fatto durante lo scontro, in cui erano morti 50 dei 1.300 soldati inglesi e sikh e 100 erano stati feriti, scrisse alla madre che nessuno poteva criticarlo quanto a coraggio. «Ho galoppato sul mio pony grigio lungo l'intera linea del fuoco, mentre tutti gli altri cercavano di ripararsi. Forse è stato sciocco, ma io punto in alto e per il pubblico non esiste atto troppo audace o nobile». Durante la ritirata il pony, e perciò il suo cavaliere, era stato notato dall'ufficiale comandante del 35° sikh che, nel suo rapporto, raccomandò di menzionare Churchill nei dispacci. Il comandante di brigata approvò la richiesta e quattro mesi dopo scrisse a Churchill: «Vi siete trovato in diversi punti caldi con la mia brigata, e oso affermare che passerà del tempo prima che vi ritroviate in una situazione tanto rovente».

Dopo l'azione del 16 settembre, Sir Bindon Blood volle Churchill come suo ufficiale di giornata. Di conseguenza, spiegò Winston alla madre, «otterrò una medaglia e forse un paio di fregi». Durante la settimana partecipò a altre due azioni, prima a Domadola e poi, il 23 settembre, a Zagai, dove galoppò ancora con il suo pony grigio lungo la linea del fuoco. Fece quindi richiesta di partecipare a un'altra spedizione verso la Tirah, «che significherebbe un altro fregio».

«Ho trascorso dei momenti difficili», scrisse alla madre il 27 settembre, «ma sono certo che la mia fortuna mi permetterà di cavarmela». Tre giorni dopo un reggimento indiano di fanteria, il 31° del Punjab, uscì malconcio da uno scontro. Bindon Blood assegnò subito Churchill al reggimento per colmare il vuoto tra le file degli ufficiali; «Ho scelto lui», spiegò al colonnello Brabazon, «perché era il solo ufficiale disponibile e perché vale quanto due subalterni comuni».

Il 30 settembre il 31° reggimento del Punjab entrò in azione a Agrah; i morti e i feriti furono 60. «Ho visto con viva mortificazione», riferì Churchill a Beresford, «la fanteria britannica fuggire lasciando sul terreno il suo ufficiale, anche se ero troppo lontano per notare quest'ultimo». Il reggimento inglese era il Royal West Kents. «E così», aggiunse, «nella mia breve esperienza ho visto fuggire sia neri sia bianchi». Alcuni mesi dopo scrisse alla madre: «Ho pianto quando il 30 settembre mi sono unito al Royal West Kents e ho visto i soldati vacillare sotto il fuoco, logorati dalla battaglia, e quel povero, giovane Browne-Clayton fatto letteralmente a pezzi su una barella – perché i suoi uomini non gli erano rimasti accanto». Il luogotenente Browne-Clayton aveva solo un anno più di lui quando morì.

Churchill raccontò alla madre di essere rimasto per cinque ore sotto il fuoco ad Agrah, «ma non mi sono trovato nei punti più caldi». Nondimeno, come le riferì solo in seguito, per la terza volta si era spinto sul suo pony grigio lungo la linea del fuoco. Sperava di avere il comando di cento uomini nell'azione successiva, per avere «altri motivi per correre rischi del solo amore dell'avventura».

Scrisse questa lettera il 2 ottobre dal quartier generale di Sir Blood a Inayat Kila. Aveva la febbre e un «terribile mal di testa», e le confidò che quella era una guerra senza quartiere. «Uccidono e mutilano tutti quelli che catturano, né noi esitiamo a finire i loro feriti. Ho assistito a molti episodi tutt'altro che edificanti da quando sono qui – ma mi crederai se ti dico che non mi sono sporcato le mani con azioni ignobili – anche se riconosco che alcune cose sono necessarie».

Dal suo accampamento di frontiera chiedeva al fratello la sua opinione sul discorso di Bath. «Dimmi sinceramente che cosa ne pensi, se ne pensi bene; non voglio critiche negative. La critica cessa di avere valore per la persona criticata quando è ostile. E... aspetta di vedere il mio romanzo!».

Nei dieci giorni seguenti si trovò varie volte sotto il fuoco. «Se gli si presenta l'occasione», scrisse Sir Bindon Blood al colonnello Brabazon, «si guadagnerà la VC o il DSO». Brabazon rispose: «Sono certo che quel ragazzo ha forza d'animo». Il 12 ottobre Churchill scrisse alla madre che nelle quattro settimane trascorse si era trovato 15 volte sotto il fuoco nemico dopo la prima azione, «un buon punto di partenza per la vita politica». Meditava di scrivere un libro sul corpo di spedizione di Malakand in cui avrebbe accompagnato alla descrizione delle azioni commenti e critiche alla politica del governo. «Conosco il terreno, gli uomini e i fatti», le scrisse, aggiungendo: «Mi sono guadagnato la mia medaglia con fregio. Secondo Blood, neppure uno su cento ha visto tanti scontri quanto me: ma bada, non dallo stato maggiore o da lontano, ma ogni volta dall'ultima compagnia della retroguardia».

In una lettera alla nonna, le confidò che «gli indigeni torturano i feriti e mutilano i morti. I soldati non risparmiano un solo uomo caduto nelle loro mani – che sia o no ferito». Ospedali da campo e convogli dei malati erano il «bersaglio preferito» dei nemici. Gli inglesi reagivano non solo distruggendo i serbatoi d'acqua che costituivano d'estate la sola fonte di approvvigionamento delle tribù di frontiera, ma «impiegando contro di loro una pallottola», la nuova pallottola dum-dum, «i cui effetti dirompenti sono semplicemente spaventosi. Non credo che questa pallottola sia mai stata usata prima su esseri umani, ma solo a caccia – cervi, tigri ecc. È un quadro terribile e naturalmente presenta aspetti cui non si fa cenno sulla stampa. Vorrei poter trarre la conclusione che tutta questa barbarie, tutte queste perdite, tutte queste spese hanno ottenuto un risultato definitivo, invece non credo che si sia fatto nulla che non sarà necessario rifare».

In seguito confidò a Beresford che nel suo ultimo giorno alla frontiera aveva rischiato «di essere ucciso – da un subalterno che non ricordava di aver la pistola carica – più che in qualsiasi altra occasione. Sarebbe stata un'ironia della sorte».

Nella terza settimana di ottobre fu richiamato a Bangalore. Il periodo passato alla frontiera era stato «il più glorioso e dilettevole che la vita mi abbia finora concesso. Ma c'era sempre la possibilità che potesse concludersi bruscamente. Ho visto un gran numero di uomini uccisi e feriti e ho udito molte pallottole colpire il terreno intorno a me o fischiarmi vicino – un numero tale che se le avessi contate forse non mi crederesti». Nessun proiettile l'aveva proprio sfiorato; il più vicino gli era passato a un metro, aveva raccontato in una lettera, «ma da allora la distanza è diminuita. Ho avuto sempre una fortuna straordinaria», pari al suo sangue freddo sotto il fuoco. Oltre a ricevere la medaglia per aver partecipato all'azione, fu menzionato nei dispacci per il «coraggio e la risolutezza, rendendosi utile in un momento critico».

Era molto fiero di essere stato menzionato nei dispacci: «Ambisco alla fama di coraggio personale», scrisse alla madre, «più che a qualunque altra cosa al mondo». E al fratello: «Poiché in molte cose – in particolare a scuola – sono un codardo, non vi è cosa cui ambisca quanto una reputazione di coraggio personale». Quanto al fatto di meritare un simile onore, «sento di aver corso ogni rischio e di essermi messo in mostra ovunque ci fosse pericolo, ma non avevo un comando e non potevo pensare di guadagnarmi meriti per quello che, dopotutto, dovrebbe essere semplicemente il comportamento di un filosofo – che è anche un gentiluomo». Forse, disse a Jack, «il mio buon pony grigio ha attirato l'attenzione dell'osservatore».

Frattanto aspettava che il «Daily Telegraph» pubblicasse le sue lettere, in cui non si limitava a descrivere l'azione, ma esponeva la sua opinione sull'assurdità della politica del governo, che permetteva alle tribù di controllare la regione cuscinetto tra India britannica e Afghanistan. La regione, a suo giudizio, doveva essere annessa quanto prima, e allora le scorrerie sarebbero cessate. Annessione era una parola che l'opinione pubblica britannica «dovrà infine accettare, e quanto prima lo farà tanto prima le cose cominceranno a aggiustarsi». Alla fine la Gran Bretagna sarebbe stata costretta probabilmente a assorbire anche l'Afghanistan «fino alla frontiera russa». La linea di confine più sicura era politica, «pali rossi e gialli a 50 metri di distanza e sentinelle, come tra Austria e Russia. Non vi sono dubbi su ciò che si vuole. Attraversarla significa guerra. Queste politiche degli "stati cuscinetto" sono solo soluzioni temporanee e procurano più fastidi che altro».

Mentre si trovava a Bangalore, continuò a lavorare al suo romanzo. All'inizio di novembre aveva scritto nove capitoli, ma dopo alcune settimane lo mise da parte per raccontare del corpo di spedizione di Malakand. Chiese alla madre di spedirgli dall'Inghilterra il materiale pubblicato nonché le opinioni degli «attori principali» sugli aspetti politici della campagna. Due anni prima, le riferì, il colonnello Younghusband aveva fatto «un bel po' di soldi» con il suo libro sulla campagna di Chitral. «Non vedo perché non potrei rendere altrettanto interessante un resoconto dei combattimenti ben più aspri che abbiamo affrontato». Aveva già scritto a «tutti i colonnelli e alle persone bene informate» che aveva conosciuto alla frontiera per chiedere loro informazioni. «Non ho dubbi che riceverò volumi di lettere a giro di posta. Tale è la modestia dell'epoca. Sono poche le persone che rifuggono dal raccontare ciò che è successo davvero, dal loro punto di vista. Ovviamente dovrò fare una cernita».

Lavorava al libro sei ore al giorno, «tanto che mi è venuto quasi un buco nell'indice», disse alla madre. Scrivere era tutt'altro che facile: «Ogni cosa necessita di un duro lavoro e di frequenti rielaborazioni». Ambiva a qualcosa di «meglio dei libri da viaggio. Tuttavia, forse do un'immagine esagerata delle cose». Scrisse a Jack del suo amore per lo studio del passato. «Una buona conoscenza della storia è una faretra piena di frecce nelle discussioni». Una buona conoscenza del francese sarebbe stata «della massima utilità nella vita»; una volta lasciato l'esercito, sperava di vivere per qualche mese a Parigi onde perfezionare il suo francese. Sperava che anche Jack viaggiasse, per vedere almeno parte «di questo nostro grande impero, alla difesa del quale consacrerò la vita».

Il 31 dicembre 1897 spedì a sua madre il manoscritto del volume *The Story of the Malakand Field Force*. Arthur Balfour, cui ella aveva già parlato del libro, aveva promesso di aiutarla a trovare un buon editore e così fece, presentandola al suo agente editoriale, A.P.Watt, che era rimasto colpito dalla «notevole abilità» delle lettere di Churchill al «Daily Telegraph»; nel giro di una settimana trovò un editore. «Può darsi che il libro sia un successo finanziario», scrisse Churchill alla madre; «ricordati di scrivermi per parlarmene bene. Dimmi quali sono le parti che ti piacciono. Adoro gli elogi, sono meravigliosi».

A metà gennaio le riscrisse: «Quanto vorrei poterti mettere all'opera per l'Egitto! So che lo faresti con tutta la tua influenza presso le persone che conosci. Questa è un'epoca intraprendente e dobbiamo farci avanti come gli altri». Dopo la campagna di Tirah, cui sperava ancora di partecipare, e poi l'Egitto, sarebbe passato «dalla guerra alla pace e alla politica. Questo se tutto andrà bene. Per quanto mi riguarda penso di sì, ma naturalmente basta osservare la natura per accorgersi quanto poco valore attribuisca alla vita, la cui santità è un'idea squisitamente umana. Prova a pensare che la magnifica farfalla – 12 milioni di piume sulle ali, 16.000 lenti nell'occhio – è solo un boccone per l'uccello. Ridiamo del fato. Potrebbe farle piacere».

Anche due amici di Churchill erano stati corrispondenti di guerra alla frontiera indiana. Uno di loro, Lord Fincastle, si era guadagnato la Victoria Cross e l'altro, il luogotenente R.T. Greaves, era caduto in azione. «Una piccola ventura avrebbe potuto assicurarmi la più elevata di tutte le ricompense o mettere fine al gioco», scrisse Winston alla madre.

6

A OMDURMAN E OLTRE

Churchill, preoccupato per il suo futuro economico, aveva avviato una causa per impedire che Lady Randolph trasmettesse la sua parte di eredità a un eventuale secondo marito. «Mi sento un bruto sordido e orribile per averlo fatto», scrisse a sua zia Leonie, «ma dovevo contemplare la possibilità che mamma sposasse un uomo povero non di mio gradimento, un vagabondo. Ora ho fatto abolire queste clausole, ma solo perché confido nella mia capacità di scongiurare definitivamente la miseria grazie al giornalismo». Nondimeno, era preoccupato della prodigalità di sua madre. «Il quadro in effetti è fosco. Non potrò mai permettermi di dedicarmi alla politica, dopo che il patrimonio si è tanto ridotto. Più di *metà* è stata spesa. Tuttavia, con le prospettive di una campagna autunnale, non è filosofico disperare. Posso trovare una risposta semplice a tutti gli enigmi che mi si presentano».

All'inizio di giugno, mentre era in procinto di partire per una licenza, chiese alla madre di organizzare due o tre riunioni, in particolare a Bradford dove sperava di candidarsi in futuro per il parlamento. Desiderava «una riunione di grandi dimensioni, con almeno 2.000 uomini». «Costringili a venire: sono certo di poterli trattenere. Ho accumulato materiale valido per almeno tre discorsi, tutto debitamente trascritto e classificato». Lady Randolph fece quanto richiesto; frattanto suo figlio partì da Bombay, passò per l'Egitto dove lasciò il servitore indiano e l'equipaggiamento, comprese tende e selle, nella speranza di potervi ritornare presto, e proseguì per Londra.

Arrivò nella capitale il 2 giugno e dodici giorni dopo parlò a Bradford; l'accoglienza ricevuta lo elettrizzò. «Sono stato ascoltato con la massima attenzione per 55 minuti», raccontò a Lady Randolph, «al termine dei quali mi hanno gridato di continuare. Cinque o sei volte ci sono stati applausi ininterrotti di due minuti». Quando concluse il discorso, «molta gente è salita sulle sedie e ha manifestato un entusiasmo incredibile». A suo cugino Sunny scrisse: «Bradford è stato il sommo piacere della mia vita. Spero che si ripeta».

Intanto faceva il possibile per essere assegnato all'esercito di Kitchener in Sudan. Il primo ministro Lord Salisbury aveva appena letto *The Story of the*

Malakand Field Force e chiese al suo segretario privato di combinare un incontro con il giovane autore, figlio di un ex collega. Fu così che Churchill mise piede per la prima volta al numero 10 di Downing Street.

Salisbury gli disse di essersi «formato un quadro reale del tipo di scontri che hanno avuto luogo in queste valli di frontiera più dai vostri scritti che da ogni altro documento che era mio dovere leggere». Quando venti minuti più tardi Winston si alzò per congedarsi, il primo ministro lo trattenne per altri dieci minuti e, conducendolo verso la porta, gli disse: «Permettetemi di dirvi quanto mi ricordate vostro padre, con cui ho trascorso giorni tanto importanti della mia vita politica. Se mai potrò fare qualcosa che vi sia d'aiuto, vi prego di non mancare di farmelo sapere».

Churchill, incoraggiato da tanto interesse, chiese al segretario privato di Salisbury se poteva spedire un telegramma a Kitchener per chiedergli di prenderlo in considerazione per il corpo di spedizione. Salisbury acconsentì, ma Kitchener rispose con freddezza: gli ufficiali erano sufficienti e in caso di necessità c'erano altri più qualificati di lui. Per nulla scoraggiato, si rivolse a Lord Cromer che promise di scrivere direttamente a Kitchener. Anche Lady Randolph scrisse al comandante in capo, al pari dell'amica Lady Jeune, che mandò un telegramma sbrigativo: «Spero prenderai Churchill. Garantisco che non scriverà». Kitchener non se ne fece convincere; Lady Jeune era però anche un'intima amica di Sir Evelyn Wood, Aiutante Generale dell'esercito, che a una cena privata aveva espresso il suo fastidio per la riluttanza di Kitchener ad accettare i candidati del ministero della Guerra. Non appena lo seppe, Churchill le chiese di riferire a Wood dell'interessamento del primo ministro. Così ella fece, e Wood telegrafò a Kitchener raccomandandogli Winston. Due giorni dopo seppe di dover partire immediatamente per l'Egitto per unirsi al 21° Lancieri. «Ho avuto notevoli difficoltà per arrivare qui», scrisse due settimane dopo dal Nilo a un amico, «e per la verità, se non fossero morti due giovani ufficiali, dubito molto che ci sarei riuscito». Anche Lady Jeune aveva fatto la sua parte.

A Londra Churchill si era messo in contatto con un amico di famiglia, Oliver Borthwick, proprietario di giornali, che lo aveva incaricato di scrivere «secondo l'occasione» una serie di lettere per il «Morning Post», per 15 sterline a colonna. Ottenuto questo incarico, partì da Londra il mattino del 27 luglio e tre giorni dopo si imbarcò a Marsiglia. Scrisse alla madre che la nave era una «carretta sozza con un equipaggio di detestabili marinai francesi». Temeva di ricevere un telegramma da Bangalore in cui gli si comunicava che la licenza era finita. «Tuttavia sono contento di non aver ricevuto finora un telegramma di richiamo. La mia partenza rende molto più forte la mia posizione». Arrivato in Egitto la sera del 2 agosto, si recò subito agli alloggiamenti del 21° Lancieri. «Sono stati molto gentili; avevano ricevuto una comunicazione ufficiale che mi assegnava a loro». Dei nove ufficiali del suo squadrone, sei erano amici di Harrow o di Bangalore, sicché «*questa* volta non sarò tra sconosciuti come nella valle di Mohmand».

Il 26 agosto, mentre i 25.000 uomini di Kitchener si avvicinavano a Omdurman, Churchill fece un tentativo per essere trasferito dai Lancieri alla Cavalleria Egiziana perché, spiegò a sua madre, «sebbene più pericolosa, vi sono molte più possibilità di distinguersi». Il colonnello che comandava la cavalleria lo aveva richiesto, ma il suo ufficiale superiore non voleva lasciarlo andare. «Ha ragione», ammise Churchill, «però è un peccato, perché con gli egiziani avrei avuto molte più possibilità di sfruttare la situazione».

A Omdurman, divisa da Khartum dal fiume, i dervisci decisero di attaccare e a mezzodì del 1° settembre sembrò che il loro esercito, che affluiva rapidamente da Omdurman, potesse scontrarsi con il grosso della forza britannica prima del tramonto. Churchill, il cui squadrone era schierato con il resto della cavalleria davanti al grosso del corpo di spedizione, ricevette l'ordine dal suo comandante di accertarsi delle dimensioni dell'armata derviscia e di fare rapporto a Kitchener. «Salii sulla collina nera di Surgham», scrisse poi, «e mi guardai intorno. Il grande esercito dei dervisci, in mezzo al paesaggio, appariva come una massa di piccole macchie scure nella pianura bruna. Guardando a est era visibile un altro esercito – quello britannico ed egiziano».

Nessuna delle due armate poteva vedere l'altra, «sebbene fossero divise da soli otto chilometri. Guardavo ora l'uno ora l'altro schieramento. Quello nemico era senza dubbio più lungo e più largo, ma sembrava esservi una forza superiore nei battaglioni compatti, le cui file erano tanto dritte che parevano tracciate con una riga». Le forze dervisce avanzavano, sicché Churchill si affrettò a tornare sul suo pony grigio verso l'accampamento inglese onde riferire ciò che aveva visto. Mentre si avvicinava scorse Kitchener, il Sirdar [comandante in capo dell'esercito anglo-egiziano], e una dozzina di ufficiali di stato maggiore che cavalcavano nella sua direzione: andavano verso la collina di Surgham per accertare quanto stava succedendo. Così si incontrarono per la prima volta il generale e l'ufficiale subalterno, che sedici anni dopo avrebbero fatto parte entrambi del Gabinetto di guerra.

Sebbene Kitchener stesse dirigendosi verso la collina, scrisse Churchill, nondimeno lo invitò a «descrivere la situazione come appariva agli squadroni avanzati, e così feci». Kitchener ascoltò senza parlare; «i nostri cavalli facevano scricchiolare la sabbia mentre cavalcavamo fianco a fianco».

«Dite che l'esercito derviscio avanza», commentò Kitchener; «quanto tempo credete che abbia?»

«Almeno un'ora», rispose Churchill; «forse un'ora e mezzo, signore, anche se continuano a avanzare a questo passo».

«Il Sirdar era molto calmo», a detta di Churchill, «e trasmetteva questa fiducia al suo stato maggiore. "Non possiamo chiedere di meglio", affermarono; «è un buon campo di tiro. Possono attaccare oggi come domani».

L'esercito derviscio si arrestò prima di raggiungere le posizioni inglesi, lasciando tra i due schieramenti la collina. Churchill e i lancieri si unirono al grosso dell'armata di Kitchener sul fianco più vicino al Nilo. Dopo le esperienze alla frontiera nordoccidentale indiana, egli se la rideva degli ufficiali britannici dell'armata egiziana che parlavano di «battaglie»; per chi come lui aveva combattuto in India, quelle «battaglie» non erano altro che «scaramucce». In ogni caso, dopo la prima guerra mondiale avrebbe ricordato che «per la gran parte di coloro che parteciparono alle piccole guerre della Gran Bretagna in quel fulgido periodo ormai svanito», la morte in combattimento era «solo un episodio sportivo in un magnifico gioco».

Molti di coloro che avevano combattuto in India o in Sudan, avrebbe scritto in seguito, «erano destinati» a vedere una guerra, la prima guerra mondiale, in cui la situazione si sarebbe «ribaltata, in cui la morte era l'attesa generale e le ferite gravi erano giudicate una fortuna, in cui intere brigate furono falciate dal flagello ferreo dell'artiglieria e delle mitragliatrici, in cui i superstiti di un tornado sapevano che sarebbero stati di certo annientati da uno di quelli successivi». Tutto dipendeva dalla scala degli eventi: «Noi giovani che andammo a dormire quella notte a tre miglia da 60.000 dervisci fanatici e bene armati, aspettandoci in ogni momento un loro violento attacco o un'irruzione, certi che avremmo combattuto al più tardi all'alba possiamo forse essere perdonati se pensavamo di essere alle prese con una guerra vera».

Durante la notte la collina fu occupata da un'unità della cavalleria egiziana e all'alba altre pattuglie di cavalleria uscirono in perlustrazione. Churchill faceva parte di una di queste. Compito suo e dei sette lancieri che lo affiancavano era di tornare sulla collina, che gli inglesi chiamavano allora Heliograph Hill, e fare rapporto sulla forza e le posizioni dei dervisci. «Ci muovemmo al galoppo e non sapendo che lo squadrone egiziano e il suo ufficiale erano già stati in osservazione, assaporammo tutta l'eccitazione senza alcun pericolo, esultando al pensiero di essere i primi a osservare ciò che c'era dall'altra parte».

Lo spettacolo era impressionante, spaventoso. Seppe che altri cavalieri erano stati sulla collina prima di lui solo quando scrisse il libro sulla riconquista del Sudan. Due settimane dopo raccontò a un amico militare, Ian Hamilton, di essere stato «credo il primo a vedere il nemico – di certo il primo a sentirne le pallottole». «Non vedrò mai più uno spettacolo simile. C'erano come minimo 40.000 uomini, in file lunghe otto chilometri, e a intervalli grandi gobbe e quadrati, e posso assicurarti che quando li sentimmo intonare tutti insieme i loro canti di guerra dalla mia posizione vantaggiosa sulla cresta della Heliograph Hill, io e la mia piccola pattuglia ci sentimmo molto soli». Pur non dubitando dell'esito dello scontro, aggiunse, «avevo una grande paura».

Erano le sei meno un quarto. Churchill scrisse subito un messaggio a matita per Kitchener: «Esercito derviscio, forza immutata, occupa le posizioni della scorsa notte con il fianco sinistro ben spiegato. Le loro pattuglie hanno riferito l'avanzata e si abbandonano a grandi evviva». Non c'erano truppe dervisce a meno di tre miglia dal campo di Kitchener, ma quando la luce aumentò Churchill vide che l'armata nemica stava effettivamente avanzando. Il loro comandante, il califfo, aveva deciso di respingere l'esercito che si avvicinava. In un secondo rapporto a matita, scritto alle sei e venti, riferì a Kitchener questi movimenti. Gran parte della cavalleria nemica, osservò, si era unita alle truppe che avanzavano.

Churchill rimase sulla collina e due settimane dopo raccontò a Hamilton che «le loro pattuglie di cavalleria, composte da cinque o sei cavalieri ciascuna, non cercarono di ricacciarmi indietro, sicché attesi finché una brigata di forse 2.000 uomini giunse a 400 metri. Non mi accorsi che erano armati di fucile e pensai fossero tutti lancieri». Per un quarto d'ora i dervisci non parvero interessati a Churchill e ai suoi sette lancieri e li ignorarono completamente, ma poi, «stoltamente, ne feci smontare 4 e aprii il fuoco nel mucchio. A quel punto schierarono 20 fucilieri che cominciarono a fare esercizio di tiro. Allora dovetti fuggire al galoppo e in quel frangente sentii fischiare non meno di 30 pallottole». Fu un momento pericoloso. «Per buona sorte (sai quanto sia capriccioso il fato) nessuno fu colpito. In caso contrario altri avrebbero subito la stessa sorte».

Churchill spedì i suoi sette lancieri al riparo dietro la collina «e salii sulla cima». Smontò dal pony, che offriva un buon bersaglio: «Faceva troppo caldo per restare, anche se valeva la pena di osservare la scena. Poi giunse parecchia gente frenetica, aiutante, trombettieri ecc., che mi riportarono allo squadrone, dove fui così altero, facendo notare che nessuno era rimasto ferito (e riconobbero il valore dell'informazione), che mi fu consentito di ripartire». Il secondo pattugliamento si concluse senza incidenti. «Attribuii il fatto di non aver subìto perdite alla mia "esperienza"», scrisse a Hamilton. «In realtà fu grazie alla benevolenza dell'Onnipotente, perché a essere sinceri il fuoco era in quel momento il più intenso che avessi mai visto, a eccezione di quei 10 minuti dell'anno scorso, con il 35° Sikh».

Quando i dervisci giunsero a portata dei fucili inglesi, Kitchener ordinò alla fanteria di entrare in azione. Gli squadroni di cavalleria rientrarono al campo dove, scrisse Churchill all'amico, «sentimmo per un'ora gli spari di 20.000 fucili, una sessantina di cannoni e venti mitragliatrici senza vedere granché». I cavalli furono strigliati e nutriti; volava «qualche pallottola», ma tutte alte, in quanto cavalieri e cavalli erano ben riparati dalla riva del fiume. Alle otto e mezzo l'attacco derviscio si affievolì e subito fu fatta uscire la cavalleria, che prese posizione sul fianco sinistro dello schieramento inglese. «Ci fermammo sul vecchio crinale e ci gingillammo con le carabine per un quarto d'ora. Al di là si vedevano migliaia di dervisci, penso fuggitivi "pronti a essere fatti a pezzi"». In quel momento i nemici, chiaramente sconfitti, gli parvero vittima di una «supina apatia».

Alle 8 e 40 i cavalieri rimontarono a cavallo «e avanzammo piano verso quella massa». Fu la sua prima carica di cavalleria. Era sicuro, raccontò a Hamilton, «che li avremmo trafitti con le lance fino a non poter più sedere a cavallo, ma tra noi e i lontani fuggitivi c'era una linea di 150 uomini». Gli ufficiali pensarono che si trattasse di lancieri e fecero avanzare i cavalieri inglesi fino a 250 metri dalla fila. «Ci proponevamo, almeno credo fosse questa l'idea, di aggirarli sul fianco e muovere uno squadrone contro di loro, per poi procedere verso la gloria».

I cavalieri passarono davanti alla linea dei 150 dervisci da destra a sinistra, cercando un punto in cui girarsi e caricare, ma non si trattava di lancieri sorpresi in un'unica linea isolata, bensì di fucilieri. Quando i soldati inglesi furono vicini, si inginocchiarono e aprirono il fuoco. «Si udì un forte, brusco crepitare di moschetteria; la distanza era troppo ridotta per non fare danni su un bersaglio così grosso». I cavalieri, sorpresi, avevano due scelte: fare una conversione a sinistra in linea e fuggire al galoppo, «ritornando per i feriti (brutto affare)», oppure fare una conversione a destra e caricare la linea derviscia. «Penso che ciascuno abbia fatto la sua scelta», scrisse all'amico; «ad ogni modo, mentre la tromba ancora vibrava, eravamo tutti lanciati al galoppo contro di loro. Il fuoco era troppo intenso per consentire di organizzare seconde linee, con squadroni ai fianchi o cose del genere. L'unico ordine dato fu "conversione a destra in linea". "Al galoppo" e "carica" erano sottintesi».

Il ventitreenne Churchill prese parte a una carica di cavalleria non, come aveva pensato, contro lancieri demoralizzati, bensì contro fucilieri ben decisi a non cedere. Durante i primi cento metri guardò ripetutamente sopra la spalla sinistra per osservare l'effetto del fuoco nemico sui suoi uomini. «Mi parve di lieve entità. Estrassi la Mauser, una pistola potente, e l'armai. Poi guardai davanti e anziché i 150 fucilieri, che continuavano a sparare, vidi uno schieramento di dodici file (nel centro), poco meno largo del nostro fronte, di lancieri serrati gli uni agli altri».

Queste forze passate inosservate erano in una gola con le pareti scoscese, profonda due metri e larga sette: un pericolo assolutamente imprevisto. Tuttavia, dopo l'esperienza alla frontiera occidentale, Churchill pensò: «Magnifico: più sono meglio è». Il suo squadrone investì i dervisci diagonalmente, non saltando al di là della gola ma galoppando dentro di essa.

«Di fronte a me erano su quattro file, ma si gettarono tutti per terra a sedere all'insù e passammo senza nessuno scontro. Uno dei miei uomini cadde e fu fatto a pezzi. Cinque o sei cavalli furono feriti da dietro; per il resto, illesi». La carica di cavalleria era finita e i soldati si dispersero. «Credo che siano stati i 2 minuti più pericolosi che vivrò in vita mia», confessò a Hamilton. Su 310 ufficiali e soldati che avevano partecipato alla carica, un ufficiale e 20 soldati furono uccisi e 4 ufficiali e 45 soldati feriti. «E tutto in 120 secondi!» fu il suo commento. Aveva sparato «esattamente 10 colpi» e scaricato la pistola, «ma senza che fossero neppure sfiorati il cavallo o l'uniforme. Ben pochi possono dire lo stesso».

Ora sulla scena dello scontro poté vedere «uomini sparpagliati e duelli singoli». Subito «mi misi al trotto avvicinandomi ai nemici, sparando loro in faccia con la pistola e uccidendone diversi: tre certi, due dubbi, uno molto dubbio. Mi guardai intorno e vidi la massa dei dervisci che si riformava. La carica l'aveva attraversata, abbattendone quasi metà. Si erano rimessi in piedi e i loro emiri cercavano di radunarli». Osservando a cavallo i dervisci che si raggruppavano, si accorse che si trovavano a soli venti metri. «Li guardai stupidamente per un paio di secondi, poi vidi due uomini inginocchiarsi e prendere la mira con i fucili – e infine mi resi conto del rischio e del pericolo».

Voltate le spalle al nemico, si decise a tornare al galoppo tra i suoi, mentre i due fucilieri gli sparavano. «Vista la breve distanza ero terribilmente teso, ma non sentii fischiare nessuna delle loro pallottole, che finirono sa il Cielo dove; così mi misi al piccolo galoppo e rientrai tra i miei». Pochi istanti dopo, d'improvviso, un derviscio spuntò in mezzo a loro. «Non so come ci fosse arrivato. Doveva essere saltato fuori da qualche cespuglio o buco. Tutti i cavalleggeri gli puntarono contro le loro lance, ma quello balzava avanti e indietro, provocando sul momento un enorme scompiglio. Ferito più volte, barcollò verso di me con la lancia levata. Gli sparai da meno di un metro, e cadde riverso nella sabbia».

Churchill schierò gli uomini, una quindicina, dicendo loro che forse occorreva una seconda carica, e fors'anche una terza. Udendo ciò, uno di loro esclamò: «Bene, signore, siamo pronti, tutte le volte che vuole». Quando domandò a un sergente «se si era divertito», l'uomo rispose: «Beh, non direi proprio di essermi divertito, signore, ma credo che la prossima volta ci avrò fatto l'abitudine». Riflettendo su queste parole due settimane dopo, Churchill scrisse a Hamilton: «La mia fede nella nostra razza e nel nostro sangue ne è uscita molto rafforzata». E del proprio comportamento: «Non mi sono distinto in alcun modo, anche se ovviamente la mia vanità è cresciuta perché ho conservato il sangue freddo».

Erano le 9 e 15. Le forze dervisce battevano in ritirata e Churchill aspettava con ansia una seconda carica. «Mai soldati furono più pronti», scrisse a sua madre quindici giorni dopo; «dissi ai miei che erano i migliori soldati del mondo e sono certo che mi avrebbero seguito ovunque fossi andato e (lo dico a te e a te sola) sarei andato molto molto lontano, giacché in quei momenti la mia anima vola altissima». Cercò di convincere l'aiutante a ordinare una seconda carica; «Altre cinquanta o sessanta vittime avrebbero reso storica l'azione», scrisse alla madre; ma, mentre si discuteva ancora sulla seconda carica, dal punto in cui proseguiva lo scontro di fanteria si vide «una successione di apparizioni spaventose: cavalli che grondavano sangue e che si trascinavano su tre zampe, uomini che perdevano sangue da ferite orribili, trafitti da lance con la punta a uncino, braccia mozzate e volti sfigurati, budella che fuoriuscivano, uomini che rantolavano, gridavano, crollavano, spiravano». Non ci sarebbero state altre cariche. «Il sangue dei nostri comandanti si era raffreddato e il reggimento fu trattato con insolita premura per il resto della giornata».

Continuava a pensare che sarebbe stato opportuno entrare di nuovo in azione. Un'altra carica «sarebbe stata un atto splendido, e soldati e ufficiali potevano senz'altro farlo finché erano "caldi". Ma le scariche di fucileria erano più efficaci, anche se mi sarebbe piaciuta una carica, *pour la gloire* e per scatenare la cavalleria britannica». Ma anche il suo ardore si smorzò: «Tutti eravamo più tiepidi un'ora dopo, e provai un certo sollievo vedendo che almeno per quel giorno gli "eroismi" erano finiti».

I lancieri cavalcarono fino a un punto in cui poterono smontare da cavallo e sparare sul fianco del nemico. Dopo qualche minuto di fuoco intenso, i dervisci ripiegarono; allora i lancieri ritornarono alla gola che avevano caricato, fermandosi per una colazione. Nella gola c'erano trenta o quaranta dervisci morti. «Tra loro giacevano i corpi di più di venti lancieri, colpiti e mutilati tanto da essere irriconoscibili».

Quella mattina, mentre la fanteria avanzava in trionfo verso Khartum, migliaia di dervisci feriti furono uccisi dai soldati vittoriosi. Churchill non prese parte al massacro, e anzi inorridì. «La vittoria di Omdurman», avrebbe detto alla madre, «fu disonorata dal massacro inumano dei feriti»; «Kitchener ne è responsabile».

Da Khartum poté inviare un telegramma di tre parole alla madre: «Tutto bene. Winston». Quella sera un ufficiale che conosceva Lady Randolph le telegrafò: «Grande scontro. Bello spettacolo. Winston bene». Due giorni dopo la carica di cavalleria, Churchill le scrisse una lettera: «Non ho mai avvertito il minimo nervosismo, mi sentivo freddo come ora». La carica «non è stata affatto allarmante come la ritirata del 16° a settembre dell'anno scorso. È accaduta come in sogno e non riesco a ricordarne alcuni momenti. I dervisci non mostravano paura della cavalleria e non si muovevano finché non li buttavi a terra con il cavallo. Cercavano di azzoppare i cavalli, di tagliare briglie e redini; menavano fendenti in tutte le direzioni e sparavano con il fucile a distanza di pochi passi. Non sono stato neanche sfiorato. Ho ucciso quelli che mi assalivano e ne sono uscito senz'alcun danno fisico o mentale». Robert Grenfell, con cui aveva stretto amicizia durante il viaggio dal Cairo, fu il solo ufficiale caduto nella carica. «Questo ha tolto alla cosa ogni piacere ed esultanza, per quanto mi riguarda». Altri due amici erano stati feriti e Hubert Howard era morto. «Aveva terminato la carica illeso ed è davvero un'ironia della sorte che sia stato ucciso da un proiettile amico». Tutto questo lo aveva reso «irrequieto e teso» durante la notte del 2 settembre; «riflettei sulle miserie della guerra. Non puoi indorare la pillola: la verità viene a galla».

Due giorni dopo lo scontro cavalcò da Khartum al campo di battaglia. «Spero di trovare qualche lancia ecc.», scrisse alla madre, aggiungendo: «Scriverò una storia di questa guerra». Questo sopralluogo si trasformò in un'esperienza dolorosa. Più di diecimila dervisci erano stati uccisi e altri quindicimila feriti. Quelli gravi erano stati abbandonati alla morte sul campo di battaglia. La scena era orribile; vide centinaia di feriti gravi che per tre giorni si erano trascinati fino alle rive del Nilo, per poi morire a un passo dall'acqua, o che giacevano feriti senza speranza nella boscaglia. Dopo aver descritto la scena nel libro *The River War*, commentò: «Forse gli dei hanno vietato la vendetta all'uomo perché volevano per sé una bevanda così inebriante. Ma la coppa non va bevuta fino all'ultima goccia. Spesso la feccia ha un pessimo sapore».

Nel libro non risparmiò le critiche a Kitchener. Per quanto riguardava il massacro dei dervisci feriti, scrisse che «lo spirito duro e spietato del comandante si trasmise alla truppa, e alle vittorie che segnarono il corso della *guerra del fiume* si accompagnarono atti di barbarie non sempre giustificati neppure dalla dura realtà dei conflitti più feroci o dalla natura crudele e sleale dei dervisci». Mentre si trovava a Khartum, visitò le rovine del suo edificio più sacro, la tomba del Mahdi. «Per ordine di Sir H. Kitchener la tomba era stata profanata e rasa al suolo e la salma del Mahdi disseppellita. La testa fu staccata dal corpo e, per citare la spiegazione ufficiale, "preservata per future disposizioni" – espressione che in questo caso significa che passò di mano in mano fino ad arrivare al Cairo».

In un passo che avrebbe suscitato l'ira di Kitchener, Churchill dichiarò: «Se il popolo del Sudan non aveva più a cuore il Mahdi, allora fu un atto di vandalismo e di stupidità distruggere l'unico bell'edificio che poteva richiamare il viaggiatore e interessare lo storico. È un cupo presagio per il futuro del Sudan il fatto che la prima iniziativa dei suoi civili conquistatori e dell'attuale governatore sia stata la distruzione del solo pinnacolo che si levava al di sopra delle case di fango. Se invece il popolo del Sudan ancora venera la memoria del Mahdi – e più di 50.000 uomini avevano duramente combattuto non più di una settimana prima per proclamare il loro rispetto e la loro fede – allora non esito a dichiarare che la distruzione di ciò che per essi era sacro e inviolabile è stata un atto malvagio di fronte al quale il vero cristiano, non meno del filosofo, deve esprimere il suo orrore».

Mentre si apprestava a partire da Khartum, seppe che un ufficiale rimasto gravemente ferito, Richard Molyneux, aveva un assoluto bisogno di un innesto epidermico. Subito offrì una porzione della propria pelle, che gli fu prelevata dal torace. «Mi fece un male del diavolo», avrebbe poi detto. Quarantasette anni dopo Molyneux scrisse a Churchill, allora primo ministro: «Non ne parlo mai e lo tengo segreto, perché temo che la gente pensi che me ne vanto». Churchill gli rispose: «Grazie tante, caro Dick. Spesso ripenso a quei giorni e mi piace pensare che hai mostrato quel pezzetto di pellaccia. Io ho fatto vedere spesso il punto da cui è stata prelevata».

Impaziente di ritornare a Londra, era furioso con Kitchener che per «una piccola ripicca» gli aveva dato ordine di riportare i mezzi di trasporto «con lunghe, lente marce» a Atbara. Ma poi rifletté: «Che importa? È sufficiente essere vivo e poter partecipare al gioco della vita». Mentre viaggiava verso sud gli fu consegnato un telegramma del direttore di «The Times» che gli chiedeva di diventare il corrispondente del giornale «al fronte». Era troppo tardi, rispose, pur essendo «lusingato dell'attenzione che mi prestate». Durante il viaggio seppe anche di un'imminente azione navale britannica al largo di Creta, dove centinaia di cristiani greci erano stati massacrati dai turchi. Pensò ancora una volta di modificare i suoi progetti per essere presente nel nuovo teatro di guerra e riferirne. «Quando la sorte è in vena di dare», scrisse alla madre, «bisogna secondare la fortuna».

La morte di Hubert Howard fu l'evento che diede il via alle sue riflessioni più solenni nelle lettere a casa. Howard aveva «l'aspetto duro, del veterano», scrisse a Lady Randolph. «Senza un grande sforzo d'immaginazione posso vederlo mentre ti fornisce tutti i dettagli della morte di tuo figlio, con quell'aria da ragazzo». E aggiungeva: «*Au revoir,* mio carissimo. La situazione è migliore così, migliore per te e per me, e chissà che non sarà migliore per l'impero».

La crisi a Creta si concluse, come già in passato, troppo presto perché Churchill potesse trarne profitto, sicché tornò a Londra. «Non posso fare a meno di pensare», scrisse il principe di Galles, «che la vita parlamentare e letteraria sia quella che meglio vi confarebbe, giacché la monotonia della vita militare in una guarnigione indiana non può costituire per voi un'attrazione». Dopo il ritorno parlò in pubblico a Rotherhithe, a Londra e poi a Dover. In quest'ultima occasione, scrisse alla madre, «per un momento persi il filo del ragionamento, ma rimasi in silenzio finché lo ritrovai, e non credo che abbia avuto importanza». I giornali riportarono in modo favorevole tutto ciò che aveva detto.

Era giunto il momento di tornare al reggimento in India; prima di partire incontrò più volte Pamela Plowden, la giovane che tanto lo aveva affascinato a Hyderabad; a fine novembre le scrisse che aveva avuto ragione ammonendolo a non farsi «nemici non necessari», ma sbagliava dicendogli che era «incapace di affetto»: «Amo una persona sopra ogni altra, e sarò fedele; non sono un volubile uomo di mondo, che segue capricciosamente l'inclinazione del momento. Il mio amore è profondo e tenace. Nulla lo cambierà mai. È vero, potrei dividerlo, ma la più parte rimarrebbe fedele: rimarrà fedele fino alla morte». Chi era questa persona che amava? «Ascolta, come dicono i francesi, te lo dirò voltata pagina». E voltata pagina scrisse «Sinceramente tuo, Winston S.Churchill».

Subito dopo aver compiuto 24 anni, partì da Londra per l'India. «L'attraversamento della Manica è stato peggio di una bastonatura», scrisse alla madre, «è stato terribile». Attraversata l'Europa in treno si imbarcò a Brindisi. «L'*Osiris* non partirà che a mezzanotte», scrisse a sua zia Leonie il 2 dicembre, «ma temo che starò male subito dopo. Odio il mare e ho un'avversione costituzionale per il viaggio. Donde il mio destino». Durante il viaggio scrisse a Jack: «La nave è stregata. Perfino il capitano stava male. Non lascerò mai l'Inghilterra per una crociera romantica».

Aveva deciso di lasciare l'esercito entro sei mesi e di dedicarsi alla politica. «Mi chiedo se Aylesbury vada bene», scrisse a sua madre da Bangalore. «Mi hanno domandato di parlare al loro pranzo annuale questo mese». Trascorreva la più parte del tempo scrivendo il nuovo libro in due volumi. «Oggi sono alquanto depresso», le scrisse il 29 dicembre, «perché ho lavorato tutta la mattina senza fare alcun progresso. Procedo a sbalzi, anche se persevero incessantemente». E aggiungeva: «Qui non mi sento altrettanto forte che in Inghilterra. Mi opprime un grande torpore mentale, una diminuzione dell'energia». La sezione sul ruolo di Kitchener rivelava «una forte amarezza». Il suo ex comandante in capo era «un uomo volgare e ordinario, alla cui costituzione mentale manca gran parte degli elementi non brutali».

All'inizio del 1899 mandò dall'India a sua madre una copia di un brano che aveva scritto per il nuovo libro, sul capo dei dervisci, il Mahdi, rimasto orfano da piccolo. «Gli alberi solitari, quando riescono a crescere, crescono forti: e un bambino privato della cura del padre spesso sviluppa, se scampa ai pericoli della giovinezza, un'indipendenza e un'energia mentale che possono ricompensare nel prosieguo della vita la pesante perdita degli anni precedenti».

Le scrisse anche riguardo alla vita politica britannica. Dopo aver detto che Chamberlain stava «perdendo molto terreno», aggiunse: «Me lo dice l'istinto. So di aver ragione. Ho sviluppato un istinto per queste cose. Ereditato, probabilmente». A febbraio ricevette una lettera di Robert Ascroft, deputato per Oldham, circoscrizione che eleggeva due deputati, che gli chiedeva di presentarsi con lui alle prossime elezioni generali al posto dell'altro candidato conservatore, che si sarebbe ritirato per ragioni di salute ed egli accettò; la sua ambizione di sedere in parlamento era più vicina a realizzarsi. Un mese dopo realizzò l'ultimo obiettivo che aveva in India, partecipare al torneo di polo tra reggimenti; giocò con una spalla slogata, che bisognava legargli al fianco a ogni incontro.

La sua squadra vinse il torneo; dei quattro componenti, Albert Savory sarebbe caduto in azione nella guerra contro i boeri, Reginald Barnes avrebbe conseguito il grado di generale e Reginald Hoare quello di comandante di brigata; entrambi avrebbero visto il loro compagno diventare primo ministro.

Partì dall'India per Londra nella terza settimana di marzo e non avrebbe più rimesso piede nel subcontinente indiano. Sperava di aver fatto la scelta giusta abbandonando la vita militare. «Se l'esercito fosse stato fonte di guadagno anziché di spesa», scrisse alla nonna Marlborough durante il viaggio di ritorno, «avrei potuto sentirmi costretto a continuarla; ma posso vivere con meno e guadagnare di più come scrittore, inviato speciale o giornalista; inoltre quest'attività mi è più congeniale ed è più probabile che mi sia d'aiuto per conseguire obiettivi più ambiziosi». Era stato comunque un «grande dolore»; gli dispiaceva molto «abbandonare tutti i miei amici e indossare per l'ultima volta l'uniforme con le medaglie».

A metà aprile era di nuovo a Londra. Poco dopo il suo ritorno morì la duchessa di Marlborough, ma egli non permise che il lutto familiare interferisse con le nuove attività politiche. «Non ritengo mi sia vietato partecipare a pubblici incontri il mese prossimo», scrisse a Robert Ascroft a Oldham una settimana dopo la morte della duchessa. Parlò non solo a Oldham ma anche a Paddington e Cardiff. Il 2 maggio, a un pranzo privato cui presero parte sia Asquith sia Balfour, quest'ultimo, scrisse alla madre, «mi è parso segnatamente gentile: conveniva con me e prestava grande attenzione a tutto ciò che dicevo».

Pensava di candidarsi alle prossime elezioni generali a Oldham, presumibilmente l'anno seguente, ma il 9 giugno morì Ascroft e furono indette elezioni suppletive. Sei giorni dopo egli pronunciò il primo discorso elettorale, dichiarandosi conservatore e anche democratico tory. «Considero il miglioramento delle condizioni del popolo inglese il fine principale di un governo moderno».

Nell'ultima settimana della campagna elettorale fece fino a otto comizi al giorno: «Ormai li faccio involontariamente», confidò a Pamela Plowden. Quale che fosse stato l'esito, «non dimenticherò mai la successione di grandi sale stipate di gente eccitata, tanto che non c'era più un posto libero; un discorso dopo l'altro, una riunione dopo l'altra, tre, anche quattro a sera, vampate intermittenti di calore e luce e entusiasmo, e in mezzo aria fredda e il rumore di una carrozza». I suoi discorsi miglioravano volta dopo volta, disse a Pamela. «Non mi sono ripetuto quasi mai e ogni volta sento di avere capacità e facilità di parola crescenti». Si sarebbe consolato con questo qualora l'esito fosse stato, «com'è probabile, sfavorevole».

Il conteggio dei voti ebbe luogo il 6 luglio. «Quanto a Mr Churchill», riferì il «Manchester Courier», «ha seguito divertito il processo di conteggio. Un sorriso gli rischiarava il volto e il risultato delle elezioni non lo ha turbato». Churchill e l'altro candidato conservatore furono sconfitti, ma veramente di pochissimo: i due candidati liberali ottennero rispettivamente 12.976 e 12.770 voti, Churchill 11.477 e il suo compagno di partito, un sindacalista locale, 11.449. Il suo tentativo di entrare in Parlamento era stato seguito da tutti i protagonisti della vita politica britannica.

Balfour, futuro leader del partito di Churchill e poi suo avversario, gli scrisse che avrebbe voluto vederlo alla Camera, «dove vostro padre e io combattemmo tante belle battaglie fianco a fianco in un'epoca trascorsa»; aggiunse: «poco importa, andrà tutto bene, e questo piccolo contrattempo non avrà effetti negativi permanenti sulle vostre fortune politiche future». La sconfitta presentava un lato positivo: «Ora parlo con una certa facilità pur senza essere preparato», scrisse a un amico, «e questa è un'arma nuova che non si esaurirà».

In autunno Lord Salisbury permise a Churchill di dedicargli il suo ultimo libro. «Non ho dimenticato la vostra benevolenza», scrisse egli, «nell'aiutarmi a prendere parte all'ultima campagna». Scrivendo questa lettera il 9 agosto non pensava a nuove battaglie, ma un mese dopo, in una lettera a un uomo politico di Birmingham che lo aveva invitato a parlare in città, scrisse: «Prevedo che a novembre scoppierà una guerra in Transvaal; in tal caso vi andrò come inviato speciale». La lettera è in data 13 settembre. Cinque giorni dopo ricevette un telegramma del «Daily Mail» che lo voleva come corrispondente in Sud Africa. Inviò subito un telegramma all'amico Oliver Borthwick al «Morning Post», riferendogli della proposta del «Daily Mail» e offrendogli i suoi servigi per 4 mesi, per 1.000 sterline «da sponda a sponda» con tutte le spese pagate: l'equivalente di più di 40.000 sterline a prezzi 1990. Le sue condizioni furono accettate.

Chamberlain acconsentì a dargli una lettera di presentazione per Sir Alfred Milner, Alto Commissario britannico nella Colonia del Capo, deciso a mettere fine all'indipendenza delle due repubbliche boere, il Transvaal e il Libero Stato Orange. I negoziati si trascinavano senza che le due parti venissero a un compromesso; si profilava dunque un conflitto tra inglesi e boeri. Il 2 ottobre Churchill scrisse alla madre: «Il mio tempo se ne va in preparativi per la partenza». Aveva in animo un'innovazione grandiosa: portare in Sud Africa una cinepresa e un operatore per filmare la guerra; secondo i suoi calcoli erano necessarie 700 sterline. Un giovane deputato e parente acquisito, Murray Guthrie, era disposto a offrire metà della somma.

Il 9 ottobre giunse l'ultimatum boero alla Gran Bretagna perché ritirasse tutte le sue truppe dal territorio delle due repubbliche; scadde due giorni dopo senza aver ricevuto risposta. I primi colpi furono sparati il 12 ottobre e lo stesso giorno Churchill andò a Oldham per un'ultima riunione pubblica: si proponeva ancora di sconfiggere i due deputati liberali alle elezioni successive, quando che fossero. Tornato a Londra due giorni dopo, seppe che una compagnia cinematografica americana aveva già spedito una cinepresa in Sud Africa e poche ore dopo partì in treno per Southampton. Durante il viaggio scrisse a Guthrie di nutrire ancora qualche speranza per le riprese cinematografiche. Quella sera, accompagnato da un vecchio servitore di suo padre, Thomas Walden, si imbarcò da Southampton per Città del Capo. Stava per cominciare la sua terza guerra in poco più di due anni.

7
SUD AFRICA: AVVENTURA, CATTURA E FUGA

La *Dunottar Castle*, che aveva a bordo il generale Buller e il suo stato maggiore nonché i giornalisti, giunse a Città del Capo il 31 ottobre 1899 dopo un viaggio di 17 giorni. Churchill si recò subito dall'Alto Commissario Sir Alfred Milner, il quale lo informò che i boeri avevano messo in campo «forze molto superiori al previsto» e che l'intera Colonia del Capo «fremeva sull'orlo della rivolta».

La sera stessa prese il treno da Città del Capo insieme con un altro inviato, John Atkins; volevano arrivare, viaggiando per treno, nave e ancora treno, a Ladysmith, che rischiava di cadere nelle mani dei boeri. Giunti a Beaufort West il giorno successivo, vennero a sapere che presso Ladysmith 1.200 soldati inglesi si erano arresi. Bisognava affrettarsi; raggiunsero De Aar e presero l'ultimo treno per East London sull'Oceano Indiano. Era appena cominciata l'avanzata boera verso De Aar e durante il viaggio seppe che i boeri si trovavano a sole 25 miglia.

Non appena il treno arrivò a East London, Churchill e Atkins si affrettarono a partire per Durban, con l'intenzione di viaggiare poi con il treno da lì a Ladysmith. «Salimmo su un piccolo battello costiero e fu un viaggio estenuante», avrebbe scritto Atkins; «entrambi stavamo male». Giunto a Durban a mezzanotte del 4 novembre, Churchill ebbe la brutta sorpresa di trovare a bordo di una nave ospedale Reginald Barnes con una ferita all'inguine riportata in una delle prime battaglie. A Durban seppe anche che Ladysmith era isolata, che Sir George White e le sue truppe erano dentro la città e che il generale Buller, nonostante l'ordine di liberarla al più presto, non sarebbe arrivato a Durban prima di tre giorni.

Il generale aveva bisogno di qualche altro giorno prima che tutto fosse pronto per la marcia lungo la linea ferroviaria. Churchill e Atkins decisero quindi di partire da soli e la loro prima mossa, la mattina del 5 novembre, fu di prendere il treno per Pietermaritzburg, un viaggio di quattro ore per coprire cento chilometri. Giunti là scoprirono che la linea verso nord non funzionava più; Churchill, cui certo non mancavano le risorse, prese a nolo un treno speciale e diede ordine al macchinista di avvicinarsi quanto più possibile a

Ladysmith. Giunti a Colenso, a qualche miglio da Ladysmith sulla riva meridionale del fiume Tugela, scoprirono che la ferrovia verso nord era interrotta. «I boeri l'avevano occupata», scrisse poi Atkins. Ladysmith era assediata.

Frattanto, il 6 novembre, fu pubblicato a Londra *The River War*; due giorni dopo Churchill tornò nei sobborghi di Colenso, viaggiando come passeggero su un treno speciale corazzato progettato dall'esercito. Il convoglio era composto da un vagone armato con un cannone da marina da nove pollici e alcuni marinai addetti al pezzo, un vagone corazzato per i soldati, una locomotrice con il tender, altri due vagoni corazzati per i soldati e un vagone attrezzi con una squadra di addetti alla riparazione dei binari.

Giunti a Chieveley, videro il pallone aerostatico che i soldati assediati a Ladysmith utilizzavano per localizzare gli attacchi boeri. Il treno continuò fino a mezzo miglio da Colenso, dove egli seguì a piedi un ufficiale e un sergente fino alle trincee inglesi abbandonate ai sobborghi della città e poi dentro la città stessa. Non si vedeva un solo boero. Ai confini della città, scrisse Churchill nel dispaccio al «Morning Post» di quella sera, alcuni nativi, «allarmati dall'aspetto del treno, sventolavano senza posa uno straccio bianco su un bastone». Il treno proseguì ancora per un tratto verso nord fino al punto in cui la linea era interrotta, presso il ponte sul fiume Tugela, per poi ritornare a Estcourt senza incidenti.

Dopo nove giorni trascorsi a Estcourt, un suo amico dai tempi dell'India, il capitano Aylmer Haldane, ricevette l'ordine di fare una ricognizione in treno alle prime luci dell'alba del 15 novembre in direzione di Colenso. Nel rapporto ufficiale Haldane scrisse che mentre usciva dagli uffici militari dopo aver ricevuto gli ordini, «notai Churchill che, come altri corrispondenti, andava di qua e di là per raccogliere qualche briciola di informazione per il suo giornale». Haldane gli disse dell'ordine ricevuto e, «sapendo che aveva viaggiato sul treno e conosceva un po' il paese che esso aveva attraversato, suggerii che forse gli sarebbe piaciuto accompagnarmi il giorno seguente». Dapprima Churchill esitò, avendo già fatto quel percorso due volte, ma alla fine accettò, andando incontro a uno degli eventi cruciali della sua vita. Il treno corazzato, con 150 uomini a bordo, partì da Estcourt alle 5 e 10 del mattino in direzione di Colenso e un'ora e dieci minuti più tardi giunse alla stazione di Frere. «Non si era visto un solo nemico», riferì Haldane. Dopo una sosta di un quarto d'ora ordinò pertanto di procedere fino a Chieveley, dove il convoglio arrivò alle 7 e 10. Si seppe che le truppe boere erano state in città durante la notte.

Da Estcourt giunse un messaggio per avvisare Haldane che a occidente della ferrovia era stata avvistata una cinquantina di boeri che si dirigevano a sud. Quindi doveva «restare a Frere in osservazione aspettando di poter ripiegare in tutta sicurezza». Haldane fece ripartire subito il convoglio per Frere ma, «mentre il treno girava intorno a una collina che dominava la ferrovia, il nemico aprì il fuoco con l'artiglieria e una granata colpì il vagone di testa». Il macchinista, Charles Wagner, sperando di sottrarsi all'imboscata avanzò a tutto vapore e il treno discese la pendenza a tutta velocità, ma a un chilometro da Frere, quando arrivò in piano, il vagone della squadra riparazioni e i due vagoni corazzati, che si trovavano questa volta davanti alla locomotrice, deragliarono: i boeri avevano messo un masso sui binari dopo il passaggio del treno in direzione di Chieveley.

Uno dei vagoni corazzati deragliati finì di traverso sui binari. Churchill, che si trovava con Haldane sul vagone dietro quello armato di cannone, «mi offrì subito i suoi servigi», scrisse Haldane, «e, sapendo di poter fare pieno affidamento su di lui, li accettai volentieri, cercando di mettere a tacere il fuoco nemico mentre egli tentava di sgombrare la linea».

Sceso dal treno, Churchill arrivò ai tre vagoni deragliati e cominciò a organizzare gli uomini per sgombrare le rotaie con l'aiuto del macchinista, al quale ordinò di muovere la locomotrice avanti e indietro, spingendo via i rottami e sgomberando pian piano la linea. Poi Wagner fu colpito al capo da un frammento di granata, e in seguito avrebbe raccontato al cameriere di Churchill, Walden, che quando fu colpito gli si rivolse dicendogli: «Sono finito», al che si sentì rispondere: «Fatevi forza, non vi mollo».

«Temevo che non riuscisse più a guidare», scrisse Churchill al principe di Galles due settimane dopo, «ma quando gli promisi che se l'avesse fatto sarebbe stato menzionato per il suo coraggio in azione, riprese animo, tornò al suo posto ed eseguì i miei ordini». Mentre Churchill, il macchinista e i soldati erano impegnati in quell'arduo compito, il cannone da marina aprì il fuoco sui boeri, ma dopo aver sparato quattro volte fu colpito da una granata nemica e si rovesciò. Allora Haldane ordinò agli addetti al pezzo di mettersi in salvo nel vagone corazzato dal quale, scrisse nel rapporto, «mantenemmo un fuoco incessante contro i cannoni del nemico, disturbandone in misura considerevole la mira». Due boeri furono uccisi da questo fuoco di copertura. Frattanto, sui binari, Churchill continuava a dirigere gli sforzi per raddrizzare i tre vagoni deragliati mentre fucili, cannoni e mitragliatrici sparavano contro di lui, la locomotrice e i soldati; ci furono quattro morti e trenta feriti. Successivamente seppe dal comandante dell'artiglieria boera che i tre pezzi di artiglieria pesante sparavano in media trenta colpi ciascuno al minuto. «Se pensate che la distanza era di soli 900 e 1300 metri», scrisse al principe di Galles, «potete immaginare quale martellamento e quale baccano infernale facessero quei grossi proiettili che esplodevano e colpivano i vagoni di ferro».

«Per un'ora», scrisse Haldane nel rapporto ufficiale, «i tentativi di sgomberare la linea furono infruttuosi, perché i vagoni erano pesanti e incastrati l'uno con l'altro e non si trovava la squadra riparazioni», ma Churchill «perseverò nel suo difficile compito con indomita costanza». Egli si sforzò più di chiunque altro di districare la locomotrice dai vagoni deragliati e durante tutto il tempo «rimase spesso esposto al fuoco del nemico. Non sottolineerò mai abbastanza la sua valorosa condotta».

Tanto sforzo fu premiato. Alle 8 e 30 circa la locomotrice poté farsi strada oltre il vagone che ostruiva i binari, che però poi ricadde sulla linea. La locomotrice era passata e a quel punto Churchill ordinò a Wagner di fare macchina indietro fino ai vagoni di coda, che erano ancora sulle rotaie, con l'intenzione di agganciarli e riportare la maggior parte degli uomini a Frere; ma il gancio, danneggiato da una granata, era inservibile. Allora egli «posò il revolver e il binocolo», riferì Wagner, «e aiutò il macchinista a far salire venti feriti, sistemandoli sul tender». Wagner lo osservò mentre conduceva i feriti alla locomotrice. «Era calmissimo», raccontò qualche giorno dopo a Walden, «lavorava come un negro e non sa come se la sia cavata, dal momento che una cinquantina di colpi raggiunsero la locomotrice». Caricati i feriti, Churchill ordinò a Wagner, che avrebbe poi proposto per una Albert Medal, di dirigersi lentamente verso Frere. Mentre procedevano videro diversi altri feriti e egli riuscì a farli salire. La sua condotta, dichiarò due giorni dopo un ufficiale al «Natal Witness», rivelava un coraggio ineguagliabile.

La locomotrice, con la cabina e il tender affollati di feriti, ritornò verso Frere e Churchill con essa. «Dopo che si fu allontanata», raccontò alla sorella il soldato Walls, «vi rimase sopra per un miglio e poi con calma saltò giù e tornò indietro per aiutare gli altri». Assicuratosi che Wagner e i feriti fossero in salvo, tornò a piedi verso il punto del deragliamento per «cercare il capitano Haldane», riferì Walden a Lady Randolph. Frattanto Haldane stava cercando di portare i suoi cinquanta uomini in una casa colonica vicina e di lì continuare a combattere, ma proprio mentre impartiva l'ordine due soldati inglesi che si trovavano a duecento metri dal treno sventolarono i loro fazzoletti bianchi, e a quel segnale di resa i boeri cessarono il fuoco e si avvicinarono a cavallo.

Erano le 8 e 50 di mattino; a Haldane non rimase altra scelta che arrendersi con i suoi uomini. In quel momento Churchill stava ancora camminando lungo i binari verso il luogo del deragliamento, a cui non sarebbe mai arrivato; dopo circa duecento metri gli sembrò di vedere due degli addetti alle rotaie, ma si sbagliava: erano due boeri che gli puntarono i fucili contro. Fece dietrofront e fuggì lungo i binari verso la locomotiva. «I due boeri sparavano mentre correvo in mezzo alle rotaie. Mi sembrò che le pallottole, che schioccavano a destra e a sinistra, mi mancassero di un soffio».

Si ritrovò in una trincea profonda un paio di metri che non offriva un gran riparo, mentre i due boeri puntavano di nuovo i fucili contro di lui. «La sola via di scampo era muoversi. Mi lanciai di nuovo in avanti e di nuovo due morbidi schiocchi risuonarono nell'aria, ma non fui colpito». Cercò di uscire dalla trincea, si arrampicò sulla massicciata e strisciò oltre la recinzione di filo metallico sulla cima. Vista una piccola buca, vi si rannicchiò «cercando di riprendere fiato», e alzando gli occhi vide che a duecento metri c'era una profonda gola scavata dal fiume. «Non mancavano i ripari, lì». Uscì pertanto dalla buca, deciso a lanciarsi verso la gola, ma d'improvviso vide un cavaliere che galoppava «furiosamente» verso di lui.

Quando il boero, l'alfiere Oosthuizen, fu a una quarantina di metri dall'inglese rannicchiato, rimise il cavallo al passo e gridò qualcosa che Churchill non capì. «Pensavo che lo avrei ucciso, e dopo il trattamento ricevuto lo desideravo vivamente».

Churchill portò la mano alla cintura cercando la pistola, ma non la trovò: per aiutare il macchinista dopo il deragliamento, l'aveva appoggiata sulla locomotrice, e ora era in viaggio per Frere. Il cavaliere boero gli puntava il fucile contro, inquadrandolo nel mirino, e Churchill alzò le mani. Era prigioniero.

Non erano neppure le 10 del mattino. Sul luogo del deragliamento i prigionieri furono radunati «come bestiame», raccontò Churchill a Atkins. «Il trattamento più indegno cui sia mai stato sottoposto!». Fu poi portato via, scrisse in uno degli articoli per il giornale cinque mesi dopo, «come un misero schiavo, gettando occhiate di desiderio al pallone di Ladysmith sotto l'attenta sorveglianza della scorta boera a cavallo». I prigionieri marciarono per due giorni fino a Modderspruit, piccola stazione ferroviaria sulla linea per Pretoria. In attesa di un treno, egli presentò le sue credenziali di inviato speciale e chiese che fossero inoltrate all'«autorità competente». Quindi venne rinchiuso nella biglietteria.

Dopo tre giorni di prigionia, sollecitò le autorità boere a rilasciarlo, scrivendo direttamente al ministro della Guerra Louis de Souza. Chiese aiuto anche in patria. «Confido che farai quanto in tuo potere per ottenere il mio rilascio», scrisse da Pretoria alla madre il 18 novembre; quanto alla prigionia, «è un'esperienza nuova – come lo è stato il bombardamento». Poiché la sua richiesta ufficiale di essere rilasciato non aveva avuto risposta, il 21 novembre riscrisse a de Souza chiedendogli che cosa si era deciso «circa la mia libertà». Era «naturalmente ansioso di continuare l'attività giornalistica; sono detenuto già da sei giorni». I boeri si auguravano senza dubbio che la guerra fosse raccontata «da chi ha avuto l'opportunità di essere trattato con riguardo dai suoi cittadini».

Cinque giorni dopo scrisse una terza lettera a de Souza. Negò di nuovo di aver partecipato attivamente alla difesa del treno, pur avendo «naturalmente fatto quanto potevo per sfuggire a una situazione tanto pericolosa e salvare la vita. In effetti sotto questo aspetto la mia condotta è stata esattamente uguale a quella dei civili, addetti alle rotaie e impiegati delle ferrovie, che sono già stati rilasciati dal vostro governo». Offriva per il proprio rilascio qualunque garanzia «che il governo del Transvaal possa richiedere». Pur volendo continuare il suo lavoro di giornalista, accettava se necessario «di stare lontano dal Sud Africa durante la guerra».

Non ebbe risposta; il capitano Theron, un ufficiale boero presente all'azione di Frere, si oppose al suo rilascio, riferendo a de Souza che nel corso dell'azione «Churchill aveva raccolto volontari guidandoli in un momento in cui tra gli ufficiali regnava la confusione». Secondo quel che scrivevano i giornali, «ora sostiene di non aver preso parte alla battaglia. Menzogne. Inoltre non si è fermato finché l'alfiere Oosthuizen non gli ha ingiunto di arrendersi, e si è arreso solo quando gli ha puntato contro il fucile». Theron aggiunse che a suo parere Churchill era «uno dei prigionieri più pericolosi in mano nostra», non ultimo perché i giornali del Natal «ne stanno facendo un grande eroe».

Il 30 novembre Churchill compì 25 anni e trascorse il compleanno nella prigione States Model School scrivendo lettere, una delle quali al principe di Galles, in cui osservò che ai prigionieri di guerra era permesso accedere alla biblioteca nazionale del Transvaal, «cosicché ora, pur essendo odioso sentirsi tagliati fuori mentre accadono tante cose, ho un rifugio sicuro e, filosoficamente, spero di migliorare la mia cultura». Quel giorno scrisse a Bourke Cockran che stava riflettendo sulle «grandi concentrazioni di capitale» contro cui si battevano molti americani. Il capitalismo, nella forma di *trust* e cartelli, «ha raggiunto un livello di potere che i vecchi economisti non previdero e che suscita la mia paura più viva». I grandi mercanti andavano «benissimo ma, se debbo esprimere un parere, il loro regno non sarà di questo mondo».

Il nuovo secolo, proseguiva, «assisterà alla grande guerra per l'esistenza dell'individuo». La prigione era «dannatamente monotona». Il suo corpo era rinchiuso «e intanto grandi eventi si compiono e si fa la storia: quella storia, bada, che avrei dovuto documentare. Oggi compio 25 anni. È terribile pensare quanto poco tempo resta!». Erano trascorsi quasi cinque anni dalla morte di suo padre e non riusciva a liberarsi dalla paura di morire giovane a causa di qualche tara ereditaria. L'8 dicembre riscrisse a de Souza ripetendo che non aveva «combattuto contro le forze boere, ma solo aiutato a sgomberare la linea dai rottami», esattamente ciò che avevano fatto i civili, operai e personale ferroviario; «e costoro sono già stati rilasciati». Nella lettera si impegnava nuovamente, se fosse stato rimesso in libertà, a non «servire contro le forze repubblicane o a fornire informazioni che concernono la situazione militare». Non ricevette risposta. Due giorni dopo chiese a Haldane di poter prendere parte a un tentativo di evasione: Haldane e il sergente maggiore Brockie, che proveniva da Johannesburg e parlava olandese, progettavano di scavalcare il muro accanto alle latrine che dava sul giardino di un'abitazione privata, e fuggire da Pretoria nascondendosi di giorno e viaggiando di notte per percorrere a piedi 500 chilometri fino al confine con il Mozambico portoghese. Brockie esitava a coinvolgere un terzo nel tentativo di fuga, tanto più un individuo la cui assenza sarebbe stata notata, ma Haldane accettò, «dato che mi è stato così utile a Chieveley». La notte scelta per l'evasione era quella dell'11 dicembre. Quel giorno Haldane annotò sul diario: «Churchill è in uno stato di grande eccitazione e fa sapere a tutti che intende fuggire questa notte». Durante la giornata la notizia di due sconfitte militari inglesi parve rendere ancor più urgente l'evasione. «Ho trascorso il pomeriggio in preda a una paura matta», scrisse Churchill undici giorni dopo nel primo resoconto su quell'episodio drammatico; «era dai tempi della scuola che non mi sentivo tanto agitato».

Quel pomeriggio cercò di leggere, ma senza riuscirci. Allora giocò a scacchi «e fui irrimediabilmente sconfitto». Calò finalmente il buio e alle 7 meno 10 egli e Haldane attraversarono il cortile dietro l'edificio che portava alle latrine. Qualche minuto dopo Brockie li raggiunse, «ma le sentinelle non ci diedero alcuna occasione. Non si mossero. Una di loro era ferma proprio di fronte all'unico punto del muro che si poteva scavalcare. Aspettammo due ore, ma la fuga era chiaramente impossibile, cosicché andai a letto con una sensazione di sollievo nient'affatto soddisfacente».

Il 12 dicembre dai campi di battaglia giunsero altre cattive notizie. «Come ricorderete», scrisse Churchill a Haldane nove mesi dopo, «ero favorevole a un tentativo disperato, con il rischio di essere scoperti, mentre voi preferivate aver pazienza e aspettare, una notte dopo l'altra, che si presentasse l'opportunità migliore». Durante il giorno disse a Brockie che la notte precedente avrebbe potuto scavalcare il muro. «Perché diavolo non l'avete fatto?», gli chiese il sergente maggiore. «Dove sarei andato», gli rispose Churchill, «se l'avessi scavalcato e non vi fosse stato possibile seguirmi?». «Se doveste farlo», ribatté Brockie, «vi seguiremo di certo, non abbiate paura».

Quel pomeriggio la tensione tra loro si fece palpabile. Haldane scrisse nel diario: «Churchill, il cui stato di agitazione mentre percorreva su e giù a grandi passi il cortile non sfuggì agli altri prigionieri, mi disse: "Dobbiamo andarcene questa notte". Gli risposi: "Siamo in tre e lo faremo di certo, se l'occasione sarà propizia"».

In un resoconto privato scritto dodici anni dopo, Churchill avrebbe affermato: «Quale che fosse il rischio, insistetti che dovevamo provarci quella notte». Il giorno precedente aveva scritto una quinta lettera a de Souza che mise sotto il cuscino. «Non ritengo che il vostro governo avesse il diritto di trattenere un corrispondente, non un combattente, cosicché ho deciso di evadere», cominciava la lettera, in cui dichiarava la sua «ammirazione per il carattere cavalleresco e umano delle forze repubblicane» e esprimeva la speranza che «quando si sarà conclusa questa guerra tanto dolorosa e infelice, si potrà creare una situazione che preservi al contempo l'orgoglio nazionale dei boeri e la sicurezza degli inglesi e metta fine per sempre alla rivalità e all'ostilità tra le due razze». Concludeva con queste parole: «Credetemi, mi rammarica che le circostanze non mi abbiano consentito di accomiatarmi di persona; cordialmente vostro, Winston S. Churchill».

Non appena si fece buio, ma prima che sorgesse la luna, Haldane e Churchill tornarono alle latrine dove «aspettammo l'opportunità di scavalcare il muro; ma dopo molte esitazioni decidemmo di non farlo, giudicandolo troppo pericoloso, e tornammo alla veranda»; lì si trovava Brockie il quale, scrisse Haldane nel diario, «ci canzonò dicendo che avevamo paura e che lui poteva fuggire in qualunque notte. Replicai "allora vai e guarda da te"». Brockie attraversò il cortile e dopo un po', visto che non ritornava, Churchill disse a Haldane: «vado a vedere, seguitemi al più presto». Attraversato il cortile, giunse all'entrata delle latrine e incontrò Brockie che ne usciva; «non osammo parlare in presenza della sentinella, e non capii che cosa avesse bisbigliato mentre mi faceva strada».

Entrò nelle latrine e in seguito ricordò di «essere arrivato alla conclusione che avremmo sprecato tutta la notte nell'incertezza se non avessimo concluso la faccenda una volta per tutte; non appena la sentinella si girò per accendersi la pipa, balzai su una sporgenza del muro e pochi secondi dopo atterrai senza incidenti nel giardino dall'altra parte. Mi accovacciai e attesi l'arrivo degli altri». Anni dopo affermò di aver aspettato che Haldane e Brockie scavalcassero il muro. «Eravamo d'accordo che sarei andato per primo e avrei atteso gli altri», scrisse a Haldane nove mesi dopo; «Aspettai mezz'ora e cominciai a diventare molto inquieto».

L'attesa fu un tormento: «Aspettavo il loro arrivo un minuto dopo l'altro; la mia posizione nel giardino era molto preoccupante, perché c'erano solo pochi cespuglietti sfrondati dietro cui nascondersi, la gente continuava a passare avanti e indietro e le luci delle case erano accese». Mentre era in attesa, per due volte un uomo uscì dalla casa nel giardino e fece qualche passo su un sentiero arrivando a sette o otto metri dal punto in cui era rannicchiato.

Dopo un quarto d'ora si rese conto che qualcosa era andato storto. In effetti Haldane e Brockie erano rientrati in sala da pranzo dove stavano servendo la cena. Per mettersi in contatto con loro, «picchiai leggermente» sul muro, riuscendo a richiamare l'attenzione di un ufficiale che era entrato nelle latrine e chiedendogli di riferire a Haldane «che ce l'avevo fatta e che doveva cercare di raggiungermi non appena possibile».

Dopo un altro quarto d'ora Haldane e Brockie arrivarono alle latrine e il primo cercò di scavalcare ma, nel momento in cui le sue spalle furono al livello della cima del muro, la sentinella si voltò, gli intimò l'alt, puntò il fucile contro di lui e gli ordinò di rientrare nell'edificio principale, senza sospettare che era già in corso un tentativo di evasione. Churchill, solo nel giardino, aspettò ancora; non aveva bussola né mappe, denaro o medicine. Inoltre aveva fatto assegnamento su Brockie per comunicare con le persone che avrebbero incontrato nel viaggio a piedi di 300 miglia attraverso il Transvaal. Trascorsa un'ora, sentì bussare leggermente al muro: era Haldane «che era venuto a dirmi di aver provato e di essere stato fermato dalla sentinella, la cui posizione impediva adesso a lui o a Brockie di seguirmi per quella notte».

Meditò di tornare indietro, ma il muro dalla parte del giardino era più alto che dall'altra e non presentava sporgenze, sicché non sarebbe riuscito a scavalcarlo senza fare rumore. Se avesse fatto il giro dell'edificio e si fosse riconsegnato, ci sarebbe stata un'indagine con conseguente chiusura della «scappatoia». Sempre bisbigliando parlò della propria situazione disperata. Non sarebbe mai arrivato alla frontiera. «Haldane e io discutemmo la situazione sottovoce attraverso le fessure del recinto di lamiera ondulata; concordò con me che era impossibile tornare indietro e che dovevo fuggire da solo. Era vivamente deluso di non potermi seguire».

«Se ben ricordo», scrisse Churchill a Haldane nove mesi dopo, «mi offriste di gettarmi la vostra bussola, ma io rifiutai, temendo che avrebbe fatto rumore, cosicché ci salutammo».

Decise che a piedi, da solo, non ce l'avrebbe mai fatta a coprire una simile distanza; avrebbe cercato invece di raggiungere la linea ferroviaria da Pretoria al porto portoghese di Lourenço Marques, sull'Oceano Indiano, viaggiando clandestinamente su un treno merci. Lasciato il nascondiglio nel giardino, uscì dal cancello che dava sulla strada e superò una sentinella ferma sulla strada a meno di tre metri da lui. Camminò al centro della strada, al chiaro di luna e sotto i lampioni disposti a intervalli regolari, nella direzione che pensava conducesse più direttamente alla ferrovia. Fortunatamente indossava un giaccone scuro e pantaloni da civile. «C'era molta gente che camminava per la strada, ma nessuno mi rivolse la parola».

Raggiunse la ferrovia canticchiando un motivetto. Calcolò di avere le migliori possibilità di saltare su un treno prima che avesse preso velocità a circa duecento metri dalla stazione, su una salita ripida in cui doveva rallentare e in una curva nella quale sarebbe rimasto nascosto alla vista sia del macchinista sia del capotreno. Quando arrivò il treno, saltò sul gancio tra due vagoni e poi si arrampicò su un vagone pieno di sacchi di carbone vuoti. Durante la notte il convoglio viaggiò lentamente verso oriente e subito prima dell'alba, temendo di venire scoperto quando si fosse fatto giorno, egli saltò giù. Si trovava vicino a Witbank, piccolo centro minerario a sessanta miglia a est di Pretoria. Aspettò accanto ai binari con l'intenzione di saltare su un treno la notte seguente e proseguire verso la costa. «L'unica compagnia era un enorme avvoltoio che manifestò un singolare interesse per il mio stato e di quando in quando emetteva gorgoglii disgustosi e sinistri».

Mentre era nascosto ai bordi della ferrovia, la sua evasione fu scoperta e cominciò una vasta battuta nella speranza di catturarlo. La sua fotografia fu trasmessa in tutto il Transvaal insieme con la seguente descrizione: «Inglese, anni 25, altezza circa 1 metro e 73 centimetri, corporatura media, cammina leggermente curvo, colorito pallido, capelli rosso scuro, baffetti quasi invisibili, voce nasale, pronuncia male la lettera "s", non parla olandese, l'ultima volta che è stato visto indossava abiti scuri».

Quella sera Churchill, affamato e assetato, s'incamminò verso alcune luci che pensava provenissero da un villaggio di indigeni che sperava amichevoli; erano invece di una miniera di carbone. Temendo che l'uomo che gli aprì la porta fosse ostile, gli chiese se era inglese e quello, sospettando che lo straniero fosse una spia boera, lo prese di mira con una pistola e, senza rispondere, gli chiese chi fosse. «Sono il dr Bentinck», rispose Churchill, «sono sceso dal treno e mi sono perduto».

L'uomo lo fece entrare nella sala da pranzo e, sempre tenendolo sotto tiro, gli ingiunse di raccontargli la verità. Dopo un'esitazione dichiarò bruscamente: «Sono Winston Churchill». Per sua fortuna l'uomo cui aveva rivelato la sua identità era un inglese, John Howard, direttore della miniera. «Grazie a Dio siete venuto qui», esclamò. «È la sola casa nel raggio di trenta chilometri in cui non sareste stato tradito: qui siamo tutti inglesi e vi aiuteremo». Quella notte Howard rivelò il segreto ad altri quattro uomini, tra cui l'ingegnere minerario Dan Dewsnap. Si stabilì di nasconderlo nella miniera e mentre vi si dirigevano Dewsnap, che proveniva da Oldham, gli strinse le mani dicendogli: «La prossima volta voteranno tutti per voi».

Rimase nascosto nella miniera di Witbank. I boeri lo cercavano dappertutto e avevano messo su di lui una taglia di 25 sterline, vivo o morto. Rimase sottoterra per tre giorni in una stalla costruita da poco per i cavallini da miniera. «La miniera era infestata da topi bianchi», avrebbe poi scritto Howard; «una volta, mentre andavo a trovarlo di nascosto, lo trovai completamente al buio perché i topi si erano mangiati la candela». In un'altra occasione Churchill, che aveva fumato un sigaro, fu sorpreso da un ragazzo africano. «Quando l'indigeno sentì l'odore lo seguì fino alla stalla, ma non appena vide Mr Churchill se la svignò e raccontò agli altri ragazzi che in quella parte della miniera c'era uno spettro. Da allora e per molto tempo non riuscimmo a convincere nessuno di loro a avvicinarvisi».

Dopo tre giorni trascorsi praticamente in segregazione, Churchill si ammalò. Un medico, James Gillespie, venne messo a parte del segreto e consigliò di portarlo all'aria perché era «assai nervoso». Fu condotto in un magazzino, di cui gli furono date le chiavi, e chiuso lì dentro. La sera del 19 dicembre, con la complicità di Howard e di un altro inglese, Charles Burnham, partì dalla miniera e si nascose in un vagone ferroviario, tra alcune balle di lana che Burnham doveva caricare e spedire sulla costa. Portò con sé una pistola, due polli arrosto, qualche fetta di carne fredda, una pagnotta, un melone e tre bottiglie di tè freddo. La pistola, una Mauser tedesca semiautomatica, era un regalo dei suoi amici della miniera.

Il vagone in cui si era nascosto fu trasportato insieme con altri sei dalla miniera fino alla stazione di Witbank, dove venne agganciato a un convoglio diretto sulla costa. Burnham, che viaggiava sul treno, si sentì sollevato quando in una stazione gli dissero: «Sì, Churchill è passato di qui due giorni fa travestito da prete cattolico».

Rimase nascosto tra le balle di lana quando il treno raggiunse il confine con il territorio portoghese e venne smistato su un binario di raccordo per 18 ore. A un certo punto alcuni uomini si avvicinarono al vagone in cui si nascondeva e cominciarono a perquisirlo. «Sentii il telone frusciare quando lo levarono, ma per fortuna non frugarono con molta cura». Quindi il treno proseguì per la sua strada nell'Africa orientale portoghese. Il fuggiasco, che aveva imparato a memoria i nomi delle stazioni, emerse dalle balle di lana non appena vide il primo nome di una stazione al di là del confine; allora «mi misi a cantare, a gridare e esultare a squarciagola».

Era così pieno di «gratitudine e di gioia», scrisse poi, «che sparai due o tre colpi in aria con la pistola». Quando il treno giunse allo scalo merci di Lourenço Marques, egli saltò giù «sporco come uno spazzacamino», scrisse Burnham, «a causa della polvere di carbone che si trovava sul fondo del vagone». Erano le 4 del pomeriggio del 21 dicembre. Si recò immediatamente al consolato britannico, da cui il console telegrafò a Milner: «Pregovi informare parenti che Winston Churchill è giunto oggi».

Al consolato fece «un bagno caldo» e ebbe «abiti puliti, un ottimo pasto, un apparecchio telegrafico: tutto ciò che potevo volere». Spedì tra gli altri un telegramma a Louis de Souza a Pretoria in cui gli assicurò: «Evasione non dovuta a negligenza vostre sentinelle», un gesto magnanimo volto a evitare loro una punizione immeritata.

Leggendo i giornali avuti dal console, si rese conto per la prima volta della gravità delle recenti sconfitte britanniche, le peggiori dopo la guerra di Crimea di cinquant'anni prima. Uno dei comandanti sconfitti sul campo era il generale Buller, respinto da Colenso dove aveva cercato di attraversare il Tugela e liberare Ladysmith. Ansioso di tornare al fronte, decise di partire quella notte con un vapore per Durban. Poiché si temeva che i simpatizzanti dei boeri a Lourenço Marques potessero rapirlo per riportarlo a Pretoria, un gruppo di inglesi che vivevano in città si raccolse nel giardino del consolato e, bene armati, lo scortarono fino al molo; quattro ore dopo il suo arrivo lo accompagnarono sano e salvo a bordo.

«Scrivo le righe conclusive di questa lettera dalla cabina di una piccola nave che naviga lungo le sabbiose coste africane», comunicò al «Morning Post», «e il lettore comprenderà forse perché le scrivo con una sensazione di trionfo e, più del trionfo, con un sentimento di pura gioia».

Giunto a Durban il pomeriggio del 23 dicembre, rimase stupito di trovare sul molo una grande folla entusiasta che lo scortò applaudendo fino all'ingresso del municipio, dove raccontò come era fuggito e si disse fiducioso sull'esito della guerra. «Dopo un'ora di confusione che, devo ammettere, assaporai fino in fondo, scappai al treno». Ansioso di tornare al fronte, tornò indietro sulla stessa linea su cui era stato fatto prigioniero un mese prima, a Pietermaritzburg, per unirsi alle forze britanniche.

Il 3 gennaio 1900 i giornali inglesi annunciarono che il giorno prima Churchill era stato nominato ufficiale della South African Light Horse: era di nuovo un soldato e tuttavia, scrisse alla madre il 6 gennaio, Buller gli aveva conferito il grado di luogotenente «senza chiedermi di rinunciare all'attività di corrispondente: è evidente che godo di grande favore». Tuttavia, in una lettera per Pamela Plowden del 10 gennaio, scriveva che Buller valeva «ben poco». C'era «un solo grande generale, Sir Bindon Blood, ma il War Office non lo prenderà in considerazione: a che pro' mettergli i bastoni tra le ruote?» Le raccomandò di essere coraggiosa e aver fiducia nell'esito del conflitto: «Non lasciare che gli accidenti della guerra oscurino la tendenza generale degli eventi». Le repubbliche boere, secondo lui, «si stanno logorando».

Si ritrovò nel pieno dell'azione il 25 febbraio e quella sera scrisse di nuovo a Pamela Plowden: «Ho rischiato di essere ucciso da uno shrapnel due ore fa, ma pur trovandomi proprio dove esplose, Dio mi ha protetto. Otto uomini sono rimasti feriti». Si chiedeva «se ne verremo a capo e se sarò vivo per vederne la conclusione». C'era un «afflusso continuo di feriti» negli ospedali, circa un migliaio nei due giorni precedenti. «La guerra è accanita, ma confido che non ci mostreremo meno determinati del nemico». La lettera si concludeva con un'annotazione personale: «Non sono mai stato tanto calmo, e mi sembra che giorno dopo giorno le pallottole mi facciano meno paura».

Il 28 febbraio Lord Dundonald, con due squadroni di cavalleria, si accingeva a entrare a Ladysmith e invitò Churchill a cavalcare al suo fianco. Di quella storica cavalcata faceva parte anche Ronald Brooke, uno dei suoi commilitoni, il cui fratello Alan sarebbe diventato capo dello stato maggiore imperiale nella seconda guerra mondiale. «Non dimenticherò mai quella cavalcata», scrisse Churchill al «Morning Post»; «la serata era deliziosamente fresca. Il cavallo era robusto e riposato, avendolo io cambiato a mezzodì. Il terreno era disseminato di pietre, ma non ce ne curavamo». Mentre la cavalleria avanzava, potevano sentire il fuoco dell'artiglieria britannica. «Che cosa succedeva? Non aveva importanza, avevamo quasi superato il tratto pericoloso. Generale di brigata, stato maggiore e truppa facevano correre i cavalli». Si udì di colpo un chi va là: era un picchetto armato.

«Alt, chi va là?»

«La colonna di soccorso per Ladysmith», fu la risposta.

Allora «da trincee e fossati per fucilieri, abilmente nascosti nella macchia, si levò correndo una ventina di uomini laceri, che esultarono debolmente; alcuni piangevano. Nella penombra apparivano mortalmente pallidi e smunti. Un misero ufficiale, bianco come un cencio, sventolava l'elmetto ridendo con aria ebete e gli alti, robusti cavalieri coloniali, in piedi sulle staffe, lanciarono un fragoroso evviva: adesso sapevamo di essere arrivati alla linea difensiva di Ladysmith».

L'assedio di Ladysmith era finito; quella sera Churchill cenò in città con il suo difensore, Sir George White; al suo fianco sedeva un altro dei difensori, l'amico Ian Hamilton. «Mai prima di allora mi ero trovato in una compagnia tanto prode», scrisse, «né tanto vicino a un grande evento». Il resoconto dell'ingresso a Ladysmith, pubblicato sul «Morning Post», fu letto e apprezzato da molti. Oltre a raccontare l'esultanza per la fine dell'assedio, espresse la convinzione che nella stessa Inghilterra, una volta vinta la guerra, «il popolo inglese debba impegnarsi a stimolare e incoraggiare lo spirito di questo popolo con provvedimenti di progresso e riforma sociale». Joseph Chamberlain fu tra coloro che lessero i suoi servizi dal Sud Africa; li giudicò «gradevoli e vivaci» e gli augurò «successo e distinzione perenni». Dall'Inghilterra gli giunse anche la notizia della pubblicazione del suo romanzo *Savrola*. Molti recensori ne avevano elogiato le scene d'azione; il «Manchester Courier» le definì «estremamente brillanti». Furono riportati con commenti favorevoli molti passi del romanzo, tra cui la definizione di un imperialismo degenerato: «La nostra moralità sarà scomparsa, ma resteranno le nostre [mitragliatrici] Maxim».

Successivamente, mentre compiva con l'esercito di Hamilton la lunga marcia attraverso il Libero Stato di Orange prendendo parte a tutti gli scontri, decise di accettare le ripetute richieste dei conservatori di Oldham di ripresentarsi alle successive elezioni generali. Varie altre circoscrizioni elettorali gli avevano chiesto di candidarsi, ma scelse Oldham. «Mi hanno supplicato di non abbandonarli», scrisse alla madre il 1° maggio.

Occupata Johannesburg, gli inglesi proseguirono verso Pretoria; il 4 giugno le forze boere furono sconfitte alle porte della capitale. Churchill proseguì con l'esercito di Hamilton fino a Diamond Hill, dove l'11 giugno si trovò nel mezzo di una violenta battaglia, «una trappola per topi» di fucileria e artiglieria, la definì nel telegramma al «Morning Post». Non fece parola sulla propria condotta in quell'occasione e non ne parlò nelle memorie scritte trent'anni dopo. Quarantaquattro ore dopo la battaglia, tuttavia, Hamilton pubblicò un resoconto di quello che definì il suo «manifesto coraggio [l'espressione usata nelle raccomandazioni per la VC] per il quale non ha ricevuto il giusto credito».

Le truppe di Hamilton erano schierate sotto un'alta collina sulla cui cima erano attestati i boeri. La chiave dello scontro, scrisse Hamilton, era quella cima, «ma nessuno lo capì finché Winston, che l'Alto Comando aveva assegnato alla mia colonna, riuscì in qualche modo a sfuggirmi e salì sulla collina, una trappola per i boeri schierati in alto in quanto dovevano tenere la testa bassa a causa del nostro intenso fuoco. Egli scalò la collina nel modo che veniva insegnato ai nostri esploratori alla frontiera indiana e si nascose in una buca a non più di un tiro di pistola sotto i reparti boeri - un'impresa non da poco in pieno giorno». Secondo Hamilton, quest'impresa dimostrava inoltre una «bella fiducia» da parte di Churchill nella precisione del fuoco dell'artiglieria inglese.

Se solo una mezza dozzina di boeri «fossero scesi di venti metri, avrebbero potuto cacciarlo a sassate. Da quella posizione elevata Winston ebbe il sangue freddo di segnalarmi, se ben ricordo con il fazzoletto appeso a un bastone, che se avessi potuto salire al galoppo alla testa della mia fanteria a cavallo, saremmo riusciti a irrompere in vetta».

Fu quanto fece; la battaglia, che impedì ai boeri di riconquistare Pretoria, fu secondo Hamilton «la svolta decisiva della guerra». Quella sera i boeri ripiegarono e Churchill, osservando le truppe britanniche sfilare davanti a Lord Roberts, senza accennare alla propria condotta in battaglia scrisse che erano «stanche di guerra ma confortate dalle speranze di pace e ben decise a portare la faccenda a buon fine. Possano tornare tutti sani e salvi a casa!».

Churchill tornò da Diamond Hill a Pretoria e proprio quel giorno negli Stati Uniti furono distribuite 3.000 copie del suo *London to Ladysmith via Pretoria*. Quattro giorni dopo prese il treno per Città del Capo ma, a un centinaio di miglia a sud di Johannesburg, dopo essere transitato nella stazione di Kopjes, il treno si arrestò di colpo. Egli scese e, con suo grande spavento, una granata boera gli scoppiò quasi tra i piedi «con un fragore impressionante, scagliando in aria zolle di terra della massicciata». Un centinaio di metri più avanti un ponte di legno era in fiamme. Il treno era affollato di soldati che venivano inviati a sud o rimandati a casa. «Non c'era nessuno a comandarli. I soldati cominciarono a scendere dalle carrozze nella più totale confusione. Non scorsi nessun ufficiale».

Allora assunse il comando. Temendo un'imboscata come al treno corazzato a Frere, corse lungo i binari fino alla locomotrice, «si arrampicò in cabina e ordinò al macchinista di azionare la sirena per far risalire i soldati sul treno e fare immediatamente macchina indietro per la stazione di Kopjes». Il macchinista obbedì. «Mentre ero in piedi nella cabina a accertarmi che i soldati fossero risaliti», ricordò in seguito, «vidi a meno di cento metri, nel fiume in secca sotto il ponte in fiamme, un bel po' di macchie scure. Furono gli ultimi boeri che vidi da nemici. Agganciai il calcio di legno alla Mauser e sparai sei o sette colpi contro di loro. Si dispersero senza rispondere. Poi la locomotrice partì e poco dopo eravamo tutti in salvo dietro i ripari della stazione di Kopjes».

«Che fuga dev'essere stata!», scrisse Jack alla madre.

Alla stazione di Kopjes si seppe che era in corso un aspro scontro poche miglia oltre, lungo la linea, dove il treno precedente era stato attaccato da una consistente formazione di guerriglieri boeri dotata di artiglieria. Più di cinquanta soldati erano stati uccisi o feriti. Essendo interrotta la ferrovia per

Città del Capo, Churchill si procurò un cavallo per proseguire il viaggio verso casa. «Per molti anni ho pensato», avrebbe scritto nel 1930, «che la granata Creusot da due pollici scoppiata così vicino fosse l'ultimo proiettile che avrei visto in vita mia». Il 7 luglio partì dal Sud Africa, dove non sarebbe ritornato mai più.

8

AL PARLAMENTO

Il 10 luglio 1900, mentre Churchill era sulla nave che dal Sud Africa lo riportava in patria, la rivista «Vanity Fair» pubblicò una vignetta di Spy su di lui e un suo profilo. «È una persona in gamba, che ha il coraggio delle proprie convinzioni», scriveva la rivista. «Sa scrivere e sa combattere». «Aspira alla politica fin da quando era bambino ed è probabile che tutte le sue fatiche, militari o letterarie, siano state compiute con un occhio alla politica». Era anche uno sportivo e «si vanta di essere più pratico che elegante; è ambizioso; ha intenzione di farsi strada e ama il suo paese. Ma non diventerà di certo schiavo di alcun partito».

Il 20 luglio Churchill sbarcò a Southampton e cinque giorni dopo era a Oldham, dove fu scelto come futuro candidato alle elezioni generali. Confidava di riuscire a vendicare la sconfitta dell'anno prima. Durante questa visita, raccontò alla madre, aveva avuto «un'accoglienza davvero straordinaria. Più di 10.000 persone invasero le strade con bandiere e rulli di tamburo, e gridarono per due ore fino a diventare roche; nonostante fosse mezzanotte quando uscii dal circolo dei conservatori, le strade erano ancora affollate di gente».

Il giorno seguente, al Theatre Royal di Oldham, raccontò la sua evasione a un pubblico in estasi. «Poiché le nostre forze avevano occupato la regione delle miniere di Witbank e coloro che mi avevano aiutato erano al sicuro sotto la protezione inglese, per la prima volta ero libero di raccontare tutta la storia. Quando feci il nome del dottor Dewsnap, l'ingegnere di Oldham che mi aveva nascosto nella miniera, il pubblico gridò: "Sua moglie è nel loggione" e il giubilo fu generale».

Sua madre non era andata a Southampton per salutarlo come aveva sperato: stava per sposare un ufficiale, il capitano George Cornwallis-West, che aveva solo 16 giorni più di suo figlio e vent'anni meno di lei. Il matrimonio fu celebrato il 27 luglio.

Ad agosto suo cugino Sunny gli affittò un appartamento da scapolo a Mayfair, al 105 di Mount Street, che sarebbe stato la sua casa e il suo ufficio nei sei anni seguenti. Vigilava sui propri affari: quando ad agosto sua madre lo invitò in Scozia, declinò l'invito perché voleva restare a Oldham. «Sarebbe sciocco», le disse, «gettar via la possibilità di essere eletto per amore dello svago o del riposo».

Le elezioni a Oldham ebbero luogo il 1° ottobre e furono tra le prime in cui la votazione si svolse nell'arco di tre settimane. Churchill la spuntò, ma di poco. Nella circoscrizione, che eleggeva due deputati, il maggior numero di voti, 12.947, andò al primo dei due avversari liberali, che fu quindi eletto. Churchill, che aveva ottenuto solo 16 voti di meno, conquistò il secondo seggio. Il secondo candidato liberale, che ottenne solo 221 suffragi meno di lui, fu sconfitto al pari del secondo candidato conservatore che ebbe 187 voti meno del secondo candidato liberale. La lotta era stata quindi molto serrata.

«The Times», commettendo uno dei suoi rari errori, scrisse che Churchill era stato battuto, ma si corresse il giorno seguente e in un articolo di fondo salutò il suo ingresso a Westminster. «Sono stato eletto al parlamento», scrisse Churchill a Bourke Cockran, «come deputato di una delle maggiori circoscrizioni d'Inghilterra, che conta 30.000 agiati lavoratori con diritto di voto; questa vittoria, riportata all'inizio della contesa generale, è stata molto utile e preziosa per il partito conservatore, instradandolo e avviando un movimento».

Il 12 ottobre, dodici giorni dopo essere stato eletto, pubblicò un altro libro sulla base dei tredici servizi telegrafici che aveva inviato al «Morning Post» tra Bloemfontein e Diamond Hill, intitolato *Ian Hamilton's March.* «Anche questo dovrebbe avere un buon successo», scrisse al fratello. In effetti a fine anno ne erano state vendute 8.000 copie, più altre 1.500 negli Stati Uniti. Aveva scritto già cinque libri e tutti gli avevano fruttato un buon guadagno. A venticinque anni, ebbe modo di osservare divertito, aveva scritto «altrettanti libri di Mosè».

Si accingeva anche a intraprendere un'altra carriera, quella di conferenziere a pagamento. Un agente aveva organizzato un ciclo di conferenze che gli avrebbe permesso di raccontare la storia della guerra boera in tutta l'Inghilterra in cambio di una percentuale sugli incassi. Il ciclo cominciò a Harrow. «È la mia prima esperienza di conferenze», scrisse al suo vecchio direttore Henry Davidson, «e temo che non sarà un gran successo». Invece le conferenze richiamarono un grosso pubblico. Tra il 25 ottobre e il suo 26° compleanno, un mese dopo, ne tenne trenta, spingendosi fino a Dundee e attraversando il Mare d'Irlanda per parlare a Belfast e Dublino. Andò anche a Oxford e a Cambridge. L'argomento era «la guerra a cui ho assistito». Quando parlò a Londra, alla presidenza era seduto il comandante in capo Lord Wolseley. «Il fatto che per un'ora e mezzo sia riuscito a catturare l'attenzione di tutti i presenti in quella grande sala la dice lunga sulle sue qualità di conferenziere», scrisse «The Times». La conferenza londinese gli fruttò 265 sterline, lo stipendio annuo di un giovane professionista.

Il pubblico più numeroso fu quello di Liverpool, dove la sua percentuale sugli incassi ammontò a 273 sterline. Il 30 novembre, giorno del suo 26° compleanno, parlò a Cheltenham, incassando 220 sterline. Al termine del ciclo aveva guadagnato 3.782 sterline, l'equivalente del reddito di oltre cinque anni di un professionista della sua età. Ma non era finita: il 1° dicembre, il giorno dopo la conferenza di Cheltenham, si imbarcò per gli Stati Uniti.

Giunto a New York l'8 dicembre, cominciò subito il ciclo di conferenze. Alla prima fu presentato al pubblico da Mark Twain, che dichiarò: «Il signor Churchill è inglese da parte di padre e americano da parte di madre, sicuramente la miscela che fa l'uomo perfetto». Dopo la conferenza Churchill convinse Twain a firmare tutti e 25 i volumi di un'edizione delle sue opere complete. In uno di essi Twain scrisse una dedica personale: «Essere buoni è cosa nobile; insegnare agli altri a essere buoni lo è più ancora, e senz'alcun fastidio».

A Washington incontrò il presidente McKinley che lo «impressionò davvero», come raccontò a sua madre. Ad Albany conobbe il vicepresidente appena nominato, Theodore Roosevelt, che un anno dopo sarebbe diventato presidente in seguito all'assassinio di McKinley. In molte città le conferenze erano osteggiate dai sentimenti filo-boeri del pubblico, ma la «Westminster Gazette», parlando della conferenza di New York, scrisse che Churchill «adottò un tono così moderato, rese un tributo così generoso al nemico sconfitto, fu tanto leale e vivo nella narrazione ed efficace nella misura e nella prospettiva da guadagnarsi tutta la partecipazione di un pubblico molto vivace e molto critico».

Dagli Stati Uniti si spostò in Canada, parlando a un pubblico numeroso ed entusiasta a Toronto, Montreal e Ottawa. In quest'ultima città fu ospite del governatore generale nella residenza ufficiale. Un'altra ospite era Pamela Plowden. Il loro idillio era finito: «Non abbiamo avuto discussioni penose», scrisse alla madre, «ma non ho nessun dubbio che sia la sola donna con cui potrei mai vivere felicemente». Passando alle finanze e ai guadagni fatti con i libri e le conferenze, le scriveva: «Sono molto fiero del fatto che non una persona su un milione, alla mia età, avrebbe potuto guadagnare 10.000 sterline senz'alcun capitale in meno di due anni. Ma a volte è un'attività molto sgradevole. Per esempio, l'ultima settimana sono arrivato per una conferenza in una cittadina americana e ho scoperto che Pond, anziché organizzare una conferenza pubblica, mi aveva fatto pagare 40 sterline per esibirmi a una festa in una casa privata... come un prestigiatore». Varie volte aveva parlato in teatri locali davanti a una platea «semivuota».

Il 22 gennaio 1901, mentre si trovava a Winnipeg, in Canada, per una conferenza, seppe della morte della regina Vittoria. Dieci giorni dopo, il giorno dei funerali della regina, si imbarcò per l'Inghilterra dopo aver chiesto alla madre di fargli trovare al molo la «raccolta» del «Times» e vari altri settimanali. Il 14 febbraio prese posto in Parlamento e da quel momento la sua vita assunse un carattere pubblico. Ogni suo discorso, in parlamento o fuori, sarebbe stato riportato dai giornali e sarebbe diventato oggetto di dibattito per la stampa e per l'opinione pubblica. Già il discorso di esordio alla Camera dei Comuni, il 28 febbraio, fu seguito, a detta del «Morning Post», da un pubblico «che ben pochi neo-deputati hanno avuto a disposizione», e che comprendeva due anziani politici liberali, Campbell-Bannerman e Asquith. Nella tribuna riservata alle signore sedevano sua madre e quattro sorelle di suo padre, Lady Wimborne, Lady Howe, Lady Tweedmouth e Lady de Ramsey, e le zie Cornelia, Fanny, Georgiana e Rosamond.

Durante il suo discorso dichiarò: «Se fossi un boero, credo che sarei sceso in campo»; i deputati nazionalisti irlandesi lo applaudirono e Chamberlain si lamentò con il vicino: «Così si buttano via i seggi»; ma Churchill si affrettò a rimbrottare i deputati irlandesi, le cui simpatie andavano ai boeri, dicendo loro: «È sorprendente che gli onorevoli deputati che formano il Partito Irlandese finiscano per agire e parlare in questo modo di una guerra nella quale tanto è stato reso possibile dal coraggio, dai sacrifici e soprattutto dalle capacità militari degli irlandesi».

Se c'era «chi si rallegrava di questa guerra», proseguì, «e si esaltava o si augurava il conflitto, ebbene, oggi ne ha avuto a sufficienza, più che a sufficienza». La guerra aveva provocato perdite che erano motivo di dolore. Lui stesso aveva perduto «molti buoni amici» ma, aggiunse, «non abbiamo motivo di vergognarci di ciò che è accaduto durante la guerra, né abbiamo alcun diritto di dolercene o di rattristarcene troppo».

In primavera fece un viaggio in Europa, prima a Parigi e poi a Madrid e Gibilterra. Ritornato in Inghilterra, parlò agli ufficiali superiori dell'esercito sul ruolo della cavalleria in Sud Africa. Fu coinvolto inoltre in una polemica che avrebbe irritato profondamente i dirigenti conservatori. St John Broderick, che aveva apprezzato il suo appoggio nel dibattito su Colville, propose un aumento del 15 per cento delle spese militari. Churchill era convinto che questa spesa straordinaria non fosse necessaria e dichiarò che non sarebbe servita, non avrebbe reso più forte l'esercito e non era un buon modo di spendere il denaro; se si volevano spendere più fondi pubblici, bisognava investirli nella marina da guerra, non nell'esercito.

Espresse queste critiche alla politica del suo governo il 23 aprile, in un discorso alla Liverpool Conservative Association: «Qualunque pericolo insidi la Gran Bretagna, non giungerebbe via terra, ma dal mare». Due giorni dopo ribadì il concetto a Oxford. Date le critiche mossegli su «The Times» sia dal vicepresidente sia dal segretario dell'Army League, replicò con una lettera in cui diceva: «Esercito migliore non significa necessariamente esercito più grande. Ci dev'essere il modo di correggere una situazione non semplicemente profondendo altro denaro. Ci sono tanti modi per uccidere un gatto, come dice il proverbio». La lettera si concludeva in modo provocatorio: «Mi meraviglia che ciò non sia venuto in mente né al vicepresidente né al segretario della Army League».

Non tutti approvarono il tono delle sue repliche, allora e in seguito, ma questo era il suo stile: schietto, energico, l'equivalente scritto di un sorriso malizioso. Gli procurò dei nemici, al pari del suo modo di tornare più e più volte alla carica, ribadendo vecchi argomenti e proponendone altri.

In estate entrò a far parte di un gruppo di giovani deputati conservatori insoddisfatti della politica del loro partito. Si diedero il nome di «Hooligans» o «Hughligans», dal nome di un membro influente del gruppo, Lord Hugh Cecil, figlio di Lord Salisbury, e tutti i giovedì pranzavano alla Camera dei Comuni, invitando un ospite illustre a unirsi loro. Churchill aveva già stretto amicizia con diversi esponenti di spicco del partito liberale. Il 23 luglio pranzò con Lord Rosebery a Durdans, la sua residenza vicino a Epsom. La lettera con cui lo ringraziava rivela un'altra novità nella sua vita: «Temo di aver turbato i vostri cavalli con la mia automobile; sto imparando a guidare, sicché è un momento piuttosto pericoloso».

A metà dicembre del 1901, due settimane dopo aver compiuto 27 anni, pranzò con John Morley, biografo di Gladstone ed eminente riformatore liberale. Nel corso della serata Morley gli consigliò un libro di Seebohm Rowntree, *Poverty: A Study of Town Life*. Non appena lo lesse, sentì di avere una causa cui dedicarsi. Rowntree aveva analizzato la condizione dei poveri di York, una realtà molto triste. «Chi non si è domandato», scrisse in una recensione del libro, «come spendere una grande fortuna? Ma l'immaginazione rifugge o rifiuta deliberatamente le realtà sgradevoli della vita, i suoi lati più oscuri e le eventualità che fanno paura. È piacevole soffermarsi sugli estremi della ricchezza; ma non amiamo contemplare gli estremi della povertà». L'immaginazione non veniva stimolata «dai bassifondi, dalle topaie, dalla strada».

Concludendo la recensione con una nota di amara ironia, scrisse che sarebbe stato «impudente» proporre questi discorsi a un parlamento «impegnato in questioni lontane migliaia di miglia dal nostro paese». Bisognava tener presente «una considerazione di maggior rilievo» quando ci si batteva per alleviare la povertà: «Non il dovere dell'uomo nei confronti dell'uomo, né le teorie per cui un lavoro onesto in una comunità ricca dovrebbe conferire certi diritti minimi, e neppure il fatto che questa realtà amara in patria è una beffa per una potenza mondiale e deturpa l'immagine di Dio sulla terra, bensì il fatto che costituisce un serio ostacolo al reclutamento».

L'influenza del libro di Rowntree su Churchill fu subito chiara. «Per quanto mi riguarda», scrisse il 23 dicembre a un influente conservatore di Birmingham, «non vedo grande gloria in un impero che domina i mari ma è incapace di costruire fogne». In quella lettera parlò anche dei rivoltosi di Birmingham, che avevano aggredito il liberale radicale David Lloyd George e quasi l'avevano linciato per le sue opinioni «filo-boere»: «Spero che il partito conservatore abbia le mani pulite». Avendo saputo che i conservatori erano coinvolti attivamente nella rivolta, privatamente scrisse che pur considerando personalmente Lloyd George «un volgare mascalzone parolaio», ogni uomo aveva «il pieno diritto» di esprimere le sue opinioni; e che tali opinioni fossero messe a tacere «perché sono odiose alla maggioranza dei presenti» era una dottrina molto pericolosa, funesta per il partito conservatore».

La sua disillusione nei confronti del partito conservatore cresceva di giorno in giorno. C'era bisogno, scrisse nella lettera del 23 dicembre, di una politica «equilibrata» che coordinasse «lo sviluppo e l'espansione con il progresso del benessere e della salute sociale». Voleva associarsi a «tutti i pensatori moderati non organizzati e scontenti». Ma da che parte rivolgersi? Doveva accettare le insistenti proposte dei liberali imperialisti e dell'«imperialista» in persona, Lord Rosebery? «Secondo quanto concordammo a Blenheim», gli scrisse Hugh Cecil subito dopo Natale, «è opportuno temporeggiare e non rispondere agli inviti dell'Imperialista finché non avrà costruito lui stesso una casa dove ricevervi. Adesso non gli resta che parte di un ombrello assai malconcio».

Ma egli non intendeva aspettare; nella terza settimana di dicembre stilò un elenco di dodici deputati conservatori, in maggioranza giovani, che condividevano la sua frustrazione di fronte a un governo e un partito giudicati sciovinisti e arretrati. Nella seconda metà di gennaio del 1902 parlò della povertà in Gran Bretagna a un pubblico conservatore di Blackpool. Era «una cosa terribile» che ci fossero persone, come a York, «le cui uniche vie per uscire dall'attuale condizione sono l'ospizio di mendicità o la prigione». «Il partito tory», scrisse a Rosebery dodici giorni dopo, «ha una mentalità decisamente brutale e sanguinaria». Ormai aveva preso la sua decisione: avrebbe guidato un attacco non solo alle spese militari del governo, ma anche all'incapacità di utilizzare il denaro dei contribuenti nel modo più efficace e vantaggioso.

In primavera un giornalista boero, che aveva scontato una condanna a dodici mesi di prigione in Sud Africa per calunnia contro Kitchener, si vide negare dalle autorità militari britanniche il permesso di recarsi in Inghilterra in visita privata. John Morley sollevò il problema alla Camera dei Comuni e fu appoggiato da Churchill, che accusò le autorità militari di aver abusato dei poteri conferiti dalla legge marziale. Dove, se non nella stessa Gran Bretagna, la divulgazione di opinioni anti-inglesi poteva nuocere di meno? Alla fine del dibattito Churchill e altri sette conservatori, tra cui tutti gli «Hooligans» presenti, votarono contro il governo. Quella sera gli «Hooligans» invitarono a cena Chamberlain, il quale chiese loro: «A che pro appoggiare il vostro governo soltanto quando ha ragione? Dovreste venirci in aiuto proprio quando si trova in questo genere di difficoltà». Mentre la serata volgeva al termine e Chamberlain salutava i suoi giovani anfitrioni, d'improvviso sollevò un problema che non era stato sfiorato in tutta la sera, lo stesso che Churchill aveva affrontato un mese prima alla Camera dei Comuni. «Giovani gentiluomini», disse loro, «poiché mi avete trattato come un re, vi svelerò in cambio un segreto inestimabile. Le tariffe doganali! Ecco la politica del futuro, e di un futuro prossimo. Studiatele attentamente fino a saperne tutto, e non vi pentirete dell'ospitalità che mi avete offerto».

Durante l'estate i dirigenti boeri accettarono la sconfitta e rinunciarono alla loro ostinata guerriglia. Churchill si disse subito favorevole a dare loro «ogni sorta di incoraggiamento» affinché si associassero alla Gran Bretagna. Questo desiderio di riconciliazione e unificazione, e anche di difesa dei boeri da quella che definì «la tenera misericordia» dei lealisti sudafricani, gli alienò le simpatie di molti conservatori. Scrisse ai suoi elettori di Oldham: «Siamo passati dalla guerra (una guerra pericolosa, prolungata e dissanguante) a una pace vittoriosa»; era stato raggiunto un accordo «che non si basa del tutto sulla stanchezza e sulla disperazione di un nemico coraggioso, ma piuttosto su un'intesa onorevole tra popoli combattenti che hanno imparato, nella più dura delle scuole, a rispettare le altrui qualità». Questo accordo aveva assicurato alla Gran Bretagna «tutto ciò che il diritto e il giudizio richiedono» e ai boeri «tutto ciò che impone la generosità».

Proprio allora intraprese un progetto ambizioso cui pensava da tempo, una biografia di suo padre. Non bastandogli l'archivio del padre, cercò dappertutto altro materiale e il 16 settembre chiese attraverso «The Times» lettere e documenti. Cinque giorni dopo scrisse all'ex primo ministro Lord Salisbury, che aveva accettato le dimissioni di Lord Randolph nel 1886: «Vi scrivo di persona per chiedervi di farmi avere ogni lettera di mio padre di cui siete in possesso. Desidero inoltre pubblicare alcuni passi delle vostre lettere per lui, ma naturalmente più avanti ve li sottoporrò».

A settembre fu invitato a Balmoral da Edoardo VII. «Sono stato accolto con grande cortesia dal re, che si è fatto in quattro per essere affabile con me», scrisse a sua madre; «è stato molto piacevole e spontaneo e oggi la caccia è stata eccellente, anche se ho mancato i miei cervi». Da Balmoral si spostò a Dalmeny per incontrare Rosebery, cui espose il suo piano di attacco al progetto di Brodrick sull'esercito mediante l'azione congiunta di un gruppo piccolo ma intraprendente di deputati conservatori e unionisti liberali, decisi a battersi e a votare contro le spese militari eccessive.

Quindi scese verso sud, a Oldham, per parlare ai suoi elettori. Durante la visita ebbe un lungo colloquio con Samuel Smethurst, un importante conservatore locale che condivideva molti dei suoi timori. «È singolare e incoraggiante», gli scrisse qualche giorno dopo, «che nelle vostre riflessioni abbiate maturato un'idea che ho sempre avuto ma che forse non ho espresso chiaramente». Quest'idea, che espose per la prima volta nella lettera, era la «creazione graduale, mediante un processo evolutivo, di un'ala democratica o progressista del partito conservatore, che possa entrare in una coalizione centrale o infondere vigore all'organismo originario».

Churchill scoprì con entusiasmo che quest'idea di un partito di centro aveva il sostegno di uno dei più influenti conservatori di Oldham; durante la visita, raccontò a Rosebery il 6 ottobre, «sono stato accolto da entrambi i partiti con una cordialità davvero soddisfacente, perfino sorprendente, visto che non li incontravo da sei mesi». Aveva già accennato a Rosebery quale poteva essere la prima mossa, un'azione conservatrice e liberale congiunta per ridurre le spese militari del governo. «Potrebbe essere auspicabile adottare questo piano in certe circostanze»; ne aveva già accennato a due amici conservatori.

Presentando il suo programma politico in tutta la Gran Bretagna, sostenne i meriti economici del libero scambio e della libera concorrenza nei mercati del mondo. Il sistema del libero scambio era in grado di meglio garantire alimenti e materie prime a buon mercato. Le tariffe protettive di un paese non potevano non determinare la costituzione di barriere tariffarie in tutto il mondo, e il protezionismo avrebbe fatto salire i prezzi e provocato crescenti tensioni internazionali, non solo economiche ma anche politiche. «Mi sembrerebbe ben strano», scrisse a un elettore il 14 novembre, «cercare di rinchiudere l'impero britannico dentro un recinto». Perché mai la Gran Bretagna avrebbe dovuto privarsi delle «merci abbondanti e diverse che il ricco traffico mondiale offre, visto inoltre che quanto più commerciamo con gli altri tanto più essi debbono commerciare con noi»? Il pianeta non era «immenso, a paragone con gli altri corpi celesti, e non vedo ragioni particolari perché noi si debba cercare di creare all'interno del nostro pianeta un pianeta più piccolo, chiamato impero britannico, separato dal resto da uno spazio assurdo».

Nel dibattito nazionale che si sviluppò, si propose subito come uno dei più accaniti difensori del libero scambio. Come era avvenuto nel corso dei dibattiti sulle spese militari, così anche ora fu appoggiato dal responsabile del ministero del Tesoro, Sir Francis Mowatt il quale, scrisse egli in seguito, «mi fornì fatti e argomenti di carattere generale, assolutamente necessari a un giovane che a ventotto anni è chiamato a assumere un ruolo di spicco in una controversia nazionale». Era passato poco più di un anno da quando Chamberlain aveva spiegato a lui e agli altri «Hooligans» che le tariffe sarebbero state l'«argomento politico del futuro», e erano schierati l'uno contro l'altro, sia su questo punto sia nella lotta per conquistare il cuore del partito conservatore. Il 20 maggio, cinque giorni dopo il discorso di Chamberlain a favore delle tariffe doganali, Churchill gli rispose da Hoxton. Nel frattempo cercava in ogni modo di convincere Balfour a dissociarsi da Chamberlain. «Sono assolutamente contrario», gli scrisse il 25 maggio, «a tutto ciò che possa modificare la natura liberoscambista di questo paese»; il tentativo di Balfour di preservare «la politica e la natura liberoscambista del partito tory ispirerebbe tutta la mia lealtà»; in caso contrario, «dovrei riconsiderare la mia posizione politica».

Churchill portò avanti la sua battaglia costituendo una Free Food League composta da deputati conservatori che la pensavano come lui ed erano decisi a preservare la politica liberoscambista del loro partito. Il 30 maggio poté comunicare a Hugh Cecil che i membri «sicuri» della League erano 12, i «probabili» 11 e i «possibili» 6. «Le nostre due carte migliori», gli scrisse il 3 giugno, «sono (1) la capacità di intervenire alla Camera dei Comuni e (2) la protesta contro la tassa sul cibo nel paese». Quanto all'appoggio dei giornali, «la stampa si batterà finché c'è una possibilità di vittoria, ma scomparirà nell'ora della sconfitta». Quando il 13 luglio fu presentata la League, vi avevano aderito 60 deputati conservatori che si definirono liberoscambisti unionisti. Tre giorni dopo Churchill scrisse a «The Times» per protestare contro le attività dei sostenitori di Chamberlain, che utilizzavano l'organizzazione del partito «per diffondere propaganda protezionista».

In estate Chamberlain inviò una lettera personale a Churchill per assicurargli che non covava rancore per la sua «opposizione politica» e vi delineò acutamente la posizione politica del suo avversario. «È da lungo tempo, di fatto dalle prime confidenze che mi faceste, che ho maturato la convinzione che non accettereste mai la condizione di "fedele sostenitore". Non credo che in politica vi sia molto spazio per un tory dissidente, ma il cielo sa quanto l'altro partito abbia bisogno di nuovi talenti, e prevedo che fra non molto vi ritroverete da quella parte». Nel poscritto aggiungeva: «È davvero necessario che nei vostri discorsi siate tanto personale?».

Il 16 settembre Chamberlain, irritato dal silenzio di Balfour sulle tariffe, diede le dimissioni dal Gabinetto. Balfour, convincendolo a tenere segreta la notizia per due giorni, e con uno straordinario gioco di prestigio ottenne le dimissioni anche dei tre maggiori ministri liberoscambisti, tra cui il Cancelliere dello Scacchiere. Quando il 18 fu divulgata la notizia delle quattro dimissioni, apparve chiaro a tutti che Balfour si era liberato dell'ala protezionista e di quella liberista del Gabinetto. Nessuno sapeva in che modo avrebbe riformato il governo e il giorno stesso Churchill scrisse a sua madre: «Sarà una ricostruzione protezionista di un Gabinetto privo dei ministri liberoscambisti, oppure una ricostruzione liberista di un Gabinetto da cui JC ha dato le dimissioni? Tutto è possibile».

La risposta non si fece attendere. Il 2 ottobre, in un discorso a Sheffield, Balfour annunciò che il partito conservatore avrebbe varato una legislazione protezionista. Non c'era ovviamente posto per Churchill nel nuovo governo: la sua posizione liberista era troppo radicale e tale cominciavano a considerarla anche i suoi elettori, che in numero crescente si dichiaravano favorevoli a Chamberlain.

A dicembre Lord Tweedmouth chiese a Churchill se desiderava presentarsi come candidato liberale a Sunderland: «È libero e sarebbe un'ottima opportunità». Ma non era ancora pronto a saltare il fosso anche se due giorni dopo, definendosi ancora un liberoscambista unionista, inviò una lettera di appoggio al candidato liberale che si batteva contro un conservatore nelle elezioni suppletive a Ludlow. I liberoscambisti di tutti i partiti, scriveva, «dovrebbero far fronte comune contro il comune nemico». Era venuto il momento di «un'azione congiunta». Questo messaggio di appoggio ai liberali irritò i suoi elettori di Oldham, un'irritazione che crebbe dopo il discorso pronunciato a Halifax il 21 dicembre, in cui dichiarò: «Grazie a Dio abbiamo un'opposizione»; secondo il responsabile della circoscrizione, questo discorso faceva presagire la sua adesione al partito liberale.

«Il mio linguaggio non vi compromette», scrisse a Cecil sia a proposito della lettera di Ludlow sia del discorso di Halifax, «e siete libero di disconoscerlo se lo ritenete opportuno. Né mi allontana formalmente dal partito conservatore, anche se questo passo non potrà essere rimandato ancora a lungo».

Due giorni dopo il discorso di Halifax, il comitato politico dell'associazione conservatrice di Oldham approvò una risoluzione con cui lo informava che aveva «perso la loro fiducia in lui come deputato unionista di Oldham; nell'eventualità di un'elezione non deve più fare assegnamento sull'organizzazione conservatrice». Per nulla scoraggiato, cercò di costituire un'organizzazione unionista liberista locale che lo appoggiasse in un'eventuale elezione suppletiva; aveva in animo di dimettersi e ricandidarsi «sulla questione del libero scambio». A questo scopo si impegnò con il partito laburista locale a non presentarsi a Oldham nelle elezioni generali se non gli avesse opposto un suo candidato nell'elezione suppletiva. Quattro giorni dopo, la direzione dell'associazione conservatrice confermò la risoluzione del comitato di Oldham: non avrebbe avuto il sostegno ufficiale dei conservatori nelle prossime elezioni generali.

Il 31 dicembre 1903 Churchill pranzò con Lloyd George per cercare di trovare un terreno comune a liberisti unionisti e liberali nel caso che questi ultimi accettassero di non presentarsi contro i candidati liberisti in alcune circoscrizioni elettorali. Rimase piacevolmente sorpreso dal modo «tollerante» con cui Lloyd George espresse le sue opinioni, parlando della necessità che i liberisti unionisti elaborassero «un programma positivo», in particolare nei riguardi degli operai. «Non posso fingere di essere rimasto turbato», scrisse Churchill a Cecil. «Tutto sommato è stato un colloquio molto piacevole e istruttivo».

Oramai in parlamento Churchill votava regolarmente contro i conservatori. A marzo appoggiò un voto di censura dei liberali contro l'uso da parte del governo di manodopera cinese a contratto in Sud Africa. Votò anche a favore dei progetti di legge liberali per ripristinare i diritti legali dei sindacati e tassare le vendite fondiarie nei casi in cui la terra veniva comprata a poco e rivenduta a un prezzo superiore come terreno edificabile.

Infine, il 18 aprile, accettò l'invito dei liberali di North-West Manchester a presentarsi come candidato liberista con il loro pieno appoggio. Nella lettera di risposta scrisse che la Gran Bretagna aveva bisogno di «disfarsi finalmente degli orpelli costosi e appariscenti dell'ambizione marziale per indossare una veste più sobria, per tornare ai principî primi, tenere in maggior considerazione i diritti degli altri e confidare di più in quelle forze morali di libertà e giustizia che l'hanno resa famosa». Era un liberale in tutto e per tutto salvo che nel nome. Il 22 aprile parlò per tre quarti d'ora durante il dibattito sulla proposta di legge sui sindacati e le cause di lavoro, difendendo i diritti dei sindacati e invocando una politica costruttiva nei loro confronti. Il conservatore «Daily Mail» definì le sue parole «un radicalismo del tipo più rosso».

Verso la fine del discorso Churchill aveva cominciato una frase con le parole «spetta al governo assicurare alle classi lavoratrici che non vi è giustificazione...»; a quel punto si interruppe come per cercare le parole, ma poi smise di parlare, sembrò confuso, frugò tra gli appunti e si rimise a sedere. Quindi si coprì il volto con le mani e mormorò: «Ringrazio gli onorevoli deputati per avermi ascoltato». Alcuni tra i più giovani deputati conservatori furono tentati di ridere dell'inciampo del loro avversario, ma molti colleghi più anziani, ricordando gli ultimi discorsi penosi, esitanti e alla fine incoerenti di Lord Randolph, temettero che suo figlio potesse essere vittima dello stesso terribile disfacimento.

Non si era trattato di una cosa seria; «Ritengo che abbia sovraffaticato il sistema nervoso», scrisse uno specialista. La perdita di memoria era il risultato di «un calo delle energie mentali; a volte succede ai più capaci. Fortunatamente non riaccade quasi mai». E così fu per Churchill; tuttavia in futuro egli non si sarebbe più limitato a imparare a memoria i discorsi, ma si sarebbe aiutato con appunti completi, quasi parola per parola.

Ormai restava soltanto un ostacolo alla sua adesione al partito liberale: l'opposizione allo Home Rule irlandese. Aveva ereditato dal padre questa posizione, parte integrante del pensiero e della politica dei conservatori unionisti. A metà gennaio Sir Francis Mowatt, responsabile della pubblica amministrazione, gli consegnò alcuni «appunti sull'Irlanda»; durante la terza settimana di maggio, dopo un colloquio con uno dei deputati nazionalisti irlandesi, Churchill decise di superare l'ultima divergenza tra sé e i liberali e propose un progetto specifico per una maggiore autonomia dell'Irlanda nei suoi affari.

Espose il progetto in una lettera a Morley del 17 maggio. Non era previsto un parlamento irlandese separato e il controllo della polizia sarebbe rimasto a Westminster, ma sarebbero sorti consigli provinciali sull'istruzione, le licenze, la tassazione, le fognature e le ferrovie. Tutto questo sarebbe stato affidato «per intero al popolo irlandese, che lo amministri bene o male a sua scelta». Il nuovo indirizzo «costituirebbe un chiaro passo avanti rispetto alla politica del governo locale e potrebbe essere definito con una certa audacia uno "Home Rule amministrativo". Potrebbe essere appoggiato dai liberoscambisti unionisti, in quanto elimina tutto ciò che era contenuto nella richiesta dello Home Rule legislativo, e dagli indipendentisti in quanto costituisce il penultimo passo».

Fu questo il suo primo passo sulla via dello Home Rule. Due settimane dopo, il 30 maggio, in una lettera ai dirigenti ebraici di North-West Manchester criticò apertamente il più controverso tra i nuovi provvedimenti legislativi discussi in parlamento, il disegno di legge sugli stranieri. Il provvedimento, presentato in parlamento due mesi prima, si proponeva di ridurre drasticamente l'immigrazione ebraica dalla Russia alla Gran Bretagna. Nella lettera Churchill annunciò che si sarebbe battuto attivamente contro il disegno di legge. Era contrario ad abbandonare «la vecchia pratica tollerante e generosa del libero ingresso e dell'asilo, che questo paese ha osservato per tanto tempo e di cui tanto ha beneficiato». Proseguì mettendoli in guardia sui pericoli di una legislazione di quel genere nelle mani di un ministro dell'Interno «intollerante o antisemita». Era preoccupato dall'effetto del provvedimento sul «semplice immigrante, sul profugo politico, sul debole e il povero» che, con la nuova legge, non avrebbero avuto «il benché minimo diritto di appellarsi alla giustizia liberale dei tribunali inglesi».

Criticando quelli che erano ancora i suoi dirigenti, definì la legge sugli stranieri un tentativo del governo di «compiacere un settore piccolo ma rumoroso dei loro sostenitori e di acquisire un po' di popolarità tra gli elettori trattando duramente numerosi stranieri sfortunati che non hanno diritto di voto». Il provvedimento era caro a «coloro che prediligono il patriottismo a spese degli altri e ammirano l'imperialismo del genere russo. Si spera che faccia leva sul pregiudizio gretto contro gli stranieri, sul pregiudizio razziale contro gli ebrei e sul pregiudizio della manodopera contro la concorrenza».

L'attacco di Churchill allo Aliens Bill fu pubblicato dal «Manchester Guardian» il 31 maggio, il primo giorno di lavori parlamentari dopo la pausa di Pentecoste. Quel giorno il ventinovenne deputato entrò nell'aula della Camera dei Comuni, si fermò per un momento alla sbarra, guardò brevemente sia i banchi del governo sia quelli dell'opposizione, percorse a grandi passi il corridoio, si inchinò davanti al presidente, si voltò bruscamente e con enfasi a destra, verso i banchi liberali, e si sedette vicino a Lloyd George: si era unito ai liberali. Il seggio su cui si sedette era il medesimo occupato da suo padre negli anni passati all'opposizione, da cui nel 1885 si era levato in piedi sventolando il fazzoletto per salutare la caduta di Gladstone. Ora il figlio «dissidente» di Lord Randolph sedeva accanto agli eredi liberali di Gladstone, deciso a ingrossarne le file e a contribuire alla loro vittoria elettorale.

Dal momento in cui decise di sedersi nei banchi dell'opposizione liberale alla Camera dei Comuni, il 31 maggio 1904, Churchill fu in prima linea nella campagna liberale per screditare i conservatori e convincere l'opinione pubblica dei meriti del liberalismo. Ai Comuni i suoi attacchi al governo provocarono una rottura con il mondo conservatore della sua famiglia e classe. «La scorsa sera non potei fare a meno di pensare», scrisse a Hugh Cecil il 2 giugno, «che strazio sia per me la rottura con quella prestigiosa gerarchia e con quanta attenzione si debba organizzare il proprio modo di pensare per rendersene totalmente indipendenti. La cosa peggiore è che non appena la questione del libero scambio sarà passata, le mie ambizioni personali rimarranno spoglie e arenate sulla spiaggia: uno spettacolo brutto e insoddisfacente di per sé, seppure un vantaggio quando si accompagnano alla marea di una grande causa».

Il 4 giugno, dopo soli quattro giorni dall'adesione ufficiale al gruppo liberale, criticò le scelte protezioniste di Balfour in un discorso pubblico a Manchester e quattro giorni dopo, ai Comuni, fu uno dei tre oratori liberali a pronunciarsi contro lo Aliens Bill; gli altri due furono il leader del partito Campbell-Bannerman e Asquith. Si trattò del suo primo intervento dai banchi dell'opposizione. Nel mese successivo condusse l'attacco al disegno di legge articolo per articolo. «Avete infuso uno spirito nuovo nei giovani dell'opposizione, come dimostra la serata di ieri», gli scrisse il 1° luglio il Master di Elibank, deputato liberale fin dal 1900.

Durante l'estate, mentre intorno a lui infuriava la tempesta politica, si recò con sua madre a un ballo dato da Lady Crewe, moglie di un importante uomo politico liberale. Durante la serata sua madre gli presentò Clementine Hozier, una bella giovane di 19 anni la cui madre era da anni amica di Lady Randolph. Fatte le presentazioni, Clementine si aspettava che egli la invitasse a ballare, ma questo non avvenne. «Winston si limitava a guardare», avrebbe ricordato; «non pronunciò una sola parola e fu decisamente privo di tatto. Non mi chiese di ballare, non mi chiese di cenare con lui». Ovviamente la giovane aveva sentito parlare molto di quel personaggio controverso, «e soltanto male; mi avevano detto che era presuntuoso, sgradevole e così via. E in quell'occasione si limitò a stare in piedi e guardare».

Clementine era pronta a farsi soccorrere, se necessario: «In piedi lì accanto c'era un suo spasimante», avrebbe scritto sua sorella Mary, «che, rispondendo a un cenno discreto, si avvicinò e le chiese di danzare». Nel corso del ballo il giovane chiese alla sua compagna perché mai parlasse con «quell'orribile Winston Churchill». Sarebbero trascorsi quasi quattro anni prima che Churchill incontrasse nuovamente Clementine Hozier.

Tornando alla politica, Churchill aveva cominciato a fare causa comune con l'ala radicale del partito liberale, guidata da Lloyd George. Il 18 ottobre a Carnarvon salì sul palco con «lo stregone gallese», e il 10 novembre a Edimburgo dichiarò di aver più paura del «partito capitalista indipendente» che del partito laburista indipendente, aggiungendo: «Oggi nessuno sembra interessarsi ad altro che al denaro. Non si tiene in conto nulla salvo il conto in banca. Qualità, educazione, distinzione civica, virtù pubblica sembrano valere sempre di meno, anno dopo anno. Le ricchezze disadorne sembrano valere sempre di più, anno dopo anno».

Attaccando con decisione il cattivo uso del capitale, spiegò ai cittadini di Edimburgo: «A Londra un gruppo importante di persone va in giro predicando il vangelo di Mammone, invocando i comandamenti del dieci del cento, ogni giorno innalzando la preghiera ispiratrice: "Oh Signore, dacci oggi il nostro contante quotidiano!"». L'ultimo governo liberale aveva introdotto la regola che vietava ai ministri di dirigere società private. Calcolava invece che 31 ministri conservatori su 55 erano a capo di aziende e nel complesso detenevano 68 direzioni societarie. «Il lassismo del principio è un segno della degenerazione dei tempi». Lo stesso valeva per la recente vendita di un giornale liberista, lo «Standard», a un proprietario protezionista. «Che dire di coloro che sfruttano un'immensa ricchezza per avvelenare le fonti dell'informazione pubblica?».

Quando concluse il discorso la folla si alzò in piedi ad applaudirlo. «Sono soddisfatto di quella riunione, che a suo modo è stata un trionfo», scrisse Churchill a Lord Rosebery. «Ma che fatica e che battaglia per rovesciare questo governo, con il nostro esercito diviso e indisciplinato!».

Per un breve periodo mise da parte l'attività politica per terminare di scrivere la biografia di suo padre. «Attualmente», scrisse a Rosebery, «lo statista è in vacanza e prevalgono il letterato gentiluomo e il giocatore di polo». Nelle prime due settimane di ottobre, a Blenheim, corresse le bozze della biografia. Sperava anche, confidò a sua madre, «di ricavare un bel po' di soldi dal libro». Sotto questo aspetto ebbe un successo straordinario, visto che ne ricavò 8.000 sterline, la somma più alta mai pagata in Gran Bretagna per una biografia politica, pari a 350.000 sterline a prezzi 1990.

Il 31 ottobre pranzò con Edoardo VII. Era intenzione del re, raccontò a sua madre, «farmi capire l'errore della mia linea di condotta». Era la prima volta in tre anni, disse a Rosebery, che il re acconsentiva a riceverlo. «Mi parlò con grande severità e perfino con veemenza dei miei attacchi a A. Balfour. Ho accettato tutto docilmente. Alla fine si è fatto più clemente e abbiamo parlato per un'ora». Due settimane dopo Churchill si ammalò. Corse voce che avesse avuto un collasso nervoso e il re fu tra coloro che si mostrarono preoccupati. A fine mese cancellò tutte le riunioni previste per la settimana e andò a Camborne Manor, la residenza di sua zia Cornelia nel Dorset, dove cercò di ristabilirsi con l'aiuto di una «meravigliosa» massaggiatrice che, riferì a sua madre, possedeva «poteri quasi miracolosi; mi sento a mio agio e sono molto tranquillo».

Il 30 novembre era il giorno del suo compleanno. «Trentun anni sono tanti», scrisse dal Dorset a sua madre. Quella settimana gli giunse una lettera inaspettata di auguri di pronta guarigione da Hugh Arnold-Forster, delle cui spese militari egli era uno dei maggiori critici. «Mi dispiace molto sapere che non state bene», gli scrisse dal ministero della Guerra; «abbiate cura di voi. Sapete che non sono d'accordo con le vostre idee, ma siete l'unico, del vostro schieramento alla Camera, che mi sembra comprenda realmente la questione militare. Pertanto, da un punto di vista puramente egoistico, desidero che vi ristabiliate. Posso aggiungere che dal punto di vista personale la penso allo stesso modo e tengo moltissimo alla vostra esistenza.»

Il 1° dicembre, sempre dal Dorset, riferì alla madre che la massaggiatrice americana si era accorta che la sua lingua era «trattenuta da un legamento che nessun altro ha». Secondo lui quella era «la vera ragione per cui parlo con il naso». Si recò quindi a Londra per pregare Sir Felix Semon di recidere il legamento. Semon rifiutò con il risultato, scrisse egli a Lady Randolph il 4 dicembre, che la lingua era ancora «legata».

Quello stesso 4 dicembre Balfour si dimise dalla carica di primo ministro, calcolando che la confusione che regnava tra i liberali avrebbe alla fine rafforzato ulteriormente i conservatori. Il re diede l'incarico di formare il governo a Campbell-Bannerman, che non si fece pregare. La prospettiva del potere unì le ali divergenti del partito: sia i radicali sia gli imperialisti, ad eccezione di Rosebery, accettarono di mettersi al servizio del nuovo primo ministro. A Churchill fu offerto un incarico minore, quello di segretario finanziario del Tesoro, diretto dal nuovo Cancelliere dello Scacchiere Asquith. Preferì invece un dicastero in cui poter mostrare le sue capacità amministrative sotto un capo meno brillante, con un'indipendenza maggiore di quella di cui avrebbe goduto con il suo superiore alla Camera dei Comuni.

Chiese perciò di essere nominato viceministro delle Colonie. Il ministro, Lord Elgin, faceva parte della Camera dei Lords, e gli avrebbe pertanto lasciato la conduzione del dicastero ai Comuni. La sua richiesta fu accettata. «Sto disponendo per il ministero delle Colonie, dunque va tutto bene», gli telegrafò Campbell-Bannerman il 9 dicembre. «Ho avuto qualche difficoltà a garantirmi ciò che volevo», scrisse Churchill a Cecil, «in quanto comportava una serie di cambiamenti in altri incarichi minori». Dieci giorni dopo aver compiuto 31 anni era *Junior Minister*. «Quante cose sono cambiate, da quando piantammo la tenda nel triangolo della stazione di Estcourt!», scrisse John Atkins, un giornalista che aveva seguito con lui la guerra boera.

Durante la prima sera come membro del governo, Churchill si recò a una festa a Londra dove fu presentato a Edward Marsh, un funzionario del ministero delle Colonie che aveva due anni più di lui.

«Come state?», gli chiese Marsh, aggiungendo: «Lo debbo chiedere con grande rispetto». «Perché "con grande rispetto"?» gli domandò Churchill. «Perché sarete mio superiore al ministero», rispose Marsh.

Piuttosto perplesso, Churchill assunse informazioni e il mattino seguente, il primo vero giorno di lavoro nel governo, convocò Marsh nel suo studio e gli domandò se voleva diventare il suo segretario privato. Marsh accettò. Quella sera cenarono da soli nell'appartamento di Mount Street. «È stato assolutamente incantevole con me», scrisse Marsh a Leonie, zia di Churchill, «ma ha ben chiarito che tipo di aiuto si aspettava, e son quasi certo di non poterglielo dare». Nei 25 anni seguenti Marsh sarebbe stato il suo segretario privato in tutti gli incarichi di governo. «La prima volta che incontrate Winston», gli disse Pamela Plowden, «ne vedete tutti i difetti, e passate il resto della vita a scoprirne le qualità».

Il nuovo governo liberale indisse le elezioni generali, deciso ad assicurarsi una solida maggioranza alla Camera dei Comuni. Churchill pubblicò il suo programma elettorale il 1° gennaio 1906, definendosi «nemico» di ogni genere di sistema tariffario. Era favorevole a «una riduzione della spesa per gli armamenti» e a un'imposta fondiaria. Quanto all'Irlanda, pur essendo contrario a ogni tipo di separazione dal Regno Unito, «sarei felice che al popolo irlandese fosse conferito il potere di gestire le sue spese, la sua educazione e i suoi lavori pubblici secondo le convinzioni irlandesi».

Accompagnato da Edward Marsh, il 4 gennaio prese il treno per Manchester, dove cominciò la prima campagna elettorale come liberale. Nel corso di quella prima giornata i due camminarono per i bassifondi della circoscrizione. «Winston si guardava intorno», avrebbe ricordato Marsh, «e la sua sensibilità si ribellò. "Pensa", disse, "vivere in una di queste vie, senza mai vedere nulla di bello, senza mai mangiare nulla di gustoso, *senza mai dire nulla di intelligente*!" (il corsivo è suo: sarebbe impossibile rendere meglio di così l'enfasi della parola parlata)».

La votazione ebbe luogo il 13 gennaio e i risultati furono annunciati la sera stessa. Churchill era stato eletto con una maggioranza di 1.241 voti in una circoscrizione di 10.000 elettori. Se nella campagna del 1900 era stato d'aiuto agli altri candidati conservatori, adesso i colleghi liberali beneficiarono della sua abilità e del suo impegno. Le sue fatiche a Manchester e dintorni aiutarono altri sei candidati liberali a conquistare seggi conservatori. «Bravo!», gli scrisse il cugino Ivor Guest. «Hai dato al pendolo un colpo tale che si ripercuoterà in tutto il paese». La vittoria liberale fu un trionfo politico, un maremoto: conquistarono 377 seggi, i loro alleati del partito laburista 53, i nazionalisti irlandesi 83, per un totale «ministeriale» di 513 seggi. A questo schieramento formidabile si contrapponevano solo 157 conservatori, 11 dei quali erano gli ex compagni di Churchill, i liberisti unionisti.

Il suo primo incarico al ministero delle Colonie, con l'assistenza di Edward Marsh e i consigli dei funzionari, alcuni dei quali avevano il doppio dei suoi anni, fu di contribuire a redigere una costituzione per il Transvaal. Dopo la resa dei boeri, più di cinque anni prima, aveva sostenuto con forza la necessità di una conciliazione con le due repubbliche sconfitte; da più di un anno caldeggiava la concessione dell'indipendenza ai boeri e agli inglesi, che doveva culminare in un'unica confederazione, e adesso poteva assumerne la responsabilità. Il 2 gennaio 1906, col primo atto ufficiale della sua carriera, chiese al Gabinetto di rinunciare al sistema di controlli del precedente governo conservatore e di concedere al Transvaal un governo responsabile.

Il Gabinetto recepì le sue ragioni e gli diede mandato di preparare il progetto specifico necessario per un concordato costituzionale. Churchill cercò di introdurre il principio dell'uguaglianza di diritti tra i boeri sconfitti e gli inglesi vittoriosi. «Non dobbiamo fare nulla», scrisse in una nota per il Gabinetto il 30 gennaio, «che ci trasformi nei campioni di una sola razza e di conseguenza ci privi per sempre della fiducia dell'altra». Prese parte a diversi incontri di una Commissione di Gabinetto istituita per stabilire quale governo responsabile fosse possibile; nel giro di un mese il governo decise di accordare quanto prima l'indipendenza al Transvaal e diede a lui l'incarico di spiegarne le ragioni e i particolari al parlamento.

Infine, il 31 luglio, Churchill annunciò la costituzione di un governo responsabile nel Transvaal. Si prevedeva che alle elezioni si sarebbe imposta una maggioranza britannica, che avrebbe assicurato un equilibrio, invece ne emersero vincitori i boeri e primo ministro fu nominato il generale Botha, il vecchio antagonista della Gran Bretagna. Nel discorso del 31 luglio Churchill chiese all'opposizione di votare a favore del governo responsabile, rinunciando ai controlli imperiali che i conservatori avevano introdotto. «Noi possiamo farne solo il dono di un partito; essi possono farne il dono dell'Inghilterra».

Nell'agosto del 1906 lasciò l'Inghilterra per una lunga vacanza. A Deauville, sulla sponda francese della Manica, fu ospite sullo *yacht* dell'amico barone de Forest e disputò vari incontri di polo nella vicina Trouville. «Mi sono abbandonato all'ozio e ai piaceri», scrisse a Marsh, «giocando d'azzardo tutte le notti fino alle cinque del mattino. Ho vinto qualche soldo, anzi, un bel po' di soldi». Più avanti scrisse al fratello Jack: «Ho sottratto 260 sterline al casinò di Deauville, spese in parte a Parigi per alcune splendide edizioni francesi (che potresti sistemare provvisoriamente sullo scaffale dei francesi vicino alla finestra), e in parte in altre direzioni». Le vincite a Deauville gli avevano reso l'equivalente di 10.000 sterline a prezzi 1990. Per tutta la vita amò sedersi ai tavoli da gioco, e sovente se ne alzò vincitore.

Da Parigi prese un treno per la Svizzera, ospite ancora una volta nella villa di montagna di Cassel dove, raccontò al re, lui e Cassel «progettiamo lunghe passeggiate per ghiacciai e monti». Scalarono l'Eggishorn, una montagna di 3.000 metri: «Un lungo sforzo», scrisse alla madre; «non sarei riuscito a tornare senza l'aiuto di un mulo. Il *vieillard* [Cassel aveva 54 anni] ha superato il tutto come un uccello. Alquanto disonorevole per me, direi». Dalla

Svizzera andò a Berlino e poi in Slesia, ospite del Kaiser, nipote di re Edoardo, per le manovre dell'esercito tedesco. Campbell-Bannerman gli scrisse per invitarlo alla prudenza: aveva parlato con il re, «che mi ha chiesto di ammonirti a non essere troppo espansivo e franco con suo nipote». Churchill scrisse alla madre: «Penso che dovrò fare grande attenzione, in modo da sembrare affatto sincero senza però dire nulla di banale o di incauto».

Nel corso delle manovre Churchill parlò per venti minuti con il Kaiser, che gli raccontò delle qualità guerresche della tribù Herero nell'Africa sudoccidentale tedesca; la Germania stava reprimendo spietatamente la rivolta della tribù. «Gli risposi», riferì a Elgin, «che al contrario nel Natal la nostra difficoltà principale non era stata ammazzare gli indigeni ribelli, ma impedire ai nostri coloni (che si trovavano a loro agio nella guerra condotta dagli indigeni) di ucciderne troppi». E aggiunse: «Nei preparativi militari tedeschi si osservano una semplicità e una forza massiccia che colpiscono l'osservatore; e quantunque io non creda che si rendano conto della terribile potenza delle armi che posseggono e dell'odierna potenza di fuoco e che sotto questo e altri aspetti secondari abbiano molto da imparare dal nostro esercito, tuttavia il loro numero, qualità, disciplina e organizzazione sono quattro buone strade per la vittoria».

Dalla Slesia prese un treno per Venezia dove soggiornò una settimana prima di intraprendere un viaggio turistico in Italia, viaggiando sull'automobile di Lionel Rothschild con lo stesso Lionel, Muriel Wilson e Lady Helen Vincent «a sessanta chilometri all'ora», scrisse a sua madre. «Abbiamo visto un gran numero di chiese e santi e quadri in quantità». Non c'era nulla di paragonabile alla «tranquilla *banalité*» dei suoi rapporti con la signorina Wilson. Poi, ritornati a Venezia «in una sola tappa di 330 chilometri», prese il treno notturno per Vienna e proseguì fino alla provincia morava dell'impero austro-ungarico, dove fu ospite del barone de Forest a Eichhorn. I suoi tre anfitrioni di quell'estate, Cassel, Rothschild e de Forest, erano ebrei, il che suscitò sarcasmi che avevano già colpito suo padre perché aveva «soltanto amici ebrei».

Ritornò a Londra dopo un paio di mesi trascorsi all'estero; scrisse al Kaiser, che gli aveva mandato alcune fotografie autografe delle manovre, che esse gli avrebbero ricordato «l'esercito magnifico e formidabile di cui ho potuto studiare con tanto piacere le operazioni grazie alla benevolenza di Vostra Maestà, e la bella Slesia che valeva bene una visita in se stessa, e per la quale val bene combattere». Trentotto anni dopo, alla fine della seconda delle due guerre della Gran Bretagna contro la Germania, avrebbe ratificato il passaggio della Slesia alla Polonia e la sua separazione dalla Germania.

Per tutto il periodo passato al ministero delle Colonie Churchill si sforzò di inculcare i princìpi liberali nell'amministrazione coloniale. Le sue minute per Elgin erano così esplicite che varie volte questi gli chiese di sigillarle, in modo che i funzionari minori non le leggessero. Il principio che le ispirava era chiaro: «È nostro dovere», scrisse a Elgin, «insistere affinché siano osservati in modo rigoroso, puntiglioso e pedante i princìpi di giustizia e le salvaguardie della procedura giuridica». Dopo aver letto un rapporto sulla «pacificazione» delle tribù della Nigeria settentrionale e sulla proposta di rappresaglie del governatore generale contro una tribù che aveva dato fuoco a un deposito della Niger Company, gli riscrisse: «Naturalmente, se la pace e l'ordine nella colonia dipendono da un'offensiva vigorosa, dobbiamo appoggiarla fino in fondo, ma il cronico spargimento di sangue che macchia le stagioni dell'Africa occidentale è odioso e inquietante».

La giustizia era un tema centrale dei suoi interventi. Quando il governatore di Ceylon addusse «l'inopportunità» come ragione del rifiuto di accogliere la richiesta di reintegrazione di un ex capotreno nelle ferrovie statali di Ceylon, scrisse: «L'inopportunità è inseparabile dalla riparazione dell'ingiustizia o delle irregolarità ed è una delle salvaguardie contro la loro ricorrenza», aggiungendo che le spiegazioni del governatore, «quel guazzabuglio di argomenti confusi, quell'indifferenza ai comuni princìpi di giustizia e equità, sono intellettualmente spregevoli, se non moralmente disonoranti». Su questo episodio scrisse privatamente a Elgin: «Mi sia consentito affermare con tutta solennità che il partito liberale si preoccupa realmente dei diritti degli individui a un trattamento equo e legittimo, e assai poco del meschino orgoglio di un governatore coloniale». Era preoccupato dal «tono e dall'umore che gli alti funzionari del governo di Ceylon manifestano nei confronti delle persone amabili, civili e colte che sono chiamati a governare».

Quando Elgin rifiutò di farsi carico della faccenda come avrebbe voluto Churchill, questi gli scrisse un'irata lettera personale. «Non adducete nessuna ragione per il vostro rifiuto, né cercate di rendere giustizia agli argomenti assai gravi che vi ho sottoposto con tanta convinzione»; questo aveva provocato in lui «la più profonda inquietudine». Il licenziamento di un altro capotreno delle ferrovie di Ceylon e il suo secondo processo per la stessa accusa provocarono una sua nuova protesta. «Processare una seconda volta una persona per la stessa accusa, sottoporre a revisione, senz'alcuna delle salvaguardie della giustizia, un caso già risolto in tribunale, ribaltare la sentenza di assoluzione pronunciata da giudice e giuria e asserire con forza davanti all'autorità dipartimentale che dopo tutto l'uomo è colpevole significa commettere pressoché tutte le scorrettezze possibili, e commetterle per giunta nel più stupido dei modi». L'amministrazione della giustizia a Ceylon era «la più profonda vergogna dell'amministrazione coloniale».

Quando nel Natal fu schiacciata una rivolta zulu, Churchill protestò con Elgin per «il disgustoso massacro dei nativi». Ma non si limitava a difendere i princìpi liberali in campo coloniale: in un discorso a Glasgow dell'11 ottobre 1906 espose la sua visione tollerante e umana del futuro: «l'intera civiltà», disse, tendeva alla «moltiplicazione delle funzioni collettive della società». Lo stato doveva assumersi un ruolo sempre maggiore; per esempio doveva «preoccuparsi in misura maggiore e con serietà della cura dei malati e degli anziani, e più ancora dei bambini».

Inoltre era d'accordo con l'intenzione espressa da molti liberali di «intercettare tutti i futuri profitti congiunturali che possono derivare dall'aumento del valore speculativo della terra». Voleva che lo stato si preoccupasse del rimboschimento. «Mi dispiace che non abbiamo assunto il controllo delle ferrovie di questo paese». Lo stato doveva assumere sempre più «il ruolo di datore di lavoro di riserva». Ma, al di sopra di tutto, «ambisco alla diffusione universale di un tenore minimo di vita e di lavoro e al loro progressivo innalzamento, secondo quanto consentirà l'incremento delle energie produttive».

Esisteva una via di mezzo tra capitalismo e socialismo. «Non voglio che si indebolisca la forza della competizione», dichiarò a Glasgow ai suoi ascoltatori, «ma molto possiamo fare per attenuare le conseguenze dell'insuccesso. Vogliamo tracciare una linea al di sotto della quale non bisogna permettere che la gente viva e lavori, al di sopra della quale invece gli individui potranno competere con tutta la loro forza. Vogliamo una libera concorrenza verso l'alto; rifiutiamo di accettare una libera concorrenza che tende verso il basso. Non intendiamo demolire le strutture della scienza e della civiltà, ma gettare una rete sopra l'abisso».

Durante l'inverno Churchill, che aveva compiuto 32 anni, trascorse una vacanza all'isola di Wight. «Sfortunatamente», scrisse a Elgin, «il mare era calmo, sicché non c'erano i cavalloni che starei a guardare per ore». Tra le persone che conobbe quell'anno c'era la figlia del Cancelliere dello Scacchiere, Violet Asquith. Durante la cena erano seduti uno accanto all'altra. «Rimase a lungo sprofondato in qualche astrazione, poi di colpo parve rendersi conto della mia esistenza. Mi rivolse uno sguardo accigliato e mi domandò bruscamente quanti anni avessi. Risposi che ne avevo 19. "E io", affermò quasi con disperazione, "ne ho già 32. Comunque sono più giovane di tutti quelli che contano". Dopo un lungo discorso, terminò inaspettatamente con queste parole immortali: "Siamo tutti insetti, ma io penso di essere una lucciola"».

Nel marzo 1907 trascorse una vacanza a Biarritz, in una delle tante sontuose dimore dell'amico barone de Forest e di suo padre, il barone de Hirsch. «Il re sarà qui lunedì per il pranzo», scrisse a Elgin, «e sembra molto ben disposto verso di noi», aggiungendo: «Il tempo è splendido e c'è moltissima gente che conosco da tempo: tutti tories! I sarcasmi e le punzecchiature nei miei confronti si sprecano, soprattutto nelle alte sfere, e mi sforzo sempre di avere la risposta pronta». Dopo i colloqui avuti a Biarritz, re Edoardo gli scrisse: «Abbiamo conosciuto i vostri genitori molti anni orsono (prima ancora del loro matrimonio) e voi e vostro fratello fin dalla vostra infanzia. Conoscendo le vostre grandi capacità, seguo con grande interesse la vostra carriera politica. Mio solo desiderio è che le vostre grandi qualità possano essere messe a profitto e che i vostri servigi allo stato possano essere apprezzati».

Quando tornò in Francia nella seconda settimana di settembre assistette alle manovre dell'esercito francese presso Angoulême; la preparazione militare della Francia lo impressionò molto di più di quelle che definì le «rozze assurdità» dell'«ostentazione» tedesca cui aveva assistito l'anno prima. Scese quindi in Italia per una seconda vacanza in automobile, questa volta con un nuovo amico, F.E. Smith, deputato conservatore brillante e arguto che diventò ben presto il suo amico più intimo, nonostante le divergenze politiche. Poi viaggiarono fino alla Moravia, nel castello di Eichhorn di proprietà di de Forest, dove cacciarono pernici e lepri. Quindi tornò in Italia, percorrendo l'intera penisola fino a Siracusa, la città dove si sarebbe riposato nel 1955 dopo essersi ritirato dalla vita pubblica.

Da Siracusa si imbarcò per Malta accompagnato da Edward Marsh e vi rimase una settimana visitando il carcere, l'arsenale, le scuole e gli ospedali. Al termine del soggiorno scrisse a Elgin che la protesta dei maltesi secondo i quali «gli inglesi non li hanno mai conquistati e ciò nonostante oggi spendono il loro denaro senza lasciare loro alcun genere di potere, è assolutamente vera e per me almeno molto penosa». Quindi, con un incrociatore dell'Ammiragliato, andò a Cipro; a Nicosia, di fronte a una grande manifestazione che chiedeva l'unione con la Grecia, dichiarò che il ragionamento lo avrebbe convinto più dello sventolio delle bandiere. Ma, come a Malta, si convinse che bisognava modificare la politica britannica nei confronti di Cipro e telegrafò a Elgin: «L'isola è stata terribilmente spremuta dal Tesoro e ne porta il marchio profondo nelle condizioni morali e materiali».

Lasciata Cipro, l'incrociatore lo portò nel Mediterraneo orientale e, attraversato il canale di Suez e il Mar Rosso, verso Aden. «Ho a mia disposizione due belle cabine», scrisse alla madre, «una delle quali è una stanza spaziosa con un delizioso balcone che dà sui marosi». Trascorreva «gran parte della giornata, e quasi tutte le aurore, sul ponte; sto diventando un vero marinaio». Da Aden si spinse fino a Berbera per studiare la situazione nel Protettorato della Somalia «per il quale spendiamo 76.000 sterline all'anno con un profitto straordinariamente basso».

Nel corso di quel viaggio per mare redasse sei lunghi promemoria che inviò al ministero delle Colonie «su alcune cose che voglio siano fatte», spiegò alla madre. Questi promemoria argomentati ed espliciti riguardo a ciò che riteneva fosse necessario o doveroso fare indussero Sir Francis Hopwood, il primo funzionario del ministero, a scrivere direttamente a Elgin: «È davvero faticoso avere a che fare con lui, e temo che creerà problemi (come suo padre) qualunque sia la carica che occuperà. L'energia infaticabile, il desiderio irrefrenabile di notorietà e la mancanza di senso morale ne fanno un vero problema!», aggiungendo che «Marsh ha fatto una vivace descrizione delle quattordici ore di lavoro in un giorno su questi promemoria, nella calura e nel disagio del Mar Rosso».

Giunto a fine ottobre nel porto di Mombasa, raccontò per lettera alla madre «due giorni di incombenze, ispezioni e discorsi». Attraversò poi in treno il Protettorato del Kenya. «Tutto funziona nel migliore dei modi: un treno speciale con carrozza ristorante e vagone letto era sempre a mia disposizione e si fermava ovunque lo desiderassi». Viaggiava con il marito di sua zia Sarah, Gordon Wilson, che sarebbe caduto in azione in Francia nel 1914. Si divertivano moltissimo insieme. Scrisse a sua madre che mentre il treno attraversava il Kenya «stavamo seduti (Gordon e io) su un sedile davanti alla locomotrice con i fucili e non appena vedevamo qualcosa a cui sparare, con un gesto della mano facevamo fermare il treno e a volte tiravamo a un'antilope senza neppure scendere».

Mentre si avvicinava alla vetta ammantata di neve del monte Kenya, si emozionò per la bellezza e l'immensità del paesaggio. Giunti alla nuova stazione britannica di Embo, «aperta solo lo scorso anno in un paese finora vergine», i due amici dormirono per terra «non avendo altro che i nostri indumenti e solo un banano sopra di noi». «Quale differenza con la fatica di una giornata londinese! La salute migliora ogni giorno che trascorro all'aria aperta». A Thika passò una giornata a caccia di leoni ma senza successo; «Ho trovato solo tre grossi facoceri selvaggi che abbiamo ucciso: ne ho raggiunto uno al galoppo e gli ho sparato con la pistola».

Quella sera, il 5 novembre, cenando a Nairobi con il governatore, disse al suo ospite che ora ci si poteva «addentrare in questo paese e insediare una nuova stazione e un avamposto a Meru, ottanta chilometri oltre Embo». In tal modo, spiegò alla madre, «avremo altri 150.000 indigeni sotto il nostro diretto controllo, aggiungendo varie altre contee inglesi alla nostra area amministrativa. Non credo vi sarà alcuno spargimento di sangue, dato che i capi indigeni sono favorevoli al nostro arrivo; basteranno un centinaio di soldati. È in programma per il prossimo mese e non intendiamo consultare il ministero se non a cose fatte!». Aggiungeva: «Così cresce l'impero sotto un'amministrazione radicale!».

Il 10 gennaio 1908 tornò a Londra dopo un'assenza di cinque mesi e il giorno seguente fu l'ospite d'onore al National Liberal Club. «Sono tornato in prima linea», disse a 250 ascoltatori entusiasti, «nelle migliori condizioni di salute e con il desiderio di portare avanti quanto più possibile la battaglia». Ciò sarebbe avvenuto sul terreno sociale; parlando a Manchester il 22 gennaio, dichiarò che «gli interessi produttivi» dovevano evitare, nella caccia al profitto, di «impoverire ulteriormente il grande interesse trascurato, il lavoro». Il giorno seguente invocò a Birmingham «l'organizzazione, da parte dello stato, del tirocinio e dell'apprendistato necessari per ciascuno, anche se comportano nuove e forti spese».

In quel discorso propose vari altri interventi, tra cui la necessità di promuovere «metodi adatti di insegnamento tecnico», di «mitigare le miserie della vecchiaia», di mettere la terra a disposizione delle masse e di adeguare «in modo più equo il carico fiscale ai profitti produttivi e congiunturali».

Il 7 marzo espose queste tesi radicali in un articolo su «The Nation» intitolato *Il campo non battuto*. La libertà politica, «per quanto preziosa, è affatto incompleta senza almeno una certa indipendenza sociale ed economica». Lo stato doveva aiutare l'individuo dandogli una formazione tecnica, sviluppando alcune industrie e servizi nazionali, per esempio le ferrovie, i canali e le foreste, risolvendo gli «enigmi» dell'occupazione e della sottoccupazione, fissando un «minimo nazionale» sotto il quale la concorrenza non doveva creare povertà e privazioni peggiori e sopra il quale «possa continuare, salutare e libera, a vivificare e fertilizzare il mondo».

Sempre a marzo, a una cena a Londra, incontrò di nuovo Clementine Hozier, la giovane con cui non aveva ballato e che non aveva invitato a cena al ballo di Lady Crewe nel 1904. Non sapeva che da allora la giovane era stata fidanzata in segreto due volte con un banchiere trentaquattrenne, Sidney Peel, figlio del 1° visconte Peel, e che entrambe le volte aveva rotto il fidanzamento. A cena si trovò accanto a lei e le dedicò tutta la sua attenzione, con viva delusione della dama che sedeva dall'altra parte. Le chiese se avesse letto la sua biografia di Lord Randolph ed ella rispose di no. «Se vi manderò il libro domani lo leggerete?». Clementine rispose di sì, ma egli dimenticò di mandarglielo. «Questo mi fece una cattiva impressione», avrebbe ricordato ella; ma la storia non sarebbe finita lì.

9
LA POLITICA SOCIALE

Date le precarie condizioni di salute, il 3 marzo 1908 Campbell-Bannerman chiese al re di rivolgersi ad Asquith nell'eventualità che dovesse dimettersi. Il re ricevette il giorno stesso Asquith, che ne scrisse alla moglie: «Egli aveva sentito dire che Winston era ansioso di entrare nel Gabinetto mantenendo il suo attuale incarico di viceministro»; il re era contrario a una promozione del genere per un viceministro, ma Asquith gli disse che aveva «tutti i diritti di far parte del Gabinetto» e che si era comportato «molto bene» l'anno passato, quando per due volte era stato scavalcato da persone che avevano «minori diritti». Osservò che il re era d'accordo e aveva «elogiato in termini piuttosto calorosi Winston, ma pensava dovesse aspettare finché si fosse reso vacante un incarico di Gabinetto».

Nove giorni dopo il colloquio con il re Asquith incontrò Churchill, che gli espresse la speranza di succedere a Elgin come ministro delle Colonie. «In pratica tutte le iniziative costruttive e l'esposizione in parlamento sono state opera mia», spiegò ad Asquith per lettera due giorni dopo. «Ho molti fili in mano e molti progetti in corso». Era possibile anche entrare al ministero della Marina, ma era imbarazzante parlarne, in quanto ne era ancora titolare suo zio Lord Tweedmouth, che non godeva di buona salute.

Durante il colloquio Asquith gli aveva suggerito di entrare nel Gabinetto in qualità di presidente del Local Government Board, ma la cosa non lo attirava: «Non esiste nel governo incarico più arduo, più angosciante, più ingrato, più soffocato dai dettagli più insignificanti e perfino squallidi, più irto di difficoltà irrimediabili e insolubili». Per preservare «la pace e la tranquillità» della sua esistenza avrebbe preferito conservare la carica di viceministro delle Colonie, rinunciando a far parte del Gabinetto. Spiegò che da quando era tornato dall'Africa aveva preso in esame un progetto sociale di ampio respiro. «Al di là di un abisso di ignoranza, scorgo confusamente i contorni di una politica che chiamo del Livello Minimo, ed è nazionale piuttosto che dipartimentale». Ma temeva, se avesse cercato di realizzarla, «di entrare in collisione in breve tempo con alcuni dei miei migliori amici: per esempio John Morley, che al termine di una vita di studio e di riflessione è giunto alla conclusione che non si può far nulla».

Churchill era convinto invece che molto si potesse fare per creare un tenore minimo di vita, lavoro e tempo libero. Nella lettera ad Asquith parlò della necessità di mettere fine allo sfruttamento del lavoro infantile, di regolamentare l'orario di lavoro e di creare uffici di collocamento per «eliminare la precarietà» dell'occupazione. Ma soprattutto, scrisse, al di sotto «dell'immensa struttura disarticolata di salvaguardie e assicurazioni che è cresciuta per proprio conto in Inghilterra, bisogna stendere, a un livello inferiore, una sorta di rete germanizzata di intervento e regolamentazione statali».

Asquith, nominato primo ministro l'8 aprile, rimase impressionato da quelle parole; conoscendo l'energia e le capacità di Churchill gli offrì la presidenza del ministero del Commercio, che gli dava accesso al Gabinetto e da cui avrebbe potuto intraprendere la riforma sociale. Egli accettò e entrò così nel Gabinetto a 33 anni, occupando il suo posto il 9 aprile a fianco di Morley, ora ministro per l'India, il quale dubitava che lo stato potesse svolgere quel ruolo centrale nella riforma sociale che Churchill gli aveva assegnato. Essendo ora un ministro della corona, doveva recarsi a Buckingham Palace per «baciare la mano» nella cerimonia della nomina. Nel fine settimana che la precedette andò a trovare sua madre nella residenza di campagna e incontrò nuovamente Clementine Hozier. «Ho apprezzato il nostro lungo colloquio di domenica», le scrisse da Londra il 16 aprile. «Quale piacere e conforto è stato per me incontrare una giovane con tante qualità intellettuali e tali profonde riserve di nobili sentimenti! Spero che ci incontreremo ancora, che potremo conoscerci meglio e apprezzarci di più; e non vedo la ragione per cui non dovrebbe essere così». Nella lettera di ringraziamento a Lady Randolph, Clementine parlò del «grande fascino e del vivo ingegno» di Churchill.

Il 6 luglio Churchill presentò la seconda lettura del Mines Eight Hours Bill, che mirava a ridurre l'orario di lavoro nelle miniere di carbone. Aveva lavorato sodo al progetto di legge, usando un metodo che avrebbe seguito in successive occasioni: consultare le parti che avevano i maggiori motivi di lamentela. Nel 1948 avrebbe risposto così a un laburista che lo aveva criticato alla Camera dei Comuni: «Sono trascorsi quarant'anni da quando presentai la seconda lettura del Mines Eight Hours Bill. Insieme con il signor Bob Smillie (non so se l'on. deputato ne abbia mai sentito parlare, a quei tempi era un dirigente molto ammirato) feci installare i bagni alla bocca dei pozzi». Nella presentazione del disegno di legge espose la sua visione della futura realtà lavorativa in Gran Bretagna: «La democrazia industriale non tende a un orario di lavoro inadeguato ma a un numero sufficiente di ore di tempo libero». I lavoratori non volevano che la loro vita restasse un «mero avvicendamento» tra letto e fabbrica: «Chiedono il tempo per guardarsi intorno, il tempo per vedere le loro case di giorno, per vedere i figli, il tempo per pensare e leggere e coltivare il giardino: in breve, il tempo per vivere». Non bisognava compatire chi doveva lavorare sodo: la natura offriva «un premio speciale» a costui, «un gusto particolare che gli consente di cogliere in un attimo, da un piacere semplice, una soddisfazione alla ricerca della quale l'ozioso si aggira invano per tutte le ventiquattro ore». Ma la ricompensa del duro lavoro, «tanto preziosa in sé, viene strappata a colui che l'ha guadagnata se l'orario di lavoro è troppo pesante per lasciargli il tempo di godere di ciò che ha meritato».

Churchill ottenne dal ministero delle Colonie che Edward Marsh ne fosse distaccato per averlo al suo fianco nel lavoro quotidiano. «Pochi sono stati fortunati quanto me», scrisse ad agosto a Marsh, «che ho trovato nei tristi, sudici recessi del ministero delle Colonie un amico che avrò caro e su cui conterò per tutta la vita». Il 6 agosto si trovavano a Burley-on-the-Hill, nella residenza di Rutland, affittata per l'estate da suo cugino Frederick Guest. Quella notte in casa si scatenò un incendio e Churchill, in pigiama, soprabito e elmetto da pompiere aiutò i vigili del fuoco a domare le fiamme, salvando arazzi e dipinti di valore.

Saputo dell'incendio, Clementine Hozier gli scrisse un telegramma esprimendo i propri timori per la sua incolumità, ed egli le rispose: «Mi ha fatto molto piacere ricevere il vostro telegramma questa mattina e scoprire che non mi avete dimenticato». L'incendio era stato un «gran divertimento e tutti ce la siamo davvero goduta. È un peccato che i grandi divertimenti siano tanto costosi. Addio agli archivi: sono sfumati in gloria in una decina di minuti». Era molto strano, aggiunse, «trovarsi rinchiusi in un mortale corpo a corpo con quel crudele elemento. Non avevo idea, se non per averlo letto, della potenza e della maestà di una grande conflagrazione. Intere camere sono divampate quasi per magia. Sedie e tavoli bruciavano come fiammiferi, i pavimenti crollavano e le finestre esplodevano. Il tetto è sprofondato in una pioggia liquefatta; da tutte le finestre scaturivano fiamme e dal centro della casa un vulcano ha eruttato verso il cielo un vortice di faville».

Nella lettera, spedita il 7 agosto, le raccontò che quel giorno suo fratello Jack si era sposato con Lady Gwendaline Bertie in un ufficio dello stato civile ad Abingdon. Tutta la famiglia Churchill era «piombata sul posto in automobile, in tutto e per tutto come se si fosse trattato di una fuga d'amore, con i genitori furiosi che ansimavano lungo la via». Nella lettera la invitò a Blenheim. «Desidero tanto mostrarvi quel luogo incantevole, nei suoi giardini troveremo molti angoli in cui parlare e molte cose di cui parlare». Alla prima lettera seguì prontamente una seconda; Clementine poteva prendere il treno da Southampton a Oxford via Didcot. «Vi verrò a prendere in automobile a Oxford, se mi telegraferete l'ora del vostro arrivo».

In questa seconda lettera Churchill parlava di «quei vostri strani, misteriosi occhi, di cui tanto ho cercato di carpire il segreto». Per quanto riguardava le donne, scriveva, «sono tonto e goffo e per natura piuttosto chiuso e riservato». In quel modo, ammetteva mestamente, era riuscito a «conquistare la solitudine».

Clementine accettò l'invito e nei primi due giorni Churchill non trovò il coraggio di chiederla in moglie; la mattina del terzo giorno suo cugino Sunny entrò in camera sua, trovandolo ancora a letto, e gli consigliò di alzarsi e non lasciarsi sfuggire l'occasione, forse per sempre. Gli diede retta e invitò Clementine a fare due passi in giardino; cominciò a piovere, sicché si rifugiarono nel tempietto ornamentale di Diana, dove prese il coraggio a due mani e le chiese di diventare sua moglie. Clementine accettò.

Decisero di tenere nascosta la notizia del fidanzamento finché egli non avesse scritto alla madre di Clementine a Londra, ma quando tornarono alla villa vide l'amico F.E. Smith e gli svelò il segreto. Quindi scrisse alla madre di Clementine: «Non sono ricco né ben sistemato, ma vostra figlia mi ama e questo amore mi dà la forza di assumermi questa responsabilità grande e sacra; penso di poterla fare felice e di poterle dare una posizione e una carriera degne della sua bellezza e delle sue virtù». Chiese a Clementine di portare la lettera con sé ritornando a Londra, ma all'ultimo momento decise di accompagnarla per poi tornare a Blenheim con madre e figlia, e così fece. «Somiglia così tanto a Lord Randolph», scrisse a un amico la madre di Clementine, «possiede alcuni dei suoi difetti e tutte le sue qualità. È gentile, tenero e affettuoso con le persone che ama e sinceramente detestato da coloro che non hanno conosciuto il suo fascino personale».

Churchill e la sua fidanzata avevano stabilito di sposarsi a metà settembre, ma anche durante quel breve fidanzamento Clementine ebbe qualche dubbio. «Conobbe l'unica vera rivale che avrebbe avuto nei 57 anni di matrimonio che l'aspettavano», avrebbe scritto sua figlia Mary, «e per un breve momento esitò». La rivale era la vita pubblica che, a detta di Mary, «reclamava incessantemente sia il suo tempo sia il suo interesse». Di fronte alla sua titubanza, il fratello Bill le scrisse per ricordarle che aveva già rotto due fidanzamenti e che non poteva dare un simile spettacolo di sé e umiliare un personaggio pubblico come Churchill. «Ma, più del fraterno rimbrotto di Bill», ha scritto Mary, «furono il calore delle pronte rassicurazioni di Winston, la forza della sua fiducia suprema nel loro futuro insieme a spazzare via i dubbi che l'avevano assalita».

Una settimana prima del matrimonio, un sindacato di lavoratori elettrici chiese a Churchill di presiedere un arbitrato industriale ed egli acconsentì. Nella riunione tra le due parti, il 9 settembre, i lavoratori minacciati dalla serrata accettarono il suo compromesso, ovvero una riduzione del salario in cambio della promessa dei datori di lavoro di non operare ulteriori tagli per almeno sei mesi. La votazione fu serrata: 4.606 lavoratori accettarono e 3.739 rifiutarono la proposta, che contribuì alla fama di conciliatore di Churchill, un compito che avrebbe svolto sovente durante la sua carriera. Tre giorni dopo l'arbitrato si sposò. La cerimonia nuziale si svolse nella chiesa parrocchiale della Camera dei Comuni, St Margaret's a Westminster. Churchill aveva 33 anni, sua moglie dieci di meno. Gran parte dei colleghi di Gabinetto era in vacanza e cinque, tra cui il primo ministro, erano in Scozia. Fu l'ex direttore della sua scuola, Welldon, a pronunciare il discorso nuziale. Erano presenti anche il suo insegnante di matematica a Harrow, C.P.H.Mayo, e Lloyd George, che firmò il registro. Tra gli altri doni di nozze, ricevette da Edoardo VII un bastone da passeggio con il manico d'oro, che avrebbe usato per tutta la vita.

«Che sollievo che la cerimonia sia finita! E così felicemente», scrisse alla madre da Blenheim il primo giorno della luna di miele. Era tutto «molto comodo e soddisfacente sotto tutti gli aspetti, e Clemmie è molto felice e splendida». Invece il tempo era «un po' austero, con qualche barlume di sole; bramiamo il caldo sole italiano». In breve, marito e moglie tornarono a Londra, in una residenza che Churchill aveva preso al 12 di Bolton Street, quindi partirono per l'Italia, prima a Baveno sul Lago Maggiore e poi a Venezia. «Non abbiamo fatto altro che gironzolare e amarci», scrisse Churchill alla madre. «Un'occupazione bella e seria di cui le storie offrono precedenti rispettabili».

Quindi portò sua moglie al castello del barone de Forest a Eichhorn in Moravia e al ritorno in Gran Bretagna la presentò ai suoi elettori di Dundee, dove parlò delle opportunità di un intervento dello stato in campo sociale. Asquith e Lloyd George avevano appena proposto la pensione sovvenzionata dal governo per chi aveva compiuto settant'anni; il provvedimento, dichiarò a Dundee il 10 ottobre, segnava l'introduzione «nel nostro sistema sociale di un principio affatto nuovo in merito alla povertà e tale principio, una volta affermato, non potrà forse essere relegato entro i limiti attuali». Era necessario anche un intervento diretto del governo nelle questioni della disoccupazione, del lavoro non specializzato e di quello infantile. Tutti potevano osservare «l'orribile abisso di povertà»; sebbene molte persone eminenti tendessero a «chiudere la porta» di fronte alla povertà, un numero assai superiore «è pronto a calarsi nell'abisso e a lottare contro i suoi mali, così come a volte, dopo un'esplosione in una miniera di carbone, vediamo una squadra di soccorso avanzare intrepida in mezzo al fumo e al vapore».

Il 30 novembre compì 34 anni. Stava lavorando a un progetto di assicurazione contro la disoccupazione cui lo stato doveva dare un contributo finanziario; mentre andava delineando questo progetto, però, il collega di Gabinetto Reginald McKenna, ministro della Marina, premeva per un incremento del numero di unità navali e chiese al Gabinetto di approvare la costruzione di 6 corazzate nel 1909, con un notevole aggravio per il bilancio. Churchill e Lloyd George proposero che i fondi necessari per costruire almeno due delle navi fossero utilizzati invece per la riforma sociale. Il partito conservatore si oppose e invocò la costruzione di altre due corazzate, otto anziché sei. Nel pieno della controversia, Churchill divenne di nuovo il bersaglio dello sdegno conservatore: «Per quali ragioni agisce in questo modo?», si chiedevano a corte. «Certo non per convinzione o per principio: l'idea stessa che abbia l'una o l'altro suscita ilarità».

Dapprima Asquith appoggiò la richiesta di sei nuove navi per il 1909, e scrisse irritato a sua moglie Margot che Churchill e Lloyd George, «con le loro macchinazioni combinate, hanno spinto il grosso della stampa liberale dalla stessa parte». Entrambi facevano circolare «voci oscure di dimissioni (ma è un bluff)». In alcuni momenti «sono propenso a destituirli sommariamente entrambi». La controversia proseguì per altri quattro mesi, finché lo stesso Asquith propose, come avevano chiesto Churchill e Lloyd George, la costruzione di sole quattro nuove navi da battaglia nel 1909. Al tempo stesso ammansì i fautori della «grande flotta» accettando la costruzione di altre quattro navi per il 1910. La Royal Navy non veniva danneggiata dalla decisione, che Churchill accettò. Tuttavia lo scontro sulle corazzate diede ai suoi avversari conservatori nuove munizioni nella battaglia per minarne la credibilità e rovinarne la reputazione. I critici non potevano sapere della proposta che aveva fatto a una riunione di una commissione del Comitato di Difesa Imperiale del 25 febbraio 1909, in cui si era discussa per la prima volta la navigazione aerea. A un pioniere della progettazione aeronautica, C.S. Rolls, furono chiesti gli impianti necessari per fare esperimenti con un aeroplano Wright su terreni del governo. Churchill voleva andare oltre: secondo i verbali segreti della riunione, «il signor Churchill pensava si corresse il rischio che tali proposte fossero considerate troppo dilettantesche. Il problema dell'uso degli aeroplani è di estrema importanza, sicché dovremmo metterci in contatto con Mr Wright e avvalerci delle sue conoscenze». Da quel momento avrebbe seguito da vicino tutti gli sviluppi dell'aeronautica, assistendo all'annuale salone aereo di Hendon, stringendo amicizia con gli aviatori e incoraggiandoli nei loro esperimenti e tentativi.

Nel corso dell'inverno sollecitò Asquith a portare avanti la legislazione sull'assicurazione contro la disoccupazione e le infermità, ma con suo vivo disappunto il primo ministro decise di rimandare il National Insurance Bill a una successiva sessione parlamentare, date le complicazioni create dalle invalidità di lungo termine. A causa di questo rinvio sarebbe stato Lloyd George a presentare e vedersi attribuire il merito del progetto di assicurazione contro la disoccupazione che tanto aveva impegnato Churchill. Nonostante questo contrattempo, in primavera terminò la stesura di due progetti di ampio respiro, un Trade Boards Bill volto a eliminare la diffusa realtà dello sfruttamento della manodopera, e un Labour Exchange Bill. Alla base dei due disegni di legge, spiegò il 12 gennaio ad Asquith, c'era «lo stesso principio che i tedeschi chiamano "paritätisch": la rappresentanza mista e paritaria di padroni e operai, più l'elemento imparziale permanente: l'arbitrato».

Il giorno dopo aver spedito la lettera, Churchill parlò al Birmingham Liberal Club: «Dovunque il riformatore rivolga lo sguardo, si trova di fronte una massa di sofferenze in larga misura prevenibili e anche curabili». Laddove «l'avanguardia» della popolazione britannica «gode di tutti i piaceri di ogni età, la nostra retroguardia si dibatte in condizioni più crudeli della barbarie». Le «principali aspirazioni» del popolo britannico, disse ai presenti, erano piuttosto sociali che politiche. «Vedono da ogni parte e quasi ogni giorno intorno a sé uno spettacolo di confusione e miseria che non è conciliabile con nessuna idea di umanità o di giustizia». La gente si chiedeva «perché si sia fatto tanto poco. Chiede che sia fatto di più». Ripropose questo appello al cambiamento sociale parlando il 5 febbraio a Newcastle. Obiettivo del nuovo programma sociale, spiegò, era di «portare il popolo nel governo, aprire tutte le carriere all'ingegno di tutte le classi, associare un numero crescente di persone agli incarichi di responsabilità». Un mese dopo presentò al Gabinetto il Trade Boards Bill. Le commissioni proposte, operando tramite ispettori speciali, avrebbero avuto il potere di perseguire i datori di lavoro che sfruttavano la manodopera. Lo sfruttamento era determinato da salari particolarmente bassi, inferiori ai livelli minimi fissati dal ministero del Commercio, o da «condizioni nocive al benessere fisico e sociale».

Nello stesso disegno di legge egli introduceva sia il principio del salario minimo per chi percepiva paghe basse, sia il diritto a un intervallo per i pasti e la ricreazione. La seconda lettura della proposta ebbe luogo ai Comuni il 28 aprile e, raccontò Churchill a Clementine in una lettera scritta sul Front Bench (uno dei seggi accanto alla presidenza), «è stata accolta bene e sarà approvata senza passare ai voti». Balfour era «molto favorevole; è scomparsa ogni opposizione». Il disegno di legge fu approvato a grande maggioranza. Il 19 maggio presentò il Labour Exchanges Bill. Trasporti e mezzi di comunicazione moderni, disse, «uniscono il paese in una misura finora sconosciuta a qualunque altro. Solo la manodopera non ha tratto giovamento da questa migliore organizzazione». La legge avrebbe eliminato il bisogno di «andare in giro in cerca di lavoro». Più di duecento uffici di collocamento avrebbero fornito informazioni sull'offerta di posti di lavoro, precisando in quali settori e in quali regioni si cercava manodopera. Gli uffici di collocamento così istituiti e il piano di assicurazione contro la disoccupazione, ancora da presentare, sarebbero stati come «marito e moglie, che si appoggiano e sostengono a vicenda».

Un eminente deputato laburista definì la proposta di Churchill «una delle relazioni di più ampia portata che siano state pronunciate nel periodo in cui ho fatto parte del parlamento». Durante l'estate, in una serie di riunioni con i dirigenti sindacali e i datori di lavoro, egli spiegò che il ruolo del ministero del Commercio secondo il progetto sarebbe stato di arbitro e conciliatore tra capitale e lavoro. Gli uffici di collocamento non sarebbero serviti a fornire crumiri ai padroni durante gli scioperi, ma avrebbero facilitato la ricerca del lavoro degli operai e la costituzione dell'organico per i padroni.

Nel pieno dell'attività di presentazione dei progetti di legge all'opinione pubblica e al parlamento, Churchill trovò il tempo di seguire i lavori della nuova casa londinese, al 33 di Eccleston Square. Clementine, incinta del primo figlio, trascorreva gran parte del tempo nella quiete di Blenheim, e suo marito si preoccupava anche dei minimi dettagli della nuova casa. «È arrivato il lavabo di marmo», scriveva; «la tua finestra è montata (un bel passo avanti).Tutte le librerie sono a posto: ne ho ordinate altre due per le finestre laterali dell'alcova. La sala da pranzo risplende di un bianco crema; il salone è tappezzato e la stanza da bagno è a buon punto».

Dimenticò completamente politica e parlamento quando, l'11 luglio, Clementine diede alla luce una figlia, Diana. Il parto era stato piuttosto faticoso e la lasciò notevolmente prostrata. Egli fece del suo meglio per circondarla di pace e tranquillità e trovare un posto dove potesse riprendersi, lontano dalla fretta e dal trambusto della vita e della politica londinesi. A tre settimane dalla nascita di sua figlia, fu di nuovo protagonista di un arbitrato industriale, questa volta nell'industria carbonifera dove uno sciopero minacciava di paralizzare la produzione di carbone. «Abbiamo passato venti ore a negoziare negli ultimi due giorni», scrisse alla madre il 4 agosto, «e non credo saremmo giunti a un risultato soddisfacente se non avessi fatto in prima persona la mia parte con efficacia».

«Per quanto posso giudicare», gli scrisse Sir Edward Grey quando la vertenza si concluse, «ci sono volute la vostra fermezza, fiducia e perspicacia per giungere a un'intesa» che considerava «un vero servizio pubblico, e del tipo migliore». Anche Asquith e il re gli fecero pervenire le loro congratulazioni. «È stato un gran colpo», scrisse alla madre, «assai utile e opportuno». Ma proprio nel momento della vittoria si profilò una nuova crisi che minacciò tutti i suoi progetti di riforma sociale e le riforme di tutti i dicasteri: i Pari conservatori annunciarono l'intenzione di bocciare il *budget* di Lloyd George, già approvato alla Camera dei Comuni a larga maggioranza.

In un primo momento Churchill non prese troppo sul serio l'opposizione dei Lord. «Non ho mai visto gente che si rende così ridicola come questi duchi e duchesse», scrisse alla madre. «Saltano su uno dopo l'altro minacciando di ridurre pensioni e sussidi, licenziare vecchi manovali e dipendenti, strepitando e piagnucolando perché gli viene chiesto di pagare la loro quota, quasi li si mandasse in rovina». L'ultimo proselito era il duca di Portland: ogni frase dei suoi discorsi «per noi vale un centinaio di voti nel paese».

Oltre alla possibile bocciatura del *budget,* si profilava un'altra minaccia per i progetti di riforma di Churchill: l'eventualità di pericoli sui mari. A fine agosto ebbe un lungo colloquio con l'ambasciatore tedesco a Londra, conte Metternich, e gli disse che la prospettiva di un forte sviluppo della flotta tedesca era stata «causa di profonda inquietudine tra tutte le classi e i partiti». Non aveva senso «chiudere gli occhi davanti ai fatti»; per quanto governi e individui si battessero per «creare uno spirito di reale fiducia e confidenza tra i due paesi», avrebbero fatto ben pochi progressi finché perdurava «in Germania una politica navale in costante espansione».

Durante l'autunno Clementine rimase a Southwater, presso Brighton, a riprendersi dalle fatiche del parto. Avrebbe sofferto per tutta la vita di periodi di stanchezza accompagnati da esaurimento nervoso. Suo marito la sollecitava a riposarsi, a preoccuparsi di guarire, a liberarsi dagli affanni della vita quotidiana. Le spediva regolarmente resoconti manoscritti delle sue attività e notizie della famiglia. Diana stava «benissimo», le scrisse a fine agosto da Eccleston Square, «ma la balia ha una certa tendenza a guardarmi male, come se fossi un intruso e un seccatore». Si era perso il bagno del mattino, «ma mi propongo di officiare domani».

Sapeva che il suo impegno politico provocava, e avrebbe continuato a provocare, tensioni nei loro rapporti. «Sono così immerso nella politica», le scrisse, «che spesso penso di essere un compagno noioso per chiunque non faccia parte di quel mondo. Mi dà una tale gioia renderti felice! Spesso vorrei essere meno monotono. Tuttavia è meglio essere fedeli a se stessi – a meno che non si abbia un io molto fastidioso!».

Frattanto, con l'incoraggiamento di Asquith, preparava un discorso da pronunciare a Bristol il 14 novembre, una settimana prima che i Lords discutessero il *budget*. Clementine andò con lui a Bristol e mentre scendevano dal treno una giovane suffragetta, Theresa Garnett, si fece avanti e cercò di colpirlo sul viso con un frustino. Per difendersi egli la afferrò per i polsi e la donna cominciò a spingerlo verso il bordo del marciapiede proprio nel momento in cui il treno si metteva lentamente in moto; Clementine, arrampicandosi su un mucchio di valigie, riuscì a afferrare il soprabito del marito e a tirarlo indietro. La suffragetta fu presa in custodia da un membro del comitato di accoglienza e subito arrestata. Mentre gli agenti la portavano via, gridò a Churchill: «Bruto, perché non tratti come si deve le donne inglesi?».

Sebbene scosso da questo incidente, Churchill pronunciò quel giorno un discorso vigoroso contro le pretese della Camera dei Lord. I Pari conservatori erano «una superba fazione tory» convinta di essere la sola «adatta a servire la corona». Consideravano il governo «puramente accessorio alla loro ricchezza e ai loro titoli» e non tolleravano di vederlo «poggiare sui ceti medi e operai». Ma tutto ciò che potevano fare, «se ammattiscono», era «mettere una pietra sui binari e far deragliare il treno dello stato, ed è quanto ci vien detto che intendono fare».

Gli rispose il vecchio antagonista Lord Milner, il quale dichiarò che il dovere dei Lord era di votare contro il *budget*, «e al diavolo le conseguenze». Questo appello fu raccolto e il 30 novembre, giorno del 35° compleanno di Churchill, la Camera dei Lord bocciò il *budget* con 350 voti contro 75. Quattro giorni dopo Asquith sciolse il parlamento e ebbe inizio la campagna per le elezioni generali. Il grido di guerra di tutti i liberali, tra cui il nipote di un duca di Marlborough, fu «i Pari contro il popolo».

Nel corso dell'intera campagna elettorale Churchill guidò l'attacco liberale alla Camera dei Lord. In un discorso a Leven in Scozia, il 9 gennaio 1910, definì l'ex ministro degli Esteri Lord Lansdowne «il rappresentante di un'assemblea finita, obsoleta, anacronistica, il residuo di un'organizzazione medievale che ha totalmente esaurito il suo significato originale, una forza da gran tempo logorata, cui oggi gli elettori debbono solo assestare una botta decisa come colpo di grazia». Nella campagna effettuata in tutto il Lancashire propugnò con grande abilità e vigore la posizione liberale; «I vostri discorsi, dal primo all'ultimo», gli scrisse Asquith nella terza settimana della campagna, «hanno raggiunto il livello di piena e rimarranno nella storia».

I risultati elettorali furono annunciati il 15 febbraio 1910. I liberali avevano conservato il potere, ma con una maggioranza risicata: 275 seggi contro i 273 dei conservatori. I nazionalisti irlandesi, con i loro 84 deputati, erano nuovamente l'ago della bilancia. Il partito laburista, con 42 seggi, era ancora il partito minore alla Camera dei Comuni. Churchill conservò il suo seggio a Dundee con la stessa maggioranza della volta precedente, poco più di novemila voti.

Il giorno dell'annuncio dei risultati, accettò una carica di grande importanza, quella di ministro dell'Interno, responsabile della polizia, delle carceri e dei detenuti. Solo Robert Peel, il fondatore del corpo di polizia, aveva avuto l'incarico a un'età inferiore, 33 anni. Violet Asquith avrebbe ricordato che la prospettiva del nuovo incarico lo riempiva «di eccitazione e allegria. Era sempre ansioso di andare avanti e tentare cose nuove, e già studiava a fondo le possibilità che offriva il suo nuovo regno. Avrebbe comandato un esercito magnifico, il corpo di polizia, ma si preoccupava soprattutto del futuro della sua preda, i criminali. L'esperienza personale della prigionia ne aveva fatto un protettore dei detenuti, e la sua mente ribolliva di progetti per alleviarne la sorte con condoni per buona condotta dalla "orribile prigionia", con biblioteche e trattenimenti. "Occorre dar loro nutrimento per la mente, tanti libri: è quello che più mi mancava, salvo naturalmente la possibilità di rompere le catene e uscire da quel luogo maledetto, e immagino che *questo* non posso darglielo!"».

Fin dai primi giorni in cui occupò la nuova carica, cercò di elaborare un ampio programma di riforma carceraria. Il 21 febbraio, sei giorni dopo la nomina, si recò alla prima di una commedia di John Galsworthy, *Justice*, al Duke of York's Theatre. Portò con sé Sir Evelyn Ruggles-Brise, il presidente dei Prison Commissioners nominati da Asquith quindici anni prima, che era un fautore della segregazione cellulare. La commedia era un vigoroso atto d'accusa contro la segregazione e Churchill ne fu profondamente colpito. Nondimeno, spiegò il 7 marzo al suo viceministro permanente, Sir Edward

Troup, era convinto anche «dell'importanza di trasformare il primo periodo di vita carceraria in un severo corso disciplinare, di frapporre una distanza tra il mondo che il condannato ha lasciato e il gruppo assegnato ai lavori pubblici di cui farà parte in seguito».

Due mesi dopo annunciò che la segregazione cellulare sarebbe stata ridotta a un mese per le persone condannate per la prima volta e a tre mesi per i recidivi. Quando furono annunciate le nuove norme, Galsworthy scrisse a Leonie, zia di Churchill: «Ho sempre ammirato il suo coraggio e le sue capacità e una fantasia alquanto rara tra gli uomini politici. Ora mi accorgo che ha un cuore e che è molto umano. Ritengo che andrà molto lontano, tanto più se riuscirà a tenere sotto controllo i suoi aspetti conflittuali».

Nel marzo di quell'anno Churchill introdusse una distinzione fino a allora ignorata tra detenuti comuni e politici. Questo passo giovò immediatamente a numerose suffragette incarcerate. Le norme carcerarie «adatte a criminali imprigionati per disonestà o crudeltà o altri delitti che denotano turpitudine morale», spiegò alla Camera dei Comuni, «non dovrebbero essere applicate in modo inflessibile a coloro la cui natura è fondamentalmente buona e i cui delitti, per quanto reprensibili, non denotano un'infamia personale».

Il 3 luglio, mentre redigeva le riforme volte a ridurre il numero di detenuti che venivano mandati a Borstal, scrisse ai suoi consiglieri: «Non consentirei di certo a rendermi responsabile di un sistema di cui si possa dimostrare che aggravi la severità del codice penale». Il 20 luglio presentò le riforme alla Camera dei Comuni. Si proponeva tra l'altro di abolire l'incarcerazione automatica per il mancato pagamento delle ammende. «Veda la Camera quale operazione nociva sia questa. Lo stato perde la sua ammenda. La persona finisce in prigione, magari per la prima volta: un evento sconvolgente. Affronta, per una condanna a quattro o cinque giorni, le stesse formalità di chi abbia avuto una pesante condanna ai lavori forzati. Viene fotografato e portato via nel furgone cellulare, gli vengono prese le impronte digitali. Tutto questo penoso processo si svolge esattamente come nel caso di una lunga condanna».

Il principio che si proponeva di introdurre era quello del «tempo per pagare». L'anno prima che fosse nominato ministro dell'Interno, 95.686 persone erano finite in prigione per quattro o cinque giorni per non aver pagato l'ammenda comminata loro dai tribunali. La sua riforma dovette attendere il 1914, a causa della congestione dei lavori parlamentari; ma dopo cinque anni dall'introduzione della nuova normativa, il numero delle persone incarcerate per il mancato pagamento delle ammende era sceso a poco più di 5.000. La maggioranza era stata multata per ubriachezza, e il loro numero scese dai 62.822 del 1908-09 ai meno di 2.000 del 1919.

La sua successiva riforma fu la riduzione del numero di giovani nelle prigioni. Ogni anno più di 5.000 ragazzi tra i 16 e i 21 anni finiva in carcere, ma le cose dovevano cambiare. Da allora in poi nessun minorenne avrebbe dovuto essere mandato in prigione «a meno che non sia incorreggibile o abbia commesso un delitto grave». L'incarcerazione dei giovani, scrisse al re in una lettera formale che seguiva la tradizione del ministero dell'Interno di inviare al sovrano un resoconto completo degli atti del parlamento, era «un puro spreco». Occorreva invece un sistema di «esercizi per i rei», basato sull'esercizio fisico, «molto salutare e molto sgradevole», da effettuarsi possibilmente nei posti di polizia. «Nessun ragazzo tra i 16 e i 21 anni dovrebbe essere messo in prigione per semplice punizione», scrisse al sovrano; «ogni sentenza dovrebbe proporsi di farlo rientrare in sé e di fortificarlo nel mondo: in sostanza dovrebbe essere disciplinare ed educativa anziché penale».

Alla Camera dei Comuni difese la riduzione delle incarcerazioni dei giovani trasgressori richiamando l'attenzione dei deputati sul fatto che «il danno ricade solo sui figli delle classi lavoratrici. I figli delle altre classi commettono molti degli stessi reati; con il loro animo esuberante e fracassone, nel periodo trascorso a Oxford e Cambridge commettono molti reati (per i quali decine di figli della classe operaia sono mandati in carcere) senza che venga loro inflitta alcuna punizione». Quando fu nominato ministro dell'Interno, c'erano in prigione 12.376 giovani al di sotto di 21 anni; nel 1919 si erano ridotti a meno di 4.000. Ma il suo progetto sull'esercizio per i rei, pur incontrando il favore della polizia e del presidente della Corte Suprema, non superò l'esame dei suoi funzionari; il principio che cercava di introdurre fu recepito soltanto con il Criminal Justice Bill del 1948.

Ad ogni modo le sue iniziative furono apprezzate dai riformatori delle carceri; «Questi cambiamenti», scrisse a «The Times» Galsworthy il 23 luglio, «sono tutti ispirati dalla fantasia, senza cui la riforma è cosa morta, e dal buon senso, senza cui essa è pericolosa».

Il 31 marzo furono presentate alla Camera dei Comuni le proposte del governo per limitare i poteri dei Pari e Churchill fu il principale portavoce del governo. Dichiarò a proposito dei Pari conservatori che non si recavano mai alla Camera dei Lord se non per bocciare il bilancio: «Non vi è nulla di più singolare del modo in cui si fanno menare per il naso. Ecco tutti quei nobili che hanno una posizione indipendente, godono di un'educazione facile e completa e di una società illuminata, ben difesi e garantiti in tutti gli affari di questo mondo ma, lungi dal mostrare uno spirito di indipendenza, si lasciano soggiogare da una disciplina tanto rigorosa, si lasciano portare a spasso, non dirò come un gregge di pecore perché ciò non sarebbe rispettoso, ma come un reggimento di soldati, ora di qua ora di là».

Terminò il discorso con queste parole: «Siamo giunti a un punto cruciale della storia britannica. Non è più tempo di parlare ma di agire. Poiché la Camera dei Lord, per un'istigazione non patriottica e perversa (tale debbo giudicarla) ha usato il suo diritto di veto per insultare la prerogativa della Corona e violare i diritti dei Comuni, si rende ora necessario che la Corona e i

Comuni, agendo di comune accordo, ripristinino l'equilibrio della costituzione e limitino per sempre il diritto di veto della Camera dei Lord».

«Avete fatto un discorso mirabile: uno dei vostri migliori», gli scrisse Asquith. «La sola cosa di cui mi rammarico è l'ultima frase, che associa "la Corona" e il popolo: spero che passi sotto silenzio».

Il 28 aprile il bilancio fu presentato alla Camera Alta e approvato senza passare ai voti, scongiurando così uno scontro costituzionale. Asquith, per evitare nuove interferenze dei Pari nei provvedimenti finanziari, decise di procedere con il Parliament Bill, anche se questo comportava la richiesta al re di nominare fino a 500 nuovi Pari liberali onde garantire l'approvazione del disegno di legge. Ma il 6 maggio, mentre infuriava la controversia sulla possibilità di nominare un simile numero di nuovi Pari, Edoardo VII morì.

Data l'inesperienza del nuovo sovrano, Giorgio V, fu stipulata una tregua di sei mesi nel conflitto costituzionale. Churchill non solo era favorevole, ma invocò la costituzione di un governo nazionale in cui liberali e conservatori, sollevati dalle pressioni e dalle richieste delle proprie fazioni estremiste, operassero insieme per risolvere la questione costituzionale, articolare un sistema federale per l'Irlanda, portare avanti un programma generale di assistenza sociale e, qualora lo esigesse la situazione europea, introdurre il servizio militare obbligatorio, come i conservatori avevano chiesto per un certo periodo.

Il 18 novembre, il parlamento fu sciolto e vennero indette le seconde elezioni generali in un anno. «Il partito tory», scrisse Churchill nel suo programma elettorale, «si considera la casta dirigente che esercita di diritto un'autorità superiore divina sull'intera nazione». Davanti agli elettori di Birmingham dichiarò che il diritto di veto della Camera dei Lord era «duro e crudele»; occorreva che i poteri dei Pari fossero «ridotti in brandelli, che si riducano a polvere sulla terra».

Il 30 novembre, giorno del suo 36° compleanno, in un comizio elettorale a Sheffield affermò che una volta rimosso il diritto di veto dei Pari egli ambiva ad agire d'accordo con i conservatori per creare, in un clima di riconciliazione e di unità, «un'organizzazione migliore, più equa, più giusta, più scientifica della vita sociale del popolo, correggere opportunamente gli abusi della ricchezza e del monopolio, [agevolare] l'uguaglianza religiosa e il progresso industriale», introdurre una riforma carceraria e dare una «formazione ai nostri giovani».

I risultati delle elezioni furono annunciati l'ultima settimana di dicembre. Il governo liberale restava al potere, senza però che la situazione di stallo si fosse risolta. Perse tre seggi e i conservatori due. Laburisti e nazionalisti irlandesi ne guadagnarono due ciascuno, diventando sempre di più l'ago della bilancia e sostenendo il governo liberale con i loro voti e le loro richieste.

Churchill era tuttora favorevole a un compromesso con i conservatori, a decidere insieme la politica sia sociale sia imperiale, ma in una lettera del 3 gennaio 1911 scrisse ad Asquith che bisognava limitare il diritto di veto dei Lords «come prerequisito indispensabile di ogni collaborazione». Pertanto si doveva portare avanti il Parliament Bill e nominare un numero di nuovi Pari sufficiente a garantirne l'approvazione alla Camera Alta. Non bisognava permettere ai Pari di differire la questione con «spacconate dilatorie». Finché persisteva il diritto di veto, «non può esserci pace tra le parti né dimostrazione di unità nazionale. Quanto più in fretta e fermamente sarà portata a termine la cosa, tanto meglio per tutti». Dopo di che, «spero che sarà possibile seguire *une politique d'apaisement*», cioè di pacificazione, che si sarebbe tradotta in «una generosa concessione di onorificenze» ai leader conservatori, l'Order of Merit a Chamberlain, «a una certa quota di Pari e baronetti tory [e] qualcosa per la stampa tory».

Quindi, scriveva, il governo liberale avrebbe proposto di «consultare» i conservatori sull'Irlanda, la Poor Law, il lavoro minorile, l'assicurazione e la flotta; Balfour avrebbe avuto «libero accesso a tutte le informazioni dell'Ammiragliato». Nel quadro del compromesso sulle proposte economiche, i diritti di successione non avrebbero colpito le proprietà fondiarie «più di una volta ogni 25 anni». Nell'elaborare i progetti futuri i liberali avrebbero seguito «una linea nazionale e non settoriale». Tutto ciò «può condurci ancor più lontano».

Mantenendo la tradizione di inviare al re i resoconti dei dibattiti parlamentari, Churchill provocò la forte irritazione del nuovo sovrano quando, dopo avergli riferito la proposta di spedire «vagabondi e fannulloni» in apposite colonie di lavoro perché adempissero «al loro dovere verso lo stato», commentò: «Tuttavia non va dimenticato che esistono oziosi e fannulloni a entrambe le estremità della scala sociale». Quel commento, protestò il re, era «decisamente da socialista». Churchill si scusò con queste parole: «Scrivendo tali lettere quotidiane e cercando di renderle interessanti e attendibili, è pur sempre possibile che possa affiorare qualche sentimento od opinione non sottoposti allo scrutinio severo e ponderato e alla revisione che si debbono a un documento ufficiale».

Il 4 aprile Lloyd George presentò il progetto governativo di assicurazione contro la disoccupazione; sebbene in seguito sia stato associato esclusivamente al suo nome, molti princìpi e particolari erano opera di Churchill ed erano stati elaborati dal suo dicastero. «Lloyd George ha in pratica fatto sua l'assicurazione contro la disoccupazione», scrisse Winston a Clementine, «e mi sembra di essere stato in effetti allontanato da questo campo in cui ho profuso tante energie e sforzi. Non importa! Il mare è ricco di pesci».

Il Parliament Bill si rivelò meno controverso di quanto temessero i liberali. L'opposizione al disegno di legge «si è ridotta al minimo ieri sera», scrisse Churchill al re il 10 maggio. «A un certo momento solo sette deputati conservatori erano seduti al loro posto per arrestare la marea rivoluzionaria, e due di loro erano profondamente immersi nella lettura dell'Insurance Bill». Otto giorni dopo, in una sala privata dell'Hotel Savoy, egli partecipò alla cena inaugurale di un nuovo circolo di cui lui e F.E. Smith erano i soci fondatori. L'Other Club, questo il suo nome, aveva il fine di raccogliere una volta ogni quindici giorni intorno a un'unica tavola da pranzo fino a 28 deputati di entrambi i partiti e un numero analogo di Pari, militari illustri, avvocati, scrittori, artisti, uomini d'affari e giornalisti. Uno degli articoli del regolamento dell'Other Club affermava che «nulla, nel regolamento o nei rapporti del Club, influenzerà l'acrimonia o l'asprezza della politica di partito». Ma esso si proponeva di mitigare i rancori che la politica aveva suscitato negli ultimi anni; tra i soci figurava il più recente critico di Churchill, Lord Winterton.

Frattanto Clementine era incinta del secondo figlio. Il re, sapendo che le sarebbe stato faticoso seguire l'incoronazione nell'abbazia di Westminster, le offrì un posto nel proprio palco perché potesse assistere alla cerimonia comodamente. Il 28 maggio, meno di un mese prima dell'incoronazione, nacque il bambino, un maschio cui fu dato il nome di Randolph in onore del padre di Churchill.

Due giorni dopo la nascita del figlio, Churchill lanciò ai Comuni un violento attacco ai giudici che a suo giudizio si erano comportati in modo ingiusto nelle cause sindacali. Era sua intenzione, disse, «liberare i sindacati dalle pesanti contestazioni di cui sono stati vittime e metterli in grado di svilupparsi e fare il loro lavoro senza il freno costante e le incertezze di processi frequenti, e senza dover entrare continuamente in contatto con i tribunali». Negli ultimi anni i sindacati erano stati «irretiti, tormentati, oppressi e ostacolati a ogni passo e momento da ogni sorta di giudizi legali che hanno suscitato estrema sorpresa tra i migliori giuristi del paese».

Dove erano in gioco «questioni di classe», proseguiva Churchill, «e dove sono in gioco questioni di partito, è impossibile fingere che i tribunali ispirino il medesimo grado di fiducia generale» che nei processi penali. «Al contrario, così non è, e una parte molto consistente della nostra popolazione si è fatta l'opinione che essi siano, senza dubbio inconsapevolmente, prevenuti».

Subito dai banchi conservatori si levarono le grida «No!», «Via!». E i suoi avversari politici non lasciarono cadere queste accuse: il 3 giugno lo «Spectator» le definì «assolutamente deplorevoli» e «dannose». Frattanto egli si godeva i piaceri della paternità; «Mi giungono tante felicitazioni per la nascita del figlio», scrisse a Clementine dal campo degli Oxfordshire Hussars a Blenheim il 2 giugno. «Con quella mancanza di invidia che nobilita il mio carattere, le depongo tutte ai tuoi piedi».

Prima della nascita di Randolph, i suoi genitori tra di loro lo chiamavano *chumbolly* [da *chum*, «amico», nel linguaggio dei bambini]. «Mia deliziosa micina», scrisse Winston nella lettera del 2 giugno, «confido e spero che tu stia bene e che non ti agiti. Riguardati e sii forte e goditi la ricchezza che questo nuovo evento so che infonderà nella tua vita. Il *chumbolly* deve fare il suo dovere e aiutarti per il latte, diglielo da parte mia. Alla sua età ingordigia e perfino bestialità a tavola sono delle virtù».

L'incoronazione di re Giorgio V e della regina Mary ebbe luogo il 22 giugno. Churchill e Clementine percorsero insieme la processione. «Tutti hanno ammirato la carrozza, i cavalli e il lacché», le scrisse quando fu terminata. Era certo che ella avrebbe «ricordato a lungo» la processione e avrebbe raccontato la giornata ai figli, «cosicché diverrà una tradizione di famiglia ed essi la racconteranno a altri che noi non vedremo». Clementine andò al mare per riprendersi dalle fatiche della giornata, mentre Churchill rimase a Londra e il 28 giugno offrì un pranzo a Lloyd George al Café Royal. «È stato prodigo di elogi con te», scrisse Churchill a Clementine, «ha detto che sei la mia "salvezza" e che la tua bellezza è la minore delle tue virtù. Abbiamo rinnovato i trattati di alleanza per altri sette anni».

Nel corso dell'estate del 1911 scoppiò una crisi in Africa del nord che minacciò di scatenare la guerra in Europa. Il governo tedesco, volendo garantirsi una base navale sull'Oceano Atlantico, inviò una cannoniera, la *Panther*, nel porto marocchino di Agadir e la Francia, che grazie all'Entente anglo-francese del 1904 si era assicurata una sfera d'influenza in Marocco, chiese alla Gran Bretagna di contrastare l'iniziativa tedesca mandando una propria cannoniera.

In una lettera a Lloyd George, Churchill ammise che la Germania aveva «qualche diritto (minore) sul Marocco che saremmo lieti di veder soddisfatto ivi o altrove, se affermato in modo amichevole – purché la Gran Bretagna sia salvaguardata». Ma l'azione della Germania ad Agadir «l'ha messa dalla parte del torto e ci ha costretto a considerare tali rivendicazioni alla luce della sua politica e dei suoi metodi». Se la Germania avesse mosso guerra alla Francia nel corso dei negoziati, «dovremmo schierarci con la Francia», a meno che i francesi avessero addotto ragioni ingiustificabili per restare in una posizione di stallo. Non bisognava tener nascoste le intenzioni della Gran Bretagna; al contrario, «dovremmo dirlo ora alla Germania».

In effetti Lloyd George ammonì apertamente i tedeschi. La pace a prezzo di una resa, dichiarò alla Mansion House il 21 luglio, «significherebbe un'umiliazione intollerabile per un grande paese come il nostro». I tedeschi reagirono denunciando le parole di Lloyd George come «un monito che sfiora la minaccia». Di colpo parve che la guerra potesse scoppiare da un momento all'altro.

A un ricevimento nel giardino di Downing Street Churchill, parlando con il capo della polizia, seppe di essere tecnicamente responsabile, in qualità di ministro dell'Interno, della custodia di tutte le riserve di cordite della Gran Bretagna, tre delle quali si trovavano a Londra. Tornato al ministero, telefonò all'Ammiragliato per chiedere che gli mandasse un distaccamento di Royal

Marines per proteggere queste munizioni vitali. L'ammiraglio responsabile rifiutò di farlo ed egli, scandalizzato da questa presa di posizione, telefonò al ministero della Guerra e convinse il ministro Lord Haldane a mandare truppe ai tre magazzini.

Quella notte informò il re: «Mr Churchill ha ritenuto suo dovere prendere misure più efficaci per garantire la sicurezza dei grandi magazzini navali, ora sotto la protezione della polizia metropolitana. Chattenden e Lodge Hill contengono da sole i 3/5 delle munizioni di cordite della flotta». Aveva disposto che in ogni magazzino fosse inviata una compagnia di fanteria, e due giorni dopo scrisse a Clementine di aver mandato «un bel po' di soldati in entrambi i posti di cui ti ho parlato; ora tutto è al sicuro». Quanto alle notizie su Agadir, «sembra che lo spaccone si stia tirando indietro e parrebbe che tutto finirà in modo tranquillo e vittorioso». Non c'era dubbio, le scrisse quattro giorni dopo, che i tedeschi stessero per accordarsi con i francesi «su base amichevole»; «loro hanno mandato la loro *Panther* a Agadir e noi la nostra pantera a Mansion House, con il miglior esito».

In vista di una riunione del Comitato di Difesa Imperiale il 23 agosto, espose le sue riflessioni sui pericoli che correva la Francia nell'eventualità di un attacco militare tedesco e sul ruolo che la Gran Bretagna avrebbe dovuto svolgere per scongiurare una sconfitta francese. L'esercito tedesco, era la sua previsione, avrebbe sfondato la linea sulla Mosa al ventesimo giorno di guerra. Quindi i francesi avrebbero ripiegato verso Parigi. «Tutti i piani che si basano sull'ipotesi opposta fanno troppo affidamento sulla fortuna». L'impeto dell'avanzata tedesca si sarebbe lentamente affievolito a mano a mano che procedeva. A partire dal trentesimo giorno l'esercito russo avrebbe cominciato a premere sul fronte orientale. L'esercito britannico sarebbe stato schierato nelle Fiandre. Il quarantesimo giorno le forze tedesche in occidente «dovrebbero essere sottoposte alla massima tensione sia all'interno sia sui fronti di guerra»; questa tensione si sarebbe fatta giorno dopo giorno «più violenta» e, in mancanza di una vittoria, «alla fine soverchiante». A quel punto «possono presentarsi le opportunità per la prova di forza decisiva».

Balfour faceva parte del Comitato di Difesa Imperiale quando fu presentato il promemoria di Churchill. Quando lo rilesse nel 1914, il 35° giorno di guerra, esclamò: «È il trionfo della profezia!». Cinque giorni dopo, le forze tedesche furono fermate sulla Marna e ricacciate.

Il 30 agosto, mentre proseguivano i negoziati sul Marocco, Churchill spiegò a Grey che qualora fossero falliti la Gran Bretagna avrebbe dovuto proporre una triplice alleanza alla Francia e alla Russia per salvaguardare l'indipendenza del Belgio, dell'Olanda e della Danimarca. Inoltre doveva assicurare al Belgio «che in caso di violazione della sua neutralità siamo pronti a correre in suo aiuto» e a fare tutti i «passi militari necessari a questo scopo». Occorreva fornire analoghe garanzie a Olanda e Danimarca, a condizione che tutti e tre i paesi «compiano [anch'essi] il massimo sforzo» una volta scoppiata la guerra. Per difendere il Belgio la Gran Bretagna era pronta a rifornire Anversa e le armate di stanza nella città e anche a esercitare «forti pressioni» sugli olandesi perché tenessero sgombro il fiume Schelda, la linea di comunicazione con Anversa. Qualora avessero bloccato la Schelda, «risponderemmo con il blocco del Reno».

L'Ammiragliato aveva proposto di unirsi alla Francia nel blocco navale della costa marocchina, ma egli si oppose: se le navi da guerra francesi si fossero dirette verso il Marocco, scrisse a Grey il 30 agosto, «sono del parere che (per parte nostra) dovremmo mandare il grosso della flotta nella zona settentrionale della Scozia nei porti militari. I nostri interessi sono in Europa, non nel Marocco».

Quindi studiò nei dettagli il modo in cui il suo paese poteva aiutare la Francia a resistere a un attacco tedesco. Il 31 agosto discusse le sue idee con il generale Henry Wilson, da poco nominato direttore delle operazioni militari del ministero della Guerra, il quale riconobbe che si sarebbero avuti «notevoli vantaggi strategici» se la Gran Bretagna avesse potuto portare il suo esercito in un Belgio amico «e se saremo in grado di minacciare il fianco tedesco d'intesa con l'esercito belga». Riferendo il colloquio a Lloyd George, Churchill enunciò un principio che avrebbe informato la sua posizione sugli affari esteri prima delle due guerre mondiali: «Non per il Marocco e neppure per il Belgio prenderei parte a questa terribile faccenda. Una sola causa può giustificare la nostra partecipazione: impedire che la Francia venga calpestata e saccheggiata dagli *junker* prussiani: un disastro rovinoso per il mondo e in breve fatale per il nostro paese».

Il 2 settembre ricevette una lettera classificata «segreta – da distruggere» dal segretario del Comitato di Difesa Imperiale, Sir Charles Ottley, che conteneva i particolari dell'imminente convergenza della flotta oceanica tedesca a Kiel. «Non dobbiamo allentare la nostra vigilanza per un solo momento», ammoniva. Inoltrò la lettera a Lloyd George con il commento: «Spero che McKenna non sia pieno di presunzione quanto il suo ammiraglio è privo di immaginazione». L'ammiraglio era il First Sea Lord Sir Arthur Wilson.

Analizzando gli ordini dell'Ammiragliato per il Mare del Nord, espresse la sua insoddisfazione: «Siete certo che la flotta che abbiamo a Cromarty sia forte abbastanza da sconfiggere l'intera flotta oceanica tedesca?», chiese ad Asquith il 13 settembre. «In caso contrario andrebbe rafforzata senza indugio». La flotta concentrata nel Mare del Nord doveva essere abbastanza potente, «senza ulteriori rinforzi», da combattere una battaglia decisiva contro la marina tedesca. «E occorre tener conto delle perdite per un [attacco a] sorpresa con i siluri».

Era furioso per gli atteggiamenti dell'Ammiragliato e chiese ad Asquith: «Siete certo che l'Ammiragliato si renda conto della gravità della situazione europea? Mi si dice che attualmente sono quasi tutti in licenza». Confidava tuttavia che una buona direzione fosse sufficiente: «L'Ammiragliato dispone di una forza consistente. Deve solo tenersi pronto e impiegarla opportunamente. Ma un errore stupido, come quello che è emerso nel nostro incontro, e ci troveremo impegnati nella difesa dell'Inghilterra anziché della Francia».

L'ammiraglio Wilson si accingeva a lasciare il ministero per una vacanza e la sera del 13 settembre comunicò al ministero della Guerra che tutto era pronto per qualsivoglia emergenza navale: era sufficiente «premere il bottone» e questo lo poteva fare un funzionario qualunque. Riferendo queste parole a Lloyd George, Churchill commentò: «Posso solamente sperare che le cose stiano così». La crisi di Agadir gli aveva lasciato una certa idea della forza e delle debolezze della Gran Bretagna sui mari. Era convinto di possedere le energie e l'accortezza necessarie e di poter in breve acquisire le conoscenze necessarie per rendere il suo paese invulnerabile sui mari. Deciso a succedere a McKenna all'Ammiragliato, gli premeva in modo particolare creare uno stato maggiore navale sul modello dell'esercito, per far fronte a ogni evenienza. Nel corso dell'autunno si discusse molto su chi doveva essere nominato ministro della Marina. «Nel complesso», scrisse Asquith a Lord Crewe il 7 ottobre, «sono persuaso che Churchill sia l'uomo giusto; inoltre ne sarebbe contento».

10
AL MINISTERO DELLA MARINA

Quando il parlamento si riunì dopo la pausa estiva il 24 ottobre 1911, cinque settimane prima del 37° compleanno di Churchill, fu annunciato che egli sarebbe stato nominato First Lord of the Admiralty, ovvero ministro della Marina. «Spero siate favorevole al cambiamento», scrisse a Morley; «È una grande responsabilità e ora colgo meglio di tre anni orsono l'importanza della carica, per il peso che ha nella politica sia interna sia internazionale. Sono sempre stato particolarmente attratto dai problemi navali e militari. Ho letto molto più sulla guerra che su qualunque altro argomento. Confido di essere un buon economo. Anche i tempi sono propizi: il bilancio al livello più alto, la flotta enormemente potente, il Gabinetto molto unito. Posso mietere bene là dove altri ha seminato male. Avevamo assolutamente ragione in tutto ciò che dicemmo nel momento della paura. Non un solo fatto allora menzionato che non sia stato provato dagli eventi!»; e aggiungeva fiducioso: «Penso che riuscirò a trovare la mia strada lungo il cammino».

Quattro giorni dopo la nomina, aveva redatto un promemoria per il Gabinetto in cui chiedeva la creazione di uno stato maggiore navale. «Una preparazione adeguata alla guerra è la sola garanzia per preservare la ricchezza, le risorse naturali, il territorio dello stato, e non può che basarsi su una giusta valutazione, primo, dei pericoli probabili che possono sorgere; secondo, del miglior metodo generale per farvi fronte così come insegnano i princìpi che si deducono dagli eventi storici; terzo, dell'applicazione più efficace del materiale bellico moderno». Era giunto il momento di prepararsi. In tempo di pace i preparativi costituivano «il solo campo in cui è possibile un'azione diretta e prolungata che si riveli utile».

Nei due anni e mezzo successivi Churchill si impegnò nella preparazione della flotta, visitando porti militari e arsenali, cercando di capire a fondo tutti quegli aspetti dell'artiglieria e della tattica, tenendo d'occhio lo sviluppo della flotta tedesca, sforzandosi di innalzare il morale della marina da guerra.

Occorreva ovviare a ogni carenza, colmare ogni lacuna, prevedere ogni eventualità. La lettera di Churchill ad Asquith del 5 novembre fu scritta durante la prima giornata a bordo dello *yacht* dell'Ammiragliato *Enchantress*, che con un effettivo di 196 tra ufficiali e marinai sarebbe diventato la sua casa e il suo ufficio per più di duecento giorni nei due anni e mezzo successivi. Durante il primo viaggio, iniziato a Cowes, Churchill ispezionò il cantiere e il deposito sottomarini di Portsmouth. Nel secondo, tre giorni dopo, si unì alla flottiglia che scortò il re e la regina fuori dal porto di Portsmouth all'inizio del loro viaggio in India per il ricevimento ufficiale a Delhi. Nel terzo viaggio, intrapreso il 17 novembre, varò la nave da guerra *Centurion* a Devonport e nel quarto ispezionò il cacciatorpediniere *Falcon*. Il 9 dicembre, nel corso del quinto viaggio in meno di sei settimane, ispezionò gli alloggiamenti della marina a Portsmouth e visitò la scuola per sommergibilisti.

Nei primi mesi trascorsi all'Ammiragliato studiò una branca ancor più recente della scienza bellica: la guerra aerea. A dicembre sottolineò la necessità di stabilire i termini e le condizioni del servizio aereo per la marina, «per fare dell'aviazione a fini bellici la più onorevole in quanto la più pericolosa professione che un giovane inglese possa scegliere». Nessuna considerazione di anzianità doveva «impedire che uomini davvero giovani e capaci, che già hanno fatto tanto per la nuova arma, vengano messi in effetti a capo del corpo degli aviatori». L'esercito riteneva che il servizio aereo servisse soprattutto nella ricognizione e ove possibile voleva evitare le battaglie aeree; Churchill invece ambiva a un uso più aggressivo dell'aviazione da parte della marina, cosicché il bombardamento e il mitragliamento entrarono a far parte della sperimentazione e dell'addestramento del Royal Naval Air Service.

I timori suscitati dall'espansione della marina tedesca crebbero a dicembre; in una lettera a un corrispondente scritta prima del Natale 1911, Churchill rilevava «la crescita molto rapida» della flotta tedesca negli ultimi anni. La presenza di una flotta più grande a fianco del già potente esercito tedesco «sarà un fatto molto sinistro e inquietante», tanto più che «queste enormi macchine di distruzione» non sarebbero state controllate da un governo democratico, bensì da una «oligarchia militare e burocratica spalleggiata da una potente classe di proprietari terrieri *junker*». Spettava alla Germania «mettere subito fine alla grave tensione attuale senza mettere a repentaglio la sua sicurezza o libertà». «Risponderemo all'istante, non con le sole parole e i sentimenti ma con i fatti» a ogni passo tedesco volto a ridurre la corsa agli armamenti navali.

Ai primi di gennaio del 1912 scrisse a Sir Ernest Cassel, che stava per recarsi in Germania per far visita al Kaiser. Finché la Germania non avesse «rinunciato alla sfida navale», gli disse, la politica tedesca sarebbe stata vista in Gran Bretagna «con sospetto e timori crescenti». Un rallentamento della corsa agli armamenti avrebbe determinato «un'immediata détente con molta buona volontà da parte dell'Inghilterra»; in caso contrario, «in prospettiva non vedo altro che formalità e preparativi».

I preparativi proseguivano incessantemente. Tre giorni dopo aver scritto questa lettera, Churchill informò Fisher che entro breve tempo stormi aerei sarebbero stati assegnati alle squadre navali. Occorreva aumentare il numero di sommergibili in costruzione; gli incrociatori costruiti nel 1912 avrebbero avuto una velocità di due nodi superiore a quella dei modelli precedenti.

Il 31 gennaio Sir Ernest Cassel, al ritorno da Berlino, fece colazione con Churchill e Lloyd George. Dall'incontro con il Kaiser portava la notizia che era imminente una grande espansione navale tedesca; anziché le dodici navi da battaglia che erano state previste, la Germania avrebbe adottato un programma accelerato di sei anni per produrre quindici nuove navi da battaglia. Quando i tedeschi avessero annunciato questa novità, disse Churchill a Grey, la Gran Bretagna avrebbe «reagito immediatamente e efficacemente». Se poi i tedeschi avessero deciso di rallentare la corsa agli armamenti, portando a termine il loro progetto in dodici anni anziché sei, tra i due paesi si sarebbero instaurati «rapporti amichevoli» e anche la Gran Bretagna avrebbe «rallentato».

Cassel aveva convinto il Kaiser a mostrare in anticipo a Churchill la nuova legge navale tedesca. Non appena l'ebbe letta, egli capì che conteneva un ulteriore elemento di pericolo per la Gran Bretagna, l'allargamento del canale di Kiel tra il Mar Baltico e il Mare del Nord. Attualmente, fece osservare a Grey, le corazzate tedesche che si trovavano dalla parte «sbagliata» del canale di Kiel potevano raggiungere il Mare del Nord solo dopo un lungo viaggio. «L'allargamento del canale per il 1915 annullerà questo dispositivo di sicurezza». Non appena tutte e 25 le corazzate tedesche avessero potuto essere spedite rapidamente nel Mare del Nord nel «momento scelto» dalla Germania per aprire le ostilità, la Gran Bretagna avrebbe dovuto averne «non meno di quaranta, mobilitabili nel giro di 24 ore».

Il 14 febbraio Churchill fece conoscere al Gabinetto la nuova legge navale tedesca. Era evidente che occorreva aumentare sostanzialmente la flotta britannica. Rispetto al programma precedente di 17 nuove corazzate, 4 incrociatori da battaglia e 12 incrociatori leggeri, la Germania ne aveva messi in cantiere rispettivamente 25, 12 e 18, avrebbe costruito più di 50 nuovi sommergibili e aggiunto altri 15.000 ufficiali e marinai agli 86.500 già in servizio. Due delle cinque squadre navali tedesche sarebbero state composte interamente, per l'aprile 1914, da corazzate e incrociatori del modello più recente. Il pericolo era rappresentato non solo dal nuovo programma di costruzione, ma anche dall'aumento degli effettivi e dei vascelli di tutte le classi «pronti per salpare». Ciò equivaleva in sostanza a «tenere sul piede di guerra in permanenza circa quattro quinti della marina tedesca».

Nel momento in cui fosse stata applicata la nuova legge tedesca, informò il Gabinetto il 9 marzo, la Germania avrebbe avuto «in tutte le stagioni dell'anno» almeno 25 corazzate a disposizione nel Mare del Nord contro le 22 inglesi, «anche contando la flotta atlantica». Propose pertanto che per ogni nave da guerra tedesca costruita in base alla nuova legge, posto che entrasse in vigore, la Gran Bretagna ne costruisse due. «Due navi contro una per tutte quelle in più rispetto alla legge tedesca oggi in vigore», fu quanto Churchill annunciò alla Camera dei Comuni il 18 marzo. Al tempo stesso, nel tentativo di scongiurare la corsa agli armamenti navali, egli propose una «moratoria» in base a cui la costruzione di navi nei due paesi sarebbe stata sospesa per un anno, e dichiarò alla Camera: «Qualunque rallentamento o riduzione da parte tedesca sarà entro certi limiti prontamente seguito qui, non appena sarà accertato, da riduzioni ampie e in proporzione. Per esempio, se la Germania decidesse di rinunciare a una o anche due di queste quote annue e di risparmiare il denaro perché ne goda il suo popolo e per sviluppare la sua prosperità, subito noi, ove non si verifichino altrove sviluppi pericolosi oggi non previsti, annulleremo la nostra quota corrispondente, e al rallentamento deciso dalla Germania farà seguito naturalmente il nostro su scala maggiore».

Quest'offerta inattesa e clamorosa non era finita: «Prendiamo come esempio di questa proposta, che avanzo perché tutti la esaminino, l'anno 1913. In quell'anno, a quanto ho capito, la Germania costruirà tre corazzate, e di conseguenza occorrerà che noi ne costruiamo cinque. Supponiamo che quell'anno entrambi decidiamo una moratoria. Supponiamo di lasciare entrambi una pagina bianca nel libro dei dissapori; supponiamo che la Germania quell'anno non costruisca nessuna nave: risparmierebbe tra 6 e 7 milioni di sterline. Ma non è tutto. In circostanze normali non inizieremmo a costruire le nostre navi finché essa non cominciasse a sua volta. Pertanto le sue tre navi non costruite eliminerebbero automaticamente non meno di cinque potenziali super corazzate britanniche, ovvero più di quanto ritengo sperino di fare con una brillante azione navale. Quanto ai risultati indiretti, anche per un solo anno, essi non sono affatto misurabili, non soltanto per le nostre due grandi nazioni sorelle, ma per tutto il mondo. Sono risultati incommensurabili a livello di speranza e di fiducia».

Sperava in una risposta positiva all'offerta di una moratoria, tanto che il 14 aprile, in una lettera destinata al Kaiser, scrisse a Cassel: «Dev'essere di certo quasi impossibile per la Germania, con le sue magnifiche armate e una popolazione guerriera capace di difendere il patrio suolo da ogni invasore, situata nell'interno e con comunicazioni viarie e ferroviarie da ogni parte, comprendere i sentimenti con cui uno stato insulare come la Gran Bretagna considera lo sviluppo costante e senza rimorsi di una potenza navale rivale della massima efficienza». Ma non tutto era perduto: «Nondimeno, la pazienza e la buona volontà possono molto, e con il passare degli anni molte difficoltà e pericoli sembrano risolversi pacificamente».

Le sue speranze di pace si rivelarono vane. Il 21 maggio il Reichstag approvò la legge navale tedesca, e da quel momento egli profuse tutte le sue energie nella preparazione della flotta alla guerra con la Germania. Nel giro di sei settimane presentò al Gabinetto un elenco di proposte per «un aumento straordinario della potenza d'attacco delle navi di tutte le classi». Confidava di riuscire a incoraggiare i suoi subalterni e di accrescere la potenza della marina da guerra. Quando a giugno visitò un sommergibile a Portsmouth, il «Daily Express» riportò che «ebbe una parola per quasi tutti gli uomini di equipaggio del ponte inferiore, domandando perché e in che modo veniva svolta ogni cosa. Tutti i marinai si affollano intorno a lui, perché non fa cerimonie e li prende di sorpresa. È dappertutto».

Il 22 luglio, essendo ormai la nuova legge navale tedesca di dominio pubblico, Churchill presentò al parlamento un bilancio supplementare per la marina. Fu un momento solenne della sua carriera e della storia inglese ed europea. Parlando per più di due ore, spiegò nei dettagli sia la nuova legge tedesca sia la risposta della Gran Bretagna, che avrebbe costruito tutte le navi da guerra necessarie per conservare la sua sicurezza sui mari. «Lo stato d'Europa e del mondo sembra contenere molti più germi di pericolo del periodo che abbiamo attraversato nel corso della nostra vita». Desiderava affermare due princìpi generali: «Primo, dobbiamo avere un ampio margine di forza pronta all'istante; secondo, occorre uno sviluppo costante e sistematico delle nostre forze navali, da perseguire instancabilmente per un certo numero di anni».

Il 1° agosto scrisse a Clementine, che si trovava al mare: «Il mio lavoro è stato *incessante* e sembra aumentare giorno dopo giorno». Non vedeva l'ora di raggiungerla. «Non ho fatto progetti per domenica, se non smettere e venirti a trovare. Dovremmo trovare una bella spiaggia dove io possa costruire un castello ben levigato di sabbia, o meglio ancora con un ruscello. Tu potresti esplorare e riferire», e aggiungeva: «Mia amata, ho tanto sentito il bisogno di baciare il tuo caro volto e carezzare la tua morbida pelle in queste giornate solitarie».

La pressione di tutta questa attività cominciava a influenzare la sua vita privata. «Sono stato uno sciocco l'altra sera», scrisse alla moglie dalla *Enchantress* all'inizio di una settimana di lontananza, «ma sai come sia preda dei nervi e dei pregiudizi». Gli spiaceva che non fosse con lui. «Vorrei baciare il tuo caro volto e carezzare le tue gote da bambina e sentirti far le fusa tra le mie braccia»; e ancora: «Non tradirmi nei tuoi pensieri. Non ho altri che te per spezzare la solitudine di un'esistenza agitata e affaccendata».

All'inizio del 1913, dopo aver visitato con la *Enchantress* lo scalo aereo della marina di Eastchurch, sull'isola di Sheppey, chiese ai giovani piloti della marina di insegnargli a volare, nonostante fosse pericoloso: nel 1912 si era avuto un morto ogni 5.000 voli. Inoltre era raro che un civile volasse o che un individuo di 32 anni decidesse di farlo. Il suo primo istruttore fu il ventitreenne Spenser Grey (discendente del Grey che aveva introdotto la riforma elettorale del 1832), pioniere degli esperimenti con gli idrovolanti compiuti con il proprio aereo l'anno precedente. I piloti erano stupefatti ed eccitati dal fatto che il ministro della Marina desiderasse imparare il loro pericoloso mestiere, e il suo entusiasmo fu un tonico. Uno di loro, Ivon Courtney, avrebbe ricordato in seguito che Churchill, preparandosi per il primo volo, gli aveva detto: «Siamo nell'era stephensoniana del volo. Oggi i nostri apparecchi sono fragili, ma un giorno saranno robusti e preziosi per il nostro paese».

Parenti e amici deprecavano questa sua nuova iniziativa, tanto più quando leggevano di incidenti occorsi ai piloti; lo stesso Spenser Grey rimase gravemente ferito quando il suo apparecchio andò in avvitamento e precipitò. «Non credo che avrò la possibilità di scriverti molte altre lettere, se continuerai i tuoi viaggi in aria», gli scrisse suo cugino Sunny nel marzo 1913; «Penso che veramente tu debba a tua moglie, alla tua famiglia e agli amici la rinuncia a una pratica o passatempo – comunque tu la voglia chiamare – irta di tanti pericoli mortali. Fai davvero male».

Bene o male che facesse, continuò l'addestramento al volo in ogni occasione, trascorrendo molti fine settimana a Eastchurch. «Churchill ed io volavamo fino a dieci volte al giorno», avrebbe ricordato Courtney. «Era molto più entusiasta della maggior parte degli allievi di "ritornare su". Non sopportava di fare errori. Voleva sempre correggerli immediatamente. Ricordo che una volta, atterrando, piegò il carrello. Pensavo che per quel giorno ne avesse abbastanza, invece lo spavento non lo scoraggiò affatto, lo rese anzi più impaziente, cosicché ritornammo su».

Clementine raggiungeva non appena possibile il marito a bordo dell'*Enchantress*, e quando ripartiva egli le scriveva con affetto della separazione. «Ho mugolato alla partenza della micina», le scrisse da Portland a giugno, «ma debbo ammettere che qui per lei non sarebbe un bell'affare. Vento, pioggia e mare = masse di uomini che parlano dei fatti loro = freddo e nevischio = altre chiacchiere. Ma io mi diverto: sono uno stupido che non meritava di nascere». Nonostante le ansie di sua moglie aveva continuato i voli di addestramento. Il 28 giugno andò all'aerodromo di Londra, Heldon, per un raduno di aviatori, e il giorno dopo le confessò di essere stato «cattivo: quaggiù, con venti apparecchi in aria tutti insieme e migliaia di voli fatti senza incidenti, non è possibile considerarlo un rischio davvero serio. Non essere irritata con me. Sarò di ritorno domani tra le 11 e le 12».

Durante l'estate Clementine raggiunse suo marito per un lungo e piacevole viaggio. Erano con loro Asquith con la moglie Margot e la figlia Violet. Dopo aver raggiunto Venezia in treno, salirono a bordo dell'*Enchantress* e percorsero l'Adriatico fino al Mediterraneo, fermandosi a Malta, in Sicilia e in Corsica. A Malta Churchill incontrò Kitchener, discusse con lui per qualche ora circa la difesa del Mediterraneo e si sforzò, non senza un certo successo, di colmare il divario creato dall'età e dalla diffidenza

Tornato in Gran Bretagna, si impegnò attivamente a tentare di risolvere l'impasse in Irlanda. L'anno prima, a Belfast, dove nel 1886 suo padre aveva ammonito che i protestanti dell'Ulster avrebbero potuto ricorrere a metodi incostituzionali contro lo Home Rule, aveva esaltato le virtù del governo autonomo, sollecitando le sei contee dell'Ulster a accettarlo. Sir Edward Carson aveva replicato proclamando la totale opposizione dell'Ulster allo Home Rule e riscuotendo l'approvazione di Bonar Law. Lo Home Rule Bill fu presentato nell'aprile 1912 e, in un discorso pronunciato nel corso del dibattito, Churchill aveva fatto appello agli *Ulstermen* perché contribuissero a cancellare la questione irlandese «dall'esistente e [inserirla] nella storia, liberando il reame britannico dalla piaga che ne ha avvelenato il cuore per generazioni». Se si fossero rifiutati, «se se ne lavano le mani; tutto ciò che possiamo affermare è che non impediranno l'opera di salvataggio e che procederemo in ogni caso fino in fondo».

Nel corso dei dibattiti del 1912, aveva definito l'opposizione di Bonar Law allo Home Rule «quasi un tradimento». In autunno un deputato dell'Ulster, Ronald O'Neill, scagliò un libro contro di lui da una parte all'altra della Camera, colpendolo al capo e facendolo sanguinare. Si parlò di una rivolta dell'Ulster alimentata dai discorsi incendiari sia dei protestanti sia dei cattolici. Quando tornò dal Mediterraneo nell'estate del 1913, Churchill si batté in prima linea per placare gli animi.

Nella terza settimana di settembre, mentre era ospite del re a Balmoral, incontrò Bonar Law e gli prospettò una soluzione sulla base di alcuni diritti speciali per l'Ulster, possibilmente non nel quadro dello Home Rule. «La storia ci insegna che in questi casi il buon senso britannico di solito trionfa», disse al leader conservatore. «Se l'Irlanda ha il diritto di rivendicare un governo separato dall'Inghilterra, non si può rifiutare all'Ulster un'analoga separazione dal governo espresso da un parlamento irlandese». Ma non si poteva pensare che l'Irlanda, «ormai con il calice alle labbra, resti ferma a guardarlo mentre si infrange per terra».

Lo Home Rule Bill sarebbe andato avanti, ma si poteva stipulare «qualche accordo» sull'Ulster, confermò Asquith dopo i colloqui di Churchill a Balmoral. Occorreva però smetterla con i proclami di guerra civile; le minacce di disordini organizzati, secondo Asquith, erano «quasi puerili nella loro rozzezza». A quel punto Churchill agì tramite l'amico F.E. Smith, nell'atmosfera conviviale interpartitica dell'Other Club, per giungere a un compromesso e dare all'Ulster uno statuto speciale almeno nelle prime fasi di sviluppo dell'autonomia irlandese. Nessun'intesa, dichiarò ai suoi ascoltatori a Manchester il 18 ottobre, doveva distruggere l'unità dell'Irlanda.

Frattanto continuava a salire sugli aerei e a ottobre scrisse a Clementine da Sheerness, dopo aver sorvolato Chatham e Medway: «È un aeroplano molto soddisfacente, e tanto facile da manovrare che mi hanno permesso di guidarlo da solo per un'ora intera».

Aveva già cominciato a preparare il bilancio preventivo per la marina per il 1914-15. Un colpo ai suoi tentativi di risparmio fu il rifiuto del governo canadese di pagare la costruzione di tre corazzate previste dal programma britannico, e un altro fu il persistente rifiuto tedesco di prendere in considerazione una moratoria sulla costruzione delle navi, nonché la decisione di Churchill di armare i mercantili che portavano alimenti in Gran Bretagna, per consentire loro di rispondere a eventuali attacchi di navi da guerra nemiche. Trenta erano già stati armati e intendeva fare lo stesso per altri quaranta l'anno seguente. Inoltre alcuni mercantili erano stati requisiti dalla marina da guerra e convertiti in incrociatori ausiliari per proteggere le linee di comunicazione vitali della Gran Bretagna. Infine, erano inevitabili spese straordinarie nei tre principali settori da modernizzare: il passaggio dal carbone al petrolio come combustibile delle navi, con conseguente creazione di depositi di petrolio; l'espansione della flotta aerea della Royal Navy e la costruzione di scali aerei e attrezzature; la diffusione della radiotelegrafia come strumento principale per le comunicazioni segrete sia in mare sia in cielo. Il Gabinetto era incerto se concedergli 3 milioni di sterline in più rispetto al totale di 50 milioni dell'anno precedente, e nell'ultima settimana di dicembre egli minacciò di dimettersi se fosse stata respinta la sua proposta di mettere in costruzione quattro nuove corazzate nel 1914-15.

Tre giorni prima di presentare in parlamento il bilancio preventivo, Churchill aveva in programma di tenere un discorso a Bradford, dove nel 1886 suo padre aveva difeso la politica di riduzione delle spese e di non coinvolgimento all'estero. Due giorni prima partecipò a una riunione di Gabinetto in cui furono comunicate notizie allarmanti sull'Ulster. I leader protestanti avevano respinto il compromesso in base al quale ciascuna delle sei contee dell'Ulster avrebbero potuto decidere per plebiscito un'esenzione di sei anni dallo Home Rule. Per gli unionisti dell'Ulster ciò non bastava: volevano sottrarsi totalmente alla supremazia del parlamento di Dublino, a prevalenza cattolica, prevista dallo Home Rule Bill. Gli *Ulster Volunteers* erano pronti a battersi, minacciando una prova di forza con la polizia se si fosse tentato di disarmarli.

Il Gabinetto del 12 marzo fu messo al corrente, riferì Asquith al re, degli ultimi rapporti di polizia che indicavano «la possibilità di tentativi dei "volontari" di impadronirsi con colpi di mano di caserme della polizia e dell'esercito e di depositi di armi e munizioni». In Ulster le forze regolari inglesi ammontavano a soli 9.000 uomini; il grosso, 23.000, era di stanza in Irlanda meridionale, in maggioranza nel Curragh presso Dublino. Il Gabinetto riconobbe che poteva rendersi necessario mandare queste truppe contro i Volunteers, ma decise che prima di prendere un'iniziativa del genere occorreva che un ministro rappresentativo lanciasse un monito pubblico agli unionisti. Fu scelto Churchill. «Siete il solo membro del Gabinetto che possa fare un discorso del genere», gli disse Lloyd George. «È risaputo che vi siete espresso a favore di una conciliazione. Ora potete dichiarare che gli

Ulstermen, ottenuto un compromesso, debbono accettarlo o assumersene le conseguenze».

Su richiesta del Gabinetto, Churchill parlò a Bradford il 14 marzo scagliandosi contro la massima di suo padre, «l'Ulster combatterà, l'Ulster la spunterà», con un linguaggio violento che Asquith aveva approvato preliminarmente. «La mentalità tory», dichiarò, denunciava «ogni violenza salvo la propria. Rispettano tutte le leggi salvo quelle che decidono di violare. Vogliono scegliere dallo Statute Book [la raccolta delle leggi approvate dal parlamento] le leggi che rispetteranno e quelle cui si opporranno». Con tale dottrina politica «salutano il secolo XX». Ma il governo non avrebbe permesso che la Gran Bretagna sprofondasse «nella situazione della repubblica del Messico». Se le «chiacchiere sciocche, incaute e irresponsabili che siamo stati costretti a ascoltare in questi mesi mascherano un sinistro fine rivoluzionario, allora non mi resta che dirvi: "Andiamo avanti e mettiamo alla prova questa grave questione"».

Tornato a Londra la sera, si mise al lavoro per completare entro tre giorni la presentazione del bilancio preventivo della marina. Il 17 marzo parlò per due ore e mezzo, «il discorso più lungo e fors'anche il più grave ed eloquente», scrisse il «Daily Telegraph», «che la Camera dei Comuni abbia udito in questa generazione». Difese l'aumento delle spese navali, sottolineando l'espansione della flotta tedesca e anche austro-ungarica e tracciando inoltre una distinzione tra le loro esigenze e quelle della Gran Bretagna. Nessun'altra grande potenza aveva bisogno di una flotta per difendere la sua «reale indipendenza o sicurezza; essi costruiscono per assumere un ruolo negli affari mondiali. Per loro è un gioco, per noi è questione di vita o di morte».

Non voleva con questo affermare che «il mondo intero si rivolgerà contro di noi o che i nostri preparativi debbano contemplare simile atroce eventualità; con una condotta composta e riservata, con un'abile diplomazia possiamo in parte disarmare e in parte dividere gli elementi di pericolo». Ma la diplomazia inglese, che poteva produrre tale risultato, dipendeva «in larga misura, per essere efficace, dalla nostra posizione navale». La forza navale inglese era «la sola grande forza equilibratrice che possiamo offrire alla nostra sicurezza e alla pace del mondo». Vent'anni dopo, di fronte a una nuova minaccia tedesca, avrebbe sottolineato che la forza aerea inglese era parimenti vitale per preservare la pace.

Vinse la battaglia sul bilancio della marina, ma ormai l'Irlanda dominava il centro della scena politica. Il governo liberale non riusciva a convincere l'Ulster che i suoi interessi non sarebbero stati sacrificati a Dublino. Il compromesso di Asquith, l'esenzione per sei anni, era inaccettabile per i protestanti, decisi a non soggiacere all'autorità di Dublino e convinti di poter governare in prima persona, cacciando se necessario con la violenza le forze della legge e dell'ordine.

Il 15 marzo Churchill fu nominato membro di un comitato di Gabinetto che tre giorni dopo riferì che i quattro maggiori depositi di armi e munizioni in Ulster rischiavano di essere «razziati» dai Volunteers. Il ministero della Guerra aveva dato ordine al generale Paget, comandante delle truppe in Irlanda, di proteggere i depositi adeguatamente, ma Paget non aveva obbedito, temendo che il movimento di truppe dal Curragh all'Ulster «precipitasse la crisi». Churchill si preparò a usare la marina per difendere la politica del governo. Le successive esercitazioni della terza squadra, comunicò al Gabinetto il 18 marzo, si sarebbero svolte a Lamlash, presso la costa scozzese, a sole 70 miglia da Belfast. Se la compagnia ferroviaria avesse rifiutato di collaborare, le navi da guerra avrebbero potuto trasportare le truppe via mare dall'Irlanda meridionale all'Ulster. Il Gabinetto approvò questa linea d'azione.

La sera del 24 aprile le speranze di giungere a un'intesa sembrarono definitivamente svanire quando gli *Ulster Volunteers*, con la connivenza di Carson, fecero sbarcare a Larne circa 30.000 fucili e 3 milioni di cartucce e li distribuirono immediatamente, lanciando così una sfida aperta. Ma, «da un punto di vista parlamentare», assicurò Churchill a Clementine due giorni dopo, la situazione «grazie a questo contrabbando d'armi degli Ulstermen torna decisamente a nostro favore. Si sono messi completamente dalla parte del torto».

Nel momento stesso in cui l'opinione pubblica liberale era più irritata con l'Ulster, Churchill decise di prendere un'iniziativa personale per trovare un accordo e l'occasione gli fu offerta da una situazione di estrema tensione, un voto di censura dei conservatori contro il governo per una sua presunta sordità alle esigenze dell'Ulster. Churchill esordì biasimando la mozione di censura che era a suo dire «stranamente simile a un voto di censura delle categorie criminali contro la polizia».

Dopo aver difeso le iniziative del governo in Ulster, egli concluse il discorso lanciando allo stesso Carson un sorprendente appello alla conciliazione: «Sono oggi fermamente convinto, nonostante tutto l'antagonismo e il settarismo della nostra politica e i contrastanti interessi di partito, che una pace onorevole non sia fuori dalla portata. Domani potrà essere svanita per sempre. Intendo correre qualche rischio di mia iniziativa con quanto dirò. Perché l'onorevole gentiluomo non può affermare arditamente: "Datemi gli emendamenti che chiedo a questo Home Rule Bill, per salvaguardare la dignità e gli interessi dell'Ulster protestante, e in cambio ricorrerò a tutta la mia influenza e buona volontà per fare dell'Irlanda un'unità integrale in un sistema federale". Se l'onorevole gentiluomo usasse un linguaggio siffatto con uno spirito di sincerità che tutti senza meno gli riconoscerebbero, ciò contribuirebbe molto a trasformare la situazione politica, e ognuno sarebbe costretto a rivedere la propria posizione in relazione a queste grandi controversie».

Molti liberali erano scandalizzati dal fatto che Churchill avesse accennato e addirittura offerto a Carson il progetto federale, che appariva ai nazionalisti irlandesi un trucco per neutralizzare lo Home Rule. «È assolutamente vitale», scrisse un membro del Gabinetto, «che vi rendiate conto quanta furia (un termine più moderato non sarebbe adeguato) abbia suscitato nel partito irlandese e tra un gran numero di vostri colleghi liberali l'offerta a Carson con cui avete concluso il vostro discorso».

Nonostante la furia dei liberali e dei nazionalisti irlandesi, la sua offerta placò gli animi in Ulster, permettendo di portare avanti i negoziati nel corso dell'estate. «Come vedrai», scrisse a Clementine il 29 aprile, «a conclusione del mio discorso, con molta audacia e di mia iniziativa, ho lanciato ieri al di là dell'emiciclo della Camera un messaggio a Carson che ha rivoluzionato la situazione, sicché siamo tornati a un'atmosfera di conciliazione».

Il 17 giugno, con una delle più importanti iniziative del periodo in cui fu ministro della Marina, Churchill chiese alla Camera dei Comuni di autorizzare un'operazione rivoluzionaria che aveva negoziato: l'acquisto da parte del governo di una quota del 51 per cento degli utili su tutto il petrolio prodotto dalla Anglo-Persian Oil Company, nonché la prima utilizzazione di tutto il petrolio prodotto nei pozzi della compagnia. Con questo acquisto, e a un costo di poco superiore a 2 milioni di sterline, la Royal Navy si sarebbe assicurata tutto il petrolio necessario per alimentare le navi da guerra senza dipendere da qualche compagnia privata o governo straniero.

La Camera dei Comuni approvò l'acquisto di una quota azionaria di maggioranza della Anglo-Persian Oil Company con 254 voti contro 18. Così il ministero della Marina controllava il petrolio che gli serviva in una regione entro la sfera d'influenza britannica fin dalla Convenzione anglo-russa del 1906, e con la prospettiva di ottimi profitti; nel corso dei cinquant'anni successivi, i soli interessi sulla quota del 51 per cento dei profitti petroliferi avrebbero coperto i costi di tutte le navi da guerra costruite dopo il 1914.

Il 28 giugno, 11 giorni dopo questo suo successo, ebbe luogo nei Balcani l'evento che distrusse l'edificio europeo: l'assassinio a Sarajevo, in Bosnia, dell'arciduca Ferdinando, erede al trono austro-ungarico, e di sua moglie. In Austria e Ungheria si levò un grande clamore contro l'assassino, un nazionalista serbo, e contro la Serbia.

Parve certo che l'Austria avrebbe chiesto riparazione alla Serbia, sempre che non decidesse di muoverle guerra. Le simpatie dei russi andavano ai serbi, slavi come loro che lottavano per difendere la propria nazionalità; in base al sentimento e alle alleanze, la Germania avrebbe dovuto schierarsi con l'impero austro-ungarico e la Francia con la Russia. Ma tutto ciò apparteneva al regno delle ipotesi. Il 9 luglio, undici giorni dopo l'assassinio dell'arciduca, il viceministro permanente del ministero degli Esteri britannico confidò a Sir Edward Grey: «Dubito che l'Austria intraprenda un'azione di seria entità e ritengo che la tempesta passerà».

11
1914: VERSO LA GUERRA

Il 25 luglio 1914 la Serbia rispose in modo conciliante all'ultimatum austriaco; quel mattino Churchill e il principe Luigi di Battenberg, alto ufficiale dell'Ammiragliato, discussero se disperdere le navi della terza flotta, già mobilitata e riunita a seguito delle manovre di mobilitazione dell'anno passato. Decisero che la situazione non era ancora tanto grave da giustificare l'operazione. A mezzogiorno, rimandata una conferenza pomeridiana con i suoi consiglieri, Churchill prese il treno diretto a Norfolk per raggiungere la famiglia al mare.

Alle nove di mattino del 26 luglio telefonò a Battenberg dall'ufficio postale di Cromer. La notizia che ricevette non era buona: l'Austria era palesemente insoddisfatta della conciliante risposta serba al suo ultimatum. Andò in spiaggia e giocò per tre ore con il figlio e la figlia, costruendo piccole dighe sui ruscelletti che scendevano dalle basse scogliere al mare. A mezzodì ritornò all'ufficio postale per parlare di nuovo con Battenberg, e questa volta la notizia era ancor più inquietante: l'Austria aveva respinto la risposta serba.

Di colpo si profilava la possibilità di un'invasione austriaca della Serbia, che avrebbe trascinato nel conflitto Germania, Russia e Francia. Esisteva inoltre la possibilità che la Germania attaccasse e sconfiggesse la Francia nelle prime fasi della guerra per poi aggredire la Russia; e per attaccare la Francia, avrebbe dovuto quasi certamente attraversare il Belgio, la cui neutralità la Gran Bretagna si era impegnata a difendere.

Churchill e Battenberg discussero il da farsi, ma era difficile se non impossibile analizzare un argomento tanto delicato al telefono; un anno dopo Churchill scrisse che era convinto di aver suggerito esplicitamente a Battenberg «di non disperdere la flotta», mentre questi ricordava la conversazione in termini diversi, ovvero di non aver ricevuto direttive specifiche ma di essere stato «pregato di fare tutti i passi a mio parere opportuni, senza aspettare di consultarlo per telefono. Facevo molta fatica a capire e non ho certamente sentito alcun accenno a non disperdere la flotta». In seguito affermò di essere andato di sua iniziativa al ministero degli Esteri e di aver segnalato alle 4 e 5 al comandante della flotta metropolitana di non disperdere le navi.

Churchill, tornato a Londra alle dieci di quella sera, si recò per prima cosa all'Ammiragliato e poi al ministero degli Esteri, dove Grey gli riferì che l'Austria sembrava decisa a risolvere la controversia con la Serbia dichiarandole guerra. Sarebbe servito, gli chiese Churchill, l'annuncio pubblico che si era deciso di non disperdere la flotta? Grey rispose di sì, che un annuncio immediato in quel senso avrebbe costituito un monito salutare sia per l'Austria sia per la Germania. Tornato all'Ammiragliato, egli redasse insieme con Battenberg un comunicato ufficiale per la stampa: «È stato dato ordine alla I flotta, che è concentrata a Portland, di non allontanarsi per il momento per le manovre. Tutte le navi della II flotta rimangono nei porti assegnati in prossimità dei loro equipaggi completi».

Questa dichiarazione fu pubblicata su «The Times» il mattino del 27 luglio. «Sembrava abbastanza innocente», avrebbe poi scritto Churchill, «ma speravamo che l'imperatore tedesco capisse comunque». Tuttavia, durante la riunione di Gabinetto di quel mattino, la maggioranza dei ministri si oppose a qualunque azione britannica contro la Germania nell'eventualità di un'invasione tedesca della Francia. Si rilevò che la Gran Bretagna non aveva concluso un'alleanza formale con la Francia. «Il Gabinetto», avrebbe scritto Churchill, «era assolutamente contrario alla guerra e in quel momento non avrebbe accettato di lasciarvisi coinvolgere».

In qualità di ministro della Marina, doveva far sì che in caso di guerra la Gran Bretagna non si facesse cogliere impreparata di fronte a un attacco navale o aereo. Nel primo pomeriggio si recò a Downing Street e ottenne da Asquith l'autorizzazione a inviare scorte armate in tutti i depositi di munizioni e serbatoi di petrolio. Inoltre l'Ammiragliato diede ordine che scorte armate sorvegliassero tutti i fari e l'artiglieria costiera. Furono completate le riserve di siluri. Sempre il 27 luglio, Churchill ordinò di cessare il blocco navale al largo di Dundalk e Carrickfergus; tutte le navi da guerra impegnate nella lotta al contrabbando di armi in Ulster furono rimandate nei porti militari.

Data la forza navale austro-ungarica nel Mediterraneo e gli interessi della Gran Bretagna, in particolare in Egitto, il 27 luglio Churchill mandò un messaggio al comandante in capo nel Mediterraneo: «Situazione politica europea rende guerra tra potenze Triplice Alleanza e Triplice Intesa tutt'altro che impossibile. Questo non è il telegramma di allarme, ma tenetevi pronto a sorvegliare eventuali navi da guerra ostili». L'ammiraglio ricevette inoltre l'ordine di concentrare le navi a Malta e di rifornirle di carbone e provviste. «La misura è puramente precauzionale», sottolineò Churchill. «Bisogna osservare il massimo riserbo e non informarne alcuno se non necessario».

Al calar della sera del 27 luglio tutti i punti vulnerabili lungo la costa del Mare del Nord, primi fra tutti i serbatoi di petrolio e i depositi di munizioni, erano sotto la protezione della contraerea; nel corso della giornata tutte le flottiglie di pattuglia erano state mobilitate al completo e, riferì Churchill al re il giorno seguente, «si avvicinano in successione ai loro porti militari». Inoltre «l'aviazione è raccolta sull'estuario del Tamigi e attorno per la difesa dagli attacchi aerei».

Il 28 luglio Churchill pranzò con Kitchener, che era tornato dall'Egitto per qualche giorno per ricevere il titolo di conte, e rimase tanto colpito dal modo in cui il generale gli parlò della gravità di un attacco tedesco alla Francia da convincere Asquith a non rimandare in Egitto il suo ex antagonista. Asquith decise di nominarlo ministro della Guerra, mossa che avrebbe smussato le critiche dei conservatori a una conduzione della guerra totalmente affidata ai liberali. Frattanto Kitchener era partito per Dover in treno; Churchill mandò un messaggio e il treno fu fermato e fatto tornare a Londra.

Il 28 luglio l'Alto Comando tedesco a Berlino sollecitò l'Austria a invadere immediatamente la Serbia, per mettere il mondo di fronte al *fait accompli*. Grey, da parte sua, invitò gli austriaci a non precipitare la situazione, ma si sentì dire dall'ambasciatore britannico a Vienna che il rinvio o la rinuncia alla guerra con la Serbia «susciterebbe senza dubbio vivo disappunto in questo paese, che è folle di gioia per la prospettiva del conflitto». Quel giorno, portando avanti i preparativi navali, Churchill ordinò di radunare i dragamine e fece i passi necessari per rafforzare l'esigua squadra navale britannica in Estremo Oriente, onde evitare che fosse soverchiata dalle superiori forze navali tedesche presenti nella regione.

Avendo ricevuto ordine di non disperdersi, la prima flotta si trovava nella Manica, concentrata al largo dell'isola di Wight. Sebbene in quella posizione costituisse una formidabile forza d'urto, in caso di guerra con la Germania la sua zona di operazioni non sarebbe stata la Manica ma il Mare del Nord. Il pomeriggio del 28 luglio, dopo essersi consultato con Battenberg, Churchill decise di inviare subito la flotta nel Mare del Nord, nella speranza sia di dissuadere la Germania dall'attaccare la costa orientale sia di far capire che se necessario la Gran Bretagna era pronta a partecipare al conflitto europeo; «Avevo paura di discutere questa questione nel Gabinetto», avrebbe scritto poi, «temendo che venisse erroneamente giudicata un'iniziativa provocatoria che avrebbe potuto pregiudicare le prospettive di pace». Si recò quindi in Downing Street per conferire con Asquith e chiarire le sue intenzioni. «Mi lanciò un'occhiata severa e emise una specie di grugnito. Non avevo bisogno di altro».

Ritornato all'Ammiragliato, Churchill segnalò all'ammiraglio comandante della I flotta di far rotta da Portland al Mare del Nord; «La destinazione dev'essere tenuta segreta a tutti, a eccezione degli alti ufficiali e degli ufficiali comandanti. La rotta da Portland deve puntare verso sud, poi nel mezzo della Manica verso lo stretto di Dover. Le squadre debbono passare lo stretto senza luci». Poche ore dopo il Gabinetto seppe che l'Austria aveva dichiarato guerra alla Serbia e a mezzanotte Churchill scrisse a sua moglie dall'Ammiragliato:

Mio bello e diletto amore,
Tutto tende verso la catastrofe e la rovina. Sono interessato, in piena azione e felice. Non è terribile essere fatti così? I preparativi hanno per me un fascino orrido. Prego il Signore di perdonarmi per questi terribili moti di leggerezza. Tuttavia farei il possibile per la pace e nulla potrebbe indurmi a sferrare ingiustamente il colpo.

Non riesco a credere che noi su quest'isola siamo seriamente responsabili dell'ondata di pazzia che ha travolto l'animo della cristianità. Nessuno può valutarne le conseguenze. Mi domando se quegli stupidi re e imperatori non possano incontrarsi e dar nuova linfa alla regalità risparmiando l'inferno alle nazioni, ma andiamo tutti alla deriva in una sorta di ottusa ipnosi catalettica, quasi che fosse opera di qualcun altro.

I due cigni neri del laghetto di St James's Park hanno un unico, tenero piccino, grigio, lanugginoso e incantevole. Li ho osservati per un po' questa sera per distrarmi da tutti i piani e i progetti. Stiamo mettendo in assetto di guerra l'intera flotta (eccetto le riserve). Tutto sembra abbastanza in buon ordine. I marinai sono eccitati e fiduciosi. Tutti gli approvvigionamenti corrispondono agli standard prescritti. Tutto è pronto come mai è accaduto prima. E siamo desti dalla testa ai piedi. Ma la guerra è l'ignoto e l'imprevisto!

Dio protegga noi e la nostra antica eredità. Sai quanto sarei pronto e fiero di rischiare - o offrire, se necessario - la mia intera esistenza per mantenere grande e famoso, prospero e libero questo paese. Ma i problemi sono molto ardui. Bisogna cercare di misurare l'indefinito e di soppesare l'imponderabile.

Nondimeno, sono certo che se scoppierà la guerra daremo loro una buona bastonatura.

Il riferimento ai «re e imperatori» non era solo una fantasia: il mattino del 29 luglio, parlando ai colleghi di Gabinetto della possibilità di una guerra europea, dichiarò che era «una calamità spaventosa per le nazioni civili», ed era convinto che i sovrani d'Europa avrebbero potuto «incontrarsi per il bene della pace».

Nella giornata del 30 luglio, ormai certo che la Gran Bretagna sarebbe entrata in guerra a fianco della Francia, diede ordine all'ammiraglio che comandava le forze inglesi nel Mediterraneo di tenersi pronto, come prima cosa, a proteggere il transito delle navi che trasportavano i soldati francesi dall'Africa settentrionale alla Francia, «coprendole e se possibile ingaggiando in combattimento le singole navi tedesche», in particolare l'incrociatore da battaglia *Goeben* che stava spostandosi dall'Adriatico al Mediterraneo. Quella sera cenò con Asquith. «Sereno come sempre», raccontò a Clementine, «ma mi spalleggia in tutti i provvedimenti necessari».

Il giorno seguente, 31 luglio, il Gabinetto fu informato della decisa opposizione del partito liberale a qualsivoglia coinvolgimento inglese in una guerra europea a sostegno della Francia. «Nella misura in cui non vi è un impegno sottoscritto per trattato o non è in gioco un reale interesse britannico», scrisse quel giorno Churchill a un deputato liberale non interventista, «sono d'accordo con voi che dovremmo restare neutrali. Le dispute sui Balcani non sono affar nostro. Abbiamo fatto del nostro meglio per mantenere la pace e continueremo a farlo. Ma lo svolgersi degli eventi è inquietante».

Quel giorno il governo tedesco propose in segreto alla Gran Bretagna di restare neutrale in cambio della promessa tedesca di non impadronirsi di territorio francese o invadere l'Olanda. Tuttavia la Germania aveva intenzione di far proprie le colonie francesi oltremare e non poteva impegnarsi a non invadere il Belgio. Nondimeno, fece notare Churchill a Clementine, per trattato la Germania era vincolata «non solo a rispettare, ma a difendere» il Belgio.

Grey replicò alla proposta della Germania definendola «inaccettabile e oltraggiosa». Dunque tutto andava in direzione di uno scontro su questi due punti. «Ma la speranza non è morta», scrisse Churchill a sua moglie. Pensava che la Germania si fosse resa conto di «quanto siano potenti le forze contro di lei, cosicché sta cercando tardivamente di trattenere la sua sciocca alleata», l'Austria, così come la Gran Bretagna tentava di «calmare la Russia». Ma, aggiungeva, «tutti si preparano alla guerra e il colpo può essere sferrato in qualunque momento. Siamo pronti».

Quella sera egli autorizzò i suoi consiglieri a consultarsi con l'attaché navale francese a Londra sui provvedimenti da prendere congiuntamente qualora Francia e Gran Bretagna fossero entrate in guerra come alleate. Inoltre fece spedire la chiamata alle armi a tutti i riservisti della marina per avere la mobilitazione completa della flotta nel momento in cui il Gabinetto avesse dato la sua autorizzazione.

Il 1° agosto ebbe da Lord Robert Cecil, influente membro del partito conservatore, l'assicurazione che il governo avrebbe potuto «contare sull'appoggio di tutto il partito unionista» qualora avesse mandato un corpo di spedizione al di là della Manica. Qualche ora dopo sembrò che fosse possibile disinnescare la crisi. «Le notizie di questa sera riaccendono le speranze», scrisse a Cecil. «C'è la possibilità che l'Austria e la Russia riprendano i negoziati sulla base di una formula suggerita dalla Germania, e a questo fine non sarà risparmiato nessuno sforzo. Ma in qualunque momento si può verificare per accidente uno scontro tra i due eserciti; è mia convinzione che in ogni caso, se permettessimo che la neutralità del Belgio fosse calpestata dalla Germania senza tentare di aiutare la Francia, ci troveremmo in una posizione ben triste sia per quanto riguarda i nostri interessi sia il nostro onore».

Cenò da solo e poco dopo le nove arrivò F.E. Smith in compagnia di Max Aitken, in seguito Lord Beaverbrook, un finanziere canadese, deputato conservatore e confidente di Bonar Law. Churchill ripeté loro ciò che aveva scritto a Cecil, che adesso si apriva uno spiraglio per scongiurare la guerra. Per un po' rimasero seduti. «La tensione si stava facendo insopportabile», avrebbe poi scritto Churchill. «Dovevo incontrare il primo ministro alle undici e nel frattempo non c'era nulla da fare. Ci sedemmo intorno a un tavolo da gioco e iniziammo a giocare a bridge. Le carte erano appena state distribuite quando arrivò un altro messaggio riservato del ministero degli Esteri. Lo aprii e lessi: «La Germania ha dichiarato guerra alla Russia».

Il governo russo chiamò la Francia a onorare il trattato franco-russo del 1894; nello stesso momento, i tedeschi si preparavano a mettere fuori combattimento la Francia per poi muovere contro la Russia. Il piano di attacco tedesco contro la Francia si basava su un'avanzata iniziale attraverso il Belgio, e proprio alla luce di quel piano Churchill aveva previsto nel 1911 che la battaglia decisiva si sarebbe combattuta il 40° giorno di guerra, cercando di stabilire la successione degli eventi fino a quella fatidica data.

Il 2 agosto, poco dopo mezzogiorno, il governo britannico informò la Germania che «non avrebbe permesso il transito di navi tedesche attraverso la Manica o il Mare del Nord al fine di attaccare la costa o il naviglio francesi». Mandando il testo di questa nota ai comandanti delle flotte della Manica e del Mare del Nord, l'Ammiragliato aggiunse: «Tenetevi pronti a far fronte ad attacchi di sorpresa».

Le armate tedesche non avevano ancora cercato di attraversare la frontiera con il Belgio, sebbene vi si avvicinassero e avessero già occupato il Granducato del Lussemburgo. La mattina del 3 agosto il Gabinetto seppe che la Germania aveva mandato un ultimatum al Belgio, esigendo il diritto di passaggio delle truppe tedesche attraverso il paese, e stabilì che occorreva intervenire per imporre il rispetto della neutralità belga.

Durante il pomeriggio le truppe tedesche attraversarono la frontiera belga e Grey, parlando alla Camera dei Comuni, ammonì che questo atto, una violazione del trattato del 1839 con la Gran Bretagna, poteva costringerla a entrare in guerra. Terminato il discorso, lasciò la Camera con Churchill. «E ora che cosa accadrà?», gli chiese questi. «Ora», rispose Grey, «manderemo loro un ultimatum perché cessino l'invasione del Belgio nel giro di 24 ore».

Ritornato nel suo ufficio al ministero, Churchill inviò un messaggio ad Asquith e a Grey, chiedendo loro di dare l'autorizzazione immediata «a mettere in atto le disposizioni congiunte anglo-francesi per la difesa della Manica», aggiungendo che in mancanza di un veto esplicito «agirò in conseguenza». Quell'azione congiunta, assicurò ad Asquith e a Grey, seppure essenziale per la sicurezza di fronte a un attacco navale tedesco nella Manica, «non comporta alcuna azione offensiva e nessun atto bellico, se non verremo attaccati». Si sapeva quanto avesse curato i preparativi, e il suo lavoro era stato apprezzato. Il mattino del 4 agosto «The Times» scrisse che era l'unico ministro «la cui comprensione della situazione e la cui opera per farvi fronte superano ogni elogio».

L'ultimatum inglese alla Germania in cui si chiedeva il rispetto della neutralità belga sarebbe scaduto alla mezzanotte del 4 agosto, e per tutto il giorno il Gabinetto attese in uno stato di tensione. Churchill si chiedeva in particolare con quanta rapidità fossero mobilitabili le forze navali britanniche.

Durante il giorno l'incrociatore da battaglia tedesco *Goeben* bombardò il porto francese nordafricano di Philippeville e l'incrociatore leggero Breslau bombardò Annaba. A seguito degli ordini emanati da Churchill, le navi inglesi sorvegliavano entrambe le navi tedesche ma non potevano passare all'azione, dato che la Gran Bretagna non era ancora entrata in guerra. Egli pregò Asquith e Grey di autorizzarlo a ordinare alle navi di aprire il fuoco. «Sarebbe una grave disdetta perdere di vista queste navi, come potrebbe avvenire con l'oscurità».

Prevedendo un'altra risposta favorevole seppur ugualmente tacita di Asquith, Churchill telegrafò all'ammiraglio britannico: «Se la *Goeben* attacca navi da trasporto francesi, dovete impegnarla all'istante». Ma Asquith voleva che la questione fosse presentata al Gabinetto e a mezzodì scrisse a Venetia Stanley: «Winston, che si è dipinto con i colori di guerra, non desidera altro che sferrare nelle prime ore del mattino una battaglia navale che si concluda con l'affondamento della *Goeben*». Il gabinetto ascoltò la spiegazione di Churchill sul perché non bisognava dare tregua all'incrociatore tedesco: la marina tedesca poteva seriamente ostacolare l'arrivo di rinforzi francesi dal Nord Africa alla Francia e solo le corazzate inglesi erano abbastanza potenti da fermarla. Ma il Gabinetto stabilì che non ci sarebbero stati atti di guerra fino allo scadere dell'ultimatum un'ora prima di mezzanotte e così Churchill, dopo essere tornato al ministero alle due del pomeriggio, telegrafò a tutte le navi da guerra: «Non si debbono commettere atti di guerra prima di quell'ora». Nel messaggio all'ammiraglio che sorvegliava le due navi da guerra tedesche nel Mediterraneo aggiunse: «Questo messaggio annulla l'autorizzazione» ad attaccare la *Goeben*.

A Londra non giunse alcuna risposta all'ultimatum, ma solo la notizia dell'avanzata tedesca in Belgio. Alle undici di sera scadde l'ultimatum e subito Churchill autorizzò l'invio di un messaggio dall'Ammiragliato a tutte le navi e al personale della marina: «Iniziate le ostilità contro la Germania». Gran Bretagna e Germania erano in guerra; alle undici e un quarto attraversò nuovamente la Horse Guards Parade per entrare al 10 di Downing Street, dove comunicò ad Asquith di aver inviato il messaggio. Lloyd George, che si trovava già lì, avrebbe in seguito raccontato a un amico: «Winston si precipitò nella sala raggiante, con il volto illuminato e un aspetto entusiasta, e con un profluvio di parole spiegò che avrebbe spedito telegrammi nel Mediterraneo, nel Mare del Nord e Dio sa dove altro. Si vedeva che era un uomo davvero felice».

12
LA GUERRA

Churchill non aveva ancora quarant'anni e sulle sue spalle ricadevano le tante responsabilità della guerra navale. Per soccorrere il Belgio occorreva trasportare le truppe inglesi al di là della Manica; e al Consiglio di guerra che si riunì il pomeriggio del 5 agosto 1914, egli riferì che lo stretto di Dover era perfettamente difeso da qualunque intrusione di navi tedesche e che le truppe potevano passare senza ostacoli. Tre giorni dopo partirono le prime navi e nel giro di due settimane 120.000 soldati erano stati sbarcati al di là della Manica senza perdere una sola nave o vita umana.

Dal momento che non voleva che la marina restasse passiva, il 9 agosto Churchill sollecitò Battenberg ad «appoggiare e aiutare» le azioni difensive in mare con «operazioni attive minori». Suggerì per questo un attacco navale ad Ameland, una delle Isole Frisone olandesi, che si sarebbe potuta fortificare e utilizzare come base navale per accerchiare la flotta tedesca e come base aerea da cui bombardare il canale di Kiel o le navi da guerra che lo attraversavano. La neutralità olandese non era necessariamente un ostacolo. Ciò che importava era che quell'operazione avrebbe «mantenuto vivo e attivo lo spirito d'iniziativa e di attacco che, ove escluso dalle azioni belliche, comporta che ci si debba limitare ad aspettare, domandandosi dove si verrà colpiti».

Lo stato maggiore della marina giudicò inattuabile lo sbarco ad Ameland e non preparò alcun piano. Churchill però non cessò di cercare zone in cui intervenire attivamente. Quando l'11 agosto le navi da guerra tedesche *Goeben* e *Breslau*, sfuggendo agli inseguitori inglesi nel Mediterraneo orientale e nell'Egeo, trovarono rifugio nelle acque turche, diede subito ordine all'ammiraglio inglese di «bloccare « lo stretto dei Dardanelli. Gli fu fatto notare che la Gran Bretagna non era in guerra con la Turchia, sicché modificò gli ordini: «Sorvegliare l'accesso nell'eventualità di un ritorno degli incrociatori nemici».

Il 12 agosto, con l'autorizzazione del Gabinetto, ordinò il blocco navale dei porti tedeschi nel Mare del Nord per impedire l'arrivo o la partenza di rifornimenti. Quattro giorni dopo, per cercare di assorbire il gran numero di uomini che si arruolavano come volontari, istituì una Royal Naval Division i cui effettivi avrebbero combattuto sul fronte occidentale e a Gallipoli. Quando le cose andavano bene si definivano «i ragazzi di Churchill», quando andavano male diventavano «le vittime innocenti di Churchill». Nei primi giorni accorsero in centinaia per arruolarsi e alcuni si rivolsero direttamente a lui per trovare posto. Tra coloro cui procurò i gradi di ufficiale c'era il poeta Rupert Brooke.

Quindi offrì ai russi di inviare navi da trasporto inglesi nel Baltico per consentire all'esercito russo di sbarcare in forza sulla sponda tedesca del mare e marciare su Berlino. Un mese dopo dispose l'invio di diversi sommergibili inglesi nel Baltico per aiutare la marina russa contro le navi da guerra tedesche. Inoltre sollecitò Kitchener a mandare in Francia l'ultima divisione di soldati di professione che si trovava ancora in Inghilterra. L'Ammiragliato non aveva dubbi, gli disse il 22 agosto, sulla propria capacità di proteggere la Gran Bretagna da un'invasione.

Due giorni dopo, mentre di primo mattino stava lavorando nella sua camera da letto all'Ammiragliato, la porta si aprì e sulla soglia comparve Kitchener. «Anche se aveva un atteggiamento calmo», scrisse poi Churchill, «il viso lo tradiva. Ebbi la sensazione che fosse sbiancato e alterato, come se fosse stato colpito da un pugno. Gli occhi roteavano più del solito». Kitchener gli portava la notizia che la fortezza belga di Namur si era arresa ai tedeschi. Fino a quel momento si era pensato che quei forti costituissero ostacoli pressoché insuperabili per un esercito invasore. Ora Namur era in mano ai tedeschi e la via per la costa della Manica era spianata.

Vivamente allarmato dalla notizia, raggiunse Lloyd George al ministero del Tesoro; era il loro primo incontro a quattr'occhi dall'inizio della guerra. «Provavo il forte bisogno di mettermi in contatto con lui», avrebbe scritto, «e volevo sapere come ne sarebbe stato stato colpito e come avrebbe reagito». Lloyd George gli infuse la fiducia di cui aveva bisogno. Tornato all'Ammiragliato, segnalò al nuovo comandante in capo della flotta, ammiraglio Jellicoe: «Non ci siamo impegnati in questo affare senza la determinazione di risolverlo, e potete star certo che la nostra azione sarà proporzionata alla gravità del momento. Nutro assoluta fiducia nell'esito finale». Il giorno dopo, mentre le armate inglesi e francesi continuavano a ritirarsi davanti all'incalzare dei tedeschi, scrisse a suo fratello: «Nessuno può dire dove ci porterà questa grande avventura. Non intendo più vivere se non vinceremo. Ma noi vinceremo».

Le sue iniziative si susseguivano senza sosta. Il 26 agosto ottenne l'autorizzazione del Gabinetto a mandare la Marine Brigade nel porto belga di Ostenda per costringere i tedeschi a distogliere parte delle truppe dall'avanzata verso sud. Lo stratagemma ebbe successo.

Dopo trenta giorni di guerra, gli eserciti inglese e francese erano in ritirata e l'opinione pubblica appariva scoraggiata. Churchill aveva dimostrato di saper vincere tale scoramento con un discorso fatto alla Guildhall qualche giorno prima e, nel tentativo di risollevare il morale dei colleghi di Gabinetto, il 2 settembre distribuì tra loro il suo promemoria del 1911. «Oggi pomeriggio Asquith mi ha detto che siete l'equivalente di una grande forza sul campo, ed è vero», gli scrisse Haldane il 3 settembre. «Con il vostro coraggio e la vostra risolutezza rincuorate noi tutti».

Il 3 settembre Kitchener gli chiese di assumere la piena responsabilità della difesa aerea della Gran Bretagna, affidata fino a quel momento al ministero della Guerra, ed egli accettò; per prima cosa creò una squadriglia speciale di stanza a Hendon, in contatto telefonico con le basi aeree presso la costa, «allo scopo di attaccare l'aviazione nemica che tentasse di piombare su Londra».

Il 10 settembre, dopo averlo comunicato al solo Asquith, Churchill si recò in Francia, primo membro del Gabinetto durante la guerra, e per ventiquattr'ore ore ispezionò le fortificazioni a Dunkerque e le basi aeree e i carri armati che vi si trovavano. Discusse inoltre la difesa del porto con il governatore francese il quale, a detta del console britannico, fu «molto incoraggiato» dalla sua visita, che ebbe «un effetto assai salutare» sul morale della città. Qualche giorno dopo, su richiesta di Kitchener, mandò la Marine Brigade a Dunkerque per impegnare le forze tedesche che stavano spostando unità di cavalleria verso la costa della Manica.

Ritornato a Londra, fu il portavoce del partito liberale in una «chiamata alle armi» di tutti i partiti alla Royal Opera House. A parte le poche parole dette alla Guildhall una settimana prima, fu il suo primo discorso pubblico durante la guerra, ed ebbe un effetto elettrizzante: il «Manchester Guardian» lo definì «un discorso ad altissimo voltaggio e di forza trascinante». Al pari di molti altri suoi discorsi, non solo emanava determinazione e fiducia, ma usava espressioni sensazionali che eccitavano l'immaginazione popolare. Parlando del bulldog inglese disse: «Il naso del bulldog è rincagnato, cosicché può respirare senza mollare la presa». Non mascherò i pericoli: la guerra sarebbe stata «lunga e fosca», avrebbe conosciuto «molti rovesci, e molte speranze saranno frustrate dagli eventi successivi».

Il 2 ottobre le forze tedesche che avanzavano verso la Manica raggiunsero Ypres e si schierarono in modo tale da isolare la fortezza e il porto di Anversa dalle armate alleate. Per Asquith la caduta di Anversa sarebbe stata ancor più disastrosa di quella di Namur: «Lascerebbe l'intero Belgio alla mercè dei tedeschi per il momento», scrisse a Venetia. Quel giorno Churchill partì da Londra per la quinta visita in Francia, allo scopo di sondare lo stato del morale dei Royal Marines, degli aviatori e dei carristi costretti a ripiegare su Dunkerque da Kassel e discuterne l'utilizzazione futura con il comandante in capo. Ma era appena arrivato alla Victoria Station quando gli fu recapitato un messaggio di Kitchener e Grey che gli chiedevano di rinunciare al viaggio e di recarsi immediatamente a casa di Kitchener, dove incontrò anche Grey e Battenberg. Causa di tanto allarme era la notizia che il governo belga si apprestava ad abbandonare Anversa.

I quattro discussero per ore il modo per inviare rinforzi nella città; era evidente che se il governo l'avesse abbandonata ogni resistenza armata sarebbe venuta meno. Kitchener temeva che se Anversa non avesse resistito almeno per un'altra settimana i tedeschi avrebbero vinto la corsa verso il mare, cosicché Dunkerque e anche Calais avrebbero potuto essere invase, mettendo in pericolo la stessa Gran Bretagna. Per scongiurare il pericolo pensava di spedire ad Anversa truppe di soccorso inglesi e sollecitare i francesi a fare altrettanto. A mano a mano che giungevano nuovi telegrammi, diventava sempre più chiaro che la situazione di Anversa era incerta e il pericolo immediato. Non si sapeva con certezza neppure se resistesse ancora la cerchia esterna di fortificazioni. Churchill, che avrebbe dovuto trascorrere la notte a Dunkerque, si offrì di andare ad Anversa per riferire a Kitchener la situazione militare e se possibile convincere i belgi, ove necessario con l'aiuto anglo-francese, a difendere la città almeno finché le forze alleate fossero ritornate sulla costa belga e si fossero riorganizzate.

Churchill ritornò alla Victoria Station e poco dopo mezzanotte un treno speciale lo portò a Dover, dove si imbarcò su un cacciatorpediniere che lo condusse a Ostenda; di lì raggiunse Anversa. In seguito molti, tra cui lo stesso Asquith, avrebbero ridicolizzato la sua missione ad Anversa, ma il mattino del 3 ottobre molto sembrava dipendere da essa. Quando giunse in città, poco dopo mezzodì, il governo belga era ancora lì e aveva deciso di non partire prima di aver ascoltato quanto Churchill aveva da dire e da offrire. La cerchia esterna delle fortificazioni reggeva.

All'inizio della discussione Charles de Broqueville, il primo ministro belga, gli disse che i belgi intendevano difendere la città almeno per altri dieci giorni, ma che egli non lo avrebbe fatto per più di quattro se non gli si prometteva subito l'invio di rinforzi inglesi. Churchill, deciso a scongiurare l'incubo prospettato da Kitchener, ovvero l'avanzata tedesca fino a Calais, offrì ai belgi non soltanto la Marine Brigade che si trovava allora a Dunkerque, ma anche le due brigate della Royal Naval Division che aveva costituito ad agosto e che stavano proseguendo l'addestramento. Telegrafò quindi a Kitchener chiedendogli di autorizzare l'invio immediato delle tre brigate di soccorso con queste parole: «Debbo farvi presente la necessità di aiutare questi uomini stanchi e logori a ritrovare animo, per evitare che tutto si concluda con una fuga».

I primi duemila marines avrebbero dovuto giungere ad Anversa il mattino seguente e perciò Churchill decise di fermarsi in città fino al loro arrivo per assicurarsi che operassero in armonia con i belgi. Il 4 ottobre ispezionò i forti e telegrafò a Kitchener di aver trovato i difensori belgi «stanchi e demoralizzati». Quel giorno, mentre i Royal Marines affluivano ad Anversa, ricevette da Kitchener un telegramma con la notizia che le nuove Naval Brigades potevano partire immediatamente per Anversa.

A quel punto, ritenendo che la sua presenza potesse rincuorare i difensori e contribuire a integrare i due scaglioni di rinforzi inglesi, prese una decisione straordinaria: nelle prime ore del mattino del 5 ottobre telegrafò ad Asquith per offrire le sue dimissioni dal ministero della Marina e «assumere il comando delle forze di soccorso e di difesa assegnate ad Anversa». Pose una sola condizione: che gli fossero conferiti «il grado e l'autorità necessari e i pieni poteri di un comandante di una forza distaccata sul campo». Pensava che questo fosse il suo dovere, «poiché sono certo che tale disposizione offra le migliori opportunità di un esito vittorioso di un'impresa in cui sono profondamente coinvolto». Asquith declinò la sua offerta.

Quel mattino diversi membri del Gabinetto chiesero ad Asquith quando sarebbe tornato Churchill ed egli lesse loro il telegramma che aveva ricevuto. «Mi duole dire che fu accolto con una risata omerica», raccontò a Venetia; «W è un ex luogotenente degli ussari e, se la sua proposta fosse stata accettata, avrebbe avuto ai suoi ordini due illustri maggiori generali, per non parlare di comandanti di brigata, colonnelli ecc., mentre la marina contribuiva solo con le sue piccole brigate».

Sapendo che le «piccole brigate» della marina erano le uniche forze inglesi disponibili in quel momento per la difesa di Anversa e conoscendo l'esperienza di Churchill in fatto di guerra moderna da quando non era più luogotenente, Kitchener comunicò ad Asquith di essere più che disposto a nominarlo tenente generale. Ma Asquith voleva che tornasse in Gran Bretagna quanto prima. Fu dato ordine a un generale inglese, Henry Rawlinson, di spostarsi subito ad Anversa con la sua divisione, ma questi comunicò a Kitchener di non poter raggiungere la città prima di tre giorni, forse quattro. Intanto si intensificava il bombardamento tedesco contro le fortificazioni.

Quella sera Churchill andò al quartier generale della brigata navale, vicino a uno dei forti. Un corrispondente di guerra italiano lo vide mentre «fumava tranquillamente un grosso sigaro e osservava l'andamento della battaglia sotto una pioggia di granate che posso definire solo spaventosa». Le due brigate della marina avrebbero dovuto giungere ad Anversa entro dodici ore, riferì Churchill al Consiglio di guerra belga, che ne fu molto sollevato. «Al Consiglio ho incontrato alcuni ministri che sono decisi a battersi fino alla fine, qualunque cosa accada», comunicò quella notte a Kitchener.

Quando affluirono le due brigate, la mattina del 6 ottobre, si accorse subito che i soldati erano troppo stanchi per lanciare un'offensiva, sicché, d'accordo con i belgi, li schierò su posizioni difensive tra la linea del fronte e la città; per errore una delle nuove unità fu mandata in prima linea quasi subito e Churchill, passandole vicino mentre tornava dal fronte, ordinò agli uomini di tornare nelle trincee più arretrate.

Nel pomeriggio arrivò ad Anversa il generale Rawlinson, che insieme con Churchill assistette al Consiglio di guerra belga. Nonostante avessero convinto i belgi che ulteriori rinforzi stavano affluendo ad Anversa, compresi i 40.000 uomini di Rawlinson che stavano ancora sbarcando a Ostenda, i belgi decisero di abbandonare la città. I grossi obici tedeschi sarebbero stati tra breve tanto vicini da poterne bombardare il centro; Churchill informò Kitchener per telegramma del «totale logoramento e imminente demoralizzazione» dell'esercito belga.

La sera fece un'ultima ispezione alle posizioni sul fronte e poi, lasciato il comando a Rawlinson, ritornò durante la notte a Londra via Ostenda e Dover. Il mattino del 7 ottobre, mentre egli arrivava a Dover, sua moglie diede alla luce la terza figlia, Sarah. Dopo essere passato a salutare moglie e figlia, Churchill si recò immediatamente al Gabinetto per riferire dei tre giorni e mezzo passati ad Anversa. «Winston è in gran forma e direi che si è goduto a fondo quest'avventura», raccontò Asquith a Venetia. «È di certo una delle persone con cui deciderei di andare a caccia di tigri, anche se come dici molto giustamente avrebbe dovuto nascere nei secoli precedenti alla specializzazione. Era più che disposto ad assumere il comando in Belgio, e in effetti così è stato per un paio di giorni: esercito, marina e governo civile».

L'8 ottobre la situazione ad Anversa si era fatta tanto critica che i 40.000 rinforzi inglesi, in marcia verso la città, furono fermati e il comandante inglese dei Royal Marines e della Royal Naval Division chiese l'autorizzazione a ritirarsi. Churchill gli telefonò subito sollecitandolo a «resistere con le unghie e con i denti», ma durante la sera, con Anversa in fiamme a causa dei bombardamenti tedeschi, acconsentì a far evacuare le truppe inglesi. «Il povero Winston è molto depresso», riferì Asquith a Venetia, «in quanto pensa che la sua missione sia stata vana». In realtà i sei giorni di ulteriore resistenza di Anversa dopo che egli aveva convinto i belgi a non evacuare la città permisero all'esercito britannico di ripiegare sano e salvo fino alla Manica e di riorganizzarsi nelle Fiandre. Anversa si arrese ai tedeschi la sera del 10 ottobre.

Durante i combattimenti intorno alla città erano caduti 57 difensori britannici. L'espressione «l'errore di Anversa», come molti lo definirono, era legata inestricabilmente al nome di Churchill che, sconsolato, parlò con i suoi migliori amici di dimettersi; Haldane cercò di dissuaderlo.

Le forze tedesche erano ormai giunte a Ostenda e cominciarono ad avanzare verso occidente. Rispondendo all'appello francese, il 17 ottobre Churchill ordinò il bombardamento navale della costa occupata dai tedeschi e inviò un piccolo corpo di marines e volontari, di cui faceva parte suo fratello, con l'ordine di compiere una serie di sortite da Dunkerque verso Ostenda, per frenare il più possibile l'avanzata tedesca. «Il mio cuore ha marciato con te sulla strada da Dunkerque», scrisse a suo fratello, aggiungendo: «Ho sentito lo schianto delle loro granate per quattro giorni ad Anversa e ti assicuro che mi piacerebbe marciare al mio posto con voi tutti».

L'azione combinata della marina e del corpo di terra riuscì ad arrestare l'avanzata tedesca lungo la costa del Mare del Nord e consegnò una piccola striscia di territorio costiero belga agli Alleati per tutta la guerra. Tuttavia Churchill era frustrato dalla mancanza di opportunità di agire. A giudizio suo e di Asquith, Battenberg era una presenza negativa per quanto riguardava le proposte di azione; verso fine ottobre Asquith raccontò a Venetia che lui e Churchill si erano «dilungati sulla mancanza di iniziativa e di proposte costruttive degli attuali consiglieri della marina». Per esempio, non era stato fatto nulla per sviluppare mezzi di difesa contro i sommergibili; Battenberg, aggiungeva, «deve andarsene».

Churchill avrebbe voluto come nuovo First Sea Lord il 74enne Lord Fisher. «Il contatto con voi è per me come una boccata di ozono», gli aveva scritto il 1° gennaio 1914. Nonostante l'irascibilità di Fisher, sperava che la sua energia rivitalizzasse l'arma e contribuisse a portarla alla vittoria. Tuttavia, durante un'udienza a Buckingham Palace il re gli disse di essere contrario alla nomina di Fisher in quanto l'ammiraglio era troppo vecchio e fonte di discordie; questi avrebbe raccontato a un amico che quando «il re disse a Winston e al primo ministro (per dissuaderli!) che l'incarico mi avrebbe ucciso, Winston ribatté all'istante: "Altezza, non riesco a immaginare morte più gloriosa"!!! Non è stato caro?».

Il 29 ottobre Fisher ritornò all'Ammiragliato in qualità di First Sea Lord, e quello stesso giorno la *Goeben* e la *Breslau*, che in precedenza i tedeschi avevano posto sotto il comando turco, bombardarono i porti russi nel Mar Nero, Odessa, Nikolaev e Sebastopoli. Il governo inglese inviò immediatamente un ultimatum ai turchi ingiungendo loro di chiudere le missioni militari e navali tedesche a Costantinopoli e di allontanare tutto il personale tedesco dalle due navi da guerra. I turchi rifiutarono e Churchill, non appena lo venne a sapere, chiese a Fisher di esaminare la possibilità di bombardare le fortificazioni esterne sullo stretto dei Dardanelli: «È buona politica colpire subito».

Voleva essere pronto a passare subito all'azione. «Dovremmo avere uno strumento bell'e pronto per colpirli», disse a Fisher il 31 ottobre. L'ultimatum inglese scadde alle dodici di quel giorno e due giorni dopo, con l'approvazione di Fisher, Churchill segnalò al viceammiraglio Carden, che comandava tutte le forze navali britanniche nel Mediterraneo orientale, di bombardare le fortificazioni sullo stretto dei Dardanelli con l'ordine di ritirarsi «prima che il fuoco dei forti diventi efficace». Il giorno seguente ebbe luogo il bombardamento, che durò dieci minuti. Una granata colpì la polveriera del forte principale di Sedd-El-Bahr distruggendone quasi tutta l'artiglieria pesante, un danno che non fu mai riparato.

Le tragedie della guerra cominciavano a colpire anche Churchill: a fine ottobre apprese che un suo cugino ventottenne, Norman Leslie, era caduto ad Armentières. «Il mio cuore sanguina per te», scrisse a sua zia Leonie, la madre di Norman. «Dobbiamo vincere a ogni costo. La vittoria è un dono più prezioso della vita, e senza di essa la vita sarebbe intollerabile. In poche settimane di guerra l'esercito britannico ha fatto rivivere al mondo intero le glorie di Agincourt e Blenheim e Waterloo, e in questo Norman ha fatto la sua parte. Spetta a noi far sì che questi sacrifici non siano stati vani».

Il 6 novembre un suo amico, Hugh Dawnay, cadde nel saliente di Ypres. «Mi domando che cosa accadrebbe», scrisse qualche giorno dopo a Clementine, «se di colpo e simultaneamente gli eserciti scendessero in sciopero dichiarando che occorre trovare qualche altro sistema per risolvere la disputa! Ma intanto nuove valanghe di uomini si preparano a entrare in un conflitto che si allarga di ora in ora».

L'esercito britannico combatteva per creare nelle Fiandre un fronte che i tedeschi non potessero oltrepassare. Con l'edificazione di questo fronte occidentale e la sua fortificazione mediante trincee, filo spinato e nidi di mitragliatrici, non passava settimana o quasi senza che cadessero uno o più amici di Churchill. «Mio caro, sono sempre preoccupato per te», scrisse a novembre a suo fratello che si trovava a Ypres, «mi sarebbe di grande sollievo poter essere al tuo fianco. Penso che avrei una gran paura, ma la dissimulerei».

Il 30 novembre compì quarant'anni. Durante la settimana Asquith istituì un Consiglio di guerra composto da lui stesso, Grey, Lloyd George, Kitchener e Churchill, nel tentativo di limitare al minor numero possibile di persone la discussione della politica bellica. Nella riunione del 1° dicembre Churchill, con l'approvazione di Fisher, propose un'offensiva britannica contro l'isola tedesca di Sylt, nel Mare del Nord, da trasformare in base aerea inglese per tenere sotto controllo i preparativi tedeschi per l'invasione della Gran Bretagna, sorvegliare in continuazione i movimenti della flotta tedesca e mettere in grado l'aviazione di «sganciare bombe a intervalli di qualche giorno» sulla Germania.

Il 14 dicembre l'esercito serbo riuscì a cacciare gli austriaci da Belgrado, sicché per il momento non era necessario correre in aiuto della Serbia. Nacque però un nuovo potenziale teatro di operazioni, come rivelò al Consiglio di guerra un telegramma dalla Russia del 21 dicembre: l'esercito russo era disperatamente a corto di munizioni e si rendeva urgente un'azione diversiva contro la Germania da occidente. Churchill propose un'azione navale, un'incursione nel Baltico e la conquista dell'isola danese di Borkum; la Danimarca era neutrale ed egli sperava di convincerla a schierarsi con l'Entente. Secondo il suo piano, Borkum sarebbe diventata una base congiunta anglo-russa che avrebbe permesso ai soldati britannici di attraversare il Baltico e sbarcare a Kiel e a quelli russi di sbarcare sulla costa baltica tedesca, donde avrebbero potuto marciare via terra su Berlino. «Il Baltico è il solo teatro in cui un'azione navale possa abbreviare sensibilmente la guerra», spiegò a Fisher il 22 dicembre; «occorre che la Danimarca entri [in guerra] e i russi muovano su Berlino».

Nel corso di quella settimana il segretario del Consiglio di guerra, Maurice Hankey, un ex colonnello dei Royal Marines, suggerì che la Germania poteva «forse essere colpita in modo più efficace e con i risultati più duraturi per la pace del mondo attraverso i suoi alleati, in particolare la Turchia». Una combinazione di tre corpi d'armata inglesi e di truppe greche e bulgare sarebbe stata «sufficiente per prendere Costantinopoli». Fisher rimase così colpito dalla proposta di Hankey da inviare a Churchill un piano in otto punti per sconfiggere la Turchia e l'impero austro-ungarico, che contemplava lo sbarco di 75.000 soldati inglesi alla baia di Besika, a sud dello stretto dei Dardanelli, uno sbarco greco nella penisola di Gallipoli e un attacco navale inglese per forzare i Dardanelli con vecchie navi da guerra. «Ritengo che l'attacco alla Turchia possa andare a buon fine», scrisse a Churchill il 3 gennaio 1915, «ma soltanto se sarà immediato».

Il giorno prima di questa lettera, l'opzione turca era balzata inaspettatamente alla ribalta quando Grey aveva ricevuto un telegramma dell'ambasciatore britannico in Russia: l'esercito russo, incalzato dai turchi nel Caucaso, chiedeva che la Gran Bretagna intraprendesse «un'azione dimostrativa di qualche tipo, navale o militare, contro i turchi» per costringerli a ritirare parte delle forze dal Caucaso. Grey inoltrò l'appello a Kitchener, che scrisse subito a Churchill: «Ritenete possibile un'azione navale per impedire ai turchi di mandare altri uomini in Caucaso e scoprire così Costantinopoli?».

Prima che egli potesse rispondere, Kitchener arrivò all'Ammiragliato. «Non potremmo per esempio fare un'azione dimostrativa ai Dardanelli?» gli chiese. Rispose che un attacco navale da solo sarebbe stato inutile e che tutt'altra cosa era un attacco navale e terrestre combinato. Kitchener ritornò al ministero della Guerra per un colloquio con i suoi consiglieri, che però ribadirono con decisione che non c'erano truppe di riserva per un'azione di quel tipo. «Non saremo pronti per un'azione impegnativa per qualche mese», riferì Kitchener a Churchill, esprimendo però anche la propria convinzione che il «solo luogo» in cui un'azione dimostrativa poteva «avere un certo effetto per fermare l'afflusso di rinforzi verso oriente sarebbero i Dardanelli», tanto più se contemporaneamente si fosse diffusa la voce che Costantinopoli era minacciata.

Churchill convocò i suoi consiglieri per discutere un'eventuale azione contro le fortificazioni dei Dardanelli. Emerse un diffuso scetticismo, che egli condivideva, sull'efficacia di un attacco puramente navale, che in ogni caso avrebbe dovuto utilizzare vecchie navi da guerra non necessarie nel Mare del Nord. Quindi telegrafò all'ammiraglio Carden, la cui flotta stava già bloccando lo stretto. «Ritenete che forzare i Dardanelli con le sole navi sia un'operazione praticabile? Si pensa di usare navi più vecchie, munite di congegni antimine, precedute da carboniere o altro naviglio mercantile come protezione e dragamine. L'importanza del risultato giustificherebbe forti perdite. Fatemi sapere che cosa ne pensate».

Continuava a sperare che la marina potesse dare un contributo alla vittoria soprattutto con un'operazione nel Baltico. Il 3 gennaio, in attesa della risposta di Carden, propose come data per la conquista di Borkum marzo o aprile. Quel giorno scrisse anche, in via privata, a Fisher: «Borkum è la chiave di tutte le possibilità di successo a nord, sia difensive contro un'incursione o un'invasione, sia offensive per accerchiare il nemico o invadere l'Oldenburg o lo Schleswig-Holstein». Occorreva che il ministero della Guerra destinasse una divisione di fanteria alla conquista di Borkum. Quanto al piano di Fisher per invadere la Turchia, «non lesinerei 100.000 uomini», scriveva, «dato il grande effetto politico nella penisola balcanica: ma il nemico è la Germania, e inseguire vittorie più facili e antagonisti più deboli non è un buon modo di far guerra».

Fisher cercò di ottenere l'appoggio di Balfour al piano turco. «I vantaggi navali del possesso di Costantinopoli e del flusso di grano dal Mar Nero sono talmente grandi», scrisse il 4 gennaio, «che considero vitale, urgente e pressante il piano del colonnello Hankey sulle operazioni in Turchia». Il giorno seguente l'ammiraglio Carden rispose alla domanda sull'eventualità di un attacco navale ai Dardanelli. Meravigliando l'intero Ammiragliato, non scartò il progetto. La sua risposta era concisa e positiva: «In riferimento al vostro telegramma del 3 c.m., non ritengo si possano conquistare d'un colpo. Possono essere forzati tramite operazioni prolungate con numerose navi».

Alla riunione del Consiglio di guerra, Kitchener propose con insistenza un'azione dimostrativa allo stretto dei Dardanelli. Allora Churchill lesse loro il telegramma di Carden, che sembrava ammettere la possibilità di forzare lo stretto solo via mare, permettendo così alle navi inglesi di arrivare a Costantinopoli. Tornato al ministero, scoprì che i suoi principali consiglieri erano d'accordo con Carden sul fatto che un bombardamento navale sistematico dei forti turchi poteva avere successo. Quello precedente del 3 novembre li aveva impressionati. «La vostra opinione è condivisa da alte autorità», telegrafò Churchill a Carden il 6 gennaio. «Vi prego di telegrafare dettagliatamente che cosa ritenete si possa fare con operazioni prolungate, quale forza sarebbe necessaria e in che modo pensate debba essere usata».

Sul fronte occidentale le condizioni nelle trincee peggioravano con l'avanzare dell'inverno. La fantasia di Churchill fu stimolata dalla proposta di Hankey di una macchina per attraversare le trincee. Il 5 gennaio scrisse a Asquith: «Sarebbe piuttosto facile dotare in breve tempo un certo numero di trattrici a vapore di piccole protezioni blindate, a prova di proiettile, per collocare uomini e mitragliatrici. Se utilizzate di notte non sarebbero troppo esposte al fuoco dell'artiglieria. Il sistema dei trattori permetterebbe di superare alquanto agevolmente le trincee e il peso della macchina distruggerebbe tutti i reticolati di filo spinato. Quaranta o cinquanta di tali macchine, approntate in segreto e portate in posizione di notte, con buona certezza potrebbero irrompere nelle trincee nemiche travolgendo tutti gli ostacoli e spazzandole con il fuoco delle mitragliatrici e con le granate scagliate dalla cima. Costituirebbero inoltre altrettanti *points d'appuis* per l'assalto della fanteria di appoggio, che si raccoglierebbe intorno a esse. Potrebbero poi procedere all'attacco della seconda linea trincerata».

Churchill chiese ad Asquith di autorizzare le spese necessarie per preparare un prototipo. «Il costo sarebbe ridotto», gli scrisse; «qualora l'esperimento non funzionasse, che male ci sarebbe? Sarebbe stata una precauzione ovvia avviare un progetto del genere due mesi orsono. Oggi sarebbe certamente pronto». Asquith inoltrò la lettera di Churchill a Kitchener, che fece preparare una serie di progetti al ministero della Guerra; questo però non bastava a Churchill, il quale temeva che le autorità militari non fossero davvero convinte né della possibilità di costruire la macchina né della sua efficacia.

Frattanto proseguiva lo stallo, con le pesanti perdite della guerra di trincea. Il 7 gennaio, dopo aver avanzato la proposta di quella che a suo tempo sarebbe diventata una nuova arma, il carro armato, Churchill riscrisse ad Asquith a proposito del fronte occidentale. «Non dovremmo attestarci su una linea più agibile, asciutta, abitabile, anche se ciò comporta ritirarsi di qualche miglio? I nostri soldati stanno marcendo». Al Consiglio di guerra del giorno seguente Lloyd George suggerì uno sbarco sulla costa adriatica austriaca, ma Kitchener si oppose, sottolineando nuovamente che «l'obiettivo più opportuno» di una nuova azione militare era lo stretto dei Dardanelli, «in quanto un attacco ivi potrebbe essere compiuto in collaborazione con la flotta» e, in caso di successo, «ripristinerebbe le vie di comunicazione con la Russia, risolverebbe la questione del Vicino Oriente, coinvolgerebbe la Grecia e forse la Bulgaria e la Romania e libererebbe il grano e il naviglio ora bloccati nel Mar Nero».

La proposta di Kitchener di un attacco militare e navale allo stretto fu appoggiata da Hankey, secondo il quale un successo in quel teatro «ci offrirebbe il Danubio come linea di comunicazione per un esercito che penetri nel cuore dell'Austria e faccia pesare nel centro dell'Europa la nostra potenza navale»; Churchill, pur essendo disposto a «studiare» queste proposte, si batté a favore di un'azione nel Baltico, sottolineando che poteva convincere gli olandesi a entrare in guerra a fianco dell'Entente, dando in tal modo agli inglesi una base navale nel Mare del Nord «senza combattere»; ciò avrebbe consentito alle armate britanniche di avanzare dal territorio olandese nel cuore industriale della Germania. Solo quando si fossero «esaurite le possibilità a nord», scrisse l'11 gennaio a Sir John French, «guarderei al sud d'Europa per impiegare in modo proficuo le nostre crescenti forze militari».

Ma il suo primo consigliere navale, l'ammiraglio Fisher, era sempre più attratto dalle possibilità offerte dal teatro di guerra turco. «Se i greci sbarcassero 100.000 soldati nella penisola di Gallipoli di concerto con un attacco navale britannico ai Dardanelli», scrisse a un amico, «penso che potremmo aspettarci una marcia facile e rapida su Costantinopoli».

Il 12 gennaio il Gabinetto di guerra dell'Ammiragliato, presieduto da Fisher, ricevette un altro telegramma di Carden che non solo spiegava i particolari del piano per forzare lo stretto dei Dardanelli, ma suggeriva che poteva essere eseguito in un mese circa. L'elenco di ciò di cui aveva bisogno indicava mezzi che non servivano alla marina altrove, ad esempio quattro navi da guerra varate prima del 1906 che non servivano nel Mare del Nord. Fisher era così entusiasta dell'idea di forzare lo stretto con le sole navi che propose di usare anche la più moderna corazzata inglese, la *Queen Elizabeth*, i cui pezzi da 15 pollici non avevano ancora sparato e avrebbero dovuto essere collaudati al largo di Gibilterra. Era molto meglio, secondo lui, provarli contro i forti dello stretto.

Churchill fu subito conquistato dall'idea della *Queen Elizabeth* in azione ai Dardanelli e considerò le possibilità che si offrivano con una nave da guerra tanto potente nel Mar di Marmara. La *Goeben* e la *Breslau* sarebbero state distrutte, Costantinopoli sarebbe stata alla mercè della Gran Bretagna ed Enver Pascià, ora ministro della Guerra, che egli aveva incontrato prima del conflitto sia alle manovre militari tedesche di Würzburg sia a Costantinopoli, avrebbe abbandonato la causa della Germania. Spiegò tutto questo al Consiglio di guerra la sera del 13 gennaio. Secondo quanto riportano i verbali, Lloyd George «apprezzò il piano», al pari di Kitchener. Asquith si limitò ad ascoltare mentre venivano avanzate anche altre proposte: Grey era favorevole a uno sbarco a Cattaro sull'Adriatico per convincere l'Italia a unirsi all'Entente anglo-francese; poi Lloyd George propose uno sbarco a Salonicco e Churchill ripropose quella che nei verbali era definita «l'azione in Olanda».

Presa la decisione di studiare un attacco allo stretto dei Dardanelli, Fisher cominciò a frenare il suo entusiasmo del giorno precedente. Chiese che la flottiglia di cacciatorpediniere già al comando di Carden fosse sostituita da unità francesi, e quando un sommergibile australiano arrivò allo stretto e si unì alla flotta di Carden, dichiarò che era «imperdonabile sprecarlo per i turchi». Scrisse a Jellicoe che servivano 200.000 uomini per un'operazione «di concerto con la Flotta»; in caso contrario, «sono contro i Dardanelli». Churchill aveva voluto Fisher per dare impulso all'iniziativa bellica dell'Ammiragliato, ma adesso giudicò strana e distruttiva la sua condotta. Per altri era evidente che Fisher costituiva un pericolo. «È vecchio, logoro e nervoso», scrisse nel proprio diario il 19 gennaio il capitano Richmond, vice-direttore delle operazioni all'Ammiragliato; «è un male che i destini di un impero siano nelle mani di un debole vecchio desideroso di popolarità, che teme qualunque contrattempo possa venire attribuito ai suoi ordini».

Il 25 gennaio, in una lettera a Churchill, Fisher offrì le proprie dimissioni; l'aveva già fatto una volta per protestare contro il rifiuto del governo di fucilare prigionieri di guerra tedeschi come rappresaglia per gli attacchi degli Zeppelin alla Gran Bretagna. Ora il motivo era l'invio di vecchie navi da guerra allo stretto dei Dardanelli, «dal momento che non andranno perse senza perdere anche uomini; inoltre formano la sola riserva della grande flotta». Churchill rispose osservando che quelle navi sarebbero state utilizzate comunque per operazioni ausiliarie e che «con attenzione e abilità le perdite possono essere ridotte al minimo». Terminò la lettera con queste parole: «Voi e io siamo molto più forti insieme».

Fisher voleva far conoscere la propria protesta e la risposta di Churchill al Consiglio di guerra, ma Asquith non l'avrebbe permesso. Frattanto le navi richieste da Carden erano in viaggio dal Sudamerica, Sant'Elena, Ceylon ed Egitto. Avrebbe dovuto ricevere complessivamente 13 navi da guerra, comprese sia la *Queen Elizabeth*, come aveva già suggerito Fisher, sia due altre da lui indicate ora nonostante la lettera di protesta, cioè la *Lord Nelson* e la *Agamemnon*.

Il 26 gennaio Churchill ebbe dal governo francese l'assicurazione che avrebbe contribuito al bombardamento dello stretto. Poche ore prima della riunione del Consiglio di guerra per la ratifica dell'azione, Fisher scrisse ad Asquith di essere contrario al piano se non si fosse decisa «una cooperazione militare»; non intendeva partecipare al Consiglio. Churchill lo convinse a incontrare Asquith venti minuti prima della riunione. Nel corso del colloquio, Asquith ribadì con forza che l'azione ai Dardanelli doveva andare avanti. Durante il Consiglio di guerra, cui aveva acconsentito a partecipare, Fisher d'un tratto si alzò e fece per lasciare la sala, ma Kitchener lo seguì alla porta e gli domandò che cosa intendesse fare; come avrebbe poi scritto lui stesso in terza persona, Fisher rispose che «non sarebbe tornato al tavolo del Consiglio e avrebbe dato le dimissioni da First Sea Lord». Kitchener gli fece notare che era «l'unico dissenziente e che l'operazione dei Dardanelli era stata decisa dal primo ministro».

Fisher accettò di tornare nel Consiglio, in tempo per sentire Asquith chiedere quale fosse a giudizio dei presenti l'importanza dell'operazione. Rispose per primo Kitchener, il quale dichiarò che l'attacco navale era «di importanza vitale»; qualora avesse avuto successo, il suo effetto sarebbe equivalso «a quello di una campagna vittoriosa contro le armate nemiche». Poi parlò Balfour, secondo il quale una vittoria non solo avrebbe permesso di «controllare Costantinopoli», ma avrebbe anche «aperto un varco per il Danubio», aggiungendo che «era difficile immaginare un'operazione più vantaggiosa».

Grey era non meno entusiasta e dichiarò che un successo sullo stretto «orienterebbe finalmente la posizione della Bulgaria e di tutti i Balcani». I turchi sarebbero rimasti «paralizzati dalla paura alla notizia che i forti venivano distrutti a uno a uno».

Fisher cambiò nuovamente idea e alla fine della riunione comunicò a Churchill che avrebbe appoggiato l'attacco navale. «Quando infine decisi di accettare», avrebbe dichiarato a una commissione d'inchiesta due anni dopo, «andai fino in fondo». Si sperava di iniziare i bombardamenti delle fortificazioni dei Dardanelli a metà febbraio, ma si rese necessario un rinvio per il ritardo con cui giunsero i dragamine. Proprio allora i consiglieri di Churchill cominciarono a sostenere che occorreva un corpo di terra per sfruttare il successo navale con uno sbarco sulla penisola di Gallipoli: l'idea originale di Churchill, cui ora Asquith, al pari di Hankey, si disse favorevole.

Ma dove trovare le truppe? L'unica divisione di riserva di soldati regolari, la 29ª, era già destinata a partire per Salonicco in soccorso della Serbia. Durante una riunione straordinaria del Consiglio di guerra del 16 febbraio, si seppe che re Costantino di Grecia, parente del Kaiser, rifiutava di autorizzare lo sbarco di truppe inglesi sul suolo greco. Pertanto la 29ª divisione poteva sbarcare a Gallipoli. Il Consiglio di guerra approvò con entusiasmo il piano.

Inoltre, durante la riunione fu deciso di mandare sull'isola di Lemno, e quindi a Gallipoli, i soldati australiani e neozelandesi che si trovavano in Egitto ed erano diretti in Francia. Churchill fu incaricato di organizzarne il trasporto. L'operazione dei Dardanelli diventava ora un'azione congiunta navale e terrestre. «Voi procedete», disse Kitchener a Churchill, «io troverò gli uomini». Se le operazioni navali sullo stretto avessero avuto successo, gli scrisse a sua volta Churchill, «ci si offrono vantaggi immensi, che non possiamo sfruttare senza un aiuto terrestre». Almeno 50.000 soldati dovevano affluire con un preavviso di tre giorni «per occupare la penisola di Gallipoli quando sarà stata evacuata o occupare Costantinopoli se scoppierà una rivoluzione. Sarebbe imperdonabile perdere i frutti del successo delle operazioni navali per l'assenza dell'esercito».

Sembrava tutto concordato; tre giorni dopo, il mattino del 19 febbraio, l'ammiraglio Carden cominciò il bombardamento navale delle fortificazioni esterne dello stretto, prerequisito essenziale per forzarlo. Il Consiglio di guerra si riunì nel pomeriggio per confermare l'invio della 29ª divisione nel Mediterraneo orientale, ma a quel punto Kitchener dichiarò che alla luce della notizia testé giunta di un rovescio russo in Prussia orientale, la 29ª divisione poteva essere necessaria in Francia. I 30.000 soldati australiani e neozelandesi allora in Egitto sarebbero stati sufficienti per appoggiare l'attacco navale.

Lloyd George, Asquith e Grey replicarono a Kitchener che la 29ª divisione doveva essere inviata nel Mediterraneo orientale, ma non si prese una decisione definitiva. Il mattino seguente Carden riferì dallo stretto che sebbene il giorno precedente la flotta non avesse colpito direttamente i cannoni turchi, le polveriere di due forti erano saltate in aria. Poi però una burrasca e la scarsa visibilità impedirono per quattro giorni di proseguire il bombardamento.

Nel corso di una cena nella terza settimana di febbraio, Churchill ascoltò con interesse una proposta del maggiore Thomas Hetherington, assegnato alla Royal Naval Air Division dell'Ammiragliato con compiti di sperimentazione, che sviluppava le idee che lui stesso aveva esposto ad Asquith all'inizio dell'anno: la costruzione di un grande autoblindo da campagna armato di cannoni e in grado di superare l'ostacolo delle trincee e del filo spinato. Churchill chiese subito al direttore del genio navale dell'Ammiragliato, capitano Eustace Tennyson D'Eyncourt, di progettare una «nave di terra» di questo tipo; per confondere chi avesse casualmente visto i progetti, si era deciso di chiamarli «*water-carriers* [porta-acqua] per la Russia»; quando fu fatto osservare che lo si sarebbe abbreviato in «WC per la Russia», il nome fu cambiato in *water tanks* e poi semplicemente in *tanks*.

Il 20 febbraio Churchill convocò una riunione dell'Ammiragliato per discutere i metodi migliori per perfezionare il carro armato, e poiché era vittima di un forte attacco di influenza la riunione si tenne nella sua camera da letto. Fu presa la decisione di costituire un comitato presieduto da D'Eyncourt, che si riunì due giorni dopo e gli presentò le sue proposte; e Churchill le approvò con questo commento: «Come proposto e con la massima celerità». Fu quindi dato mandato di costruire il primo esemplare a una società di ingegneri agricoli, che suggerirono di usare il trattore come modello della nuova macchina. Ottenuto il benestare di Asquith per queste iniziative sperimentali, Churchill stanziò 70.000 sterline dei fondi dell'Ammiragliato a favore del comitato perché procedesse con la massima celerità.

Quando il 9 marzo gli furono presentati i primi progetti, scrisse sui fogli: «Affrettarsi». Dodici giorni dopo D'Eyncourt gli chiese di poter costruire diciotto prototipi diversi e egli acconsentì con l'annotazione: «Urgentissimo. Rapporto speciale a me in caso di ritardo». Nel rapporto redatto dopo la guerra, la Royal Commission on War Inventions riferì al parlamento che l'idea di usare il carro armato come strumento bellico «si era tradotta in pratica soprattutto grazie alla ricettività, al coraggio e all'iniziativa» di Churchill.

Mentre l'opzione turca rimaneva al centro delle discussioni del Consiglio di guerra nella terza settimana di febbraio, Churchill continuava a incalzare Kitchener perché inviasse le truppe dall'Egitto all'Egeo. «Le operazioni ai Dardanelli possono procedere molto più rapidamente del previsto», scrisse il 20 febbraio, e in tal caso sarebbe stato «vitale» disporre di una forza sufficiente a chiudere la penisola nel punto più stretto, le linee di Bulair. Ma quattro giorni dopo Kitchener dichiarò al Consiglio che la guarnigione turca di Gallipoli si sarebbe ritirata per evitare di restare tagliata fuori, qualora la flotta fosse riuscita a ridurre al silenzio i forti sullo stretto.

Churchill chiese di nuovo di spedire sullo stretto la 29ª divisione: con una forza relativamente esigua, i 18.000 uomini della divisione, i 30.000 australiani che si trovavano in Egitto, gli 8.500 soldati della Royal Naval Division in rotta verso il Mediterraneo orientale e i 18.000 soldati francesi, avrebbero potuto, disse, «entrare a Costantinopoli alla fine di marzo» e al tempo stesso, se l'attacco navale fosse stato «temporaneamente fermato dalle mine», ci sarebbe stato bisogno di truppe per «qualche operazione militare parziale» sulla stessa penisola. Ma Kitchener teneva in così poco conto le capacità dei soldati turchi che il 24 febbraio in Consiglio negò la necessità di inviare truppe: ancor prima che lo stretto fosse stato forzato, anzi non appena fosse diventato chiaro che i forti sullo stretto venivano messi a tacere «a uno a uno», la guarnigione turca sulla penisola sarebbe fuggita in Asia, mentre la guarnigione di Costantinopoli, il sultano e perfino l'armata turca in Tracia «se la svignerebbero verso i lidi asiatici». Kitchener fu inflessibile: la resa della Turchia europea sarebbe stata conseguita con il solo fuoco dei pezzi navali; non c'era bisogno di soldati.

Churchill era tanto sicuro che i turchi avrebbero abbandonato la penisola di Gallipoli grazie al solo impatto del cannoneggiamento navale che quando Asquith gli chiese se le truppe australiane e neozelandesi fossero «abbastanza solide» per un'operazione bellica tanto importante, rispose: «lo sono, se tutto ciò che si prevede è una crociera nel Mar di Marmara». Asquith cercò vanamente di convincerlo a inviare sullo stretto i 18.000 soldati della 29ª divisione. «In guerra bisogna correre molti rischi», spiegò a Venetia non appena si concluse il Consiglio di guerra, «e sono fermamente convinto che la possibilità di forzare i Dardanelli, occupare Costantinopoli, dividere in due la Turchia e tirare dalla nostra parte l'intera penisola balcanica sia un'opportunità tanto eccezionale che è d'uopo rischiare seriamente altrove piuttosto che rinunciarvi».

Ma, nonostante le sollecitazioni di Asquith, Kitchener rifiutò di concedere la 29ª divisione e Churchill, deluso, ritornò all'Ammiragliato e telegrafò a Carden confermando che doveva forzare lo stretto «senza aiuto militare». Se l'operazione avesse avuto successo, aggiunse, sarebbe stata costituita una forza militare «per raccoglierne i frutti».

Il bombardamento navale riprese il 25 febbraio e i quattro forti esterni furono messi a tacere. Mentre Carden preparava i piani per ripulire i campi minati e distruggere le fortificazioni intermedie ai primi di marzo, Churchill avanzò invano una nuova richiesta di truppe. Kitchener ribadì il 26 febbraio al Consiglio di guerra che non avrebbe concesso la 29ª divisione; i turchi non erano un avversario serio e «a Costantinopoli la situazione cambierà nel momento in cui la flotta si sarà assicurata un passaggio attraverso i Dardanelli».

La sua convinzione della debolezza dei turchi fu il fattore decisivo per tutto ciò che seguì. Ancora una volta ci fu una discussione animata. Hankey si schierò con Churchill, ribadendo che occorrevano truppe per «ripulire la penisola di Gallipoli». Lo stesso fece Lloyd George, il quale disse di dubitare che la vittoria sarebbe stata agevole come pensava Kitchener. Balfour e Grey invece si schierarono con quest'ultimo; Grey fu particolarmente caustico nei confronti dei turchi. Churchill dichiarò irritato: «La 29ª divisione non può fare la differenza tra sconfitta e vittoria in Francia, mentre potrebbe farla in oriente. Desidera si metta a verbale che dissente completamente dalla decisione di trattenere la 29ª divisione in questo paese. Declina ogni responsabilità qualora in Turchia accada un disastro per l'insufficienza delle truppe».

Il suo appello fu inutile. «Abbiamo accettato la posizione di K sulla situazione immediata, con immensa e manifesta collera di Winston», scrisse Asquith a Venetia. Le raccontò anche di essersi tanto irritato per la condotta di Churchill, che definì «turbolenta, retorica, priva di tatto e di calma, collerica», che aveva preso l'inconsueta decisione di convocarlo nel suo studio e parlargli «per il suo bene». Churchill, resosi conto che la sua opinione non era condivisa dalla maggioranza, quella sera scrisse al fratello di stanza in Francia: «La capacità di correre rischi è a prezzi da fame. Tutti giocano sul sicuro. La guerra va poggiando su fondamenta scricchiolanti ed è evidente che si aprono vasti orizzonti di dolore e conflitto. La mia limitata riserva di vita ed energia non basta per influenzare questi eventi terribili. Mi batto per nulla».

Il 28 febbraio seppe dal comandante in capo dell'esercito russo, il granduca Nicola, che non appena la flotta di Carden avesse forzato lo stretto la Russia avrebbe inviato 47.000 uomini per attaccare Costantinopoli dal Mar Nero. Riprese fiducia. «Se dovessimo superare i Dardanelli, com'è ormai probabile», scrisse a Grey, «non potremmo accontentarci di nulla di meno della resa di tutto ciò che appartiene alla Turchia in Europa», aggiungendo: «Rammentate che Costantinopoli è soltanto un mezzo per un fine, e l'unico fine è la marcia degli stati balcanici contro le potenze centrali».

Il 1° marzo l'ottimismo britannico ricevette nuova linfa quando i greci offrirono di inviare 60.000 soldati contro la Turchia. Improvvisamente la 29ª divisione non sembrava più così essenziale. «Winston è tornato ottimista sui Dardanelli», scrisse Asquith a Venetia. Quel giorno, con la protezione dei bombardamenti navali, un piccolo plotone di Royal Marines sbarcò all'imbocco dello stretto e distrusse trenta pezzi d'artiglieria, quattro mitragliatrici e due riflettori, per poi tornare sano e salvo sulla nave appoggio. Quando il 3 marzo il Consiglio di guerra discusse la presa di Costantinopoli e il futuro della Turchia, sembrava che Carden fosse già arrivato nel Mar di Marmara. Tutti erano eccitati all'idea che gli stati balcanici, in cambio di territorio turco, lanciassero i loro eserciti contro l'impero austro-ungarico. Churchill arrivò al punto di suggerire che la Gran Bretagna poteva «assoldare come mercenari i soldati turchi».

Aveva un'altra ragione per volere l'intervento militare degli stati balcanici, e perfino dei soldati turchi, contro l'Austria: ciò avrebbe liberato le forze britanniche per quello che riteneva essere il vero fronte della lotta per la vittoria. «Era ancora dell'opinione», riportano i verbali del Consiglio di guerra, «che la strategia corretta fosse un'avanzata a nord attraverso l'Olanda e il Baltico». Le operazioni in oriente «dovrebbero essere considerate un semplice interludio».

Churchill attendeva con ansia l'esito dell'attacco navale, e proprio in quel momento i russi, che volevano a tutti i costi Costantinopoli, annunciarono che non avrebbero permesso una partecipazione militare greca alla campagna qualora i greci avessero tenuto la città. Fu un duro colpo, così come la notizia inviata da Carden che gli obici mobili piazzati sulle rive dello stretto avevano costretto la *Queen Elizabeth* ad allontanarsi per bombardare da una distanza di sicurezza. Inoltre la ricognizione aerea non aveva dato buoni risultati; problemi ai motori avevano impedito agli idrovolanti di levarsi abbastanza in alto da localizzare gli obici.

Il primo tentativo di forzare lo stretto doveva aver luogo il 18 marzo. Otto giorni prima, suscitando lo stupore di tutti i membri del Consiglio di guerra, Kitchener, due settimane dopo aver rifiutato di concedere la 29ª divisione, annunciò che la situazione sul fronte orientale non presentava più alcun pericolo e che la divisione poteva partire; ma a detta di Carden una volta terminata l'opera di distruzione delle batterie costiere turche, per sminare i campi ci sarebbero volute «solo poche ore»; avrebbe poi fatto rotta per il Mar di Marmara. Il 10 marzo Churchill comunicò al Consiglio di guerra che l'Ammiragliato giudicava possibile l'operazione «con le sole navi» e che le truppe di terra non erano necessarie. Pertanto l'attacco navale poteva proseguire senza aspettare la 29ª divisione.

Le speranze di successo contagiarono il Consiglio di guerra del 10 marzo a tal punto che si discusse delle spartizioni territoriali. La Russia avrebbe ottenuto Costantinopoli e la Gran Bretagna Alessandretta. Lloyd George voleva anche la Palestina. Si parlò addirittura di imporre alla Germania sconfitta la rinuncia ai suoi territori in Africa e nel Pacifico; Balfour parlò di neutralizzazione del canale di Kiel, Kitchener voleva che la Gran Bretagna imponesse «un'indennità» alla Germania, da pagare «per un lungo periodo».

Il mattino dell'11 marzo furono intercettati alcuni radiomessaggi spediti dagli ufficiali tedeschi assegnati all'esercito turco: i forti sui Dardanelli erano a corto di munizioni, le scorte avrebbero dovuto giungere dalla Germania ma ci sarebbe voluta qualche settimana. Non appena lo seppe, Fisher si convinse che era venuto il momento di scatenare senza altri indugi l'attacco allo stretto. Si offrì persino di partire immediatamente da Londra per assumere personalmente il comando delle forze navali, sostituendo Carden, ma fu convinto a restare al suo posto.

Churchill, con l'approvazione di Fisher, comunicò a Carden che contrariamente agli ordini iniziali che invitavano alla «prudenza e a iniziative ponderate», ora doveva sentirsi «affatto libero di lanciare l'attacco con vigore», come aveva suggerito lui stesso. I forti sullo stretto erano l'obiettivo immediato. «Superare Chanak», gli scrisse, «può decidere l'intera operazione e produrre conseguenze di carattere decisivo sulla guerra».

Il 12 marzo il nuovo comandante delle forze di terra sullo stretto, generale Sir Ian Hamilton, partì da Londra per il Mediterraneo orientale. Churchill, che aveva stretto amicizia con lui ai tempi del Sud Africa, dispose che si imbarcasse su un incrociatore veloce a Marsiglia. Prima di partire Hamilton incontrò Maurice Hankey, che annotò sul diario: «Si trova in una posizione imbarazzante, in quanto Churchill vuole che attacchi lo stretto con un *coup de main*, utilizzando i soldati presenti nel Levante (30.000 australiani e 10.000 della Naval Division). Invece Lord K vuole che proceda lentamente, che la flotta continui a martellare lo stretto e che si attenda la 29ª divisione».

Quel giorno Churchill scrisse direttamente a Kitchener per sapere se Hamilton poteva sbarcare quanto prima nella penisola di Gallipoli, onde sfruttare il successo dell'attacco navale e proteggere la flotta dal fuoco costiero dei turchi. Kitchener rispose negativamente; prima doveva arrivare la 29ª divisione per «prendere parte a quella che si rivelerà probabilmente un'impresa ardua, in cui bisogna aspettarsi violenti scontri». D'improvviso i turchi non erano più il nemico schernito e debole. «Non capisco come si possano scovare gli obici mimetizzati senza prendere d'assalto l'altipiano», scrisse Hamilton a Churchill il 14 marzo, mentre attraversava in treno la Francia.

Si avvicinava il momento decisivo, ma le informazioni che giungevano preoccupavano Churchill. Un messaggio di Carden parlava di operazioni di sminamento «insoddisfacenti» a causa del «fuoco intenso». Aggiungeva che non si lamentavano perdite. «Non capisco come un fuoco che non provoca vittime possa ostacolare lo sminamento», fu la sua replica; «due o trecento vittime sarebbero un prezzo moderato per sminare le acque fino allo stretto». Si sapeva, per averne intercettato i radiomessaggi, che i turchi stavano esaurendo le munizioni e che i tedeschi erano così preoccupati da meditare di mandare un sommergibile. «Tutto ciò dimostra che le operazioni ora dovrebbero essere portate avanti con metodo e risolutezza notte e giorno, accettando le inevitabili perdite. Ora il nemico è sotto tensione. Il tempo è prezioso, giacché l'intervento dei sommergibili costituirebbe una seria complicazione».

A riprova della decisione e del senso di urgenza dell'Ammiragliato, Fisher inviò altre due corazzate allo stretto dei Dardanelli. Il 15 marzo stabilì con Hankey di ridurre i rischi dello sminamento utilizzando una cortina di fumo. Gli ultimi telegrammi di Carden sembravano suggerire che i dragamine non riuscivano a svolgere il loro compito a causa del fuoco dei pezzi leggeri turchi che non si riusciva a localizzare. Poteva essere necessario avvicinare alla costa alcune unità navali per trovarli e distruggerli. Churchill, rendendosi conto del pericolo, ordinò a Carden di agire di concerto con Hamilton in «ogni operazione militare su vasta scala che consideriate necessaria». Non c'era tempo da perdere, «ma non vi affrettate oltre il dovuto». Non voleva che l'ammiraglio si «aprisse un varco» prematuramente. Poteva darsi, ammonì, «che un attacco navale costi caro, senza un'azione militare decisiva per impadronirsi dell'altipiano di Kilid Bahr».

Ma Carden decise di non aspettare l'esercito: intendeva scatenare l'attacco il 18 marzo. Due giorni prima dell'attacco informò il ministero che per ragioni di salute era costretto a cedere il comando. Il suo posto fu preso dall'ufficiale in seconda, il contrammiraglio John de Robeck. Churchill telegrafò immediatamente a de Robeck per chiedergli se il piano previsto lo soddisfaceva; «in caso contrario non esitate a dirlo». De Robeck rispose di essere pienamente soddisfatto e che avrebbe seguito il piano di Carden.

Alle 10 e 45 del mattino del 18 marzo de Robeck lanciò l'attacco navale allo stretto dei Dardanelli. Sei corazzate inglesi e quattro francesi entrarono nello stretto e colpirono i forti intermedi con l'obiettivo di aprirsi un varco per entrare nel Mar di Marmara. All'1 e 45 nessuno dei forti attaccati era più in grado di rispondere al fuoco. Era il momento di richiamare le corazzate e mandare avanti i dragamine. Mentre si allontanava, la nave da guerra francese *Bouvet* urtò una mina in un settore lontano dal tratto minato e affondò. Annegarono più di seicento marinai.

De Robeck continuò l'attacco. Fu dato l'ordine di sminare le acque della baia di Kephez e di procedere prima del buio fino a Chanak, ma le mine non avevano terminato la loro opera di distruzione. Poco dopo le quattro del pomeriggio, la corazzata inglese *Inflexible* urtò una mina e una seconda, l'*Irresistible*, cominciò a sbandare e non fu più in grado di manovrare. De Robeck diede subito l'ordine di arrestare l'avanzata. Infine una terza nave, la *Ocean*, urtò una mina mentre cercava di trarre in salvo l'equipaggio dell'*Irresistible*.

Nonostante la perdita di tre navi da guerra, gli Inglesi lamentavano poche vittime: 50 marinai morti e 23 feriti nel corso della giornata. Ma i campi minati non erano stati ripuliti e i cannoni mobili turchi avevano mantenuto il fuoco da entrambe le sponde. Churchill e Fisher ebbero la notizia dell'insuccesso il mattino del 19 marzo. Entrambi erano convinti che de Robeck avrebbe presto lanciato un secondo attacco; «De Robeck è decisamente meglio di Carden», scrisse Fisher a Churchill quel giorno; «dunque la provvidenza è con noi». Il First Sea Lord, sempre pronto all'azione, inviò altre due corazzate a sostegno della squadra di de Robeck; al Consiglio di guerra che si tenne quel giorno dichiarò che era da prevedere la perdita anche di dodici navi. Il Consiglio autorizzò de Robeck a proseguire l'attacco navale «se lo ritiene opportuno». Quindi i ministri discussero la spartizione dell'impero ottomano. Grey auspicò la costituzione di stati arabi indipendenti in Siria, Arabia e Mesopotamia; Kitchener voleva assumere sotto il controllo inglese la Mecca, cuore del mondo islamico.

Il 19 marzo de Robeck telegrafò a Churchill che la squadra era pronta «per un'azione immediata», ma occorreva prima risolvere il problema delle mine galleggianti. Prevedeva che non sarebbe stato difficile. Tuttavia, il 20 marzo il cattivo tempo non permise l'operazione, «essenziale per garantire il successo». Poi de Robeck cambiò idea e il 22 marzo comunicò a Hamilton che prima di provare una seconda volta a superare lo stretto occorreva che l'esercito sbarcasse e distruggesse i forti. Hamilton era ben lieto di poter intervenire, ma osservò che l'ordine di Kitchener era di attendere l'arrivo della 29ª divisione dall'Inghilterra, e ci sarebbero volute ancora tre o quattro settimane.

Il telegramma di de Robeck in cui annunciava la sospensione dell'attacco navale giunse a Londra il mattino del 23 marzo. «Sembra più opportuno preparare uno sforzo decisivo per la metà di aprile, anziché rischiare moltissimo per quella che potrebbe essere una soluzione parziale». Churchill redasse subito un telegramma per sollecitarlo a riattaccare con le sole navi «alla prima occasione favorevole». Avrebbe dovuto «controllare i forti sullo stretto e ripulire i campi minati per poi battere i forti da vicino, prendendo il tempo che occorre, usando gli aeroplani e tutti i sistemi perfezionati di difesa dalle mine». Per sottolineare che il telegramma era opera dei cinque membri del Gruppo di guerra dell'Ammiragliato, concludeva con queste parole: «Non riteniamo sia ancora giunto il momento di rinunciare al piano di forzare i Dardanelli con un'operazione puramente navale». Quindi si recò a Downing Street per mostrare il testo del telegramma. Asquith e Kitchener erano favorevoli a procedere. «Sembra che l'ammiraglio abbia un certo timore», scrisse Asquith a Venetia; «Sono d'accordo con Winston e K che la flotta debba dare un'altra spallata non appena il tempo schiarirà».

Churchill tornò all'Ammiragliato per scoprire che dei cinque membri del Gruppo di guerra i tre più anziani, Fisher e gli altri due ammiragli, non soltanto concordavano con l'intenzione di de Robeck di riprendere l'attacco solo di concerto con l'esercito, ma non erano d'accordo sul telegramma. Rifece quindi la strada fino a Downing Street per chiedere a Asquith l'autorizzazione a spedirlo ugualmente. Ma il primo ministro, pur essendo personalmente d'accordo con quanto scritto e favorevole a un nuovo attacco navale, non voleva scavalcare i tre consiglieri superiori del ministero.

Per un momento Churchill meditò di dimettersi. «Se le mie dimissioni fossero servite a prendere la decisione», avrebbe scritto in seguito, «le avrei date senza un attimo di esitazione». Invece spedì un telegramma personale e segreto a de Robeck chiedendogli di ripensarci ma lasciandolo libero di decidere. Sembrava «molto probabile che non appena si vedrà che le difese dello stretto non sono in grado di fermare la flotta, avrà luogo l'evacuazione generale della penisola; ma in ogni caso le truppe rimastevi sarebbero condannate alla fame o alla resa. Inoltre vi è l'effetto politico dell'arrivo della flotta davanti a Costantinopoli, che è incalcolabile e può rivelarsi assolutamente decisivo». De Robeck non intendeva cambiare idea. «Attaccare lo stretto adesso con la flotta sarebbe un errore», rispose, «in quanto metterebbe in pericolo l'attuazione di un piano migliore e a più ampio raggio». Per avere successo era «essenziale» un'operazione navale e terrestre congiunta.

Churchill quella sera cenò con Asquith. «Ieri sera il primo ministro sembrava dispiaciuto», riferì il mattino seguente a Fisher, «che non si sia dato a de Robeck l'ordine preciso di procedere all'attacco alla prima occasione».

Pertanto de Robeck aspettò che l'esercito fosse pronto a attaccare, sotto il fuoco di copertura delle sue navi. Durante gli sbarchi di truppe che Kitchener aveva previsto per aprile e nel corso dei nove mesi di combattimenti sulla penisola di Gallipoli, la flotta non tentò mai né di ripulire i campi minati né di farsi strada attraverso lo stretto. Tutte le decisioni militari prese successivamente a Gallipoli furono opera di Kitchener o di Hamilton e dei suoi comandanti.

Churchill era diventato uno spettatore di eventi che fino a quel momento aveva sperato di dominare e controllare. Era stato costretto a rinunciare a un piano che avrebbe potuto escludere la Turchia dalla guerra, unire gli stati balcanici contro le potenze centrali e dare alla Russia una linea di comunicazione vitale, con cui rilanciare l'offensiva a oriente e mettere fine allo stallo in Francia e nelle Fiandre, senza che si fossero verificati un disastro navale o gli orrendi massacri che erano una realtà quotidiana sul fronte occidentale, senza che nulla indicasse conclusivamente che un successo navale era impossibile.

13
ISOLAMENTO E FUGA

Più di trent'anni dopo l'insuccesso dell'offensiva dei Dardanelli nel marzo 1915, Churchill scrisse una frase (che fu poi cancellata all'ultimo minuto dalle memorie sulla seconda guerra mondiale) dove affermava che il periodo trascorso all'Ammiragliato dal 1911 al 1915 era stato la sua «età dell'oro». In seguito, benché egli fosse ancora ministro della Marina, «l'età dell'oro» finì. Egli non fu più al centro della scena militare nel governo Asquith; rimase nel Consiglio di guerra e quando se ne presentò l'occasione espresse la sua opinione, ma nelle ultime tre settimane di pianificazione dello sbarco nella penisola di Gallipoli il Consiglio non si riunì, né Kitchener gli fece pervenire i piani che stava elaborando per avere un suo parere o per informarlo.

Nei circoli conservatori e in parlamento correva voce che Churchill, con la sua imprudenza, fosse il responsabile dell'insuccesso dell'attacco navale del 18 marzo. Tali critiche furono le avvisaglie dell'accusa mossagli in seguito di aver trascurato alcune salvaguardie fondamentali, scavalcato i suoi consiglieri e forzato la mano agli ammiragli che guidavano la flotta. La prima accusa specifica fu che non aveva previsto il pericolo delle mine galleggianti. Il 24 aprile egli presentò al Gabinetto a propria difesa gli ordini per Carden del 5 febbraio in cui metteva in guardia proprio contro tali mine e suggeriva come neutralizzarle. Tuttavia, durante l'intero dibattito sui Dardanelli, che iniziò nel corso della campagna e proseguì per oltre mezzo secolo, promemoria e documenti non ebbero mai la stessa efficacia delle voci e delle insinuazioni e non misero fine alla ricerca di un capro espiatorio.

Il 22 aprile giunse a Londra un rapporto del servizio informazioni, filtrato dall'ambasciata austro-ungarica di Costantinopoli, secondo cui i turchi non avevano munizioni sufficienti per respingere altri due attacchi navali come quello del 18 marzo. Incoraggiato, Churchill, dopo essersi consultato con Fisher, inviò a de Robeck un telegramma suggerendo che un nuovo attacco allo stretto poteva ancora aver successo. «Naturalmente siete libero di agire come ritenete opportuno», gli assicurò, «pertanto classifico personale il telegramma, in quanto ci proponiamo solamente di offrire un aiuto e una guida, non di dare un ordine assoluto».

De Robeck non aveva alcun desiderio di tornare sulla decisione del mese precedente di non forzare lo stretto solo via mare. Ora il suo unico compito era di aiutare l'esercito nello sbarco, e a questo si attenne fermamente. La 29ª divisione era finalmente arrivata, sicché il 25 aprile ebbe inizio l'attacco alla penisola di Gallipoli. Più di 30.000 uomini furono sbarcati durante il primo giorno; molti di loro, inchiodati sul litorale dal fuoco delle mitragliatrici turche, si batterono con coraggio per arrivare in cima alle scogliere, riuscendovi ma senza potersi spingere all'interno fino all'obiettivo del primo giorno, l'altipiano che sovrastava i forti turchi sulla sponda europea. Gli sbarchi avvennero in due punti, uno a capo Helles, all'estremità meridionale della penisola e l'altro a Gaba Tepe, più a nord. Per un errore di navigazione, le truppe destinate a Gaba Tepe non furono sbarcate nel punto più basso e più stretto della penisola, dove non c'erano scogliere da scalare, ma più a nord, sotto un'alta cresta che sbarrava la via, dietro cui si ergevano ostacoli ancor più elevati.

In una delle spiagge di capo Helles, la Y, i soldati inglesi, in numero superiore all'intera forza militare turca presente nell'area del capo, dopo essere sbarcati senza incontrare resistenza arrivarono sulla cima della scogliera senza incidenti. Di fronte a loro non c'erano soldati turchi, ma la loro richiesta di istruzioni non ricevette risposta; anziché procedere verso l'interno incontrastati, attesero finché, dopo dodici ore, arrivarono i soldati turchi. Gli inglesi li respinsero e i turchi non tornarono all'attacco. Tuttavia, in mancanza di ordini degli ufficiali superiori, i soldati inglesi furono presi dal panico di fronte all'ignoto e nel giro di tre ore ripercorsero la via fino alla spiaggia, ritornando sulla loro nave.

Dopo cinque giorni di disordine, confusione e combattimenti spesso violenti a Gallipoli, erano state rafforzate le teste di sbarco e prese le alture, ma poco più. A capo Helles la 29ª e la Royal Naval Division non riuscirono a raggiungere il loro primo obiettivo né tantomeno a controllare lo stretto; e nemmeno a Gaba Tepe i soldati australiani e neozelandesi toccarono il primo obiettivo, raggiungere il Mar di Marmara. Un grande esercito aveva preso terra ma non occupava le posizioni necessarie per aiutare la flotta ad attraversare lo stretto. Le fortificazioni turche si trovavano a molte miglia dalle truppe sbarcate e non correvano nessun pericolo di venire attaccate alle spalle.

Data la situazione e non volendo mettere in pericolo l'esercito con un'avanzata navale al di là dello stretto, dopo di che la flotta non sarebbe riuscita a tornare per soccorrerlo, l'11 maggio Churchill decise di non poter fare altro che sollecitare de Robeck a ripulire i campi minati e quindi avanzare fino allo stretto per distruggere i forti. Ma Fisher non approvava quest'azione, per quanto limitata e, irritato, disse che si sarebbe dimesso qualora fosse stata intrapresa un'azione navale prima che «le spiagge siano state effettivamente occupate».

Fisher affidò a Hankey un messaggio verbale per Asquith: avrebbe rassegnato le dimissioni se si fosse decisa un'azione esclusivamente navale. Asquith giudicò queste parole «molto sciocche», ma per cercare di placarlo gli rispose che non si sarebbe intrapresa alcuna azione navale senza il suo «consenso»; anche Churchill cercò di dissuaderlo, scrivendogli quel giorno stesso che non gli avrebbe mai «proposto di "irrompere"" nello stretto dei Dardanelli» e rivolgendosi a lui con un linguaggio appassionato e toccante:

Ora ci troviamo in una posizione assai difficile. Poco importa se è stata colpa mia perché ho tentato o mia sfortuna perché non sono potuto andare fino in fondo; quel che conta è che ora siamo impegnati in una delle più grandi imprese anfibie della storia. Dovete sentirvi coinvolto. Cameratismo, risorse, fermezza, pazienza, tutto sarà necessario in sommo grado per portare avanti l'impresa fino alla vittoria.

Un grande esercito aggrappato per miracolo a un litorale roccioso, di fronte alla potenza armata dell'impero turco sotto la direzione militare tedesca; l'intera flotta eccedente della Gran Bretagna - ogni brandello che si riesce a racimolare - legata a quell'esercito e alle sue fortune fintantoché il conflitto si protrarrà; la comparsa a lungo paventata del sommergibile; le nostre tante necessità e doveri; i vantaggi incommensurabili, probabilmente decisivi per l'intera guerra, che si possono ottenere con un successo: ecco certamente una combinazione e una situazione che richiedono da noi ogni sforzo ed espediente immaginabili che la fantasia ci suggerisca. Vi prego di prestare tutto il vostro aiuto e la vostra buona volontà: in tal modo il successo sarà certo.

Fisher sembrava irremovibile. Il 12 maggio, incontrando per la strada un ufficiale superiore dell'Ammiragliato, gli disse: «Mi sono dimesso e me ne vado». Churchill cercò ancora di dissuaderlo, accettando che la *Queen Elizabeth* lasciasse subito lo stretto; sapeva che la presenza di quella potente corazzata presso i Dardanelli, seppure decisa proprio su suggerimento di Fisher, preoccupava particolarmente l'ammiraglio per la possibilità che arrivassero i sommergibili tedeschi. Durante la sera, alla presenza di Fisher, comunicò a Kitchener che la *Queen Elizabeth* stava per tornare indietro. Kitchener andò su tutte le furie, e dichiarò che era un «abbandono dell'esercito nel momento più critico». Allora Fisher esplose e dichiarò che se la corazzata non fosse stata richiamata quella sera stessa, se ne sarebbe andato immediatamente; Churchill si piegò alla minaccia e telegrafò a de Robeck poco dopo: «La *Queen Elizabeth* deve tornare indietro immediatamente con la massima celerità».

Durante la notte del 12 maggio una torpediniera turca riuscì a uscire da Chanak a macchina indietro e, scivolando destramente lungo lo stretto fino alle posizioni navali inglesi al largo di Sedd-el-Bahr, silurò la nave da guerra *Goliath*; 570 marinai annegarono. Fisher insistette per mandare subito ordini a de Robeck e proibirgli nuove iniziative, ma Churchill sottolineò che se l'ammiraglio intendeva procedere fino allo stretto di concerto con l'esercito, bisognava lasciarlo fare. Non poteva lasciare l'esercito nelle peste.

Il 13 maggio Fisher chiese a Churchill di ordinare a de Robeck di non prendere iniziative indipendenti, ma egli rifiutò, spiegandogli che non poteva accettare di «inviare un telegramma che potrebbe avere l'effetto di paralizzare un'azione navale necessaria a giudizio dell'ammiraglio responsabile sul campo». Acconsentì invece a telegrafare a de Robeck: «Riteniamo che il momento favorevole a un tentativo navale indipendente di forzare lo stretto sia passato e non si ripresenti nelle attuali circostanze». De Robeck aveva adesso il compito di appoggiare le truppe già sbarcate, proteggendo gli approdi e bombardando le difese turche.

Per cercare di fugare una volta per tutte i timori di Fisher, Churchill la sera del 14 maggio trascorse diverse ore con lui a esaminare un elenco di rinforzi che a suo giudizio erano necessari a de Robeck per sostenere l'esercito. Fisher non si oppose; mentre Churchill usciva dalla stanza, un segretario gli sentì dire all'ammiraglio: «Beh, buona notte, Fisher. Abbiamo risolto tutto, ora dovete andare a casa a farvi un buon sonno. Domattina le cose appariranno più rosee e porteremo a termine il nostro compito».

Fisher andò a dormire e Churchill rimase all'Ammiragliato a lavorare. Uno dei telegrammi di de Robeck conteneva la richiesta di altri sommergibili. A fine mese ne sarebbero usciti dai cantieri cinque nuovi e Churchill ne inserì due nell'elenco di rinforzi testé concordato con Fisher, al quale mandò una copia dell'elenco con un appunto, spiegando che non sarebbe stato inoltrato al Gruppo di guerra dell'Ammiragliato prima che egli avesse avuto la possibilità di rivederlo, «per poter discutere eventuali questioni», e aggiungendo in tono conciliante: «Spero sarete d'accordo».

Mezzanotte era passata da un pezzo ed egli andò a dormire. Il giorno seguente, 15 maggio, si recò al ministero degli Esteri per discutere gli ultimi particolari dell'ingresso dell'Italia in guerra e, riattraversata la Horse Guards Parade fino all'Ammiragliato, si vide venire incontro il suo segretario privato James Masterton-Smith, che gli disse: «Fisher si è dimesso, e questa volta credo che faccia sul serio». Gli consegnò una lettera dell'ammiraglio che cominciava con le parole: «Non mi è più possibile continuare a essere vostro collega». Non intendeva entrare in particolari e si limitava a scrivere: «Mi è sempre più difficile adeguarmi alle crescenti iniziative quotidiane per i Dardanelli conformandomi alla vostra opinione». Anche se non lo diceva, il punto di rottura erano stati evidentemente i due sommergibili; la lettera si concludeva così: «Parto immediatamente per la Scozia onde evitare ogni questione».

Si profilava una crisi politica. Asquith pregò Churchill di scrivere a Fisher per placarlo ed egli lo fece. «La sola cosa cui pensare adesso», gli scrisse, «è quale sia la soluzione migliore per il nostro paese e per i prodi che stanno combattendo. Tutto ciò che va a detrimento di tali interessi sarà giudicato assai severamente dalla storia, sul cui palcoscenico oggi ci troviamo». Quanto alla causa specifica che lo aveva spinto a dimettersi, non la capiva. «In caso contrario potrei ovviare. Quando ci siamo lasciati ieri sera pensavo fossimo d'accordo». I rinforzi che proponeva per de Robeck «mi sembravano corrispondere alle vostre opinioni, e in ogni caso erano da discutere tra noi».

Senza che né Lloyd George né Churchill ne avessero avuto sentore, Asquith viveva una profonda crisi personale. Due giorni prima Venetia Stanley gli aveva detto che si sarebbe sposata ed egli l'aveva pregata di continuare a scrivergli, ma invano. Rimasto per un momento solo dopo un colloquio con Lloyd George, le scrisse: «Mai, da quando è cominciata la guerra, ho accumulato tante inquietudini (non più condivise!)», aggiungendo che «uno degli aspetti più infernali di questi giorni affatto infernali era che tu sola tra tutti – colei alla quale mi sono sempre rivolto in ogni momento di tensione e di pena, e dalla quale mi sono sempre congedato confortato, guarito e ispirato – eri colei che non poteva fare nulla e a cui non potevo chiedere nulla. Fino a che avrò vita, questo sarà il ricordo più amaro della mia vita».

Asquith doveva decidere se far entrare i conservatori nel governo, mettendo fine a quasi un decennio di predominio liberale sulla vita politica britannica, e ripartire i poteri decisionali. «Sto per prendere le decisioni più stupefacenti e sconvolgenti – decisioni che mai avrei preso senza il tuo consiglio e il tuo consenso», scrisse a Venetia. «Mi sembra così strano, vacuo e innaturale».

Churchill non vedeva la necessità di cedere alle pressioni dei conservatori. Poteva contare su un nuovo Consiglio di ministero e quella sera aveva scritto un discorso per il parlamento per descrivere e difendere punto per punto il modo in cui aveva diretto l'Ammiragliato, sullo stretto dei Dardanelli e altrove, spiegando i rapporti con Fisher e perché questi si era dimesso. Recatosi in tutta fretta nello studio di Asquith alla Camera dei Comuni, chiese che gli fosse concesso difendere se stesso e il governo e richiamare l'opposizione. Quindi elencò i nomi dei membri del suo nuovo consiglio. Ma non aveva ancora terminato che Asquith gli disse: «No, non va bene. Ho deciso di formare un governo nazionale di coalizione con gli unionisti, e sarà necessaria una ricostruzione molto più ampia».

Churchill rimase stupefatto, tanto più quando Asquith gli domandò: «Che cosa dobbiamo fare di te?» Capì di colpo che i suoi giorni al ministero della Marina erano finiti: Asquith era deciso a scongiurare una crisi parlamentare. Inoltre Lloyd George intendeva ricavare il massimo profitto dal desiderio dei conservatori di entrare nel governo. Troppe erano le questioni su cui l'opposizione, se avesse voluto, avrebbe potuto creare seri fastidi, per esempio su un rapporto largamente pubblicizzato tre giorni prima sulla scarsità di proiettili per l'artiglieria in Francia.

Asquith, per evitare che la sua posizione fosse messa in discussione, aveva deciso di invitare i conservatori a entrare non solo nel governo ma anche nel Consiglio di guerra. I dirigenti conservatori erano ben lieti di vedersi offrire finalmente un ruolo nella conduzione politica e strategica della guerra. Non avevano più ragione di sfidare pubblicamente ogni aspetto della politica bellica liberale, ma posero una condizione: che Churchill lasciasse il ministero della Marina. Dieci anni di ostilità tory stavano per ricevere soddisfazione; l'uomo che aveva redarguito Brodrick nel 1901, ridicolizzato Balfour nel 1904, insultato Milner nel 1906, deriso Lansdowne nel 1910 e denunciato Carson nel 1914 sarebbe stato costretto a lasciare la sua carica.

Asquith chiese a Churchill se intendeva assumere un'altra carica nel nuovo governo o se preferiva «un comando in Francia»; prima che egli potesse rispondere, entrò Lloyd George, il quale propose: «Perché non mandarlo al ministero delle Colonie? C'è molto lavoro da sbrigare». Churchill era indignato; voleva un dicastero che gli consentisse di avere voce in capitolo nella conduzione della guerra. L'offerta del ministero delle Colonie, che in tempo di pace era una delle massime cariche dello stato, era una retrocessione e un insulto.

Ormai i suoi giorni al ministero della Marina erano finiti. La più parte dei commentatori pensava che si fosse parimenti conclusa la sua carriera, ma il direttore dell'«Observer», J.L. Garvin, parlò di lui con fiducia: «È giovane. Ha un coraggio da leone. Nessun nemico, per quanto numeroso, può sconfiggere la sua abilità e la sua forza. Verrà l'ora del suo trionfo».

Per riposarsi nei fine settimana, Churchill aveva preso una casa in campagna, Hoe Farm presso Godalming, una casa colonica Tudor ristrutturata, sita in una valletta isolata. «È davvero una valle magnifica», scrisse a suo fratello, «e il giardino risplende dei gioielli dell'estate. Viviamo con molta semplicità, ma con tutte le cose essenziali, beninteso, a disposizione: acqua calda, champagne freddo, piselli freschi e brandy invecchiato». In uno di quei fine settimana sua cognata Lady Gwendaline andò a trovarlo portando un cavalletto e i colori ed egli ne rimase affascinato. Vedendo che la osservava dipingere, ella si domandò se non fosse possibile attenuare la sua depressione incoraggiandolo a fare altrettanto; gli suggerì quindi di usare gli acquerelli dei suoi figli e gli insegnò i rudimenti della pittura. Non appena si concentrava sulla tela, Churchill sembrava dimenticare i suoi crucci: aveva trovato il modo di alleviare le tensioni e la depressione.

Una settimana dopo invitò a Hoe Farm Hazel Lavery, moglie del pittore Sir John Lavery e appassionata pittrice lei stessa. Il giorno in cui arrivò, il suo ospite era già davanti al cavalletto, acquistato durante la settimana insieme con colori a olio, tavolozza, trementina e pennelli. Si era prefisso di ritrarre il panorama davanti alla casa: il viale, lo stagno, i cespugli nello sfondo, gli alberi e il cielo. In seguito ricordò che la sua visitatrice era scesa dall'automobile e, vedendolo di fronte al cavalletto, aveva esclamato: «Dipingi! Ma perché esiti? Posso prendere il pennello più grosso?»; quindi «lo immerse nella trementina, lo agitò dentro l'azzurro e il bianco, pasticciò freneticamente sulla tavolozza (non più immacolata) e quindi vibrò alcune grandi sferzate e fendenti di blu sulla tela indifesa. E la tela non seppe reagire. La gaia violenza non fu vendicata».

Lady Lavery aveva fatto un buon lavoro. «La tela sorrideva impotente davanti a me», scrisse Churchill. «L'incantesimo era rotto. Le mie timide inibizioni svanirono, afferrai il pennello più grosso e mi gettai sulla mia vittima con cieca ira. Da allora non ho più avuto paura davanti a una tela».

Edward Marsh, che aveva seguito Churchill anche nel suo nuovo incarico affatto secondario al ducato di Lancaster, e che gli era a fianco oramai da quasi dieci anni, dai tempi del ministero delle Colonie, assistette a quei primi esperimenti di pittura. Quella «nuova passione», avrebbe scritto, «era una distrazione e un sedativo che diede una certa serenità al suo spirito frustrato». Il ministero del Tesoro aveva assegnato a Churchill una camera al 19 di Abingdon Street, di fronte alla Camera dei Lord; gli era stato concesso di tenere al proprio servizio sia Marsh sia il suo stenografo all'Ammiragliato, Harry Beckenham; tuttavia egli era profondamente frustrato, sentimento che si acuì ai primi di luglio quando chiese ad Asquith di poterlo accompagnare nell'imminente dibattito ministeriale sulla strategia alleata a Calais e ricevette un rifiuto.

Il 15 luglio Churchill confidò a un giovane amico liberale, Sir Archibald Sinclair, con cui aveva condiviso prima della guerra la passione per il volo e che era di stanza sul fronte occidentale come ufficiale di fanteria: «Non voglio una carica, ma solo contribuire a condurre la guerra». Ma non credeva che l'avrebbe mai ottenuto. «Qualsiasi altra cosa, ma non questa. Almeno così mi sembra nei momenti di depressione»; quindi gli confessò: «Sono profondamente turbato e non riesco a usare il mio talento. Non ho dubbi su quest'ultimo. Non credo che i miei giudizi siano stati smentiti né che la prosecuzione decisa della mia linea d'azione, nonostante tutti i rischi inevitabili, fosse sbagliata. Rifarei ogni cosa, qualora se ne ripresentassero le circostanze. Ma mi trovo di fronte al problema di far trascorrere giorni di ventiquattr'ore ciascuno: e di dover distogliere la mente dalla faccenda complicata che avevo in mano, che era la mia vita».

Nel corso del mese di ottobre il Comitato sui Dardanelli discusse se evacuare la penisola di Gallipoli. L'incapacità di pervenire a una decisione irritava fortemente Churchill: «I soldati che vengono mandati a morte hanno diritto a un piano, oltre che a una causa», scrisse in un promemoria che alla fine decise di non diffondere. Il 20 ottobre presentò ai colleghi la proposta di usare l'iprite in un estremo tentativo di travolgere le difese turche; dato il massacro perpetrato dai turchi a danno degli armeni, nonché l'assassinio di molti soldati inglesi dopo che avevano cercato di arrendersi, sperava «che venga meno l'assurdo pregiudizio contro il nostro ricorso al gas contro i turchi». Bisognava spedire «senza indugio» a Gallipoli grandi quantitativi di gas. La stagione invernale sullo stretto dei Dardanelli era accompagnata spesso da venti sudoccidentali «che fornirebbero un'opportunità perfetta per l'uso del gas».

Il suo suggerimento fu ignorato, al pari della richiesta del servizio militare obbligatorio e del consiglio, che diede in via privata ad Asquith, di mettere a capo del ministero della Guerra Lloyd George al posto di Kitchener, al fine di garantirne una conduzione più efficiente. A fine ottobre, di fronte alle critiche pubbliche sull'inefficienza del governo, analoghe a quelle espresse ripetutamente da Churchill nel chiuso del Gabinetto, Asquith annunciò che avrebbe sostituito il Comitato sui Dardanelli con un consiglio ridotto a tre persone: lui stesso, Kitchener e Balfour. Churchill, che non era a capo di un dicastero, non disponeva più di una sede riservata in cui esprimere le sue opinioni. Hankey suggerì a Asquith di mandarlo in missione in Russia «per migliorare le comunicazioni con Archangel e Vladivostock per l'importazione di fucili e munizioni», ma non se ne fece nulla. Durante la settimana Churchill prospettò nuovamente la possibilità di istituire un dipartimento per la guerra aerea, ma neppure questo suggerimento andò a buon fine sicché il 30 ottobre rassegnò le dimissioni, spiegando ad Asquith che il nuovo sistema di conduzione della guerra «mi impedisce di rendere un servizio utile».

Sperando che Asquith avrebbe difeso il suo operato nella campagna dei Dardanelli in occasione della relazione alla Camera dei Comuni il 2 novembre, gli fece pervenire un incartamento con il materiale documentario; tuttavia Asquith, pur difendendo l'operazione in generale, non utilizzò il materiale che gli aveva fornito né lo difese dall'accusa principale che gli era stata mossa, di aver scavalcato i suoi consiglieri navali.

Era diventato insomma il capro espiatorio dell'insuccesso dei Dardanelli anche per il periodo successivo al suo allontanamento dal ministero, nel quale non era più stato responsabile della flotta, e perfino delle operazioni terrestri di competenza di Kitchener, sicché non volle restare in Inghilterra. Il 6 novembre chiese a Asquith di nominarlo governatore generale dell'Africa orientale britannica e comandante in capo delle forze di stanza nella regione. Bonar Law, sorprendentemente, appoggiò la sua richiesta, spiegando ad Asquith: «Siamo afflitti dalla scarsa intelligenza dei comandi superiori». Ma Asquith rifiutò. L'11 novembre fu creato un nuovo Gabinetto ristretto di cui avrebbero fatto parte cinque e non tre membri, ma Churchill non sarebbe stato tra loro. Il giorno stesso spedì ad Asquith una seconda e definitiva lettera di dimissioni. Non se la sentiva, in un momento del genere, di accettare «un'inoperosità ben retribuita». Aveva la coscienza pulita e questo gli permetteva di assumere serenamente la responsabilità di quanto accaduto. «Il tempo renderà giustizia alla mia amministrazione dell'Ammiragliato e mi attribuirà la parte che mi spetta nella lunga serie di preparativi e operazioni che ci hanno assicurato il controllo dei mari».

Dopo quasi un decennio di incarichi ministeriali veniva estromesso dal governo: finivano così dieci anni di vita passati tra Whitehall e Downing Street, trascorsi in riunioni di Gabinetto e con funzionari pubblici. Era ancora deputato, ma sapeva quanto poco contava il parlamento in tempo di guerra. In una dichiarazione personale del 15 novembre, disse alla Camera che desiderava fossero pubblicati tutti i documenti sulla sua conduzione del ministero e, a proposito dei Dardanelli, affermò che se Fisher non aveva approvato l'operazione, «era suo dovere negare il suo consenso». Non aveva avuto da Fisher «né la guida sicura prima dell'evento né in seguito il fermo sostegno che avevo il diritto di aspettarmi».

Durante tutto l'anno passato, dichiarò, «ho dato al governo sempre lo stesso suggerimento: non intraprendere alcuna operazione in occidente che ci costasse più vite umane che al nemico; in oriente, che si prendesse Costantinopoli, con le navi se possibile, via terra se necessario; prenderla con qualunque piano, militare o navale, approvato dai vostri esperti militari, ma prenderla e presto, finché ne restava il tempo». Era fiducioso sull'esito finale del conflitto: «Ora stiamo attraversando un brutto momento, e forse peggiorerà ulteriormente prima che le cose vadano meglio: e andranno meglio, se solo terremo duro e persevereremo: non ho dubbio alcuno».

La caduta di Churchill, ché tale fu, spinse Bonar Law a dichiarare alla Camera dei Comuni: «Ha i difetti delle sue qualità, e queste sono grandi, così come grande è l'ombra che proiettano; ma dichiaro a ragion veduta che egli, per facoltà intellettive e energia vitale, è uno degli uomini più eminenti del nostro paese».

L'ex ministro aveva deciso di raggiungere il suo reggimento in Francia e prima di partire diede un piccolo pranzo di commiato al 41 di Cromwell Road. Tra i presenti c'era Violet, la figlia di Asquith, che avrebbe in seguito ricordato: «Clemmie era mirabilmente calma e coraggiosa, il povero Eddie tratteneva le lacrime, tutti noialtri cercavamo di "fare buon viso" e mascherare l'oppressione. Solo Winston era allegro e in gran forma».

Il mattino del 18 novembre, indossata l'uniforme di maggiore degli Oxfordshire Hussars della Regina, Churchill partì da Londra per il fronte occidentale. Clementine gli aveva dato un piccolo cuscino per rendergli più comode le notti. Quella sera Masterton-Smith le scrisse dall'Ammiragliato: «Egli ha lasciato, a quelli di noi che hanno condiviso la sua vita qui, un ricordo ispiratore di grande coraggio e instancabile operosità, e porta con sé nelle Fiandre tutto ciò che possiamo dargli: il nostro migliore augurio».

«Non sono partito per disinteressarmi della situazione generale», scrisse Churchill a Curzon tre settimane dopo, quando seppe della decisione di evacuare lo stretto dei Dardanelli, «né perché temessi il fardello o la disgrazia, ma perché ero e sono certo che per il momento non sono di nessuna utilità e potrò rendermi nuovamente utile solo dopo essermi manifestamente fatto da parte, forse per un periodo prolungato. Se avessi intravisto la minima possibilità di riuscire a influenzare gli eventi, sarei rimasto».

14
IN TRINCEA

Il 20 novembre Churchill si unì al 2° battaglione delle Grenadier Guards in partenza per un turno di dodici giorni in trincea, con un'alternanza di 48 ore al fronte e 48 nelle retrovie. Trascorse la prima notte poco a nord di Neuve Chapelle, al quartier generale del battaglione al fronte: «Rovine polverizzate chiamate Ebenezer Farm». Durante la sera «fu portato dentro il corpo di un granatiere, che rimase in attesa di sepoltura nella fattoria in rovina fino al giorno seguente».

La diffidenza degli ufficiali nei confronti del nuovo venuto era forte, ma svanì rapidamente. Le condizioni di vita nel battaglione, scrisse a sua moglie, «seppure dure non sono malsane e non c'è sicuramente nulla di cui lamentarsi, salvo il freddo ai piedi». Il cuscino che gli aveva dato era «una comodità e una consolazione». Il secondo giorno si trasferì da Ebenezer Farm in un rifugio in una delle trincee avanzate. Qui non correva maggiori pericoli che al quartier generale, si affrettò a rassicurarla, «perché si evita di andare da una trincea all'altra in un settore in cui fioccano le pallottole vaganti».

Il suo primo turno di 48 ore in trincea gli fece conoscere un mondo di cui avrebbe vissuto i disagi e i pericoli per quasi sei mesi. «Sudiciume e macerie dappertutto», scrisse a Clementine la seconda notte, «tombe scavate nelle difese e disseminate in modo casuale, piedi e indumenti che affiorano dalla terra, acqua e melma da ogni parte; e in questo scenario, in un abbagliante chiaro di luna, appaiono e transitano frotte di enormi pipistrelli, con l'incessante accompagnamento di fucili e mitragliatrici e il velenoso miagolio e ronzio di pallottole che passano sopra la testa». In un ambiente del genere, rifletteva, «ho trovato una felicità e una soddisfazione quali non ho conosciuto per mesi e mesi».

Il governo di Londra aveva deciso frattanto di evacuare la penisola di Gallipoli. Hankey, che al pari di Churchill si era sempre battuto per andare fino in fondo, scrisse nel diario che a suo giudizio la decisione era «assolutamente sbagliata», aggiungendo: «Da quando Churchill ha lasciato il Gabinetto e il Consiglio di guerra ci è più che mai mancato il coraggio».

Churchill rimase cinque giorni in tutto con le Guards, passando altre 48 ore nelle trincee in prima linea, durante la stagione dei venti freddi e umidi, della pioggia, del nevischio, della neve. In meno di una settimana due uomini erano caduti, altri due erano morti per le ferite riportate e otto erano stati feriti. «Se il mio destino non si è già compiuto», scrisse alla moglie il 28 novembre dalle retrovie, «sarò sicuramente risparmiato. In caso contrario, non vi è nulla di cui Randolph dovrà vergognarsi in ciò che ho fatto per il paese».

Ritornò quindi nel rifugio al fronte, che era alto appena un'ottantina di centimetri. Il comandante della compagnia, cui era destinato il rifugio, in una lettera ai suoi scrisse che Churchill aveva accettato la melma e la scarsità di spazio «con grande allegria, e ci siamo divertiti. Ha dimenticato il retaggio politico di Lord Randolph e, ne sono certo, dà molto più peso agli istinti militari che gli sono stati trasmessi dal grande duca di Marlborough, con il risultato che si sottopone rigidamente alla disciplina e saluta l'ufficiale comandante in giro d'ispezione non meno prontamente di tutti noi. È un mondo strano».

Churchill trascorse in quel rifugio gran parte del giorno del suo 41° compleanno. «C'è stato un bel bombardamento», scrisse a Clementine, «e per circa tre ore le trincee sono state bombardate con un paio di granate al minuto. Ho goduto di una vista magnifica di tutto lo spettacolo. Schegge e frammenti cadevano molto vicini (qualche centimetro), ma solo due soldati della compagnia sono rimasti feriti. Però erano tutti molto felici quando ci hanno dato il cambio, e al nostro ritorno hanno festeggiato il mio compleanno con un pranzo pieno di allegria».

Trascorse gli otto giorni seguenti con il battaglione nelle retrovie, a Merville, fuori dalla portata dell'artiglieria tedesca. Il 1° dicembre tornò al quartier generale francese di Saint-Omer, dove divertì i presenti definendosi «il capro espiatorio che non ha espiato». Saputo della probabile evacuazione di Gallipoli, dichiarò che se avesse avuto luogo sarebbe ritornato alla Camera dei Comuni per denunciare i suoi ex colleghi; inoltre, parlando della sua posizione nel Comitato sui Dardanelli tra maggio e novembre, affermò: «Ero uno dei servitori di Sua Maestà, ma non uno dei principali». Uno dei presenti osservò: «Non ha perduto nulla in trincea, neppure la sua brillante abilità di parlatore».

L'8 dicembre Clementine si recò nella sede dell'Ammiragliato dove, con l'aiuto di Masterton-Smith, fu messa in contatto telefonico con il marito che si trovava a Saint-Omer, il quale fremette udendo la sua voce ma, spiegò nella lettera successiva, poiché nella stanza c'era un ufficiale di stato maggiore, «non ho potuto dire molto e ho persino temuto che tu potessi trovarmi brusco».

«Ci sono tante cose che vorrei dirti, ma non si possono gridare dentro un freddo ricevitore», gli scrisse Clementine il giorno seguente. Erano passati sei mesi dall'ultima volta che era stata all'Ammiragliato, e mentre era là, dal vecchio studio del marito era uscito Hankey, che le aveva detto: «In questi momenti di inquietudine e difficoltà, mi mancano il coraggio e il potere di decidere che erano di vostro marito».

Il giorno di Capodanno del 1916 Churchill seppe che gli sarebbe stato affidato il comando del 6th Royal Scots Fusiliers, un battaglione della 9ª divisione. Quella sera cenò a Merris con gli ufficiali della 9ª. «Gran parte dello stato maggiore», scrisse a sua moglie, «l'ho conosciuto mentre facevo il soldato da qualche parte; abbiamo passato una serata piacevole». Dei dodici colonnelli che comandavano altri battaglioni della 9ª divisione, uno era stato con lui a Harrow e Sandhurst e diversi erano stati al suo fianco in varie campagne militari. Il comandante del genio militare della 9ª, maggiore Hearn, era stato con Churchill a Malakand ed è così descritto in una sua lettera alla moglie: «Un mio conoscente indiano grasso, sagace, placido, assennato».

Quanto al battaglione, egli le raccontò che aveva subìto perdite così pesanti nella battaglia di Loos che solo uno degli ufficiali era un soldato regolare, per di più diciottenne, unitosi al battaglione pochi mesi prima; gli altri erano volontari, gente che aveva svolto qualche professione in Scozia prima della guerra e per lo più priva di esperienza della guerra di trincea prima di arruolarsi. Avrebbe avuto a disposizione solo due settimane «per dargli coesione e assumerne il controllo». In questo compito sarebbe stato aiutato da un giovane amico liberale, Archibald Sinclair, che era riuscito a farsi assegnare come vicecomandante.

Il 4 gennaio ricevette in forma ufficiale il nuovo comando, con il grado di tenente colonnello, e il giorno seguente si trasferì da Saint-Omer al paese di Moolenacker, a dieci miglia dal fronte, dove il battaglione aveva gli alloggi di retrovia. La notizia del suo arrivo provocò «un moto di ribellione», avrebbe ricordato un giovane ufficiale: non si poteva spedire in qualche altro battaglione il politico caduto? Quando arrivò, un altro ufficiale osservò lo «stupore» del battaglione alla vista di uno «strano congegno» che si era portato dietro: «Un lungo bagno e una caldaia per l'acqua».

Il pomeriggio stesso Churchill convocò i suoi ufficiali e rivolse loro queste parole: «Signori, stiamo per dichiarare guerra... ai pidocchi». Poi, come raccontò un ufficiale, tenne «un tale discorso sul *pulex europaeus*, le sue origini, sviluppo e natura, il suo habitat e la sua importanza come fattore nelle guerre antiche e moderne, da lasciare a bocca aperta di fronte a tanta erudizione del suo autore». La conferenza non era che l'inizio; non appena si fu conclusa, egli creò una commissione di comandanti di compagnia per concertare le misure atte a «sterminare completamente i pidocchi nel battaglione». La nuova commissione di Churchill, diversamente dal Comitato sui Dardanelli di cui aveva fatto parte non molto tempo prima, agì unanime per un obiettivo ben determinato. Fu consultato anche l'ufficiale francese di collegamento con la divisione. A Bailleul furono scovati e portati a Moolenacker, per la disinfestazione collettiva, tini inutilizzati per la produzione della birra. «Fu un momento grandioso, e per Dio funzionò», raccontò un ufficiale. Anche il francese Émile Herzog ne fu impressionato; in seguito, con lo pseudonimo di André Maurois, sarebbe diventato un romanziere e storico illustre.

Per due settimane, con l'aiuto degli ufficiali del suo quartier generale, Churchill addestrò i soldati in attesa di tornare in trincea; era trascorsa solo una settimana da quando avevano lasciato le trincee di Ypres. Durante il primo giorno passato interamente a Moolenacker scrisse a Clementine che gli ufficiali erano «tutti scozzesi del ceto medio, assai coraggiosi, volenterosi e intelligenti, ma naturalmente tutti alquanto digiuni di vita militare. I veterani e i soldati regolari sono caduti tutti». Gli uomini erano «pieni di energia e di vita e penso che sarò un aiuto per loro». La sua determinazione ebbe successo: «Dopo un periodo molto breve», avrebbe scritto in seguito il giovane ufficiale Jock MacDavid, «aveva elevato il morale di ufficiali e soldati a un livello quasi incredibile: vera e propria personalità. Ridevamo di un sacco di cose che faceva, ma di altre non ridevamo perché sapevamo che erano sensate». Nessun particolare della vita del soldato, per quanto piccolo, era per lui trascurabile. La disciplina e le piccole comodità gli stavano ugualmente a cuore: «Anziché gettare un rapido sguardo a ciò che veniva fatto, si fermava a parlare con ognuno, studiando fino in fondo ogni attività».

«Non ho mai visto un ufficiale darsi tanta pena per cercare di ispirare od ottenere fiducia», scrisse MacDavid, che avrebbe combattuto sul fronte occidentale fino all'agosto 1918. «Per la verità ispirava fiducia conquistandola». Ma la sua serenità era scossa di continuo dalla lettura quotidiana dei giornali. Le notizie dall'Inghilterra suscitavano considerazioni amare. «Ogni qual volta la mia mente non è occupata dal lavoro», scrisse a Clementine il 10 gennaio, «avverto profondamente quanto sia stato trattato in modo ingiusto il mio lavoro all'Ammiragliato. Non riesco a farne a meno, per quanto ci provi. E poi i maledetti errori che hanno mandato a monte l'impresa dei Dardanelli e sciupato invano tante vite e opportunità invocano a gran voce un castigo; se sopravvivo verrà il giorno in cui lo dirò pubblicamente».

«Vorrei tanto poterti consolare», gli rispose Clementine. «Più tardi, quando sarai in pericolo nelle trincee, sarai tranquillo e soddisfatto, mentre io che sono ora relativamente serena proverò un'ansia mortale. Cerca di non pensare troppo; mi dispiacerebbe tanto che il tuo animo per natura aperto e non diffidente si inasprisse. La pazienza è la sola grazia di cui hai bisogno». Aveva fiducia nel suo futuro politico: «Se non verrai ucciso riavrai quanto ti spetta, quanto è vero che il giorno segue la notte».

Dopo una settimana di marce, esercitazioni e ispezioni, disciplina di trincea, esercitazioni con le maschere antigas e con i fucili e le granate alla fattoria di Moolenacker, seppe che avrebbero passato un'altra settimana in retrovia. «Mi dispiace di questo nuovo rinvio», scrisse a sua moglie, «perché una guerra senza azione è davvero una cosa deprimente. Ma questi ragazzi ne sono ovviamente felici». Gli uomini erano contenti anche del suo atteggiamento nei riguardi della disciplina. Saputo alla prima domanda che un piantagrane che aveva di fronte aveva combattuto a Loos, lasciò cadere le accuse contro di lui. Gli ufficiali non gradivano tanta clemenza ma Robert Fox, un mitragliere ventenne che aveva combattuto anch'egli a Loos, scrisse che «Churchill era scrupolosamente giusto con chiunque comparisse davanti a lui per qualche accusa». Lo aveva sentito controinterrogare un sergente che gli aveva condotto un soldato reo di qualche malefatta «con tutta l'abilità di un avvocato in tribunale. La deposizione non lo soddisfece, sicché lasciò cadere l'accusa».

«Ho ridotto le punizioni per quantità e metodo», scrisse a Clementine il 16 gennaio. Inoltre, come già quando era stato ministro dell'Interno, si preoccupava di offrire svaghi a coloro la cui vita era confinata o reclusa. Quella sera organizzò una giornata di sport e un concerto per i soldati. «Penso che abbiano più bisogno di cure e incoraggiamenti che di un sergente istruttore». Offrì loro corse di muli, battaglie coi cuscini, corse a ostacoli, seguite da un concerto. «Non hai mai sentito niente del genere. La gente cantava con grande coraggio, ma non aveva la minima idea né delle parole né della melodia». Al concerto seguì un banchetto durante il quale gli uomini lanciarono un urrà per Clementine. «Poveri diavoli», le scrisse, «nulla del genere era mai stato fatto prima per loro. Non ci vuole molto per rallegrare la loro esistenza, per quanto breve possa essere».

Il 23 gennaio, ultimo giorno a Moolenacker prima di tornare in trincea, invitò a pranzo gli ufficiali all'albergo della stazione di Hazebrouck. Il giorno seguente si trasferirono nel paese di La Crèche, ove rimasero due giorni. «Tra breve saremo faccia a faccia con i tedeschi», scrisse a suo figlio Randolph di quattro anni, «e allora gli spareremo cercando di ucciderli. Questo perché hanno fatto una cosa ingiusta, provocando questa guerra e tutte queste sofferenze».

Il 6° Royal Scots Fusiliers aveva il compito di difendere un settore di mille metri del fronte nel paese belga di Ploegsteert, che nel gergo dei soldati era diventato «Plug Street». Trattandosi di fanteria, restavano sei giorni nelle trincee al fronte e sei giorni nelle immediate retrovie. Giungendo nel nuovo quartier generale in retrovia, un ospizio del paese di proprietà delle suore di Sion, Churchill fu lieto, così raccontò a Clementine il 26 gennaio, di incontrare le suore, che gli dissero di aver «salvato questo angolo del Belgio dai tedeschi». Dietro l'ospizio «un pezzo da campo inglese abbaia come uno spaniel a brevi intervalli. Ma donne e bambini vivono ancora in questa cittadina e se la ridono quando una granata cade nella vecchia chiesa». Quella sera convinse le suore «a preparare per noi la loro squisita minestra: così per ora ci siamo liberati della solita roba condensata».

Doveva occupare il settore assegnatogli poco prima dell'alba del 27 gennaio. «Sta' sicura che dalle Alpi al mare non ci sarà settore del fronte meglio difeso», scrisse a Clementine. «Sarà sorvegliato con la stessa cura con cui è stata mobilitata la flotta». Convocati gli ufficiali dalle fattorie in cui erano alloggiati, spiegò loro il suo codice di comportamento: «Non siate incuranti di voi stessi, né d'altro canto troppo prudenti. Conservate un paio di stivali per dormire e usateli nel fango soltanto per un'emergenza reale. Usate l'alcol con moderazione ma non fate troppo sfoggio di bottiglie nei vostri rifugi. Vivete bene ma senza ostentazione. Cercate di ridere e insegnate ai vostri uomini a fare altrettanto, a conservare un grande buon umore sotto il fuoco: la guerra è un gioco da giocare col sorriso. Se non ci riuscite, sogghignate, e se neppure questo vi riesce, tenetevi alla larga finché non ci sarete riusciti».

Il quartier generale al fronte era una piccola fattoria demolita dalle granate, a metà strada tra l'ospizio e le trincee, in cui Churchill aveva una stanza per sé. C'era anche un granaio circondato di sacchetti di sabbia, dove rifugiarsi quando cominciava un bombardamento. Laurence Farm, così fu chiamata, sarebbe stata la sua casa per tutti i turni di sei giorni al fronte. Durante il primo giorno passò tre ore nelle trincee «per stabilire tutte le migliorie da farsi». La sera spedì a sua moglie l'elenco dei prodotti alimentari necessari: «Grosse fette di carne conservata, formaggio stilton, panna, prosciutto, sardine, frutta secca; potresti anche mandare un grande pasticcio di carne, ma niente roba in scatola. Più è semplice meglio è, e anche sostanzioso, dato che la nostra razione di carne è tigliosa e insipida».

Nei tre mesi e mezzo che visse al fronte nessuna offensiva, inglese o tedesca, minacciò la linea. Però il bombardamento tedesco era incessante e il fuoco di mitragliatrici e fucili rappresentava un pericolo continuo. Nei primi due giorni a Laurence Farm, e nei successivi turni di sei giorni, il rischio di essere uccisi o feriti fu costante. I sei giorni in retrovia, all'ospizio, erano relativamente sicuri, nonostante il cannoneggiamento intenso di una batteria inglese a poche centinaia di metri. «L'artigliere, in particolare il *boche*, è una creatura abitudinaria», scrisse a Clementine, «e si attacca al bersaglio di cui si innamora. I cannoni sono così precisi che bastano poche centinaia di metri per essere al sicuro, o quasi».

Aveva ancora con sé il bagno portatile e la caldaia per l'acqua, che gli fornivano «la prima delle comodità». Volendo cibi decenti, spedì Émile Herzog «a reperire carne fresca di montone (sono stufo di manzo congelato e duro)», nonché verdure e latticini. Aveva anche «sedotto le suore (non spaventarti)» perché si dedicassero all'attività culinaria. Ma le comodità potevano finire bruscamente. «Avevo appena fatto un magnifico bagno caldo», scrisse a Clementine dopo essere tornato all'ospizio il 29 gennaio, «il migliore da un mese, e mi sentivo davvero deliziosamente pulito quando, d'improvviso, una tremenda esplosione sopra la testa e mi ritrovo coperto di fuliggine, spinta fuori dal camino dall'onda d'urto di una granata che questi distratti *boches* hanno sparato troppo corta e che è esplosa sopra il tetto, distruggendo le finestre e insozzandomi! Beh, è un mondo ben strano e posso dire di averne visto un bel po'».

A febbraio passò un solo turno di sei giorni a Laurence Farm nelle trincee di prima linea. Quando calava l'oscurità attraversava il filo spinato per ispezionare nella terra di nessuno le postazioni avanzate del battaglione, situate nei crateri prodotti dalle bombe tra i due eserciti. Una sera, mentre si avvicinava a uno dei crateri con i suoi ufficiali, un mitragliere tedesco aprì il fuoco. «Ci tuffammo tutti al riparo nel cratere, che divenne alquanto sovraffollato», avrebbe poi ricordato un ufficiale, «e perciò dovemmo restare rannicchiati. Improvvisamente dal fondo del buco apparve un bagliore accecante e subito dopo l'ordine soffocato dell'ufficiale comandante, "spegnete quella maledetta luce!". Ci mise qualche secondo a capire che, rannicchiandosi, aveva premuto il pulsante della sua lampada per segnalazioni, quindi rimediò prontamente».

A volte le bombe cadevano nel cortile della fattoria; una volta, mentre Churchill e gli ufficiali erano seduti a tavola dopo pranzo bevendo «caffè e Porto», cominciò il bombardamento e una granata cadde vicino, «facendo tremare la finestra». Stavano discutendo se andare nel rifugio quando, raccontò a Clementine, «ci fu uno scoppio tremendo, polvere e schegge volarono nell'aria, i piatti andarono in pezzi e le sedie si fracassarono». Tutti erano coperti di detriti e l'aiutante, Jock MacDavid, («ha solo 18 anni») fu ferito a un dito.

Ma non parlò a Clementine della sua buona sorte in quell'occasione: «Winston giocherellava con la lampada», avrebbe ricordato MacDavid; «stava lì seduto quando piombò la bomba. Un frammento di granata quasi spaccò in due il contenitore della batteria, piantandosi nel metallo a meno di cinque centimetri dal suo polso destro. Mancò un pelo che glielo portasse via».

La mattina del 16 febbraio Laurence Farm fu nuovamente bombardata e alcune granate la colpirono in pieno. Ci furono due feriti, tra cui uno dei cinque ufficiali del suo stato maggiore. «Prendemmo in tutta fretta uova e pancetta, pane e marmellata, e andammo nel rifugio», raccontò a Clementine, «dove restammo mentre una ventina di bombe piovevano sulla fattoria e nel cortile». Continuarono a fare colazione: «Era strano trangugiare pancetta e marmellata nel rifugio mentre il medico fasciava le larghe ferite del nostro povero ufficiale a mezzo metro da noi!». L'ufficiale ferito, prima di andare in licenza, ricevette come ricordo la punta della granata che lo aveva colpito. «L'ha baciata!» raccontò Churchill. «La felicità per la licenza ebbe quasi la meglio sul violento dolore che gli provocavano le ferite».

Nel corso di quella giornata gli arrivò il resoconto delle prime prove del carro armato, di cui era stato uno dei primi e più convinti fautori. «Vedi che quest'idea sta dando i suoi frutti», scrisse a Clementine il 17 febbraio, «ma che fatica riuscire a far qualcosa! E poi mi sento impotente. Non sono degli sciocchi a non sfruttare le mie capacità, o dei furfanti ad aspettare che vengano distrutte da qualche scheggia vagante? Non ho paura di morire o di essere ferito, e mi piace la vita che faccio qui, ma la loro impudenza e il loro compiacimento mi rendono a volte piuttosto malevolo».

Durante i giorni trascorsi a Laurence Farm stupì i suoi giovani ufficiali montando un cavalletto e mettendosi a dipingere. Suoi soggetti erano il cortile disseminato di crateri delle bombe e le granate che esplodevano sopra il paese di Ploegsteert. La pittura assorbiva le sue energie mentali, impedendogli di rimuginare sulla politica. Riconosceva il valore della pittura: «Penso che sarà un grande piacere e passatempo, se ne uscirò indenne», scrisse a sua moglie il 22 febbraio. Quel giorno però le fece notare il contrasto tra il periodo in cui era stato ministro della Marina e il suo stato d'animo attuale, sotto Balfour. «Com'è facile distruggere e com'è difficile costruire; com'è facile evacuare, com'è difficile conquistare; com'è facile non far nulla, com'è difficile arrivare a qualcosa. La guerra è azione, energia e rischio. Queste pecore vogliono solo brucare tra le margherite».

Il 26 febbraio Churchill tornò per la quarta volta a Laurence Farm e in trincea. La neve copriva il terreno, ma dentro la stanza ben protetta da sacchetti di sabbia c'era un «braciere ardente», sicché dormiva «tranquillo e al caldo». Il giorno dopo due soldati furono uccisi dal tiro troppo corto dell'artiglieria inglese e quello seguente tre caddero sotto le bombe tedesche. Un sesto fu ucciso da una granata nemica l'ultimo giorno in prima linea.

Finalmente ebbe una licenza di una settimana e il 2 marzo, dopo che il battaglione ebbe fatto ritorno negli alloggi di Ploegsteert, si precipitò a Boulogne, dove un cacciatorpediniere lo portò a Dover, e al calar del buio arrivò a casa. Aveva in animo di riposare, vedere gli amici, pranzare con sua madre, andare due volte a teatro con Clementine e, unico impegno pubblico, scoprire il proprio ritratto al National Liberal Club, dove «potrei pronunciare un discorso». Per il resto non prevedeva impegni pubblici. Invece quando arrivò al 41 di Cromwell Road apprese con stupore che Balfour avrebbe presentato il bilancio della marina tra cinque giorni. Decise di intervenire nel dibattito per denunciare quella che giudicava l'incapacità del governo di prendere l'iniziativa sui mari ed esponendo le proprie idee su una linea d'azione efficace nei cieli.

Per tutto il giorno seguente, accantonati i precedenti propositi di riposo, lavorò al discorso; la sera sua madre offrì una cena alla quale invitò alcuni tra coloro che avevano tentato attivamente di sanare la rottura tra Churchill e Fisher, tra cui J.L. Garvin. Era presente anche uno dei più decisi fautori del ritorno di Fisher all'Ammiragliato, C.P. Scott, direttore del «Manchester Guardian», che era stato invitato per telegramma.

Il giorno seguente, con grande scandalo di Clementine, suo marito invitò Fisher a pranzo in Cromwell Road. «Tenete le mani lontano da mio marito», esclamò a un certo momento, «lo avete quasi rovinato una volta, adesso lasciatelo in pace». Ma Churchill era ancora ipnotizzato da Fisher, voleva collaborare ancora con lui e sapeva che era tuttora popolare nel paese. Un mese prima, all'inizio di una campagna di stampa a favore di Fisher, aveva scritto a Clementine: «Fisher, senza di me a controllarlo, sarebbe un disastro». Ora intravvedeva la possibilità di un ritorno di Fisher e quindi anche suo.

La sera del 5 marzo si incontrarono di nuovo e Churchill gli lesse il discorso che intendeva fare due giorni dopo. Non solo avrebbe criticato la direzione di Balfour all'Ammiragliato e difeso la propria, ma avrebbe concluso il discorso chiedendo il suo ritorno. Alle quattro del mattino seguente, Fisher gli scrisse: «Ho dormito sopra ciò che mi avete detto ieri sera. È il vostro momento! Io non sono che un umile strumento! Una dimostrazione tanto grandiosa che il vostro unico pensiero è la guerra avrà (giustamente) un effetto immenso sulla vostra popolarità. Cavalcate la cresta di quest'onda!».

L'obiettivo del discorso del 7 marzo era di risvegliare nei deputati il senso del pericolo incombente. Alla flotta mancava una guida decisa e previdente e gli scopi che lui e Fisher si erano prefissi un anno prima non erano stati raggiunti; il paese non era all'altezza della capacità militare e dello sforzo bellico della Germania. I deputati lo ascoltarono attentamente quando disse loro: «Vediamo la nostra grande espansione, ma rammentate che tutto quanto intorno a noi si va espandendo e sviluppando allo stesso tempo. Non potete permettervi neppure per un solo momento di dormire sugli allori. Dovete spingere sempre avanti la grande macchina alla massima velocità. Perdere di velocità non significa solo fermarsi, ma cadere». Il paese stava ovviando alla scarsità di munizioni per l'esercito: «A un prezzo spaventoso in vite umane e per l'erario, abbiamo ripreso il controllo e la supremazia si profila non lontana davanti a noi». Se «per qualunque ragione si verificasse» una carenza di materiale per la marina, «non ci sarebbe alcuna possibilità di ripresa. Sangue e denaro, per quanto profusi generosamente, non ovvierebbero alle conseguenze di quello che potrebbe essere stato un inconsapevole cedimento del nostro sforzo».

Quindi arrivò alla conclusione, senza la quale, disse, non avrebbe nemmeno parlato in quell'occasione, così come non avrebbe pronunciato quelle parole di monito «senza essere sicuro in primo luogo che siano pronunciate in tempo utile, e in secondo luogo senza avere una proposta precisa e concreta». Non nutriva «dubbi di sorta» su ciò che diceva. «C'è stato un periodo in cui non credevo che sarei arrivato a dirlo, ma sono stato lontano qualche mese e ora ho le idee chiare. Il momento è cruciale. I problemi sono gravi. La Grande Guerra si allarga, si aggrava e si espande intorno a noi. La sopravvivenza del nostro paese e della nostra causa dipende dalla flotta. Non possiamo permetterci di privare noi stessi o la marina delle forze più energiche e vitali di cui disponiamo. Nessuna considerazione personale deve frapporsi tra il paese e coloro che possono servirlo nel miglior modo».

Che cosa intendeva proporre?, sussurrò Lloyd George a Bonar Law. «Vuole che Fisher sia richiamato», gli rispose questi. «Non potevo crederci», confessò Lloyd George a un amico il giorno seguente, ma Bonar Law aveva ragione.

«Io chiedo al ministro della Marina», continuò Churchill, «di farsi animo, di rivitalizzare e rianimare il suo ministero richiamando senza indugio Lord Fisher alla carica di First Sea Lord». La Camera rimase paralizzata dallo stupore. E subito cominciarono a piovere le critiche. «Non so quante cariche abbia occupato nella sua breve e brillante carriera», dichiarò un deputato conservatore, l'ammiraglio Sir Hedworth Meux; «so che ha avuto successo in tutte e che avrebbe fatto meglio a conservarle, ma così non è avvenuto. Penso che quanto dirò adesso sarà approvato da un gran numero di membri di questa Camera: gli auguriamo tutti un enorme successo in Francia e speriamo che ci resti».

Il 9 marzo Churchill, ancora convinto di poter sollevare i problemi concreti delle carenze militari e non più interessato a ottenere il comando di una brigata o di una divisione, domandò a Kitchener di sollevarlo dal comando «non appena sia possibile farlo senza recare detrimento all'esercito». Frattanto gli chiese di prolungargli la licenza; in caso contrario avrebbe dovuto ripartire per la Francia il giorno seguente. Kitchener mostrò la lettera ad Asquith che diede il suo consenso, e il giorno stesso incontrò Churchill rammentandogli che suo padre aveva commesso un suicidio politico a causa di un «gesto impulsivo». Egli replicò che aveva alle spalle molti «ardenti sostenitori» che credevano in lui. «Ma per ora nessuno che conti», ribatté Asquith.

Infine, su insistenza di Clementine, Churchill acconsentì a tornare in Francia pur pensando ancora, come confidò a un liberale fortemente critico nei confronti di Asquith, di ritornare prima che il dibattito sul bilancio militare si fosse concluso. «Spero di poter tornare entro una settimana alla Camera dei Comuni», gli scrisse, chiedendo se c'era qualche possibilità che il dibattito sul bilancio si aggiornasse alla successiva settimana parlamentare. «Se è così, avvisatemi e concentrerò di nuovo i miei pensieri sull'argomento di cui vi ho parlato».

Ritornò sul fronte occidentale il 13 marzo e sulla via per Dover, in compagnia di Clementine, ricapitolò le ragioni che lo spingevano a schierarsi con l'opposizione. Clementine, che quattro mesi prima aveva tanto temuto per la sua sorte al fronte ed era stata così riluttante a lasciarlo partire per la Francia, ora si dimostrò scettica sul suo futuro politico qualora fosse tornato a Londra; temeva che gli sarebbero state mosse le accuse di incoerenza e opportunismo se avesse lasciato il suo battaglione solo due mesi dopo averlo raggiunto.

Churchill invece non ne era convinto; durante il viaggio verso Dover scrisse una lettera ad Asquith chiedendogli di sollevarlo dal comando e la diede a Clementine insieme con una dichiarazione che le chiese di consegnare all'Associazione della stampa.

Clementine, nient'affatto convinta, andò a trovare Carson a Rottingdean sulla costa meridionale, e questi suggerì di evitare un ritorno avventato. Churchill sbarcò a Boulogne e si affrettò a raggiungere Ploegsteert, dove i suoi uomini erano nuovamente in trincea in prima linea. Durante il viaggio arrivò alla conclusione che Clementine aveva ragione: se fosse tornato per gli ultimi giorni del dibattito sul bilancio militare, sarebbe apparso opportunista e precipitoso, sicché la sera stessa telegrafò ad Asquith ritirando la richiesta, e questi mandò il suo segretario privato a Cromwell Road per bloccare la dichiarazione fatta per l'Associazione della stampa. Clementine, che era appena tornata a Londra, ne fu molto sollevata.

Ma si trattava di una tregua provvisoria: Churchill era ben deciso a rientrare nell'arena politica e l'unico suo interrogativo era quando. «Mi hai visto molto debole, sciocco e irresoluto la scorsa settimana», scrisse a Clementine durante la prima sera trascorsa nel suo rifugio; «Due obblighi diversi, entrambi onorevoli, entrambi gravosi, mi laceravano. Ma sono certo che il mio vero posto in guerra sia alla Camera dei Comuni». Tre giorni dopo, tornato in retrovia a Soyer Farm, le chiese di tenersi in contatto con Garvin, Scott e altri: «Non lasciarli andare alla deriva e non pensare che abbia rinunciato alla partita». Il giorno dopo, letto il resoconto del dibattito sul bilancio in cui aveva sperato di intervenire, le scrisse: «Sarebbe stato ben diverso se fossi stato presente! Mi convinco ogni giorno di più che il mio posto è là e che potrei occuparlo con onore e rendermi utile alla nazione».

Clementine sperava che suo marito si riadattasse rapidamente alla routine e alle esigenze della vita al fronte, ma egli non riusciva a ritrovare la serenità e il giorno seguente le scrisse: «Non fare nulla per scoraggiare gli amici che desiderano il mio ritorno». Lei fece quanto in suo potere per tranquillizzarlo. «Con pazienza, e aspettando l'occasione giusta», gli rispose, «il futuro sarà tuo». Voleva ancora che ottenesse il comando di una brigata e restasse in Francia: «È ciò che spero».

Churchill era in preda alla collera e alla frustrazione per essere privato da quasi un anno di un potere o un'influenza reali, ma la fiducia nelle sue capacità e nella sua popolarità era immutata. «Mia amata, non sottovalutare il contributo che ho dato alla causa comune», scrisse a sua moglie il 22 marzo, «né la solidità di una posizione politica acquisita in tanti anni di attività e potere. Infuriano sentimenti ostili e attacchi dei giornali, ma gli uomini pubblici realmente conosciuti dalla massa della nazione non perdono la loro posizione nelle opinioni della gente se non per qualcosa che concerne la loro reputazione personale e il loro onore».

Clementine elencava tutti gli argomenti a sfavore di un suo «ritorno prematuro» e glieli esponeva in ognuna delle lettere che quasi quotidianamente gli scriveva. Churchill non ne rimase impressionato: «Abbi fiducia», le scrisse, «e non lasciarti influenzare dal giudizio espresso da chi non sarà soddisfatto finché non avrò esalato l'ultimo respiro». Nulla avrebbe potuto distoglierlo dai suoi propositi. «Quanto più mi sento freddo e indifferente qui, in mezzo al pericolo, tanto più mi sento pronto per il compito che mi attende». Ma anche Carson lo dissuase dal tornare. Invece C.P. Scott voleva che tornasse e gli scrisse: «Il tuo posto è qui, non laggiù».

Clementine era colpita da questi consigli tanto contraddittori. «Queste gravi preoccupazioni pubbliche sono molto logoranti», gli scrisse nell'ultima settimana di marzo. «Quando ti rivedrò spero che avremo un po' di tempo per noi. Siamo ancora giovani, ma il tempo vola, portandosi via l'amore e lasciando solo l'amicizia che dona molta serenità ma non dà grandi stimoli né calore». Churchill rimase scosso da questa triste confessione:

Mia adorata, non parlarmi di «amicizia»: ti amo di più mese dopo mese, e sento il bisogno di te e di tutta la tua bellezza. Mia preziosa, incantevole Clemmie, anch'io a volte provo il desiderio di quiete e di pace. Tanta fatica, tanti anni di battaglie e preoccupazioni continue, tanta esaltazione e ora questa vita dura e crudele qui, sotto il maglio di Thor, spinge (credo per la prima volta) il mio animo invecchiato verso cose diverse dall'azione.

«A quaranta tutto è finito», come scriveva quella vecchia strega di duchessa? Ma non sarebbe stupendo andarsene per qualche settimana in un'amena località in Italia o Spagna, dipingere e andarsene a spasso insieme sotto il sole caldo e splendente, lontano dallo strepito delle armi e dai ragli dei parlamenti? Ormai ci conosciamo così bene, potremmo divertirci più di quanto abbiamo mai fatto.

A volte penso anche che non mi dispiacerebbe poi tanto smettere di vivere - sono talmente divorato dall'egoismo che vorrei avere uno spirito diverso in un mondo diverso e incontrarti in un ambiente diverso, per amarti e onorarti come nei grandi romanzi.

Quindi le raccontò che due giorni prima, il 26 marzo, mentre con Sinclair si avvicinava alle trincee, aveva sentito varie esplosioni alla loro sinistra, sempre più vicine a mano a mano che «il cannone aggiustava il tiro in cerca di una preda». Riuscivano più o meno a calcolare dove sarebbe caduta la bomba seguente. La strada passava vicino a un convento in rovina ed egli aveva previsto che la prossima lo avrebbe colpito; ed ecco che mentre passavano accanto al convento,

arrivò la granata con uno stridio, un rombo, uno schianto tremendo e un diluvio di mattoni e nuvole di fumo, e tutti i soldati balzarono su e fecero capolino dalle loro buche e angoli. Non trasalii neppure né mi si accelerarono i battiti. Il rumore non mi turba come altre persone pur coraggiose. Ma ho pensato: venti metri più a sinistra e niente più problemi da districare, niente più preoccupazioni, niente più odî e ingiustizie da affrontare: per la gioia di tutti i miei nemici, il sollievo di quel vecchio furfante, una bella fine per una vita movimentata, un ultimo dono - disprezzato - a un paese ingrato

- un impoverimento della potenza bellica della Gran Bretagna che nessuno mai conoscerebbe, valuterebbe o piangerebbe.

Ma non intendo affatto arrendermi o logorarmi. Intendo battermi fino alla fine in qualunque posizione mi si offra da cui portare avanti questa guerra nel modo più efficace fino alla vittoria. Se mi convincessi in qualche modo di non essere fatto per qualcosa di più grande, qui sarei soddisfatto, qualunque cosa accada. Poiché sono invece persuaso di poter dare di più altrove, non mi farò dissuadere da nessuna esplosione di astio o critica.

Ad aprile gli avversari di Asquith avanzarono nuovamente la richiesta della coscrizione obbligatoria. In una lettera a F.E. Smith del 18 aprile, Churchill osservò che Bonar Law e Lloyd George avevano «ora l'occasione migliore» per formare insieme un governo e creare «un'efficace organizzazione bellica». Chiunque fosse diventato primo ministro, «potrebbe nascere il partito del futuro». «L'eventualità più praticabile» per lui era il ministero degli Approvvigionamenti, anche se «naturalmente conoscete i miei desideri, qualora siano realizzabili»; quasi certamente si riferiva all'Ammiragliato, forse al ministero dell'Aeronautica.

«Ritengo che all'ultimo momento Asquith cederà», scrisse a Lloyd George il 10 aprile, «in caso contrario è venuto il momento di agire». Cinque giorni dopo, non sapendo che cosa avrebbe fatto Asquith o se Lloyd George si sarebbe dimesso, scrisse a Clementine da Laurence Farm: «Quando non sono roso dalla collera per i maledetti intrighi che mi sono stati riservati, e non mastico amaro con tutta la mia forza, sono allegro e pieno di vita».

Come aveva previsto, Asquith fece una concessione alla richiesta della coscrizione, acconsentendo ad allargarla ma rifiutando ancora il servizio militare obbligatorio per tutti. Convocò inoltre una seduta a porte chiuse della Camera dei Comuni per spiegare la propria linea senza la presenza della stampa o del pubblico, per non rendere noto l'andamento del dibattito. Churchill chiese una licenza per poter essere presente; gli fu concessa a condizione che tornasse al battaglione non appena si fosse conclusa. «Buona fortuna, Sansone», gli scrisse Sinclair da Ploegsteert mentre egli era in viaggio per Londra, «se scopri che ti è tornata la forza, resta là dove puoi contribuire in modo più efficace alla sconfitta dei Filistei».

Durante la seduta a porte chiuse Churchill intervenne, ma quanto disse non fu reso pubblico. «Se solo il tuo discorso fosse stato riportato, penso che la stampa avrebbe invocato il tuo ritorno», gli scrisse Clementine tre giorni dopo, quando era già tornato al battaglione. Subito dopo il dibattito aveva cercato di fermarsi a Londra, sapendo che il gruppo guidato da Carson, che si batteva per la coscrizione obbligatoria generale, avrebbe presto sfidato apertamente Asquith e volendo partecipare alla sfida. Haig non fece obiezioni e gli inviò persino un messaggio augurandogli buona fortuna «per la causa», ma il generale di divisione gli mandò un telegramma chiedendo che tornasse immediatamente in quanto il suo battaglione era di nuovo in trincea. Il dibattito decisivo sulla coscrizione ebbe luogo senza di lui. Asquith presentò un provvedimento parziale e Carson vi si oppose con tanta efficacia che il primo ministro accettò di ritirarlo e di presentare senza indugio un progetto per la coscrizione obbligatoria generale.

Era un trionfo di Carson, e Churchill ne era stato completamente escluso. Il 3 maggio il suo battaglione lasciò Ploegsteert per l'ultima volta; i battaglioni di fanteria erano quasi tutti così decimati dalle perdite quotidiane provocate dai bombardamenti che si rese necessario accorparli. Il 6th Royal Scots Fusiliers sarebbe entrato a far parte della 15ª divisione; e poiché Churchill non aspirava a nuovi comandi, chiese il permesso di dedicarsi «ai doveri parlamentari e pubblici che si sono fatti pressanti». La richiesta fu accolta e prima di partire egli cercò di procurare buoni comandi ai suoi giovani ufficiali. «Si diede un gran daffare», ricordò uno di questi. «Prese in affitto varie automobili e percorse tutta la Francia, incontrando alti e bassi ufficiali di stato maggiore nel tentativo di far qualcosa per aiutare coloro che avevano servito sotto di lui».

Il 6 maggio, tre giorni dopo aver lasciato per l'ultima volta Ploegsteert, invitò gli ufficiali a un pranzo di commiato ad Armentières e il giorno seguente salutò i suoi uomini dicendo di essersi convinto che gli scozzesi erano «formidabili animali da combattimento». Quando si alzò per stringere loro la mano, ricordò un ufficiale, «credo che tutti i presenti abbiano vissuto la partenza di Winston Churchill come una vera perdita personale».

15
«UN TORMENTO PROFONDO E INCESSANTE»

Churchill tornò a Londra il 7 maggio 1916 per non fare mai più ritorno in trincea, ma senza alcuna prospettiva di entrare nel governo. Due giorni dopo dichiarò alla Camera dei Comuni che erano necessari più soldati e che bisognava coinvolgere anche l'Irlanda, fino allora esclusa dal progetto di legge sulla coscrizione per ragioni politiche. «In questo momento occorre cercare di superare le difficoltà, non scoraggiarsi né farsi fermare troppo facilmente da esse». Mentre pronunciava queste parole, un deputato nazionalista irlandese gridò incollerito: «E i Dardanelli?»

Questo grido lo avrebbe perseguitato per anni; nel tentativo di liberarsi di quel marchio d'infamia, sollecitò Asquith a rendere pubblici i fatti relativi ai Dardanelli e quando ebbe il suo consenso cominciò a raccogliere i documenti che rivelavano con la massima chiarezza il ruolo che aveva avuto nello sviluppo dell'impresa. Erano trascorsi dodici mesi da quando era stato allontanato dal ministero della Marina, perdendo la sua autorità e influenza. «Quest'anno maledetto si è finalmente concluso», scrisse a Fisher il 14 maggio,«e a Dio piacendo il prossimo porterà miglior sorte a voi e a me e qualche opportunità di aiutare il nostro paese a salvare se stesso e tutto ciò che ne dipende. Non scoraggiatevi. Sono persuaso che il destino non abbia finito con voi».

Ma tanta sicurezza era fuori luogo. Fisher non avrebbe più ricevuto incarichi di autorità e neppure lui avrebbe ottenuto la carica che desiderava, il ministero dell'Aeronautica. Il 17 maggio, durante il dibattito sullo Air Board, Churchill descrisse il proprio ruolo nella difesa aerea della Gran Bretagna subito dopo lo scoppio della guerra e la costruzione di basi aeree in Francia e nelle Fiandre, difendendo le prime incursioni aeree contro gli hangar degli Zeppelin sul Mare del Nord e sul Reno. Una delle false voci radicate contro di lui era che aveva «diretto male e trascurato» la difesa aerea della Gran Bretagna a fine autunno 1914; egli negò l'accusa e diede vari esempi del successo dei suoi sforzi.

Asquith aveva appena costituito lo Air Board, che a detta di Churchill non avrebbe avuto grande efficacia perché non aveva i poteri di un ministero. La

Gran Bretagna aveva perduto la superiorità nei cieli che aveva avuto all'inizio del conflitto. «Ma si può ovviare. Nulla vieta che la si riacquisti. Nulla, se non voi stessi, ci impedisce di ottenere la supremazia aerea nella guerra».

Sei giorni dopo questo discorso e sei settimane prima dell'inizio della battaglia della Somme, Churchill intervenne nel dibattito sul bilancio militare, dichiarando che gli uomini in trincea dovevano sopportare un peso eccessivo, quando un numero assai superiore di soldati, anche quelli che già si trovavano in Francia, non si avvicinava neppure alla prima linea: si trattava di «una delle più bieche distinzioni di classe mai fatte a questo mondo». La Camera doveva conoscere almeno in parte gli orrori che gravavano su chi stava in trincea. «Ogni giorno mi dico: "Che cosa accade mentre noi stiamo qui seduti, mentre ce ne andiamo a pranzo o a casa a dormire? Ogni ventiquattr'ore, quasi mille uomini – inglesi, britannici, gente della nostra stessa razza – sono avvolti in fagotti di stracci sanguinanti e calati in fosse improvvisate o portati in ospedali da campo».

Bisognava smetterla, dichiarò, con le offensive inutili: «Non lasciamoci trascinare in nessuna azione che non sia giustificata da considerazioni puramente militari. L'argomento usato, "adesso tocca a noi", non ha posto nella strategia militare». Per sconfiggere la Germania e l'Austria occorreva «una reale e sostanziale preponderanza in fatto di forza»; allora si sarebbero potuti lanciare gli attacchi e «annullare e superare» i vantaggi delle loro linee di comunicazione interne, allora sarebbe stata vicina «l'ora della vittoria decisiva». «Quest'ora verrà di certo, se alla pazienza uniremo l'energia e se tutte le risorse a disposizione degli Alleati saranno sviluppate senza remore al massimo grado».

Churchill desiderava ardentemente mettere in atto queste politiche dalla poltrona di un ministero, ma non c'era posto per lui e dovette accontentarsi di far sentire la sua voce accorata ai Comuni. Quando la Camera votò sul ministero della Guerra il 31 maggio, neppure Carson e il suo neonato gruppo di pressione, lo Unionist War Committee, ebbero modo di creare una spaccatura. Solo Churchill parlò delle carenze e della mancanza di iniziativa, dell'incapacità di sfruttare le risorse del paese, compreso il potenziale umano, nel modo più efficace. «Facciamo del nostro meglio, ma oggi stiamo cogliendo tutti i frutti del grande sforzo compiuto dalla nazione? Non lo credo».

Leggendo i suoi due discorsi sull'esercito, le mogli di molti soldati gli scrissero rivelandogli vari esempi di spreco del potenziale umano. I discorsi furono anche pubblicati come pamphlet da un *penny*, *The Fighting Line*. Ma in sostanza non c'era posto per lui. Curzon lo invitò a partecipare a una riunione dell'Air Board per avere un parere su come assicurarsi la supremazia aerea. Durante quel mese, di fronte al diffuso scoramento dell'opinione pubblica provocato dal comunicato dell'Ammiragliato dopo la battaglia dello Jutland, che non nascondeva le perdite subite, Balfour gli chiese di scrivere un comunicato infiammato per ridare fiducia alla popolazione. Questo era tutto ciò che gli veniva chiesto di fare.

Il 5 giugno Kitchener partì via mare per la Russia settentrionale. Il giorno seguente, mentre preparavano la documentazione per la Royal Commission sui Dardanelli, Churchill e Sir Ian Hamilton erano immersi nella lettura dei telegrammi di Kitchener a Hamilton per essere certi di non trascurare qualche documento importante relativo alle esitazioni, ai voltafaccia, alla poca attenzione di Kitchener per l'esercito dopo lo sbarco; e mentre lavoravano nello studio di Churchill al 41 di Cromwell Road, sentirono un rumore in strada. «Saltammo su», avrebbe scritto in seguito Hamilton, «e Winston spalancò la finestra». C'era uno strillone «con un pacco di giornali sotto il braccio che gridava: "Kitchener annegato! Nessun superstite!"»

Kitchener era morto. «Il fatto che fosse scomparso proprio nel momento in cui Winston ed io stavamo preparando un'accusa irrefutabile contro di lui», scrisse Hamilton, «fu uno di quei colpi a sensazione di cui era stata costellata la sua carriera – non avrebbe replicato». Si pensava che Lloyd George prendesse il posto di Kitchener e Churchill sperava di subentrare a Lloyd George al ministero degli Approvvigionamenti, ma l'ombra dei Dardanelli incombeva ancora su di lui. «Comprenderete facilmente il mio desiderio di far conoscere la verità», scrisse ad Asquith due giorni dopo la morte di Kitchener. Il 7 luglio, come previsto, Lloyd George fu nominato ministro della Guerra e Churchill si rivolse subito a lui perché rendesse pubblici i documenti sui Dardanelli.

Ma il governo non aveva alcun desiderio di frugare tra i resti del passato. Troppe persone che occupavano ancora incarichi di grande responsabilità avevano contribuito a favorire od ostacolare l'impresa, sicché Churchill, furioso ma impotente, si rifugiò con la famiglia a Blenheim. «Non è odioso», scrisse a metà luglio a suo fratello Jack che combatteva sul fronte occidentale, «che mi venga negata una reale opportunità di servire il paese in quest'ora tremenda?» Sperava ancora in «una situazione a me favorevole». Lloyd George, pur essendosi battuto solo «tiepidamente» per farlo nominare ministro degli Approvvigionamenti, era «molto amichevole, secondo quanto mi viene detto». Frattanto «Asquith regna supino, istupidito e sovrano».

Il 1° luglio le forze britanniche e imperiali attaccarono le trincee tedesche sulla Somme. Churchill si batteva da tempo contro quegli attacchi frontali, lanciati senza una netta superiorità di uomini o di mezzi. Nel corso dell'estate scrisse quattro articoli per il «Sunday Pictorial», nell'ultimo dei quali descrisse il mutato atteggiamento della nazione nei riguardi della guerra a seguito della campagna di logoramento, da Loos alla Somme. «La disponibilità alla sorpresa è offuscata, l'emozione e l'entusiasmo hanno lasciato il posto alla sopportazione; l'eccitazione è finita, la morte è familiare, la capacità di soffrire si è intorpidita. Il mondo è al crepuscolo, e dietro vaghi oscuri orizzonti giunge instancabile il brontolio dei cannoni».

Lloyd George, sapendo quanto Churchill poteva dare in fatto di idee e suggerimenti pratici, lo invitò al ministero della Guerra per conoscere le sue opinioni e discuterle con i propri consiglieri. Dopo qualche altro invito cominciarono le proteste. «Conosco la vostra simpatia per lui», gli scrisse ad agosto Lord Derby, direttore generale del reclutamento,«e apprezzo molto il sentimento che vi induce a non colpire un uomo sconfitto, ma Winston non è mai a terra, o meglio non ammetterà mai di esserlo, e vi garantisco che queste sue visite al ministero della Guerra sono a dir poco estremamente sgradevoli per tutti coloro che ne fanno parte».

Derby sottolineò che il partito conservatore non intendeva collaborare con Churchill e che non avrebbe appoggiato un governo di cui avesse fatto parte. «Personalmente mi piace», scrisse; «ha una personalità affascinante, ma è assolutamente inaffidabile, come suo padre, e deve capire che, com'è stato per suo padre, così non c'è posto per lui in politica, o comunque nella vita pubblica».

In attesa del verdetto della commissione d'inchiesta sui Dardanelli, i giornali conservatori ripetevano ostinatamente le vecchie accuse; quando il 13 ottobre il «Daily Mail» parlò dello «sciagurato fiasco di Anversa e del tragico errore di Gallipoli», Churchill scrisse subito alla commissione, dichiarando che l'articolo «mostra assai chiaramente a che genere di attacchi sono sottoposto e quanto ho diritto di difendermi davanti alla commissione». In quel mese presentò nuove prove per rispondere ad altre deposizioni rese alla commissione, che gli era stato consentito leggere per speciale concessione. Inoltre testimoniò una seconda volta.

Sapeva che ogni speranza di rientrare nel governo dipendeva dalla pubblicazione della sua testimonianza, ma quando la commissione ebbe concluso i lavori il governo acconsentì a rendere pubblico solo un rapporto generale e non i documenti, le prove e i controinterrogatori. Winston Churchill era stato nuovamente ingannato. Il 20 novembre scrisse a C.P. Scott che pensava di essere «l'uomo più bistrattato del paese». La sola arma che gli restava era la penna, e il 26 novembre pubblicò sul «Sunday Pictorial» un resoconto completo della spedizione di Anversa.

Il 30 novembre compì 42 anni, proprio nel momento in cui Lloyd George e Bonar Law cercavano di scalzare Asquith e senza poter intervenire nello scontro. Aitken, che lo incontrò il 2 dicembre all'apice della crisi, ricordò che era «avido di notizie». Tre giorni dopo Lloyd George, Bonar Law e Carson uscirono dal governo e quella sera Asquith diede le dimissioni.

Il re incaricò Bonar Law di formare il governo; quella sera Lloyd George e Aitken avrebbero dovuto cenare con F.E. Smith e Churchill non era stato invitato. Prima di cena incontrò «FE» ai bagni turchi del Royal Automobile

Club; Smith telefonò dal Club a Lloyd George per ricordargli la cena e riferì che con lui c'era Churchill. Lloyd George propose subito di invitarlo. «Questa proposta», avrebbe poi scritto Aitken, «fatta probabilmente senza pensarci troppo, diede naturalmente a Churchill l'impressione di essere nella rosa dei candidati alla conduzione della guerra che sarebbero saliti al potere. Lloyd George non gli avrebbe certo chiesto di partecipare a una cena quella sera se non avesse avuto intenzione di offrirgli un vero incarico, il che per lui poteva significare solo un ministero incaricato della guerra».

Nel corso della cena si parlò molto del nuovo governo e tutti i presenti, Churchill compreso, parteciparono alla discussione, a detta di Aitken, «su un piano di parità». A un certo punto Lloyd George dovette congedarsi per incontrare Bonar Law e chiese ad Aitken di accompagnarlo. Durante il tragitto in automobile spiegò che c'erano pesanti pressioni su di lui e su Bonar Law per escludere Churchill dal nuovo governo; neppure lui, se fosse diventato primo ministro, avrebbe potuto offrirgli un incarico di Gabinetto. Quindi chiese ad Aitken di tornare alla cena e «accennarglielo».

Quella sera Bonar Law chiese ad Asquith se era disposto a entrare nel governo, ma questi rifiutò e Bonar Law capì di non poter contare sul pieno sostegno dei liberali, sicché suggerì al re di dare l'incarico di primo ministro a Lloyd George.

Il 6 dicembre, mentre era impegnato a formare il nuovo Gabinetto, Lloyd George annotò a margine di un elenco di possibili ministri: «(?)Aeronautica Winston». In realtà non fu creato nessun ministero dell'Aeronautica e, come aveva suggerito Aitken la sera prima, a Churchill non fu offerto nessun incarico nel nuovo Gabinetto. Fu per lui «la fine di ogni speranza e desiderio. Eppure non erano indegni, giacché provavo l'impulso e avevo le capacità di accrescere le energie belliche del paese. Ma il mio tesoro è stato rifiutato». Ebbe inoltre la sfortuna di veder rimandata a causa della crisi politica la pubblicazione del rapporto della commissione d'inchiesta. «Spero ancora», confidò a Sinclair, «che esso cambierà l'opinione pubblica. Ma dall'inizio della guerra non c'è cosa che mi vada bene. Forse ora siamo al nadir». Senza che egli ne fosse a conoscenza, il nuovo ministro della Marina Edward Carson scrisse il 20 dicembre a Bonar Law: «Temo fortemente che vi saranno frizioni se si farà quella nomina». La lunga battaglia tra Churchill e il partito conservatore era tutt'altro che conclusa.

A metà marzo la commissione d'inchiesta era finalmente pronta a presentare il suo rapporto; in segno di amicizia, Lloyd George inviò a Churchill una bozza della parte sull'Ammiragliato. Non gli veniva imputata nessuna colpa, anzi il rapporto rivelava che quando il 18 marzo de Robeck aveva cessato l'attacco navale, ai turchi restavano munizioni solo per tre salve. Ma il rapporto, pur chiarendo che Asquith era deciso a attaccare la Turchia non meno dei colleghi e che Kitchener non aveva fornito al Consiglio di guerra informazioni sufficienti sui suoi piani militari, a giudizio di Churchill non rispondeva a numerose accuse specifiche mosse contro di lui personalmente, né comprendeva alcuno dei documenti che egli voleva rendere pubblici; peggio ancora, «le citazioni dalle testimonianze inserite nel rapporto in molti casi non corrispondono alle testimonianze rese alla Commissione».

Nella tesi conclusiva Churchill aveva fatto notare ai commissari che il rapporto non inseriva l'impresa dei Dardanelli nel contesto più generale della guerra e in particolare lo stallo della guerra di trincea sul fronte occidentale. «Un quinto delle risorse, degli sforzi, della lealtà, della risolutezza, della perseveranza profuse inutilmente nella battaglia della Somme per conquistare qualche paese distrutto e poche miglia quadrate di terreno devastato, se usato in tempo nella penisola di Gallipoli avrebbe tirato i Balcani dalla nostra parte, ci avrebbe avvicinato alla Russia e avrebbe escluso la Turchia dal conflitto».

Una «buona stampa diligentemente manipolata», scrisse, aveva presentato la battaglia della Somme come una serie di vittorie; ma nel giro di qualche anno si sarebbe capito «che le armate poco supportate che combatterono nella penisola di Gallipoli, i cui sforzi oggi sono considerati con tanto pregiudizio e avversione, in realtà andarono assai vicine al successo in un'impresa che avrebbe ridotto le sofferenze del mondo e costituito la salvezza della nostra causa. Allora parrà incredibile che si sia permesso che una dozzina di vecchie navi, mezza dozzina di divisioni o qualche centinaio di migliaia di granate si siano frapposte tra esse e la vittoria. I contemporanei hanno condannato gli uomini che hanno cercato di forzare i Dardanelli. La storia condannerà coloro che non li aiutarono».

Ad aprile, su suggerimento di Lloyd George, ebbe due colloqui con il ministro degli Approvvigionamenti, Christopher Addison, per cercare di trovare posto nella produzione delle munizioni. Il 27 aprile Addison suggerì a Lloyd George di mettere Churchill a capo di un comitato del ministero incaricato di perfezionare il carro armato e altri congegni bellici. Lloyd George non accettò, ma ai primi di maggio ascoltò il suggerimento di Churchill di convocare una seduta a porte chiuse della Camera dei Comuni onde evitare un attacco congiunto pubblico e parlamentare alla sua politica bellica da parte dei liberali malcontenti guidati da Asquith e dei laburisti e nazionalisti irlandesi.

La seduta a porte chiuse si tenne il 10 maggio. Asquith non aveva programmato un attacco in grande stile e non sollecitò nessuno ad aprire il dibattito. Questo fu compito di Churchill, che si pronunciò di nuovo contro le offensive premature in Francia. Gli Stati Uniti erano scesi in guerra all'inizio di aprile e le loro truppe non sarebbero entrate in azione prima del 1918. «Non è forse evidente», dichiarò, «che non si debbano sperperare le armate restanti di Francia e Gran Bretagna in offensive affrettate, prima che la potenza americana cominci a farsi sentire sul campo di battaglia?»

La superiorità numerica e la preponderanza di fuoco erano necessarie entrambe per un'offensiva vincente, e la Gran Bretagna non disponeva né dell'una né dell'altra. «Non abbiamo scoperto gli strumenti meccanici né i metodi tattici per sfondare una successione indefinita di linee fortificate difese dalle truppe tedesche». Ulteriori offensive nel corso del 1917 non sarebbero state altro che «nuove avventure sanguinose e disastrose». Occorreva addestrare e rinforzare gli eserciti alleati e perfezionare i loro metodi «per uno sforzo decisivo tra un anno».

Lloyd George rifiutò di prendere questo impegno e non volle rivelare fino a che punto si era già impegnato a lanciare una grande offensiva nel corso del 1917; tuttavia quando, dopo aver concluso il suo discorso, incontrò per caso Churchill dietro la presidenza, «mi assicurò», secondo questi, «che era deciso a avermi al suo fianco. Da quel giorno, pur non occupando nessuna carica, divenni in sostanza un suo collega ed egli discusse più volte con me ogni aspetto della guerra e molte delle sue speranze e timori segreti».

I primi frutti di questa rinnovata collaborazione furono raccolti il 26 maggio quando Churchill, con la benedizione di Lloyd George, si recò in Francia con una lettera del primo ministro per il ministro francese della Guerra in cui gli chiedeva di facilitare in ogni modo la sua ispezione nel settore francese del fronte. Fu la sua prima missione ufficiale o semiufficiale in Francia dopo più di due anni; fu ricevuto dall'Alto Comando francese e condotto sui campi di battaglia del 1916, quindi pranzò a Parigi con il ministro della Guerra. «È stato tutto molto piacevole», scrisse a Clementine il 29 maggio, «ma neppure per un momento mi ha abbandonato il pensiero di questa carneficina e di tanta rovina».

Da Parigi si spostò sul fronte britannico, dove trascorse la giornata del 1° giugno. Il giorno dopo pranzò con Haig a Saint-Omer, esprimendo una volta ancora la convinzione che bisognava rimandare l'offensiva del 1917. Haig annotò sul suo diario che nel corso della discussione Churchill era stato «estremamente umile». Ma anche se aveva ritrovato forza e fermezza, i suoi avversari erano all'opera per impedire un suo ritorno alla vita pubblica. Il «Sunday Times» del 3 giugno, dopo aver riportato le voci secondo cui sarebbe stato nominato presidente dell'Air Board, scriveva che la sua nomina a un incarico di Gabinetto avrebbe costituito «un serio pericolo per l'amministrazione e per l'impero tutto». Il suo passato dimostrava che non possedeva «quelle qualità di giudizio equilibrato e di accorta previdenza che sono essenziali per un buon amministratore».

Ma non solo i giornali conservatori levarono la voce contro di lui: nella prima settimana di giugno Lord Curzon scrisse a Bonar Law per rammentargli di aver accettato di far parte del governo di Lloyd George soltanto a condizione che ne fosse escluso Churchill. Lord Derby volle incontrare l'8 giugno Lloyd George per ricordargli di persona la stessa cosa. Quella sera Curzon scrisse direttamente a Lloyd George: «All'opposizione [Churchill] è un pericolo potenziale. A giudizio di noi tutti, come membro del governo sarà un pericolo concreto fra di noi».

Lloyd George aveva intenzione di metterlo a capo dell'Air Board, ma la violenza delle reazioni era tale da impedirglielo; tuttavia il 30 giugno, per dimostrargli la sua fiducia, andò a Dundee per ricevere la cittadinanza onoraria. Due settimane dopo, il 16 luglio, lo invitò a entrare nel governo e gli chiese quale carica avrebbe gradito. Churchill rispose senza esitare: il ministero degli Approvvigionamenti. L'attuale ministro, Addison, che da molto tempo ne ammirava le qualità, aveva già comunicato al primo ministro che avrebbe rinunciato a suo favore; era stato anzi proprio lui a suggerire questa successione. La nomina fu resa pubblica il 18 luglio e per parecchi giorni si scatenarono le proteste dei conservatori e dei giornali. Il «Morning Post» ricordò Anversa e i Dardanelli a dimostrazione di una «presunzione suprema» che lo portava a credersi «un Nelson sui mari e un Napoleone in terra».

Lord Derby era furioso, in quanto aveva appreso dai giornali la notizia del suo ingresso nel Gabinetto, e si precipitò a protestare con Lloyd George. Questi, prevedendo la sua minaccia di dimissioni, gli comunicò che se gli fosse mancata la collaborazione di coloro «dai quali si aspettava un aiuto», avrebbe rassegnato immediatamente le dimissioni. Churchill ricevette le felicitazioni di varie persone tra cui sua zia Cornelia, sorella di Lord Randolph, che gli raccomandò anche prudenza: «Ti consiglio di limitarti alle Munizioni; non cercare di guidare il governo»

16
AL MINISTERO DEGLI APPROVVIGIONAMENTI

Il quartier generale del ministero degli Approvvigionamenti si trovava in Northumberland Avenue, all'Hotel Metropole. Questo albergo, requisito dal governo, era dietro Trafalgar Square, a pochi minuti di strada dalla sede dell'Ammiragliato, residenza ministeriale di Churchill dal 1911 al 1915. Da quanto poté capire il suo predecessore Addison, i membri della segreteria del ministero «non erano entusiasti all'idea dell'arrivo di Winston». Addison lo presentò il 24 luglio e in seguito un funzionario di grado elevato, Harold Bellman, scrisse che si aspettavano una «scena burrascosa» e che Churchill era stato accolto «piuttosto freddamente». In effetti esordì affermando «di sapere che "partiva da zero nella corsa alla popolarità". Proseguì indicando con coraggio la sua linea d'azione per produrre a un ritmo superiore le munizioni. A mano a mano che esponeva i suoi progetti, l'atmosfera cambiava in modo percettibile. Non si trattava di una difesa ma di una sfida. Chi era venuto per maledire finì per applaudire».

Ma l'ostilità nei suoi confronti non era svanita; il 3 agosto il «Morning Post» scrisse: «Quell'entità pericolosa e incerta, il signor Winston Churchill, un rene mobile dentro il corpo politico, è tornata a Whitehall. Non abbiamo idea di che cosa possa fare, ma in base all'esperienza passata osiamo affermare che tutto farà fuorché ciò che lo riguarda». Quattro giorni dopo Churchill affrontò la prima prova in qualità di ministro degli Approvvigionamenti: una vertenza industriale che si trascinava da un anno e mezzo e che aveva interrotto la produzione della fabbrica di munizioni di Sir William Beardmore e di altre fabbriche analoghe sulla Clyde. Diversi responsabili dello sciopero erano stati non solo licenziati dalla fabbrica di Beardmore ma anche arrestati, ed era stato loro proibito di risiedere a Glasgow. Tre ministri successivi, Lloyd George, Edwin Montagu e Addison, tutti liberali, avevano confermato l'ordine di espulsione.

Nel tentativo di risolvere la controversia, Churchill invitò il leader dei «deportati della Clyde», David Kirkwood, un uomo della sua età, a un incontro al ministero. Nelle memorie Kirkwood ricordò che si era aspettato «arroganza, rigore militare, scortesia», ma non appena comparve Churchill «seppi che mi sbagliavo. Entrò, con il viso disteso e sorridente, e mi salutò con semplicità, senza traccia di arroganza né decorazioni. Sentii di aver trovato un amico». Non appena il colloquio ebbe inizio, Churchill suonò un campanello e propose di bere «una tazza di tè con una fetta di torta». Kirkwood era sbalordito: «Ecco l'uomo che non si perdeva mai in sciocchezze che proponeva un tè con i pasticcini: una sorta di invito all'amicizia. Fu magnifico. Discutemmo davanti alle tazze da tè».

Kirkwood chiese la reintegrazione dei «deportati» in cambio dell'impegno a riprendere il lavoro. Churchill riconobbe il patriottismo del suo interlocutore e accettò l'impegno, sollecitando subito Beardmore a reintegrare gli operai cacciati. Tre giorni dopo lo sciopero era concluso. Kirkwood si vide offrire l'incarico di direttore alla fabbrica Mile End di Beardmore a Londra. «Il desiderio irresistibile di far qualcosa di sensazionale», scrisse il «Morning Post» denunciando l'accordo, «ha già colpito il signor Churchill. Egli ha celebrato la sua nuova carica offrendo la mano ai deportati di Clyde, una banda di agitatori pericolosi e disperati quale mai ha fomentato disordini nel mondo del lavoro». Sei settimane dopo essere stato reintegrato, Kirkwood creò un sistema di premi che permise alla fabbrica di Mile End di diventare la più produttiva della Gran Bretagna.

Il 15 agosto Churchill presentò alla Camera dei Comuni il suo disegno di legge sulle munizioni di guerra il cui obiettivo, spiegò, era «da una parte la produzione e dall'altra la pace industriale». Erano previsti premi salariali speciali per gli operai specializzati; nessun lavoratore sarebbe stato penalizzato dall'appartenenza a un sindacato o dalla partecipazione a una disputa sindacale. Anche se questa decisione poteva per certi versi nuocere alla produzione, «essa elimina il sospetto di una mancanza di buona fede o di comprensione». La guerra non poteva essere vinta «senza l'appoggio della grande massa delle classi lavoratrici di questo paese», un appoggio offerto «con decisione leale e spontanea», in assenza del quale «si debbono prevedere esiti disastrosi».

Adesso si trovava nel suo elemento: lavoro e un progetto preciso. «Se sai qual è il tuo progetto, è facile distribuire i compiti», disse al consiglio che aveva testé creato. Cinque giorni dopo scrisse a Lloyd George: «È un ministero molto impegnativo, quasi altrettanto interessante dell'Ammiragliato, con il vantaggio enorme che non bisogna combattere ammiragli né unni. Sono soddisfatto di tutti questi abili uomini d'affari che mi aiutano il più possibile. È davvero un piacere lavorare con persone competenti».

Il 12 settembre fece la prima visita in Francia come responsabile delle munizioni. Insieme con Marsh, che aveva di nuovo voluto con sé, si spinse fino alla zona di guerra; evitando Messines in quanto «pericolosa», raggiunsero invece Wytschaete, che era stata conquistata due mesi prima da reggimenti irlandesi e dell'Ulster che si erano battuti fianco a fianco. Erano appena arrivati quando a una cinquantina di metri di distanza cominciarono a piovere granate, scagliando schegge a pochi metri da loro. «Winston pensò che fosse sciocco restare lì», scrisse Marsh a un amico, «sicché tornammo indietro facendoci strada tra i tronchi e le buche delle bombe nella foresta di Wytschaete». La tappa seguente fu Saint-Omer, dove per due giorni ebbero colloqui con Haig e il suo stato maggiore.

Haig aveva disposto una massiccia offensiva per la settimana seguente, deciso ad aprirsi un varco nelle trincee tedesche del saliente di Ypres. Suo obiettivo era arrivare fino al paese di Passchendaele e quindi a Bruges e perfino a Zeebrugge, per mettere fine allo stallo della guerra di trincea.

La sera del 16 settembre Churchill presiedette una riunione sulle munizioni ad Arras per poi spingersi a est, verso il fronte. «Winston era attratto dallo spettacolo delle bombe che esplodevano in lontananza – irresistibile!», scrisse Marsh all'amico. «Uscimmo, ci mettemmo l'elmetto d'acciaio, appendemmo al collo le maschere antigas e camminammo per mezz'ora verso gli spari. C'era un gran frastuono, le granate ci fischiavano sopra la testa e ci fu qualche bello scoppio in lontananza; ma non sembrava che ci stessimo avvicinando e il bombardamento finì, cosicché tornammo indietro dopo un'altra ora. È sublime il modo in cui Winston ignora il tempo quando vuol fare qualcosa – è fermamente convinto che si arresti per lui».

In serata Churchill proseguì per Parigi dove giunse a mezzanotte, scendendo al Ritz. Il 17 settembre incontrò il suo collega francese, Louis Loucher, il quale auspicò la costituzione di un Consiglio inter-alleato per le munizioni. Churchill era d'accordo poiché intendeva presentare agli americani «proposte concordate» da Gran Bretagna e Francia. Il giorno seguente ebbe un incontro fuori Parigi con esperti francesi di artiglieria onde organizzare nel modo più efficiente il trasporto dei pezzi pesanti sulle linee ferroviarie congestionate. La sera cenò ad Amiens e quindi viaggiò fino alla costa, dove un cacciatorpediniere lo riportò a Dover.

La nuova offensiva di Haig iniziò il 20 settembre. Tredici giorni dopo, il 3 ottobre, inviò la richiesta urgente di munizioni per gli obici da 6 pollici, in quanto una riduzione degli approvvigionamenti avrebbe ostacolato l'avanzata. Churchill diede ordine alla missione britannica a Washington di presentare la richiesta all'American War Industries Board, il cui commissario responsabile delle materie prime, Bernard Baruch, acconsentì a fornire i proiettili richiesti. Da quel momento Baruch e Churchill si tennero in contatto telegrafico diretto, a volte quotidianamente. Non si erano mai incontrati, ma da tali contatti nacque una stretta collaborazione.

Il 12 ottobre le truppe di Haig lanciarono l'attacco contro il paese di Passchendaele, l'ultimo ostacolo prima del previsto sfondamento, ma dopo dodici giorni di combattimenti violenti, spesso corpo a corpo, in un settore non più largo di mezzo miglio, l'avanzata fu fermata. Quello stesso giorno l'esercito italiano subì la disfatta di Caporetto a opera di una forza congiunta austro-tedesca e più di un milione di soldati italiani batté in ritirata. Quando la notizia di quel tremendo disastro arrivò al ministero della Guerra, Churchill si trovava a Lullenden. Lloyd George, che era a Walton Heath, gli telefonò chiedendogli di raggiungerlo, trovandosi a poco più di trenta chilometri. «Mi mostrò i telegrammi, che pur in forma cauta rivelavano una disfatta di prima grandezza», avrebbe poi scritto.

Churchill rassicurò Lloyd Georgee gli ispirò il coraggio che gli occorreva. Avrebbero mandato in Italia truppe francesi e inglesi per difendere il fronte; Lloyd George in persona sarebbe andato in Italia e Churchill avrebbe fatto il possibile per soddisfare la crescente richiesta di cannoni e munizioni. Era un compito formidabile: le fabbriche inglesi, pur lavorando a pieno ritmo, in ottobre non erano riuscite a eguagliare la produzione di settembre. «Dobbiamo stare attenti», dichiarò al consiglio di ministero il 7 novembre, «a non disperdere le forze o a non ridurle al livello delle nazioni spossate. Sarà più opportuno usarle per uno scopo, anziché disperderle malamente».

Lo sforzo per produrre munizioni era incessante. Nelle prime due settimane di novembre Churchill prese tra l'altro l'iniziativa di metter fine alla limitazione della produzione di aeroplani da bombardamento e di aumentare la produzione di motori per aerei. Il 18 novembre ritornò a Parigi per coordinare la fornitura di munizioni agli italiani con i francesi e con gli italiani stessi; dopo tre giorni di colloqui la faccenda era stata risolta. Il 20 novembre, mentre si trovava a Parigi, gli inglesi lanciarono la prima offensiva con i carri armati a Cambrai. Nel giro di due settimane le linee trincerate furono oltrepassate e vennero riconquistate più di 42 miglia quadrate di territorio in mano ai tedeschi.

Churchill era ancora in Francia il giorno del suo 43° compleanno e vi rimase fino al 4 dicembre. Nel corso della visita portò a buon fine il progetto per la costruzione di una fabbrica inglese di cannoni a Creil, a nord di Parigi, per poter riparare e modificare i pezzi pesanti senza bisogno di rispedirli in Gran Bretagna. Inoltre, su richiesta di Bernard Baruch, si incaricò di acquistare e fornire agli Stati Uniti il materiale bellico di cui avrebbero avuto bisogno i soldati americani al loro arrivo in Europa. Acquistò tale materiale, compresi 452 aeroplani, in Francia, in Spagna e persino in Canada.

Durante il soggiorno parigino, ottenne da Loucher l'autorizzazione a costruire a Bordeaux una fabbrica anglo-americana di carri armati che avrebbe montato i pezzi prodotti in Gran Bretagna e negli Stati Uniti, sfornando 1.500 grandi carri al mese a partire dal luglio 1918. La vittoria sarebbe arrivata a suo parere da quei carri armati; tornato a Londra, spiegò al Gabinetto di guerra che non solo essi avrebbero sostituito il bombardamento di artiglieria, ma avrebbero costituito «un appoggio indispensabile per la fanteria». A supporto di questa tesi osservò che nella battaglia di Cambrai, conclusasi due giorni prima, la conquista di 42 miglia quadrate di territorio era costata meno di 10.000 uomini, tra morti e feriti, e 6.600.000 sterline di munizioni, laddove nelle Fiandre, da agosto a novembre di quell'anno, la conquista di 54 miglia quadrate era costata 300.000 uomini tra morti e feriti, e 84 milioni di sterline di munizioni. Perciò la prima cosa da fare era utilizzare come carristi i trenta o quarantamila «valorosi soldati di cavalleria», a gran parte dei quali erano già stati assegnati altri incarichi.

Nel corso dell'anno si impegnò sempre più per la campagna dell'anno seguente. Si profilava però un nuovo pericolo: in Russia il governo bolscevico, salito al potere ai primi di novembre, annunciò che avrebbe fatto la pace con la Germania, dopo di che i tedeschi avrebbero potuto trasferire un numero enorme di soldati dal fronte orientale a quello occidentale, disponendo così di una netta superiorità numerica. Churchill, allarmatissimo, il 19 gennaio lanciò un appello a Lloyd George pregandolo di fare di tutto affinché fossero subito completati gli effettivi dell'esercito.

Le iniziative che prese riflettevano il suo senso del pericolo. A fine gennaio sollecitò il ministro dell'Aeronautica a non ridurre gli ordini al di sotto di 4.000 motori aerei al mese. Se lo si «giudicava opportuno», il ministero degli Approvvigionamenti avrebbe appoggiato la richiesta di un aumento fino a cinque e anche seimila motori. Nella giornata del 18 febbraio ritornò in Francia per discutere con i comandanti dell'esercito britannico il fabbisogno di munizioni, carri armati e iprite, deciso a soddisfarlo. Tre giorni dopo tornò in Francia per continuare i colloqui e per ispezionare le trincee presso Vimy, «camminando per cinque ore nel fango», scrisse a Clementine.

Due giorni dopo volle vedere le sue vecchie trincee di Ploegsteert. «È stato fatto tutto a pezzi», scrisse a Clementine, «e il cannoneggiamento è sempre pesante. La prima linea inglese è avanzata di circa un miglio, ma tutte le mie vecchie fattorie sono ridotte a mucchi di mattoni e sacchi di sabbia polverizzati». Invece il solido rifugio che aveva costruito a Laurence Farm «ha resistito a due interi anni di bombardamenti e viene usato tuttora, come le cantine del convento, che avevo prosciugato e chiamavo "la torretta di comando". Per il resto rovina totale».

Il 26 e 27 febbraio era di nuovo a Parigi per occuparsi delle munizioni; tornò quindi a Londra e in un promemoria del 5 marzo chiese al Gabinetto di guerra di sviluppare una nuova strategia offensiva per il 1919, basata su aviazione e carri armati; un tipo di guerra «che passi di proposito dalla crisi alla decisione – non solo spreco e massacro, che portano lentamente a una rovina generale». Tre giorni dopo spiegò a Lloyd George che intendeva utilizzare i carri armati in gran numero e come parte integrante della guerra.

Il 18 marzo attraversò di nuovo la Manica, per la quinta volta da quando era stato nominato ministro otto mesi prima. Giunto a Saint-Omer, seppe che si riteneva imminente una grande offensiva tedesca. A nord del fiume Oise i tedeschi avevano una superiorità numerica di due a uno sugli inglesi. Il mattino seguente Churchill si trovava al quartier generale dei carri inglesi, a Montreuil. Il successivo colloquio ufficiale in Francia era previsto due giorni dopo e pertanto, anziché tornare in Gran Bretagna, decise di andare a trovare l'amico generale Tudor, comandante della 9ª divisione. Trascorse la notte del 19 marzo al quartier generale di Tudor a Nurlu. Il giorno seguente ispezionarono punto per punto le difese della divisione, dalla postazione di artiglieria di Havrincourt alle trincee sudafricane nella foresta di Gauche.

Quella sera dormì a Nurlu e si svegliò poco dopo le quattro del mattino del 21 marzo; rimase a letto per mezz'ora e, alle cinque meno venti, udì sei o sette forti esplosioni a qualche miglio di distanza. Pensò che fosse l'artiglieria britannica; invece erano le granate nemiche che scoppiavano nelle trincee inglesi. «Poi, proprio come un pianista fa scorrere le dita sulla tastiera dagli acuti ai bassi, in meno di un minuto si scatenò il più terribile cannoneggiamento che mai abbia sentito».

Era cominciata l'offensiva tedesca. Churchill si vestì in fretta e si precipitò da Tudor, il quale gli disse che l'artiglieria inglese stava per aprire il fuoco. Non la sentì: «Il frastuono delle granate tedesche che scoppiavano sulle nostre linee trincerate a otto chilometri di distanza era così violento da non riuscire neppure a distinguere il nuovo fragore prodotto dal fuoco di circa duecento cannoni molto più vicini». Poco dopo le sei ebbe inizio l'avanzata della fanteria tedesca e le posizioni sudafricane a Gauche furono travolte. Churchill voleva restare con la divisione, ma Tudor lo convinse a partire. Presa la strada per Peronne, si diresse verso nord fino a Saint-Omer. Al tramonto la strada da Nurlu a Peronne era impraticabile.

Trascorse il resto della giornata a Saint-Omer e il 22 marzo intervenne alla riunione sui gas che vi si tenne. Il giorno dopo, quando fu presa anche Nurlu, partì per Londra. A Downing Street Lloyd George lo prese in disparte, chiedendogli com'era possibile tenere le posizioni sul fronte di battaglia ora che erano cadute le linee ben fortificate. «Risposi che ogni offensiva perdeva di forza a mano a mano che avanzava. Era come versare una secchiata d'acqua sul pavimento. Dapprima avanza impetuosa, poi imbeve il terreno e infine si arresta finché non se ne getta un'altra». Dopo cinquanta o sessanta chilometri ci sarebbe stato un momento di respiro e si sarebbe potuto ricostituire il fronte «se ci si metterà d'impegno».

Quella sera Lloyd George e Henry Wilson furono suoi ospiti a cena al 33 di Eccleston Square e nel diario Wilson definì Churchill «un uomo d'oro durante una crisi». Nel Gabinetto di guerra del giorno seguente, Churchill annunciò che avrebbe chiesto agli operai delle fabbriche di munizioni di rinunciare alle festività di Pasqua. Inoltre avrebbe concesso parte di questi operai all'esercito. Il 26 marzo lavorò per tutta la notte nella sede del ministero per assicurarsi che la massima quantità di pezzi d'artiglieria fosse inviata in Francia nel più breve tempo possibile. Trascorse al ministero ancne la notte del 27 marzo; quando si svegliò il mattino seguente, le forze tedesche avevano occupato tutto il campo di battaglia della Somme, che era stato loro strappato a prezzo di terribili perdite nel 1916, e ora minacciavano di incunearsi tra gli eserciti francese e inglese. Haig aveva spostato il quartier generale da Saint-Omer a Montreuil, vicino alla costa della Manica.

Lloyd George voleva informazioni dirette sulla capacità e sul modo di resistere all'attacco tedesco, e a questo scopo decise di mandare Churchill al fronte. Inoltre voleva sapere con certezza se i francesi, fino a quel momento relativamente poco impegnati nella nuova battaglia, fossero disposti a lanciare «un attacco energico» da sud per alleviare la pressione sulla linea britannica, e gli affidò il compito di scoprirlo; quel mattino telegrafò a Clemenceau per informarlo che il suo ministro era in viaggio verso il quartier generale dell'esercito francese.

Alle otto del mattino del 30 marzo Churchill si presentò al quartier generale di Clemenceau, che gli assicurò: «Vi mostreremo tutto; andremo insieme dappertutto per constatare la situazione con i nostri occhi». Nel giro di due ore arrivarono a Beauvais, dove il maresciallo Foch li stava aspettando in municipio. Successivamente Churchill avrebbe ricordato che Foch, nella sua camera, «afferrò una grossa matita quasi fosse un'arma e senza il minimo preliminare si curvò sopra la mappa e passò a descrivere la situazione». Con gesti animati e a voce alta, mostrò l'avanzata tedesca durante il primo attacco massiccio del 21 marzo, quindi descrisse il rallentamento graduale dell'avanzata a ogni giorno che passava. «Tutto il suo atteggiamento e il suo contegno esprimevano pena per quella misera, insignificante, piccola zona di invasione, tutto ciò che era stato conquistato dal nemico nel corso dell'ultimo giorno. Sembrava uno spazio miserabile, minuscolo a paragone con le possenti ondate dei primi giorni. Il tentativo del nemico si era esaurito».

Data la situazione, Lloyd George voleva che gli americani inviassero in Francia senza indugio contingenti cospicui di soldati, possibilmente 120.000 uomini al mese. Il mattino del 31 marzo, su sua richiesta, Churchill incontrò Clemenceau per esporgli quest'idea e insieme stilarono un telegramma per il presidente Wilson, spiegandogli l'urgenza della situazione. Basandosi su tutto ciò che aveva visto e saputo durante l'ispezione del giorno precedente, scrisse Clemenceau seguendo i consigli di Churchill, «sono ora in grado di informarvi che qualunque cosa accada contenderemo palmo a palmo il terreno al nemico e che a partire da oggi siamo certi di fermarlo».

Il presidente Wilson acconsentì a mandare soldati nel numero indicato; dopo aver passato un'altra giornata al fronte, Churchill tornò a Parigi donde telegrafò a mezzanotte a Lloyd George: «I francesi hanno consolidato le loro posizioni e sono ben protetti dall'artiglieria». L'attacco tedesco verso sud «non suscita più apprensione».

Sul fronte orientale, i bolscevichi avevano firmato la pace con la Germania e Churchill cercava il modo di convincerli a intervenire di nuovo nel conflitto per riformare il fronte orientale. Se fosse stato possibile «indurre» i bolscevichi a fare causa comune con la Romania, scrisse al Gabinetto di guerra, e ad attaccare congiuntamente la Germania, si sarebbe aperta la possibilità di inviare a Mosca «rappresentanti degli Alleati di importanza sufficiente a dare al governo bolscevico un nuovo elemento di stabilità e un mezzo per conseguire un accordo operativo con altre classi della società russa».

Pensava che se l'ex presidente americano Theodore Roosevelt, che si trovava allora a Parigi, o l'ex ministro francese della Guerra Albert Thomas si fossero trovati «con Trockij nel momento inevitabile in cui verrà nuovamente dichiarata guerra tra Germania e Russia, si potrà creare un punto di riferimento abbastanza rilevante perché tutti i russi guardino ad esso. Si potrebbe ricorrere a qualche formula generale, come "salvaguardare i frutti permanenti della rivoluzione", che renda possibile un'azione comune in considerazione della pressione violenta e crescente dei tedeschi». Il rappresentante dell'Entente poteva diventare «parte integrante del governo russo».

Era persuaso che la Gran Bretagna e i bolscevichi potessero fare causa comune. «Non dimentichiamo mai che Lenin e Trockij stanno combattendo con una corda intorno al collo. Lasceranno il potere per finire nella tomba. Mostrate loro una possibilità concreta di consolidare il loro potere, di ottenere qualche genere di difesa dalla vendetta di una controrivoluzione, e sarebbero inumani a non afferrarla. Tuttavia, debbono essere costretti dagli eventi e aiutati dall'esterno. Senza un aiuto e un appoggio dall'esterno non possono fare nulla. Finora avevano altre speranze, che però sono miseramente naufragate, e lo spirito di conservazione li costringerà a percorrere un sentiero che è anche il nostro, se li si aiuterà a trovarlo».

«Sostanzialmente», scrisse Churchill a aprile in un secondo promemoria per il gabinetto, «l'intelletto russo, anche quello bolscevico, qualunque cosa accada sul lungo periodo dev'essere ostile al militarismo prussiano e pertanto avvicinarsi alle democrazie parlamentari degli Alleati».

Dopo essere tornato dalla Francia raddoppiò gli sforzi per la produzione di armi. Il 21 aprile era riuscito a mandare a Haig il doppio dei cannoni perduti o distrutti dall'inizio dell'offensiva tedesca, un mese prima, e lo stesso fece con gli aeroplani. Inoltre riuscì a rimpiazzare tutti i carri armati distrutti con un nuovo modello migliore. Ritornò in Francia il 27 aprile per cercare di sapere da Haig quale fosse il fabbisogno esatto di munizioni per i pezzi pesanti; quella sera Haig scrisse sul suo diario: «Egli ha certamente accresciuto enormemente la produzione delle fabbriche di munizioni, e cerca con tutte le sue energie di liberare uomini per l'esercito e di rimpiazzarli».

Al ritorno dalla Francia trovò ad attenderlo la richiesta americana di duecento pezzi pesanti, che aveva promesso agli Stati Uniti cinque mesi prima.

Ora le nuove truppe che stavano per giungere in Francia ne avevano urgente bisogno. Nonostante le perdite inglesi dopo il 21 marzo e l'invio di rifornimenti alle truppe in Italia, Churchill riuscì a mantenere la promessa. Ma il suo impegno maggiore, durante l'estate, fu il fabbisogno di munizioni per il 1919, primo anno in cui si riteneva possibile la vittoria. Ora, per accelerare gli sforzi, risiedeva in permanenza e dormiva al ministero, il che era di «grande vantaggio dal punto di vista dell'esecuzione del lavoro», disse a un amico; «mi consente di lavorare fino a un attimo prima di pranzo, di dedicarmi alle carte una volta terminato di mangiare e di disporre dell'aiuto di uno stenografo non appena ne ho bisogno al mattino».

Nel corso dell'estate creò anche il primo servizio aereo regolare attraverso la Manica per i ministri e i funzionari che dovevano recarsi in Francia. Inaugurò questo servizio il 18 maggio dall'aeroporto di Le Bourget, a nord-est di Parigi, onde tornare il più in fretta possibile a Londra dopo una riunione interalleata.

Il 1° giugno ci fu un interludio personale, il matrimonio di sua madre con un funzionario del Nigerian Civil Service, Montagu Porch. Il secondo marito, George Cornwallis-West, l'aveva lasciata nel 1913 per sposare l'attrice signora Patrick Campbell. Porch aveva ventitré anni meno di Lady Randolph e tre meno dello stesso Churchill. «Winston auspica che il matrimonio non diventi di moda tra le signore dell'età di sua madre», annotò sul diario un amico di famiglia. Lady Randolph aveva 64 anni. Churchill e sua moglie, che era incinta di quattro mesi, furono tra coloro che firmarono il registro di stato civile.

L'8 agosto la quarta armata britannica, comandata dal generale Rawlinson, lanciò una nuova offensiva cui presero parte truppe inglesi, canadesi e australiane. La battaglia è da ricordare in quanto furono utilizzati 72 carri armati costruiti grazie agli sforzi e alle esortazioni di Churchill; durante il pomeriggio egli volò fino a Hesdin perché voleva essere in Francia nel momento in cui i carri entravano in azione; da Hesdin fu portato a Château Verchocq, che Haig gli aveva messo a disposizione per le sue puntate in Francia.

Al tramonto dell'8 agosto l'attacco con i carri era riuscito a far breccia nelle trincee avanzate tedesche; furono catturati 400 cannoni e circa 22.000 soldati nemici. «Sono davvero felice che sia andato tutto bene», telegrafò egli a Haig, il quale gli rispose: «Ricorderò sempre con gratitudine l'energia e la previdenza che avete mostrato al ministero degli Approvvigionamenti, rendendo così possibile il nostro successo». Spedì a Clementine il telegramma di Haig con una nota di accompagnamento: «È certamente assai soddisfacente essere riuscito a conquistare la fiducia e il favore delle autorità di qui, terribilmente diffidenti e in una certa misura piene di pregiudizi. Non c'è dubbio che si considerino più che soddisfatte».

Il 9 agosto incontrò Rawlinson nel suo quartier generale di Flixecourt e quindi, insieme con suo fratello Jack, si spinse fino al fronte. «Sulla via per il fronte», scrisse a Clementine, «abbiamo incrociato circa 5.000 prigionieri tedeschi, rinchiusi in gabbia o a riposo sotto scorta in lunghe colonne lungo la strada». Tra loro c'erano più di 200 ufficiali. «Mi sono avvicinato alle gabbie e li ho osservati attentamente. Avevano un aspetto piuttosto risoluto, anche se alcuni erano molto giovani. Non ho potuto fare a meno di sentirmi addolorato per loro, per la loro situazione miserabile e penosa; avevano marciato per miglia e miglia dal campo di battaglia senza mangiare né riposarsi dopo aver vissuto tutti gli orrori del combattimento. Nondimeno, sono stato lieto di vederli lì».

Insieme con il fratello giunse al fronte vicino al paese di Lamotte, che il mattino precedente era cinque chilometri dietro le linee tedesche; «Si vedevano dappertutto i solchi dei carri armati», riferì orgoglioso a Clementine.

Quando ritornò a Parigi il 16 agosto, concordò con Loucher di fornire alla III Armata americana i carri armati e i cannoni necessari. Due giorni dopo chiese a Loucher di aiutarlo a progettare e produrre aerei da bombardamento a largo raggio in grado di «scaricare sul nemico la massima quantità di bombe». Era il momento, a suo giudizio, «di portare la guerra nel suo paese, di fargli provare sulle sue città e sulla sua persona una parte della distruzione che ha provocato in Francia e in Belgio. È il momento, prima che cominci l'inverno, di intaccare il suo morale, di tormentare senza posa le sue città affamate e scoraggiate».

Il 31 agosto, mentre Churchill si trovava a Londra, i soldati bolscevichi fecero irruzione nell'ambasciata britannica di Pietrogrado; tra gli ufficiali inglesi presenti nell'edificio c'era l'attaché della marina capitano Francis Cromie, che colpì a morte tre soldati bolscevichi prima di essere ucciso. Non appena ne fu informato, Churchill dettò un promemoria per il Gabinetto di guerra in cui scrisse che Cromie era «un uomo molto dotato, in possesso di un'eccezionale capacità professionale»; lo aveva conosciuto di persona prima del 1914. «Spero ardentemente», proseguiva, «che il governo, nonostante le sue tante preoccupazioni, perseguirà con instancabile perseveranza coloro che hanno perpetrato questo delitto. Non sono in realtà utili rappresaglie contro i bolscevichi di poco conto che cadono nelle nostre mani, seppure niente affatto da escludere. La sola politica probabilmente efficace, per il passato o per il futuro, è di indicare nelle personalità del governo bolscevico l'obiettivo su cui si abbatterà la giustizia, non importa quanto tempo ci vorrà, e di far capire loro che la loro punizione diverrà un obiettivo importante della politica britannica, che verrà tenuto presente in tutte le fasi della guerra e degli accordi».

Trasse inoltre dall'episodio una morale più generale: «Gli sforzi che una nazione è pronta a compiere per proteggere i suoi singoli rappresentanti o cittadini dalle violenze sono uno degli strumenti più validi per misurarne la grandezza come stato organizzato. Il fatto che migliaia di uomini muoiano in una giusta guerra non deve farci ignorare il carattere affatto diverso di un atto di questo tipo». Nella riunione del 4 settembre il Gabinetto di guerra decise di inviare un telegramma al governo sovietico «minacciando rappresaglie» contro Trockij, Lenin e «i responsabili del governo» se da quel momento non fosse stata salvaguardata la vita dei sudditi britannici.

Il 20 ottobre i tedeschi, nel tentativo di conquistarsi la benevolenza degli Alleati, annunciarono la fine degli attacchi dei sommergibili contro i mercantili. Cinque giorni dopo Churchill, accompagnato da Marsh, ritornò in Francia per ispezionare le zone appena liberate. Il 26 ottobre vide il campo di battaglia di Le Câteau, scenario di una delle prime vittorie tedesche nel settembre 1914, riconquistato dopo più di quattro anni. Ma il suo desiderio di spingersi fino al fronte fu frustrato dal crollo di un ponte ferroviario, fatto saltare dai tedeschi. Il 27 ottobre arrivò a Lille dove trascorse la notte e il giorno seguente gli fu chiesto di assistere dalla tribuna militare a una sfilata di truppe britanniche. In tribuna c'era un giovane ufficiale britannico, il maggiore Bernard Montgomery. Churchill dovette congedarsi prima della fine della sfilata perché era stato invitato a pranzo dall'amico generale Tudor al quartier generale di Harlebeke, dall'altra parte del confine con il Belgio.

Dopo pranzo si spinsero fino alla prima linea, salendo su un campanile da cui si dominava il panorama. Mentre esaminavano le linee tedesche ebbe inizio un forte cannoneggiamento; poi, scrisse Marsh che era con loro, «il generale sentì l'odore del gas e ci fece riempire la bocca di fazzoletti finché fummo tornati all'auto». Entrambi i contendenti usavano l'iprite.

Churchill trascorse la notte del 28 ottobre al quartier generale di Tudor; durante la cena, osservò Marsh, «un aereo tedesco sganciò una bomba piuttosto grossa sulla strada non lontano dalla casa, ma fu l'unica». Il giorno seguente con Marsh partì in automobile per Bruges e il viaggio rischiò di concludersi in tragedia: mentre entravano nel paese di Desselghem cercando un ponte per attraversare il fiume Lys, «rimasi perplesso», scrisse una settimana dopo Churchill a Tudor, «vedendo un contadino buttarsi di colpo a terra dietro il muro di una casa; c'era qualcosa di molto strano in quel suo gesto. Tuttavia, ero così convinto di trovarmi a una decina di chilometri dal fronte che non trassi le giuste conclusioni dall'episodio».

Non sapeva che il paese si trovava a meno di due chilometri dalle più vicine postazioni tedesche e che stava per essere sottoposto a un pesante bombardamento. Il contadino si era appena gettato per terra quando una granata esplose 50 metri davanti all'automobile. Convinto di non essere affatto vicino al fronte, pensò fosse una bomba sganciata da un aereo, ma due o tre secondi dopo ci fu «una serie di esplosioni intorno a noi». Sempre persuaso che si trattasse di un aereo, pensò di non spingersi in aperta campagna per evitare che l'automobile, «grande e appariscente», diventasse un facile bersaglio.

«Ma proseguii ancora, per fortuna, visto che subito dopo un'altra granata cadde proprio nel punto in cui avevo pensato di fermarmi per chiedere informazioni».

Era ormai chiaro che Desselghem era sottoposto a un cannoneggiamento. Mentre l'automobile proseguiva, egli non si rendeva ancora conto di quanto era vicino al fronte. «Continuavo a meditare scioccamente sulla singolare abitudine dei tedeschi di scaricare una batteria a lunga gittata contro un oscuro villaggio a dieci chilometri dietro le linee». Poi «un'altra rapida serie di granate ravvivò il nostro viaggio». Solo quando arrivò a Bruges seppe quanto si era avvicinato alle linee tedesche. L'automobile aveva viaggiato a 70 chilometri l'ora, raccontò a Tudor, e avrebbe potuto facilmente finire dritta in bocca ai tedeschi. «Saremmo stati dei bei gonzi!»

Da Bruges si diresse verso sud, attraversando i paesi belgi appena liberati e raggiungendo Passchendaele dal settore che era stato occupato dai tedeschi, per poi ripassare le vecchie linee alleate e tornare a Hellfire Corner, sulla strada per Ypres. Dopo aver visto le macerie del centro cittadino, disse a Marsh che intendeva trasformarle in un cimitero di guerra «con prati e fiori tra le rovine e i nomi degli innumerevoli caduti».

Quella notte dormì a Verchocq e il giorno seguente, mentre tornava in aereo in Inghilterra, la Turchia si arrese alle potenze alleate. Si prevedeva da un momento all'altro la resa dell'Austria; «una pioggerella di imperi che scende dal cielo», la definì.

L'impero austro-ungarico firmò la resa il 3 novembre e a Londra Churchill cercò di assicurarsi un posto al centro della scena politica una volta finita la guerra. Il 6 novembre, a un pranzo con Lloyd George, parlò della «umiliazione di essere un ministro privo di responsabilità politiche». Lloyd George gli assicurò che tutti i responsabili dei dicasteri impegnati nella guerra avrebbero trovato posto nel Gabinetto che avrebbe formato dopo la guerra.

Il 7 novembre una delegazione tedesca attraversò le linee francesi per chiedere un armistizio e per tre giorni esaminò le condizioni poste dagli Alleati. Il 10 novembre Lloyd George invitò Churchill a una riunione speciale di Gabinetto per discutere il prosieguo dei negoziati. Durante la riunione giunse la notizia della fuga del Kaiser in Olanda. Alle cinque del mattino seguente i tedeschi accettarono le condizioni degli Alleati; i combattimenti sarebbero cessati alle undici di quella mattina ed entro 14 giorni le truppe tedesche dovevano evacuare Francia, Belgio, Lussemburgo, Alsazia e Lorena. Tutti i soldati tedeschi dovevano lasciare la Renania e le truppe alleate e americane avrebbero occupato la Germania a ovest del Reno.

Il Gabinetto discusse anche il futuro dell'esercito tedesco. Tutti erano d'accordo su una sua smobilitazione quanto prima, ma Churchill invitò alla cautela: «Potremmo dover ricostruire l'esercito tedesco; è importante che la Germania rimanga in piedi per evitare la diffusione del bolscevismo».

Il mattino dell'11 novembre Churchill e i suoi consiglieri discussero la vendita dell'eccedenza di munizioni e i problemi delle fabbriche, ora al massimo della produzione quotidiana, visto che granate, cannoni e carri armati non erano più necessari, perlomeno nella quantità enorme prodotta. Mentre si avvicinava la scadenza del cessate il fuoco, si trovò da solo alla finestra della sua camera dell'Hotel Metropole a guardare Northumberland Avenue. «La vittoria era arrivata, dopo tutti i rischi e le paure, in modo assoluto e totale; tutti i re e imperatori contro cui avevamo lottato erano in fuga o in esilio, i loro eserciti e le loro flotte distrutti o vinti. In tutto ciò la Gran Bretagna aveva svolto un ruolo rilevante e fatto del suo meglio, dal principio alla fine».

Le sue riflessioni non si fermavano qui: «Gli obiettivi materiali che erano stati al centro dell'attività, ogni processo mentale su cui si era vissuto, si erano ridotti in polvere. Tutto l'enorme lavoro degli approvvigionamenti, la crescita della produzione, l'attenzione alle scorte, i progetti futuri segreti – fino a ieri tutto il mio dovere – svaniti d'un colpo come un incubo notturno, lasciando dietro di sé un vuoto». La sua mente spaziava sui problemi della smobilitazione; che cosa avrebbero fatto adesso i suoi tre milioni di operai? «Come convertire la produzione? Come forgiare vomeri dalle spade?»

Batté il primo rintocco delle undici. «Guardai di nuovo l'ampio viale sotto di me. Era deserto. Dall'entrata di uno dei grandi alberghi requisiti dai ministeri balzò fuori la sottile figura di un'impiegata che gesticolava forsennatamente mentre risuonava un altro rintocco del Big Ben. Poi, da ogni parte, uomini e donne si precipitarono in strada. Fiumi di persone defluivano dagli edifici». Ora Northumberland Avenue era piena di gente. All'Hotel Metropole «era scoppiato il caos». Le porte sbattevano, i corridoi risuonavano di passi. «Tutti si alzarono dalle scrivanie e misero via carta e penna».

Guardò verso Trafalgar Square: pullulava di gente. «Come per magia spuntarono le bandiere». Clementine, che doveva partorire per la quarta volta proprio quella settimana, giunse all'Hotel Metropole per stare con suo marito; decisero di andare insieme a Downing Street per congratularsi con Lloyd George. Quando salirono in automobile, una ventina di persone eccitate vi saltarono sopra; circondata da una folla che festeggiava freneticamente, la vettura arrivò finalmente in Downing Street.

Lloyd George lo invitò a cenare con lui, F.E. Smith e Sir Henry Wilson. «LG vuole fucilare il Kaiser», annotò Wilson nel suo diario; «Winston è contrario». Le fatiche della guerra erano finite e cominciavano quelle della pace.

17
AL MINISTERO DELLA GUERRA

Il 15 novembre 1918, quattro giorni dopo l'armistizio, nacque il quarto figlio di Churchill, una femmina che fu battezzata Marigold Frances e che i suoi genitori soprannominarono «the Duckadilly» [da *duck*, «amore», «cocco»]. Il parto era stato difficile e egli desiderava trascorrere più tempo possibile con sua moglie, ma dieci giorni dopo dovette precipitarsi in Scozia, a Dundee, per parlare ai suoi elettori: inaspettatamente Lloyd George aveva indetto le elezioni generali.

Il primo ministro era deciso a tenere insieme il governo di coalizione in pace come in guerra, ma molti liberali auspicavano il ritorno alla politica di partito del 1914 e di Asquith. Le elezioni erano previste per i primi di dicembre e tutti i liberali furono lasciati liberi di decidere se appoggiare Asquith o schierarsi con Lloyd George. Nella campagna elettorale Churchill si propose come uno dei maggiori fautori del governo di coalizione, e fu anche uno dei pochi membri della coalizione contrario a imporre dure condizioni di pace alla Germania.

Nel tentativo di preservare quanto più possibile nella politica del nuovo governo gli ideali liberali, egli sollecitò Lloyd George a prendere in considerazione un'imposta gravosa su tutti i profitti di guerra: «Perché ci dev'essere chi fa fortuna con la guerra?», gli scrisse il 21 novembre, dieci giorni dopo la resa tedesca. «Laddove tutti hanno servito il paese, profittatori, fornitori e speculatori marittimi hanno accumulato fortune di ingenti proporzioni». Proponeva che il governo «reclami tutte le somme superiori diciamo a 10.000 sterline (per lasciare fuori i pesci piccoli)», in modo da ridurre in misura sostanziale il debito di guerra della Gran Bretagna attingendo ai forzieri dei profittatori di guerra.

Le elezioni ebbero luogo il 14 dicembre, ma i risultati furono resi noti solo due settimane dopo per consentire lo spoglio dei voti dei soldati. Due giorni prima dell'annuncio dei risultati Churchill scrisse a Lloyd George: «Spero che cercherete di raccogliere tutte le energie e le forze influenti del paese per condurle lungo il cammino della scienza e dell'organizzazione in soccorso dei deboli e dei poveri».

I risultati furono un trionfo per Lloyd George, i cui liberali conquistarono 133 seggi; i conservatori della coalizione ne ottennero 335 e i laburisti 10, per un totale di 478 seggi a suo favore, in maggioranza ex avversari conservatori. I liberali di Asquith ottennero solo 28 seggi e lo stesso Asquith fu battuto a East Fife. I laburisti conquistarono 63 voti e il Sinn Fein, un nuovo protagonista della vita di Westminster, 73. Quest'ultimo chiedeva l'indipendenza immediata dell'Irlanda e per protesta contro l'autorità britannica rifiutò di occupare i seggi a Westminster, costituendo invece una propria assemblea a Dublino. Churchill fu eletto con «un'enorme maggioranza», scrisse il principale quotidiano di Dundee, di 15.365 voti, che però non era la più ampia mai registrata, come aveva sperato, e neppure vi si avvicinava.

Lloyd George insistette per affidargli il ministero della Guerra, dove lo attendeva un altro compito urgente e impegnativo; erano trascorsi quattro mesi dall'assassinio del capitano Cromie a Pietrogrado e in tutta la Russia centrale i bolscevichi avevano consolidato il loro potere, ma a fine dicembre c'erano più di 180.000 soldati non russi entro i confini dell'ex impero zarista, tra cui inglesi, americani, giapponesi, francesi, cechi, serbi, greci e italiani. Varie armate antibolsceviche, per un totale di oltre 300.000 uomini, speravano nell'aiuto militare e morale di quei soldati e facevano affidamento sui loro governi per avere denaro e armi. I bolscevichi venivano risospinti da tutti i fronti verso Mosca.

Le armi che la Gran Bretagna aveva spedito in Russia nel 1917 e 1918 per la guerra contro la Germania erano state consegnate alle forze antibolsceviche per essere usate contro i bolscevichi, generalmente male armati. I soldati inglesi, che in origine avrebbero dovuto solo scortarle, erano ora coinvolti nella guerra civile e non solo come consiglieri. Churchill non era responsabile in nessun modo di questi sviluppi: cominciò a occuparsi dell'atteggiamento del suo paese verso la Russia solo il 31 dicembre 1918, quando Lloyd George lo invitò a una riunione del Gabinetto di guerra, indetta specificamente per formulare la politica inglese contro i bolscevichi.

Egli dichiarò di essere «assolutamente favorevole al negoziato» con i bolscevichi, «ma riteneva che non vi fosse alcuna possibilità di pervenire a un'intesa finché non fosse stato chiaro che avevamo la forza e la volontà di imporre le nostre opinioni». Se i russi, bolscevichi e antibolscevichi, «erano disposti a incontrarsi, dovremmo aiutarli». In caso contrario la Gran Bretagna doveva ricorrere alla forza «per ripristinare la situazione e costituire un governo democratico». Il bolscevismo rappresentava solo una parte del popolo russo e sarebbe stato «smascherato e spazzato via» da un'elezione generale da indire sotto gli auspici degli Alleati.

Lloyd George preferiva circoscrivere l'impegno britannico agli ex territori zaristi nel Baltico e nel Caucaso che si battevano «per l'indipendenza dalla Russia» e dichiarò di essere «affatto contrario» a un intervento militare britannico in Russia. Ma vari mesi prima, con il benestare di Balfour e Milner, erano state mandate nelle regioni del Caucaso e del Baltico truppe inglesi che fiancheggiavano già tre armate russe antibolsceviche in Russia settentrionale, in Siberia e in Russia meridionale. Di fatto sette generali britannici avevano già comandi militari sul suolo russo e avevano ai loro ordini complessivamente 14.000 soldati inglesi.

In qualità di ministro della Guerra, ora Churchill era responsabile dell'assistenza alle forze inglesi mandate in Russia dai suoi predecessori e voleva che fosse presa una decisione chiara, in un senso o nell'altro. «Mi sembra estremamente urgente», scrisse a Lloyd George il 27 gennaio, «decidere e dichiarare la nostra politica. "Evacuare subito a ogni costo" è una scelta, non molto piacevole dal punto di vista della storia. "Rafforzarsi e raggiungere l'obiettivo" è un'altra, ma sfortunatamente non ne abbiamo la forza – mi duole dover dire che i nostri ordini non sarebbero eseguiti».

Non si faceva illusioni sulla difficoltà di combattere in Russia, sui costi necessari per assistere una grossa forza militare né sulla possibilità che i soldati inglesi subissero l'influenza degli ideali bolscevichi, cosicché nella lettera del 27 gennaio suggerì a Lloyd George di mettere fine all'intervento militare diretto e ordinare il ritiro di tutte le forze britanniche. Voleva che quelle di stanza a Murmansk e Archangel'sk fossero richiamate a luglio, dopo il disgelo. Per quanto riguardava la Siberia e la Russia meridionale, voleva che la Gran Bretagna chiedesse alle forze antibolsceviche di «cavarsela da sole: auguriamo loro ogni bene, ma non possiamo fare altro che dare loro il nostro sostegno morale», vale a dire i volontari inglesi «disposti a combattere in quei teatri», e materiale, ovvero armi, denaro e vettovaglie. Suggerì di non inviare in Russia truppe regolari o coscritti. Per quanto riguardava armi e vettovaglie, una quota doveva essere stabilita «ora», mentre il governo non doveva «impegnarsi» in nessun modo sul numero di volontari. Se le forze antibolsceviche fossero state sconfitte o avessero «gettato la spugna, dovremmo naturalmente ritirarci e disinteressarci di quanto può accadere».

Era convinto della sua posizione sul ritiro dei soldati inglesi da Omsk. «La nostra politica in Siberia è troppo vaga», scrisse il 29 gennaio a Henry Wilson, «e le prospettive troppo oscure». Espresse cautela anche quando il 6 febbraio due tra i suoi principali consiglieri militari lo sollecitarono a mandare armi ed equipaggiamenti alle armate antibolsceviche: «È estremamente importante sapere che cosa possono fare e faranno i russi per parte loro. Se combatteranno davvero, penso che dovremmo appoggiarli in ogni modo possibile, ma senza di loro è inutile tentare».

Il 12 febbraio ricordò al Gabinetto che i bolscevichi diventavano ogni giorno più forti. In Russia meridionale l'armata del generale Denikin «si era fortemente indebolita». Il capo delle forze antibolsceviche sul Don, generale Krasnoff, e il comandante della Siberia ammiraglio Kolčak erano scoraggiati; per la verità «lo scoramento era totale dappertutto». Se la Gran Bretagna intendeva ritirare le sue truppe, doveva «farlo subito»; se voleva intervenire doveva «mandare una forza più consistente». Sua opinione personale era che occorreva intervenire, ma si rimetteva alla decisione del Gabinetto.

Lloyd George dichiarò che sarebbero occorsi mezzo milione di soldati per un intervento efficace; era necessario consultare il presidente Wilson, le cui truppe si trovavano già in Siberia e Russia settentrionale, e che doveva partire da Parigi dopo tre giorni. Il 12 febbraio, in una seconda riunione di Gabinetto, Churchill dichiarò che se il presidente avesse deciso di dichiarare guerra ai bolscevichi, le forze inglesi avrebbero potuto fare la loro parte, ma continuava a pensare che «la sola possibilità di avere la meglio sui bolscevichi» fosse legata alle armate russe. Se non si era in grado di aiutarle, «sarebbe molto meglio prendere adesso la decisione di andarcene e affrontarne le conseguenze, consigliando loro di cercare il migliore accordo possibile con i bolscevichi».

La Gran Bretagna, affermò, cercava di «dare fermezza alla mano esitante delle forze russe», ma non si faceva illusioni sulla loro esitazione né sulle prospettive di vittoria del mezzo milione di soldati russi antibolscevichi. Il mattino del 14 febbraio partì per Parigi come emissario del Gabinetto con l'incarico di chiedere a Wilson e a Clemenceau qual era la politica che le potenze della Conferenza di Pace di Parigi auspicavano nei confronti della Russia. Il viaggio nacque sotto cattivi auspici: durante il tragitto in automobile da Dieppe a Parigi con Henry Wilson, ebbero un incidente nel quale si ruppe il parabrezza, sicché arrivarono a Parigi alle 3 del pomeriggio, intirizziti e fradici. Quattro ore dopo parteciparono alla riunione del Consiglio dei Dieci convocata da Clemenceau per decidere la politica nei confronti della Russia.

Per tre giorni Churchill fu al centro delle discussioni. Hankey, che era tra i presenti, riferì che aveva aperto la seduta con parole «di grande moderazione». Woodrow Wilson voleva il ritiro di tutti i soldati stranieri, compresi i suoi, dalla Russia. Quando l'inglese suggerì la soluzione dei volontari e l'invio ai russi antibolscevichi di armi, carri armati, aeroplani e munizioni, Wilson espresse dubbi sulla possibilità di trovare dei volontari e affermò che in alcune regioni gli aiuti sarebbero andati ai «reazionari». Quindi ripartì, lasciando a rappresentarlo E.M. House. Il 15 febbraio Churchill propose che il Consiglio studiasse perlomeno gli aspetti militari di un intervento e fu appoggiato dai ministri degli Esteri italiano e giapponese; non fu presa nessuna decisione, neppure a livello di studio. Il giorno seguente telegrafò a Lloyd George comunicandogli che alla riunione seguente avrebbe chiesto di formare una commissione «per preparare, con le risorse disponibili, un piano di guerra contro i bolscevichi».

Tornò quindi a Londra e quando arrivò a Downing Street, poco dopo mezzodì del 18 febbraio, scoprì che Lloyd George, pur non volendo in alcun modo autorizzare un intervento militare diretto in Russia, era «pienamente disposto», come egli riferì a Henry Wilson, «ad aiutare le armate russe, posto che non costi troppo». In effetti il primo ministro era «assolutamente contrario a tagliare i viveri a Kolčak, Denikin e compagnia, in quanto riteneva che dopo averli fatti scendere in campo per i nostri scopi nella guerra alla Germania, eravamo ora obbligati ad aiutarli».

A quel punto il suo compito era far tornare i 14.000 soldati inglesi presenti in Russia e assistere le forze antibolsceviche con approvvigionamenti e volontari, cioè i 2.000 consiglieri tecnici e istruttori arruolatisi come volontari per combattere in Russia.

Per garantire la sicurezza dei soldati inglesi, spossati, male equipaggiati e sottoposti ad attacchi incessanti nel nord della Russia, convinse Lloyd George ad autorizzare l'invio di un piccolo «corpo di soccorso». Voleva che questo corpo portasse con sé e usasse un nuovo gas tossico che era stato prodotto negli ultimi mesi di guerra. «Mi piacerebbe davvero che i bolscevichi lo provassero», disse ai suoi consiglieri. Quando ad aprile le ultime forze francesi partirono da Odessa, si scagliò contro quello che giudicò un abbandono prematuro di Denikin in Russia meridionale. «Winston medita seriamente di dare le dimissioni piuttosto che accettare una ritirata ignominiosa», osservò un membro del Gabinetto. Il commento di Churchill fu acre: «Dopo aver vinto gli unni – le tigri del mondo – non accetterò di essere sconfitto dai babbuini!»

Non nutriva dubbi sul fatto che «tra tutte le tirannidi della storia», così disse a un pubblico londinese nel mese di aprile, «quella bolscevica è la peggiore, la più distruttiva, la più degradante». Le atrocità commesse sotto Lenin e Trockij erano «incomparabilmente più orrende, più macroscopiche e più numerose di quelle di cui è responsabile il Kaiser». Rimase scandalizzato quando il governo decise di rimandare in Russia mezzo milione di soldati che erano stati fatti prigionieri dai tedeschi e si trovavano ora sotto la custodia degli Alleati. Scrisse irritato ai suoi consiglieri militari: «Laddove avremmo potuto farne un esercito di uomini fedeli, utilizzabile per la difesa di Archangel'sk e Murmansk o per aiutare il generale Denikin e Kolčak, vedo che ci limitiamo a spedire un rinforzo di 500.000 uomini addestrati alle armate di Lenin e Trockij. Mi sembra uno degli errori capitali nella storia del mondo».

Temendo un trionfo del comunismo in Europa orientale e in Asia, Churchill chiese al governo di aiutare la Germania a rimettersi in piedi inviando alimenti e assumendo una posizione morbida sulle riparazioni di guerra. Il 9 aprile scrisse a Lloyd George che la sua politica, anche se con ogni probabilità era troppo tardi per realizzarla, si poteva riassumere così: «Nutrire la Germania, combattere il bolscevismo, far sì che la Germania combatta il bolscevismo». Quando la figlia di Asquith, Violet, gli domandò qual era la sua politica russa, rispose ancor più concisamente: «Uccidere i rossi, baciare i crucchi».

Oltre che ministro della Guerra egli era anche ministro dell'Aeronautica, ma sua moglie non vedeva di buon occhio il doppio incarico. «Caro», gli aveva scritto a marzo, «non credi che in realtà sarebbe più opportuno rinunciare all'Aeronautica e continuare a concentrarti su ciò che stai facendo al ministero della Guerra? Sarebbe un segno di vera forza e la gente lo apprezzerebbe moltissimo. È una debolezza occupare due cariche – e in realtà ti dedichi a una sola. D'altro canto, se le divori entrambe farai indigestione».

Sarebbe stato un *tour de force* dedicarsi ai due impegni, proseguiva, «come lanciare in aria contemporaneamente tante palle. In fondo vuoi essere uno statista, non un giocoliere». Ma suo marito non aveva nessuna intenzione di rinunciare al secondo portafoglio. Inoltre aveva ricominciato a volare, nonostante un incidente avvenuto a giugno, quando l'aereo che pilotava era stato costretto a un atterraggio di fortuna all'aerodromo di Buc, vicino a Parigi. Il suo nuovo istruttore era il comandante della Central Flying School, colonnello Jack Scott, un asso dell'aviazione che aveva abbattuto 13 aerei tedeschi durante la guerra, benché le lesioni alle gambe riportate in un incidente di volo lo costringessero a farsi calare di peso nella carlinga ogni volta che volava.

Il 18 luglio, dopo un'intensa giornata di lavoro al ministero della Guerra, Churchill e Scott raggiunsero l'aerodromo di Croydon per uno dei consueti voli di addestramento. L'aereo era dotato di doppi comandi. Come sempre fu l'allievo a decollare, ma una volta salito a venti-trenta metri l'aeroplano cominciò a perdere velocità e quota. Scott prese i comandi, ma non ci fu nulla da fare. «Non eravamo neppure a trenta metri da terra», avrebbe poi scritto Churchill, «proprio l'altezza giusta per la solita, fatale scivolata d'ala, il più banale degli incidenti». L'aereo precipitava rapidamente. «Vidi proprio sotto di me l'aerodromo illuminato dal sole e mi attraversò la mente la sensazione che fosse immerso in un funesto riverbero giallastro. Poi, in un baleno, si formò nella mia mente un pensiero preciso: "Questa è con ogni probabilità la fine". E subito dopo riprovai nella fantasia l'identica sensazione dell'urto all'aerodromo di Buc un mese prima. Qualcosa di analogo stava per succedere ORA!».

L'aereo urtò il terreno ed egli si sentì scagliare in avanti, ma la cintura di sicurezza lo trattenne, per rompersi solo a urto avvenuto. Dal motore sgorgavano nubi di vapori di benzina, ma nei pochi secondi che avevano preceduto l'impatto Scott era riuscito a spegnere il motore, scongiurando l'esplosione. Churchill, contuso ma salvo e Scott, che aveva perduto conoscenza, si ripresero in fretta. Amici e parenti si spaventarono e infuriarono per il rischio che Winston aveva corso. «Mi dispiace moltissimo per Clemmie», gli scrisse sua cugina Lady Londonderry, «penso sia stata davvero una sciocchezza da parte tua; ma spero che non ti sia fatto male». Churchill si rassegnò a rinunciare ai voli; non avrebbe ottenuto il brevetto di pilota, ma Clementine ne sarebbe stata felice.

Il 16 agosto Winston e Clementine partirono per un viaggio di cinque giorni a Colonia e per ispezionare l'armata britannica sul Reno. Durante il secondo giorno egli apprese che in Russia la situazione era nuovamente cambiata, e in modo drammatico: le armate antibolsceviche avanzavano di nuovo; Denikin, sulla costa del Mar Nero, aveva cacciato i bolscevichi da Nikolaev e Kerson e si apprestava a entrare a Odessa; gli antibolscevichi avevano il controllo del Mar Nero. Lungo la costa baltica il generale Judenič avanzava rapidamente verso Pietrogrado. Tornato a Londra, chiese che fossero mandate a Denikin munizioni sufficienti a permettergli di strappare ai bolscevichi tutta la Russia meridionale. Lloyd George rifiutò, osservando che il Gabinetto aveva stabilito di mandare a Denikin solo «un'altra fornitura», dopo di che la Gran Bretagna avrebbe lasciato che i russi «decidano le loro contese con le armi» e a proprie spese.

Il giorno dopo il rifiuto di Lloyd George, Denikin entrò a Kiev, la capitale dell'Ucraina, che ora controllava. Churchill, rendendosi conto che quell'immenso territorio era probabilmente il massimo che le forze antibolsceviche potevano conquistare e tenere, propose una pace negoziata; ai bolscevichi sarebbe stato chiesto di accettare una Russia meridionale non bolscevica, con capitale Kiev, a Denikin di accettare la sovranità bolscevica nel territorio intorno a Mosca. Una volta stabilito un confine tra le forze, la Gran Bretagna avrebbe promosso i negoziati tra Denikin e Lenin, e per questo consigliò prudenza alle forze britanniche in Russia meridionale, telegrafando il 20 settembre all'ufficiale superiore assegnato alle forze di Denikin, generale Holman: «Ritengo inopportuno che nelle attuali circostanze gli aviatori inglesi siano usati per bombardare Mosca».

Il 4 ottobre le armate di Denikin cominciarono a muovere verso Mosca su un vasto fronte; Judenič era a cinquanta miglia da Pietrogrado e in Siberia Kolčak aveva ripreso ad avanzare verso occidente. Avuta la notizia, Churchill chiese al Gabinetto di guerra di fare quanto in suo potere per aiutare queste forze nel momento della loro nuova, vigorosa avanzata. «I bolscevichi stanno crollando e forse la fine non è lontana. Non solo il loro sistema, ma anche il loro regime è condannato. Il loro sforzo militare vacilla su quasi tutti i punti dell'enorme cerchio del loro fronte, al cui interno vengono a mancare comunicazioni, alimenti, combustibile e sostegno popolare».

Churchill voleva che la Gran Bretagna esercitasse pressioni sulla Polonia perché attaccasse i bolscevichi da occidente, e sugli stati baltici perché rimandassero quanto più possibile la pace con Lenin; ma il Gabinetto di guerra non aveva nessuna intenzione di seguire questa linea d'azione. Il 6 ottobre le truppe di Denikin entrarono a Voronež, a soli 500 chilometri da Mosca, ma due giorni dopo il Gabinetto ribadì che l'ultimo «pacchetto» di viveri e munizioni per Denikin non doveva superare il valore di 14.500.000 sterline e doveva essere prelevato per quanto possibile dalle scorte del ministero della

Guerra. Il pacchetto sarebbe stato spedito, Churchill dovette informare Denikin, «a condizione che sia l'ultimo». Quel giorno gli ultimi soldati inglesi lasciarono Murmansk, seguiti una settimana dopo da quelli di Archangel'sk. Gli ultimi 550 soldati britannici in Siberia avevano ordine di partire a metà novembre e i 144 componenti del personale militare inglese nel Baltico dovevano ritornare a fine anno. Nel momento del possibile trionfo delle forze antibolsceviche, si avviava alla fine l'intervento inglese al loro fianco.

Il 13 ottobre Denikin entrò a Orel, 400 chilometri a sud di Mosca, e quel giorno Judenič interruppe la linea ferroviaria Pietrogrado-Mosca e si spinse fino a 60 chilometri da Pietrogrado. «Il sistema bolscevico era condannato fin dal principio a perire a causa del suo antagonismo con i princìpi fondamentali della società civile», scrisse il giorno dopo Churchill al Gabinetto di guerra. Il sistema e il regime sarebbero caduti «sotto la reazione della nazione russa». Se fosse stato possibile in passato stabilire rapporti pacifici con i bolscevichi, «avremmo costruito su fondamenta instabili».

Ma le fortune delle forze antibolsceviche svanirono con la stessa rapidità con cui erano sorte. Le forze di Denikin in Russia meridionale si arrestarono e le loro basi furono attaccate d'improvviso e inaspettatamente da un'armata anarchica guidata da Nestor Machno. I bolscevichi, approfittando dell'attacco, ripresero Orel e Denikin fu costretto a ritirarsi. In Siberia Kolčak ripiegò di nuovo verso est fino a Omsk. Erano svanite le speranze di Churchill di andare in Russia come emissario della democrazia, ma non aveva nessuna intenzione di abbandonare gli antibolscevichi. Il 31 ottobre il Gabinetto discusse la morte di oltre cento marinai inglesi di una nave da guerra che bombardava le posizioni bolsceviche nel Golfo di Finlandia. Uno dei presenti osservò: «Winston sostiene che si può continuare il bombardamento fino al gelo. Pm contrario».

Il 3 novembre Judenič rinunciò al tentativo di prendere Pietrogrado e si ritirò in Estonia. Tre giorni dopo Churchill parlò alla Camera dei Comuni della «diabolica abilità di Lenin di fare a pezzi ogni istituzione su cui si fondavano lo stato e la nazione russa». Dopo questo discorso, Balfour gli si avvicinò per dirgli: «Ammiro il modo esagerato con cui dite la verità».

Poiché le forze di Denikin avevano rinunciato a avanzare verso Mosca, Churchill chiese invano al Gabinetto di mandare loro altri aiuti, né ebbe miglior sorte il suo progetto di finanziare uno speciale corpo d'armata russo in appoggio a Judenič. Il suo unico compito, relativamente alla Russia, era sempre lo stesso: organizzare la ritirata inglese. Il 1° novembre gli ultimi soldati britannici partirono da Vladivostok; un mese dopo l'armata di Kolčak si disperse e l'ammiraglio fuggì ancora più a est, lasciandosi dietro un milione di proiettili, in prevalenza inglesi, che i bolscevichi avrebbero usato contro di lui. Il 3 novembre Churchill festeggiò il 45° compleanno proprio mentre crollavano tutte le sue speranze di una rinascita democratica russa.

«È un errore», scrisse il 15 dicembre al Gabinetto di guerra, «pensare che in tutto quest'anno abbiamo combattuto la battaglia dei russi antibolscevichi; al contrario, abbiamo combattuto la nostra, e questa verità diverrà dolorosamente evidente nel momento in cui essi saranno sterminati e le armate bolsceviche avranno la supremazia su tutti i vasti territori dell'impero russo». Quel giorno i bolscevichi entrarono a Kiev e nove giorni dopo, in Siberia, si impadronirono di quasi tutta Irkutsk, da cui Kolčak era fuggito. Il 26 dicembre il generale Knox partì da Vladivostok e il giorno stesso il generale Holman telegrafò dalla Russia meridionale chiedendo aiuto per evacuare 800 dei 2.000 componenti della missione britannica assegnata a Denikin. Il 31 dicembre Churchill ordinò l'evacuazione delle forze britanniche a Batum, sul Mar Nero.

Conclusasi in questo modo l'avventura in Russia, Lloyd George si rivolse a lui di fronte al profilarsi di un nuovo pericolo, la sfida crescente, con la forza e il terrore, al dominio britannico in Irlanda. Dopo la morte di 16 tra cattolici e protestanti durante un violento scontro del 16 giugno, gli chiese di partecipare a una commissione di gabinetto incaricata di «reprimere il crimine e i disordini» in Irlanda. Era sua opinione, confidò Churchill a Henry Wilson il 25 giugno, che la situazione nell'isola non sarebbe migliorata ricorrendo ai «sistemi che i tedeschi hanno adottato in Belgio».

Il terrorismo del Sinn Fein gli ripugnava e il 1° luglio egli suggerì ai consiglieri del ministero della Guerra che qualora un numero consistente di membri del gruppo avesse svolto addestramenti, con o senza armi, e fosse stato possibile individuarlo dal cielo, «da un punto di vista militare, e naturalmente con il benestare del governo irlandese e delle autorità del luogo, non vedo perché non si possano inviare aeroplani con l'ordine preciso, in ogni caso particolare, di disperderli con le mitragliatrici o le bombe, ovviamente senza usare più forza di quanta sia necessaria per metterli in fuga».

Ma le forze aeree per mantenere l'ordine non furono usate solo in Irlanda: sei giorni dopo aver fatto quella proposta, Churchill informò il Gabinetto che durante una sollevazione nella lontana Mesopotamia «il nemico è stato bombardato e mitragliato con buoni risultati da aeroplani che cooperavano con le truppe». Invece deprecò duramente il ricorso alla forza da parte del generale Dyer in India contro 300 indiani disarmati durante una rivolta ad Amritsar. Chiese che a Dyer non fossero più assegnati incarichi militari e l'8 luglio, alla Camera dei Comuni, difese la condanna inflitta da una commissione del suo ministero al generale. L'uso delle armi da fuoco era stato «un evento atroce». Di fronte a rivolte e guerre civili bisognava rispettare «un divieto generale, ovvero il divieto contro quello che viene chiamato "terrore"; con ciò intendo il fatto di commettere un massacro ai danni di una folla con l'intenzione di terrorizzare non solo il resto della folla, ma l'intera regione o l'intero paese. Non possiamo accettare in nessuna forma questa dottrina. Il terrore non è un rimedio conosciuto nella farmacopea britannica».

Intanto, poiché in Irlanda proseguivano gli assassinî commessi dal Sinn Fein, Lloyd George chiese al generale Tudor, un amico di Churchill, di formare quello che Henry Wilson definì «un gruppo antiassassinio». Ma l'offensiva dei bolscevichi distolse l'attenzione di Churchill dall'Irlanda; «Tutta la mia esperienza», scrisse a Bonar Law, «dimostra che occorre attaccare questa gente. Diventano assai pericolosi nel momento in cui pensano che si abbia paura di loro; è come domare una tigre – o meglio una iena rognosa!».

Mentre aspettava la decisione del Gabinetto su ciò che si poteva o si doveva fare per aiutare la Polonia, stilò un elenco di aiuti che voleva inviare ai polacchi, tra cui aerei, cannoni e consiglieri tecnici. Il 26 luglio gli Stati Uniti annunciarono che avrebbero equipaggiato e appoggiato dieci divisioni polacche per la durata della guerra. Due giorni dopo, in un articolo sull'«Evening News» intitolato «Il pericolo di avvelenamento che viene dall'Est», Churchill definì la Polonia «l'acciarino» del Trattato di Versailles. «Il caso della Polonia deve essere affrontato dal punto di vista della garanzia e difesa della nostra pace mondiale». Capiva tuttavia che non si potevano mandare truppe inglesi in soccorso alla Polonia: dopo cinque anni di guerra il popolo britannico non ne poteva più, troppo bene aveva conosciuto «la sua ferrea schiavitù, la sua miseria, le sue atroci delusioni, il senso di perdita che tutto pervade».

Spettava alla Germania, scriveva, «costruire una diga fatta di forza pacifica, legittimità, pazienza e virtù contro la marea della barbarie rossa che scorre da oriente». «The Times» protestò subito per «la scorrettezza incostituzionale» di questo appello, osservando che la Germania era la nazione sconfitta che doveva pagare le riparazioni di guerra e che aveva perduto vasti territori a favore della Polonia. Da Parigi Lord Derby scrisse a Lloyd George: «L'accenno di Winston a un'alleanza con la Germania per combattere i bolscevichi ha fatto infuriare i francesi!». Ma non aveva suggerito un intervento militare britannico o tedesco.

Il 4 agosto l'Armata Rossa arrivò a 150 chilometri da Varsavia e Churchill si precipitò dal primo ministro non appena ebbe notizia del pericolo che minacciava la capitale polacca. Lloyd George si trovava nella sala del Gabinetto con due emissari di Lenin, mandati a negoziare un accordo commerciale, Leonid Krassin e Lev Kamenev. Mentre Churchill aspettava fuori dalla sala, il primo ministro gli fece recapitare un biglietto: «Ho detto a Kamenev e Krassin che la flotta inglese partirà per il Baltico fra tre giorni se non fermeranno la loro avanzata». L'ultimatum britannico fu consegnato il giorno del sesto anniversario della dichiarazione di guerra alla Germania. Il Gabinetto si riunì mezz'ora dopo e prese atto dell'iniziativa di Lloyd George. Ma era evidente che non si poteva mandare un esercito in soccorso della Polonia. «Era un nuovo 4 agosto», avrebbe scritto in seguito Churchill, «e questa volta eravamo impotenti. L'opinione pubblica in Inghilterra e in Francia era prostrata.

Era impossibile qualunque tipo di intervento militare. Non ci restavano che le parole e i gesti».

L'Armata Rossa continuò a marciare su Varsavia e il 6 agosto il capo della missione britannica nella capitale polacca, che era stato mandato a Varsavia per convincere i polacchi a trattare con i bolscevichi, telegrafò a Londra chiedendo l'invio immediato di 20.000 soldati francesi e inglesi, escludendo quelli che potevano essere influenzati dalla «propaganda bolscevica o del Sinn Fein». Ma due giorni dopo giunsero a Londra i leader francesi per informare Lloyd George che non intendevano inviare truppe in Polonia. Fu deciso che avrebbero inviato armi e munizioni.

Frattanto in Irlanda le violenze si intensificavano. Il 15 novembre quattro ufficiali inglesi furono prelevati su un treno da uomini armati e non furono più ritrovati. Due giorni dopo il gruppo antiassassinio, i «Black and Tans» (dal colore dell'uniforme, nero e marrone rossiccio), mise in atto una rappresaglia a Cork uccidendo tre persone. Il Sinn Fein reagì effettuando nelle prime ore del mattino del 21 novembre una serie di irruzioni in alberghi e abitazioni di Dublino, uccidendo 14 persone tra cui 6 ufficiali britannici, alcuni dei quali trascinati giù dal letto e uccisi a colpi di arma da fuoco davanti alle mogli. Qualche ora dopo, per rappresaglia contro gli assassinî di Dublino, i soldati aprirono il fuoco sugli spettatori di una partita di calcio, tra cui si nascondevano diversi terroristi, uccidendo nove persone.

Il 10 dicembre, dopo l'omicidio di un soldato dei «Black and Tans» a Cork, per rappresaglia fu incendiata gran parte del centro commerciale della città. Nella riunione di emergenza del Gabinetto di quella sera, Churchill propose che qualora i deputati del Sinn Fein si fossero riuniti a Dublino, dove nel 1919 avevano costituito un proprio parlamento, e avessero dimostrato «una seria propensione alla pace», la Gran Bretagna avrebbe dovuto offrire una tregua di un mese. Il 15 dicembre invocò alla Camera dei Comuni la fine delle violenze. «Cessino gli omicidi, cominci la sovranità costituzionale, allontani il popolo irlandese la disputa dalla miserabile situazione in cui è stata sospinta dalla banda degli assassini irlandesi». «E dal governo», gridò uno dei pochi deputati nazionalisti irlandesi rimasti a Westminster. «Si conduca la disputa entro i binari di un sereno dibattito», proseguì; il parlamento ne era la sede naturale. Allora «vedranno subito migliorare la condizione dura e deplorevole che provoca l'infelicità dell'Irlanda». Nel corso di una riunione speciale di Gabinetto del 29 dicembre Lloyd George propose una tregua di uno o due mesi e Churchill lo appoggiò.

L'ultimo giorno dell'anno Churchill e Lloyd George furono ospiti di Philip Sassoon nella sua residenza di Lympne. Lord Riddell, un altro degli invitati, rimase colpito dalla «fantastica memoria testuale» di Churchill quando, «con *mucho gusto*, ci intrattenne recitando numerose canzoni del varietà e altre poesie, che ricordava con poco sforzo anche se non le ascoltava da anni».

Durante il fine settimana non si limitarono a cantare; Lloyd George aveva bisogno delle sue qualità di amministratore per ridurre le spese militari inglesi in Medio Oriente. Il mattino del 1° gennaio 1921 gli chiese se fosse disposto a succedere a Milner al ministero delle Colonie e anche a assumere la direzione del nuovo Ufficio per il Medio Oriente, che aveva la responsabilità dell'Iraq e della Palestina.

Le idee di Churchill sul sionismo erano note. Un anno prima, in un articolo sull'«Illustrated Sunday Herald» in cui denunciava gli ebrei russi che avevano avuto un ruolo di primo piano nell'affermazione del regime comunista in Russia, aveva definito il sionismo un «movimento ispiratore» e scritto: «Se, com'è possibile, dovesse nascere nel corso della nostra vita, sulle rive del Giordano, uno stato ebraico sotto la protezione della corona britannica, che potrebbe ospitare tre o quattro milioni di ebrei, nella storia del mondo si verificherà un evento positivo da ogni punto di vista, e particolarmente in armonia con gli interessi più autentici dell'impero britannico».

Dopo aver chiesto a Lloyd George una settimana di tempo per riflettere sull'offerta del ministero delle Colonie, tornò a Lympne il 7 gennaio, accettò e il giorno stesso assunse il suo settimo incarico di Gabinetto all'età di 46 anni.

18
LA QUESTIONE COLONIALE

L'8 gennaio 1921, un mese prima di assumere ufficialmente l'incarico di ministro delle Colonie, Churchill cominciò a studiare un sistema di governo per il Medio Oriente che riducesse in misura consistente il costo della dominazione inglese. Nel 1920 Palestina, Iraq e Arabia erano costati al contribuente britannico 37 milioni di sterline, pari a 500 milioni odierni, e il suo obiettivo era dimezzare la cifra. Come prima cosa, propose di costituire un «governo arabo» a Bagdad con il compito di avviare lo sviluppo della regione senza pesare eccessivamente sulla Gran Bretagna. Legge e ordine dovevano essere mantenuti non dai soldati inglesi bensì da un corpo di polizia inglese creato appositamente, «di qualità superiore», e da truppe indiane. Sulla base del mandato della Lega delle Nazioni, la Gran Bretagna si era impegnata a creare in Iraq «una nazione indipendente soggetta al controllo e all'assistenza amministrativi di un mandatario fino al momento in cui sarà in grado di reggersi da sola».

Cox aveva già proposto che un principe arabo, l'emiro Feisal, uno dei figli di re Hussein del Hejaz, governasse l'Iraq sulla base del mandato; il 10 gennaio Churchill chiese a Cox se era sicuro che Feisal fosse gradito, aggiungendo che i metodi politici occidentali «non sono necessariamente applicabili all'Oriente» e che occorreva «creare una base elettorale».

Pensava di recarsi in Iraq a marzo, ma prima si prese una vacanza in Francia meridionale, passando da Parigi per vedere una mostra di quadri di un artista che non aveva mai esposto prima, «Charles Morin». Si trattava in realtà della prima mostra dei suoi quadri. A Parigi incontrò il primo ministro francese Alexandre Millerand, al quale ricordò che Gran Bretagna e Francia avevano un interesse comune a «pacificare» il Medio Oriente. «Rilevai l'assoluta necessità, dal punto di vista tanto nostro quanto loro», riferì a Lloyd George, «di placare i sentimenti degli arabi e di giungere a una buona intesa con loro. In caso contrario saremmo di certo costretti a evacuare i territori che entrambi abbiamo conquistato in guerra, date le spese per le guarnigioni».

Pensava di poter favorire l'insediamento degli ebrei in Palestina e al tempo stesso fugare i timori dei 500.000 arabi di finire sotto il dominio della minoranza ebraica di 80.000 persone. Aveva nominato come consigliere per gli affari arabi il colonnello T.E. Lawrence, «Lawrence d'Arabia». Mentre si trovava in Francia meridionale, Lawrence lo informò che l'emiro Feisal, in alcuni colloqui a Londra, aveva acconsentito a «rinunciare a tutte le rivendicazioni di suo padre sulla Palestina» in cambio del trono dell'Iraq per sé e di quello della Transgiordania per suo fratello Abdullah. Quelle intese, secondo Lawrence, «sono vantaggiose e porteranno a un accordo rapido». Inoltre creavano una linea di demarcazione chiara, il fiume Giordano, tra la regione in cui gli ebrei avrebbero continuato ad affluire, a occidente del fiume, e lo stato sovrano arabo a oriente.

Churchill, confidando che Feisal e Abdullah avrebbero acconsentito a non attaccare i francesi in Siria in cambio dei due regni, diede ordine a Haldane di preparare l'evacuazione completa dei soldati britannici dall'Iraq entro la fine dell'anno, «di modo che il 31 dicembre non avremo altre responsabilità al di fuori di Bassora».

Le sue speranze di ridurre le spese in Palestina sarebbero state frustrate: ai primi di maggio le continue proteste arabe contro l'immigrazione ebraica sfociarono in tumulti a Jaffa in cui morirono trenta ebrei e dieci arabi. Samuel reagì interrompendo momentaneamente l'immigrazione ebraica e Churchill appoggiò la decisione dell'Alto Commissario, incaricandolo di annunciare «che finché gli immigrati che si trovano nel paese non saranno stati assorbiti, l'immigrazione non sarà ripresa». Samuel gli parlò di una cellula di comunisti ebrei che aveva incitato gli arabi alla rivolta; Churchill gli rispose che aveva la responsabilità di «epurare dagli elementi comunisti le colonie ebraiche e i nuovi arrivi e di far espellere dal paese, senza esitazioni né indugio, tutti coloro che si rendono colpevoli di propaganda sovversiva». Era ancora più irritato dal tentativo degli arabi di ricorrere alla violenza in Palestina «nella speranza di farci recedere dalla nostra politica sionista»; la Gran Bretagna doveva mantenere con fermezza la legge e l'ordine «e fare concessioni per i loro meriti, non già cedendo alla forza».

Invece Samuel, nella speranza di placare l'ostilità araba, decise di non esigere le ammende comminate ai rivoltosi. Churchill si oppose alla decisione, scrivendogli che a suo giudizio era «essenziale che Jaffa, così come gli altri villaggi, si assumano le loro responsabilità senza il minimo indugio. Non possiamo permettere che l'opportunismo regoli l'amministrazione della giustizia». Se Samuel avesse incontrato difficoltà nella riscossione delle ammende, aggiunse, avrebbe volentieri disposto l'invio di una nave da guerra per rafforzare la sua autorità.

Nella riunione di Gabinetto del 31 maggio, convocata per discutere il futuro del mandato sulla Palestina a lungo termine e le richieste arabe di creare subito un'assemblea elettiva, spiegò di aver deciso di sospendere la costituzione di istituzioni rappresentative in Palestina «per il fatto che qualunque organo eletto vieterebbe senza dubbio un'ulteriore immigrazione di ebrei». Al tempo stesso, nel tentativo di dissipare i timori arabi, approvò la proposta di Samuel di limitare per il futuro l'immigrazione ebraica secondo la «capacità economica» della Palestina di assorbire i nuovi venuti.

Temendo che i disordini in Palestina sarebbero continuati, determinando inesorabilmente un aggravio di spesa per il suo paese, Churchill fu ben contento di raccogliere un suggerimento dato da Lloyd George durante una riunione di Gabinetto del 9 giugno, cedere agli Stati Uniti i mandati sulla Palestina e sull'Iraq. Voleva darne annuncio alla Camera dei Comuni nel rapporto sul Medio Oriente previsto per il 14 giugno, ma Lloyd George, che non ne aveva neppure fatto cenno a Washington, lo convinse a non farlo. Nel discorso difese le responsabilità britanniche in Palestina e la politica da lui varata. «Dopo quanto abbiamo detto e fatto non possiamo permettere che gli ebrei in Palestina siano maltrattati dagli arabi, che sono stati istigati contro di loro». Le paure degli arabi di venir cacciati dal territorio erano «illusorie». Il numero degli ebrei sarebbe stato limitato a quanto «può essere sostentato dalla ricchezza crescente e dallo sviluppo delle risorse del paese. Non c'è dubbio di sorta che attualmente il paese sia fortemente sottopopolato».

Il discorso fu un trionfo personale, «uno dei vostri migliori», gli disse Lloyd George, ma nel dibattito che seguì un deputato conservatore ammonì che nel momento in cui «si acquistano terre al fine di insediarvi coltivatori ebrei, ci si scontrerà con l'ostilità ereditaria che in tutto il mondo circonda la razza ebraica». Churchill non si scoraggiò e otto giorni dopo, quando il primo ministro canadese gli chiese se la Gran Bretagna si proponeva di dare agli ebrei «il controllo del governo» in Palestina, rispose: «Se nel corso degli anni diventassero la maggioranza della popolazione, lo assumerebbero naturalmente».

Nel corso dell'estate la sua vita fu funestata da gravi lutti. Il 29 maggio Lady Randolph era caduta dalle scale fratturandosi una caviglia; il 10 giugno fu necessario amputarle la gamba sopra il ginocchio a causa di una cancrena. «Pericolo definitivamente scongiurato», telegrafò Churchill a Montagu Porch, terzo marito di sua madre, il 23 giugno. Invece tre giorni dopo fu chiamato al capezzale della madre, vittima di un'emorragia improvvisa. Quando arrivò, Lady Randolph era priva di sensi e morì poche ore dopo, senza aver ripreso conoscenza. «Non soffrirà più, né conoscerà mai la vecchiaia, la decrepitezza, la solitudine», scrisse a un amico una settimana dopo. «Vorrei che l'avessi vista riposare in pace, dopo tutte le gioie e le tempeste della vita. Era bellissima e radiosa. Dopo una mattina di dolori violenti, la sua fronte era ringiovanita di trent'anni. Mi ha ricordato l'espressione che avevo ammirato da bambino, ai suoi bei giorni, e mi è parso di rivivere il vecchio, brillante mondo degli anni ottanta e novanta».

Lady Randolph morì all'età di 67 anni; il 2 luglio fu sepolta nel cimitero di Bladon accanto a Lord Randolph. Un cugino presente ai funerali avrebbe scritto che «Jack e Winston sembravano due vedovi». Churchill scrisse a Curzon: «Non provo un senso di tragedia, ma solo di perdita. Ha avuto una vita piena, nelle sue vene scorreva linfa vitale. Con il suo carattere sormontava dolori e tempeste, e tutto sommato ha avuto una vita felice». Concludeva: «Noi tutti continuiamo ad avanzare lungo la strada».

Ai primi di agosto sua figlia Marigold, che aveva due anni e mezzo, si ammalò di meningite e i colleghi di Gabinetto gli fecero gli auguri di pronta guarigione. «La piccola sta un po' meglio», scrisse a Curzon il 22 agosto, «ma siamo ancora terribilmente in pena per lei». Due giorni dopo Marigold morì e i genitori ne furono sconvolti. «Sembra tanto penoso», scrisse Churchill a un amico, «che questa giovane vita si sia spenta proprio quando era così bella e felice, proprio mentre sbocciava».

Marigold fu sepolta al Kensal Green Cemetery a West London e Churchill, che voleva star solo per un po', andò ospite in Scozia al Dunrobin Castle dall'amico duca di Sutherland il cui fratello Alastair, trentunenne, era morto appena quattro mesi prima a seguito delle ferite riportate sul fronte occidentale. Si fermò a Dunrobin diversi giorni, dipingendo e riflettendo. Il 19 settembre scrisse a Clementine, che era rimasta a Londra per vegliare sulla tomba della piccina: «È un'altra splendida giornata e me ne sto sul fiume a cogliere immagini – molto più divertente che pescare salmoni. Molti pensieri teneri, mia amata, per te e i tuoi dolci gattini. Ahimè, continuo a provar dolore per la Duckadilly. Immagino che ieri avrete fatto un pellegrinaggio. Sono passati vent'anni dalla prima volta che venni qui. Geordie e Alastair erano bambini e ora Alastair è sepolto vicino alla tomba di suo padre, che domina la baia. Altri vent'anni e arriverò al termine del lasso di tempo che mi è stato concesso, sempre che tanto mi resti. Le considerazioni della mezza età sono pacate. Prenderò quel che viene».

Le sue speranze di una riduzione delle spese per il Medio Oriente erano svanite. Le violenze continue in Iraq e in Palestina imponevano di mantenervi forze superiori a quanto aveva previsto. In Iraq settentrionale gli aerei della Royal Air Force bombardavano gli indigeni che continuavano ad attaccare i presidi britannici isolati. Il 2 novembre, quarto anniversario della dichiarazione di Balfour, a Gerusalemme un'altra rivolta araba contro la Jewish National Home provocò la morte di quattro ebrei e di un arabo. Dieci giorni dopo Churchill ammonì i suoi consiglieri: «Vi prego di rammentare che qualunque altra cosa accada in Medio Oriente, è secondaria rispetto alla riduzione delle spese».

Invece per quanto riguardava l'Irlanda Churchill si preoccupava non di fare economie ma di arrivare a una riconciliazione. Nel febbraio 1921 Clementine gli aveva scritto: «Mio caro, usa *ora* la tua influenza per imporre una certa moderazione o comunque giustizia in Irlanda. Mettiti nei panni degli irlandesi. Se tu ne fossi il leader non ti faresti intimidire dal rigore e certo non dalle rappresaglie, che cadono come la pioggia dal cielo sui giusti e sugli ingiusti. Mi sento sempre infelice e delusa quando ti vedo *propenso* a dare per scontato che prevarrà il metodo duro, il pugno di ferro "prussiano"».

Questo suggerimento non cadde nel vuoto: a maggio si era detto favorevole all'ipotesi di una tregua tra il governo e il Sinn Fein, nella speranza di creare un'atmosfera più conciliante tra coloro che avevano continuato a servirsi dell'omicidio per conseguire l'obiettivo politico di un'Irlanda indipendente e unita; a luglio chiese ai colleghi di Gabinetto di ammettere «il fallimento della politica della forza»; l'11 ottobre fu uno dei sette negoziatori inglesi che incontrarono i dirigenti del Sinn Fein a Downing Street.

Il 29 novembre, il giorno prima del suo 47° compleanno, si trovava a Downing Street quando la bozza dello Irish Treaty, cui aveva dato un notevole contributo, fu consegnata ai delegati del Sinn Fein, i quali la portarono a Dublino, tornando due giorni dopo per avere qualche delucidazione. Fu uno dei quattro ministri che discussero con loro i punti salienti, guadagnandosi il rispetto dei due negoziatori del Sinn Fein, Arthur Griffith e Michael Collins, con la sua determinazione a cercare una via d'uscita anche sui punti più spinosi. I delegati tornarono nuovamente a Dublino e il giorno seguente fecero ritorno a Londra. Churchill faceva sempre parte della delegazione inglese. Nel corso di domenica 4 dicembre e di lunedì 5, quando a mezzanotte Griffith e Collins sollevarono le ultime obiezioni specifiche, non cessò di cercare una formula accettabile sull'ultima questione in ballo, la fedeltà alla corona; infine, poco prima delle tre del mattino del 6 dicembre, fu firmato il trattato. «Quando gli irlandesi si alzarono per congedarsi», avrebbe scritto in seguito, «i ministri britannici, agendo d'impulso, andarono loro incontro e per la prima volta si strinsero la mano».

Lloyd George, ben conoscendo le sue doti di conciliatore e le sue capacità di oratore, affidò a Churchill l'incarico di condurre in porto il trattato in parlamento. Per gran parte dei conservatori, il partito più forte alla Camera dei Comuni, esso era un tradimento dell'ideale imperiale e dei protestanti del sud. Ci volle tutta la sua abilità per convincerli che dare all'Irlanda del Sud il diritto di governarsi era un atto di saggezza e di buon governo. Secondo i termini del trattato, spiegò alla Camera il 15 dicembre, la Gran Bretagna conservava la fedeltà dell'Irlanda del Sud alla corona, la sua appartenenza all'impero, le basi della Royal Navy nei porti sudoccidentali e «un'opzione completa» sull'Ulster. Era giunto il momento che «la grande massa dell'opinione pubblica irlandese e britannica» imponesse la sua determinazione a «mettere fine a queste dispute fanatiche», che avevano fatto cadere Pitt, avevano trascinato nella polvere Gladstone «all'apice della sua carriera» e spinto «noi che qui sediamo» sull'orlo della guerra civile nel 1914.

Il suo discorso, riferì Austen Chamberlain al re, ebbe «un effetto profondo» sulla Camera. A Dublino il presidente del parlamento Eamon de Valera rifiutò il trattato, dichiarando che l'Irlanda del Sud doveva diventare una repubblica indipendente non legata alla fedeltà alla corona, ma quattro membri del suo Gabinetto su sette votarono a favore del trattato e con esso della costituzione di quello che sarebbe stato chiamato il Libero Stato d'Irlanda. Churchill fu nominato presidente di un comitato di Gabinetto incaricato di elaborare i dettagli dell'applicazione del trattato e il 21 dicembre suggerì di dotare quanto prima il nuovo stato di tribunali e domandò che l'esercito britannico che doveva lasciare l'Irlanda del Sud iniziasse subito «in modo visibile i preparativi per partire»; non bisognava «tirare in lungo» il controllo militare o civile britannico.

Quando sorsero nuovi attriti circa la linea di confine tra nord e sud, Churchill cercò di placare gli animi nuovamente propensi alla violenza. «Sono lieto che questo compito sia stato affidato a me», scrisse a Clementine il 4 febbraio, «e spero di riuscire a seguire una rotta sicura tra tutte le tempeste e gli scogli». Il 15 febbraio, dopo che in cinque giorni gli estremisti dell'Irish Republican Army, che rifiutavano il trattato, avevano ucciso 30 persone a Belfast, incontrò di nuovo Collins a Londra e stabilì con lui di creare una commissione sul confine formata da due gruppi, uno del nord e l'altro del sud, che dovevano decidere di comune accordo, paese per paese e fattoria per fattoria, la linea di confine.

Poiché in Irlanda gli omicidi non cessavano, Churchill si sforzò in ogni modo di isolare gli estremisti di entrambe le parti. «Faremo del nostro meglio», dichiarò alla Camera dei Comuni il 27 marzo, «ma spetta agli irlandesi che hanno a cuore l'Irlanda cercare di creare una situazione migliore. Soltanto loro possono farlo».

Qualche tempo dopo, a luglio, dovette mettere da parte le preoccupazioni per l'Irlanda per rispondere ai duri attacchi di un gruppetto di deputati e Pari conservatori sulla decisione del governo di creare una Jewish National Home in Palestina. Il 4 luglio, dopo che il governo era stato battuto alla Camera dei Lord, egli difese la decisione ai Comuni. «In tutta coscienza, è piuttosto arduo creare una nuova Sion, ma se sui portali della nuova Gerusalemme voi inciderete il motto "non occorre che l'israelita bussi", allora spero che la Camera mi permetterà di concentrare la mia attenzione esclusivamente sulla questione irlandese». I Pari erano irritati dalla decisione del ministero delle Colonie di concedere ai sionisti il monopolio sullo sviluppo dell'energia idrica in Palestina per l'elettricità e l'irrigazione. «Non sarebbe questo un bel regalo che i sionisti potrebbero portare con sé», dichiarò, «le cui conseguenze – che con gli anni determineranno un benessere e un miglioramento generali – convincerebbero più di ogni altra cosa la popolazione araba che i sionisti sono amici e protettori, non coloro che li cacceranno e esproprieranno, e che la terra è una madre generosa, che la Palestina ha di fronte a sé un futuro luminoso, che ce n'è abbastanza per tutti?».

Fece presente che i sionisti portavano in Palestina le loro ricchezze e la loro intraprendenza. «Non ho dubbi di sorta – e, in fondo, non dobbiamo essere sempre pronti a dubitare degli ideali della gente – sul fatto che l'accumulazione di profitti nel senso comune non costituisce in alcun modo la forza motrice su cui fare affidamento per portare a buon fine il progetto di irrigazione in Palestina». Erano state «emozioni sentimentali e semi-religiose» a consentire la raccolta dei fondi necessari. Quanto alla spesa per la Gran Bretagna, rilevò che nel 1920 la Palestina era costata al contribuente britannico 8 milioni di sterline, somma scesa nel 1921 a 4 milioni; per il 1922 si prevedeva che sarebbe ulteriormente scesa a 2 milioni.

I Comuni votarono a favore del progetto con 292 voti contro 35, ribaltando il verdetto dei Pari. Due settimane e mezzo dopo la Lega delle Nazioni decise di inserire la Dichiarazione di Balfour nel mandato inglese sulla Palestina. Grazie all'efficace opera di Churchill, la Jewish National Home in Palestina diventava realtà.

In Irlanda in autunno le forze favorevoli al Libero Stato ebbero la meglio sui repubblicani. «Dite a Winston che non saremmo approdati a nulla senza di lui», disse Collins a un amico, e il messaggio fu trasmesso. Il 16 agosto le forze repubblicane occuparono Dundalk ma ne furono cacciate dopo 48 ore. Le forze del Libero Stato sembravano prevalere, ma il 22 agosto Collins fu ucciso in un'imboscata dagli uomini dell'Irish Republican Army, fedeli a de Valera e implacabili avversari del trattato. Churchill non cessò di lavorare per ridurre le frizioni lungo il confine dell'Ulster e per promuovere l'autonomia del Libero Stato, ma gli eventi nel sud ormai sfuggivano al controllo suo e della Gran Bretagna.

Nel corso di tutto il 1921 e nei primi otto mesi del 1922 aveva chiesto a più riprese a Lloyd George di arrivare alla pace con la Turchia, pensando persino di dimettersi qualora la Gran Bretagna avesse continuato ad appoggiare il tentativo del governo greco di controllare le province occidentali dell'Asia Minore. Nell'ultima settimana di agosto le forze turche lanciarono un attacco massiccio contro i greci e nell'arco di una settimana li ricacciarono sulla costa, a Smirne sul Mar Egeo e a Chanak sullo stretto dei Dardanelli.

Alla riunione di Gabinetto del 7 settembre Curzon, ministro degli Esteri, propose che la Gran Bretagna mantenesse il controllo della penisola di Gallipoli, occupata dalle forze inglesi dopo la resa della Turchia nel 1918, e Churchill lo appoggiò. «Se i turchi riprendono Gallipoli e Costantinopoli», fu il suo ragionamento, «avremo perduto tutti i frutti della nostra vittoria». Lloyd George era d'accordo con loro.

Due giorni dopo le forze turche entrarono a Smirne, mettendo fine al dominio greco in Asia Minore. Secondo quanto stabilito dal Gabinetto, i 1.000 soldati inglesi di stanza a Chanak, sulla sponda asiatica dei Dardanelli, si preparavano a ripiegare nella penisola di Gallipoli, ma il comandante britannico sul posto decise di trattenerli a Chanak e Lloyd George approvò la decisione, spiegando il 15 settembre al Gabinetto che era determinato a tenere i turchi fuori dall'Europa, se necessario con la forza. I ministri decisero all'unanimità che occorreva controllare la zona neutrale sulle due sponde dello stretto; per impedire che l'esercito turco giungesse nella Turchia europea sarebbero state difese con la forza due città sulla sponda asiatica, Chanak sui Dardanelli e Ismid sulla ferrovia Costantinopoli-Bagdad. Churchill fu incaricato di inviare un telegramma ai governi dei dominion per sollecitare il loro intervento e chiedere che inviassero «rinforzi militari». Il telegramma fu spedito con l'approvazione di Lloyd George e a suo nome.

Il giorno stesso, mentre nuvole di guerra si addensavano di nuovo sui Dardanelli, l'esistenza di Churchill fu sconvolta per un piacevole momento da una vicenda personale: Clementine diede alla luce il quinto figlio, una bambina che fu battezzata Mary. Sempre quel giorno egli acquistò una residenza di campagna nel Kent, Chartwell Manor, che gli costò 5.000 sterline, poco più della rendita di un anno della tenuta di Garron Towers che aveva ereditato di recente. Anche se la casa abbisognava di una ristrutturazione completa, sperava di farne la sua residenza e il suo luogo di lavoro di lì a un anno. Quarant'anni dopo ne era ancora il proprietario orgoglioso e felice.

Il 16 settembre Churchill e Lloyd George prepararono un comunicato stampa per spiegare la necessità di difendere i Dardanelli e il Bosforo da «una violenta e ostile aggressione turca». Il comunicato fu pubblicato il mattino seguente sui quotidiani della Gran Bretagna e dei dominion prima che il telegramma esplicativo di Lloyd George ai primi ministri dei dominion fosse stato decifrato nelle varie capitali. I governi dell'Australia e del Canada erano irritati sia per non essere stati consultati prima dell'appello pubblico a prendere le armi contro la Turchia, sia per l'appello stesso. «Siamo pronti a rischiare tutto per una buona causa», telegrafò a Londra il primo ministro australiano, «ma non un solo uomo per una cattiva causa». Il primo ministro canadese rispose che il Canada non avrebbe inviato le sue truppe.

Lloyd George e Churchill erano convinti che uno sfoggio di forza e di fermezza a Chanak avrebbe dissuaso i turchi dal cercare di attraversare lo stretto dei Dardanelli e nel Gabinetto continuarono a studiare il modo di rinforzare la guarnigione di Chanak e contrastare il tentativo della Turchia di arrivare al mare. Il Cancelliere dello Scacchiere, Sir Robert Horne, e il ministro della Marina, Lord Lee di Fareham, si dissero favorevoli, ma la situazione non prometteva nulla di buono: il 18 settembre la Francia e l'Italia ritirarono le loro truppe da Chanak e Ismid: la Gran Bretagna era sola. Il giorno seguente Churchill informò il Gabinetto che i governi di Terranova e di Nuova Zelanda avevano dato il loro consenso. A quel punto Austen Chamberlain si schierò con i ministri decisi a difendere «se necessario da soli» la penisola di Gallipoli.

La situazione delle forze in campo era a sfavore degli inglesi. Il 27 settembre 23.000 soldati turchi fronteggiavano la forza inglese di 3.500 uomini; i rinforzi inglesi, 5.000 soldati, non sarebbero arrivati prima del 9 ottobre. Quella sera Churchill, scegliendo ancora una volta la cautela, propose di evacuare la guarnigione di Chanak sulla sponda europea e di concentrarla a Gallipoli, ma Lloyd George insistette per difendere Chanak; l'evacuazione della sponda asiatica significava a suo giudizio «la peggiore perdita di prestigio che possa essere inflitta all'impero britannico». Egli dissentiva: una sconfitta sarebbe stata ben più disastrosa dell'evacuazione.

Il primo ministro assunse una posizione bellicosa; il 29 settembre l'ufficiale superiore britannico di Costantinopoli, generale Tim Harington, ricevette dal ministero della Guerra l'ordine di comunicare ai turchi che se non avessero sgombrato il perimetro di Chanak all'ora stabilita dal generale le forze inglesi avrebbero aperto il fuoco. Churchill sperava che all'ultimatum seguissero i negoziati, non una guerra, e che una volta cominciata la trattativa si poteva offrire alla Turchia una soluzione territoriale non del tutto sfavorevole. Ma Harington decise di rimandare l'invio dell'ultimatum, i cui tempi erano lasciati a lui. Il mattino del 30 settembre, proprio nel momento in cui gli australiani, rivedendo la decisione presa, acconsentivano a inviare truppe a Chanak, i turchi comunicarono che si sarebbero ritirati; le loro truppe a Chanak avevano ordine di non provocare «alcun incidente» e il loro leader, Mustafa Kemal, offrì di ritirarsi dall'area immediatamente circostante Chanak se gli inglesi avessero accettato di abbandonare il litorale asiatico per attestarsi su quello europeo.

Il mattino del 1° ottobre il Gabinetto fu informato che Harington aveva deciso di non inoltrare l'ultimatum e a mezzodì si seppe che Kemal aveva accettato di incontrarlo per negoziare. Quando due giorni dopo Harington e il rappresentante di Kemal, generale Ismet – il vincitore della recente battaglia di Inönü contro i greci – cominciarono i colloqui, le truppe turche intorno a Chanak arretrarono di un chilometro. Churchill, ancora impegnato a fare in modo che la guarnigione inglese fosse in grado di respingere un eventuale attacco turco, sovrintendeva ai preparativi militari. «Ora Chanak è dotata di un'artiglieria davvero formidabile», telegrafò ai primi ministri dei dominion il 7 ottobre, «e l'aviazione cresce di ora in ora».

La Turchia non era pronta a ricacciare in mare gli inglesi: la politica della diplomazia basata sulla forza aveva avuto successo senza sparare un solo colpo. A Londra invece la crisi era appena cominciata; il partito conservatore, ancora scottato dal trattato irlandese, profondamente irritato da quattro anni di impotenza politica dentro la coalizione di Lloyd George e incoraggiato dalle reazioni critiche del Canada e in un primo momento dell'Australia alla crisi di Chanak, decise di mettere fine alla coalizione. Il mattino del 7 ottobre «The Times» pubblicò una lettera di Bonar Law, ex leader del partito che da un anno e mezzo non partecipava alla vita politica, in cui dichiarava che era un errore da parte della Gran Bretagna, la principale potenza musulmana – in India c'erano più di 60 milioni di musulmani – «mostrarsi ostile o ingiusta verso i turchi». Senza il sostegno perlomeno della Francia bisognava evitare qualunque iniziativa militare: «Non possiamo agire da soli come i gendarmi del mondo».

La lettera di Bonar Law, ora che erano cominciati i colloqui tra Harington e i turchi e si facevano progressi, non aveva molto senso, essendo stata superata dagli eventi e dal negoziato. Fornì però ai deputati conservatori un punto d'appoggio per abbandonare la coalizione. Quattro giorni dopo la sua pubblicazione i turchi accettarono di ripiegare a dieci miglia da Chanak e a 16 chilometri dal confine della zona neutrale a Ismid. L'Alto Commissario britannico a Costantinopoli, Sir Horace Rumbold, riferì a Londra il giorno della firma dell'accordo: «i fattori che probabilmente hanno indotto i turchi a firmare sono stati il nostro sfoggio di forza e la loro consapevolezza che come ultima risorsa l'avremmo usata». Tuttavia, la tempesta politica in Gran Bretagna era ormai cresciuta a tal punto che il fatto di aver evitato la guerra con la Turchia e l'efficacia della politica adottata non potevano più sedarla.

Il mattino del 19 ottobre fu dato l'annuncio che un conservatore indipendente aveva sconfitto il candidato della coalizione in un'elezione suppletiva a Newport, e il giorno stesso 273 deputati conservatori su 335 si riunirono al Carlton Club di Londra per decidere se restare o meno nella coalizione. Austen Chamberlain era favorevole mentre un altro membro del gabinetto di Lloyd George, il ministro del Commercio Stanley Baldwin, chiese che si mettesse fine all'alleanza con il primo ministro e fu appoggiato da Bonar Law. Churchill, che una settimana prima aveva cercato di convincere Baldwin a non schierarsi contro la coalizione, non aveva modo di influenzare i conservatori riunitisi al Carlton Club: tre giorni prima era stato vittima di violenti dolori al fianco per un attacco di appendicite e dalla nuova casa londinese, al 24 di Sussex Square, era stato portato in una clinica vicina e operato la sera del 18 ottobre.

La riunione del Carlton Club ebbe luogo mentre egli si risvegliava dall'anestesia. A quanto sembra, non appena si destò chiese a alta voce: «Chi ha vinto a Newport? Portatemi un giornale». Il medico gli disse che non era possibile e lo invitò a restare tranquillo, ma quando ritornò poco dopo trovò Churchill con quattro o cinque giornali sparpagliati sul letto intorno a lui.

Nonostante l'appello di Balfour, che voleva restare nella coalizione, 185 deputati tra quelli presenti al Carlton Club votarono per ritirare il loro sostegno a Lloyd George; soltanto 88 si dissero favorevoli alla coalizione. Nel pomeriggio Lloyd George si recò a Buckingham Palace per rassegnare le dimissioni sue e del governo. Churchill, nel suo letto all'ospedale, non era più un ministro della corona e in seguito avrebbe scritto: «In un batter d'occhio mi ritrovai senza una carica, senza un seggio, senza un partito e senza un'appendice».

A suo giudizio la crisi di Chanak era un esempio positivo di come si poteva arrestare un'aggressione, per poi intraprendere un negoziato, mostrandosi risoluti. Invece «Chanak» era diventato il pretesto non solo per far cadere il governo, ma anche per una nuova e ingiustificata accusa di impetuosità contro di lui.

Il 23 ottobre 1922 Bonar Law, che era stato rieletto leader del partito conservatore, fu nominato primo ministro. Il parlamento fu sciolto tre giorni dopo e vennero indette per il 15 novembre le elezioni generali. Dalla clinica londinese dove era convalescente, Churchill diffuse il suo programma elettorale di «liberale e liberoscambista». Ma i giorni della supremazia del partito liberale erano finiti e anche se nel programma metteva in ridicolo il gran numero di Pari nel governo di Bonar Law, si profilava un tradimento di quello che nel 1908 aveva definito il suo «seggio a vita».

Fino a una settimana prima delle elezioni, fu troppo debole per andare in Scozia, cosicché dettò una serie di discorsi elettorali al suo stenografo Harry Beckenham. Clementine, sebbene l'ultima nata, Mary, avesse solo sette settimane, andò a Dundee per parlare a nome suo; Louis Spears, che lo aiutava nella campagna, ricorda che «Clemmie si presentò con un filo di perle e le donne le sputarono addosso».

Quando finalmente Churchill fu in grado di viaggiare, Clementine lo mise in guardia: «Se viaggi con il sergente Thompson ecc., digli di mimetizzarsi discretamente, perché non è opportuno che la gente pensi che hai paura. I giornali sono così *ignobili*, ci si butterebbero sopra»; inoltre, «penso che la gente apprezzi soprattutto la soluzione della questione irlandese, pertanto mi ci soffermo, come sul tuo ruolo nell'indipendenza dei boeri. Ciò che ti nuoce è l'idea che tu sia un "guerrafondaio", ma ti presento come un angioletto pacificatore, con morbide alucce intorno al viso paffuto».

Il 10 novembre egli partì per Dundee in vagone letto e la sera seguente, a un'assemblea di suoi sostenitori, essendo troppo debole per stare in piedi dovette parlare seduto su un palco speciale. Due giorni dopo, di fronte a un pubblico ostile, fu fischiato e interrotto dalle grida tanto da non riuscire a terminare il discorso.

Due giorni dopo Dundee andò alle urne e risultarono eletti Scrymgeour, il proibizionista che nel 1908 aveva ottenuto soltanto 655 voti, e E.D. Morel, il candidato del partito laburista, esponente antimperialista di primo piano. Entrambi ottennero più di 30.000 voti. Churchill, che era quarto per numero di voti, si trovò escluso dal parlamento per la prima volta in ventidue anni. Tra le manifestazioni di solidarietà che gli pervennero spicca l'espressione di collera di T.E. Lawrence: «Che maledette merde devono essere i cittadini di Dundee!». Ma Churchill non era dello stesso parere e scrisse all'ex collega di Gabinetto Herbert Fischer: «Se vedeste che razza di vita vive la gente di Dundee, ammettereste che ha molte giustificazioni».

Nel novembre del 1923 Baldwin annunciò che avrebbe indetto nuove elezioni generali e riproposto il protezionismo. Di colpo Churchill ritrovò la voce, denunciando come «un errore colossale» la politica che tanto vigorosamente aveva combattuto vent'anni prima. Il libero scambio diventò nuovamente il suo vessillo. Ben sette associazioni liberali gli chiesero di candidarsi e in un discorso a Manchester, il 16 novembre, invocò l'unità tra i liberali di Asquith e di Lloyd George sotto la guida del primo. Il liberalismo, dichiarò in un uragano di applausi, era la sola «strada sicura, assennata, prudente, di lucida intelligenza e alti princìpi». Tre giorni dopo accettò l'invito della West Leicester Liberal Association a candidarsi. Il quotidiano locale, il «Leicester Mail», gli era ostile, ma Cecil Roberts, direttore di un giornale della regione, il «Nottingham Journal», gli diede il suo appoggio e mise a disposizione un convoglio di autocarri per distribuirne le copie nella circoscrizione elettorale. Tra coloro che si occupavano di distribuire il «Nottingham Journal» c'era un giovane che Churchill aveva conosciuto di recente, il ventiduenne Brendan Bracken. Nacquero allora un legame e un'amicizia che sarebbero durati per tutta la vita.

Dopo una campagna elettorale burrascosa, il 6 dicembre si tennero le elezioni, una settimana dopo il 49° compleanno di Churchill. Il tentativo di tornare in Parlamento come deputato liberale fallì. «Abbiamo dovuto batterci contro ogni sorta di ostacoli», scrisse a Cecil Roberts un mese dopo; «Non avevamo dalla nostra la stampa locale, nessuna organizzazione, comizi immancabilmente interrotti».

Baldwin commise un grossolano errore di valutazione indicendo le elezioni: i conservatori persero un centinaio di seggi e, pur essendo ancora il partito più forte, potevano essere battuti da un'alleanza tra liberali e laburisti. Churchill auspicava una collaborazione tra liberali e conservatori contro i laburisti e quando Asquith dichiarò di essere contrario reagì duramente. Un governo laburista, scrisse alla figlia di Asquith, Violet, avrebbe «minacciato le attività commerciali e gli affari del paese»; in una lettera a «The Times» del 18 gennaio 1924 scrisse che avrebbe proiettato «un'ombra scura e nefasta su ogni aspetto della vita nazionale».

Tre giorni dopo la pubblicazione della lettera, i deputati liberali e laburisti votarono insieme alla Camera dei Comuni contro i conservatori; Baldwin si dimise e fu nominato primo ministro, a capo di un governo che dipendeva dal sostegno liberale, il leader del partito laburista Ramsay MacDonald, al quale Churchill mandò una lettera di auguri a cui questi rispose di suo pugno: «Nessuna delle lettere che ho ricevuto mi ha fatto più piacere della vostra. Vorrei che non fossimo tanto in disaccordo! – ma così stanno le cose. Ad ogni modo, spero che i vostri sentimenti siano gli stessi dei miei. Ho sempre nutrito per voi una grande stima».

Data la situazione, Churchill accettò dopo molte esitazioni la candidatura a un seggio conservatore sicuro, Epping a nord-est di Londra. Due settimane dopo, quando parlò a Edimburgo a un raduno di massa dei conservatori scozzesi, sul palco accanto a lui c'erano tre eminenti uomini politici conservatori, il suo ex antagonista Lord Carson, Sir Robert Horne e Balfour. Dichiarò che non esisteva «una divergenza di principio» tra conservatori e liberali. La minaccia veniva dal socialismo e quindi bisognava opporsi al prestito proposto da MacDonald alla Russia sovietica e al suo desiderio di un trattato anglo-sovietico. Ciò che i laburisti offrivano era chiaro e inaccettabile: «Il nostro pane per il serpente bolscevico, il nostro aiuto allo straniero di ogni paese, i nostri favori ai socialisti di tutto il mondo che non hanno una patria; invece, per i nostri stati fratelli al di là dell'oceano, dai quali dipende il futuro dell'isola e della nazione britannica, null'altro che le gelide pietre dell'indifferenza, dell'avversione, dell'oblio».

Il suo discorso trovò ampio spazio sui giornali e fu accolto con calore dai conservatori. «Dunque Winston è di nuovo sul sentiero di guerra – dopo essersi goduto una lunga vacanza», fu il commento della madre di Clementine, Lady Blanche Hozier.

Erano state indette nuove elezioni generali per il 29 ottobre e nel programma elettorale Churchill dichiarò che avrebbe dato «tutto il mio appoggio al partito conservatore»; si presentò come «costituzionalista» con il pieno sostegno dei conservatori a Epping, il seggio sicuro che Baldwin gli aveva messo a disposizione. L'unica nube sulle sue prospettive elettorali era l'opposizione dei conservatori intransigenti al trattato irlandese, ma le sue dure critiche al prestito di MacDonald alla Russia sovietica riscossero l'approvazione degli elettori. Il 29 ottobre conquistò il seggio con una maggioranza di oltre 9.000 voti, sconfiggendo un liberale e un laburista e tornando in parlamento dopo un'assenza durata quasi due anni. Non era però rientrato ufficialmente nel partito conservatore.

A livello nazionale le elezioni segnarono un successo completo dei conservatori, con 419 seggi contro i 151 del partito laburista e solo 40 dei liberali, di cui soltanto dieci mesi prima Churchill era stato un candidato e un esponente di primo piano. «Ritengo assai probabile che non verrò invitato a far parte del governo», scrisse a un amico il 4 novembre, «perché con una simile maggioranza sarà composto probabilmente solo da conservatori impeccabili». Si sbagliava; nella cerchia di Baldwin si parlò di affidargli diversi ministeri, tra cui il ministero delle Colonie, quello del Commercio, quello della Guerra e l'Ammiragliato, tutti incarichi che aveva già ricoperto. Baldwin propose il ministero dell'India, mentre Austen Chamberlain suggerì il ministero della Sanità, al quale pensò anche Clementine quando il 5 novembre Baldwin gli chiese di incontrarlo. Clementine pregò suo marito di accettare l'eventuale offerta del ministero della Sanità perché c'era molto da fare «per la casa e per altri servizi sociali».

«Siete disposto ad aiutarci?» gli chiese Baldwin. «Sì, se lo volete davvero», gli rispose Churchill. «Accettereste la carica di Cancelliere?» volle sapere il primo ministro. Churchill avrebbe voluto replicare: «Forse che la dannata anitra non nuota?» ma, scrisse, «trattandosi di un colloquio ufficiale e importante risposi: "Ciò soddisfa le mie ambizioni. Ho ancora la toga di Cancelliere di mio padre. Sarò fiero di servirvi in questo splendido ufficio"».

Tornò a Chartwell dove incontrò «enormi difficoltà a convincere mia moglie che non stavo prendendola in giro». I suoi amici erano eccitati. «Winston, mio caro», gli scrisse l'ex presidente del gruppo liberale in parlamento, George Lambert, «ho un certo istinto in fatto di politica, e credo che vivrò fino a vederti primo ministro».

19
ALLO SCACCHIERE

Il 30 novembre 1924, venticinque giorni dopo aver accettato di diventare Cancelliere dello Scacchiere, Churchill festeggiò il 50° compleanno; quindi, dopo aver annunciato il ritorno nel partito conservatore dopo un'assenza di vent'anni, si dedicò al suo primo compito al Tesoro, elaborando e finanziando un allargamento consistente dell'assicurazione di previdenza sociale (la riforma che aveva contribuito a introdurre quindici anni prima, al culmine della sua attività nel partito liberale) in stretta collaborazione con il nuovo ministro della Sanità, Neville Chamberlain. Cercò inoltre il modo di ridurre il peso dell'imposta sul reddito per «professionisti, piccoli commercianti e uomini d'affari: lavoratori intellettuali di livello superiore di ogni tipo». Tra i progetti che presentò ai suoi funzionari figuravano le pensioni per vedove e orfani, un ampliamento delle pensioni di anzianità e la creazione di alloggi popolari. Era convinto che il governo dovesse sperimentare nuovi metodi per costruire case per chi «non può permettersi di pagare ai prezzi attuali».

Il 6 gennaio 1925 si recò a Parigi dove, nel corso di una settimana di intensi negoziati, riuscì a trovare una soluzione positiva al problema dei debiti di guerra. Da quel momento il debito di 1.000 milioni di sterline della Gran Bretagna con gli Stati Uniti, che l'America esigeva, sarebbe stato restituito a rate a mano a mano che l'Inghilterra riceveva pagamenti proporzionati dalla Francia, dal Belgio, dall'Italia e dal Giappone, che erano debitori nei suoi confronti di 2.000 milioni di sterline e che fino a quel momento avevano opposto difficoltà ai programmi di restituzione del debito. Anche gli altri debitori della Gran Bretagna, Brasile, Cecoslovacchia, Romania e Serbia accettarono la soluzione che egli aveva prospettato.

Tutti gli stati presenti alla trattativa resero omaggio all'abilità, alla pazienza e all'attenzione ai particolari che Churchill aveva dimostrato. Terminata la conferenza, Edward Grey gli scrisse: «Proteggere gli interessi di questo paese e ottenere al contempo un simile riconoscimento dai rappresentanti degli altri paesi è un risultato raro, oltre che un grande servigio reso alla nazione».

Mentre Churchill preparava il suo primo bilancio, Clementine si trovava in Francia meridionale per riprendersi da un esaurimento nervoso. Winston la informava regolarmente delle faccende domestiche e pubbliche. «Mary sta benissimo», le scrisse a marzo; «La mattina viene a sedersi accanto a me e certe volte è davvero splendida. Diana è appena tornata dalla scuola e pensiamo di andare tutti a trovare Randolph oggi pomeriggio». Quanto a lei, «non accorciare le vacanze se ti fanno bene, anche se naturalmente mi sento molto più al riparo da preoccupazioni e depressione quando mi sei vicina e quando posso contare sul tuo dolce spirito».

Presentò il bilancio il 28 aprile. Clementine, Randolph e Diana erano nella tribuna a ascoltarlo. Parlò per due ore e quaranta minuti dimostrando, secondo quanto riferì Baldwin al re, «non solo di possedere una consumata abilità di parlamentare, ma anche tutta la versatilità di un attore». Non mancavano nel suo discorso, che aveva al centro l'assicurazione di previdenza sociale e le pensioni, la lucidità, la retorica, la levità e l'umorismo.

Quando la famiglia di un lavoratore era colpita dalla malasorte, si trattasse di disoccupazione, miseria o perdita di chi la manteneva, «questa famiglia un tempo felice si trova nella morsa di una tremenda calamità. Sebbene la minaccia dell'avversità sia sempre stata presente, la grande massa delle classi lavoratrici non ha preso alcun provvedimento concreto per le vedove e le famiglie in caso di disgrazie. Non lo dico per rimproverarli, ma oggi questa è la prima delle priorità. Se posso ricorrere a una metafora militare, non sono i soldati in forze ad aver bisogno di maggiori ricompense e indulgenza; le ambulanze del soccorso statale debbono dirigersi verso gli sbandati, i deboli, i feriti, i veterani, le vedove e gli orfani».

Per quanto riguardava la politica estera, aspirava a una pacificazione. L'11 marzo aveva convinto alcuni ministri di primo piano a non cercare di stringere con la Francia un trattato che servisse solo a isolare e inasprire ulteriormente la Germania, per lavorare invece a un'intesa che «includa la Germania»; quest'idea fu alla base dei trattati di Locarno con cui Gran Bretagna, Germania, Francia e Italia garantivano la sicurezza delle frontiere postbelliche.

Nel corso dell'autunno negoziò un accordo globale per la restituzione del debito di guerra francese con la Gran Bretagna sulla base di 62 versamenti annuali di 12.500.000 sterline. Qualora la Germania non avesse versato le sue riparazioni alla Francia, quest'ultima avrebbe potuto chiedere un riesame del proprio debito con la Gran Bretagna. Durante i negoziati il suo collega francese Joseph Caillaux fu destituito e, rispondendo alla sua lettera di rammarico, gli scrisse: «Avete mostrato sempre una tale gentilezza nei miei riguardi, accogliendomi con tanto garbo, e avete animato e illuminato in modo così felice le nostre conversazioni da lasciarmi l'impressione che fossimo completamente d'accordo».

Il 30 novembre Churchill compì 52 anni; all'inizio del 1927 partì per un viaggio portando con sé le bozze del terzo volume delle memorie di guerra, che gli erano state consegnate in tempo, su cui finì di lavorare durante il soggiorno a Genova. Arrivato a Malta, dove giocò il suo ultimo incontro di polo, ritornò alle questioni politiche, scrivendo a Baldwin della necessità che l'imminente Trade Union Bill conferisse a ogni singolo membro di un sindacato il diritto di scegliere liberamente se versare il tributo politico ai sindacati, fino ad allora obbligatorio. Ad Atene concesse un'intervista a un giornale in cui espresse il proprio compiacimento per la riaffermazione di un governo parlamentare in Grecia. A Roma ebbe due brevi colloqui con Mussolini e in una conferenza stampa nella capitale italiana dichiarò che chiunque poteva capire che l'unico pensiero di Mussolini era «il bene duraturo del popolo italiano, così come egli lo concepisce», aggiungendo: «Se fossi italiano, sono certo che mi sarei schierato con tutto il cuore con voi fin dal principio nella vostra lotta trionfale contro gli appetiti e le passioni bestiali del leninismo; ma in Inghilterra non abbiamo ancora dovuto affrontare questo pericolo nella stessa forma mortale. Abbiamo un nostro modo di far le cose».

Durante quella vacanza un'altra questione politica lo inquietò: l'attacco dei signori della guerra cinesi contro sudditi britannici in due porti cinesi. Il Gabinetto decise di mandare rinforzi in Cina ed egli si disse d'accordo. «A parte il fatto di essere sconfitti», scrisse a Baldwin il 22 gennaio da Eze, in Francia meridionale, «non vi è male peggiore che cedere alla violenza e ai torti per timore della guerra. Una volta che ci si mette in posizione di non poter difendere in nessuna circostanza i propri diritti dall'aggressione di un certo gruppo di persone, non vi è fine alle richieste che verranno fatte o alle umiliazioni che bisognerà subire». Questa era in sostanza la sua critica a una politica di pacificazione da posizioni di debolezza.

A Eze fu ospite di Consuelo Balsan, il cui matrimonio con suo cugino Sunny era stato sciolto nel 1921, nel castello di Lou Seuil, donde continuò a seguire la politica del Gabinetto in Cina. Il 25 gennaio scrisse al ministro della Guerra sollecitandolo a inviare «un bel numero di carri armati a Shanghai», opponendosi invece per motivi pratici all'uso dei gas: «Sono molto lieto di apprendere che avete imposto le vostre ragioni sui gas. "Gas per l'Asia" può essere uno slogan di grande efficacia, ma ritengo che troverete ancor più efficaci i carri armati, sia per i combattimenti nelle strade sia per le operazioni in campo aperto. Confido che un'azione decisa con *forze adeguate* porterà a una soluzione pacifica, ma se così non sarà vi prego, di fronte a quelle che possono rivelarsi gravi responsabilità, di usare lo strumento giusto».

Dopo il soggiorno a Eze andò a Parigi, dove il 26 gennaio pranzò con Loucher e vari altri uomini politici francesi, tra cui Vincent Auriol che nel 1947 sarebbe diventato il primo presidente della Quarta Repubblica. Quindi andò ospite del duca di Westminster nel castello di Eu per tre giorni di caccia al cinghiale, prima di tornare a Londra. Poco dopo il suo ritorno fu pubblicato il terzo volume di *The World Crisis*. I lettori furono colpiti dalle sue descrizioni vivaci e commoventi delle battaglie sul fronte occidentale. J.M. Keynes definì il libro «un trattato contro la guerra più efficace dell'opera di un pacifista».

Il 9 gennaio del 1928 Churchill trascorse due giorni con suo figlio in Francia settentrionale per una caccia al cinghiale. Quindi tornarono a Chartwell; tra i loro ospiti c'era James Lees-Milne, allora studente a Oxford, che in seguito avrebbe scritto che dopo cena, tolta la tovaglia dalla tavola, «il signor Churchill ci fece trascorrere due ore deliziose mostrandoci con caraffe e bicchieri come si era svolta la battaglia dello Jutland. Fu un'esperienza emozionante. Era affascinante ed eccitato come uno scolaretto, emetteva latrati per imitare il rumore dei cannoni e sputava il fumo del sigaro sulla scena della battaglia per imitare il fumo degli spari». Il mattino seguente, nel suo studio a volta, dettò la propria autobiografia passeggiando su e giù; «Si sentivano chiaramente il rumore dei passi sul palchetto e la sua voce familiare. Il pomeriggio entrò nel lago con gli stivaloni, con l'acqua che gli arrivava alla cintola».

Durante l'autunno di quell'anno ci fu un notevole movimento internazionale, avviato dagli Stati Uniti, a favore di un disarmo delle tre maggiori potenze, Gran Bretagna, Francia e Stati Uniti. «Personalmente depreco questi tentativi prematuri di imporre un accordo sul disarmo», scrisse Churchill a uno dei suoi consiglieri del Tesoro il 9 settembre; cinque giorni dopo spiegò meglio il suo disagio: «Ci viene ripetuto che la Germania disarmerebbe a condizione che disarmino anche altre nazioni, e inoltre che la Francia è moralmente obbligata a farlo. Ma non accetto l'esistenza di alcun obbligo morale. I tedeschi erano sopraffatti e virtualmente si sono arresi a discrezione. Qualunque iniziativa relativa al disarmo degli Alleati non è questione di contrattazione, bensì una libera iniziativa da parte degli Alleati stessi».

Dopo il 1919, osservò, erano intervenuti cambiamenti di rilievo nella situazione della Francia: «Ha rinunciato alla frontiera sul Reno in cambio della promessa degli Stati Uniti e della Gran Bretagna di aiutarla nell'eventualità di un'aggressione tedesca; ma gli americani si sono rimangiati la promessa e oggi la Francia non ha più la garanzia per cui si era convinta a abbandonare il Reno. Le sole garanzie a sua difesa sono l'esercito e i trattati di Locarno, la cui efficacia tuttavia dipende a sua volta dal suo esercito. Finché esso sarà abbastanza forte da fermare un'invasione tedesca, non ci sarà nessuna invasione».

L'impegno sottoscritto dagli inglesi a Locarno di proteggere la Germania «dagli abusi dell'esercito francese», scriveva, «dà ogni garanzia alla Germania, sicché è impensabile che la Francia la attacchi sfidando al tempo stesso Germania e Gran Bretagna. Dunque la forza dell'esercito francese ci protegge dal pericolo assai probabile che l'Inghilterra sia costretta a intervenire in Europa, e non è di certo nel nostro interesse premere per una riduzione di questa forza al di sotto del limite di sicurezza. Per giunta la Francia non acconsentirà mai a una riduzione del genere ed è vano aspettarsi che lo faccia».

Il 7 febbraio 1929 era a Londra per una riunione straordinaria di Gabinetto: secondo gli ultimi rapporti i tedeschi, fino a quel momento disarmati e militarmente deboli, stavano costruendo un nuovo incrociatore da battaglia leggero, veloce e bene armato che avrebbe avuto un raggio d'azione più ampio di quelli inglesi ed era in grado di sparare una maggiore quantità di colpi al minuto in confronto a quelli inglesi della categoria corrispondente. La progettazione degli incrociatori, fu il suo monito, stava «entrando in una fase che renderebbe obsoleti i nostri incrociatori attuali». Il nuovo incrociatore tedesco sarebbe stato dotato di cannoni da 11 pollici, che erano vietati alla Gran Bretagna in base al Naval Disarmament Treaty di Washington del 1922. Insomma, com'era accaduto al tempo della legge navale tedesca del 1912, Churchill vigilava attentamente sulle intenzioni e sulla futura potenza bellica della Germania.

Il 15 aprile egli presentò il suo quinto bilancio dello stato, un traguardo raggiunto in passato solo da Walpole, Pitt, Peel e Gladstone, che erano già stati o sarebbero diventati tutti primi ministri. Quando annunciò l'intenzione di abolire l'imposta sul tè, che era stata introdotta durante il regno della regina Elisabetta, il Cancelliere del governo ombra laburista, Philip Snowden, la definì «corruzione elettorale»; Churchill si affrettò a replicare che lo stesso Snowden aveva dichiarato in passato che quell'imposta «spezzava la schiena china della classe operaia».

Churchill parlò per quasi tre ore. «Non vi ho mai sentito esprimervi meglio, e non è dir poco», gli scrisse Baldwin il giorno dopo; «Odio la parola brillante, è stata usata fino alla nausea e per giunta fa venire in mente la brillantina, ma se posso usarla nella sua pristina verginità, per così dire, è la parola giusta. Mi congratulo con voi di tutto cuore». Il suo discorso, scrisse Neville Chamberlain nel diario, aveva «avvinto e ammaliato la Camera con il suo spirito, la sua sagacia, audacia e forza». Due settimane dopo, nel corso della campagna elettorale per le elezioni generali di maggio, Churchill fece il suo primo discorso radiofonico. «Si coglieva in esso una nota di straordinaria intimità con gli ascoltatori», scrisse il «Daily Express».

Nel corso della trasmissione invitò gli ascoltatori a votare per i conservatori con queste parole: «Evitate i salti nel buio, evitate giocatori di bussolotti e virtuosi delle tre carte, evitate ogni prestito superfluo e soprattutto evitate come la peste la guerra di classe e la lotta politica violenta». Il 6 maggio ribadì il concetto a Edimburgo e a Glasgow. Le sue parole furono vane: il 30 maggio i conservatori furono sconfitti e Ramsay MacDonald poté formare il suo secondo governo.

Churchill fu rieletto nella circoscrizione di Epping e, pur restando fuori dal Gabinetto, era ancora deputato 29 anni dopo essere entrato per la prima volta alla Camera dei Comuni. «È un buon combattente», scrisse T.E. Lawrence a Marsh a giugno, «farà meglio da fuori che da dentro e tornerà più forte di prima. Vorrei che prima o poi diventasse primo ministro».

20
ALL'OPPOSIZIONE

Due settimane dopo la sconfitta dei conservatori nelle elezioni del 30 maggio 1929, Churchill cominciò a lavorare alla biografia in quattro volumi del primo duca di Marlborough. Un giovane storico di Oxford, Maurice Ashley, consultò numerosi archivi in Gran Bretagna e in Europa per fornirgli il materiale originale.

Frattanto, di fronte all'ondata nazionalista in Egitto, MacDonald annunciò che il governo aveva deciso di ritirare le truppe britanniche dal Cairo al Canale di Suez e al tempo stesso di richiamare l'Alto Commissario Lord Lloyd, strenuo assertore dell'influenza inglese in Egitto. Churchill avrebbe scritto in seguito che alla notizia della destituzione di Lloyd «reagii con veemenza contro quest'iniziativa rozza e improvvisa, sperando che tutto il partito conservatore nutrisse gli stessi sentimenti. Invece Baldwin, cresciuto come uomo d'affari e sicuramente abile nel recepire i sentimenti dell'opinione pubblica, non ritenne che fosse una buona ragione per scontrarsi con il governo; si sarebbero spinti i liberali tra le sue braccia, lasciando i conservatori in netta minoranza».

Lloyd si era rivolto personalmente a Churchill perché gli «fosse resa giustizia». «Dichiarai», avrebbe scritto questi, «che avrei sfidato il governo sulla questione che comportava non solo una debolezza politica ma anche un affronto personale. Baldwin deprecò questa difesa dell'Alto Commissario ma persistei. Quando mi levai in piedi dai banchi dell'opposizione per chiedere spiegazioni al governo, egli rimase muto, con l'aria di disapprovare. Capii subito che la sera precedente erano stati messi al lavoro i Whips [gli organizzatori] per spiegare ai membri del partito che il loro stimato leader non riteneva di dover dare battaglia su questo punto. I mormorii e perfino le grida di dissenso provenienti dai banchi dei conservatori si aggiunsero alle interruzioni del governo ostile; ero insomma pressoché isolato alla Camera».

La sua difesa dell'Alto Commissario fu la prima frattura con la dirigenza conservatrice. «Poco importa», scrisse a Lloyd il 28 luglio, «avete fatto del vostro meglio e se la sola Gran Bretagna, tra gli stati moderni, decide di gettar via i suoi diritti, i suoi interessi e la sua forza, imparerà dalla dura esperienza». Sei giorni dopo partì per un viaggio in Canada e negli Stati Uniti con suo figlio, suo fratello e il nipote Johnny. «Che piacere andarsene dall'Inghilterra», scrisse a Beaverbrook prima di partire, «e sapere di non avere responsabilità alcuna dei suoi affari, così spiacevoli e imbarazzanti». Ma a Clementine, che non si sentiva in grado di affrontare un viaggio così lungo, scrisse una lettera piena di rammarico nel corso della traversata atlantica: «Mia cara, mi sono rattristato più volte pensando che resti triste a casa. Mandami qualche messaggio; ti amo tanto e mi dispiace saperti malinconica».

A bordo della nave c'era tra gli altri Amery, che annotò sul diario le riflessioni di Churchill sui Dardanelli: «Parlando della serie di disgrazie che ci avevano impedito di farcela, affermò scherzando che la sua sola consolazione era che il Signore aveva voluto prolungare le cose per disgustare l'umanità della guerra, e pertanto aveva ostacolato un progetto che avrebbe portato a più rapida conclusione il conflitto. La sua altra prova dell'esistenza di una Divinità erano Lenin e Trockij, per i quali ci voleva l'inferno».

Il 9 agosto arrivarono nel Quebec e il pomeriggio del secondo giorno si spinsero nelle campagne canadesi, restando estasiati dai colli, dalle foreste e dai corsi d'acqua. La sera, guardando da una finestra dell'albergo le cartiere illuminate, Churchill disse a suo figlio: «È buffo che taglino quei magnifici alberi che abbiamo visto oggi per farne pasta per quei maledetti giornali, e che questa la chiamino civiltà». Percorse il Canada fino a Vancouver comodamente sistemato in una carrozza ferroviaria messa a loro disposizione dal magnate americano dell'acciaio Charles Schwab, che nel 1915 aveva costruito sommergibili per gli inglesi in meno di sei mesi anziché i quattordici che occorrevano normalmente. Lui e Jack avevano «cabine spaziose con grandi letti doppi e bagni personali», riferì a Clementine. C'erano inoltre un salone, una sala panoramica e una grande sala da pranzo «che uso come ufficio e in cui ora sto dettando», nonché una cucina, frigoriferi, ventilatori, alloggi per il personale e «un magnifico apparecchio radiofonico».

A Calgary visitò i campi petroliferi e, all'osservazione di Randolph che i magnati del petrolio erano troppo ignoranti per spendere bene i loro soldi, rispose: «Le persone colte non sono altro che la spuma rilucente che galleggia sopra il fiume profondo della produzione».

Il 27 agosto scrisse a Clementine da Banff che qualora Neville Chamberlain «o qualunque altro individuo di tal fatta» fosse diventato leader del partito conservatore, «lascerò la politica e vedrò se non posso rendere te e i micini un po' più felici prima di morire». Pensava alla carica di primo ministro: «C'è un solo obiettivo che mi attira, e se quello fosse vietato abbandonerei l'arido campo per nuovi pascoli».

Dopo aver visitato le Montagne Rocciose canadesi e tirato fuori il cavalletto sul lago Louise, giunse a Vancouver dove fece altri due discorsi prima di spostarsi verso sud, a San Francisco, e poi ancora più giù fino al grandioso castello di William Randolph Hearst a San Simeon, che dominava l'Oceano Pacifico. Il re della stampa gli chiese di scrivere per i suoi giornali ed egli accettò.

Il 20 settembre, dopo aver cenato a Hollywood con Charlie Chaplin, promise di scrivere il copione de *Il giovane Napoleone* se Chaplin avesse accettato il ruolo di protagonista. «È un comico fantastico», scrisse a Clementine, «politicamente un bolscevico, e un delizioso conversatore». Nei cinque giorni trascorsi a Los Angeles parlò a vari gruppi di uomini d'affari americani, dichiarando che l'Inghilterra e gli Stati Uniti dovevano «lavorare insieme». Un diplomatico inglese riferì a Londra che quegli incontri avevano prodotto «risultati incredibili e immediati tra persone che fino a poco tempo prima erano ostili a noi e ai nostri interessi».

Dopo aver girato in automobile la stupenda Yosemite Valley, Churchill raggiunse il treno di Schwab per attraversare il deserto del Mojave e arrivare al Grand Canyon. Arrivato a Chicago dichiarò che le flotte britannica e americana, se mai fossero state usate, «insieme potranno preservare la pace». Proseguì fino a New York sulla carrozza ferroviaria di Bernard Baruch e passò qualche giorno sui campi di battaglia della guerra civile americana. «Le case coloniche e le chiese mostrano ancora le cicatrici delle pallottole e delle granate», scrisse a Clementine; «i boschi sono pieni di trincee per fucilieri e gli alberi più grandi sono crivellati di pallottole». Erano trascorsi quasi settant'anni dalla guerra civile, ma «se si potesse leggere nel cuore degli uomini, si vedrebbe che anch'essi ne portano i segni».

Terminata la visita ai campi di battaglia Churchill risalì sul treno di Schwab per raggiungere la direzione di Bethlehem Steel, dove giovedì 23 ottobre fu ospite degli alti dirigenti della società e per tre ore visitò l'enorme fabbrica. Quindi tornò a New York nel pomeriggio del «giovedì nero», il giorno del crollo della borsa. Anche le sue azioni precipitarono ed egli perse oltre 10.000 sterline, più di 200.000 sterline a prezzi 1990. La sera fu l'ospite d'onore in una cena in cui erano presenti più di quaranta uomini d'affari uno dei quali, bevendo alla sua salute, iniziò un suo discorso con le parole «amici ed *ex* milionari!».

Il giorno seguente, scrisse Churchill, sotto le finestre della sua camera da letto «un gentiluomo si gettò dal quindicesimo piano, sfracellandosi e provocando un pandemonio e l'arrivo dei pompieri». Mentre passeggiava per Wall Street «nel momento peggiore del panico», fu riconosciuto da un passante che lo invitò a seguirlo nella sala delle negoziazioni della Borsa. «Mi aspettavo un pandemonio, invece lo spettacolo che si presentò ai miei occhi era di una calma e di un ordine sorprendenti». Gli agenti di borsa camminavano avanti e indietro «come in una ripresa al rallentatore di un formicaio disturbato, offrendosi l'un l'altro enormi pacchi di titoli a un terzo del vecchio prezzo», ma senza trovare per parecchi minuti «nessuno forte abbastanza da raccogliere la fortuna sicura di cui erano costretti a disfarsi».

Churchill ripartì per l'Inghilterra il 30 ottobre via mare in uno stato di viva agitazione: sette giorni prima il Gabinetto ombra dei conservatori, su richiesta di Baldwin, aveva deciso di appoggiare il progetto del governo laburista per l'India senza consultare lui, che si trovava a New York. Il 31 ottobre il viceré Lord Irwin annunciò la decisione di concedere all'India lo status di dominion; pur in presenza di un viceré nominato da Londra e con un controllo militare inglese della difesa, nel giro di qualche anno l'India sarebbe stata retta dagli indiani a livello sia nazionale sia provinciale. Churchill era convinto si trattasse di una decisione sbagliata, che gli indù e i musulmani indiani non fossero pronti a governarsi a livello centrale, che fossero necessari altri decenni di dominazione britannica prima che i popoli del subcontinente indiano potessero farsi carico del proprio destino senza divisioni, spargimenti di sangue e disuguaglianze e che, concesso lo status di dominion, sarebbe stata avanzata con rinnovato vigore la richiesta dell'indipendenza totale, che MacDonald e Baldwin respingevano. A suo giudizio gli indiani erano in grado di gestire la loro indipendenza solo a livello provinciale.

Tornato in Inghilterra, il 16 novembre scrisse un articolo per il «Daily Mail» in cui sottolineò che la dominazione inglese aveva dato all'India pace e prosperità. «È stata portata la giustizia, uguale tra una razza e l'altra, imparziale tra un uomo e l'altro. La scienza, curativa o creativa, è stata messa al servizio di questa popolazione immensa ma impotente se lasciata a se stessa». Tra gli indù, cui la Gran Bretagna permetteva di osservare le loro usanze, c'erano tuttora sessanta milioni di intoccabili la cui sola vicinanza nelle strade era considerata un'offesa e la cui sola presenza era fonte di «contaminazione».

Non si poteva certo concedere lo status di dominion, scriveva, a gente che trattava così male «i suoi simili che tribolano al suo fianco». Siffatta concessione era un «delitto». Il Congresso nazionale indiano, come egli aveva previsto, rifiutò l'offerta inglese. Sei settimane dopo la pubblicazione di questo primo articolo critico, il nuovo leader del Congresso, Jawaharlal Nehru, che come lui aveva studiato a Harrow, chiese la piena indipendenza per il suo paese. Raccomandò a tutti i membri del Congresso che facevano parte di corpi legislativi centrali e provinciali di dimettersi e propose una campagna di disubbidienza totale alla dominazione inglese in tutta l'India. La campagna decisa dal Congresso fu approvata dal capo spirituale del nazionalismo indiano, il Mahatma Gandhi; sia lui sia Nehru furono fatti arrestare e incarcerati da Irwin.

Il 30 novembre Churchill festeggiò il 55° compleanno e poco prima di Natale offrì 100 sterline alla BBC per poter lanciare un appello contro la concessione dello status di dominion all'India. La BBC rifiutò ed egli protestò inutilmente contro la decisione di «vietare agli uomini pubblici di accedere a un pubblico che desidera ascoltare».

Il 17 febbraio 1931 Gandhi incontrò Irwin a Delhi nel primo di otto colloqui che si svolsero nelle quattro settimane seguenti. Molti conservatori erano contrari all'incontro tra il viceré e l'uomo che si poneva l'obiettivo dell'indipendenza completa e rifiutava di mettere fine alla disubbidienza civile. «È allarmante, e anche deplorevole», dichiarò Churchill davanti ai conservatori dell'Essex occidentale il 23 febbraio, «vedere Gandhi, un avvocato sedizioso del Middle Temple [uno dei Collegi degli avvocati a Londra] che ora si atteggia a fachiro di un genere ben noto in Oriente, salire mezzo nudo le scale del palazzo del viceré, mentre ancora organizza e conduce una campagna di disubbidienza civile, per conferire su un piano di parità con il rappresentante del re-imperatore». Uno spettacolo del genere non poteva che incoraggiare «tutte le forze ostili all'autorità britannica». Il discorso irritò l'opinione pubblica laburista e liberale, ma espresse in termini vivaci i timori più profondi di molti conservatori.

Il 4 marzo, mentre proseguivano i colloqui con Irwin, Gandhi accettò di rinunciare alla disubbidienza civile e permettere ai rappresentanti del Congresso di recarsi a una seconda conferenza a Londra per discutere il futuro dell'India. Accettò anche le «salvaguardie» inglesi, peraltro non specificate, per la difesa, gli affari esteri e gli interessi delle minoranze. Il patto Gandhi-Irwin, come fu chiamato, fu reso pubblico il 5 marzo e Baldwin annunciò subito il suo appoggio sia al patto sia alla seconda conferenza; il 12 marzo in parlamento definì l'accordo «una vittoria del buon senso». Churchill replicò dichiarando che a seguito del patto «sono state risvegliate e vanno crescendo aspettative, aspirazioni e appetiti». Riferendosi alle recenti sommosse antinglesi a Bombay, dichiarò che chi tentava gli indiani offrendo loro lo status di dominion, senza però essere disposto a concedere la piena indipendenza, rendeva più probabili, tra «le masse dell'Indostan, spargimenti di sangue e confusione».

Nell'estate del 1931 Churchill fece un viaggio in automobile in Francia con Clementine e Randolph. Con loro c'era anche Violet Pearman, la nuova segretaria chiamata «Mrs P» in famiglia, che sarebbe stata la sua principale assistente nei sei anni seguenti. Il 7 agosto a Biarritz apportò le ultime correzioni a *The World Crisis: The Eastern Front*. «Grazie a Dio è terminato», scrisse a Edward Marsh; «non vedo l'ora di passare a Marlborough e mi preme sapere che cosa pensate dei due capitoli in cui ho introdotto alla rinfusa l'argomento». La lettera terminava con una nota politica: «Tutti coloro che incontro sembrano temere che stia per succedere qualcosa di terribile a livello finanziario».

Una settimana dopo le gravi difficoltà economiche costrinsero MacDonald e Snowden a proporre un taglio del 10 per cento dell'indennità di disoccupazione, condizione indispensabile per ottenere un prestito americano essenziale. Il Gabinetto si divise e si parlò con insistenza di una coalizione laburisti-conservatori per far fronte alla crisi economica. Churchill, che era ad Avignone, il 16 agosto rinunciò alle vacanze e al lavoro per tornare a Londra, nella speranza di convincere i conservatori a non condividere le responsabilità della sconfitta dei laburisti. Quattro giorni dopo, quando tornò in Francia, il governo laburista era ancora al suo posto. Il 23 agosto, mentre egli si dedicava alla pittura a Juan-les-Pins, il Gabinetto laburista fu informato che i sindacati non accettavano il taglio all'indennità di disoccupazione; il governo, dopo che diversi ministri espressero la loro solidarietà ai sindacati, decise di dimettersi.

Finiva così il secondo governo laburista inglese. Il giorno seguente il re chiese a MacDonald di conservare la carica di primo ministro a capo di un governo nazionale composto da membri di tutti i partiti. Baldwin concesse l'immediata disponibilità dei conservatori; Lloyd George, contrario a entrare nel governo, si trovava all'estero e non poté quindi evitare che i liberali entrassero nel nuovo governo. Il 23 agosto Samuel Hoare, che sarebbe stato nominato ministro dell'India nel nuovo Gabinetto, scrisse a Neville Chamberlain: «Come abbiamo ripetuto varie volte negli ultimi giorni, l'assenza di Winston e di LG è stata una grande fortuna».

Churchill non fu chiamato a far parte del governo nazionale e quando tornò dalla Francia ai primi di settembre trovò i partiti parimenti entusiasti dell'imminente conferenza indiana e del prossimo arrivo di Gandhi a Londra. Il monito che lanciò dalle colonne del «Daily Mail» il 7 settembre, «non ne verranno altro che ulteriori limitazioni dell'autorità inglese», rimase largamente inascoltato. La conferenza ebbe inizio il giorno seguente; MacDonald assicurò che il nuovo governo era favorevole a concedere lo status di dominion all'India e ottenne il consenso di tutto il Gabinetto, che adesso comprendeva Baldwin, Neville Chamberlain e Hoare.

Il 27 ottobre il governo nazionale si presentò all'esame degli elettori e ottenne un successo trionfale. I conservatori che si erano impegnati a collaborare con MacDonald ottennero 473 seggi, i liberali nazionali 35 e i laburisti nazionali 13. I liberali favorevoli a sostenere il governo nazionale ma non disposti a farne parte ottennero 33 seggi; i liberali di Lloyd George, tenaci oppositori della coalizione, ottennero la miseria di 4 seggi e il partito laburista, infuriato per quello che giudicava un tradimento di MacDonald, conquistò solo 52 seggi con una perdita clamorosa di 236 seggi. Il partito conservatore, dietro la bandiera dell'unità nazionale di MacDonald, aveva conquistato la supremazia in parlamento. Quanto a Churchill, che raddoppiò quasi la sua maggioranza a Epping, era isolato ma non certo rassegnato.

Tra il luglio e l'agosto 1932 lavorò a Chartwell alla biografia di Marlborough. In Germania, nel mese di luglio, il partito nazionalsocialista di Hitler aveva ottenuto il 37 per cento dei voti alle elezioni generali; Churchill aveva in animo di recarsi anche là per visitare le scene delle vittorie militari di Marlborough, sicché il 27 agosto partì per un viaggio in Belgio, Olanda e Germania accompagnato da Lindemann. A Bruxelles si unì loro uno storico militare, il tenente colonnello Ridley Pakenham-Walsh, che gli avrebbe fatto da guida. Sulla via per il campo di battaglia di Blenheim si fermarono a Monaco per tre giorni e un conoscente di Randolph, Ernst Hanfstaengel, amico di Hitler, cercò di organizzare un incontro tra Hitler e Churchill nell'albergo di quest'ultimo.

Churchill dichiarò la propria disponibilità a incontrare il leader del partito nazista, anche se in seguito Hanfstaengel ricordò che durante la cena prima dell'incontro previsto «mi rimproverò le idee antisemitiche di Hitler». Ma questi non si fece vedere e il giorno seguente Hanfstaengel tentò nuovamente, e inutilmente, di convincerlo a incontrare l'inglese. «Insomma», gli chiese Hitler, «che ruolo ha questo Churchill? È all'opposizione e nessuno lo ascolta». Hanfstaengel replicò: «La gente dice la stessa cosa di te», ma Hitler non cambiò idea.

Da Monaco Churchill si spinse fino al campo di battaglia di Blenheim. «I campi erano meravigliosi», scrisse tre settimane dopo a Pakenham-Walsh, «e li ho ripopolati di gloriosi eserciti di spettri». Aveva pensato di andare a Venezia per una vacanza ma si ammalò di febbre paratifoidea e, troppo malconcio per tornare in Inghilterra, trascorse due settimane in un sanatorio di Salisburgo. Dopo qualche giorno però cominciò a dettare dal letto dodici articoli per «News of the World», che lo aveva incaricato di riscrivere *Le Grandi Storie del Mondo*; lo schema degli articoli fu preparato da Edward Marsh.

Il 25 settembre ritornò a Chartwell. «È stata una cimice inglese che mi sono portato all'estero», scrisse al cugino Sunny, «e non bisogna darne colpa al continente europeo, peraltro scriteriato». Il giorno stesso riprese a lavorare alla biografia di Marlborough, discutendone gli aspetti storici con Maurice Ashley e dettandone i capitoli a Violet Pearman. Continuò a lavorare nel corso della giornata seguente ma il 27 settembre, mentre passeggiava in giardino con Ashley, si accasciò per un nuovo attacco di febbre paratifoidea. Fu chiamata un'ambulanza che lo portò in una casa di cura londinese. Un'ulcera paratifoidea gli aveva provocato una seria emorragia.

Il 23 novembre si era ristabilito abbastanza da parlare alla Camera dei Comuni, con grande efficacia e lungimiranza, sul tema tanto dibattuto del disarmo, rammentando ai deputati che se la Gran Bretagna avesse imposto alla Francia il disarmo la Germania avrebbe approfittato della sua superiorità numerica per cercare di vendicare la sconfitta del 1918. Fino a quel momento a ogni concessione fatta alla Germania erano seguite nuove richieste tedesche. I tedeschi non aspiravano alla sola «uguaglianza di armamenti con la Francia»; non solo quest'ultima, ma anche Belgio, Polonia, Romania, Cecoslovacchia e Iugoslavia erano decise a difendere i loro confini «e i loro diritti».

Il 30 gennaio del 1933 Hitler diventò Cancelliere della Germania su invito del presidente Hindenburg, che tentò in questo modo di mettere le posizioni estremiste del partito nazista sotto il controllo degli uomini politici più moderati che avrebbero fatto parte del nuovo governo di coalizione. Una settimana dopo Hitler promulgò la prima di una serie di leggi che accrebbero rapidamente e consolidarono il suo potere; questa legge gli consentì di mettere a tacere la stampa democratica, socialista e comunista. Seguirono gli arresti di parecchie migliaia di oppositori del nazismo e le richieste pubbliche e popolari di una revisione del Trattato di Versailles e del riarmo.

Il 15 febbraio, nel pieno di quell'ondata nazionalistica in Germania e dell'intensificazione dell'aggressione giapponese alla Cina in Estremo Oriente, il Gabinetto inglese discusse le lacune della difesa inglese, messe a nudo dai ministri della Guerra e dell'Aria, Lord Hailsham e Lord Londonderry. Tuttavia, recependo il monito di Neville Chamberlain sui «rischi economici e finanziari» insiti nel riarmo, il Gabinetto stabilì di assumersi la «responsabilità delle carenze nelle forze armate, imposte dalla difficile situazione finanziaria attuale». I vincoli economici rendevano impossibile il riarmo.

Churchill era intenzionato a pronunciarsi sulla situazione europea il 13 aprile, ma si consultò preventivamente con il maggiore Desmond Morton, che aveva conosciuto sul fronte occidentale nel 1916 e che aveva voluto nel servizio informazioni del ministero della Guerra nel 1919. Dal 1929 Morton era a capo della Industrial Intelligence Unit del Comitato di Difesa Imperiale, incaricata di sorvegliare in tutto il mondo l'importazione e utilizzazione delle materie prime per gli armamenti prodotti dalle potenze europee. Era inoltre un vicino di casa di Churchill nel Kent.

Nel discorso che pronunciò alla Camera dei Comuni Churchill, forte delle informazioni che Morton gli aveva fornito attingendo a fonti segrete del governo, contrappose la richiesta di riarmo avanzata da Hitler alla politica di disarmo di MacDonald, ripetendo il monito che aveva già espresso: «L'ascesa della Germania alla parità militare con la Francia, o l'ascesa della Germania o di questo o quell'alleato alla parità militare con la Francia, la Polonia o gli stati minori, significherà una nuova e generale guerra europea».

La situazione cambiava con estrema rapidità: il 7 aprile Hitler impose ufficialmente il regime nazista a tutti gli stati tedeschi, mettendo fine a un'autonomia che durava da secoli. Sei giorni dopo entrò in vigore la legge che escludeva gli ebrei dalle cariche nazionali, locali e municipali. Nel corso di un dibattito che si svolse quel giorno ai Comuni, Churchill mise nuovamente in guardia il governo sul pericolo di una Germania militarizzata: «Una delle garanzie che ci furono date dopo la Grande Guerra era che la Germania sarebbe stata una democrazia con istituzioni parlamentari. Tutto ciò è stato spazzato via. Ora avete una dittatura: la più sinistra delle dittature».

Si soffermò nuovamente su alcuni particolari inquietanti della dittatura tedesca – il militarismo, gli appelli a «ogni sorta di spirito bellicoso», la reintroduzione dei duelli nelle università e la persecuzione degli ebrei – e proseguì affermando: «Non posso che rallegrarmi che i tedeschi non abbiano i cannoni pesanti, le migliaia di aeroplani militari e i carri armati di varia grandezza che hanno chiesto con insistenza per arrivare alla parità con altri paesi». Dieci giorni dopo parlò al convegno annuale della Royal Society di St.George. Nel discorso, trasmesso per radio, dichiarò: «Nulla può salvare l'Inghilterra se non si salverà da sola. Se perdiamo la fiducia in noi stessi, nella nostra capacità di guidare e governare, se perdiamo la nostra volontà di vivere, allora sì il nostro destino è segnato. Se noi, mentre da ogni parte altre nazioni affermano giorno dopo giorno un nazionalismo più aggressivo e militante con le armi e il commercio, ci lasciamo paralizzare dalle nostre dottrine teoriche o restiamo immersi nel torpore della spossatezza causata dalla guerra, allora sì che si avvererà tutto ciò che predicono gli uccelli del malaugurio e la nostra rovina sarà rapida e definitiva».

Il 7 novembre, mentre il governo continuava a battersi per il disarmo, Churchill intervenne di nuovo ai Comuni: «Il fatto dominante è che la Germania ha già cominciato a riarmare». Le sue importazioni di rottami di ferro e nichel e altri metalli per la produzione bellica erano «ben superiori al normale». Era convinto però che esistesse un modo sicuro per frenare l'anelito di vendetta dei tedeschi e scongiurare la guerra: occorreva rivolgersi alla Lega delle Nazioni «non per cavillare e disputare fieramente sui dettagli del disarmo, ma per soddisfare collettivamente la Germania e mitigare il malcontento della nazione tedesca; inoltre ciò va fatto prima che quest'ombra del riarmo arrivi al punto di minacciare la pace del mondo». Nel frattempo la Gran Bretagna aveva già disarmato «tanto da rasentare il pericolo – o meglio da sprofondarvi». Spettava ai tre ministri incaricati della difesa prendere provvedimenti adeguati per la sicurezza del paese e assicurarsi che la Gran Bretagna avesse sia i mezzi sia il tempo di sfruttare «tutta la forza latente del nostro paese».

Il 12 novembre i nazisti, dopo una campagna elettorale in cui solo il loro partito aveva potuto fare propaganda, conquistarono il 95 per cento dei voti. «Mi avete sentito definire un guerrafondaio», disse due giorni dopo Churchill a un pranzo della Royal Naval Division Association; «è una menzogna. Mi sono battuto per la pace prima della Grande Guerra, e se fosse stata adottata la "moratoria"come avevo suggerito e raccomandato, il corso della storia avrebbe potuto essere diverso». Erano i nazisti a proclamare che «la guerra è gloriosa, a inculcare nei loro figli una sorta di sete di sangue che non ha l'uguale nell'educazione dai tempi dei barbari e dei pagani», erano i nazisti ad aver enunciato la dottrina secondo cui «ogni frontiera altro non è che il punto di partenza di un'invasione». Non c'era tempo da perdere. «C'è un passo concreto da fare. Mandare all'aria questa Conferenza sul disarmo, spazzare via il ciarpame di otto anni di brontolii e sciocchezze, ipocrisia e inganni, e andare a Ginevra, dall'altra parte di Ginevra, alla Lega delle Nazioni».

Nel corso del 1934 Churchill scrisse 50 articoli per giornali e riviste e tenne più di venti comizi; dunque espose le sue convinzioni all'opinione pubblica in media una volta ogni cinque giorni. Al centro delle sue preoccupazioni vi era la difesa della Gran Bretagna. Il 7 febbraio dichiarò ai Comuni: «Non riesco a capire come si possa, nell'attuale situazione europea e data la nostra posizione in Europa, tardare ad adottare il principio che la nostra aeronautica militare dev'essere forte almeno quanto quella delle potenze che possono colpirci», sottolineando che se la Gran Bretagna non avesse goduto di «una sicurezza adeguata», sarebbe sorta una crisi diplomatica «in un futuro non lontano, nel corso della vita dei presenti»; sarebbero state pronunciate minacce e esercitate pressioni e nell'arco di poche ore «lo scoppio delle bombe su Londra e il crollo degli edifici, il fuoco e il fumo ci renderanno edotti di tutte le insufficienze delle nostre difese».

Il 4 marzo il governo rese pubblica la relazione sulla difesa in cui si impegnava a evitare un indebolimento della sua aviazione militare rispetto a quella tedesca; la ragione addotta era che si poteva «evitare a ogni costo una corsa agli armamenti» e si sperava di conseguire la parità «mediante una riduzione al livello inglese»; questo significava che Francia e Russia avrebbero dovuto ridurre in misura considerevole il loro arsenale.

L'obiettivo della parità, pur con queste precisazioni, provocò l'8 marzo l'energica protesta del leader del partito laburista Clement Attlee ai Comuni: «Neghiamo la necessità di ulteriori armamenti aerei». Archibald Sinclair denunciò a nome del partito liberale «la follia, il pericolo e lo sperpero di quest'accumulazione incessante di armamenti». Churchill parlò a titolo personale, ma catturò l'attenzione dei deputati di tutti i partiti, ammonendo che il riarmo non era sufficiente e dichiarando a una Camera affollata e attenta: «Non sono riuscito a convincermi che la politica intrapresa dal governo tenga abbastanza conto della grave realtà della situazione europea». Non ci si poteva nascondere dietro la superiorità francese nei cieli; proprio dall'aria sarebbe arrivato il nuovo pericolo, e occorreva perciò «creare una protezione nei cieli sopra di noi che scongiuri serie molestie, così come facemmo con il controllo delle acque nei secoli trascorsi». La Germania si stava «armando rapidamente, e nessuno la fermerà». Non intendeva con questo proporre «una guerra preventiva» per impedirle di infrangere il Trattato di Versailles.

Il suo monito non era finito: «Sappiamo tutti benissimo che quel popolo così dotato, con la sua scienza e le sue fabbriche, con quelli che chiama gli sport dell'aria, è in grado di sviluppare molto in fretta una possente aeronautica militare per tutti gli scopi, offensivi e difensivi, in un arco di tempo molto breve». La Germania era in mano a un «pugno di autocrati» diventati «padroni assoluti di quella nazione potente e dotata», che controllavano l'opinione pubblica «con ogni mezzo consentito dai congegni moderni. Tremo pensando al giorno in cui i mezzi per minacciare il cuore dell'impero britannico finissero nelle mani degli attuali padroni della Germania». Quel giorno «forse non è molto lontano. Forse arriverà tra un anno o un anno e mezzo». C'era ancora tempo per prendere «le misure necessarie»; ciò che si voleva non era l'impegno alla parità, ma il suo raggiungimento. «Non ha senso redigere quel primo paragrafo e poi stanziare 130.000 sterline. Vogliamo provvedimenti atti a raggiungere la parità».

Il 30 giugno Hitler ordinò di assassinare i suoi maggiori rivali nel partito nazista nonché un ex Cancelliere, il generale Schleicher, e vari esponenti cattolici. «Rimasi profondamente colpito dall'episodio», avrebbe scritto Churchill, «e tutto il processo di riarmo tedesco, di cui c'erano ormai prove schiaccianti, mi sembrava pervaso di un colore sinistro e inumano». Il 2 agosto, un mese dopo gli assassinii, morì a 87 anni il presidente Hindenburg; il giorno seguente Hitler assunse anche la presidenza e le forze armate fecero un giuramento personale di «ubbidienza assoluta» a Hitler come nuovo comandante in capo.

Per tutta l'estate Churchill parlò della difesa aerea; il 7 luglio, rivolgendosi agli elettori, propose che il governo quadruplicasse l'aeronautica militare. Sei giorni dopo, ai Comuni, Herbert Samuel, che al pari di Churchill non sapeva che il capo di stato maggiore dell'aeronautica aveva chiesto invano al Gabinetto proprio un incremento di quelle proporzioni, definì la proposta di Churchill «l'espressione di un pazzo sanguinario malese più che di uno statista britannico responsabile». Egli replicò affermando che la situazione era per molti versi «più pericolosa» di quella del 1914, quando lui e Samuel erano stati colleghi di Gabinetto. Anthony Eden, appena nominato Lord del Sigillo Reale, dichiarò: «Là dove dissento, con rispetto, dall'onorevole amico deputato di Epping, è che egli sembra persuaso che le nazioni debbano essere formidabilmente armate in vista di un efficace sistema consultivo mondiale. Non sono d'accordo».

Aggiunse che «il disarmo generale deve continuare a essere l'obiettivo finale». Quindi Attlee contestò la necessità di un ulteriore riarmo e dichiarò a proposito di Hitler: «Ritengo si possa oggi affermare in generale che la sua dittatura si sta gradualmente attenuando».

Il 18 luglio il Gabinetto approvò il progetto che prevedeva per il marzo del 1939 la produzione di 1465 aeroplani da combattimento; a giudizio di alcuni ciò non bastava, e Desmond Morton consegnò a Churchill una nota sulla forza aerea relativa della Gran Bretagna, della Germania e delle altre maggiori potenze nonché una stima del ministero dell'Aeronautica sulla capacità produttiva bellica tedesca in vista del dibattito del 30 luglio ai Comuni. Nel corso del dibattito Churchill dichiarò: «Attualmente siamo la quinta o sesta potenza aerea del mondo». Proseguendo a quel ritmo, la Gran Bretagna si sarebbe trovata «nel 1939 in una posizione relativamente peggiore di quella odierna – ed è la posizione relativa che conta».

Il 16 novembre Churchill pronunciò via radio un discorso sulla Germania, che aveva preparato con l'aiuto di Orme Sargent, un funzionario del ministero degli Esteri che condivideva i suoi forti timori circa le intenzioni dei tedeschi. I nazisti, dichiarò, aspiravano a «sottomettere le altre razze terrorizzandone e torturandone la popolazione civile». Eppure «l'invocazione del momento» era il disarmo; la pace però non poteva che fondarsi sulla preponderanza militare. «La quantità è fonte di sicurezza. Se ogni parte disponesse della stessa quantità, si potrebbe arrivare a una terribile prova di forza, ma se da una parte abbiamo, diciamo, otto o dieci e dall'altra solo una o due, e se le forze armate combinate di una parte sono tre o quattro volte superiori a quelle dell'altra, non vi sarebbe guerra».

La Gran Bretagna non poteva «allontanarsi» dall'Europa. «Temo che se osserverete attentamente ciò che si prepara per la Gran Bretagna, vedrete che la sola scelta rimasta è la vecchia, grave scelta che i nostri antenati si trovarono a dover fare, ovvero se piegarsi o prepararsi, se piegarsi alla volontà di una nazione più forte oppure prepararsi a difendere i nostri diritti, le nostre libertà e per la verità anche la nostra vita. Se ci pieghiamo, la nostra sottomissione dev'essere tempestiva; se ci prepariamo, i nostri preparativi non devono essere tardivi. La sottomissione comporterà come minimo la fine e la spartizione dell'impero britannico e l'accettazione da parte nostra del futuro, quale che sia, in serbo per piccoli paesi quali la Norvegia, la Svezia, la Danimarca, l'Olanda, il Belgio e la Svizzera, all'interno e sotto una dominazione teutonica sull'Europa».

Il discorso fu seguito da decine di migliaia di persone che non avevano mai sentito i suoi discorsi pubblici o parlamentari; un ascoltatore, Alexander Filson Young, che nel 1900 era stato corrispondente con lui in Sudafrica, gli scrisse: «Desidero soltanto che venga il giorno (che verrà, se vi assisterà la salute) in cui avrete il potere di tradurre in pratica le vostre convinzioni. Quando verrà quel giorno, avrete un seguito che sbalordirà gli allarmisti e gli isolazionisti. Ma quanti giorni, quanti anni sprecati!»

21

IL MOMENTO DELLA VERITÀ

Il 4 marzo 1935 il governo rese pubblica una nuova relazione sulla difesa in cui ammetteva «serie lacune» nelle tre armi. Occorreva aumentare le spese per la difesa di dieci milioni di sterline. Quattro giorni dopo, in una lettera a Clementine, Churchill scrisse che il governo «si è infine accorto, seppure tardivamente, timidamente e inadeguatamente, della rapida crescita del pericolo tedesco».

Il 16 marzo Hitler annunciò la reintroduzione del servizio militare obbligatorio in tutta la Germania. Grazie a questa decisione si sarebbe facilmente raddoppiato e persino triplicato l'esercito di 300.000 uomini. Per la verità dichiarò che gli uomini sotto le armi erano già mezzo milione. Il 19 marzo, nel corso del dibattito sull'aeronautica alla Camera dei Comuni, Philip Sassoon annunciò un ulteriore aumento di una quarantina di squadriglie nei quattro anni seguenti, dichiarando inoltre: «Sono state fornite molte cifre sbagliate ed è stato dipinto un quadro eccessivamente nero della nostra debolezza aerea»; nondimeno, aggiunse, «la nostra debolezza numerica è seria e non possiamo permettere che si protragga».

Nella battaglia per rafforzare l'aviazione militare britannica Churchill ricevette un aiuto insperato: il 7 aprile si presentò a Chartwell il responsabile del Central Department del ministero degli Esteri, Ralph Wigram, con l'informazione che le fabbriche tedesche di aerei «sono già in pratica organizzate come per l'emergenza bellica». Wigram era arrivato a quest'informazione con l'aiuto di un funzionario minore del dipartimento, Michael Creswell, che condivideva i suoi timori. Una settimana dopo la visita a Chartwell, Wigram gli fornì i dati più recenti e segreti in possesso del governo secondo cui la forza aerea minima tedesca di prima linea era di 800 apparecchi contro i 453 della Gran Bretagna. Quando lo seppe, Churchill osservò in una nota interna: «Si tratta di fatti gravi e terribili per chi è incaricato della difesa di questo paese».

Il 2 maggio Francia e Unione Sovietica firmarono un patto di cooperazione reciproca; sembrava stesse per avverarsi la visione di Churchill di un'unione delle «nazioni che vogliono vivere in pace». «Non dobbiamo mai disperare», disse quel giorno ai Comuni, «non dobbiamo mai arrenderci, ma affrontare i fatti e trarne le debite conclusioni». Il giorno dopo il «Daily Express» si scusò con lui per aver «ignorato» in passato i suoi moniti sulla forza aerea tedesca, scuse che fece ai suoi 1.857.939 lettori. Il 22 maggio, in un dibattito sulla difesa alla Camera, Baldwin riconobbe di essersi «completamente sbagliato» nel novembre precedente circa la valutazione della futura forza aerea tedesca.

Finalmente si dava ragione alle sue dichiarazioni sul ritmo e la portata del riarmo aereo tedesco dopo averlo deriso come un allarmista. Nove giorni dopo, il 31 maggio, richiamò l'attenzione dei deputati su un movimento di ispirazione nazista sorto tra gli abitanti di lingua tedesca nella regione dei Sudeti in Cecoslovacchia. L'Austria, l'Ungheria, la Bulgaria e persino la Iugoslavia cominciavano a guardare con ammirazione alla Germania, grazie alla sua potenza crescente. Al termine del dibattito Morton gli scrisse: «Sembra che solo voi abbiate galvanizzato la Camera».

Il 5 giugno Ramsay MacDonald presiedette per l'ultima volta il Gabinetto, essendo troppo malato per continuare a occupare la carica. Gli succedette Baldwin, Hoare fu nominato ministro degli Esteri e Neville Chamberlain conservò lo Scacchiere.

Amici e sostenitori di Churchill rimasero delusi perché non era stato chiamato a far parte del nuovo governo Baldwin. «Speravo che diventaste ministro della Difesa», gli scrisse il suo ex istruttore di volo Spenser Grey; «Pensavo che ce ne fosse bisogno e non c'è nessun altro con la necessaria esperienza». Il giorno in cui fu presentato il nuovo Gabinetto, Churchill espresse alla Camera la propria insoddisfazione per la lentezza delle ricerche sulla difesa aerea. Il sottocomitato per la ricerca sulla difesa aerea del Comitato di Difesa Imperiale, da poco costituito, si era riunito due sole volte negli ultimi tre mesi; «Questa storia sembra un altro film al rallentatore».

Baldwin lo invitò a far parte con Lindemann del sottocomitato per la ricerca sulla difesa aerea ed egli accettò; la prima riunione cui partecipò si tenne il 25 luglio ed egli apprese del successo ottenuto il giorno precedente da una serie di esperimenti per individuare gli aerei nemici per mezzo della radiolocalizzazione, ovvero il radar.

Mese dopo mese cresceva il pericolo di guerra. Ad agosto Mussolini minacciò di invadere l'Abissinia; in un colloquio privato con Churchill, Hoare constatò che era «estremamente irritato» dall'iniziativa italiana e chiese di rafforzare la flotta inglese nel Mediterraneo, sostenendo che occorreva un'azione collettiva contro l'Italia che comprendesse sanzioni economiche. Bisognava incaricare la Lega delle Nazioni di intervenire e tener pronta la flotta per ogni evenienza. «Dove sono le flotte?» gli chiese. «Sono in efficienza? Sono sufficienti? Possono raccogliersi rapidamente e al completo? Sono al sicuro? È stato dato loro l'avviso di prendere precauzioni?»

A settembre Churchill ricevette parole di incoraggiamento dal direttore dell'«Observer» J.L. Garvin: «Sull'India non potevate avere dalla vostra più di 1/4 del partito unionista. Sulla difesa potete avere dalla vostra almeno i 3/4 e cambiare tutto, esponendo i fatti come solo voi sapete fare. Non vedo altra speranza».

Churchill si trovava in Francia meridionale per una vacanza e stava dipingendo il *château* di Maxine Elliot vicino a Cannes quando gli giunse la lettera di Garvin. Egli non perdeva di vista la situazione europea; e sperava, come avrebbe ricordato in seguito un altro ospite, Vincent Sheean, che se la Lega delle Nazioni fosse riuscita a imporre sanzioni all'Italia «mettendo fine all'asservimento dell'Abissinia, saremo più forti e al sicuro per un lungo periodo». Sheean osservò che Churchill «aveva in mente una distinzione che cercava di proporre in tutti i discorsi sull'Etiopia e che gli sembrava molto importante: "Non ci opponiamo alla *cosa in sé*, ma al *modo*". Allora non subivo il suo grande fascino, come mi sarebbe accaduto in seguito e non accettavo questa distinzione. Accennai al Mar Rosso, alla rotta per l'India, all'importanza di Aden. Churchill ignorò tutto questo. "Non c'è da preoccuparsi degli italiani. Non è questo. Non è la cosa, è il *modo*"».

Quando uno dei presenti, una signora francese, protestò che tutte le nazioni, Gran Bretagna compresa, avevano conquistato territori proprio come ora minacciava di fare l'Italia, Churchill replicò con un sorriso benevolo dall'altra parte del tavolo: «Sì, ma vedete, tutto ciò che appartiene al passato non redento è chiuso nel limbo dei peccati del tempo che fu»; il mondo era andato avanti e il fine della Lega delle Nazioni era «impedire al giorno d'oggi alle nazioni di usurpare i diritti altrui». Cercando di conquistare l'Abissinia «Mussolini porta un attacco estremamente pericoloso e folle all'intera struttura costituita, con risultati assolutamente imprevedibili. Chi può dire che accadrà tra uno, due o tre anni? Con la Germania che si arma a rotta di collo, l'Inghilterra perduta in sogni pacifisti, la Francia corrotta e lacerata dai dissensi, l'America remota e indifferente: Madame, mia cara signora, non tremate per i vostri figli?».

Tornato a Chartwell alla fine di settembre, Churchill si mise in contatto con l'ammiraglio Charfield, il First Sea Lord, nella speranza che uno sfoggio di forza nel Mediterraneo dissuadesse Mussolini; a Londra arringò gli uomini d'affari conservatori sulla necessità di diffidare l'Italia dall'aggredire l'Abissinia. Parlò inoltre del crescente riarmo tedesco e dell'incapacità della Gran Bretagna di tenersi al passo. «Dovrebbe esserci qualche deputato in una posizione abbastanza indipendente da mettere tanto i ministri quanto gli elettori di fronte a alcune verità spiacevoli. Non vogliamo che la nostra antica libertà e la civiltà moderata e tollerante che abbiamo preservato su quest'isola siano legate a un filo esile».

Il discorso ebbe ampia eco e il poeta Osbert Sitwell, che aveva criticato pubblicamente Churchill al tempo dell'intervento antibolscevico del 1919, gli scrisse per scusarsi della sua «stupidità passata», affermando di parlare a nome di «innumerevoli persone». Due giorni dopo Churchill incontrò l'ambasciatore italiano Grandi e lo mise in guardia sui rischi di un'invasione dell'Abissinia; dal ministero degli Esteri Sir Robert Vansittart lo ringraziò per quanto aveva detto. Durante una cena con Vansittart e Alfred Duff Cooper, segretario finanziario del Tesoro, espresse l'intenzione di accompagnarli a Roma per cercare di dissuadere Mussolini dall'attaccare l'Abissinia. «Non se ne fece nulla», avrebbe scritto, «e dubito seriamente che saremmo riusciti a chiarirgli le idee. Era convinto che la Gran Bretagna fosse marcia fino al midollo».

Mussolini lanciò l'attacco all'Abissinia il 4 ottobre 1935; quel giorno Churchill, al congresso del partito conservatore di Bournemouth, propose di presentare una mozione al governo perché organizzasse l'industria britannica «per una rapida conversione ai fini della difesa» e compisse un «nuovo sforzo» per ristabilire la parità aerea con la Germania. La mozione fu approvata all'unanimità; otto giorni dopo si mise a disposizione dell'Ufficio centrale conservatore in vista delle elezioni generali previste per metà novembre, e la sua offerta fu accettata. Frattanto, ai Comuni, continuò a battersi per il riarmo e per lo sviluppo di un'industria meccanica in grado di espandersi rapidamente. L'attacco italiano all'Abissinia era «ben poca cosa» di fronte al pericolo tedesco. Nessuna preoccupazione era «paragonabile alle inquietudini suscitate dal riarmo tedesco. Non possiamo tollerare di vedere prevalere in Europa il nazismo in questa sua veste di crudeltà e intolleranza, con i suoi odî e le sue armi scintillanti».

Il governo tedesco protestò per questo discorso e per un suo articolo su Hitler, pubblicato su «Strand», in cui egli aveva scritto che « a fianco dei campi di addestramento delle nuove armate e dei grandi aerodromi, i campi di concentramento butterano il suolo tedesco. In essi migliaia di tedeschi sono costretti a sottomettersi al potere irresistibile dello stato totalitario». Aveva parlato anche della «brutalità» della persecuzione degli ebrei. «Nessun servigio reso, nessun patriottismo provato, neppure le ferite riportate in guerra possono dare l'immunità a individui il cui unico crimine è di essere stati messi al mondo». Nelle scuole venivano perseguitati persino gli «sciagurati bambini ebrei». Il mondo continuava a sperare che il peggio fosse passato e che venisse il giorno in cui Hitler sarebbe diventato «un personaggio più moderato in un'epoca più felice», ma mentre pronunciava a Berlino parole rassicuranti, «gli ingranaggi girano e fucili, cannoni, carri, proiettili e granate, bombe per aereo, cilindri di gas tossico, aeroplani, sommergibili e ora l'inizio di una flotta scorrono in torrenti sempre più impetuosi dagli arsenali e dalle fabbriche della Germania, già mobilitati in larga misura per la guerra».

Il parlamento fu sciolto il 25 ottobre e le elezioni si tennero il 14 novembre. Molti erano convinti che Baldwin avrebbe chiamato Churchill nel nuovo Gabinetto. L'attaché navale britannico a Berlino, capitano Gerald Muirhead-Gould, gli inviò questo messaggio: «I tedeschi temono, e io spero, che sarete ministro della Marina... o della Difesa! Vi prego di non tradirmi». Il 31 ottobre l'ambasciatore britannico a Berlino, Sir Eric Phipps, riferì che Hitler stesso aveva espresso la preoccupazione che egli fosse nominato «primo Lord dell'Ammiragliato».

Il 31 ottobre, nel pieno della campagna elettorale, Baldwin dichiarò: «Vi do la mia parola che non ci sarà un grande riarmo»; ma Churchill era di parere contrario e il 12 novembre scrisse sul «Daily Mail»: «Non mi sembra che la gente si renda affatto conto di quanto siano vicini e gravi i pericoli di una conflagrazione mondiale». Ralph Wigram, il suo amico al ministero degli Esteri, gli aveva appena mandato le copie dei dispacci segreti dell'ambasciatore britannico a Berlino, di cui il Gabinetto era al corrente, che anticipavano le future rivendicazioni territoriali di Hitler.

Le elezioni generali segnarono una vittoria schiacciante dei conservatori, che ottennero 432 seggi contro i 151 dei laburisti e solo 21 dei liberali. Randolph fu sconfitto e Churchill, che riconquistò il proprio seggio con una maggioranza più netta, seguì i primi risultati su uno schermo allestito all'Albert Hall. Per conoscere l'esito definitivo delle elezioni andò a Stornoway House, la residenza di Beaverbrook in St James dove, con sua grande costernazione, fu accolto da Beaverbrook con queste parole: «Bene, sei finito. Baldwin ha una maggioranza tale da poter fare a meno di te».

Churchill aveva sperato di comporre la frattura con Baldwin e che il fatto di accettare il suo aiuto per la campagna elettorale segnasse una riconciliazione politica; ma attese invano per sei giorni a Chartwell una sua chiamata, e quando fu reso pubblico l'elenco dei ministri il suo nome non vi figurava. «Per me fu un colpo e in un certo senso un insulto», avrebbe scritto. «La stampa si scatenò negli scherni e non voglio fingere che non ne fossi afflitto, ansioso com'ero di passare all'azione». L'entourage di Baldwin era più che soddisfatto e Thomas Jones elogiò il suo leader per aver «tenuto a distanza l'entusiasmo di Winston per navi e cannoni». In una lettera a Davidson lo stesso Baldwin scrisse: «Penso che non gli si debba dare un incarico in questa fase. Mette il cuore e l'anima in tutto ciò che fa. Se vi sarà un conflitto – e nessuno può escluderlo – dev'essere pronto per diventare il nostro primo ministro di guerra».

Churchill, scottato e frustrato, decise di prendersi una lunga vacanza per lavorare e dipingere, prima a Maiorca e poi in Marocco; ma rimandò la partenza di tre giorni per seguire una riunione del sottocomitato per la ricerca sulla difesa aerea, in cui si pronunciò con decisione e dovizia di particolari sull'inferiorità inglese nei cieli e nella difesa antiaerea. Quindi, il 10 dicembre, partì in aereo da Londra, con Clementine, per Parigi. Aveva 61 anni e ne erano trascorsi ormai cinque e mezzo da quando aveva fatto parte del governo.

Il 7 marzo 1936 Hitler spedì le sue truppe in Renania, il territorio sovrano tedesco che era stato smilitarizzato dagli Alleati dopo la vittoria del 1919. Due giorni dopo, parlando a nome del partito laburista, Attlee si pronunciò contro le nuove proposte del governo per la difesa, sostenendo che erano troppo bellicose. Churchill, che il 10 marzo alla Camera dei Comuni si disse favorevole alle proposte, suggerì altri provvedimenti che giudicava necessari: occorreva organizzare l'industria in modo tale da poterla convertire alla produzione bellica «premendo un bottone»; bisognava inoltre creare l'ossatura di un ministero dei Rifornimenti e Approvvigionamenti.

In effetti la diplomazia inglese risentiva già della debolezza militare della Gran Bretagna; il 21 marzo, a una riunione del Comitato affari esteri della Camera, Churchill propose un progetto coordinato, sotto l'egida della Lega delle Nazioni, per aiutare la Francia ad arrestare l'azione tedesca in Renania. Hoare gli rispose affermando che le nazioni che potevano portare avanti il progetto «erano affatto impreparate dal punto di vista militare».

Il 14 marzo il governo annunciò infine la creazione di un nuovo ministero, il ministero per la Coordinazione della Difesa, che fu affidato al procuratore generale Sir Thomas Inskip; Lindemann definì questa nomina «la cosa più cinica che sia stata compiuta da quando Caligola fece console il suo cavallo». Sir William Goodenough, ammiraglio a riposo, scrisse a Churchill: «È davvero scoraggiante che dopo tutto questo travaglio venga annunciato che la montagna ha partorito il topolino», aggiungendo: «Speravo – tutti speravamo – in qualcuno che reggesse una fiaccola per guidarci e illuminare il nostro cammino. Il problema in sostanza va risolto con un intervento esecutivo. MALEDIZIONE».

Nel suo diario Chamberlain scrisse che la militarizzazione della Renania aveva «offerto un'ottima ragione per scartare sia Winston sia Sam, poiché entrambi avevano in Europa una reputazione che poteva rendere pericoloso il loro ingresso nel governo in un momento critico. Inskip non avrebbe creato gelosie, non avrebbe suscitato entusiasmi ma neppure provocato nuove complicazioni».

Dopo la militarizzazione della Renania, Hitler propose un negoziato per sanare le divergenze anglo-tedesche. Il 17 marzo il consiglio dei ministri discusse il futuro delle relazioni con la Germania. Secondo i verbali, «il nostro atteggiamento era stato dettato dal desiderio di utilizzare l'offerta di Hitler per giungere a un'intesa permanente». Chi era convinto che non fosse possibile arrivare a un'intesa del genere con la Germania nazista si rivolse a Churchill. Wigram, che al pari di tanti altri al ministero degli Esteri pensava che egli fosse una voce efficace contro la montante propaganda tedesca, portò con sé a Chartwell a metà marzo una copia del dispaccio finale segreto di Sir Horace Rumbold, ambasciatore britannico a Berlino al tempo in cui Hitler aveva preso il potere, che metteva in guardia sulla portata delle ambizioni territoriali di Hitler.

Il 26 marzo, ai Comuni, Churchill si chiese se l'Austria sarebbe stata la prossima conquista di Hitler e se la Gran Bretagna avrebbe promosso la creazione di «un'unione effettiva» degli stati minacciati dalla Germania. Per agevolarne la creazione, ai primi di aprile invitò a pranzo l'ambasciatore sovietico Ivan Maiskij con il benestare di Sir Robert Vansittart.

Il 6 aprile la Camera discusse se confermare le sanzioni economiche all'Italia. Questa volta Churchill fu molto critico: non avevano salvato l'Abissinia, avevano irritato l'Italia col risultato che negli anni a venire la Gran Bretagna sarebbe stata costretta ad aumentare le sue forze nel Mediterraneo, e avevano determinato una forte spesa navale. Inoltre la politica delle sanzioni metteva in ombra «una questione ancor più grave», la minaccia tedesca all'Europa. «Hitler ha stracciato tutti i trattati e presidia la Renania. I suoi soldati ci sono entrati e vi si fermeranno». Nell'arco di sei mesi la linea delle nuove fortificazioni in Renania avrebbe permesso alla Germania di attaccare la Francia attraverso il Belgio e l'Olanda; nel momento in cui questi due paesi fossero finiti «sotto la dominazione tedesca», la stessa Gran Bretagna sarebbe stata in pericolo.

Non appena la Germania si fosse sentita forte abbastanza da sfidare la Francia, fu il suo monito, sarebbe «profondamente mutata» la posizione di Polonia, Cecoslovacchia, Iugoslavia, Romania, Austria e paesi baltici: alcuni di questi stati si sarebbero visti costretti a legarsi al sistema tedesco, altri sarebbero stati assorbiti con la forza. «Allora dove andremo?», si chiese; si pronunciò poi contro ogni tentativo di negoziare con la Germania «in nome» dell'Europa. «Non abbiamo né la solidarietà che nasce dalla convinzione né le difese nazionali necessarie per un simile ruolo dominante».

La preoccupazione di non turbare l'economia influenzava le opinioni del governo; il 12 giugno l'inventore del radar, Robert Watson-Watt, si rivolse proprio a Churchill perché intervenisse contro «la riluttanza del ministero dell'Aeronautica a prendere misure straordinarie» circa quest'invenzione che il ministero non aveva consentito di sperimentare «in condizioni simili a quelle belliche».

In tutti i suoi interventi pubblici Churchill continuò a invocare l'introduzione di maggiori vincoli all'industria e un progresso più rapido nell'equipaggiamento e addestramento di soldati e aviatori. «Ho fatto del mio meglio negli ultimi tre anni e più», dichiarò ai suoi elettori il 20 giugno, «per mettere in guardia tempestivamente su ciò che accadeva all'estero e sulla situazione pericolosa verso cui ci dirigevamo o in cui ci cullavamo. Non è stato un compito piacevole, anzi certamente è stato assai ingrato e mi ha messo in conflitto con numerosi vecchi amici e colleghi; sono stato schernito e censurato come un allarmista e perfino come un guerrafondaio da coloro il cui compiacimento e la cui inerzia hanno portato noi tutti più vicini alla guerra e la guerra più vicina a noi tutti. Ma ho la consolazione di sapere di aver detto la verità e di aver fatto il mio dovere, e finché potrò contare sul vostro solido appoggio ne sarò soddisfatto. Per la verità, sono più fiero della lunga serie di discorsi che ho pronunciato sulla difesa e la politica estera negli ultimi quattro anni che di tutto ciò che mi è stato possibile fare in quarant'anni di vita pubblica».

Il 25 novembre, cinque giorni prima del 62° compleanno, ricevette un messaggio di suo cugino Frederick Guest che lasciava aperto uno spiraglio nei suoi tentativi di chiamare a raccolta il più ampio spettro possibile di personalità: «Attlee ti appoggerà su ogni programma di riarmo. Ti ammira e ti apprezza. Se vuoi parlargli la porta è aperta». Incoraggiato, Churchill preparò un importante appello all'unità nazionale e alla «disciplina auto-imposta» che il Consiglio antinazista gli aveva chiesto di lanciare in un discorso all'Albert Hall del 3 dicembre. Ma la sua nuova forza politica fu messa momentaneamente in discussione da un episodio breve e burrascoso, la crisi dell'abdicazione.

Nel gennaio del 1936 era salito al trono il principe di Galles, che Churchill conosceva e con cui aveva stretto amicizia fin dalla sua investitura come erede al trono 25 anni prima. Durante il primo anno di regno del nuovo sovrano, Edoardo VIII, si mormorò di una sua relazione con Wallis Simpson, una signora americana che stava per divorziare dal secondo marito. Churchill sapeva che Edoardo voleva più di ogni altra cosa sposare la signora Simpson non appena avesse divorziato, il che avvenne a fine ottobre, e non approvava affatto questa decisione, sicché appoggiò chi, dietro le quinte, cercava di convincere la signora a farsi da parte; ma il 16 novembre il re informò Baldwin che intendeva sposarla.

Scoppiò una crisi istituzionale e Baldwin, con il sostegno del Gabinetto, lasciò al re l'alternativa di rinunciare alla signora Simpson o abdicare; il 2 dicembre Edoardo gli comunicò che era pronto alla seconda soluzione. Churchill, con il beneplacito di Baldwin, ebbe un colloquio con il sovrano due giorni dopo per convincerlo a non rinunciare precipitosamente al trono e questi gli chiese tempo per prendere una decisione, quindici giorni per «soppesare l'intera questione». Churchill inviò a Baldwin un resoconto dettagliato del colloquio e dello stato di «esaurimento mentale» del re. La combinazione di tensioni pubbliche e private, osservò, era «la più difficile da sopportare. Ho detto al re che se si fosse rivolto a voi perché gli concediate il tempo di ristabilirsi ed esaminare, ora che la situazione è tanto caotica, le gravi questioni costituzionali e personali di fronte a cui avete ritenuto fosse vostro dovere metterlo, ero certo non vi avrebbero fatto difetto benevolenza e considerazione. Sarebbe davvero crudele e sbagliato estorcergli una decisione nelle sue condizioni attuali».

1 Winston Leonard Spencer Churchill all'età di cinque anni.

13 Manchester, 24 aprile 1908, durante la campagna da candidato del partito Liberale.
14 Clementine Hozier da fidanzata.
15 L'arrivo a St Margaret, Westminster, il giorno delle nozze, 12 settembre 1908. Con lui Lord Hugh Cecil, suo testimonio ed ex compagno di ribellione nel partito Conservatore.

16 Presidente del ministero del Commercio, 1908.
17 Con il Kaiser a Würzburg, durante le manovre dell'esercito tedesco, 17 settembre 1909.
18 Con Clementine, foto apparsa sulla rivista «Black and White» l'11 dicembre 1909.

19 Il ministro degli Interni all'assedio di Sidney Street, 3 gennaio 1911.
20 In crociera sulla *Enchantress*, 1913, con il primo ministro H.H. Asquith e sua figlia Violet (in seguito Violet Bonham Carter).
21 Con l'ammiraglio Lord Fisher mentre lascia una riunione del Committee of Imperial Defence, 1913.

22 Al rientro a Portsmouth dopo aver pilotato un idrovolante, 23 febbraio 1914.
23 Ritratto di famiglia eseguito ad Admiralty House, tre mesi dopo lo scoppio della prima guerra mondiale. Da sinistra a destra: Winston Churchill, la figlia Diana, Clementine, il piccolo Randolph, il nipote Peregrine, la cognata Lady Gwendeline, il nipote Johnny e il fratello Jack. Clementine tiene sulle ginocchia Sarah, nata il 7 ottobre 1914.

24 Con A.J. Balfour a Whitehall, luglio 1915.

25 Marzo 1916: a Ploegsteert, in Belgio, con gli ufficiali del suo battaglione, il 6° Royal Scots Fusiliers. A destra di Churchill il suo vicecomandante, Sir Archibald Sinclair, in seguito capo del partito Liberale e segretario di Stato per l'Aeronautica durante la coalizione di guerra di Churchill (1940-45).

26 Il ministro degli Approvvigionamenti mentre visita una fabbrica di munizioni a Glasgow, 7 ottobre 1918.
27 Conferenza del Cairo, marzo 1921. Alla destra di Churchill, Sir Herbert Samuel; alla sua sinistra, Sir Percy Cox, e dietro a lui T.E. Lawrence; alla sinistra di Cox, i generali Haldane e Ironside. Il cucciolo di leone in prima fila proveniva dal Sudan ed era diretto allo zoo di Londra.

28 Giù il cappello dopo la sconfitta, 20 marzo 1924. Clementine si volta a guardare il fotografo.
29 Il Cancelliere dello Scacchiere si dirige con la sua due posti alla Camera dei Comuni, 1925.

30 Caccia al cinghiale nella foresta di Eu, presso Parigi, 31 gennaio 1927.
31 Con le figlie Sarah e Mary mentre costruisce un *cottage* sui terreni di Chartwell, 3 settembre 1928.

32 Dimesso da un ospedale londinese, il 10 ottobre 1932, dopo una ricaduta di febbre paratifoidea.
33 In partenza da Londra con Clementine per un viaggio aereo a Parigi, 25 settembre 1934, prima tappa di una crociera nel Mediterraneo orientale.
34 All'uscita da Downing Street n° 10 durante la crisi ceca, 10 settembre 1938.

35 A Chartwell: una foto presa il 3 febbraio 1939 e pubblicata tre settimane dopo su «Picture Post».

36 Chartwell. Al lavoro al tavolo di lettura, 3 febbraio 1939.
37 Churchill secondo pilota, mentre scende dall'aereo a Kenley, 16 aprile 1939, dopo aver fatto visita alla squadriglia 615 di cui era Honorary Air Commodore.

38 Churchill intento a dipingere nel Château St Georges Motel, a ovest di Parigi, il 20 agosto 1939.
39 Il mattino del 4 settembre 1939 il Primo Lord dell'Ammiragliato esce da Morpeth Mansions con la segretaria Kathleen Hill.
40 Prima trasmissione radio del tempo di guerra, 1° ottobre 1939.

41 Un'ispezione alle difese del porto di Dover, 28 agosto 1940. L'ufficiale di polizia Thompson porta, oltre alla propria maschera antigas, anche quella di Churchill.
42 Sul Tamigi con Clementine, il 20 settembre 1940, diretto ai docks londinesi per ispezionare i danni causati dall'incursione aerea tedesca della notte precedente.
43 A Bristol, dopo l'incursione aerea del 12 aprile 1941.

44 All'arrivo della prima fortezza volante dagli Stati Uniti, il 6 giugno 1941.
45 Al lavoro in treno, nel giugno 1941: di fronte a lui, mentre detta, la macchina per scrivere della segretaria.

46 25 settembre 1941: durante un rinfresco, Churchill conversa con i piloti della squadriglia 615 all'aerodromo di Manston.
47 14 gennaio 1942: ai comandi di un idrovolante, di ritorno in Inghilterra dalle Bermude.

48 13 agosto 1942: sulla pista dell'aeroporto di Mosca, Churchill ascolta l'inno nazionale sovietico.

49 Con Stalin al Cremlino, 16 agosto 1942.
La foto è firmata (in alto a sinistra) e datata da Stalin.

50 All'arrivo negli Stati Uniti, l'11 maggio 1943, i marinai della *Queen Mary* rispondono con entusiasmo al segno della vittoria.
51 1° giugno 1943: nell'anfiteatro romano di Cartagine.

52 Con Clementine a Quebec, agosto 1943. Churchill porta pantofole con le iniziali ricamate «WSC».
53 28 novembre 1943: A Teheran, con Stalin e Roosevelt. Dietro, Molotov, Harriman, Sir Archibald Clark Kerr (ambasciatore britannico in Russia), Sarah Churchill e Eden.

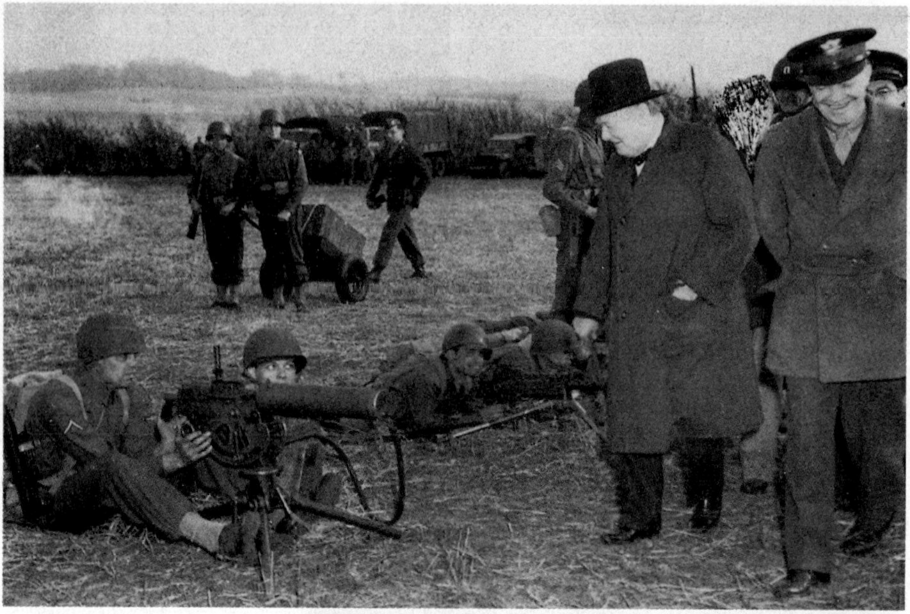

54 Prima del D-Day, il 23 marzo 1944, Churchill assiste con il generale Eisenhower all'addestramento delle truppe americane in Gran Bretagna.

55 Normandia, 21 luglio 1944. Con il generale P.G. Calvert-Jones al posto di osservazione del C Troop, 121° Medium Regiment della Royal Artillery, presso Audrieu, mentre il fuoco dell'artiglieria britannica si scatena sulle postazioni tedesche, lungo la strada da Tilly a Villers-Bocage. Fu questa per Churchill la prima occasione di osservare le posizioni tedesche durante la guerra.

56 Con Tito a Villa Rivalta (Napoli), 12 agosto 1944.
57 Col generale Alexander in Italia, nella cittadina di Croce, presso il Metauro, 26 agosto 1944.

58 Con Roosevelt a Yalta, durante un intervallo nelle trattative, 4 febbraio 1945.
59 9 febbraio 1945: a Yalta con Roosevelt e Stalin. Dietro Churchill, il maresciallo dell'Aria Portal.

60 Ad Atene col reggente, arcivescovo Damaskinos, 14 febbraio 1945.
61 All'oasi di Fayyum con Ibn Saud, re dell'Arabia Saudita, il 17 febbraio 1945.
In fondo a destra l'aiutante di campo navale di Churchill, Tommy Thompson.

62 8 maggio 1945: VE-Day, il giorno della vittoria in Europa. Churchill tenta di percorrere Whitehall su un'auto scoperta per recarsi alla Camera dei Comuni.

63 Campagna elettorale, con Clementine, nella sua circoscrizione, 26 giugno 1945.
64 Berlino, 16 luglio 1945: tra le macerie del cortile della Cancelleria di Hitler, con a fianco la figlia Mary.

65 A Potsdam, col presidente Truman, all'esterno della residenza di quest'ultimo, il 16 luglio 1945.
66 Col figlio Randolph e la figlia Mary in un cimitero di guerra americano presso Namur, 15 luglio 1946.
67 A Chartwell, Churchill lavora alle bozze delle sue memorie di guerra, 29 aprile 1947.

68 Commosso dall'ovazione che ha accolto il suo discorso al Consiglio d'Europa, all'Aja, il 7 maggio 1948, Churchill si asciuga le lacrime. Da destra a sinistra lo applaudono il dottor Kerstens (Olanda), Paul Ramadier (Francia), il dottor Retinger (segretario generale del Consiglio) e Denis de Rougemont (uno dei fondatori del movimento europeo).
69 Chartwell Farm. Il 27 novembre 1948, tre giorni prima del settantaquattresimo compleanno, partecipa alla partita di caccia dell'Old Surrey and Burstow.

70 Il 4 aprile 1955 il Primo ministro, nel suo ultimo giorno di carica, dopo una cena a Downing Street accompagna all'auto la regina Elisabetta; dietro di lei Lady Churchill e il duca di Edimburgo. La regina e Churchill portano entrambi la fascia dell'ordine della Giarrettiera.

71 1957: Churchill ottantaduenne intento a dipingere a La Pausa, Roquebrune, nel sud della Francia.

Confidando che Baldwin avrebbe concesso al re almeno un mese per decidere il da farsi, Churchill scrisse quindi al sovrano: «Vostra Maestà non deve preoccuparsi affatto del tempo. Se avete bisogno di tempo, nessuna forza in questo paese vorrà o potrà negarvelo». Si sbagliava: domenica 6 dicembre 1936, in una riunione di ministri, Baldwin dichiarò: «La questione dev'essere conclusa prima di Natale». Secondo Neville Chamberlain non era possibile aspettare tre settimane, dato che il perdurare dell'incertezza danneggiava il commercio natalizio.

Churchill non sapeva che il re non aveva affatto bisogno di tempo, avendo già deciso di sposare Wallis Simpson anche se ciò significava rinunciare al trono. Tuttavia, dopo un colloquio a Chartwell con Archibald Sinclair e Robert Boothby quella domenica, sperava ancora che il re restasse, purché acconsentisse a fare una dichiarazione pubblica da essi stilata, che gli fu consegnata il 6 dicembre: «Il re non stipulerà alcun contratto matrimoniale in contrasto con il parere dei suoi ministri».

Sempre persuaso che Edoardo avrebbe accettato questa formula se ne avesse avuto il tempo, il 7 dicembre chiese ai deputati di «non fare alcun passo irrevocabile prima che la Camera abbia ricevuto una relazione completa». Fu stupito dalla reazione suscitata dalle sue parole, dalle grida di indignazione e derisione. Da ogni parte si sentì urlare «vattene», «imbroglione»; rimase in piedi cercando di spiegare che occorreva lasciare tempo al re per decidere, ma le grida di scherno non cessarono ed egli non riuscì a farsi sentire. Uscendo dalla Camera, rivolse a Baldwin queste irate parole: «Non sarete soddisfatto finché non l'avrete spezzato, non è vero?».

I deputati erano convinti che intendesse screditare Baldwin e condurre una rivolta contro di lui, ma sbagliavano; cercava solo di convincere il re a rinunciare alla signora Simpson e a restare sul trono, evitando così le implicazioni istituzionali di una situazione in cui un primo ministro esercitava pressioni sul re perché si sbrigasse a prendere una decisione tanto importante. Ma la sensazione che volesse sfruttare la crisi per mettere in difficoltà il governo era generale e lo danneggiò. «The Times» definì l'episodio alla Camera dei Comuni «la più clamorosa mortificazione nella storia parlamentare moderna». Quella sera Harold Nicolson annotò sul diario: «Ha disfatto in cinque minuti due anni di paziente opera di ricostruzione». L'11 dicembre lo «Spectator» dichiarò: «Ha completamente frainteso l'umore del paese e della Camera, e gli è ripiombata addosso la reputazione, di cui cominciava a disfarsi, di spirito indocile, inutilizzabile in consiglio».

Era questa, in quel momento, l'opinione generale, e il governo non fece nulla per scoraggiarla. Tuttavia, il giorno stesso della sua umiliazione alla Camera dei Comuni, Churchill intervenne a una riunione di parlamentari conservatori sulle lacune dell'aviazione militare e il discorso, secondo quanto gli disse suo cugino Frederick Guest, fu «mirabile e accolto molto positivamente». Un altro deputato presente a quella riunione pomeridiana scrisse a Inskip che le sue osservazioni erano state accolte «con molto favore». Quattordici anni dopo lo stesso Churchill, in una lettera a Brendan Bracken, avrebbe scritto che pur essendo «naturalmente consapevole dell'opinione prevalente tra i parlamentari, quel pomeriggio mi rivolsi a un'affollata riunione del comitato conservatore sulla difesa militare, parlando credo per quasi un'ora, e fui ascoltato con la massima attenzione».

Quando tre giorni dopo Baldwin comunicò alla Camera che il re aveva firmato l'atto di abdicazione, l'intervento di Churchill che sottolineò i pericoli di ulteriori «recriminazioni o controversie» fu seguito con rispetto. «Ciò che è stato fatto, o che è stato lasciato intentato, appartiene alla storia e alla storia, per quanto mi concerne, sarà lasciato». Amery annotò nel diario: «Winston si è levato di fronte a una Camera ostile e con un discorsetto ben congegnato ha compiuto una ritirata strategica». Quando affermò che il re sarebbe stato ricordato particolarmente «nelle case dei suoi sudditi più poveri», i deputati lo applaudirono. «Sulla nostra strada si addensano i pericoli», affermò. «Non possiamo permetterci – non abbiamo il diritto – di guardare indietro. Dobbiamo guardare avanti. Dobbiamo raccogliere l'esortazione del primo ministro a guardare avanti». Le sue ultime parole furono accolte, secondo i verbali ufficiali del parlamento, da «grandi applausi».

Una settimana dopo, in una lettera al duca di Westminster, gli confessò: «È straordinario il modo in cui Baldwin diventa più forte ogni qual volta sconfigge qualcuno o qualcosa di importante per il nostro paese». Il giorno di Natale scrisse a Lloyd George, che era in vacanza nelle Indie occidentali: «È stato un periodo terribile e quanto è successo mi rattrista profondamente. Penso che l'abdicazione sia stata tutto sommato prematura e probabilmente niente affatto necessaria, ma la grande maggioranza è di parere contrario. Avete fatto bene a tenervene fuori».

Il 1° gennaio 1937 scrisse a Bernard Baruch: «Non mi sembra che la mia posizione politica sia stata seriamente intaccata dalla linea di condotta che ho scelto, ma quand'anche così fosse non vorrei aver agito diversamente. Come sapete, in politica preferisco sempre lasciarmi guidare dal cuore anziché dai sentimenti dell'opinione pubblica».

22
NON C'È POSTO PER CHURCHILL

Il 2 gennaio 1937, mentre trascorreva il Capodanno a Chartwell, Churchill apprese che Ralph Wigram, il suo amico e informatore al ministero degli Esteri, dopo una breve malattia si era spento all'età di 40 anni. Si affrettò a scrivere alla vedova Ava: «Ho tanto ammirato il suo coraggio, l'integrità dei propositi, l'elevata e ampia visione. Era uno di coloro – così pochi – che proteggono la vita della Gran Bretagna. Ora è scomparso, e proprio alla vigilia di quest'anno fatale. È un duro colpo per l'Inghilterra e per quanto di meglio essa rappresenta. Soltanto una settimana fa mi ha telefonato per parlare del nostro ex re. Conservo il ricordo della sua voce. E voi? Quale dev'essere la vostra perdita! Ma avete certo il diritto di soffermarvi su tutto ciò che avete fatto per lui. Avete protetto la viva fiamma che ardeva nella lampada rotta. Non fosse stato per voi, si sarebbe spenta da tempo e la sua luce non ci avrebbe guidato fin qui nel nostro viaggio».

Ava Wigram rispose alla sua lettera: «Egli vi adorava e ripeteva sempre che siete il più grande inglese vivente». Il 4 gennaio Churchill andò in automobile da Chartwell a Uckfield per i funerali di Wigram. «La vedova era affranta dal dolore», scrisse tre giorni dopo a Clementine, «ed è stata un'esperienza straziante. Sembra non vi siano pensioni né altro per le vedove [dei funzionari] del ministero degli Esteri, ma lei sostiene di potersela cavare con le sue risorse. Le si prospetta un futuro vuoto e pieno di ristrettezze. Che mondo triste!».

Dopo i funerali Churchill offrì un pranzo frugale a Chartwell a coloro che erano intervenuti alla cerimonia, tra cui Sir Robert Vansittart. Clementine, in vacanza in Svizzera, comprese quanto la morte di Wigram avesse addolorato suo marito. «Era un tuo amico sincero», gli scrisse il 5 gennaio, «e nei suoi occhi si coglieva la scintilla che rivela il bagliore di una luce interiore». Quattro giorni dopo gli riscrisse: «Sento che la morte di Wigram ti ha addolorato. Temo che ti mancherà molto».

Nei primi mesi del 1937 Churchill ricevette ulteriori conferme dello scarso impegno del governo nei preparativi e nella pianificazione della difesa. Le sue nuove fonti erano un ex esperto di previdenza sociale del ministero del

Commercio, Sir William Beveridge, e l'ex direttore del genio navale dell'Ammiragliato e co-inventore del carro armato, Sir Eustace Tennyson d'Eyncourt. Ma non riteneva più utile intervenire pubblicamente. «In questo momento i personaggi non ufficiali contano assai poco», scrisse a un anziano Lord liberale, Davies, il 13 gennaio. «Un povero disgraziato può sgolarsi senza neppure increspare la superficie dell'opinione pubblica».

Ad aprile Baldwin annunciò che a fine maggio si sarebbe dimesso dalla carica di primo ministro e Churchill, declinando l'invito del duca di Windsor a fargli visita in Francia a maggio, gli spiegò che non giudicava «opportuno» partire in quel momento. «Il governo sarà impegnato nel processo di ricostruzione e sebbene non aspiri particolarmente a una carica, mi piacerebbe essere d'aiuto nella difesa». Mentre attendeva di nuovo una chiamata, trovò il modo di far conoscere meglio le sue opinioni in Europa. Un ebreo ungherese di 33 anni, Emery Reves, aveva creato a Parigi un centro stampa impegnato nella difesa della concordia internazionale e dei valori democratici e voleva pubblicare gli articoli quindicinali di Churchill per lo «Evening Standard» sui giornali di tutt'Europa, complessivamente in 26 città, tra cui Varsavia, Praga, Belgrado, Bucarest e Helsinki.

Negli articoli sollecitava tutti gli stati minacciati a unirsi per scongiurare le aggressioni tedesche. Ma se egli continuava a proporre misure collettive, il direttore di «The Times», Geoffrey Dawson, la pensava diversamente e il 23 maggio scrisse a un amico: «Mi piacerebbe riconciliarmi con i tedeschi. Non riesco proprio a capire perché siano così palesemente irritati con "The Times" in questo momento. Trascorro le sere a tagliare tutto ciò che potrebbe urtare la loro suscettibilità e a inserire frasi per blandirli».

Tre giorni dopo questa precisa definizione dell'*appeasement*, Neville Chamberlain fu nominato primo ministro. Al pari di Dawson era deciso a trovare il modo di riconciliarsi con la Germania, sperando di allontanare l'Europa dall'orlo del baratro non mediante misure collettive e il riarmo ma con una soluzione negoziata delle rivendicazioni tedesche. Nel suo schema non c'era posto per Churchill; per dieci anni si erano trovati in disaccordo pressoché su tutte le questioni di rilievo che si erano trovati ad affrontare, dall'abolizione delle imposte locali nel 1927 all'abdicazione del re, e in primo luogo sulla priorità degli armamenti e la necessità di tenere testa alla Germania; le profonde divergenze politiche inoltre erano esacerbate dallo scontro tra le due personalità.

Durante l'estate le fonti di informazioni di Churchill si arricchirono tanto da permettergli di misurare meglio il divario tra la produzione di materiale bellico e le esigenze delle tre armi. A giugno ricevette informazioni dal colonnello Henry Hill, ex comandante della London Air Defence Brigade, e dall'ammiraglio Bertram Ramsay, ex capo di stato maggiore della flotta metropolitana, che gli fecero visita a Morpeth Mansions. Il 14 giugno offrì un altro pranzo al Consiglio antinazista; uno dei presenti, il profugo ebreo tedesco Eugene Spier, avrebbe in seguito ricordato il suo monito che la sicurezza della Gran Bretagna correva «un pericolo mortale» sia per l'insufficienza degli armamenti sia perché il governo alimentava «la pericolosa illusione che [i tedeschi] non debbano temere la nostra interferenza qualunque cosa facciano».

Due settimane dopo, la commissione approvvigionamenti del Comitato di Difesa imperiale discusse lo stato di preparazione della difesa inglese e, senza che egli ne fosse al corrente, arrivò a conclusioni che confermavano in pieno i suoi timori. Nel corso della discussione il presidente della commissione, Sir Arthur Robinson, osservò che la mancanza di ordini precisi del ministero della Guerra faceva sì che «nel complesso il lavoro di preparazione non proceda in modo efficace». Il ministero dell'Aeronautica, aggiunse, aveva inoltre scoperto «un enorme divario» tra la produzione e «il potenziale bellico necessario». Proseguendo in quel modo, fu la conclusione della commissione, «non sarà possibile completare i preparativi entro il novembre 1939».

Il 6 luglio, per far fronte a tutta l'attività epistolare e letteraria, Churchill assunse una segretaria residente, Kathleen Hill, che si aggiunse a Violet Pearman e Grace Hamblin. Quando il suo datore di lavoro non era a Chartwell, avrebbe scritto, «tutto era tranquillo come in chiesa, ma quando era lì tutto vibrava», aggiungendo che era «un uomo scontento in attesa di essere chiamato a servire il suo paese».

Il 17 settembre, in un articolo sull'«Evening Standard», Churchill si rivolse a Hitler perché cessasse di perseguitare ebrei, protestanti e cattolici. Protraendosi le persecuzioni naziste, scriveva, la Germania non avrebbe riavuto le colonie prebelliche né l'aiuto finanziario inglese. L'articolo terminava con parole concilianti: «Si può detestare il sistema di Hitler e ammirarne nondimeno le gesta patriottiche. Se il nostro paese dovesse essere sconfitto, spero che troveremmo un campione altrettanto indomito che ci ridia coraggio e ci riporti al posto che ci compete tra le nazioni». Si era già augurato in precedenza «che il Führer della Germania diventi adesso l'Hitler della pace», spiegando che «quando un uomo combatte un conflitto disperato, può darsi che debba digrignare i denti e dardeggiare lo sguardo. Ira e odio rafforzano il braccio armato. Ma il successo dovrebbe portare un'aria tiepida e mite e, modificando lo stato d'animo per adattarlo alle nuove circostanze, preservare e consolidare con la tolleranza e la benevolenza ciò che è stato conquistato con la lotta».

La sua corrispondenza privata rivela che credeva poco probabile che Hitler si addolcisse e considerava grave la situazione. Il 23 settembre, scrivendo da Chartwell a Lord Linlithgow, affermò che il 1938 «vedrà una Germania relativamente più forte di oggi dell'aviazione inglese e dell'esercito francese». Concludeva la lettera con una previsione: «Non penso a una guerra seria quest'anno, perché oggi l'esercito francese è altrettanto grosso di quello tedesco e molto più preparato. Ma l'anno prossimo e quello seguente vedranno i paesi oppressi da dittature giungere al culmine del loro armamento e delle difficoltà interne. Per allora dovremo essere pronti senz'alcun dubbio». Quanto a sé, «ho passato un periodo di assoluta tranquillità dipingendo e lavorando a Marlborough; in effetti non mi sono quasi mai allontanato da qui da quando il parlamento ha sospeso i lavori».

Il 3 ottobre invitò Eden a pranzo al Savoy con il suo gruppo, Freedom and Peace. Molti sostenitori del gruppo erano membri influenti di circoli laburisti e liberali, «ma naturalmente», scriveva stizzito, «c'è sempre anche una percentuale di conservatori attivi». Senza il consenso dei sindacati «il nostro programma di difesa non può essere portato a compimento. Questo fattore ha una grande rilevanza pubblica. Può darsi che in futuro i sindacati si sgancino dai partiti» e questo, secondo lui, sarebbe stato «un vantaggio enorme per la nostra vita politica».

Sapendo che la Gran Bretagna non poteva tenere testa alla Germania nella corsa agli armamenti aerei, profuse le sue energie nel tentativo di formare un fronte unito contro il nazismo. Grazie ai pranzi con i membri di Freedom and Peace allargò la gamma dei contatti, sia nel movimento laburista sia tra i conservatori. Il 2 novembre ebbe come ospiti all'hotel Savoy il ministro degli Esteri Anthony Eden e il sindaco socialista di Manchester, Joseph Toole. «Abbiamo un piccolo "centro"», spiegò a Lord Derby, «che mira a raccogliere consensi in tutti i partiti, in specie quelli di "sinistra", per il riarmo, per un'associazione tra le due democrazie occidentali (Francia e Gran Bretagna) e per la difesa della pace basata sulla forza inglese». Anche Derby, suo antico antagonista, accettò di intervenire.

In una lettera a Lord Linlithgow del 3 novembre fece un commento amaro: «Gli anni funesti della nostra politica sono stati il 1934 e il 1935, "l'anno delle locuste". Prevedo che nel prossimo futuro ne sconteremo le conseguenze». Ma non intendeva cedere alla disperazione: «Il nostro popolo è unito e robusto. Lo spirito della Gran Bretagna sta risorgendo. I lavoratori sono pronti a dare la vita per la causa della libertà. Gli Stati Uniti mandano segnali di incoraggiamento, per quanto possono valere. Tutti dobbiamo batterci quanto più possiamo, ciascuno nella sua posizione, elevata o umile».

«Naturalmente», proseguiva, «il mio ideale è angusto e limitato. Voglio che l'impero britannico conservi ancora per qualche generazione la sua forza e il suo splendore, ma soltanto il più prodigioso sforzo dello spirito inglese potrà arrivare a tanto».

A fine novembre Lord Halifax incontrò Hitler e l'incontro segnò un punto di svolta nella politica di pacificazione attiva seguita dal governo. Il 24 novembre egli riferì al Gabinetto di aver «incontrato cordialità e il desiderio di buone relazioni», anche se ammetteva di poter essere in errore. I tedeschi «non avevano in progetto un'avventura immediata» e la Cecoslovacchia non avrebbe corso nessun pericolo se avesse trattato bene «i tedeschi che vivono dentro i suoi confini». In conclusione, disse ai colleghi di Gabinetto che si poteva prevedere «un'ostinata perseveranza» da parte della Germania per «conseguire i suoi obiettivi in Europa centrale, ma non in forma tale da offrire ad altri la ragione – o forse l'occasione – di intervenire». Osservò inoltre che Hitler aveva «suggerito un passo in direzione del disarmo» e aveva anche «criticato energicamente le voci diffuse di una catastrofe imminente; non ritiene che il mondo si trovi in una situazione pericolosa».

Chamberlain era d'accordo con Halifax e dichiarò che per quanto concerneva la Lega delle Nazioni era «del medesimo avviso di Herr Hitler. Attualmente è più che altro una mistificazione, soprattutto se si pensa all'idea che possa imporre la sua posizione con la forza».

Preoccupato dal crescente squilibrio tra le forze, Churchill fece presente al generale Ironside, che il 5 dicembre andò a trovarlo a Chartwell, che mentre l'esercito francese era «attualmente una macchina senza pari» e tale sarebbe rimasto nel 1938 e 1939, nel 1940 «il contingente annuo in Germania sarà il doppio di quello francese». Il 1940, convennero, avrebbe segnato «un momento molto rischioso per noi».

L'incontro fece una profonda impressione su Ironside. «Se ci trovassimo in una crisi, dovrebbe essere lui il ministro degli Approvvigionamenti», scrisse nel suo diario. «La sua energia e la sua viva intelligenza non paiono intaccate dall'età. Non si fa certo spaventare dalle difficoltà. Afferma che i nostri dirigenti cominciano ad aver paura e che a volte non riesce a dormire pensando ai pericoli che corriamo, alla possibilità che questo impero grandioso, creato tanto lentamente e con tanta costanza, si dissolva in un attimo».

L'incontro di Halifax con Hitler fu discusso alla Camera dei Comuni il 21 dicembre e Chamberlain espresse il suo disappunto per questa discussione: «È così difficile dire una sola cosa che possa servire e così facile dirne molte che possono nuocere». Nel dibattito Churchill parlò della persecuzione degli ebrei in Germania. «È un fatto orribile che si tenti di cancellare una razza dalla società in cui è nata»; espresse quindi la sua contrarietà per la visita di Halifax a Berlino. «Dobbiamo rammentare che attualmente la situazione in Europa è molto delicata. Se si pensasse che stiamo venendo a patti per conto nostro, a spese delle piccole nazioni o delle grandi concezioni che sono care non soltanto a numerose nazioni ma anche a milioni di persone in ogni nazione, in molte regioni d'Europa suonerebbe la campana della disperazione. È per questa ragione che il viaggio di Lord Halifax ha prodotto una forte agitazione, come ognuno ha potuto constatare, in ogni sorta di paesi verso cui non abbiamo impegni se non quelli stabiliti nel Patto della Lega [delle Nazioni]».

A suo giudizio sarebbe stato un errore che qualche nazione rinunciasse a «un pezzetto di territorio per non disturbare i progetti tedeschi»; ripropose quindi il tema delle relazioni con la Francia come chiave di volta della sicurezza britannica. «I rapporti si fondano sulla forza dell'esercito francese e sulla potenza della flotta inglese». A suo giudizio i due paesi, «con i loro legami in tutto il mondo, nonostante il ritardo con cui procedono i preparativi aerei costituiscono un'entità tanto grande e formidabile che con ogni probabilità saranno lasciati tranquilli, perlomeno nell'immediato futuro». Verso la fine del discorso dichiarò che sarebbe stato un errore ignorare «le forze morali» presenti nell'opinione pubblica: «Per cinque anni ho chiesto alla Camera e al governo di produrre armamenti – cannoni, aeroplani, munizioni – ma sono assolutamente certo che i soli armamenti inglesi non basteranno a proteggerci nel periodo che forse ci toccherà attraversare».

Il governo di Chamberlain seguiva una politica diametralmente opposta a quella da lui indicata. Il 22 dicembre Inskip spiegò al Gabinetto quali erano i pericoli insiti in un aumento delle spese per la difesa, sottolineando l'importanza fondamentale di preservare le strutture creditizie e «la bilancia commerciale» della Gran Bretagna. Il mantenimento della stabilità economica britannica, collocato «nella giusta prospettiva, può essere considerato a buon diritto la quarta arma della difesa a fianco delle tre tradizionali, senza cui uno sforzo puramente militare non servirebbe a nulla». Un'altra ragione per non aumentare le spese per la difesa era secondo lui il fatto che la politica estera inglese «di lungo termine» mirava a «cambiare le prospettive attuali circa i nostri nemici potenziali»; e questo, anziché spingere a collaborare con la Francia come auspicava Churchill, comportava una pianificazione e una spesa che non prevedevano «un ruolo continentale» dell'esercito, il cui compito essenziale sarebbe stato la difesa della patria e dell'impero. Inoltre, scriveva Inskip, «la Germania ha garantito l'inviolabilità e l'integrità del territorio belga e non sembrano esistere valide ragioni per ritenere che sia nel suo interesse non onorare questo accordo».

Chamberlain si disse d'accordo con Inskip, affermando di non ritenere ancora essenziale la parità aerea con la Germania e spiegando che «nessun impegno può durare per sempre». Pertanto l'impegno preso da Baldwin, che era stato a lungo trascurato, ora veniva accantonato ufficialmente, seppure in segreto. Dopo l'intervento di Sir John Simon contro qualunque spesa destinata a «una produzione eccessiva di scorte», Halifax trasse la conclusione logica, dichiarando che a seguito di quanto detto dai suoi colleghi era «estremamente importante compiere ulteriori passi per migliorare le relazioni con la Germania».

Il 27 gennaio Chamberlain propose alla Commissione politica estera del Gabinetto, come primo passo verso una «pacificazione generale» delle tensioni europee, «un capitolo affatto nuovo» nella storia dello sviluppo coloniale dell'Africa, grazie al quale la Germania «diverrebbe partecipe degli accordi, diventando una delle potenze coloniali di quel continente». Secondo il suo progetto, la Germania di Hitler avrebbe ottenuto «l'amministrazione di alcuni territori» africani.

Sperava anche di riconciliarsi con Mussolini. In una riunione di Gabinetto del 16 febbraio fu chiaro che Eden, il quale insisteva per tenere un atteggiamento fermo nei confronti dell'Italia, non aveva il sostegno di Chamberlain. Il disaccordo, di cui molti deputati erano al corrente, toccò il culmine il 17 febbraio alla riunione della Commissione affari esteri cui partecipò anche Churchill, schierandosi con Eden; in seguito quest'ultimo scrisse che Churchill aveva chiesto alla Commissione «di raccogliersi dietro di me in un momento difficile», spiegando ai presenti: «Se ci mostrassimo deboli ora, in futuro il rischio di guerra sarebbe inevitabilmente maggiore».

Chamberlain, per nulla disposto a rinunciare all'amicizia dell'Italia, decise di avviare un negoziato con Mussolini e Eden, scoprendosi isolato nel Gabinetto, si dimise. Churchill si trovava a Chartwell per un colloquio con il colonnello d'aviazione Don quando gli giunse la notizia delle dimissioni. «Debbo confessare», scrisse in seguito, «che mi mancò il cuore e per un po' rimasi sopraffatto dall'oscura ombra della disperazione». Eden, che in passato gli era parso una nullità, ora diventava «la sola giovane figura energica che si ergeva contro le lunghe, fosche, persistenti ondate della rinuncia e della resa, dei provvedimenti sbagliati e degli impulsi deboli». Quella notte non riuscì a dormire: «Sono rimasto a letto da mezzanotte all'alba, consumato da sentimenti di pena e paura. Ho osservato la luce del giorno penetrare lentamente attraverso le finestre e mi sono visto davanti, con gli occhi della mente, la visione della morte».

Hankey provò sensazioni differenti e raccontò a un amico di essersi svegliato quel mattino «con una strana sensazione di sollievo», spiegando che Chamberlain era «deciso a migliorare le relazioni con l'Italia e se possibile con la Germania». Nel dibattito sulle dimissioni di Eden del 21 febbraio, Churchill si pronunciò sia sui rapporti con l'Italia sia sull'intervento di Hitler del 16 febbraio, che aveva costretto il governo austriaco a consegnare il ministero degli Interni a un nazista austriaco. «È stata una buona settimana per i dittatori», dichiarò; «Una delle migliori che abbiano mai avuto. Il dittatore tedesco ha messo pesantemente le mani su un paese piccolo ma storico, e il dittatore italiano ha portato vittoriosamente a termine la sua vendetta contro il mio onorevole amico, l'ex ministro degli Esteri. Il conflitto tra il dittatore italiano e lo stimato collega è stato lungo, ma ora non ci possono essere dubbi sul vincitore. Ha vinto il signor Mussolini. Tutta la potenza, la maestà, l'autorità e la forza dell'impero britannico non hanno salvato il mio onorevole amico. Il signor Mussolini ha avuto il suo scalpo».

Churchill ammonì quindi i deputati che Chamberlain aveva agito «nella speranza di poter preservare la pace con grandi atti di sottomissione, non solo sul piano del sentimento e dell'orgoglio, ma anche su quello materiale» e si chiese: «Che prezzo dovremo pagare per tutto ciò? Nessuno può valutarlo. I piccoli paesi d'Europa ne approfitteranno per schierarsi dalla parte del potere e della risolutezza». Le parole di chiusura fecero correre un brivido lungo la schiena di molti presenti: «Vi dico che verrà il giorno in cui, a un certo punto, dovrete opporvi, e voglia il Signore, quando verrà quel giorno, che non si debba scoprire di doverci opporre da soli in conseguenza di una politica dissennata».

Lo «Yorkshire Post» scrisse che Churchill aveva espresso, «come in molte altre occasioni, i sentimenti diffusi di inquietudine e di perplessità del paese». Invece l'«Evening Standard» non soltanto criticò il suo invito ad avviare un'azione collettiva per scongiurare l'aggressione tedesca, ma rescisse il contratto per i suoi articoli quindicinali, contratto che gli fu offerto allora dal «Daily Telegraph», contrario alla politica di *appeasement* del governo e di proprietà di un suo amico, Lord Camrose.

Il 26 febbraio Chamberlain nominò Halifax ministro degli Esteri in sostituzione di Eden, mentre Hitler continuava a esercitare pressioni sull'Austria perché entrasse a far parte del Reich tedesco. Il primo ministro austriaco Kurt von Schuschnigg reagì a tali sollecitazioni ordinando un plebiscito in cui gli austriaci avrebbero votato a favore o contro la loro indipendenza. Il pomeriggio dell'11 marzo Halifax telegrafò a Schuschnigg che la Gran Bretagna non poteva «assumersi la responsabilità» di suggerire alcuna iniziativa «che potrebbe esporre il suo paese a pericoli da cui il governo di Sua Maestà non è in grado di garantire la protezione». Quello stesso giorno, dopo che l'Italia ebbe dichiarato che non sarebbe intervenuta a difesa dell'indipendenza austriaca, Schuschnigg rassegnò le dimissioni. Alle dieci di sera le truppe tedesche varcarono il confine con l'Austria e nell'arco di 24 ore migliaia di cittadini contrari al nuovo regime nazista furono arrestati e mandati nei campi di concentramento; centinaia di persone furono fucilate e decine di migliaia di liberali, democratici, socialisti e ebrei fuggirono per salvarsi.

Il 18 marzo, nell'ultimo articolo per l'«Evening Standard», Churchill sollecitò il governo a sottoscrivere la recente dichiarazione francese di aiuto alla Cecoslovacchia in caso di un'aggressione ingiustificata. Ma il governo inglese aveva progetti molto diversi e, alla riunione della Commissione politica estera, Inskip definì la Cecoslovacchia «un'unità instabile in Europa centrale», affermando che non vedeva il motivo per cui la Gran Bretagna «debba intervenire per preservare l'esistenza di tale unità». Secondo quanto riportano i verbali, Chamberlain commentò la dichiarazione francese a difesa dell'integrità della Cecoslovacchia chiedendosi «se non sia possibile trovare un accomodamento che risulti più accettabile per la Germania».

Bisognava chiedere alla Cecoslovacchia di fare qualche concessione territoriale alla Germania sulle regioni di confine di lingua tedesca, i Sudeti. Tuttavia, i monti di quella regione costituivano la linea difensiva naturale della Cecoslovacchia e in essi si trovava gran parte delle materie prime e della ricchezza industriale del paese.

Il 19 agosto Churchill ricevette a Chartwell la visita di un ufficiale dell'esercito tedesco, maggiore Ewald von Kleist, che faceva parte di un gruppo di ufficiali antinazisti contrario all'aggressione alla Cecoslovacchia. Von Kleist gli chiese di scrivere una lettera da mostrare agli altri ufficiali del gruppo; «sono certo che se le armate o l'aviazione tedesca attraversassero in forze la frontiera cecoslovacca si scatenerebbe una nuova guerra mondiale», scrisse egli. «Sono certo, come lo ero a fine luglio 1914, che la Gran Bretagna si schiererà con la Francia, e non vi è dubbio che oggi gli Stati Uniti siano fortemente antinazisti. Una guerra siffatta, una volta iniziata, verrebbe combattuta come l'altra fino alla sua amara conclusione e occorre considerare non ciò che potrebbe accadere nei primi mesi, ma dove ci troveremmo alla fine del terzo o quarto anno».

Quanto allo spettro dei bombardamenti aerei, che quattro anni prima aveva indotto Baldwin a opporsi al riarmo inglese, Churchill rammentò a Kleist: «Sarebbe gravemente sbagliato pensare che il massacro della popolazione civile a seguito delle incursioni aeree impedisca all'impero britannico di sviluppare tutto il suo potenziale bellico, anche se ovviamente all'inizio soffriremmo più della volta scorsa. Ma i sommergibili sono in sostanza controllabili con i nuovi strumenti scientifici, sicché avremo la libertà dei mari e il sostegno della maggior parte del mondo. Quanto peggiore sarà all'inizio la strage compiuta dal cielo, tanto più la guerra diverrà implacabile. È evidente che tutte le grandi nazioni impegnate nel conflitto si batterebbero fino alla morte o alla vittoria, una volta cominciato».

Il quarto volume del suo *Marlborough, His Life and Times*, fu pubblicato il 2 settembre; quello stesso giorno la Germania si mobilitò e Hitler dichiarò che i tedeschi dei Sudeti dovevano essere protetti dai loro governanti cechi. Churchill scrisse al giornalista Richard Freund: «Ho la nettissima sensazione che un veto di Francia, Gran Bretagna e Russia scongiurerebbe di sicuro il disastro della guerra». Quel pomeriggio l'ambasciatore sovietico Ivan Maiskij si recò a Chartwell per comunicargli che il governo sovietico intendeva appellarsi all'articolo II del Patto della Lega delle Nazioni, in base al quale le potenze che ne facevano parte erano vincolate a consultarsi nell'imminenza di una guerra.

Secondo Maiskij l'Unione Sovietica era pronta a esaminare con la Gran Bretagna e la Francia vari modi per difendere la Cecoslovacchia da un attacco tedesco. Il 3 settembre Churchill inviò a Halifax un resoconto del colloquio, ma due giorni dopo questi gli rispose di dubitare che un'azione sulla base dell'articolo II potesse «essere utile». Nonostante le sue sollecitazioni, il governo non voleva compromettersi con la Russia.

Il 7 settembre «The Times», suscitando il suo stupore e la sua ira, si dichiarò favorevole alla separazione dei Sudeti dalla Cecoslovacchia e due giorni dopo, mentre i soldati tedeschi si ammassavano lungo la frontiera cecoslovacca, Chamberlain decise di negoziare con Hitler escludendo i Cecoslovacchi dai colloqui. Churchill, che non era al corrente di questa decisione, quel giorno si recò a Downing Street. «Era venuto», avrebbe scritto Hoare, «per chiedere che si inviasse subito un ultimatum a Hitler. Era convinto che fosse la nostra ultima occasione per arrestare la frana; secondo le sue informazioni, esattamente contrarie alle nostre, sia i francesi sia i russi erano pronti per un'offensiva contro la Germania».

In serata telefonò a Halifax per ribadire la necessità di un ultimatum. Non poteva sapere che poche ore prima il ministro degli Esteri aveva avvisato il governo francese che la Gran Bretagna non si sarebbe «considerata automaticamente in guerra con la Germania perché la Francia si trova a dover far fronte a obblighi che la Gran Bretagna non condivide e che un ampio settore dell'opinione pubblica di questo paese ha sempre avversato». Churchill voleva che il patto franco-russo costituisse la pietra angolare di un'iniziativa tripartita; Halifax era deciso a tenerne fuori il suo paese.

L'11 settembre Churchill tornò a Downing Street per tentare di convincere Chamberlain e Halifax ad ammonire la Germania «che se metterà piede in Cecoslovacchia entreremo immediatamente in guerra contro i tedeschi». Era persuaso che una dichiarazione di questo tenore avrebbe dissuaso Hitler, ma Halifax e Chamberlain non erano d'accordo. In linea con l'editoriale di «The Times» di quattro giorni prima, erano disposti ad accettare un plebiscito nei Sudeti e pronti a concedere la separazione dalla Cecoslovacchia se la maggioranza avesse votato a favore. Tornato a Morpeth Mansions, scrisse a Lord Moyne: «Sembra che ci troviamo di fronte alla penosa alternativa tra guerra e vergogna per aver trascurato la nostra difesa e gestito male il problema tedesco negli ultimi cinque anni. Ho la sensazione che sceglieremo la vergogna, per ritrovarci poco dopo in guerra in condizioni ancor più avverse di oggi».

Chamberlain era convinto di poter scongiurare la guerra se il governo cecoslovacco avesse accettato di perdere i Sudeti. Il 15 settembre volò fino all'eremo montano di Hitler a Berchtesgaden, nelle Alpi bavaresi, dove disse al Führer che in linea di principio non era contrario alla separazione dei Sudeti dalla Cecoslovacchia ed era favorevole a un plebiscito per accertare le opinioni degli abitanti della regione. «Se, come temo, il governo lascerà che la Cecoslovacchia sia smembrata», scrisse Churchill a A.H. Richards il 17 settembre, dopo il ritorno di Chamberlain da Berchtesgaden, «si aprirà a mio giudizio un periodo di grandi tribolazioni».

Non sapeva che il mattino stesso Chamberlain aveva dichiarato al consiglio dei ministri di non volere pubblicità né un dibattito sul fatto che da cinque giorni i leader della regione dei Sudeti, che in passato si erano battuti per l'autonomia, ricevevano «ordini» da Berlino. «Per quanto concerne il parlamento», dichiarò, «un dibattito significherebbe far naufragare negoziati molto delicati». Le trattative non riguardavano il principio del trasferimento, che aveva accettato a Berchtesgaden, bensì i dettagli del plebiscito e i tempi del trasferimento del territorio. Il 21 settembre i governi inglese e francese, in gran segreto, chiesero a Benes di accettare la cessione dei Sudeti alla Germania. Rifiutando avrebbe determinato una situazione «di cui la Francia e la Gran Bretagna non potevano assumere la responsabilità».

Churchill, all'oscuro di questo messaggio, era sicuro che se Benes si fosse opposto all'invasione tedesca la Gran Bretagna e la Francia lo avrebbero spalleggiato. Quel giorno pensò di inviargli un telegramma, «Fate fuoco con i vostri cannoni e tutto andrà bene»; poi decise di non farlo, così avrebbe scritto in seguito, in quanto «mi sarei assunto una responsabilità cui non avevo il diritto di aspirare né il potere di assumermi».

Durante la sera preparò una dichiarazione per la stampa, in cui ammonì che il crollo della Cecoslovacchia avrebbe messo la Gran Bretagna e la Francia in una situazione ancor più debole e pericolosa. «La sola neutralizzazione della Cecoslovacchia significa liberare 25 divisioni tedesche che minacceranno il fronte occidentale; per giunta ai nazisti trionfanti si aprirà la strada per il Mar Nero. Non è solo la Cecoslovacchia a essere minacciata, ma anche la libertà e la democrazia di tutte le nazioni. Credere di potersi garantire la sicurezza gettando un piccolo stato in pasto ai lupi è un'illusione fatale. Il potenziale bellico della Germania aumenterà rapidamente, prima che la Francia e la Gran Bretagna completino le misure necessarie per la propria difesa».

Chamberlain tornò in Germania il 22 settembre, questa volta a Bad Godesberg sul Reno, per riferire a Hitler un piano anglo-francese preparato da Londra che prevedeva un plebiscito cui avrebbe fatto seguito, se tale fosse stato il risultato, il trasferimento dei Sudeti alla Germania. Churchill fu informato del piano quando si recò a Downing Street nel pomeriggio; allora convocò a Morpeth Mansions vari amici, tutti Pari o deputati, tra cui Lord Lloyd, Archibald Sinclair, Brendan Bracken e Harold Nicolson, i quali temevano che si stesse per abbandonare la Cecoslovacchia al suo destino. «Mentre aspettavo l'ascensore per salire», annotò Nicolson nel diario, «Wilson è sceso da un taxi e siamo saliti insieme. "È un disastro", gli ho detto. Ha risposto: "È la fine dell'impero britannico"».

Nel corso della riunione a Morpeth Mansions telefonò Clement Attlee per comunicare che l'opposizione era pronta, secondo quanto annotò Nicolson, «a unirsi a noi se lo desideriamo»; «proseguimmo la conversazione, che si può riassumere così: o Chamberlain ritorna portando una pace onorevole o manda tutto a monte. In entrambi i casi lo sosterremo. Ma se torna portando una pace disonorevole, ci schiereremo contro di lui. "Formiamo un punto di riferimento", ha detto Winston».

A Godesberg Hitler chiese la cessione immediata della regione dei Sudeti e Chamberlain cercò di convincerlo a indire prima un plebiscito; durante il secondo giorno di colloqui accettò la tesi di Hitler che non c'era bisogno di un plebiscito in regioni in cui più del 50 per cento della popolazione era di lingua tedesca. Accettò anche il passaggio alla Germania di tutte le fortificazioni e del materiale bellico ceco che si trovavano nella regione.

Dopo aver assicurato al Führer che avrebbe raccomandato al governo ceco di accettare queste condizioni, Chamberlain tornò in Inghilterra e riferì ai membri del Gabinetto che pensava di «aver esercitato una certa influenza personale su Herr Hitler», affermando di essere «convinto che non si rimangerà la parola data». Hitler gli aveva garantito di non volere cechi dentro la Germania.

Il 26 settembre Churchill si recò nuovamente in Downing Street per incontrare Chamberlain e Halifax; voleva che Gran Bretagna, Francia e Russia si pronunciassero contro un'invasione tedesca della Cecoslovacchia. Invece Chamberlain stava già invitando i cechi ad accettare le richieste di Hitler e il mattino del 28 settembre, quando rifiutarono, il primo ministro telegrafò a Hitler chiedendo un nuovo abboccamento.

Durante il pomeriggio Churchill riferì ai Comuni quanto era successo fino a quel momento e mentre parlava gli fu consegnato un messaggio. Interruppe il discorso per comunicare che Hitler lo invitava a partecipare a una conferenza quadripartita a Monaco tra Germania, Italia, Francia e Gran Bretagna e dichiarò tra gli applausi che avrebbe accettato l'invito. La maggioranza dei deputati si alzò in piedi sventolando con entusiasmo i fogli dell'ordine del giorno, ma Churchill, Eden, Amery e Nicolson rimasero seduti. I deputati vicini a Churchill gli gridarono: «In piedi! In piedi!» Poi, quando Chamberlain si alzò per lasciare la Camera, Churchill gli si avvicinò per stringergli la mano e augurargli «buona fortuna».

Il 29 settembre il primo ministro inglese tornò in Germania e arrivò a Monaco a mezzodì. Si affrettò a chiedere a Hitler se la delegazione ceca giunta a Monaco avrebbe partecipato ai colloqui, ma il Führer rifiutò; i cechi rimasero a aspettare in un'altra sala mentre si decideva il loro destino. Hitler, Chamberlain, Daladier e Mussolini discussero per dodici ore le modalità e i tempi del passaggio dei Sudeti alla Germania e poco dopo mezzanotte presentarono l'accordo raggiunto ai cechi, che avevano solo la scelta tra accettare o rifiutare; non si sarebbero svolti ulteriori negoziati sulle condizioni concordate.

L'occupazione tedesca delle regioni con una maggioranza di lingua tedesca sarebbe iniziata il giorno seguente, senza plebiscito e senza indugio. Sarebbe stato indetto un plebiscito nelle zone in cui non era ben chiaro quale fosse la maggioranza linguistica; la Germania avrebbe preso possesso di tutte le fortificazioni, gli armamenti e gli impianti industriali delle regioni annesse.

Quella sera, prima che si avesse notizia delle modalità dell'accordo di Monaco, Churchill cenò all'Other Club, all'hotel Savoy. Tra i presenti c'era il ministro della Marina Duff Cooper. Le prime notizie sulle condizioni concordate a Monaco arrivarono nelle prime ore del mattino e, non appena ne fu informato, Duff Cooper lasciò la sala, deciso a dare le dimissioni. Lasciando l'albergo, Churchill indugiò sulla soglia di uno dei ristoranti, da cui proveniva un suono di risate e divertimento, e mormorò a un amico: «Poveracci! Non sanno che cosa li aspetta».

Tre giorni dopo la Camera dei Comuni discusse l'accordo di Monaco. Duff Cooper, che si era dimesso, parlò per primo per spiegare ai colleghi le ragioni delle sue dimissioni: «Il primo ministro ha ritenuto di rivolgersi a Herr Hitler nel linguaggio della serena ragionevolezza. Io ritenevo che dovesse usare piuttosto il linguaggio del pugno di ferro». Chamberlain replicò: «Da quando ho assunto questa carica mi sono posto l'obiettivo di pacificare l'Europa, di eliminare quella diffidenza e quell'animosità che per tanto tempo hanno ammorbato l'aria. Il sentiero che conduce alla pacificazione è lungo e irto di ostacoli, e la questione della Cecoslovacchia è l'ultimo e forse il più pericoloso. Adesso che lo abbiamo superato, penso che sia possibile procedere ulteriormente lungo la strada del buon senso».

Non tutti i deputati giudicarono un trionfo gli accordi di Monaco; il leader del partito laburista, Clement Attlee, li definì «un'umiliazione» e «una vittoria della forza bruta». Il leader liberale Archibald Sinclair affermò che una politica «che impone un'ingiustizia a una nazione piccola e debole e la tirannide a uomini e donne liberi non può mai costituire il fondamento di una pace duratura». Anche più di trenta conservatori, tra cui Eden, Amery e il figlio di Bonar Law, Richard, si pronunciarono contro gli accordi.

Quando Churchill si alzò per parlare il 5 ottobre sapeva di esprimere l'inquietudine di tanta gente comune. «È tutto finito», furono le sue prime parole; «muta, triste, abbandonata, smembrata, la Cecoslovacchia svanisce nell'oscurità. Ha pagato sotto ogni aspetto il suo legame con le democrazie occidentali e con la Lega delle Nazioni, di cui è sempre stata una servitrice ubbidiente». Gli accordi di Monaco rappresentavano «una sconfitta totale e assoluta». In un periodo di tempo «che si può misurare in anni, ma che si può misurare anche solo in mesi, la Cecoslovacchia sarà inghiottita dal regime nazista». Quando Hitler avesse deciso di «rivolgersi a occidente», Gran Bretagna e Francia avrebbero pianto amaramente la perdita della linea fortificata ceca. Molta gente, «senza dubbio in buona fede», pensava di aver «solo abdicato agli interessi della Cecoslovacchia, ma io temo che scopriremo di aver compromesso gravemente, e forse fatalmente, la sicurezza e financo l'indipendenza della Gran Bretagna e della Francia».

Churchill proseguì rifiutando la tesi secondo cui gli accordi di Monaco rappresentavano un trionfo della diplomazia britannica e aprivano la porta, come credeva Chamberlain, alla riduzione delle tensioni in Europa e a relazioni più strette tra Gran Bretagna e Germania, e affermò duramente: «Ci troviamo di fronte a un disastro di prima grandezza che si è abbattuto sulla Gran

Bretagna e sulla Francia. Non inganniamoci su questo. Adesso bisogna accettare che tutti i paesi dell'Europa centrale e orientale vengano a patti come meglio possono con il potere nazista trionfante. Il sistema di alleanze in Europa centrale, cui la Francia aveva affidato la sua sicurezza, è stato spazzato via e non vedo in che modo possa essere ripristinato. È stata spianata la strada che porta lungo il Danubio al Mar Nero, alle risorse di grano e di petrolio, la strada che arriva fino alla Turchia».

Hitler non aveva dovuto sparare «un solo colpo», aggiunse, per estendere il suo potere al bacino del Danubio. «Vedrete giorno dopo giorno, settimana dopo settimana, l'espropriazione di quelle regioni. Molti di quei paesi, temendo l'ascesa del potere nazista, hanno già scelto politici, ministri, governi filotedeschi, ma c'è sempre stato in Polonia, Romania, Bulgaria e Iugoslavia un vastissimo movimento popolare che guardava alle democrazie occidentali, aborriva l'idea di vedersi imporre il dominio arbitrario del sistema totalitario e sperava che gli si sarebbe opposta resistenza. Ora tutto è perduto».

Riflettendo quindi su quella che a suo giudizio era la debolezza fatale della politica di *appeasement*, dichiarò: «Il primo ministro auspica relazioni cordiali tra il nostro paese e la Germania. Non abbiamo nessuna difficoltà a stringere relazioni cordiali con il popolo tedesco. Il nostro cuore gli è vicino. Ma esso non ha nessun potere. Si possono avere rapporti diplomatici e corretti, ma non ci può essere amicizia tra la democrazia britannica e il potere nazista, il potere che disprezza l'etica cristiana, che accompagna al suo cammino un paganesimo barbaro, che esalta lo spirito di aggressione e di conquista, che trae forza e un piacere perverso dalla persecuzione e sfrutta come abbiamo visto con brutalità spietata la minaccia della forza omicida. Mai siffatto potere potrà essere l'amico fidato della democrazia inglese. Trovo intollerabile l'idea che il nostro paese cada sotto il potere e l'influenza e nell'orbita della Germania nazista, che la nostra esistenza dipenda dalla sua benevolenza o dalla sua volontà».

Proprio per scongiurare quella minaccia, proseguì, «ho fatto del mio meglio raccomandando di preservare ogni baluardo difensivo: dapprima la creazione tempestiva di un'aviazione superiore a ogni altra a portata delle nostre coste; quindi la raccolta delle forze di numerose nazioni, e in terzo luogo la creazione di alleanze e accordi militari, purché nei termini del Patto [della Lega delle Nazioni], per disporre a qualunque costo delle forze atte a frenare l'avanzata di quel potere. È stato tutto inutile. Ogni posizione è stata di volta in volta indebolita e poi abbandonata, adducendo giustificazioni speciose e plausibili».

Nei cinque giorni successivi al ritorno di Chamberlain, l'opinione pubblica aveva esultato e folle entusiaste lo avevano accolto al suo ritorno da Monaco. Churchill concluse il discorso parlando di questo giubilo:

Non mi lamento del nostro popolo leale e coraggioso, pronto a fare il suo dovere a qualunque costo, che mai ha vacillato sotto la tensione dell'ultima settimana – non depreco l'esplosione naturale e spontanea di gioia e sollievo nell'apprendere che per il momento non gli si chiede la dura prova del fuoco; ma esso deve sapere la verità.

Deve sapere che vi sono state gravi negligenze e lacune nelle nostre difese; deve sapere che abbiamo subìto una sconfitta senza guerra, le cui conseguenze ci accompagneranno a lungo; deve sapere che abbiamo superato una spaventosa pietra miliare della nostra storia, in quanto l'intero equilibrio europeo è stato sconvolto, e che parole terribili sono pronunciate oggi contro le democrazie occidentali: 'sei stato pesato sulla bilancia e scoperto mancante'.

Non pensate che sia finita; questo è solo l'inizio della resa dei conti, solo il primo passo, un assaggio dell'amaro calice che ci verrà propinato anno per anno, se non risorgeremo per difendere la libertà come in passato, ritrovando con uno sforzo supremo la salute morale e il vigore marziale.

Uno dei ministri, Malcolm MacDonald, avrebbe ricordato che gli sudavano le mani ascoltando queste parole. Nella votazione che seguì al dibattito 30 deputati conservatori si astennero. Tredici di loro, tra cui Churchill, rimasero seduti in segno di sfida.

Hitler, dopo il trionfo dell'annessione dei Sudeti, attaccò pubblicamente Churchill; nel giorno del 15° anniversario del suo primo tentativo di impadronirsi del potere dichiarò a Monaco: «Il signor Churchill può avere un elettorato di 15.000 o 20.000 persone. Io ho un elettorato di 40 milioni di persone. Chiediamo una volta per tutte che la si smetta di sculacciarci come si fa con i bambini».

Churchill ritornò a Chartwell momentaneamente sconfitto; scrisse a Paul Reynaud, che aveva dato le dimissioni da ministro della Giustizia del governo francese per protesta contro gli accordi di Monaco: «Siete stati contagiati dalla nostra debolezza senza essere rincuorati dalla nostra forza. I politici hanno spezzato uno dopo l'altro lo spirito di entrambi i paesi»; quindi si chiese: «Possiamo opporci alla dominazione nazista, oppure dobbiamo venire a patti con essa separatamente e come meglio possiamo, cercando al contempo di riarmare? È ancora possibile uno sforzo comune?».

Non aveva una risposta e ammetteva di non sapere «su che cosa basarmi oggi»; l'11 ottobre scrisse a un conoscente canadese: «Adesso sono estremamente inquieto e per il momento sconvolto dalla situazione. Fino a oggi le potenze amanti della pace sono state decisamente più forti dei dittatori, ma per l'anno prossimo è da prevedere un equilibrio diverso».

23
DA MONACO ALLA GUERRA

In un discorso che pronunciò a Weimar il 6 novembre, Hitler mise in guardia le democrazie sui «pericoli» della libertà di parola, in particolare «la libertà dei guerrafondai». Riferendosi agli appelli di Churchill agli oppositori del nazismo in Germania perché levassero la voce, il Führer dichiarò: «Se il signor Churchill avesse a che fare meno con i traditori e più con i tedeschi, capirebbe quanto siano folli le sue parole, poiché posso assicurare a costui, che sembra vivere sulla luna, che in Germania non esistono forze ostili al regime: solo la forza del movimento nazionalsocialista, i suoi capi e i suoi seguaci in armi».

La sera stessa Churchill replicò a Hitler, che aveva ingiuriato anche altri «signori» della politica inglese che lo avevano criticato: «Mi sorprende che il capo di un grande stato si metta ad attaccare deputati del parlamento britannico che non ricoprono cariche ufficiali e non sono neppure i leader dei partiti», dichiarò. «Un'iniziativa siffatta da parte sua non può che accrescere l'influenza che possono esercitare, giacché i loro compatrioti hanno imparato da tempo a farsene un'opinione da sé, e non hanno davvero bisogno di suggerimenti dall'estero».

Chamberlain continuava a sperare che Monaco fosse un passo non sulla strada del riarmo e della preparazione alla guerra, bensì della conciliazione e delle trattative per la pace, tanto che il 19 febbraio 1939 scrisse a sua sorella: «Quanto a me, mi sento il cuore più leggero di quanto mi sia accaduto da molto tempo. Tutte le informazioni che mi giungono sembrano andare in direzione della pace, e ripeto ancora una volta che a mio parere l'abbiamo finalmente spuntata sui dittatori. Ciò non significa naturalmente che intenda intimidirli, come essi hanno cercato di fare con noi; al contrario, penso che avessero buone ragioni di chiedere soddisfazione per i torti subiti, e se l'avessero fatto in modo opportuno dopo la mia comparsa sulla scena l'avrebbero già ottenuta. Ora ci vorrà un po' di tempo prima che l'atmosfera si rasserenì, ma le cose procedono nella direzione voluta. Penso che dovremmo riuscire a stringere ottimi rapporti con Franco, che appare ben disposto verso di noi; poi, se gli italiani non saranno troppo irritati, potremmo avviare colloqui franco-italiani e, se si dimostreranno abbastanza favorevoli, procedere al disarmo. Ad ogni modo questa è la situazione a mio modo di vedere; se disponessi di altri tre o quattro anni credo che potrei ritirarmi con l'animo in pace».

Il 18 febbraio l'ambasciatore britannico a Berlino, Sir Nevile Henderson, aveva informato il Foreign Office che il maresciallo Gœring, capo dell'aeronautica militare tedesca, gli aveva chiesto: «Quali garanzie ha la Germania che il signor Chamberlain rimanga in carica e non sia rilevato da un governo Churchill o Eden?». Questo interrogativo, aveva aggiunto Gœring, «era la maggiore preoccupazione tedesca».

Il 9 marzo, intervenendo a una riunione di corrispondenti parlamentari, Chamberlain dichiarò che «la situazione internazionale sembra oggi suscitare minori preoccupazioni che nel recente passato». Il giorno seguente Hoare dichiarò all'Associazione conservatrice di Chelsea: «È tornata la fiducia, quasi soffocata nello scorso autunno dal disfattismo, e la speranza ha preso il posto della paura»; se i tre dittatori avessero cooperato con i primi ministri di Gran Bretagna e Francia «per lo stesso obiettivo», l'Europa avrebbe visto l'alba di una nuova «età dell'oro». Quattro giorni dopo la Germania cominciò a spostare le sue truppe verso la frontiera dello stato ceco, già mutilato, in vista di ulteriori annessioni. «La repubblica cecoslovacca viene smembrata sotto i nostri occhi», dichiarò quel giorno Churchill ai suoi elettori.

Il mattino seguente i soldati tedeschi varcarono il confine cecoslovacco e la sera stessa Hitler dormì nel palazzo presidenziale di Praga; il giorno dopo proclamò il protettorato tedesco su Boemia e Moravia. La Cecoslovacchia non esisteva più e la regione slovacca proclamò la sua totale indipendenza e il sostegno incondizionato alla Germania nazista. «Io credo», scrisse Churchill il 19 marzo all'ex ambasciatore britannico a Berlino, Sir Horace Rumbold, «che Hitler non si fermerà fino al Mar Nero, se non sarà arrestato dalla minaccia di una guerra generale o dalle ostilità».

Il 21 marzo Churchill ricevette la visita di un alto funzionario del ministero dell'Interno, Forbes Leith Fraser, capo dell'Ufficio informazioni del Dipartimento per le misure di protezione antiaerea, che gli descrisse in dettaglio le lacune del suo dipartimento. Si affrettò quindi a scrivere a Chamberlain per chiedere che si approntassero immediatamente le difese antiaeree del paese, spiegando perché giudicava essenziale agire: «Questo passo non può essere giudicato aggressivo, tuttavia sottolineerebbe la serietà dell'azione che il governo di Sua Maestà intraprende sul continente. Riunire questi ufficiali e uomini ne migliorerebbe l'efficienza a ogni giorno di mobilitazione, e all'interno avrebbe l'effetto di dare fiducia, non già di suscitare allarme».

Churchill spiegò a Chamberlain che voleva predisporre subito e apertamente le difese antiaeree inglesi «soprattutto pensando a Hitler; in questo momento deve essere sottoposto a forti tensioni. Sa che ci stiamo sforzando di formare una coalizione per frenare nuove aggressioni da parte sua. Con un individuo del genere tutto è possibile. Non avrebbe la tentazione di scatenare un attacco a sorpresa su Londra o sulle fabbriche di aeroplani, che mi preoccupano ancora di più, sapendo che tutto è predisposto. In effetti non ci sarebbe sorpresa, sicché verrebbe meno l'incentivo a ricorrere alla violenza estrema e prevarrebbero più miti consigli. Nell'agosto del 1914 persuasi Asquith a autorizzarmi a mandare la flotta nel Mare del Nord perché potesse attraversare lo stretto di Dover e i canali *prima* che la situazione diplomatica si facesse disperata. Ora mi sembra che predisporre le difese antiaeree costituisca qualcosa di molto simile, e spero non vi dispiaccia se ve l'ho fatto presente».

«Mio caro Winston», gli rispose il giorno stesso Chamberlain, «vi ringrazio per la vostra nota. Ho dedicato all'argomento che menzionate molto tempo, ma non è semplice come sembra». Dieci giorni dopo, turbato dall'occupazione tedesca di Praga, Chamberlain offrì la protezione inglese alla Polonia. Ma includeva anche il corridoio di Danzica, con una popolazione prevalentemente di lingua tedesca, che era stato staccato dalla Germania nel 1919? Il 1° aprile un articolo di fondo del «Times» dichiarava che «il nuovo obbligo assunto ieri dal nostro paese non vincola la Gran Bretagna a difendere metro per metro gli odierni confini della Polonia. La parola chiave della dichiarazione non è integrità ma "indipendenza"».

Churchill manifestò i suoi timori dichiarando il 3 aprile alla Camera dei Comuni: «Ho letto una frase sinistra nell'articolo di fondo del "Times" di sabato, simile a quella che presagì la rovina della Cecoslovacchia, in cui si tenta di spiegare che non l'integrità della Polonia ma solo la sua indipendenza è stata da noi garantita». I suoi sospetti erano fondati: il giorno stesso Chamberlain spiegò a sua sorella che la garanzia inglese «non aveva un tono provocatorio ma era ferma e chiara, e sottolineava il fatto importante (colto solo dal "Times") che quel che ci preme non sono i confini degli stati ma gli attacchi alla loro indipendenza, e saremo noi a giudicare se quest'indipendenza sia minacciata o meno».

Il 7 aprile, Venerdì Santo, le truppe italiane invasero l'Albania. Churchill si trovava a Chartwell e tra i suoi ospiti c'era Harold Macmillan, che in seguito descrisse il modo in cui si era messo a studiare mappe e le numerose telefonate che aveva fatto per individuare la posizione di tutte le navi da guerra inglesi nel Mediterraneo. «Mi resterà per sempre l'immagine di quel giorno di primavera», scrisse, «e la sensazione di forza ed energia e l'impulso all'azione che emanavano da Churchill, che pure non ricopriva cariche pubbliche. Lui solo sembrava mantenere il controllo, mentre tutti gli altri erano attoniti e titubanti». Il giorno dopo Churchill telefonò più volte a Chamberlain per chiedere che il parlamento fosse convocato il giorno seguente, domenica. Inoltre lo pregò di ordinare alla marina inglese di occupare l'isola greca di Corfù per ammonire Mussolini a non spingersi oltre. «Adesso contano le ore per riprendere l'iniziativa diplomatica».

Il 18 aprile, sotto le pressioni di un comitato consultivo di industriali, Chamberlain decise finalmente di istituire il ministero degli Approvvigionamenti bellici. «Winston ha vinto la sua lunga battaglia», scrisse Brendan Bracken a un amico. «Il governo adotta adesso la politica che egli ha caldeggiato tre anni orsono. Nessun uomo pubblico del nostro tempo si è rivelato più lungimirante e credo che questa lunga e solitaria battaglia per denunciare i pericoli delle dittature si rivelerà il capitolo migliore di una vita tanto piena».

Il nuovo ministero fu affidato all'ex ministro dei Trasporti Leslie Burgin, che era entrato in parlamento nel 1929, quasi trent'anni dopo Churchill. Numerosi giornali reagirono a questa nomina invocando l'ingresso di Churchill nel governo; il 22 aprile lo «Evening News» suggerì che avrebbe potuto essere nominato ministro della Marina o dell'Aeronautica; il 26 aprile Percy Cudlipp, direttore del «Sunday Pictorial», gli scrisse per informarlo che «solo 73 lettere su un totale di 2.400 sono contro il vostro ingresso nel Gabinetto». Alcuni dei contrari erano degli originali; «gli oppositori più seri vi rimproverano Gallipoli».

Il 27 aprile Churchill criticò in parlamento la riluttanza di Chamberlain a introdurre il servizio militare obbligatorio, richiesta che Hore-Belisha aveva avanzato senza successo nel Gabinetto. Il registro militare nazionale che si stava varando, in cui tutti avrebbero indicato la loro disponibilità a prestare servizio nel momento in cui il governo avesse deciso la mobilitazione, non era sufficiente: «un gesto non bastava; volevamo un esercito, che poteva essere necessario molto presto». Il registro avrebbe già dovuto essere istituito subito dopo Monaco. La spinta a opporsi ai princìpi nazisti, dichiarò Churchill, «proviene dalla massa del popolo». «The Times» definì il discorso «una delle sue migliori iniziative parlamentari», cui i deputati avevano aderito in massa.

Nel corso dell'estate Churchill fu uno dei più decisi fautori, insieme con Eden e Lloyd George, di un'alleanza per vincolare l'Unione Sovietica alla Gran Bretagna e alla Francia; Chamberlain invece non solo dubitava delle capacità militari sovietiche ma, come scrisse a sua sorella, «quel che è peggio è che a mio parere un'alleanza creerebbe senza dubbio due blocchi contrapposti e renderebbe difficile se non impossibile qualunque trattativa con i totalitari».

Il 22 giugno Churchill scrisse sul «Daily Telegraph» che i tedeschi stavano aumentando le richieste alla Polonia e che la loro rivendicazione della libera città di Danzica e del suo corridoio avrebbe privato la Polonia dello sbocco sul mare. Cinque giorni dopo fu pubblicata in volume la raccolta dei suoi articoli sui giornali nel 1938 e 1939, con il titolo *Step by Step*. «Dev'essere una soddisfazione ben triste scoprire quanto avevate ragione», gli scrisse Clement Attlee, mentre Eden commentò: «La lettura è alquanto penosa, ma sicuramente salutare».

Chamberlain continuava a sperare che la Polonia concedesse Danzica a Hitler e che questo gesto lo avrebbe soddisfatto finché non fossero stati avviati colloqui a largo raggio. Inoltre era convinto che la campagna per il ritorno di Churchill si fosse esaurita, laddove continuò a acquistare forza; il 13 luglio un candidato liberale, T.L. Horabin, vinse un'elezione suppletiva in Cornovaglia soprattutto grazie allo slogan «richiamate Churchill», sconfiggendo il candidato conservatore.

Churchill rimase a Chartwell, lavorando alla storia dei popoli di lingua inglese. «In quest'anno inquieto è stato un conforto rifugiarmi nei secoli passati», scrisse al suo editore, Sir Newman Flower. Il 24 luglio, quando ricevette la visita di Ironside, gli disse che ormai era «troppo tardi per la pace. Il dado è tratto e Hitler si appresta a scatenare la guerra». Tre giorni dopo Ironside scrisse nel suo diario: «Continuo a pensare a Winston Churchill a Westerham, pieno di patriottismo e di idee per salvare l'impero, un uomo che sa che per vincere occorre agire. Non si può restare supini e lasciarsi colpire all'infinito. Winston deve fremere per l'inazione. Lo vedo camminare su e giù per la sala».

Quando fu dato l'annuncio che il parlamento si sarebbe aggiornato dal 4 agosto al 3 ottobre, in un acceso dibattito il 2 agosto Attlee, Sinclair, Eden, Macmillan e Churchill furono tra coloro che protestarono contro un'interruzione tanto lunga, chiedendo che il parlamento fosse riconvocato per la terza settimana di agosto. «È singolare», disse Churchill, «che la Camera decida in questo momento di prendersi due mesi di vacanza. È solo un caso che le nostre vacanze estive coincidano con i mesi del pericolo in Europa, quando il raccolto è stato fatto e le forze del male sono all'apogeo».

Proseguì affermando che «in questo momento della sua lunga storia sarebbe disastroso, patetico, vergognoso, che la Camera dei Comuni si elida da sé come fattore efficace e potente della situazione o riduca le forze che può offrire al solido fronte che la nazione opporrà all'aggressione. È una decisione davvero grave e spero che non verrà presa, che il governo non dica alla Camera: "Andate! Uscite a giocare. Portatevi dietro le vostre maschere e non preoccupatevi degli affari pubblici. Lasciateli ai ministri competenti ed esperti"... i quali dopotutto, almeno per quanto concerne le nostre difese, ci hanno condotto là dove siamo approdati nel settembre dello scorso anno, e inoltre, pur tenendo in debito conto le molte difficoltà, in politica estera ci hanno portato in questo momento al punto di offrire garanzie alla Polonia e alla Romania dopo aver perduto la Cecoslovacchia e senza aver portato la Russia dalla nostra».

Chamberlain non si limitò a respingere la richiesta di un'interruzione più breve, ma affermò che la votazione avrebbe assunto il carattere di un voto di fiducia, cosicché il governo la spuntò. Dopo la votazione un giovane deputato conservatore, Ronald Cartland, che meno di un anno dopo sarebbe caduto in azione nel corso della ritirata di Dunkerque, disse a Churchill: «Non c'è più niente da fare», al che egli replicò: «Più niente, mio caro? C'è moltissimo da fare. È il momento di combattere, di parlare, di attaccare!».

L'8 agosto, poco prima che il parlamento si aggiornasse per due mesi, Churchill fece un discorso radiofonico di un quarto d'ora agli Stati Uniti. «Tempo di vacanze, signore e signori!», fu il suo esordio. «Tempo di vacanze, amici dall'altra parte dell'Atlantico! Tempo di vacanze, quando l'estate chiama i lavoratori di tutti i paesi a prendersi una pausa fin troppo breve dagli uffici e dalle fabbriche, dalla faticosa routine della vita quotidiana, del lavoro per guadagnarsi da vivere, e li invita a cercare, se non il riposo, almeno un cambiamento in un ambiente nuovo, perché tornino rinvigoriti e rimettano in moto le infinite ruote della società civilizzata. Lasciate che ricordi, che guardi indietro. Come abbiamo trascorso le vacanze d'estate venticinque anni orsono? Ebbene, proprio in quei giorni le avanguardie tedesche irrompevano in Belgio e ne calpestavano la popolazione nella loro marcia verso Parigi! Proprio in quei giorni il militarismo prussiano, per citare le sue parole, "si faceva strada attraverso il piccolo e debole paese vicino" di cui aveva giurato non solo di rispettare, ma di difendere la neutralità e l'indipendenza».

In tutta l'Europa, disse agli ascoltatori americani, regnava la quiete. «È la quiete dell'incertezza e, in molti paesi, della paura». Ma si poteva udire il calpestio delle armate, degli eserciti di Italia e Germania. «Dopotutto i dittatori devono addestrare i loro soldati. Per un'elementare prudenza non possono fare altro, dato che danesi, olandesi, svizzeri, albanesi – e ovviamente gli ebrei – possono in ogni momento balzargli addosso e privarli del loro spazio vitale».

Due giorni dopo il discorso alla radio, egli visitò la base della Royal Air Force di Biggin Hill, non lontano da Chartwell, dove su invito di Kingsley Wood assistette alle esercitazioni dei caccia. Il 14 agosto volò a Parigi prima di ispezionare la Linea Maginot, dove le autorità militari francesi, in segno di fiducia, gli mostrarono alcuni settori che nessun altro uomo politico straniero aveva potuto vedere, comprese le ferrovie sotterranee nel settore di fronte alla Linea Sigfrido.

Quando chiese come erano formate le difese francesi dal punto in cui cessava la Linea Maginot fino a Dunkerque sulla costa, il generale Georges gli rispose che c'erano «fortificazioni provvisorie» a difesa di un tratto di oltre trecento chilometri. Louis Spears, che lo accompagnava, avrebbe ricordato: «Smise di sorridere e scosse la testa preoccupato, osservando che sperava che quelle fortificazioni provvisorie fossero solide, che sarebbe stato davvero poco saggio pensare che le Ardenne fossero invalicabili da forze ingenti». «Rammentate», disse, «che abbiamo di fronte una nuova arma, i mezzi blindati, su cui i tedeschi stanno sicuramente concentrando i loro sforzi, e che le foreste saranno particolarmente allettanti per queste forze in quanto offriranno una mimetizzazione dalla ricognizione aerea».

Tre giorni dopo tornò a Parigi e il 17 agosto andò a Dreux, dedicandosi nuovamente alla pittura al Château St. Georges Motel. «The Times» pubblicò quel giorno un appello sottoscritto da 375 membri del personale delle università che invocava il suo ritorno nel governo. Nella Strand comparve un grande manifesto con queste parole: A CHE PREZZO CHURCHILL?

Per quattro giorni egli si immerse nella pittura al St. Georges Motel, facendo presente a Paul Maze, che lavorava accanto a lui: «È l'ultimo quadro che dipingeremo in tempo di pace per molto tempo». Quanto alla forza e alla qualità dell'esercito tedesco, gli disse: «Sono forti, vi dico, sono forti». Poi, secondo Maze, «la mascella si serrò sul grosso sigaro e avvertii la determinazione della sua volontà. "Ma nonostante tutto vinceremo"».

Il 23 agosto tornò a Londra e seppe che si stava per concludere un accordo tra Russia e Germania. Il giorno seguente Chamberlain riconvocò il parlamento e la flotta ricevette l'ordine di raggiungere le sue basi. Il 25 agosto la Gran Bretagna firmò un trattato ufficiale di alleanza con la Polonia.

Hitler esitò per cinque giorni e nel frattempo Churchill lavorò a Chartwell alla storia dei popoli di lingua inglese. «Come sapete dedico ogni minuto del tempo libero e le mie forze per onorare il nostro contratto», scrisse a Newman Flower. Non aveva ancora «licenziato la parte sulla regina Elisabetta», scrisse allo storico G.M. Young il 31 agosto, aggiungendo con orgoglio di aver già pubblicato 530.000 parole: «È un sollievo, in questi tempi, potersi rifugiare in altri secoli. Per fortuna vi sono buone speranze che Chamberlain tenga duro».

Durante la sera cominciò l'invasione tedesca della Polonia. Alle otto e mezzo del mattino seguente, il 1° settembre 1939, l'ambasciatore polacco conte Raczynski telefonò la notizia a Churchill. La Camera dei Comuni fu convocata per le sei del pomeriggio; Churchill andò a Londra e su richiesta di Chamberlain si recò per prima cosa a Downing Street, dove il primo ministro lo invitò a entrare nel Gabinetto di guerra. «Accettai la proposta senza commenti», avrebbe scritto, «dopo di che parlammo a lungo di uomini e provvedimenti».

Stabilirono che occorreva formare un Gabinetto di guerra ristretto a sei persone, escludendo i ministri delle tre armi, e che Churchill avrebbe fatto parte di questo Gabinetto in qualità di ministro senza portafoglio. Ma le cose non andarono così, né fu mandato un ultimatum alla Germania nonostante il nuovo trattato di alleanza con la Polonia. Quella sera, parlando alla Camera dei Comuni, Chamberlain spiegò che la Gran Bretagna non aveva mandato un ultimatum ma una nota per chiedere al governo tedesco «l'assicurazione esauriente» che avrebbe «sospeso ogni azione aggressiva contro la Polonia» e che era disposto a ritirarsi subito.

Dalla Germania non giunse risposta. Poco dopo mezzanotte Churchill scrisse da Morpeth Mansions a Chamberlain: «Rimango qui a vostra disposizione». Attese nel corso di tutto il mattino seguente, il 2 settembre, pensando di venire convocato in Downing Street per partecipare al Gabinetto di guerra, ma non arrivò nessun messaggio; Kathleen Hill lo avrebbe ricordato «camminare su e giù come un leone in gabbia. Aspettava una chiamata che non arrivò mai».

Il Gabinetto si riunì nel pomeriggio senza Churchill e decise all'unanimità di mandare alla Germania un ultimatum che sarebbe scaduto a mezzanotte. Tuttavia, quando Chamberlain parlò ai Comuni quella sera, non fu per annunciare l'ultimatum, che non era stato mandato, ma per proporre una formula di compromesso per evitare la dichiarazione di guerra. «Se il governo tedesco acconsentisse a ritirare le sue forze», diceva la formula, «allora il governo di Sua Maestà sarebbe disposto a considerare la situazione com'era prima che le forze tedesche valicassero la frontiera polacca».

La Camera era «attonita» – sono parole di Amery. «Per due giorni interi i poveri polacchi erano stati bombardati e massacrati e noi ancora dibattevamo entro quanto tempo Hitler doveva dirci se pensava di abbandonare la sua preda!». Churchill avrebbe poi scritto: «Non c'era dubbio che la Camera propendeva per la guerra. Mi parve ancor più risoluta e unita che nel corso dell'episodio analogo del 3 agosto 1914, al quale ero anche stato presente».

Cinque membri del Gabinetto di Chamberlain, ovvero Simon, Hore-Belisha, Sir John Anderson, Walter Elliott e il conte De La Warr, si riunirono immediatamente in una sala della Camera e concordarono di dare le dimissioni qualora non fosse stata approvata la decisione precedente di mandare l'ultimatum. Frattanto vari deputati, tra cui Duff Cooper, Eden e Bracken, si recarono da Churchill a Morpeth Mansions per esprimere, avrebbe scritto egli, «la loro profonda preoccupazione che non vengano osservati i nostri impegni nei riguardi della Polonia»; Duff Cooper annotò sul suo diario: «Eravamo tutti in preda alla collera e allo sbalordimento». Egli disse ai suoi ospiti di aver accettato la sera prima di far parte del Gabinetto di guerra, ma di non aver più avuto notizie da Chamberlain. Se non si fosse già sentito «quasi un membro del governo», affermò, sarebbe intervenuto ai Comuni dopo che Chamberlain aveva proposto il compromesso.

Discusse della crisi con i suoi ospiti fino a mezzanotte e oltre e la discussione fu accompagnata dagli scoppi di tuono di un violento temporale autunnale. Quindi, con la loro approvazione, scrisse a Chamberlain: «Mi sembra che siano prevalse idee affatto diverse da quelle che esprimeste dicendo che "il dado era tratto"». Riteneva di avere il diritto di chiedere al primo ministro di comunicargli «qual è la nostra posizione, sia pubblicamente sia privatamente», prima che iniziasse il dibattito, a mezzodì del giorno dopo. «Mi sembra che se si esclude il partito laburista, e da quanto capisco anche il partito liberale, sarà difficile formare un efficiente Gabinetto di guerra».

Esprimendo l'inquietudine non solo dei suoi amici ma anche di quasi tutti coloro che avevano sentito Chamberlain annunciare un ulteriore rinvio, proseguì affermando: «La Camera ha avuto questa sera la sensazione che sia stato fatto un torto allo spirito di unità nazionale indebolendo la nostra determinazione». Gli chiese pertanto di non fare nessuna comunicazione circa la composizione del Gabinetto di guerra o la propria posizione in esso «finché non avremo avuto un nuovo incontro». Non stava minacciando di tirarsi indietro: «Come vi ho scritto ieri mattina, mi metto a vostra completa disposizione, con tutta l'intenzione di aiutarvi nel vostro compito».

Non sapeva che nel corso della serata Chamberlain aveva ricevuto la visita dei membri del Gabinetto decisi a mandare l'ultimatum alla Germania senza ulteriori rinvii e si era piegato alla loro volontà, dal momento che Hitler non gli aveva comunicato se accettava la condizione inglese per avviare i negoziati, cioè il ritiro delle truppe tedesche alla frontiera. L'ultimatum britannico fu inoltrato a Berlino alle nove del mattino del 3 settembre e dava ai tedeschi due ore di tempo per fermare l'avanzata in Polonia. Alle undici non era arrivata risposta: la Gran Bretagna e la Germania erano in guerra.

24
RITORNO ALL'AMMIRAGLIATO

Alle undici e un quarto del mattino del 3 settembre 1939 Churchill ascoltò dall'appartamento di Morpeth Mansions l'annuncio radiofonico di Chamberlain: la Gran Bretagna era in guerra con la Germania. L'annuncio era appena terminato che suonò l'allarme aereo. Salì sul tetto per osservare che cosa succedeva e rimase impressionato dallo spettacolo di 30 o 40 palloni di sbarramento. Poi, «armato di una bottiglia di brandy e altro materiale sanitario per l'occasione», scese con Clementine in un rifugio sotterraneo sulla strada. «Erano tutti allegri e scherzosi, com'è abitudine degli inglesi quando vanno incontro all'ignoto».

Ma si era trattato di un falso allarme, e quando suonò il cessato pericolo Churchill andò alla Camera dei Comuni. Non appena si fu seduto al suo posto gli fu consegnato un biglietto di Chamberlain, che gli chiedeva di raggiungerlo al termine del dibattito. Poi intervenne il primo ministro e dopo di lui Arthur Greenwood per il partito laburista. Churchill aveva una reputazione tale che gli fu chiesto di intervenire subito dopo, nonostante non ricoprisse alcuna carica da più di dieci anni. «Qui non si tratta di combattere per Danzica o per la Polonia», dichiarò; «Combattiamo per salvare il mondo intero dalla pestilenza della tirannide nazista e in difesa di tutto quanto vi è di più sacro per l'uomo. Questa non è una guerra di dominazione o di espansione imperiale o per conquiste materiali; non è una guerra per privare qualche paese della luce del sole e dei mezzi di progresso. È una guerra, considerata nella sua qualità intrinseca, per edificare su fondamenta incrollabili i diritti dell'individuo, una guerra per affermare e ripristinare la statura dell'uomo».

Quel giorno Amery scrisse sul diario: «Tutto ciò mi fa pensare che vedrò Winston primo ministro entro la fine dell'anno». Churchill non faceva ancora parte del Gabinetto; dopo il dibattito andò nello studio di Chamberlain, dove questi gli offrì la carica che aveva ricoperto dal 1911 al 1915, quella cioè di ministro della Marina, e gli propose di far parte anche del Gabinetto di guerra. Dopo aver accettato Churchill mandò un messaggio all'Ammiragliato per comunicare che sarebbe arrivato nel pomeriggio per cominciare il suo lavoro. L'Ammiragliato telegrafò subito a tutte le navi: «Winston è tornato».

Alle cinque del pomeriggio egli partecipò alla riunione del Gabinetto di guerra e poi andò alla sede dell'Ammiragliato con Kathleen Hill, che in seguito ricordò di averlo visto entrare nello studio riservato al ministro e avvicinarsi a un armadio a muro rivestito di pannelli. «Trattenevo il respiro. Spalancò la porta con un gesto drammatico e, dietro i pannelli, vidi una grande mappa che mostrava la disposizione di tutte le navi tedesche il giorno in cui aveva lasciato l'Ammiragliato nel 1915». La sera incontrò i funzionari del ministero. «Ci osservò a uno a uno con occhio critico», avrebbe scritto uno di loro, «e, dopo aver aggiunto che ci avrebbe incontrato separatamente più tardi, aggiornò la riunione con queste parole: "Signori, al lavoro"».

Nella riunione del Gabinetto di guerra del 4 settembre Churchill, sperando di ridurre in parte l'enorme pressione militare tedesca sul fronte polacco, propose un attacco congiunto delle forze di terra francesi e dell'aviazione britannica alla Linea Sigfrido per costringere i tedeschi a difendere il fronte occidentale; l'azione non fu intrapresa, ma questa sarebbe stata sempre la sua linea d'azione: individuare ogni possibile settore di intervento, accelerare ogni misura, non accontentarsi della routine e non indugiare. Ogni giorno dettava una dozzina o più di appunti per i suoi subalterni, dando suggerimenti o facendo richieste. La sera del 4 settembre scrisse ai suoi consiglieri: «Il ministro sottopone queste note ai colleghi della marina perché le esaminino, *le critichino e le correggano*, e spera di ricevere proposte di azione nella direzione desiderata». Quando la questione era urgente allegava alla minuta un cartellino rosso vivo su cui erano stampate tre parole, «AZIONE OGGI STESSO».

I sommergibili tedeschi avevano cominciato ad affondare sistematicamente i mercantili inglesi ed egli avanzò la proposta, giudicata della «massima importanza», che i comunicati del ministero «non perdano la loro reputazione di veridicità». Il 9 settembre, nel massimo segreto, i primi contingenti del corpo di spedizione britannico sbarcarono in Francia senza subire perdite grazie alla scorta delle navi da guerra; Churchill ripeté quindi una delle imprese più gloriose dell'agosto 1914, riuscendo per la seconda volta a trasportare in Francia senza perdite un'armata inglese.

Come nell'agosto del 1914, il suo primo piano offensivo prevedeva un'incursione navale nel Baltico; questa volta propose una spedizione guidata da due corazzate armate di pezzi da 15 pollici per minacciare la costa baltica tedesca. Avanzò l'idea in una riunione con i suoi consiglieri il 12 settembre, suggerendo come data di inizio dell'azione il marzo 1940. «Sottopongo queste idee alla vostra attenzione», scrisse, «fiducioso che si vorranno risolvere le difficoltà». Due giorni dopo sollecitò il Gabinetto di guerra a sfruttare a fondo la forza offensiva dell'aviazione per attaccare le fabbriche tedesche di petrolio sintetico «isolate dalla popolazione civile». Ma Kingsley Wood replicò sottolineando la necessità di preservare «l'inferiore aviazione» inglese finché fosse stata minacciata l'esistenza stessa della Gran Bretagna; la situazione sarebbe «immensamente migliorata» nel marzo 1940.

Il 19 settembre Churchill, preoccupato dalla facilità con cui i tedeschi trasportavano le necessarie scorte di minerale di ferro dalle miniere svedesi al porto norvegese di Narvik e di lì a sud, via mare, attraverso le acque territoriali norvegesi fino in Germania, suggerì che la flotta avrebbe potuto disseminare mine nelle acque norvegesi, costringendo i mercantili a transitare in mare aperto, dove potevano essere affondati. Non fu presa alcuna decisione ma, in una discussione su un'eventuale offensiva aerea inglese sulla Germania, Samuel Hoare affermò: «Seguendo i programmi attuali, trascorrerà molto tempo prima che si arrivi alla parità con i tedeschi». Cinque anni prima era stato uno dei più accaniti critici di Churchill quando egli aveva sostenuto che il paese stava perdendo il confronto con la Germania nei cieli.

A oriente la Russia sfruttò la pace di agosto con la Germania per avanzare rapidamente in Polonia, eliminando ogni possibilità di una resistenza polacca nelle province orientali. I polacchi, stretti tra la superiore macchina bellica tedesca e l'avanzata russa, non avevano altra scelta che assistere alla sconfitta e alla spartizione del loro paese. Alla luce dell'alleanza attiva tra Russia e Germania, Churchill rinunciò al progetto di spedire una flotta inglese nel Baltico, ma disse a Pound: «Non bisogna cessare di studiare un'offensiva navale».

Il 1° ottobre fece il primo discorso alla radio in tempo di guerra, dichiarando che la Polonia sarebbe «risorta come una rupe, che per un momento può essere sommersa dall'onda di marea, ma resta pur sempre una rupe»; quanto alla marina da guerra, ora era all'offensiva contro i sommergibili tedeschi «e dà loro la caccia giorno e notte – non dirò senza pietà, perché il Signore ci vieta di dimenticarla anche per un solo momento, ma di certo con accanimento e non senza un certo gusto». La guerra poteva durare tre anni almeno, ma la Gran Bretagna si sarebbe battuta fino in fondo «perché siamo convinti di essere i difensori della civiltà e della libertà». «Ho sentito l'ispirato discorso di Winston Churchill alla radio», scrisse nel suo diario Jock Colville, secondo segretario privato di Chamberlain. «Egli sa certamente infondere fiducia e ho l'impressione che diventerà primo ministro prima della fine della guerra».

Il 4 ottobre Churchill mise da parte per qualche ora le preoccupazioni della guerra per partecipare nella chiesa di St. John, in Smith Square, alle nozze di suo figlio Randolph con la diciannovenne Pamela Digby; a chi diceva che la coppia non aveva denaro sufficiente per sposarsi replicò con questo commento: «Di che cosa hanno bisogno? Sigari, champagne e un letto matrimoniale».

L'8 ottobre propose di creare una «milizia territoriale» composta da mezzo milione di uomini sopra i 40 anni, «uomini pieni di energia e di esperienza», molti dei quali avevano combattuto nella Grande Guerra, a cui ora veniva detto che non erano necessari. Avrebbero sorvegliato le installazioni militari in patria, permettendo così ai più giovani di prestare servizio nelle unità che si preparavano a partire.

Per quanto riguardava la situazione della marina, riflettendo sull'ispezione che aveva fatto alla base di Scapa Flow Churchill ammonì che la flotta non doveva essere «impastoiata» come l'aveva vista: «I prossimi giorni sono gravidi di pericolo». Il suo monito, che pure era opportuno, non fu seguito e due giorni dopo, il 14 ottobre, un sommergibile tedesco penetrò nelle difese di Scapa Flow e affondò la nave da guerra *Royal Oak,* che era all'ancora, provocando la morte di più di ottocento ufficiali e soldati. «Quando diedi la notizia a Churchill», scrisse John Higham, uno dei suoi segretari privati, «gli vennero le lacrime agli occhi e mormorò: "Poveracci, chiusi in trappola in quei neri abissi"».

Churchill tornò a Scapa il 31 ottobre e il primo ordine che diede fu di mimetizzare i serbatoi del petrolio e di costruire falsi serbatoi che i tedeschi potessero localizzare più facilmente e bombardare. Due giorni dopo, tornato a Londra, attraversò la Manica su un cacciatorpediniere – la sua prima visita in Francia durante la seconda guerra mondiale – per offrire alla marina francese il nuovo e rivoluzionario sistema inglese per localizzare i sommergibili e insegnarle a usarlo. Il ministro della Marina francese ammiraglio Darlan, cui fece l'offerta, ne fu visibilmente commosso. A Parigi incontrò il primo ministro Daladier, al quale disse che la Gran Bretagna intendeva «andare oltre l'impegno preso» circa il numero di soldati da inviare in Francia.

Tornato a Londra, il 7 novembre spiegò alla Camera dei Comuni la perdita del *Royal Oak* e i continui affondamenti dei mercantili inglesi a opera dei tedeschi. Suonando una nota a metà tra realismo e fiducia, che sarebbe stata il marchio di tutti i suoi discorsi durante la guerra, dichiarò: «In questo conflitto non ci sarà un solo momento in cui i mari saranno completamente sicuri ma neppure, io credo e spero, nessun momento in cui non potrà svolgersi tutto il necessario traffico degli Alleati. Soffriremo e soffriremo ancora, ma perseverando e prendendo misure su larga scala non ho dubbi che alla fine infrangeremo la loro determinazione».

Il 30 novembre l'Unione Sovietica invase la Finlandia; molti inglesi avrebbero desiderato soccorrere i finlandesi, ma non così Churchill, per il quale il nemico contro cui concentrare ogni sforzo era la Germania.

Egli presentò poi al Gabinetto di guerra una richiesta con carattere di urgenza; oltre a minare le acque norvegesi, propose uno sbarco militare a Narvik e un'avanzata nell'entroterra svedese per occupare i giacimenti di minerale, indicando nel 29 dicembre la data d'inizio dell'azione. Il Gabinetto, pur approvando in linea di principio il piano, non volle stabilire una data e chiese che si approfondisse la questione, in particolare l'effetto negativo che una spedizione in Svezia avrebbe potuto avere sull'opinione pubblica dei paesi neutrali.

Nell'Atlantico meridionale la corazzata tascabile tedesca *Graf Spee* affondava quasi ogni giorno qualche mercantile alleato. Il 13 dicembre fu agganciata da tre incrociatori inglesi, colpita più di cinquanta volte e costretta a rifugiarsi in acque territoriali uruguaiane; fu il primo, spettacolare successo navale alleato della guerra e Churchill avrebbe scritto in seguito che «era stato davvero emozionante seguire lo spettacolo di quest'azione brillante dalla sala operazioni dell'Ammiragliato».

Quattro giorni dopo la *Graf Spee* saltò in aria e la sera stessa egli raccontò per radio i particolari dell'azione, dichiarando che «alla fine le difficoltà saranno sormontate, i problemi risolti e il dovere compiuto». Un deputato conservatore, Vyvyan Adams, gli scrisse: «Vorrei che poteste parlarci ogni sera!», aggiungendo: «Avete ragione, se così posso dire, a sottolineare l'asprezza del conflitto che ci aspetta». Quel mese Churchill scrisse a David Margesson, che aveva appena perduto la sorella: «Il mondo si fa sempre più minaccioso col passare del tempo».

Il 20 gennaio, parlando alla radio per la quarta volta dall'inizio della guerra, Churchill esaltò i finlandesi che si battevano ancora tenacemente contro l'Armata Rossa: «Solo la Finlandia, superba o meglio sublime, pur nella morsa del pericolo mostra che cosa possono fare gli uomini liberi». Fu sarcastico con gli stati neutrali: «Ognuno spera che se nutre a sufficienza il coccodrillo, questo lo mangerà per ultimo». Tutti speravano che la bufera passasse «prima che tocchi a loro essere divorati. Ma temo – temo grandemente – che la bufera non passerà, che infurierà e tuonerà ancor più fragorosa, ancor più estesa. Si diffonderà così a sud come a nord». Non c'era nessuna possibilità di una «rapida conclusione» della guerra se non con un'azione congiunta. Se a un certo punto la Gran Bretagna e la Francia, «stanche del conflitto, dovessero fare una pace disonorevole, gli stati minori d'Europa, con i loro mercantili e le loro ricchezze, non avrebbero altro destino che venire spartiti tra le barbarie opposte eppure simili del nazismo e del bolscevismo».

Erano trascorsi più di tre mesi e mezzo dall'invasione della Polonia e la Gran Bretagna si era sempre tenuta sulla difensiva. Churchill era persuaso che occorresse intraprendere un'azione contro i mercantili tedeschi che facevano la spola senza interruzione tra Narvik e la Germania. Nel corso del Consiglio supremo di guerra, che si tenne a Parigi il 5 febbraio e a cui egli prese parte, fu infine deciso di assumere il controllo dei giacimenti svedesi di minerale di ferro. Il Consiglio stabilì inoltre di aiutare la Finlandia contro la Russia mandando più di 30.000 soldati inglesi e francesi in Scandinavia; i capi di stato maggiore inglesi fissarono come data per lo sbarco a Narvik il 20 marzo.

Poco dopo il ritorno di Churchill a Londra, fu avvistato nelle acque territoriali norvegesi un mercantile tedesco, l'*Altmark*; sotto coperta erano rinchiusi 299 prigionieri inglesi, in maggioranza marinai di mercantili che la *Graf Spee* aveva catturato dopo averne affondato le navi nell'Atlantico meridionale e che venivano trasferiti in Germania per essere internati. Un cacciatorpediniere inglese, il *Cossack*, seguì l'*Altmark* nelle acque norvegesi e il 16 febbraio Churchill scrisse di persona l'ordine per il comandante della nave inglese Philip Vian: «Abbordare l'*Altmark*, liberare i prigionieri e prendere possesso della nave». Se la torpediniera norvegese che scortava l'*Altmark* avesse aperto il fuoco, aggiunse, «dovrete difendervi usando la minima forza indispensabile e cessando il fuoco non appena essa desisterà».

Attese con ansia per tutta la sera di sapere come erano andate le cose. Una squadra del *Cossack* aveva abbordato l'*Altmark* e nello scontro erano morti quattro tedeschi; gli altri si arresero o fuggirono a terra e tutti i prigionieri inglesi furono liberati. «Il merito è in gran parte di Winston», scrisse Lord Lloyd in una lettera privata il 18 febbraio. Cinque giorni dopo Churchill intervenne alla Guildhall di Londra per salutare gli equipaggi delle navi da guerra che avevano messo fine alle scorrerie della *Graf Spee* compiendo una brillante impresa. «In un inverno scuro e freddo essa ha infuso calore al cuore degli inglesi».

I capi di stato maggiore avevano stabilito il 20 marzo come data per lo sbarco a Narvik e la marcia sui giacimenti di minerale di ferro svedesi, sicché Churchill portò avanti il piano per minare le acque territoriali norvegesi, prerequisito di uno sbarco. Ma il 29 febbraio Chamberlain comunicò al Gabinetto di guerra che i leader del partito laburista, Clement Attlee e Arthur Greenwood, avevano sostenuto che la Gran Bretagna non poteva «giustificatamente intraprendere un'azione che leda un terzo». Anche gli Stati Uniti potevano essere contrari, a suo parere, alla posa di mine in acque neutrali; quindi per il momento bisognava sospendere l'azione. Churchill si infuriò: il piano avrebbe dovuto essere eseguito «tre mesi orsono», anche se non era ancora troppo tardi, e avrebbe «accelerato la sconfitta della Germania più di ogni altra misura attualmente alla nostra portata».

Il 26 marzo i capi di stato maggiore, tra cui Pound, rinnovarono la richiesta di un'azione contro le spedizioni di minerale di ferro in Germania. Quando, due giorni dopo, si riunì a Londra il Consiglio supremo di guerra, fu accettata la richiesta di Chamberlain di «prendere tutti i provvedimenti possibili» per impedire alla Germania di sfruttare il ferro svedese. Pertanto la proposta che Churchill aveva fatto il 19 settembre fu finalmente adottata dagli Alleati. Si stabilì di creare campi minati nelle acque norvegesi l'8 aprile; quindi si sarebbe assunto il controllo navale della linea costiera ed effettuato lo sbarco a Narvik. Ne fu sollevato; un interprete del Gabinetto, capitano Berkeley, annotò sul diario che quando fu presa la decisione «Winston ridacchiò rumorosamente». Poteva finalmente profondere le sue energie in un progetto chiaro e con tempi precisi. Nel discorso alla radio del 30 marzo predisse «un'intensificazione del conflitto», aggiungendo: «Non abbiamo affatto intenzione di tirarci indietro».

Il 2 aprile Chamberlain dichiarò pubblicamente che Hitler aveva «perso l'autobus». Ma, come Churchill aveva previsto in una lettera a Halifax del 12 marzo, anche i tedeschi avevano un piano che avrebbe messo a repentaglio e sconvolto ciò che il Gabinetto di guerra aveva deciso di fare con troppo ritardo. Il carattere e i tempi del piano tedesco erano tali che nel momento stesso in cui, l'8 aprile, le forze navali britanniche posavano le mine nel fiordo di Narvik, forze di terra tedesche venivano sbarcate dal mare in sei punti della costa norvegese, compresa Oslo. Il mattino seguente una forza militare tedesca sbarcò anche a Narvik.

Il governo britannico aveva indugiato troppo, nonostante i ripetuti appelli di Churchill. Nel giro di 48 ore i tedeschi avevano preso Oslo e la Danimarca fu occupata senza incontrare resistenza. La sera del 10 aprile il generale inglese che era stato messo a capo delle truppe da sbarco inglesi, il maggiore generale Mackesy, che si trovava ancora a Londra, ricevette l'ordine, di «cacciare i tedeschi da Narvik e assumerne il controllo». Ma le sue truppe non sarebbero state pronte a partire prima di 36 ore.

Era troppo tardi; nella battaglia in Norvegia settentrionale, come più a sud, i tedeschi ebbero la meglio, grazie anche alla superiorità aerea. «È perfettamente inutile accusare gli Alleati», disse Churchill alla Camera l'11 aprile, «di non aver saputo fornire un aiuto e una protezione adeguati ai paesi neutrali, se vengono tenuti a debita distanza da quei paesi fino a quando non vengono attaccati dalla Germania in base a una strategia ben pianificata». Egli non fece alcun riferimento al proprio studio di un piano di attacco e alla richiesta di agire avanzata sei mesi prima, né ai vari cambiamenti di rotta, alle esitazioni, alle marce indietro, ai ritardi del Gabinetto di guerra.

L'insuccesso in Norvegia creò tra molti deputati conservatori, che erano stati a lungo fedeli a Chamberlain, uno stato d'animo di rabbia e pressioni per la sostituzione del primo ministro. Henry Channon, un fedelissimo di Chamberlain, il 30 aprile riportò sul diario l'opinione di molti deputati: «Winston dovrebbe essere nominato primo ministro, perché è più energico e il paese lo sostiene».

Nonostante le incessanti sollecitazioni di Churchill, che grazie al lavoro di decifrazione del controspionaggio inglese conosceva i piani e le debolezze del nemico, l'ammiraglio britannico che aveva il comando della flotta al largo della Norvegia, Lord Cork, esitava a lanciare l'attacco contro i tedeschi attestati a Narvik. Il 1° maggio Chamberlain, nel tentativo di dare impulso alla strategia militare, nominò Churchill presidente del Comitato di coordinamento militare composto dai ministri delle tre armi, al quale furono dati poteri maggiori nei confronti dei capi di stato maggiore. Ma la mossa era tardiva. Il

3 maggio il capo dello stato maggiore imperiale generale Ironside annotò sul diario: «Sento che c'è alla Camera un bello scompiglio e che è nato un forte movimento per disfarsi del primo ministro. Ovviamente l'unico che può sostituirlo è Winston che è troppo instabile, anche se ha l'animo per portare a buon fine la guerra».

Chamberlain commise un altro errore, comunicando ai deputati che nella battaglia per la Norvegia la Gran Bretagna era in una situazione di vantaggio, il che era palesemente falso. Per la rabbia e l'incertezza si parlò perfino di richiamare Lloyd George, che aveva 77 anni. Il dibattito parlamentare sulla battaglia per la Norvegia era previsto per il 7 maggio e il mattino di quel giorno Lord Cork telegrafò a Churchill di poter attaccare Narvik con «buone possibilità» di successo. Il telegramma giunse a Londra solo la sera; nel frattempo il Parlamento aveva iniziato il dibattito in un'atmosfera di irritazione.

Quando Chamberlain si presentò per difendere la campagna in Norvegia, fu accolto dal grido «hai perso l'autobus!», e quando, incredibilmente, parlò della soddisfazione del popolo inglese, da tutti i settori della Camera si levarono grida ironiche.

Poco dopo fu la volta di Amery; ex ministro conservatore, amico e collega di partito di Chamberlain per vent'anni, egli questa volta si scagliò contro il primo ministro citando le parole pronunciate da Cromwell davanti al Long Parliament quasi trecento anni prima: «Siete rimasto seduto troppo a lungo, quale che sia il bene che avete fatto. Andatevene, vi dico, e liberateci della vostra presenza. In nome di Dio, andatevene!».

Quando l'opposizione laburista chiese che il dibattito si concludesse con un voto di censura contro il governo, Chamberlain ribatté di avere «amici» alla Camera, osservazione che suscitò grida di derisione. «Non si tratta di sapere chi sono gli amici del primo ministro», replicò Lloyd George, «la questione è ben più seria», e proseguì chiedendo le dimissioni di Chamberlain.

Quando toccò a Churchill intervenire, egli non solo difese il comportamento della flotta al largo della Norvegia ma anche, come temevano Lloyd George e Macmillan, l'obiettivo del governo di cacciare i tedeschi dalla costa norvegese. «Si capiva subito», scrisse nel diario Channon, «che era animato da uno spirito bellicoso, era consapevole e divertito dalla situazione paradossale in cui si trovava, cioè dover difendere i suoi nemici e una causa in cui non credeva». In realtà Churchill sperava che la situazione in Norvegia migliorasse; pur non potendolo dire, sapeva che ora Lord Cork era pronto a lanciare l'attacco a Narvik e stava preparando un piano in questo senso.

Circa l'affermazione di Chamberlain sui suoi «amici» alla Camera Churchill dichiarò: «Egli ritiene di avere qualche amico, e spero che sia così. Di certo ne aveva molti quando le cose andavano bene». In una votazione normale Chamberlain e i conservatori potevano disporre di una maggioranza di oltre duecento voti, ma quel giorno ottennero solo 81 voti più degli avversari, una vittoria di Pirro. Quando fu annunciato il risultato molti deputati inscenarono una dimostrazione ostile al primo ministro intonando *Rule Britannia*. Ma perfino questa dimostrazione senza precedenti fu sommersa dal grido «Vattene! Vattene!» che accompagnò l'uscita di Chamberlain dalla Camera. David Margesson temette addirittura per l'incolumità fisica del suo superiore mentre lo accompagnava fuori dalla sala.

Chamberlain, turbato, quella sera si recò a Buckingham Palace dal re, non per rassegnare le dimissioni ma per comunicargli che intendeva formare un governo interpartitico con laburisti e liberali. Ma l'ostilità esistente tra il primo ministro e l'opposizione era troppo profonda; ormai egli rappresentava per i suoi avversari l'inazione e l'insuccesso. Il mattino seguente, 9 maggio, confessò a uno dei suoi confidenti più intimi, Sir Kingsley Wood, che si sarebbe dimesso se i laburisti avessero rifiutato di collaborare con lui. Quel giorno Churchill pranzò proprio con Kingsley Wood, il quale lo sollecitò a rendere pubblica la sua disponibilità a sostituire Chamberlain, ma lo avvisò che il primo ministro propendeva per Halifax. Il consiglio che diede a Churchill era categorico: «Non accettate». Nel corso del pomeriggio Chamberlain convocò Churchill e Halifax a Downing Street e disse loro che «la cosa essenziale» era preservare l'unità nazionale; dunque occorreva che i laburisti entrassero nel governo, e se non intendevano collaborare era «pronto a dare le dimissioni».

A tarda sera Churchill ricevette una telefonata da Randolph, che si trovava in un campo militare in Inghilterra settentrionale, il quale voleva le ultime notizie. Suo padre gli rispose: «Credo che domani sarò primo ministro».

Nelle prime ore del mattino del 10 maggio le armate hitleriane sferrarono l'attacco contro Olanda, Belgio e Francia e Chamberlain, che ne fu informato quando si svegliò, decise che in un momento di crisi non si poteva sostituire il primo ministro; doveva restare e conservare il suo posto al timone.

Il primo incontro mattutino di Churchill ebbe luogo alle sei per discutere, insieme con il ministro della Guerra Oliver Stanley e il ministro dell'Aeronautica Hoare, le misure terrestri, navali e aeree da adottare immediatamente alla luce dell'offensiva tedesca. Hoare avrebbe ricordato che «Churchill, il cui animo lungi dall'essere scosso dall'insuccesso o dal disastro acquistava forza nella crisi, fu come sempre prodigo di parole confortanti». Fecero colazione insieme. «Avevamo dormito poco o nulla e non avremmo potuto ricevere notizia peggiore. Eppure eccolo qui a fumare un grosso sigaro, a mangiare uova fritte e bacon, quasi fosse testé tornato da una cavalcata mattutina».

Alle sette Randolph telefonò di nuovo a suo padre; aveva appena sentito alla radio la notizia dell'offensiva tedesca. «Che cosa succede?» «Ebbene», gli rispose il padre, «le orde tedesche stanno riversandosi nei Paesi Bassi». «E per quello che mi hai detto ieri sera, che stavi per diventare primo ministro?»

«Non ne so nulla», rispose Churchill. «Adesso conta soltanto sconfiggere il nemico».

Era anche l'opinione di Chamberlain; alle otto di quel mattino, quando il Gabinetto di guerra si riunì a Downing Street, egli si sedette alla presidenza come sempre. Quando Hoare arrivò, un'ora dopo, scoprì che il primo ministro pensava di «posporre le dimissioni fino alla conclusione della battaglia in Francia». Pian piano, nel corso della mattinata, i deputati conservatori appresero che sarebbe rimasto e molti ne furono a dir poco contrariati. Un vecchio conservatore, Lord Salisbury, rispose ai deputati malcontenti che si erano rivolti a lui: «Dobbiamo mantenere il nostro punto di vista, ovvero che nel corso della giornata bisogna nominare Winston primo ministro».

Poco prima delle dieci Kingsley Wood incontrò Chamberlain in Downing Street; il primo ministro disse al collega e vecchio amico che «era propenso a ritenere che la grande battaglia in corso gli imponesse di rimanere al suo posto». Ma Wood affermò in tutta franchezza che «la nuova crisi rendeva ancor più necessaria la formazione di un governo nazionale, il solo che possa farvi fronte».

Per le undici del mattino era stato convocato un secondo Gabinetto di guerra, che si riunì sotto la presidenza di Chamberlain per discutere l'avanzata tedesca. Su suggerimento di Churchill, Sir Roger Keyes, uno dei più duri critici del primo ministro nel dibattito sulla Norvegia di due giorni prima, fu inviato in Belgio per tentare di infondere maggior decisione al sovrano del paese. Alle quattro e mezzo del pomeriggio il Gabinetto di guerra si riunì di nuovo e apprese che reparti paracadutati tedeschi si erano impadroniti del campo d'aviazione di Rotterdam e che l'Olanda rischiava di essere rapidamente travolta. Un messaggero del ministero della Guerra consegnò un biglietto a Ironside, che lo lesse a voce alta: le truppe tedesche erano state paracadutate dietro le linee difensive belghe. Si discusse della necessità di dare alle forze in Gran Bretagna indicazioni sulle misure da prendere contro eventuali lanci di reparti paracadutati.

Poi arrivò un altro messaggero con un biglietto per Chamberlain; il primo ministro lo prese, non disse nulla e lasciò proseguire per un po' la discussione, quindi la interruppe per comunicare di aver ricevuto da Bournemouth la risposta alla richiesta fatta ai laburisti il pomeriggio precedente. Il messaggio era esplicito: nessun membro del partito laburista era disposto a entrare in un governo «presieduto dall'attuale primo ministro». Invece i dirigenti del partito erano disposti a collaborare con un nuovo premier. Con questa comunicazione concisa ma esauriente si concluse la carriera di Chamberlain come primo ministro. Un'ora dopo era a Buckingham Palace per rassegnare le dimissioni e quella sera il re annotò sul diario: «Ho chiesto consiglio a Chamberlain e mi ha detto che la persona cui affidare l'incarico era Winston».

Nelle prime ore del mattino del 10 maggio 1940 Churchill si recò a

Buckingham Palace. «Suppongo che non sappiate perché vi ho fatto venire», disse sorridendo il re. «Maestà, non riesco davvero a immaginarlo», gli rispose Churchill. Il re si mise a ridere e gli disse: «Voglio chiedervi di formare un governo».

Gli otto mesi e mezzo di frustrazione erano finiti e Churchill poteva realizzare l'ambizione della sua vita. Prima di lasciare Buckingham Palace comunicò al sovrano i nomi di alcuni degli uomini che contava di chiamare nel governo, tra cui quattro esponenti laburisti: Clement Attlee, Arthur Greenwood, Ernest Bevin e Herbert Morrison; avrebbe formato un governo interpartitico o, come amava chiamarla, «una grande coalizione».

Mentre Churchill si trovava a colloquio con il re, suo figlio Randolph ricevette un messaggio in cui gli si chiedeva di telefonare alla sede dell'Ammiragliato. Fu messo in comunicazione con uno dei segretari privati di suo padre, che gli comunicò concisamente: «Vi informo che vostro padre è andato a Palazzo e quando tornerà sarà primo ministro».

25
PRIMO MINISTRO

Pericoli quotidiani minacciarono la sopravvivenza della Gran Bretagna fin dai primi momenti in cui Churchill fu nominato primo ministro. Per cercare di ovviare alle carenze dell'aviazione egli nominò Lord Beaverbrook ministro della Produzione Aerea; Eden ottenne il ministero della Guerra e Sinclair quello dell'Aeronautica. Sapeva di poter contare su questi amici, che avrebbero compiuto il loro dovere senza che fosse necessario pungolarli di continuo. Lloyd George respinse l'offerta del ministero dell'Agricoltura; non credeva più nella vittoria. Attlee diventò il sostituto di Churchill nel Gabinetto di guerra, Ernest Bevin fu nominato ministro del Lavoro e del Servizio Militare e Herbert Morrison ministro degli Approvvigionamenti. Si affidò a questi esponenti del partito laburista per sostenere l'enorme sforzo necessario ad accrescere la produzione bellica e a mantenere l'unità della nazione.

Il pomeriggio del 13 maggio Churchill convocò tutti i ministri nella sede dell'Ammiragliato per dire loro: «Vi prometto soltanto sangue, fatica, lacrime e *sudore*», parole che ripeté qualche ora dopo alla Camera dei Comuni quando dichiarò:

Chiedete qual è la nostra politica? Rispondo che è condurre la guerra per mare, per terra e per aria, con tutto il nostro potere e con tutta la forza che Dio può darci; condurre la guerra contro una tirannide mostruosa che non ha l'uguale nel tetro, miserabile catalogo del crimine umano. Questa è la nostra politica.

Chiedete qual è il nostro scopo? Rispondo con una parola sola: vittoria, vittoria a ogni costo, vittoria malgrado tutto il terrore, vittoria, per quanto la strada possa essere lunga e ardua; senza vittoria infatti non c'è sopravvivenza. Sia ben chiaro: non c'è sopravvivenza per l'impero britannico né per tutto ciò che l'impero britannico ha significato, non c'è sopravvivenza per quell'impulso che da millenni spinge l'umanità a procedere verso il suo fine.

Ma assumo questo compito con ottimismo e speranza. Sono certo che la nostra causa non sarà lasciata cadere dagli uomini. In questo momento mi sento autorizzato a chiedere l'aiuto di tutti e vi dico: «Venite dunque, procediamo insieme unendo le nostre forze».

Quando ritornò a Downing Street Churchill seppe che le forze tedesche penetravano sempre più profondamente in Olanda, Belgio e Francia. Avrebbe voluto passare subito all'attacco bombardando la Germania, ma una delle ragioni per cui il Gabinetto di guerra del 13 maggio decise di non prendere iniziative era la scarsa attenzione prestata all'aviazione prima della guerra; Lord Halifax lo dichiarò seccamente definendo la Gran Bretagna «la nazione che si trova in posizione di debolezza». Due giorni dopo, essendo l'Italia ancora neutrale, Halifax suggerì che un messaggio personale di Churchill a Mussolini poteva essere un'iniziativa importante.

Egli accolse il suggerimento e il giorno seguente mandò al Duce questo messaggio: «È troppo tardi per impedire che scorra un fiume di sangue tra il popolo inglese e quello italiano?» Comunque finisse la battaglia in Francia, «l'Inghilterra andrà fino in fondo, anche da sola, come ci è già accaduto, e ho valide ragioni per ritenere che verremo aiutati in misura crescente dagli Stati Uniti, o meglio da tutta l'America». Batté su questo tasto anche nel telegramma che inviò quello stesso 15 maggio a Roosevelt e che conteneva parole profetiche: «Se necessario continueremo la guerra da soli, e la cosa non ci fa paura. Ma confido che comprendiate, signor presidente, che la voce e la forza degli Stati Uniti potrebbero contare poco o nulla se tacerete troppo a lungo. Può darsi che si arrivi con rapidità sorprendente a un'Europa nazificata, completamente asservita, e che il peso sia superiore alle nostre forze».

Il mattino del 16 maggio, mentre le truppe tedesche travolgevano la Linea Maginot, giunse a Londra la notizia di un'imminente ritirata francese che avrebbe messo in pericolo il corpo di spedizione inglese. Churchill, deciso a esercitare tutta la sua influenza per impedire la ritirata, volò a Parigi per scoprire che l'Alto Comando francese non aveva un piano per contrattaccare. La sera inviò un telegramma al Gabinetto di guerra a Londra, chiedendo se era possibile soddisfare la richiesta francese di altri bombardieri e caccia inglesi. «Storicamente non sarebbe bene che le loro richieste fossero respinte, provocando la loro rovina». Il Gabinetto di guerra acconsentì.

Il mattino del 17 maggio Churchill tornò in aereo a Londra. «Winston è depresso», osservò il secondo segretario privato, Jock Colville. «Dice che i francesi stanno crollando, come i polacchi, e che le nostre forze in Belgio dovranno inevitabilmente ritirarsi per mantenere il contatto con i francesi». Alla riunione di Gabinetto del 18 maggio Neville Chamberlain, nominato Lord Presidente del Consiglio, suggerì che il primo ministro si rivolgesse alla nazione la sera seguente per spiegare «che eravamo nei guai e che nessuna considerazione personale doveva ostacolare le misure necessarie per la vittoria».

Churchill accettò il suggerimento e pronunciò il primo discorso radiofonico da quando era diventato primo ministro, nove giorni prima. «Non è giunto il momento che tutti facciano il massimo sforzo possibile?», fu il suo esordio; quindi parlò del «gran numero di stati distrutti e di etnie bastonate; i cechi, i polacchi, i norvegesi, i danesi, gli olandesi, i belgi: su tutti costoro calerà la lunga notte della barbarie, che non sarà illuminata neppure dalla stella della speranza, se non vinceremo, come dobbiamo vincere e come faremo».

Il discorso infuse coraggio alla nazione. «Ho sentito la vostra voce ben nota ieri sera», gli scrisse Baldwin dalla sua residenza in Worcestershire, «e mi sarebbe piaciuto stringervi la mano per un breve momento e dirvi che vi auguro dal profondo del cuore ogni bene – salute e forza d'animo e di corpo – per il fardello intollerabile che ora grava su di voi». Il capitano Berkeley, che dieci giorni prima aveva scritto sul diario «Winston è privo di giudizio», il 20 maggio scrisse: «Il primo ministro ha pronunciato uno splendido discorso alla radio ieri sera. È "sublime" in ogni frangente e dopo aver scongiurato a malapena un crollo a Parigi quattro giorni orsono, qui sta galvanizzando tutti».

La sconfitta delle forze britanniche in Francia avrebbe potuto spingere Hitler a cercare di conquistare subito la stessa Gran Bretagna; temendo un'imminente invasione tedesca, Churchill ordinò che tutti i campi d'aviazione vulnerabili, ovvero quelli che non disponevano di una forza difensiva, fossero presidiati da volontari locali e che tutti i soldati delle riserve di fanteria che non erano ancora stati addestrati si esercitassero «sparando qualche colpo a palla». Mentre diramava questi ordini, unità avanzate dell'esercito tedesco giunsero ad Abbeville incuneandosi tra le forze inglesi e francesi in Francia settentrionale. Nell'estate del 1918 Churchill aveva messo in guardia Lloyd George contro quest'eventualità e aveva citato proprio Abbeville come il punto in cui i tedeschi sarebbero arrivati al mare, dividendo le forze alleate.

Le truppe tedesche giunte ad Abbeville si diressero verso nord lungo la costa della Manica e ventiquattr'ore dopo erano in prossimità di Boulogne. Churchill decise di tornare in Francia per cercare di convincere i francesi a tentare di riunirsi con il corpo inglese ormai isolato. Giunse a Parigi poco prima di mezzodì del 22 maggio e chiese al nuovo comandante in capo, generale Weygand, se le forze francesi avrebbero partecipato al piano per tagliare fuori le truppe nemiche sulla costa attaccando sia da nord sia da sud il cuneo tedesco e permettendo agli eserciti alleati di ricongiungersi. Weygand rispose che avrebbe tentato. Quando tornò a Londra il pomeriggio stesso era di «umore quasi allegro», osservò il generale Ironside, ma poche ore dopo gli arrivò la notizia che il morale dei francesi era «basso».

Weygand non avanzò verso nord e il 24 maggio gli inglesi furono costretti a evacuare Boulogne, mentre le truppe inglesi di Calais venivano bombardate. Churchill era contrariato dalla mancanza di iniziativa del comandante britannico sul campo, che non si era mosso per aiutare i soldati di Calais, e scrisse irritato al capo del suo Defence Office, maggiore generale Sir Hastings Ismay: «Ovviamente se una parte combatte e l'altra no, è da pensare che la lotta si faccia alquanto impari». In seguito seppe che in realtà si era tentato di inviare un corpo di soccorso a Calais, ma adesso l'obiettivo primario era difendere Dunkerque, in quanto i tedeschi stavano stringendo la morsa intorno ai porti sulla Manica.

Nel corso della settimana i decifratori di Bletchey, il cui successo straordinario in Norvegia era stato vano, riuscirono nel massimo segreto a decodificare il cifrario Enigma usato dall'aeronautica militare tedesca in Francia. I messaggi intercettati chiarirono molti aspetti delle operazioni militari e delle attività aeree tedesche, ma fu grazie a documenti tedeschi presi sul campo che il 24 maggio gli inglesi vennero a conoscenza del piano tedesco per isolare le forze britanniche dal mare. Come contromossa immediata Churchill ordinò la sera stessa «un'avanzata a nord verso i porti e le spiagge».

Bisognava se possibile liberare l'esercito e riportarlo in patria; la marina doveva approntare «tutti i mezzi possibili per imbarcarlo, non solo nei porti ma anche sulle spiagge». Non appena l'esercito fosse rientrato, disse ai ministri, «potremo resistere nel nostro paese». Due giorni dopo Reynaud volò a Londra e incontrò il primo ministro all'Ammiragliato, comunicandogli che non aveva «nessuna speranza che la Francia possa resistere». Il capitano Berkeley osservò: «Reynaud non mi impressionò. Il primo ministro invece faceva paura, creò un gran subbuglio e mise il personale in allarme precipitandosi in Downing Street senza una parola di avvertimento, gridando che non ci saremmo mai arresi ecc.».

La sera fu dato l'ordine di evacuare via mare tutti i soldati che potevano essere caricati dalle banchine, dai moli e dalle spiagge di Dunkerque. Per evitare che i tedeschi piombassero sulla città da ovest, fu dato ordine ai soldati inglesi di Calais di resistere; non sarebbero stati evacuati. Approvata questa decisione, che Ismay definì «penosa», Churchill si chiuse in un «silenzio inconsueto» durante la cena all'Ammiragliato, «mangiando e bevendo con evidente malavoglia». Alzandosi dal tavolo confidò a Eden di sentirsi «fisicamente prostrato»; due mesi dopo, in parlamento, avrebbe definito i soldati che avevano resistito a Calais «quelli che con la loro grinta ci hanno salvato».

Il 27 maggio gli Stati Uniti chiesero di poter usare i campi d'aviazione inglesi a Terranova, nelle Bermude e a Trinidad; Churchill, che si era visto negare i cacciatorpediniere che giudicava essenziali per la sopravvivenza del suo paese, rifiutò. Gli americani non avevano in sostanza dato nessun aiuto alla Gran Bretagna in guerra, disse alla riunione del Gabinetto di guerra, «e adesso che si sono accorti di quanto fosse grave il pericolo, il loro atteggiamento è di proteggere tutto ciò che può aiutarci per la loro difesa». Frattanto sul fianco orientale del perimetro di Dunkerque un battaglione belga che difendeva un settore cruciale «era stato annientato da un'ondata di 60 bombardieri nemici». La sera stessa il re del Belgio chiese un armistizio a partire da mezzanotte.

Il 28 maggio Churchill intervenne ai Comuni per riferire che l'esercito belga aveva «combattuto con grande coraggio, subendo e infliggendo gravi perdite»; tuttavia la sua resa aveva aggravato «sensibilmente» il pericolo per le truppe a Dunkerque, la cui situazione si era fatta «estremamente seria». I deputati dovevano «aspettarsi gravi notizie». Nondimeno, nulla di quanto poteva accadere a Dunkerque «può farci deflettere dal dovere di difendere la causa del mondo cui ci siamo votati, né deve infrangere la fiducia nella nostra capacità di farci strada, come in passate occasioni della storia, attraverso il disastro e il dolore fino alla sconfitta definitiva dei nostri nemici».

Mentre si aspettavano notizie dalla Francia, Halifax suggerì in una riunione del Gabinetto di guerra, limitato a cinque membri, di accettare l'offerta di Mussolini di negoziare una pace generale. Chamberlain si dichiarò d'accordo con Halifax e disse ai colleghi: «Se siamo pronti a combattere fino alla morte per la nostra indipendenza, siamo anche pronti a prendere in considerazione condizioni accettabili, se ci venissero offerte». Churchill era costernato. Le probabilità che fossero offerte condizioni accettabili erano una su mille. «Le nazioni che sono cadute combattendo sono risorte, mentre quelle che si sono arrese senza opporre resistenza sono scomparse». Egli fu appoggiato dai due membri laburisti del Gabinetto di guerra, Attlee e Greenwood. Rincuorato dalla loro tenacia, quando si rivolse poco dopo al consiglio dei ministri al completo, formato da 25 membri, ribadì la sua convinzione che era meglio perire combattendo anziché negoziare la pace. «È stato davvero splendido», scrisse sul diario Hugh Dalton, appena nominato ministro dell'Economia di Guerra; «è l'uomo che ci vuole, il solo adatto per questo compito».

Al consiglio dei ministri egli dichiarò di aver attentamente riflettuto negli ultimi due giorni «se faccia parte dei miei doveri entrare in trattativa con quell'uomo»; i tedeschi avrebbero voluto la flotta inglese, le loro basi navali e molte altre cose. La Gran Bretagna sarebbe diventata «uno stato schiavo» con un governo fantoccio «guidato da Mosley o da qualcuno del genere». Ma il paese era ancora in possesso di «risorse e vantaggi immensi»; pertanto, aggiunse, «sono convinto che ognuno di voi balzerebbe in piedi e mi caccerebbe dal mio posto se meditassi per un solo momento di parlamentare o di arrendermi. Se la lunga storia di questa nostra isola deve giungere al termine, che si concluda solamente quando ciascuno di noi giacerà al suolo soffocato dal proprio sangue».

Subito si levarono grida di approvazione; i ministri del suo governo erano uniti e decisi. «Sembrò che più d'uno volesse alzarsi dal tavolo e avvicinarsi di slancio alla mia poltrona per acclamarmi e battermi sulla spalla». Non c'era dubbio alcuno, a suo giudizio, «che se in quel momento avessi minimamente esitato nella guida della nazione sarei stato cacciato via. Sono certo che tutti i ministri erano pronti a farsi uccidere di lì a poco, a vedere distrutte tutte le loro famiglie e le loro ricchezze, piuttosto che arrendersi». Quando poco dopo si riunirono i membri del Gabinetto di guerra, disse loro che non ricordava di aver «mai sentito prima un gruppo di persone che ricoprivano cariche importanti nella vita politica esprimersi con tanta enfasi».

La sua convinzione che tutti i ministri fossero pronti a morire e a veder morire le loro famiglie pur di non arrendersi e la sua capacità nel convincere gli altri che così stavano le cose furono fattori importanti per consentire al paese di affrontare la prospettiva terribile di un'invasione e la crudele realtà dei bombardamenti aerei. Ma nel Gabinetto di guerra c'era anche chi voleva proseguire la discussione sull'eventualità di una pace negoziata. Chamberlain invece aveva cambiato idea e dichiarò che bisognava convincere Reynaud «che vale la pena continuare a combattere». Halifax non era troppo convinto e propose di nuovo di avviare un negoziato con il tramite degli italiani. Auspicò inoltre una dichiarazione pubblica degli obiettivi della Gran Bretagna nella guerra, se non altro, spiegò, per guadagnare il sostegno degli americani. Ma gli Stati Uniti sarebbero stati più impressionati da «una strenua resistenza contro la Germania», fu la replica di Churchill.

A mezzanotte del 28 maggio altri 25.000 soldati erano stati evacuati dalle spiagge di Dunkerque, e il giorno seguente furono portati in salvo 2.000 soldati all'ora. Una vasta flotta di imbarcazioni grandi e piccole, comprese navi con ruote a pale e battelli da diporto provenienti da decine di località di villeggiatura sulla costa, fece la spola tra le due sponde della Manica per metterli in salvo. Molte imbarcazioni furono affondate dagli incessanti attacchi aerei tedeschi, che causarono la morte di centinaia di soldati e soccorritori; nel corso della sera Churchill, nel tentativo di rafforzare la determinazione dei suoi ministri e degli alti funzionari, fece circolare una nota di una pagina: «In questi giorni oscuri il primo ministro sarà grato a tutti i colleghi di governo e agli alti funzionari che manterranno un morale elevato nel loro ambiente, non minimizzando la gravità degli eventi ma mostrando fiducia nella nostra capacità e inflessibile determinazione a continuare la guerra finché avremo infranto la volontà del nemico di estendere il suo dominio a tutta l'Europa. Non bisogna mostrare tolleranza all'idea che la Francia stringa una pace separata, ma qualunque cosa accada sul continente non possiamo avere dubbi sul nostro dovere; faremo tutto quanto è in nostro potere per difendere l'isola, l'impero e la nostra causa».

Questo messaggio, firmato «WSC», fu consegnato ai 35 membri del Gabinetto di guerra e del Consiglio dei ministri, ai 39 viceministri, ai 46 «alti funzionari» e ai 6 rappresentanti dei dominion.

Il mattino del 30 maggio Churchill ordinò di mettere il naviglio a disposizione anche dei soldati francesi della testa di ponte di Dunkerque. Anche se questa misura avrebbe ridotto il numero di soldati inglesi imbarcati, «essa va accettata per il bene comune». A mezzogiorno erano stati imbarcati e portati in salvo in Gran Bretagna più di 100.000 soldati dall'inizio dell'evacuazione, nonostante i continui attacchi aerei tedeschi. All'operazione parteciparono oltre 860 imbarcazioni e ogni ora venivano imbarcati ben 4.000 soldati. Churchill seguì l'azione continuando a ripetere che occorreva imbarcare anche i soldati francesi. In caso contrario si sarebbero prodotti «guasti irreparabili» nei rapporti con la Francia.

Non era chiaro per quanto tempo potesse procedere l'operazione. Il pomeriggio del 30 maggio egli informò il comandante in capo del corpo di spedizione, Lord Gort, che non appena fosse stato impossibile opporre una resistenza organizzata, era autorizzato «a capitolare ufficialmente, scongiurando un inutile massacro». Inoltre, temendo un'invasione tedesca subito dopo l'evacuazione e la cattura di una grande quantità di materiale bellico inglese da parte dei tedeschi, disse al Gabinetto di guerra che non bisognava «esitare a contaminare col gas il nostro litorale» in caso di necessità. Poi, sperando ancora di incoraggiare la resistenza dei francesi, volò di nuovo a Parigi con Attlee, il generale Dill e Ismay. La presenza di caccia tedeschi a nord della città impose una deviazione, prima a Weymouth per mettersi sotto la scorta di nove Hurricane, poi nell'isola di Jersey nella Manica, quindi lungo la costa francese a occidente di Saint Malo e infine in direzione est, fino a Villacoublay presso Versailles, dove per un momento l'aereo si perse all'estremità sbagliata del vasto aerodromo.

A Parigi Churchill e Attlee incontrarono Reynaud e Pétain; quest'ultimo, in abiti civili, sembrava «senile, passivo e disfattista», avrebbe scritto Ismay, mentre a detta di Berkeley «non si coglie nessun coraggio nei francesi».

Il primo ministro inglese comunicò ai dirigenti francesi che l'evacuazione di Narvik sarebbe iniziata 48 ore dopo; i 16.000 soldati francesi e polacchi sarebbero stati trasferiti in Francia per difendere Parigi. Gli inglesi avrebbero mandato altri soldati, insieme con i canadesi, in Francia occidentale per la difesa di Parigi. In quella regione erano presenti già due divisioni britanniche, mentre in Gran Bretagna quelle pronte per entrare in azione erano solo tre. Non si potevano inviare aiuti più consistenti: le altre 14 divisioni che si stavano addestrando in Inghilterra erano armate solo di fucile «e pertanto sono affatto inutili nella guerra moderna». In Francia combattevano dieci squadriglie aeree inglesi; le altre 29 erano assolutamente necessarie per far fronte agli attacchi aerei tedeschi alle fabbriche inglesi di aeroplani: se fossero state messe fuori combattimento la situazione si sarebbe fatta «disperata».

La Gran Bretagna e la Francia dovevano agire di comune accordo e a questo fine egli avrebbe ordinato di dare la priorità ai soldati francesi a Dunkerque «da questo momento» . Era «assolutamente convinto» che per vincere bastava «continuare a combattere». Anche se uno dei due paesi fosse stato sconfitto, l'altro non doveva abbandonare la lotta. «Chi dei due sopravviverà andrà avanti». Se, a seguito di qualche disastro, la Gran Bretagna fosse stata invasa, il governo era pronto «a condurre la guerra dal Nuovo Mondo». Se fossero stati sconfitti entrambi, la Germania non avrebbe «concesso grazia; saremmo ridotti per sempre al rango di vassalli e di schiavi».

Reynaud fu visibilmente toccato dalle sue parole; non così Pétain. Louis Spears, sentendo il suo primo ministro congedarsi dai francesi, avrebbe poi scritto di aver compreso dal tono di voce «che in cuor suo percepiva che i francesi erano battuti, lo sapevano ed erano rassegnati alla sconfitta». Dopo una notte turbata da un'incursione aerea tedesca, che Churchill definì «un piccolo raid», gli inglesi si prepararono per tornare a Londra. «Winston era vulcanico come sempre», scrisse Berkeley, «e prima di partire insistette per ispezionare l'aeroporto ed esaminare i nostri nove Hurricane, camminando nell'erba alta fra il turbinio delle eliche e agitando il sigaro come una bandiera».

Tornato a Londra senza incidenti, Churchill prese in considerazione l'eventualità di evacuare in Canada la famiglia reale e il governo in caso di invasione e dichiarò che non era lecito «discutere di una cosa del genere». I tedeschi non avrebbero avuto la soddisfazione di vederli scappare. «Credo che li faremmo pentire di aver tentato di invadere la nostra isola». La sera stessa, saputo che i tedeschi stavano per occupare le spiagge di Dunkerque, che quel mattino erano state affondate sei navi e che molti soldati avevano perso la vita, reagì ordinando di continuare ancora per un giorno l'evacuazione, ma i capi di stato maggiore lo convinsero che non era possibile continuare.

Churchill e i suoi consiglieri erano certi che nel momento in cui si fosse conclusa l'evacuazione e la Germania avesse controllato la sponda francese della Manica, Hitler avrebbe ordinato di invadere la Gran Bretagna. Ma proprio mentre gli ultimi soldati alleati lasciavano le spiagge di Dunkerque e le forze tedesche si preparavano a far prigionieri quelli rimasti, poté tirare un sospiro di sollievo: il 1° giugno i servizi di informazioni del ministero della Guerra appresero dai messaggi decifrati che i tedeschi intendevano conquistare tutta la Francia prima di lanciarsi contro il Regno Unito. Grazie a questo successo, seppe che il suo paese aveva finalmente il tempo, seppure breve, di respirare. Quando quel giorno il direttore della National Gallery propose di trasferire in Canada i dipinti più preziosi, gli rispose: «No, seppelliteli in caverne e cantine. Niente deve uscire dal paese. Li sconfiggeremo».

Alle prime luci dell'alba del 3 giugno si concluse l'evacuazione da Dunkerque; erano stati tratti in salvo 224.318 soldati inglesi e 111.172 francesi. Inoltre erano stati salvati 71 pezzi pesanti e 595 veicoli; i tedeschi però si impadronirono di una grande quantità di materiale bellico. 30 delle 222 navi della marina impegnate nell'operazione furono affondate; tra esse 6 cacciatorpediniere. Ma, non correndo il pericolo di un'invasione immediata, Churchill e i capi di stato maggiore stabilirono di inviare in Francia occidentale due divisioni, cui se ne sarebbe aggiunta una terza. Inoltre i bombardieri inglesi avrebbero dato la priorità ai bersagli indicati dai francesi.

Il 5 giugno, solo 26 giorni dopo essere entrato in Francia, l'esercito tedesco lanciò l'offensiva in direzione di Parigi e Churchill, alla disperata ricerca di ogni mezzo possibile per aiutare i francesi, propose una serie di rapide incursioni contro la costa, da effettuare con carri armati trasportati via mare su battelli col fondo piatto «da cui possono prendere terra, compiere un'incursione in profondità tagliando le linee di comunicazione vitali e tornare indietro lasciandosi alle spalle una scia di cadaveri». Poiché le truppe scelte tedesche marciavano su Parigi, in molte città sarebbero rimasti solo «soldati di linea»: «Bisogna rendere la loro vita un inferno».

Il 10 giugno Churchill decise di tornare in Francia per incitare i francesi a difendere Parigi, ma mentre si accingeva a partire seppe che il governo francese stava evacuando la capitale. Il suo primo commento fu: «All'inferno!». Colville scrisse che «sembrava non trovare un ramo su cui posarsi». Il governo francese si era trasferito a sud, sulla Loira e l'11 giugno egli incontrò i dirigenti francesi nel castello di Muguet, non lontano dalla cittadina di Briare. Reynaud e de Gaulle, che Churchill aveva conosciuto a Londra due giorni prima, erano decisi a continuare a combattere, magari dalla Francia occidentale, mentre Weygand e Pétain pensavano che la battaglia fosse già perduta.

Churchill dichiarò che qualora fosse fallita una «difesa coordinata», la Gran Bretagna avrebbe potuto aiutare la Francia in una «guerriglia su vasta scala» e Pétain, manifestando una violenta collera, gli rispose che ciò avrebbe significato «la distruzione del paese»; Reynaud non lo smentì. Allora Churchill cercò di dare adito alla speranza sul lungo periodo. «È possibile che i nazisti dominino l'Europa, ma sarà un'Europa in rivolta, e un regime le cui vittorie sono dovute essenzialmente alle macchine finirà per crollare. Le macchine sconfiggeranno le macchine». Pétain reagì a queste parole con un'espressione di «ironica incredulità». Infine i francesi, a parte de Gaulle, non recepirono l'ultimo suo suggerimento di resistere in Bretagna, dove era possibile mandare rinforzi inglesi nonché le truppe francesi di stanza in Africa settentrionale. Quella sera Reynaud gli confessò che Pétain lo aveva già informato che sarebbe stato «opportuno chiedere un armistizio».

Churchill dormì al castello di Muguet e il mattino del 12 giugno tornò in aereo in Gran Bretagna, scorgendo da 8.000 metri di altezza il porto di Le Havre in fiamme. Il giorno stesso il generale Fortune, data la superiorità aerea e terrestre dei tedeschi, fu costretto ad arrendersi con la sua divisione a St.Valery-en-Caux, e la sera Reynaud telefonò al primo ministro inglese per informarlo che il governo francese si era trasferito a Tours e per chiedergli se era disposto a tornare in Francia; egli acconsentì e il mattino del 13 giugno raggiunse in automobile l'aeroporto di Hendon con un membro della segreteria della Difesa, il colonnello Leslie Hollis.

Quando arrivò a Hendon alle undici del mattino Churchill seppe che il bollettino meteorologico prevedeva brutto tempo, e pertanto lo stato maggiore dell'Aeronautica consigliava di rimandare il volo. «All'inferno!», esclamò, «io parto, qualunque cosa succeda! La situazione è troppo grave per preoccuparsi del *tempo*!» Ad aspettare il primo ministro c'erano Beaverbrook, Ismay, Halifax, il primo consigliere di questi, Alexander Cadogan, e l'interprete del Consiglio supremo di guerra capitano Berkeley. La missione britannica, che viaggiò su due aerei, volò fino alle isole della Manica e di lì a Tours. «Temporale e pioggia all'arrivo in un aeroporto bucherellato», annotò Cadogan sul diario. Ismay avrebbe ricordato che l'aerodromo di Tours «era stato pesantemente bombardato la sera precedente, ma atterrammo senza incidenti e rullammo intorno ai crateri cercando qualcuno che ci aiutasse. Non c'era segno di vita, salvo qualche gruppetto di aviatori francesi che si aggirava intorno agli hangar. Non sapevano chi fossimo e non se ne curavano affatto. Il primo ministro uscì e si presentò. Nel suo miglior francese disse che il suo nome era Churchill, che era il primo ministro britannico e che sarebbe stato loro grato se gli avessero procurato una *voiture*».

Trovata un'automobile, raggiunsero la Préfecture di Tours; poiché Reynaud non era ancora arrivato, gli inglesi pranzarono al Grand Hôtel e mentre erano a tavola giunse il segretario del Gabinetto di guerra francese, Paul Baudouin, che prese subito a parlare, secondo Churchill, «in quel suo modo tranquillo, sommesso, della situazione disperata della resistenza francese». Il pessimismo di Baudouin era di cattivo auspicio e tuttavia, a detta di Hollis, «Churchill non prestò attenzione a questo funesto torrente di parole, quasi che ascoltasse un attore che, in una tragedia, declamava il tramonto di ogni speranza. La sua decisione era presa e il disfattismo degli altri non poteva mutare le sue intenzioni».

Terminato il pranzo, il gruppo inglese ritornò alla Préfecture, ma Reynaud non era ancora arrivato e nessuno sembrava sapere dove fosse. Attesero, pur avendo poco tempo a disposizione, perché il campo d'aviazione non era illuminato e le condizioni disastrose della pista non consentivano il decollo dopo il tramonto. Finalmente Reynaud arrivò con altri due inglesi, l'ambasciatore Sir Ronald Campbell e il generale Spears. Mentre il gruppo saliva le scale, Churchill indugiò per chiedere a Spears informazioni su Baudouin. «Gli risposi che stava facendo di tutto per convincere Reynaud a gettare la spugna». Lavorava «per conto di Weygand e Pétain». Allora Churchill «grugnì» di essere arrivato alla stessa conclusione.

I rappresentanti dei due governi furono fatti accomodare in una sala al primo piano; non c'era un tavolo, solo una scrivania a cui era seduto il ministro dell'Interno Georges Mandel. Il generale Ismay in seguito così riferì il colloquio con Mandel: «Quando lo incontrammo dopo pranzo nel suo ufficio alla Préfecture, era l'energia e la sfida in persona. Il pasto, che non aveva toccato, era su un vassoio davanti a lui; aveva un telefono in entrambe le mani e abbaiava ordini decisi di qua e di là. È stato l'unico raggio di sole – salvo quando avete ispirato coraggio a Reynaud – che abbiamo visto sul suolo francese».

Churchill fu lieto di rivedere Mandel, che conosceva da prima della guerra, ma questi, che sarebbe stato assassinato in seguito da filonazisti francesi, non faceva parte del Consiglio supremo di guerra e quindi dovette congedarsi quasi subito. Reynaud prese il suo posto alla scrivania e con tono grave comunicò che il governo francese sarebbe stato costretto ben presto a chiedere un armistizio e che pregava la Gran Bretagna di liberarlo dall'impegno stipulato a non far pace separatamente con la Germania. Un ex primo ministro francese, Edouard Herriot, che si trovava quel pomeriggio alla Préfecture, si accorse che «il volto di Churchill si era rigato di lacrime» di fronte alla richiesta di Reynaud.

Gli chiese di rimandare la decisione in merito all'armistizio. «Si poteva attendere una settimana, o meno?» Reynaud non rispose ma accettò di posporre la «pace separata» almeno finché non si fosse chiesto a Roosevelt di fare «un altro passo». Churchill promise di telegrafare subito al presidente americano: con un «aiuto immediato» degli americani, «forse anche una dichiarazione di guerra», la vittoria non era «tanto remota». Era un discorso battagliero e fece il suo effetto. «Quando la riunione si concluse, Reynaud era in uno stato d'animo molto più fiducioso di quanto era parso possibile», annotò Berkeley sul diario. «È ovvio che sta combattendo una battaglia disperata contro la maggioranza del suo Gabinetto, Weygand e innumerevoli altre forze occulte, e le decise assicurazioni di Winston gli hanno ridato speranza».

Mentre tornavano al campo d'aviazione, Churchill implorò Reynaud di non arrendersi: «*Non* cedete al nemico», disse, «continuate a combattere!». Proprio quel giorno i tedeschi entrarono a Parigi, sesta capitale europea a cadere nelle loro mani in nove mesi dopo Varsavia, Copenhagen, Oslo, L'Aia e Bruxelles.

Il mattino del 16 giugno si seppe che la Francia stava per chiedere un armistizio; alla riunione del Gabinetto di guerra fu deciso di scioglierla dall'impegno preso a non intraprendere trattative separate con la Germania, «ma solamente a condizione che la flotta francese salpi immediatamente per i porti inglesi». Churchill e i suoi consiglieri temevano che i tedeschi usassero le numerose e potenti corazzate della flotta francese per invadere la Gran Bretagna, ma non avevano modo di imporre questa condizione; di fatto le navi francesi rimasero nei loro porti.

Era possibile far qualcosa per evitare la resa della Francia? A Londra un membro della missione economica francese in Inghilterra, René Pléven, che anni dopo sarebbe diventato primo ministro, suggerì un'unione politica tra Gran Bretagna e Francia, con un'unificazione della sovranità e delle forze difensive: non più due stati che combattevano separatamente per la sopravvivenza e venivano schiacciati uno dopo l'altro. Anche se sconfitta in Francia, la nuova unione avrebbe continuato a combattere in Gran Bretagna; quindi non avrebbe potuto aver luogo una resa separata e i 250.000 soldati francesi che si trovavano in Francia occidentale, anziché deporre le armi, sarebbero stati evacuati in Inghilterra per combattere come parte integrante della nuova unione. La flotta francese sarebbe salpata verso i porti inglesi, essendo parte di un'unica flotta.

Quando gli fu riferita questa proposta Churchill la scartò, ma di fronte alle insistenze di numerosi consiglieri il 16 giugno ci ripensò. Forse una tale soluzione avrebbe consentito anche all'ultimo momento a Reynaud di avere la meglio su Pétain e Weygand. Chamberlain ne era entusiasta al pari di de Gaulle, che era giunto a Londra il giorno prima per autorizzare lo sbarco in Gran Bretagna di un carico di armi proveniente dagli Stati Uniti e destinato alla Francia. «Sarebbe essenziale una mossa di grande effetto», disse a Churchill, il quale si convinse a appoggiare quest'idea. Fu discussa subito una dichiarazione di unione, pronta per le 4 e 30 del pomeriggio. De Gaulle gli chiese di andare il giorno dopo a Bordeaux per consegnare la dichiarazione a Reynaud, convinto che gli avrebbe consentito di portare avanti il conflitto in Francia; il Gabinetto di guerra suggerì che la delegazione fosse composta da Churchill, Attlee e Sinclair, i rappresentanti dei tre maggiori partiti, per discutere la dichiarazione con Reynaud.

Fu predisposto un treno, che doveva partire alle 9,30 di sera da Londra per Southampton, dove un incrociatore avrebbe portato Churchill a Concarneau, sulla costa bretone, per l'incontro con Reynaud a mezzodì del giorno seguente. Ma mentre lasciava Downing Street con Clementine che voleva accompagnarlo alla stazione, gli fu consegnato un telegramma: «Incontro cancellato segue messaggio». Berkeley annotò sul diario: «Winston non si è fatto scoraggiare, è andato fino a Waterloo e c'è rimasto mezz'ora, mentre Ismay e Pound a turno lo pregavano di essere ragionevole. Infine è tornato a Downing Street per attendere altre notizie». La notizia arrivò poco prima di mezzanotte: in una riunione d'emergenza del governo francese a Bordeaux, Reynaud si era battuto invano per cercare di rinviare l'armistizio. Pétain e Weygand l'avevano spuntata; la dichiarazione di unione non poteva più mutare il destino della Francia e non fu neppure resa pubblica.

La sera stessa Reynaud diede le dimissioni, Pétain formò un governo e poche ore dopo chiese un armistizio alla Germania: la Gran Bretagna era rimasta sola. «Siamo diventati gli unici campioni in armi a difendere la causa del mondo», dichiarò Churchill alla radio quel pomeriggio; «faremo del nostro meglio per essere degni di questo grande onore. Difenderemo la nostra isola e con l'impero britannico combatteremo indomiti finché la maledizione di Hitler non sarà cancellata dal futuro dell'umanità. Siamo certi che alla fine tutto andrà bene».

Nella giornata del 17 giugno i soldati inglesi in Francia furono riportati in Inghilterra; quasi tremila soldati e civili annegarono quando a St. Nazaire fu bombardata la nave di linea *Lancastria*. Churchill vietò di pubblicare la notizia del peggior disastro marittimo inglese in guerra con queste parole: «i giornali hanno disastri a sufficienza, almeno per oggi». Quel giorno Reynaud gli scrisse da Bordeaux: «Il progetto dell'unione franco-britannica è degno della vostra fantasia e della vostra audacia. È quello il futuro dei nostri due paesi». Durante la sera de Gaulle, che tanto si era battuto per l'unione, ritornò in Inghilterra e Churchill, sperando di farne il fulcro della resistenza francese, approvò la proposta di Desmond Morton di finanziare con fondi del governo britannico un esperto di pubbliche relazioni per renderlo popolare.

Giorno dopo giorno, durante l'ultima settimana di giugno e la prima settimana di luglio, discusse con i suoi consiglieri i piani contro l'invasione, indicando i settori da analizzare con urgenza e i preparativi immediati, ispezionando le spiagge in cui potevano sbarcare i tedeschi e incontrando i comandanti di divisione che avevano il compito di ricacciare gli invasori. Egli rimase impressionato da uno di questi comandanti, il generale Montgomery, che effettuò un finto attacco a un campo d'aviazione sulla costa come se fosse stato occupato dal nemico. Quella sera cenò a Brighton con Montgomery e, mentre osservavano dalla finestra un plotone di soldati che preparava un nido di mitragliatrici in un chiosco sul molo, gli disse che quando andava a scuola lì vicino, negli anni ottanta dell'Ottocento, andava spesso a vedere uno spettacolo con le pulci ammaestrate proprio in quel chiosco.

Come Churchill aveva temuto, Hitler volle inserire tra i termini dell'armistizio la resa della flotta francese. Le navi da guerra francesi che erano all'ancora ad Alessandria potevano essere facilmente catturate dalle forze navali inglesi in Egitto, mentre quelle a Tolone e a Dakar erano fuori dalla loro portata. Invece le navi della base navale francese di Mers el-Kebir a Orano, tra cui due incrociatori da battaglia e quattro incrociatori, potevano essere catturate dalle forze navali inglesi del Mediterraneo. Churchill e i capi di stato maggiore erano decisi a impedire che quelle navi finissero nelle mani dei tedeschi, anche se ciò avesse significato aprire il fuoco contro l'ex alleato. Prima però decisero di inviare l'ammiraglio Phillips e Lord Loyd a Orano per chiedere alle autorità navali francesi di non consegnare le loro navi ai tedeschi; quindi offrirono tre alternative al comandante della flotta francese ammiraglio Gensoul: dirigersi verso un porto inglese e unirsi alla Royal Navy contro la Germania; dirigersi verso un porto inglese e consegnare le navi agli inglesi; trasferirsi in un porto delle Indie occidentali francesi accettando la smilitarizzazione e rimpatriando immediatamente gli equipaggi se lo desideravano. Poiché queste opzioni furono considerate inaccettabili, ne aggiunsero una quarta: affondare le navi nel porto di Mers el-Kebir.

Nonostante la lunga trattativa condotta per tutto il mattino e il pomeriggio del 3 luglio, l'ammiraglio Gensoul rifiutò di scavalcare i termini dell'armistizio franco-tedesco. Non era disposto a accettare le opzioni inglesi, compresa l'ultima, e fu appoggiato dall'ex capo di stato maggiore della marina ammiraglio Darlan, ora ministro della Marina. Darlan, fedele al governo di Pétain che si era insediato a Vichy con il benestare tedesco, insistette sul rispetto dei termini dell'armistizio e inviò un telegramma per ordinare a Gensoul e ai suoi uomini di «non prestare attenzione» alle richieste inglesi, mostrandosi «degni di essere francesi».

L'ordine di Darlan fu comunicato a Gensoul via radio; gli inglesi erano a conoscenza di un ordine analogo comunicato all'ammiraglio francese a Dakar e il Gabinetto di guerra comprese che l'ordine inviato a Dakar doveva essere uguale a quello dato a Orano: Gensoul non aveva nessuna libertà d'azione. Alle 5.55 l'ammiraglio inglese a capo delle forze navali al largo di Orano, Sir James Somerville, diede l'ordine di aprire il fuoco e quando cinque minuti dopo ordinò il cessate il fuoco uno dei due incrociatori da battaglia francesi era arenato sulla spiaggia, un incrociatore era saltato in aria e 1.200 marinai francesi erano morti. L'altro incrociatore da battaglia riuscì a scivolare fuori dal porto e a raggiungere senza danni Tolone col favore delle tenebre. «Non è necessario che vi dica», riferì Churchill alla Camera dei Comuni il giorno seguente, «che le navi francesi si sono battute, sia pure in questa causa innaturale, con il coraggio tipico della marina francese». Ben più amare furono le parole che disse a Dudley Pound: «Ora, per la prima volta dallo scoppio della guerra, i francesi combattono con tutte le loro forze».

In poche ore Orano divenne il simbolo della spietatezza e della determinazione degli inglesi. Sei mesi dopo Churchill disse all'emissario di Roosevelt, Harry Hopkins, che Orano aveva costituito «la svolta decisiva delle nostre fortune, facendo capire al mondo che intendevamo sul serio tenere duro». Il 4 luglio dichiarò alla Camera che non era il momento dei «dubbi o delle debolezze; ci attende la nostra ora suprema». Probabilmente l'invasione era imminente e il governo stava preparandosi in tutti i modi: «Sento che meritiamo la fiducia della Camera e che non verremo meno al nostro dovere, per quanto gravoso». Nonostante la propaganda tedesca dichiarasse che la Gran Bretagna era pronta ad avviare negoziati per una pace compromissoria, la guerra sarebbe stata portata avanti «con la massima energia e con ogni mezzo a nostra disposizione, fino al conseguimento dei giusti fini per cui l'abbiamo intrapresa».

Churchill parlò per poco meno di mezz'ora e quando si sedette tutti i deputati si alzarono in piedi applaudendo, tanto da fargli venire le lacrime agli occhi. «Fino a quel momento», avrebbe scritto, «il partito conservatore mi aveva trattato con una certa freddezza e il benvenuto più caloroso, quando entravo alla Camera o mi alzavo per parlare nei momenti gravi, mi veniva dai seggi laburisti. Ma questa volta tutti intonarono un accordo solenne e stentoreo».

A luglio la Germania iniziò i bombardamenti; il 9 furono colpiti i cantieri del Galles meridionale e nel corso della settimana persero la vita 88 civili; la cifra non fu divulgata per ordine del Gabinetto di guerra. «Non ho mai odiato gli unni nell'ultima guerra», disse Churchill l'11 luglio a uno dei generali della costa meridionale, «ma adesso li detesto come i pidocchi». Se ci fosse stata l'invasione tedesca, dichiarò il giorno dopo, la milizia territoriale doveva avere le armi per fronteggiarla e occorreva «consentire anche alle donne» di combattere.

I piloti della Royal Air Force combattevano con coraggio e abilità contro i bombardieri tedeschi che intensificavano gli attacchi sull'Inghilterra. In un discorso alla radio del 14 luglio Churchill dichiarò: «Aspettiamo senza paura l'attacco imminente. Forse sarà per questa notte, forse per la prossima settimana, forse mai. Dobbiamo dimostrarci ugualmente capaci di resistere a un violento assalto improvviso o, quel che forse è peggio, a una veglia prolungata. Ma per quanto la prova sia dura o lunga, o entrambe le cose, non verremo a patti, non tollereremo che si parlamenti; possiamo mostrare misericordia, mai la imploreremo». Non solo in Gran Bretagna, ma in molti paesi c'era un gran numero di persone «che presteranno fedelmente servizio in questa guerra, il cui nome non sarà mai ricordato. Questa è la guerra del milite ignoto; e tuttavia dobbiamo batterci tutti senza perdere fiducia o venir meno al nostro dovere, finché l'oscura maledizione di Hitler scomparirà dalla nostra epoca».

Quella sera ricordò a Ismay che «tutti devono tener pronta la maschera antigas». Molte maschere dovevano essere revisionate e occorreva passare subito all'azione. Il giorno seguente, deciso a non lasciar tranquille le forze di occupazione di Hitler, invitò Hugh Dalton a assumere la direzione di «un nuovo strumento bellico», lo Special Operations Executive, poi conosciuto con l'acronimo SOE, per coordinare la sovversione e il sabotaggio contro i tedeschi oltre Manica. «E ora», gli disse, «diamo fuoco all'Europa». Quest'attività si sarebbe rivelata ardua, pericolosa, spesso ingrata, e molte volte i tedeschi riuscirono a spuntarla, ma nell'arco di tre anni una rete formidabile di strutture e agenti si era insediata in quasi tutte le regioni d'Europa occupate dai tedeschi, organizzando vie di fuga per gli aviatori e i soldati alleati, svolgendo un'opera di soccorso e raccogliendo informazioni in collaborazione con i patrioti locali, formando e armando gruppi di sabotatori, preparando le forze della resistenza per il giorno dello sbarco degli eserciti alleati, sia in Italia sia in Europa settentrionale, e a tempo debito in Birmania, in Malacca e nelle Indie occidentali olandesi, quando sarebbe stata necessaria un'azione dietro le linee.

Il 24 agosto, le bombe tedesche colpirono per la prima volta in pieno giorno il centro di Londra; il giorno seguente 80 bombardieri inglesi colpirono per rappresaglia Berlino. Il 26 agosto Churchill lesse in una nota del ministero dell'Aeronautica che il prossimo bersaglio previsto era Lipsia. Non era d'accordo: «Ora che hanno cominciato a tormentare la capitale», disse ai capi di stato maggiore, «voglio che colpiate duro e Berlino è il posto giusto».

Nei dodici giorni seguenti non meno di 600 bombardieri tedeschi martellarono quotidianamente le città e gli aeroporti inglesi. Churchill osservava spesso le incursioni dal tetto di uno degli edifici del governo a Whitehall, ma capiva che poteva fare ben poco per pesare sulla battaglia nei cieli, la battaglia di un pilota contro un altro. «Ogni sera», confidò a Colville il 27 agosto, «mi presento alla Corte Marziale per accertare se ho fatto qualcosa di concreto durante il giorno. Non intendo soltanto consumare il pavimento, chiunque è in grado di sbrigare le carte, ma qualcosa di realmente concreto».

Il 28 agosto ispezionò le difese costiere di Dover e Ramsgate e, osservando gli effetti dei bombardamenti tedeschi, diede ordine di «risarcire completamente» tutti i civili le cui case erano state danneggiate o distrutte. Ordinò inoltre di colmare con maggiore celerità i crateri delle bombe negli aeroporti costieri. Era energico, mai brusco o scontroso; il membro di una missione americana che aveva condotto con sé lo ringraziò non solo per l'ispezione ma anche per essere stato, «nonostante le responsabilità, un ospite tanto gentile».

Il 13 settembre, con l'intensificarsi dei bombardamenti su Londra, il Gabinetto di guerra e il Comitato di difesa si riunirono in alcune sale fortificate nel sottosuolo. Queste Central War Rooms, poi ribattezzate Cabinet War Rooms, si trovavano sotto la sede del vecchio ministero del Commercio davanti a St. James's Park, una solida costruzione eretta poco prima della prima guerra mondiale. La necessità di questa precauzione diventò evidente due giorni dopo, quando nel corso della giornata 230 bombardieri e 700 caccia nemici sorvolarono la costa e si diressero su Londra.

Era domenica; a metà mattina, quando fu annunciata la prima ondata dell'aviazione nemica, fu chiaro che si trattava di un attacco in forze. Poco prima di mezzodì Churchill si trasferì con Clementine e sua nuora Pamela al quartier generale dell'11° gruppo a Uxbridge per seguire l'andamento della battaglia aerea. L'addetto al controllo nella sala operazioni sotterranea era il tenente colonnello Eric Douglas-Jones. Era un momento critico e a un certo punto Churchill gli chiese: «Buon Dio, tutte le nostre forze sono decollate. Che cosa facciamo adesso?». Se fosse arrivata un'altra ondata di bombardieri e caccia nemici, non ci sarebbero più state riserve per respingerli. Douglas-Jones gli rispose fiducioso: «Ebbene, signore, possiamo solo sperare che le squadriglie si riforniscano il più rapidamente possibile e tornino su».

Arrivò una nuova ondata di aerei tedeschi; tutte le luci rosse del quadro di controllo erano accese, il che significava che ogni aereo disponibile era in cielo per combattere il nemico. Rivolgendosi al vicemaresciallo dell'aria Park, Churchill gli chiese: «Altre riserve?» «Nessuna», fu la risposta.

Il cessato allarme suonò alle 3,50; uscendo dalla sala Churchill batté sulla spalla di Douglas-Jones dicendogli «ottimo lavoro». Pamela avrebbe ricordato che mentre tornavano ai Chequers egli «era assolutamente, totalmente esausto, quasi che avesse respinto di persona i bombardieri tedeschi». Quando arrivarono ai Chequers, un'ora e mezzo dopo, si mise sugli occhi la fascia di raso nero che usava quando voleva schiacciare un sonnellino e si addormentò.

Alle otto di sera, quando si svegliò, apparve evidente non solo che i tedeschi non erano riusciti a sopraffare la resistenza dei caccia inglesi, ma anche che avevano subito perdite tali, esattamente 59 bombardieri, che altre battaglie aeree di quelle dimensioni li avrebbero paralizzati. La Battaglia d'Inghilterra, che viene tuttora festeggiata il 15 settembre, era vinta. I bombardamenti continuarono, ma da quel momento la fiducia e la forza degli inglesi crebbero giorno dopo giorno.

Dato che neppure la residenza di Downing Street era sicura, il 16 settembre Churchill si trasferì con sua moglie e i suoi aiutanti in un'ala del ministero del Commercio, non sottoterra come le Central War Rooms ma sopra, che dava su St. James's Park ed era stata fortificata all'interno con sbarre d'acciaio e all'esterno con imposte d'acciaio che bisognava chiudere quando cominciava un'incursione. Queste sale, chiamate «la Dipendenza del n°10», una delle quali era stata trasformata in sala delle mappe, furono il suo quartier generale operativo per il resto della guerra. Mangiava e dormiva lì, e a quanto si sa scese nel sottosuolo per la notte solamente tre volte.

Il 17 settembre, il giorno dopo il trasferimento alla «Dipendenza del n°10», Churchill intervenne ai Comuni. «Sono sicuro, come lo sono che domani sorgerà il sole, che ne usciremo vittoriosi». Nessun problema militare o civile scuoteva la sua fiducia, anche se continuavano a arrivare cattive notizie; quel giorno in Africa settentrionale gli italiani avevano varcato il confine con la Libia, penetrando per 60 miglia in Egitto; 77 bambini che venivano evacuati in Canada e 72 tra gli adulti e i marinai che li accompagnavano erano morti quando la nave su cui viaggiavano, la *City of Benares*, era stata silurata.

La sera del 16 settembre i tedeschi iniziarono un crudele bombardamento indiscriminato su Londra, sganciando le bombe col paracadute; le bombe scendevano al suolo senza che fosse possibile dirigerle contro bersagli militari o strategici. Due giorni dopo questo attacco si ripeté e il giorno seguente Colville annotò sul diario che Churchill si faceva «sempre meno benevolo verso i tedeschi, perché è scosso dal terrore che hanno seminato a Wandsworth, dove è stato, e parla di castrarli!».

Da due mesi si andava preparando la prima offensiva da quando Churchill era stato nominato primo ministro: un attacco, lanciato per conto del generale de Gaulle e del movimento per la liberazione della Francia, contro il porto africano francese di Dakar. Churchill sperava che le autorità francesi di Dakar voltassero le spalle a Vichy per schierarsi con de Gaulle, segnando il primo successo oltremare del suo movimento, e affermò che occorreva «sostenere in ogni modo i preparativi del generale de Gaulle per installarsi in Africa occidentale». Dopo qualche esitazione i capi di stato maggiore accettarono che fossero le truppe inglesi a condurre l'attacco. Il 15 settembre, saputo che alcune navi da guerra di Vichy avevano rinforzato la guarnigione di Dakar, Churchill ordinò di sospendere l'azione, ma due giorni dopo sia Chamberlain sia Eden si pronunciarono a favore dell'attacco nella riunione del Gabinetto di guerra. Come in molti altri casi, Churchill sarebbe stato poi accusato di scarsa prudenza, anche se le cose stavano ben diversamente.

L'attacco, lanciato il 23 settembre, fu un fiasco. Le forze di Vichy si batterono tenacemente e la loro artiglieria colpì la corazzata *Resolution* e l'incrociatore *Cumberland*. La spedizione fu sospesa; Churchill, seppure costernato, non si piegò e quella sera, dopo aver ordinato un attacco su Berlino con un centinaio di bombardieri pesanti e averne lanciati 50 contro le chiatte e altre installazioni tedesche nei porti della Manica, disse a Colville: «Dategli quel che si meritano. Ricordatelo. Mai colpire il nemico a metà».

26
L'INGHILTERRA ALLO STREMO

Le incursioni aeree tedesche erano incessanti; il 14 ottobre, mentre Churchill cenava in una saletta ben protetta sul retro di Downing Street, una bomba cadde sulla Horse Guards Parade. Churchill ordinò immediatamente al maggiordomo, al cuoco e alla servitù di portargli tutto il pasto, di lasciare la cucina e rifugiarsi nello scantinato. Tre minuti dopo un'altra bomba cadde a cinquanta metri di distanza, nel cortile dalla parte del ministero del Tesoro, distruggendo completamente la cucina. La previdenza del primo ministro aveva salvato il personale. Due giorni dopo un'altra bomba colpì il cortile, uccidendo quattro persone rifugiatesi in un seminterrato del ministero del Tesoro. Il 17 ottobre, mentre nella sola Londra i morti tra i civili erano diecimila, nella sala fumatori della Camera un deputato gli chiese di scatenare rappresaglie ed egli rispose: «Questa è una guerra militare e non civile. Voi e molti altri potete volere la morte di donne e bambini. Noi vogliamo (e il nostro desiderio si realizza) distruggere obiettivi militari tedeschi. Capisco bene i vostri sentimenti, ma il mio motto è "prima il dovere poi il piacere"».

Il 21 ottobre Churchill seppe che era stato affondato il 500° mercantile inglese, per una perdita totale di oltre due milioni di tonnellate di merci. «Questo angustia molto il primo ministro», osservò Colville. Quel giorno gli aerei tedeschi attaccarono nell'Atlantico due convogli di mercantili provenienti dal Canada e affondarono 17 navi di uno dei convogli e 14 dell'altro. La sera, mentre su Londra piovevano le bombe, Churchill parlò per radio alla Francia dalle Central War Rooms, dicendo agli ascoltatori: «A Londra aspettiamo l'invasione da tempo minacciata. Così stanno le cose».

L'11 novembre l'opinione pubblica esultò per l'attacco lanciato dagli aerosiluranti della marina contro la flotta italiana all'ancora a Taranto; furono affondate tre delle sei corazzate italiane e si trattò della prima vittoria navale inglese da quando Churchill era primo ministro. Egli riferì subito la vittoria a Roosevelt, il cui ministro della Marina, Frank Knox, suggerì di prendere immediate misure cautelative per proteggere Pearl Harbor, dove a suo giudizio «il pericolo maggiore è rappresentato dai siluri aerei». Aveva ragione: anche i giapponesi impararono la lezione di Taranto e un anno dopo i loro aerosiluranti avrebbero trovato la flotta all'ancora quando attaccarono Pearl Harbor.

La sera della vittoria inglese a Taranto Churchill stava scrivendo il necrologio parlamentare di Neville Chamberlain, scomparso il giorno prima. Il suo discorso fu un tentativo commovente di comprendere tutto ciò per cui Chamberlain si era battuto. «È ottimo», gli disse Kathleen Hill quando glielo dettò; rispose: «Beh, naturalmente avrei potuto scrivere tutto l'opposto».

Il 14 novembre Churchill fu tra coloro che ressero il drappo funebre durante le esequie di Chamberlain nell'abbazia di Westminster. Tornato a Downing Street e alla guerra, telegrafò a Wavell: «È arrivato il momento di assumerci rischi e colpire gli italiani per terra, cielo e mare». Poi, finito di pranzare, partì in automobile per il secondo fine settimana a Ditchley Park, la residenza a nordovest di Oxford. Viaggiava da neppure cinque minuti quando, scorrendo i documenti urgenti che uno dei segretari privati gli aveva consegnato prima che partisse, lesse l'ultima analisi del servizio informazioni dell'Aeronautica sui prossimi obiettivi dei bombardieri tedeschi. Sembrava pressoché certo che quella sera ci sarebbe stata un'incursione in forze di cui non si conosceva ancora l'obiettivo, anche se vari rapporti precedenti indicavano che il bersaglio successivo sarebbe stata Londra. Ordinò subito all'autista di tornare indietro e di riportarlo a Downing Street. Non intendeva trascorrere «tranquillamente in campagna» la notte «mentre la metropoli viene pesantemente colpita», disse a uno dei segretari.

Alle quattro meno dieci del pomeriggio i servizi di informazioni seppero che erano stati captati i segnali circa il bombardamento di quella sera, che indicavano Coventry. Furono subito fatti decollare i bombardieri inglesi per colpire gli aeroporti da cui sarebbe partito l'attacco, mentre sopra la stessa Coventry volava in continuazione una squadra di caccia, in alcuni momenti un centinaio. Tre ore e mezzo dopo arrivarono 350 bombardieri tedeschi. Fu la più massiccia incursione su un centro di produzione di munizioni. Le difese antiaeree della città, appena rafforzate grazie all'iniziativa di Churchill e messe in allarme dagli avvisi del ministero dell'Aeronautica, costrinsero gli attaccanti a volare molto in alto. Il fuoco della contraerea, messa parimenti in stato di allerta, fu più intenso di quanto fosse mai accaduto a Londra in una singola sera. Ma, oltre ai danni arrecati alle fabbriche di munizioni, una tempesta di fuoco colpì il centro cittadino uccidendo 568 civili e distruggendo la cattedrale.

La nuova offensiva aerea dei tedeschi continuò per una settimana, provocando la morte di 484 civili a Londra e di 228 a Birmingham. Grazie ai successi dei servizi di informazioni fu possibile individuare ogni volta l'obiettivo e predisporre misure difensive, come era stato fatto a Coventry. Tuttavia i danni provocati dalle bombe erano pesanti e a Londra tra gli edifici colpiti ci furono sette ospedali. La rappresaglia non si fece attendere: il

16 novembre fu bombardata Berlino e il 18 Amburgo. I civili tedeschi uccisi furono 233.

Occorrevano sempre di più una guida e un'ispirazione forti; l'8 dicembre, durante un'incursione in cui morirono 85 civili, i bombardieri tedeschi distrussero una parte della Camera dei Comuni, ma due giorni dopo Churchill poté annunciare il successo dell'offensiva di Wavell in Africa occidentale; erano stati fatti prigionieri più di 500 soldati italiani. 24 ore dopo il numero di prigionieri era salito a 7.000, tra cui tre generali. «Si ha la sensazione crescente», telegrafò Churchill al feldmaresciallo Smuts, «che la malvagità non trionferà».

Intanto i rapporti con Roosevelt erano arrivati a un punto critico, quasi di rottura. Molte richieste inglesi pressanti di materiale bellico non erano state accolte dal presidente americano. La mancanza di fondi della Gran Bretagna si rivelava un ostacolo serio. Il costo delle armi acquistate a dicembre, gennaio e febbraio era pari a 1.000 milioni di dollari, ma le riserve auree e la bilancia valutaria erano stati intaccati da un anno di spese per la guerra, tanto che ammontavano a soli 574 milioni di dollari. Gli americani avevano sì proposto di equipaggiare dieci divisioni inglesi ma, spiegò Churchill ai colleghi del Gabinetto di guerra, volevano un anticipo di 257 milioni di dollari, da pagare con le riserve auree che si stavano rapidamente esaurendo. Roosevelt aveva addirittura mandato una nave da guerra nella base navale di Simonstown, vicino a Città del Capo, per riscuotere 50 milioni di sterline di riserve auree inglesi depositate in Sudafrica.

Il primo impulso di Churchill fu di protestare energicamente; una mossa del genere, scrisse in una lettera a Roosevelt che poi decise di non spedire, «ricorda uno sceriffo che incassa gli ultimi beni di un debitore impotente». Non era «opportuno che una nazione si consegni completamente nelle mani di un'altra». Il messaggio che poi inviò il 31 dicembre 1940 era fermo ma conciliante. La Gran Bretagna doveva sapere, e presto, in che modo l'America voleva essere pagata. Due giorni dopo aver mandato questa richiesta, seppe che una nave che trasportava sette milioni e mezzo di cartucce americane era affondata a seguito di una collisione con un'altra nave dello stesso convoglio. Questo «duro colpo», come lo definì, quasi cancellò il sollievo e il piacere per un'altra vittoria di Wavell, la presa del porto libico di Bardia il 4 gennaio, con la cattura di 45.000 prigionieri e 462 pezzi pesanti. Due giorni dopo Wavell giunse alle porte di Tobruk.

Mentre la popolazione gioiva per la vittoria, egli venne a conoscenza di un nuovo pericolo: un messaggio segretissimo dell'Aeronautica tedesca, decifrato e consegnatogli il 9 gennaio, indicava che i tedeschi si preparavano a invadere la Grecia. Fino a quel momento i greci erano riusciti ad arrestare l'attacco italiano e a ricacciare l'invasore al di là del confine con l'Albania, ma se fosse intervenuta la Germania sarebbe mutato l'intero equilibrio nei

Balcani, nell'Egeo e nel Mediterraneo orientale. Anche la Turchia, neutrale, sarebbe stata tentata di unire la propria sorte a quella della Germania, cedendo alle sue insistenze. La Gran Bretagna avrebbe dovuto sottrarre risorse all'esercito vittorioso di Wavell, che si sarebbe ritrovato a mal partito, per difendere un alleato; «Adesso la prosecuzione della campagna di Libia deve passare in secondo piano», secondo il primo ministro. Eden si disse d'accordo.

In Africa occidentale proseguiva l'avanzata verso occidente. Nella battaglia di Beda Fomm, durante la prima settimana del febbraio 1941, furono fatti prigionieri 130.000 soldati italiani. L'8 febbraio tutta la Cirenaica era in mano agli inglesi e quello stesso giorno la Camera americana dei Rappresentanti approvò con 260 voti contro 165 la Legge Affitti e Prestiti. Restava ancora il voto del Senato. Parlando alla radio il 9 febbraio, per la prima volta dopo cinque mesi, Churchill parlò della «possente ondata» di solidarietà, buona volontà e aiuti concreti che aveva «cominciato ad attraversare» l'Atlantico. Il suo messaggio a Roosevelt era:«Abbiate fiducia in noi. Dateci fiducia e la vostra benedizione e, così voglia la Provvidenza, tutto andrà bene. Non esiteremo né ci tireremo indietro, non ci mostreremo deboli né ci stancheremo. Non ci abbatteranno né il divampare della battaglia né le lunghe fatiche della vigilanza. Dateci gli strumenti e porteremo il lavoro a buon fine».

Il feldmaresciallo Smuts gli inviò dal Sudafrica un messaggio: «Ogni comunicato radio è una battaglia». L'11 febbraio Churchill scrisse ai capi del Comitato di stato maggiore che intendeva fare della Cirenaica «l'inizio di un'Italia libera» sostenuta dalla Gran Bretagna, con una bandiera propria; doveva servire a creare «una vera spaccatura in Italia e favorire la propaganda antimussoliniana». Si potevano addestrare e insediare nel paese quattro o cinquemila soldati italiani «che giurino di liberare l'Italia dal giogo dei tedeschi e di Mussolini». Il giorno dopo aver messo per iscritto il progetto per discuterlo con i capi di stato maggiore, giunse a Tripoli il generale tedesco Erwin Rommel con l'ordine di cacciare gli inglesi dalla Cirenaica.

Nel frattempo procedevano i piani tedeschi per invadere la Grecia e stringere alleanza con la Iugoslavia. Il 22 marzo Churchill mandò a Cvetkovic, il primo ministro iugoslavo, un lungo e appassionato appello affinché restasse neutrale, mantenendo realmente indipendente la Iugoslavia. «Ci sono soltanto 65 milioni di tedeschi malvagi», gli scrisse, «la più parte dei quali già impegnati a reprimere austriaci, cechi, polacchi e molti altri popoli antichi che oggi essi tiranneggiano e depredano. I popoli dell'impero britannico e degli Stati Uniti assommano a quasi 200 milioni di persone, contando solo la madrepatria e i dominion britannici». Il suo appello fu respinto e due giorni dopo Cvetkovic era a Berlino per firmare un patto con Hitler. Churchill ratificò subito la proposta del SOE di mobilitare l'opinione pubblica antitedesca di Belgrado e diede ordine all'ambasciata britannica nella capitale di fare il possibile per mettere in guardia gli elementi filotedeschi sulla loro scelta. «Continuate a punzecchiare, tormentare, morsicare», scrisse il 26 marzo all'ambasciatore Sir Ronald Campbell. «Chiedete udienza. Non accettate che vi rispondano di no. Stategli addosso e fate notare che i tedeschi danno già per scontato l'asservimento del paese». Durante la sera la fazione antitedesca si impadronì di Belgrado e Churchill commentò: «La Iugoslavia ha ritrovato il suo coraggio».

L'esercito tedesco andava ammassando da parecchi mesi le sue forze lungo il confine con l'Unione Sovietica, ma per costringere la Iugoslavia a stringere un patto con la Germania parte di queste forze era stata spostata nei Balcani. Ora, dopo il rovesciamento del governo filotedesco di Belgrado, Hitler decise di invadere il paese e il 6 aprile, Domenica delle Palme, i suoi bombardieri colpirono Belgrado; in questa incursione, una delle più spietate della guerra, morirono diverse migliaia di civili.

Lanciata l'offensiva, il 13 aprile le forze tedesche occuparono Belgrado, mentre in Grecia le truppe tedesche attaccavano la Linea Aliakmon e nel lontano Iraq il filotedesco Rashid Ali, che dieci giorni prima aveva preso il potere a Bagdad, assediava la base della Royal Air Force di Habbaniya, minacciando gli approvvigionamenti di petrolio della Gran Bretagna in Medio Oriente. In Libia le forze di Rommel si avvicinavano a Tobruk; il 16 aprile furono bombardati gli arsenali di Belfast e inflitti danni notevoli alla città; morirono 675 civili. La sera seguente 450 bombardieri tedeschi piombarono su Londra, in una delle più massicce incursioni sulla capitale, uccidendo 1.180 persone e ferendone gravemente più di 2.000.

Il 17 aprile, dopo undici giorni di battaglia contro forze soverchianti, l'esercito iugoslavo si arrese ai tedeschi. Il giorno dopo si suicidò a Atene il primo ministro greco. Gli inglesi avevano già deciso di ritirarsi dalla Grecia a Creta non appena fosse diventato impossibile difendere la Linea Aliakmon, per creare una quinta zona di guerra nel Mediterraneo orientale e nel Medio Oriente. Alla domanda del comandante dell'Air Force in Medio Oriente su quale zona di guerra doveva avere la priorità nelle operazioni aeree, Churchill, consultati i capi di stato maggiore, rispose: «Prima la Libia, poi l'evacuazione dei soldati dalla Grecia; le forze navali di Tobruk non indispensabili alla vittoria devono essere utilizzate secondo l'opportunità, l'Iraq può essere ignorato, di Creta ci occuperemo in seguito».

L'evacuazione dalla Grecia iniziò il 24 aprile e per una settimana i bombardieri tedeschi colpirono le navi per il trasporto delle truppe, uccidendo migliaia di uomini, di cui 650 su due cacciatorpediniere che li avevano ripescati in mare. Furono evacuati 50.000 uomini e 11.500 fatti prigionieri. Il 23 aprile la quindicenne principessa Elisabetta scrisse a Churchill: «Temo che ultimamente abbiate passato momenti molto difficili, ma sono certa che presto le cose cominceranno a migliorare». Quattro giorni dopo, nel momento peggiore vissuto dall'Inghilterra dopo l'estate, Churchill dichiarò alla radio di aver fiducia nell'esito finale. «Nessun uomo avveduto e previdente può dubitare della sconfitta finale e totale di Hitler e Mussolini, alla luce della comune, dichiarata determinazione delle democrazie inglese e americana». Inglesi e americani avevano «maggior ricchezza e più risorse tecniche e producono più acciaio del resto del mondo messo insieme». Erano decisi a «non permettere che dittatori criminali calpestino la causa della libertà o arrestino la marcia del progresso del mondo». Durante la cena, quando il direttore delle operazioni militari del ministero della Guerra generale Kennedy disse che avrebbe potuto rendersi necessaria l'evacuazione dell'Egitto, egli «si infuriò tanto», osservò uno dei presenti, che «non fu facile calmarlo».

Le incursioni tedesche sull'Inghilterra proseguivano con immutata violenza; il 2 maggio Churchill visitò le zone bombardate di Plymouth. In cinque giorni di incursioni su Liverpool furono affondati 20 mercantili. Ma il primo ministro continuava a ostentare fiducia e il 7 maggio dichiarò alla Camera che, ricordando i pericoli superati e tutto ciò che era andato male e anche ciò che era andato bene, «sono certo che non dobbiamo temere la tempesta. Che infuri, che muggisca. Ne usciremo indenni».

Per tre notti gli incendi illuminarono il cielo londinese, ma la sera del 10 maggio, nel pieno di un bombardamento terribile, fu informato che gli Stati Uniti avrebbero messo a disposizione un terzo delle loro attrezzature per l'addestramento dei piloti. Una settimana dopo gli italiani in Africa orientale si arresero e Rommel fu ricacciato di 45 chilometri. Ma gli inglesi sapevano, grazie ai radiomessaggi segreti del nemico, che la macchina bellica tedesca si sarebbe scatenata contro Creta. L'attacco iniziò il 20 maggio e, mentre infuriava la battaglia, nell'Atlantico del nord il *Prince of Wales* e lo *Hood* si misero in caccia della *Bismarck* e del *Prinz Eugen*.

Churchill attese ai Chequers notizie sulle battaglie nell'isola e nell'oceano e nelle prime ore del mattino del 24 maggio seppe che lo *Hood* era stato affondato, causando la morte di 1.500 uomini. Tre giorni dopo, subito dopo aver finito di parlare ai deputati in seduta nella vicina Church House perché la Camera era devastata dalle bombe, ricevette una comunicazione; si alzò di nuovo e disse: «Ho avuto testé notizia che la *Bismarck* è affondata». Nell'affondamento erano morti circa 2.000 marinai tedeschi.

Il giorno stesso Wavell ordinò di evacuare Creta. Nonostante la tenace, decisa resistenza alleata, le forze aeree tedesche di stanza in Grecia furono il fattore decisivo per l'esito della battaglia, nel corso della quale caddero più di 4.000 difensori, molti dei quali fatti a pezzi dalle bombe tedesche da 500 libbre. In 4 giorni furono evacuati 16.500 uomini ma, con l'intensificarsi degli attacchi aerei tedeschi contro i porti in cui avveniva l'imbarco, 5.000 uomini non ebbero altra scelta che arrendersi. Nella battaglia navale caddero più di duemila tra ufficiali e soldati della Royal Navy e anche altre forze navali alleate subirono pesanti perdite.

Churchill, per restare un po' solo, trascorse la sera del 1° giugno a Chartwell; qui ritrovò in fretta l'ottimismo e apprese con sollievo che Roosevelt aveva accettato di occupare l'Islanda con le sue truppe, il che avrebbe consentito ai soldati inglesi di stanza ivi di combattere in Medio Oriente, e di inviare materiale bellico inglese in Egitto su navi battenti bandiera americana. Il materiale comprendeva 200 carri armati prodotti dall'esercito americano, 24 cannoni antiaerei, 700 autocarri da dieci tonnellate, munizioni e apparecchiature idriche.

Il 6 giugno ebbe un nuovo motivo di rallegrarsi quando vide atterrare in un aeroporto dell'Inghilterra meridionale la prima fortezza volante americana. Due giorni dopo gli arrivò un'altra buona notizia, cioè che le forze alleate avanzavano nella Siria occupata da Vichy. Quel giorno scrisse a suo figlio: «Mi sento più sicuro che mai che annienteremo Hitler e la sua banda di nazisti». Il 10 giugno dichiarò ai Comuni che la battaglia di Creta era stata caratterizzata da «un'asprezza e una violenza quali mai i tedeschi hanno incontrato nella loro marcia in Europa».

Il 10 giugno gli fu consegnato un rapporto dei servizi di informazioni sui più recenti radiomessaggi segreti del nemico, che fornivano l'esatta disposizione di un numero considerevole di unità tedesche ammassate lungo il confine con l'Unione Sovietica. Diede disposizione di inoltrare l'informazione a Stalin e l'ordine fu eseguito il giorno seguente.

27
LA GUERRA SI ESTENDE

Churchill fu informato dell'invasione della Russia alle otto del mattino del 22 giugno 1941 e il suo primo commento fu: «Dite alla BBC che parlerò alla radio alle nove di questa sera». Per tutta la giornata preparò il discorso, consultandosi con numerosi colleghi. La sensazione generale era che i russi sarebbero stati rapidamente sconfitti; sia Sir John Dill sia l'ambasciatore americano Gilbert Winant, che rimasero per tutto il giorno ai Chequers, espressero il parere che la Russia non avrebbe resistito sei settimane. Altri, tra cui Eden e Sir Stafford Cripps, la pensavano allo stesso modo. Churchill ascoltò i loro ragionamenti e concluse la discussione osservando: «Scommetto una *scimmia* contro una *trappola per topi* che i russi staranno ancora combattendo, e vittoriosamente, tra due anni».

Il primo ministro offriva una posta di 500 a 1 sulla resistenza della Russia; infatti la "scimmia" indicava nel gergo dell'ippica 500 sterline e la "trappola per topi" una sovrana. Nove anni dopo Colville gli scrisse di aver annotato le sue parole «perché pensavo che fosse una profezia davvero azzardata e perché era un punto di vista completamente diverso da quello espresso da tutti gli altri».

Churchill non aveva dubbi su quale dovesse essere la risposta del suo paese all'attacco tedesco: «Nessuno, negli ultimi venticinque anni, ha combattuto più coerentemente di me il comunismo», disse alla radio, «né intendo ritrattare una sola parola da me pronunciata al riguardo; ma tutto ciò svanisce di fronte allo spettacolo che si sta compiendo e che fa impallidire il passato con i suoi crimini, le sue follie, le sue tragedie». Hitler sperava di sconfiggere la Russia prima dell'inverno per poi lanciare le sue forze contro la Gran Bretagna «prima che possano intervenire la marina e l'aviazione degli Stati Uniti». Il pericolo che correva la Russia era pertanto lo stesso pericolo nostro e degli Stati Uniti, come la causa del russo che combatte per il focolare e la casa è la causa degli uomini e dei popoli liberi in ogni angolo del globo». Ogni individuo o stato «che combatte il nazismo avrà il nostro aiuto. Daremo tutto l'aiuto possibile alla Russia».

Mantenne la sua parola. Il 23 giugno, nel tentativo di alleviare per quanto possibile la pressione sul fronte russo, autorizzò una serie di massicce incursioni aeree sulle installazioni militari e navali tedesche in Francia settentrionale. Quest'iniziativa, dichiarò l'ambasciatore sovietico Ivan Maiskij, aveva soddisfatto i russi; «WSC si è mosso con grande rapidità per prevenire qualunque ambiguità nel Gabinetto e in parlamento», scrisse sul diario Berkeley.

Il 27 giugno i crittografi di Bletchley scoprirono la chiave del cifrario usato dall'esercito tedesco sul fronte orientale e 24 ore dopo Churchill diede ordine di consegnare a Stalin i frutti di questo prezioso lavoro, cosa che fu fatta con ogni cautela per non farlo capire ai tedeschi. L'informazione che Stalin ricevette fu della massima importanza in quanto permise ai suoi comandanti di conoscere in anticipo, allora e nei mesi seguenti, alcune iniziative tra le più minacciose dei tedeschi.

Le incursioni tedesche sulla Gran Bretagna non erano cessate, così come quelle inglesi sulla Germania nel tentativo di ostacolare lo sforzo bellico tedesco contro la Russia; la sera del 7 luglio fu bombardata Francoforte, l'11 Wilhelmshaven e il 14 Hannover. Quella sera, parlando alla Mansion House, Churchill dichiarò: «Infliggeremo ai tedeschi quanto e più di ciò che essi ci hanno inflitto». Le sue parole furono interrotte da un lungo e fragoroso applauso. Proseguì lanciando una sfida diretta a Hitler: «Fa' pure del tuo peggio, noi faremo del nostro meglio». Due giorni dopo fu bombardata Amburgo.

Il 19 luglio, mentre le forze tedesche arrivavano a metà strada tra il confine tedesco-sovietico e Mosca, Stalin chiese a Churchill di prendere in considerazione l'eventualità di due offensive terrestri inglesi per alleviare la pressione sulla Russia, una in Norvegia e l'altra in Francia settentrionale. Egli sottopose entrambi i piani ai capi di stato maggiore che però li respinsero perché troppo rischiosi. Non dubitava che avessero ragione: tentare di sbarcare in forze in Francia, spiegò a Stalin il 20 luglio, «significherebbe esporsi a uno scacco cruento», mentre incursioni minori «provocherebbero altrettanti insuccessi che farebbero più male che bene a voi e a noi. Sarebbe tutto finito prima che i tedeschi spostassero una sola unità dal vostro fronte». Inoltre, «rammentate che abbiamo combattuto da soli per più di un anno e, sebbene le nostre risorse crescano e siano destinate a crescere d'ora innanzi rapidamente, stiamo facendo il massimo sforzo sia in patria sia in Medio Oriente»; la battaglia dell'Atlantico «da cui dipende la nostra esistenza» e il movimento dei convogli, sottoposti a incessanti attacchi aerei e sottomarini, «assorbono all'estremo limite le nostre risorse navali, per quanto grandi».

Ciò che si poteva fare era già stato fatto, aggiunse. I sottomarini inglesi e un posamine erano già in viaggio verso l'Artico e di lì a poco sarebbe partita anche una squadriglia di caccia. Cinque giorni dopo il Gabinetto di guerra acconsentì a inviare in Russia 200 caccia, 60 dei quali sarebbero stati prodotti negli Stati Uniti per conto della Gran Bretagna. I caccia, spiegò a Stalin, venivano mandati anche se ciò significava «intaccare seriamente le nostre risorse aeree». Sarebbero stati forniti, come aveva chiesto Stalin, anche tre o quattro milioni di paia di stivali nonché grandi quantità di gomma, stagno, legna, stoffa, iuta e piombo. Nei settori in cui la Gran Bretagna era scarsa di scorte, spiegò il primo ministro al leader russo, avrebbe chiesto agli Stati Uniti di provvedere. Gli aiuti alla Russia esigevano un aggravio di lavoro, e la possibilità di una sconfitta russa suscitava ulteriori preoccupazioni. Il rappresentante inglese in Medio Oriente, Oliver Lyttelton, il 21 luglio avvertì Churchill che se la Russia fosse «crollata in breve tempo», gli inglesi sarebbero stati cacciati dall'Egitto e costretti a battersi sulla difensiva in Palestina, se non in Siria.

A fine agosto forze inglesi e sovietiche penetrarono in Persia al fine di garantire una rotta sicura per far affluire rapidamente in Russia i rifornimenti americani. I russi occuparono la regione settentrionale del paese, compresa la capitale Teheran, e gli inglesi la metà meridionale, compresi i campi petroliferi che nel 1914 Churchill aveva acquistato per il suo paese. Ma, forse, quest'iniziativa era tardiva. Il 1° settembre le truppe tedesche giunsero a meno di 200 miglia da Mosca; in un messaggio a Stalin del 6 settembre Churchill promise di inviargli metà degli aerei e dei carri armati chiesti dalla Russia, e di chiedere agli americani di inviare l'altra metà. Nel frattempo, gli scrisse, «continueremo a colpire la Germania dal cielo con crescente intensità, a tenere sgombri i mari e a sopravvivere».

Una frase di questo telegramma poteva apparire un pio desiderio o un tentativo di risollevare il morale russo: «Le informazioni in mio possesso mi fanno pensare che il punto culminante dell'invasione tedesca sia già stato superato e che l'inverno darà alle vostre eroiche armate il tempo di respirare», aggiungendo che si trattava solo di «un'opinione personale». Ma non era così: era il risultato di un accurato studio dei radiomessaggi segreti decifrati tra Berlino e il fronte orientale, da cui si deduceva che l'aviazione tedesca incontrava notevoli difficoltà di manutenzione e rifornimento. I messaggi confermavano inoltre altri rapporti secondo cui la Germania era preoccupata dal protrarsi della resistenza russa e temeva di non riuscire a soverchiarla prima dell'inverno.

Se la Germania non fosse riuscita a sconfiggere la Russia prima dell'arrivo del freddo, per quell'anno non avrebbe potuto lanciare la tanto temuta invasione della Gran Bretagna. Erano già trascorse tre settimane dal 1° settembre, il momento in cui l'Inghilterra aveva raggiunto la massima produzione. Quindi Churchill offrì a Stalin, se lo riteneva necessario, di inviare una forza consistente nel Caucaso al comando di Wavell per aiutare i russi ad arrestare un eventuale tentativo tedesco di arrivare ai pozzi di petrolio del Mar Caspio. Tuttavia, nell'ultima settimana di ottobre i messaggi segreti dei tedeschi rivelarono che il loro obiettivo per l'inverno era Mosca, non il Caucaso. Per quattro giorni a partire dal 21 ottobre Churchill autorizzò l'invio a Stalin di nove diversi dispacci, basati sulla decifrazione degli ordini tedeschi, che fornivano i particolari esatti delle disposizioni e intenzioni di Berlino circa il fronte di Mosca. Stalin non disponeva di altre fonti di informazioni su questi elementi cruciali.

Il 2 ottobre, dopo aver letto altri messaggi tedeschi consegnatigli in una scatola chiusa che fornivano i dettagli sull'ammassamento di forze terrestri e aeree tedesche sul fronte di Mosca, Churchill scrisse al colonnello Menzies, capo dei servizi segreti britannici: «Avete avvertito i russi di questo ammassamento in corso? Fatemi avere gli ultimi cinque messaggi che avete inviato al riguardo alle nostre missioni». A Londra Clementine si preparava a lanciare una campagna in soccorso della Russia, che nei primi dodici giorni raccolse una quantità di materiale sanitario, tra cui un milione di dosi di fenacetina, il più efficace antinevralgico allora esistente. Beaverbrook e Harriman stavano negoziando a Mosca un pacchetto enorme di aiuti militari, tra cui 1.800 caccia inglesi, 900 caccia e 900 bombardieri americani, da consegnare nei nove mesi seguenti, oltre a cannoni da marina, apparecchiature per individuare i sottomarini, cannoni antiaerei e autoblindo. Ogni mese sarebbe stato fornito più di un milione di metri di stoffa per l'esercito. Questo materiale sarebbe stato portato in Russia non solo attraverso la Persia ma anche seguendo la rotta artica, molto più veloce ma molto più pericolosa.

«Intendiamo alimentare un ciclo continuo di convogli che partano ogni dieci giorni», spiegò Churchill a Stalin il 4 ottobre. Il primo di essi, con 20 carri armati pesanti e 193 caccia, doveva arrivare ad Archangel'sk il 12 ottobre, e così fu. Otto giorni dopo, con l'esercito tedesco a soli 100 chilometri da Mosca, fu dato l'ordine, approvato da Churchill, di fornire per ogni carro armato spedito in Russia pezzi di ricambio per tre mesi, «qualunque sacrificio questo comporti».

Il 16 novembre il primo ministro, sperando che qualcuno condividesse la sua volontà di passare all'offensiva, chiese al generale Alan Brooke se era disposto a prendere il posto di Dill come capo di stato maggiore imperiale e rappresentante dell'esercito nel Comitato dei capi di stato maggiore. Brooke accettò; 45 anni prima suo fratello Victor, morto in combattimento nel 1914 durante la ritirata da Mons, era stato uno degli amici più stretti di Churchill nell'esercito; un altro fratello, Ronald, morto prematuramente nel 1925, era entrato con Churchill a Ladysmith nel 1900 la sera in cui era stato levato l'assedio. Ora un terzo fratello sarebbe rimasto vicino a lui giorno dopo giorno come amico, consigliere, collega, per tre anni e mezzo, una responsabilità gravosa e tuttavia un'associazione proficua. «Non prevedevo che sareste stato grato o entusiasta per l'arduo e preoccupante dovere al quale vi ho chiamato», gli scrisse Churchill il 18 novembre, «ma penso che la mia vecchia amicizia con Ronnie e Victor, compagni di giorni felici in cui eravamo subalterni e di passate guerre, crei un legame personale tra noi al quale si aggiungerà presto il cameratismo in eventi fatali».

Il mattino di quel giorno Auchinleck lanciò la sua offensiva in Africa occidentale contro le forze di Rommel. Al tramonto si era avvicinato di 75 chilometri alle forze britanniche assediate a Tobruk. I messaggi segreti di Rommel parlavano di serie carenze di carburante e carri armati; Churchill non solo lesse le decifrazioni dei messaggi, inviategli da Bletchley, ma dispose che ne fosse spedito un riassunto quotidiano in cifra segreta a Auchinleck. Tali informazioni permisero al generale di sostenere l'offensiva anche quando si trovò a corto di carri armati. Il quinto giorno di battaglia fu intercettato un messaggio segreto dei tedeschi che forniva i particolari sulla rotta di due navi che trasportavano carburante per aerei essenziale per le forze tedesche e italiane. Ventiquattr'ore dopo le due navi erano state affondate, riducendo così drasticamente i rifornimenti per l'aviazione di appoggio a Rommel.

Il 29 novembre le forze di Auchinleck raggiunsero Tobruk: l'assedio era finito. Il giorno stesso, alla foce del Don, le forze russe ricacciarono i tedeschi lungo la sponda settentrionale del Mare di Azov. Quindi per quell'inverno le forze tedesche non potevano arrivare nel Caucaso; il fronte meridionale russo aveva tenuto. Il giorno seguente Churchill compì 67 anni e tra più di cento telegrammi e lettere cui rispose di persona c'era quello di Stalin. Quattro giorni dopo, mentre il fronte in Africa occidentale cominciava a stabilizzarsi, meditò di inviare tre divisioni, per un totale di 12.000 uomini, sul fronte russo meridionale, «ovunque si trovi», qualora Stalin avesse preferito uomini ai rifornimenti. Ma il Comitato di difesa non voleva sottrarre forze al fronte africano, essendo deciso a proseguire l'offensiva, e a Churchill non rimase altra scelta che piegarsi alla sua volontà; il Gabinetto di guerra approvò la decisione. «La sola cosa che importa», telegrafò il 4 dicembre a Auchinleck, «è di colpire a morte Rommel e compagni».

Le notizie incoraggianti dalla Russia, da cui i tedeschi avevano prelevato alcune unità per far fronte all'offensiva inglese in Africa, furono guastate dalla ridda di voci sulla possibilità di un'azione militare del Giappone in Estremo Oriente. I territori inglesi, olandesi e siamesi erano nel raggio d'azione delle sue forze navali e aeree. Il 30 novembre Churchill aveva pregato Roosevelt di «scongiurare un minaccioso allargamento della guerra», ammonendo i giapponesi che un'aggressione a quei territori avrebbe determinato la dichiarazione di guerra da parte degli Stati Uniti, ma Roosevelt gli aveva risposto che per ragioni costituzionali non poteva offrire garanzie ad altri stati, suggerendo perciò che fosse la Gran Bretagna a rendersi garante per il Siam. Gli assicurò che questa mossa sarebbe stata «appoggiata di tutto cuore dagli Stati Uniti», senza però spiegare in che cosa consistesse l'appoggio. Il 2 dicembre Churchill affermò alla riunione del Gabinetto di guerra che la politica inglese non era «di prendere iniziative premature prima degli Stati Uniti».

Quindi non fu fatta nessuna dichiarazione pubblica di sostegno al Siam né a Londra né a Washington. Tuttavia il mattino di domenica 7 dicembre Churchill decise che se una forza d'invasione giapponese si fosse avvicinata al Siam, come sembrava probabile, unità navali e aeree inglesi avrebbero attaccato le navi giapponesi per il trasporto delle truppe. Poco dopo fu informato che Roosevelt aveva intenzione di annunciare tre giorni dopo, il 10 dicembre, che un'invasione giapponese dei territori inglesi, olandesi o siamesi sarebbe stata considerata dagli Stati Uniti un «atto ostile» contro l'America. «È un immenso sollievo», telegrafò subito a Auchinleck, «giacché ho temuto a lungo di dover entrare in guerra con il Giappone prima degli Stati Uniti o senza di loro».

La «forte flotta americana delle Hawaii», era stato detto al Gabinetto di guerra inglese sei settimane prima, avrebbe «dissuaso» i giapponesi dall'imbarcarsi in «qualche avventura» nel golfo del Siam. Nondimeno, poiché una grossa forza giapponese si era messa in movimento, telegrafò poco dopo mezzodì al primo ministro siamese: «Esiste la possibilità di un'imminente invasione giapponese del vostro paese. Se sarete attaccati difendetevi. La difesa dell'indipendenza e della sovranità del Siam è un interesse britannico e considereremo un attacco contro di voi come un attacco contro noi stessi».

Quella sera Churchill cenò ai Chequers con Averell Harriman e Gilbert Winant, l'ambasciatore americano in Gran Bretagna; proprio mentre cenavano l'aviazione giapponese lanciò l'attacco alla flotta americana all'ancora a Pearl Harbor. Gli aggressori rotearono per un'ora e mezzo sopra il porto, sganciando siluri e bombe e lasciandosi alle spalle quattro navi da guerra distrutte e duemila morti. Alle nove di sera, ora inglese, Churchill accese una radiolina per sentire il notiziario, che cominciò con informazioni dal fronte russo e libico, cui fece seguito qualche breve frase «su un attacco giapponese al naviglio americano alle Hawaii e anche su attacchi giapponesi a vascelli inglesi nelle Indie orientali olandesi».

Egli si mise subito in comunicazione telefonica con Roosevelt. «Signor presidente», gli chiese, «che cosa sono queste notizie sul Giappone?» «È vero», gli rispose Roosevelt; «ci hanno attaccato a Pearl Harbor. Adesso siamo nella stessa barca».

Pochi giorni dopo l'attacco giapponese a Pearl Harbor, Italia e Germania dichiararono guerra agli Stati Uniti; gli inglesi non dovevano più temere che l'America concentrasse il suo sforzo bellico contro il Giappone, riducendo le forniture alla Gran Bretagna. Con l'arrogante dichiarazione di Hitler l'America diventava di colpo uno dei belligeranti in Europa dopo oltre due anni di neutralità. «Sono enormemente sollevato dalla piega che hanno preso gli eventi», telegrafò Churchill a Roosevelt l'11 dicembre; il giorno stesso inviò un messaggio a Eden, in viaggio per Mosca: «Il coinvolgimento degli Stati Uniti ci favorisce, e con il tempo e la pazienza ci darà certo la vittoria».

Con l'entrata in guerra dell'America contro la Germania e l'Italia, Roosevelt decise di incontrare quanto prima Churchill, che il 12 dicembre partì da Londra con il treno della notte per il Clyde, dove si imbarcò sul *Duke of York* che lo avrebbe portato al di là dell'Atlantico. Durante il viaggio, costellato di violente tempeste, fu informato giorno per giorno dei vittoriosi contrattacchi russi a Leningrado e Mosca e sul Mare di Azov. «È impossibile descrivere il sollievo con cui ho appreso un giorno dopo l'altro delle fantastiche vittorie sul fronte russo», telegrafò a Stalin il 15 dicembre; «non mi sono mai sentito tanto sicuro dell'esito della guerra». Questo sollievo era dovuto in parte alla certezza che Hitler era così impegolato in Russia, e le sue armate costrette a combattere in territori orientali così lontani, in condizioni ambientali così terribili e subendo perdite tanto colossali, che il piano di invasione della Gran Bretagna nel 1942 doveva essere stato definitivamente accantonato.

Il 22 dicembre, dopo un viaggio di dieci giorni via mare, giunse a Hampton Roads e di lì volò a Washington. «C'era il presidente ad attendermi nella sua automobile; ho stretto la sua forte mano con un senso di conforto e con piacere». Sarebbe stato ospite di Roosevelt alla Casa Bianca per tre settimane. I colloqui cominciarono il primo giorno e si stabilì di pianificare uno sbarco congiunto anglo-americano nell'Africa settentrionale francese, «con o senza l'invito» di Vichy. Il giorno stesso i capi di stato maggiore inglesi e quelli americani, il Comando unito, decretarono dopo una vigorosa opera di persuasione di Pound, Brooke e Portal e con enorme sollievo di Churchill che il teatro atlantico-europeo era quello decisivo, che «la Germania è tuttora la chiave della vittoria», come era stato affermato durante i colloqui tra gli stati maggiori americano e inglese nel febbraio 1941, e che la sconfitta della Germania doveva avere la priorità su quella del Giappone.

Il 22 dicembre, mentre i colloqui tra Churchill e Roosevelt proseguivano, le forze giapponesi sbarcarono nelle Filippine ricacciando nella loro avanzata le truppe americane. Il 25, dopo 17 giorni di assedio, i difensori inglesi e americani di Hong Kong si arresero ai giapponesi. Frattanto a Washington Churchill e Roosevelt continuavano a elaborare una strategia comune di guerra: i bombardieri americani avrebbero colpito la Germania partendo da basi del Regno Unito; in Irlanda del Nord sarebbero state inviate truppe americane per consentire a quelle inglesi di stanza nel paese di combattere in Medio Oriente; se fossero cadute le Filippine, i soldati americani si sarebbero trasferiti a Singapore e una consistente forza americana sarebbe stata messa a difesa dell'Australia. Il 26 dicembre, prese queste decisioni, Churchill parlò a entrambe le Camere del Congresso. «Non posso fare a meno di pensare che se mio padre fosse stato americano e mia madre inglese e non viceversa, potrei avere qui la mia patria. In tal caso questa non sarebbe la prima volta che udite la mia voce».

Durante il pomeriggio i due capi di stato discussero i problemi di trasporto creati dalle loro decisioni e la sera Churchill informò i capi dello stato maggiore inglese che pensava a un accordo in base al quale il comando generale della guerra nel Pacifico sarebbe stato affidato a Washington e le operazioni in Atlantico, Europa e Africa settentrionale a Londra. Durante la notte, mentre era a letto alla Casa Bianca, decise di aprire la finestra perché faceva molto caldo. «Era incastrata», disse al suo medico, Charles Wilson, il giorno dopo; «ho dovuto usare molta forza e mi sono accorto subito che mi mancava il respiro. Ho sentito un dolore sordo sopra il cuore, che si è esteso al braccio sinistro».

Era stato vittima di un lieve attacco cardiaco. «La cura indicata dai manuali», scrisse nel diario Wilson, poi Lord Moran, «è di almeno sei settimane di letto. Ciò avrebbe significato rendere noto al mondo intero (ci avrebbero pensato i giornali americani) che il primo ministro era un invalido, debole di cuore e con un futuro incerto». Pertanto il medico decise di non farne parola neppure al suo paziente, al quale disse solamente: «Avete una circolazione un po' faticosa. Niente di grave. Non è necessario un riposo nel senso di restare a letto, ma per qualche tempo dovrete fare solo gli sforzi indispensabili».

Dopo aver fatto una breve visita in Canada nonostante l'indisposizione, Churchill tornò a Washington in treno e il 1° gennaio 1942 acconsentì a rendere pubblica una dichiarazione stilata da Roosevelt a nome delle «Nazioni Unite», i 26 stati che erano in guerra con la Germania e il Giappone o che erano stati da questi occupati, in cui si esprimeva la determinazione a conseguire una vittoria completa contro i due paesi. In seguito Churchill scrisse: «La dichiarazione non poteva certo vincere le battaglie, ma spiegava chi eravamo e per che cosa combattevamo». Il giorno seguente i due capi di stato presiedettero insieme una riunione per stabilire il livello della produzione bellica americana nel 1942 e 1943. Quindi, il 5 gennaio, Churchill andò in aereo da Washington in Florida per ristabilirsi, prendendo alloggio in un appartato villino a Pompano a nord di Miami.

Churchill trascorse cinque giorni in Florida nuotando nel mare caldo e dettando promemoria sulla politica bellica, compreso il rifiuto alla richiesta di Stalin di accorpare di nuovo gli stati baltici all'Unione Sovietica dopo la guerra. Tornato a Washington, stabilì con Roosevelt che i due paesi dovevano fornire 90.000 soldati ciascuno per uno sbarco nell'Africa settentrionale francese e che in caso di un'avanzata giapponese verso l'Australia Roosevelt avrebbe inviato 50.000 soldati americani a difesa di quel continente.

Le consultazioni si conclusero il 12 gennaio. Le ultime parole di Roosevelt furono: «Fidatevi di me fino in fondo». Quando, due settimane dopo, Churchill fece gli auguri al presidente americano in occasione del suo 60° compleanno, Roosevelt gli rispose: «È singolare essere nato nella vostra stessa decade». Lo stesso valeva per il loro alleato Stalin, che aveva appena festeggiato il 62° compleanno.

Il 14 gennaio Churchill partì da Washington in idrovolante per le Bermude, un volo di quattro ore nel corso del quale prese i comandi dell'aereo per una ventina di minuti: «Il primo ministro», scrisse il pilota, «chiese di poter fare un paio di virate un po' inclinate, e le fece con notevole perizia». Aveva intenzione di proseguire via mare dalle Bermude ma, dato l'aggravarsi della situazione in Malacca, decise di proseguire in idrovolante per altri 6000 chilometri, un volo di poco meno di 18 ore. Avvicinandosi a destinazione, il pilota si accorse che l'aereo era un po' fuori rotta, essendosi portato a cinque o sei minuti di volo dalle batterie antiaeree tedesche di Brest. Non appena scoperto l'errore, informò Churchill: «Viriamo subito a nord»; mentre l'aereo si avvicinava a Plymouth i radar inglesi segnalarono l'arrivo di «un bombardiere nemico» da Brest e fu dato ordine a sei caccia di alzarsi in volo per abbatterlo. L'errore fu scoperto all'ultimo momento e Churchill poté atterrare sano e salvo in Gran Bretagna dopo un'assenza di più di un mese.

Il 27 gennaio chiese alla Camera dei Comuni un voto di fiducia «in quanto le cose sono andate male e il peggio deve ancora venire». Il dibattito durò tre giorni, e l'ultimo giorno egli dichiarò: «Non ho minimizzato affatto la situazione di pericolo e le sventure incombenti – di entità secondaria e di grave entità – che ancora ci sovrastano, ma allo stesso tempo dichiaro di aver più fiducia di quanta ne abbia mai avuta che riusciremo a portare a conclusione questo conflitto in modo conforme agli interessi del nostro paese e al futuro del mondo». 464 deputati votarono a favore e solo uno contro. Nel corso della votazione fu annunciato che i giapponesi si trovavano a 18 miglia da Singapore.

«Il peggio deve ancora venire», aveva dichiarato Churchill; quattro giorni dopo il Comando sottomarino tedesco modificò, come misura di sicurezza interna, il cifrario Enigma in modo tale che i messaggi spediti con quel codice diventarono di nuovo indecifrabili per i servizi di informazione britannici, e lo rimasero per il resto dell'anno. Quando apprese della perdita di questa preziosa fonte di informazioni, che si aggiungeva alla preoccupazione per Singapore, il primo ministro poté condividere la triste notizia con ben pochi colleghi, dato che solo 25 persone che lavoravano a Whitehall conoscevano il segreto di Enigma. Ad aggravare il pericolo, né lui né gli altri sapevano che i servizi segreti navali tedeschi avevano decifrato proprio in quei giorni i codici inglesi con cui veniva trasmessa la maggior parte dei messaggi alleati sui convogli nell'Atlantico del nord. La battaglia dell'Atlantico, che la Gran Bretagna pensava di aver vinto nell'autunno passato dopo considerevoli perdite e rovesci, era di nuovo foriera di angosce e di pericoli.

Nonostante il voto di fiducia gli avesse dato ragione, crescevano le critiche alla conduzione interna della guerra. Churchill, parlando con il re, paragonò il proprio compito a una «caccia alla tigre circondato da vespe infuriate». Doveva sopportare quasi da solo le preoccupazioni reali. «Ha detto di essere stanco di tutto questo», scrisse il 18 febbraio il capitano Richard Pim, responsabile della sala mappe, «e ha lasciato capire che pensava seriamente di scaricare su altri le sue responsabilità». Il giorno dopo Churchill nominò Attlee vice primo ministro, ma a chi gli aveva chiesto di rinunciare alla seconda carica, ministro della Difesa, replicò il 24 febbraio alla Camera dei Comuni: «Sebbene per alcuni possa essere una tentazione, di fronte a serie difficoltà, farsi abilmente da parte ed esporre qualcun altro ai colpi – colpi ripetuti e violenti – che piombano, non intendo adottare questa condotta vile». Due settimane dopo Clementine scrisse a un cugino di suo marito, Oswald Frewen: «È davvero coraggioso. Gli attacchi in sé non sono nulla, ma si uniscono al dolore e alla tragedia di Singapore; spero che il suo cuore intrepido non si spezzi». Pubblicamente Churchill ostentava di nuovo la consueta combattività, ma la sua famiglia percepiva la tensione che lo attanagliava. «Papà è molto giù», scrisse Mary sul diario il 27 febbraio. «Non sta bene fisicamente ed è logorato dall'incessante, opprimente pressione degli eventi».

Il 28 febbraio le forze giapponesi invasero Giava e nella battaglia navale che ne seguì gli inglesi subirono forti perdite. «Come hai detto, questi sono giorni angosciosi per Winston, tanto pieno di forza eppure impotente a arginare questa terribile marea in Estremo Oriente», scrisse quel giorno Clementine a un cugino; Mary annotò sul diario che suo padre era «rattristato, sgomentato dagli eventi» e «terribilmente provato». Erano trascorsi quasi tre mesi da Pearl Harbor. «Se penso quanto ho desiderato e pregato perché gli Stati Uniti entrassero in guerra», telegrafò Churchill a Roosevelt il 5 marzo, «mi è difficile rendermi conto di come la nostra situazione si sia aggravata dopo il 7 dicembre».

La caduta di Singapore era causa di angoscia; in un discorso del 26 marzo Churchill la definì «il più grave disastro militare della nostra storia». Ma il ritmo dell'avanzata dei giapponesi era troppo rapido e la loro superiorità aerea troppo netta per fermarli. Il 3 aprile fu bombardata la città birmana di Mandalay e morirono 2.000 civili. Il 4 aprile, in un attacco aereo giapponese a Ceylon, furono affondate quattro navi da guerra inglesi e annegarono più di 500 uomini. Il 6 aprile le forze giapponesi sbarcarono nelle isole Salomone, uno dei mandati dell'Australia nell'Oceano Pacifico; Churchill, rispondendo alle nuove critiche sulla mancanza di preparazione, il 13 aprile dichiarò ai Comuni: «Questi eventi penosi sono stati preceduti da una quantità enorme di discussioni e piani, ma studio e discussione non bastano da soli a difendersi da un attacco del nemico con forze superiori». Quattro giorni prima le forze americane nella penisola di Bataan nelle Filippine si erano arrese e furono fatti prigionieri 35.000 uomini: un disastro delle proporzioni di Singapore. «Tutto ciò che si può sperare», disse alla Camera riunita a porte chiuse il 23 aprile, «è che la ritirata sia il più lenta possibile».

Per tutto aprile i convogli britannici diretti in Russia avevano subito gravi perdite sotto gli attacchi dei bombardieri tedeschi di stanza in Norvegia settentrionale. Per esempio, solo otto delle ventitré navi di uno dei convogli erano riuscite a arrivare in Russia; una fu affondata e le altre costrette a tornare indietro. Il 2 maggio, di fronte alla richiesta di Roosevelt di aumentare il numero di convogli per ovviare alle perdite, gli rispose: «Vi prego di non forzarci la mano in questa operazione, che abbiamo studiato con estrema attenzione e di cui non siamo ancora riusciti a valutare tutte le difficoltà».

Le «difficoltà» venivano a galla dappertutto: in Birmania Mandalay si arrese il 3 maggio e tutto quel ricco paese, che nel 1886 il padre di Churchill aveva annesso all'impero britannico, cadde nelle mani dei giapponesi; nel Mediterraneo Malta era sottoposta a pesanti bombardamenti aerei; nelle Filippine le forze americane dell'isola di Corregidor si arresero il 6 maggio; nell'accanita difesa dell'isola erano caduti 800 uomini. Il giorno seguente, dopo una battaglia di due giorni, le forze navali e terrestri britanniche che erano sbarcate nel Madagascar controllato da Vichy per impedire che l'isola finisse in mano ai giapponesi entrarono a Diego Suarez, il porto principale, costringendo alla resa la guarnigione fedele a Vichy. Queste operazioni, dichiarò Churchill ai Comuni, «che non sono state esenti da rischi di vario genere, sono state effettuate con grande slancio ed energia».

Nel corso dell'estate il primo ministro esaminò a più riprese i piani elaborati per un eventuale sbarco in Europa settentrionale con l'obiettivo di sconfiggere i tedeschi in terra. Il 26 maggio espose le sue opinioni sui pontili galleggianti che sarebbero stati necessari per scaricare i mezzi da sbarco una volta attraversata la Manica: «Devono salire e scendere con la marea. Occorre approfondire la questione dell'ancora. Si sviluppi la soluzione migliore. Non si stia tanto a discutere. Le difficoltà parleranno da sole».

Il compito fu affidato agli ingegneri navali della società Taylor Woodrow. Bisognava costruire due porti in cemento, ognuno delle dimensioni del porto di Dover, in modo tale da poterli rimorchiare al di là della Manica; tuttavia non si poteva pianificare un attacco in forze attraverso la Manica se prima non si sconfiggeva l'esercito tedesco in Africa settentrionale e non si privava la Germania della sua capacità d'iniziativa. La sera stessa in cui scriveva questa nota, Rommel lanciò un'offensiva contro le forze inglesi in Africa occidentale. «Una ritirata sarebbe esiziale», telegrafò Churchill a Auchinleck. «Qui non si tratta solo di mezzi blindati, ma di forza di volontà. Dio vi benedica».

Mentre gli eserciti di Rommel e di Auchinleck si scontravano in Africa, il 30 maggio i bombardieri inglesi colpirono Colonia nella prima incursione effettuata da mille aerei. Le installazioni industriali tedesche subirono gravi danni, ma 39 bombardieri furono abbattuti. Nel corso della settimana ebbe luogo nel Pacifico uno scontro che avrebbe avuto ben altro peso sull'esito della guerra: grazie al successo dei tentativi anglo-americani di decifrare i radiomessaggi segreti del nemico, la flotta d'invasione giapponese in rotta verso le isole Midway, il trampolino di lancio verso Pearl Harbor, fu intercettata il 4 giugno e tutte e quattro le portaerei giapponesi furono distrutte. Dato il numero di zone di guerra e di nazioni soggiogate, e con tanti possibili piani d'azione, il primo ministro inglese decise di attraversare l'Atlantico per incontrare una seconda volta Roosevelt.

Intanto in Africa Rommel avanzava verso Tobruk la cui guarnigione, comunicò Churchill a Auchinleck il 15 giugno, doveva poter contare su tutte le forze «necessarie per tenere la piazza». Due giorni dopo partì in treno da Londra per Stranraer, in Scozia, dove si imbarcò sullo stesso idrovolante con cui era tornato in Inghilterra cinque mesi prima.

Durante il volo attraverso l'Atlantico Brooke annotò sul diario: «Primo ministro in forma straordinaria; si diverte come un ragazzino». Dopo un volo di ventisei ore, con scalo a Terranova per il rifornimento di carburante, l'aereo atterrò alla base aerea della marina di Anacostia, a meno di tre miglia dalla Casa Bianca. Dopo aver trascorso la notte all'ambasciata britannica di Washington, Churchill salì su un aereo della marina americana e si recò a New Hackensack, l'aeroporto più vicino a Hyde Park, residenza di Roosevelt sul fiume Hudson. Il presidente americano lo attendeva all'aeroporto e, scrisse poi Churchill, «ci vide fare l'atterraggio più movimentato che abbia mai sperimentato».

Il 20 giugno, nei colloqui con Roosevelt a Hyde Park, Churchill affermò che poiché «nessuna autorità militare inglese responsabile» poteva attribuire una sola possibilità di successo a uno sbarco al di là della Manica nel settembre 1942, in autunno le nuove zone di guerra dovevano essere le coste atlantiche e mediterranee dell'Africa francese. Roosevelt era d'accordo; l'incapacità americana di fornire un numero sufficiente di caccia e di mezzi da sbarco non consentiva un attacco su vasta scala. Discussero anche di un futuro più lontano, raggiungendo un accordo assolutamente segreto sul fatto che Stati Uniti e Gran Bretagna avrebbero messo in comune le rispettive ricerche sulla creazione e produzione della bomba atomica.

La sera i due statisti tornarono a Washington con il treno presidenziale e Churchill fu ospite di Roosevelt alla Casa Bianca. Il mattino seguente, mentre erano impegnati in un colloquio nello studio del presidente, fu consegnato a questi un bigliettino rosa; egli lo lesse, non disse nulla e lo passò a Churchill. Il messaggio diceva: «Resa di Tobruk. 25.000 uomini fatti prigionieri». Il primo ministro non voleva crederci e chiese a Ismay di telefonare a Londra, ma prima che questi lo facesse giunse un secondo messaggio, proveniente dal comandante delle forze navali inglesi nel Mediterraneo: «Tobruk è caduta».

Non poteva più rifiutarsi di crederci. «La sconfitta è una cosa», avrebbe scritto successivamente, «la disgrazia tutt'altra». Per qualche istante nessuno parlò, poi Roosevelt gli chiese: «Che cosa possiamo fare per aiutarvi?»

Nel corso della giornata, a mano a mano che arrivavano notizie più precise, si seppe che i prigionieri erano circa 33.000. Era chiaro inoltre che Rommel proseguiva l'avanzata verso il confine egiziano e che avrebbe potuto attraversarlo. Quella sera Roosevelt offrì di mandare una divisione corazzata americana in Egitto seguendo la rotta del Capo. Churchill telegrafò a Auchinleck: «Quale che sia la mia opinione su come è stata combattuta la battaglia, o se non la si dovesse combattere molto prima, avete la mia piena fiducia; condivido fino in fondo le vostre responsabilità».

Per la seconda volta in due anni occorreva difendere l'Egitto. Nel telegramma a Auchinleck Churchill scrisse: «Vi trovate nello stesso tipo di situazione in cui ci troveremmo se fosse invasa l'Inghilterra e regnasse lo stesso spirito energico e attivo». Quel giorno seppe che per problemi di naviglio la divisione corazzata americana non poteva essere inviata al Cairo, anch'essa in pericolo dopo l'ingresso di Rommel in Egitto. Gli americani offrirono però 300 carri armati e 100 obici semoventi, che sarebbero stati spediti in due navi da carico requisite al traffico dello zucchero con l'Avana.

La sera del 23 giugno Churchill viaggiò in treno da Washington a Camp Jackson, in Carolina del Sud, dove il mattino del 24 giugno assistette al lancio di un battaglione di paracadutisti americani: «Non avevo mai visto un migliaio di uomini lanciarsi in aria tutti insieme». Nel corso del pomeriggio assistette a esercitazioni con munizioni vere e nel corso della notte tornò a Washington. Poco prima di mezzanotte del 25 giugno si imbarcò sull'idrovolante a Baltimora e, stringendo la mano a Hopkins, gli disse: «Adesso in Inghilterra, a casa e... una bella zuffa». Aveva appena saputo che la Camera dei Comuni doveva decidere su un voto di censura contro di lui. Il dibattito cominciò il 1° luglio, il giorno in cui le forze tedesche arrivarono a El Alamein, 400 chilometri all'interno del territorio egiziano e meno di 350 dal Cairo. A detta di uno dei più severi critici laburisti di Churchill, Aneurin Bevan, «il primo ministro vince un dibattito dopo l'altro e perde una battaglia dietro l'altra. Il paese comincia a dire che combatte i dibattiti come una guerra e la guerra come un dibattito».

Churchill replicò a propria difesa che prendeva «tutte le decisioni più importanti» con il Gabinetto di guerra e che i capi di stato maggiore avevano «il comando operativo diretto» delle forze combattenti. Non chiedeva «favori». Aveva assunto la carica di primo ministro dopo aver difeso il suo predecessore Chamberlain «come meglio potevo» in un momento in cui la vita dell'impero «era appesa a un filo». «Sono il vostro servitore e avete il diritto di congedarmi quando volete. Non avete però il diritto di chiedermi di assumermi responsabilità senza il potere di intraprendere azioni effettive». Se il voto di censura fosse stato respinto, affermò, «tutti gli amici della Gran Bretagna e tutti i fedeli servitori della nostra causa applaudiranno, mentre alle orecchie dei tiranni che stiamo lottando per rovesciare suonerà il rintocco della delusione».

Il voto di censura fu respinto con 475 voti contro 25. Churchill tornò al 10 di Downing Street e nel pomeriggio incontrò il figlio di Amery, Julian, appena tornato dall'Africa, che gli chiese di andare nel deserto per risollevare il morale delle truppe.

«Sarebbe sufficiente la vostra presenza nel settore della battaglia», gli disse Amery. «Volete dire un'ispezione, un colloquio con loro?», gli chiese Churchill. «Sì, sia con gli ufficiali che con i soldati». Gli piacque l'idea di andare nella zona della battaglia, ma Eden disse che a suo giudizio doveva restare «all'erta». «Come un grosso tafano che ronza sopra un enorme escremento di mucca?» fu la sua replica.

Churchill decise di andare al Cairo; mentre si pianificava il viaggio, un altro convoglio artico in rotta per la Russia subì perdite terribili: su 34 mercantili, 23 furono affondati e solo 11 giunsero a destinazione. Cinquecento carri armati su seicento circa andarono perduti. Si sarebbe dovuto rinunciare ai convogli di agosto e di settembre. Il 14 luglio Churchill seppe che in una sola settimana erano andate a fondo, nell'Artico e nell'Atlantico, 400.000 tonnellate di naviglio, «un livello che non ha precedenti in questa o nell'altra guerra», riferì a Roosevelt, «e, proseguendo così, al di sopra di ogni possibilità attuale di sostituzione». Churchill non si fece però prendere dal panico. Il 17 luglio il maggiore generale John Kennedy, direttore delle operazioni militari del ministero della Guerra, annotò sul diario: «Winston ispira indubbiamente fiducia. Ammiro il modo pacato con cui sbriga una mole incredibile di lavoro e tuttavia sembra sempre a suo agio. Oggi era particolarmente gioviale e di buon umore. Capisco bene come mai le persone che lo circondano gli diventino fedeli, e ne siano dominate. Ricordo che Dudley Pound una volta disse che "non si può fare a meno di amare quest'uomo", e mi rendo conto che è un sentimento sincero».

Nell'ultima settimana di luglio Roosevelt inviò a Londra Hopkins con due membri dello stato maggiore unificato americano, il generale Marshall e l'ammiraglio King, nella speranza di poter effettuare uno sbarco limitato al di là della Manica nel settembre 1942, possibilmente nella penisola di Cherbourg; Churchill e i capi di stato maggiore inglesi sostennero che questo piano era troppo limitato per aiutare la Russia e per riuscire a creare una testa di ponte nella penisola. Dopo tre giorni di intense discussioni, gli americani decisero di rinunciare al loro piano, di dare la priorità nel 1942 agli sbarchi in Africa settentrionale e di iniziare a preparare nel 1943 uno sbarco in grande stile al di là della Manica.

Churchill comunicò a Stalin per telegramma l'interruzione dei convogli lungo la rotta artica e il rinvio dello sbarco in Francia; il leader sovietico reagì indignato, tanto più che in Russia meridionale le forze di Hitler erano penetrate nel Caucaso e minacciavano i principali pozzi petroliferi della Russia; l'ambasciatore britannico a Mosca, Sir Archibald Clark Kerr, sottolineò «i vantaggi enormi» di un incontro immediato tra i due capi di stato per spiegare non solo le ragioni del cambiamento ma anche le decisioni sui piani di azione e gli aiuti per i sovietici. Churchill decise di andare in aereo dal Cairo in Russia. «In questo modo potremmo studiare insieme la situazione e prendere decisioni di comune accordo», telegrafò il 31 luglio a Stalin.

Per la prima volta in vita sua Churchill avrebbe viaggiato in una cabina non pressurizzata a 5.000 metri di altezza in un bombardiere americano Liberator. Per assuefarvisi si recò a Farnborough nella tarda serata del 31 luglio per provare una speciale maschera a ossigeno. All'esperto che lo avrebbe accompagnato chiese se era possibile adattare la maschera in modo tale da permettergli di fumare il sigaro; fu accontentato e la notte seguente volò dall'aeroporto di Lyneham al Cairo, in compagnia del generale Brooke e di Charles Wilson. Non appena atterrato, si accorse che stanchezza e mancanza di iniziativa inficiavano la direzione della guerra. Il generale Brooke gli chiese di rimpiazzare Auchinleck, ma egli esitava. «Il primo ministro detesta dover destituire uno dei suoi comandanti», osservò sul diario Charles Wilson il 4 agosto. Ma alla fine si decise a sostituire Auchinleck e il commento di Brooke fu: «Esattamente ciò che gli ho ripetuto fin dall'inizio». Il comando dell'VIII Armata sarebbe stato affidato al generale Gott e il suo comando supremo in Medio Oriente al generale Alexander, colui che nel maggio 1940 aveva brillantemente tratto in salvo il corpo di spedizione britannico a Dunkerque e nel 1942 le forze britanniche e imperiali in Birmania. Era anche lui un ex allievo di Harrow e Churchill aveva fiducia in quella che in una lettera a Clementine definì «la sua grande capacità militare». Invece, gli riferì Brooke, si diceva che il generale Gott fosse «logoro». Volle verificarlo di persona volando fino a El Alamein, dove c'era l'VIII Armata, per ispezionarne le posizioni e trascorrere un po' di tempo con Gott. Tre settimane dopo scrisse: «Mi ha ispirato subito un senso di fiducia».

Tornato in volo al Cairo, informò il Gabinetto di guerra dei cambiamenti che intendeva fare al vertice dell'esercito. Ma la sera del 7 agosto l'aereo su cui volava Gott fu abbattuto dai caccia tedeschi sulla rotta verso il Cairo che lui stesso aveva percorso due giorni prima; il comando fu affidato allora al generale Montgomery, la cui combattività lo aveva favorevolmente impressionato alla vigilia della temuta invasione della Gran Bretagna nel giugno 1940. La ben nota «abrasività» di Montgomery non era necessariamente un fattore negativo. «Se è sgradito a quelli che gli stanno intorno», scrisse il 9 agosto a Clementine, «è sgradito anche al nemico».

Poco dopo la mezzanotte del 10 agosto volò dal Cairo a Teheran, un viaggio di sei ore per coprire oltre 2000 chilometri; anche questa volta dovette usare la maschera a ossigeno, in quanto il Liberator volò al di sopra delle montagne della Persia occidentale. Da Teheran proseguì in volo il 12 agosto per Mosca con una scorta di dieci caccia Aircobra, costruiti dagli americani e acquistati nel quadro della Legge Affitti e Prestiti. Atterrò a Mosca nel tardo pomeriggio dopo un viaggio di dieci ore e mezzo e dall'aeroporto fu condotto in una villa fuori città, dove lo aspettavano un bagno caldo e un ricco rinfresco, «di gran lunga superiore ai nostri desideri o alle nostre possibilità». Due ore dopo fu condotto al Cremlino.

Il leader sovietico era di umor nero e all'inizio del colloquio disse che i tedeschi stavano facendo «uno sforzo enorme» per arrivare a Stalingrado sul Volga e a Baku sul Mar Caspio. Nel meridione l'Armata Rossa non era «riuscita a arrestare l'offensiva tedesca». Allora Churchill gli spiegò che non era possibile effettuare uno sbarco in Francia nel 1942, che in Gran Bretagna erano arrivate fino a quel momento solo due divisioni e mezzo americane, che le 27 divisioni che costituivano il contributo americano allo sbarco oltre Manica non sarebbero giunte prima di dicembre e che il piano anglo-americano prevedeva l'offensiva nel 1943, anche se era possibile che allora i tedeschi avrebbero «avuto a occidente un esercito più forte di quello attuale». A quel punto, riportano i documenti ufficiali inglesi, «Stalin aggrottò le sopracciglia».

Il primo ministro spiegò che se lo sbarco di 200.000 uomini fosse servito a far ripiegare «una forza tedesca consistente» dal fronte russo, non avrebbe «scartato quest'ipotesi per tema delle perdite», ma se fosse stata «inutile, rovinando per giunta le prospettive per il 1943, sarebbe un grave errore». Stalin, sprezzante, dichiarò che «un uomo che non era disposto ad assumersi rischi non poteva vincere una guerra»; e gli chiese perché mai gli inglesi avessero «tanta paura dei tedeschi». Churchill replicò ricordandogli il 1940, quando Hitler aveva avuto paura di invadere la Gran Bretagna. Se non l'avesse avuta, concluse, «egli non sarebbe stato lì a parlarne».

Il leader russo era irritato e accigliato; irritato perché a settembre non sarebbe avvenuto lo sbarco e accigliato perché sembrava che la Gran Bretagna e gli Stati Uniti non prendessero nessuna iniziativa per sottrarre truppe e aviazione tedesche al fronte orientale che stava rapidamente cedendo. Churchill lo informò che i bombardamenti sulla Germania, già considerevoli, sarebbero stati intensificati. La Gran Bretagna considerava il morale della popolazione civile tedesca «un obiettivo militare. Non abbiamo implorato pietà e non avremo pietà». Sperava di «distruggere» venti città tedesche; altre erano già state distrutte. «Se necessario, nel corso della guerra contiamo di distruggere casa per casa tutte o quasi le città tedesche».

A quel punto, riferiscono i documenti ufficiali, «Stalin sorrise e affermò che non sarebbe stata una cattiva idea». La promessa di bombardare a tappeto le città tedesche «ebbe un effetto molto stimolante sui colloqui, e da quel momento l'atmosfera si fece progressivamente più cordiale». Poi Churchill disse che in quello stesso momento si stava preparando un'altra operazione, uno sbarco anfibio di cui Roosevelt lo aveva autorizzato a rivelare i particolari. A quel punto «Stalin si alzò con un gran sorriso». Il premier inglese gli fece un resoconto dello sbarco in Africa settentrionale; il «secondo fronte» del 1942 sarebbe stato quello. L'operazione poteva essere condotta da 7 divisioni americane e 5 inglesi, un quarto di quelle necessarie per uno sbarco nel nord della Francia.

Churchill ritornò al Cairo il 17 agosto ed ebbe un lungo colloquio con Alexander e Montgomery sull'imminente offensiva. Il giorno seguente percorse 200 chilometri in automobile con Alexander e Brooke fino a Burg el-Arab, il quartier generale di Montgomery sul mare. Dopo aver discusso la guerra del deserto, fece un bagno in mare. Il giorno dopo ripresero le discussioni sul modo di sconfiggere Rommel. «Prima di andare a dormire», scrisse Brooke nel diario, «il primo ministro mi ha condotto sulla spiaggia e lì è ridiventato bambino e ha voluto immergere le mani nell'acqua. Anzi, si è bagnato non poco».

Nel corso della giornata le forze canadesi, integrate da truppe inglesi e in misura minore americane, sbarcarono a Dieppe. L'incursione ebbe successo, riferì Mountbatten a Churchill; i tedeschi si erano «innervositi» e erano stati distrutti 96 aerei nemici. Anche gli Alleati avevano perso 98 aerei, ma Mountbatten si affrettò a rassicurarlo che «trenta piloti sono salvi». Il 20 agosto, al Gabinetto di guerra, Mountbatten riferì che dall'incursione si erano ricavate indicazioni «inestimabili» per pianificare la futura invasione oltre Manica.

Churchill ritornò in Inghilterra la sera del 24 agosto; ad attenderlo all'aeroporto di Lyneham c'erano Clementine e Randolph. Quando giunse a Londra trovò un messaggio del generale Douglas MacArthur, già comandante delle forze americane nelle Filippine, che aspettava in Australia il momento per iniziare la riconquista delle isole perdute. «Se la Provvidenza affidasse nelle mie mani tutte le decorazioni degli Alleati», aveva detto a un alto ufficiale britannico al suo quartier generale, «il mio primo atto sarebbe di conferire la Victoria Cross a Winston Churchill. Nessuno di coloro che la portano la merita più di lui. Un volo di 10.000 miglia attraverso cieli ostili e stranieri può essere un dovere per i giovani piloti, ma per uno statista gravato da responsabilità mondiali è un atto di coraggio ispiratore e di valore».

Il 23 ottobre Montgomery lanciò l'attacco contro le forze italo-tedesche dalle posizioni di El Alamein. Aveva a favore quattro fattori: Rommel era in Germania e le sue forze erano comandate dal generale Stumme, non altrettanto carismatico; le forze nemiche avevano rivelato le proprie posizioni, piani e lacune nei messaggi segreti, regolarmente decifrati; la ricognizione aerea delle postazioni difensive nemiche aveva avuto un successo notevole; le truppe alleate, ora bene armate, motivate e fiduciose nel loro comandante, erano decise a cacciare i tedeschi dall'Egitto.

Il generale Stumme cadde durante il primo giorno di battaglia e Rommel fu richiamato dalla Germania. Le forze alleate avanzavano implacabili verso occidente e nel giro di tre giorni fecero prigionieri 1.500 soldati tedeschi e italiani. Il 27 ottobre, quando Rommel cercò di radunare le sue forze per contrattaccare, i bombardieri inglesi tempestarono la zona del concentramento, sganciando 80 tonnellate di bombe in due ore e mezzo, con il risultato, riferì Alexander a Churchill, che il contrattacco «fallì prima ancora che potessero completare la formazione».

Gli scontri erano stati duri: dopo dieci giorni di battaglia erano caduti oltre 1.700 soldati inglesi e alleati. Ma il 2 novembre Rommel inviò un messaggio segreto a Berlino per comunicare che il suo esercito non era più in grado di impedire uno sfondamento dei carri nemici; inoltre non poteva ripiegare in buon ordine a causa della scarsità di automezzi e di carburante. Il messaggio fu decifrato a Bletchley e subito inoltrato a Churchill e anche ad Alexander. Era indubbiamente venuto il momento di lanciare l'attacco. Nell'arco di 48 ore le formazioni corazzate inglesi avevano sfondato il fronte nemico e il 4 novembre Alexander comunicò a Churchill che si stavano «compiendo operazioni nelle retrovie del nemico. La parte delle forze nemiche in grado di fuggire è in rotta sotto gli attacchi continui delle nostre forze corazzate e mobili e della nostra aviazione».

Qualche ora dopo Churchill apprese che erano stati fatti prigionieri 9.000 soldati nemici e che 260 carri armati tedeschi e italiani erano stati distrutti o catturati; il giorno seguente il re gli scrisse di suo pugno: «Se ricordo e ripenso alle tante ore di duro lavoro che avete svolto, alle tante miglia che avete percorso per portare felicemente a conclusione questa battaglia, avete tutto il diritto di gioire; un giorno il nostro popolo vi sarà profondamente grato per ciò che avete fatto».

L'8 novembre le truppe inglesi e americane sbarcarono in forza a Algeri, Orano e Casablanca; tra loro c'era il figlio di Churchill. «Bene, siamo qui sani e salvi all'ancora a occidente di Algeri», scrisse quel mattino a suo padre. «È andato quasi tutto secondo il previsto». Erano tutti convinti che fosse «un vero privilegio prendere parte a questi grandi eventi». Dopo aspri combattimenti, in cui le forze della Francia di Vichy opposero una tenace resistenza, i tre porti furono conquistati. Gli Alleati ebbero una fortuna insperata: il comandante in capo di Vichy ammiraglio Darlan, che si trovava per caso ad Algeri in visita al figlio malato, si dichiarò a favore degli Alleati e ordinò alle sue forze di deporre le armi.

Churchill esultò per il successo; quella sera, mentre scriveva sotto dettatura, Elizabeth Layton osservò: «A un certo punto cominciò a ringhiare, ma si fermò subito dicendo "no, no, va tutto bene, tutto bene. Questa sera si può gioire. Questa è una bella serata"».

Il 9 novembre Churchill comunicò ai capi di stato maggiore che alla luce del successo dello sbarco in Africa «bisogna riesaminare completamente le possibilità di attaccare Hitler nel 1943»; bisognava attaccare l'Europa dal Mediterraneo. Anziché limitare l'azione alla Sicilia e alla Sardegna come previsto, voleva pianificare un'invasione dell'Italia «con l'obiettivo di aprire la strada a un'offensiva su vasta scala al ventre molle dell'Asse nel 1943» o, «meglio ancora, l'invasione della Francia meridionale». Due settimane dopo spiegò al direttore dei movimenti del ministero della Guerra: «Non ho mai pensato che l'armata anglo-americana dovesse adagiarsi in Nord Africa. È un trampolino, non un divano». Parlando alla Mansion House di Londra il 10 novembre a un pranzo offerto dal sindaco, disse: «Non è la fine. Non è neppure l'inizio della fine. Ma forse è la fine dell'inizio».

Osservò che in Africa le forze di Rommel che stavano ritirandosi erano state sottoposte ad «attacchi devastanti» della Royal Air Force mentre cercavano di fuggire lungo la costa sui loro mezzi. Leggendo questo resoconto, affermò: «Non ho potuto fare a meno di ricordare le strade della Francia e delle Fiandre affollate non di combattenti, ma di profughi indifesi – donne e bambini – in fuga con i loro miseri carretti e le loro masserizie, su cui si è scatenata tanta furia spietata. Credo di avere un'indole pietosa, ma debbo confessare che non ho potuto fare a meno di pensare che quanto stava accadendo, benché doloroso, era voluto dalla giustizia che reclama inesorabilmente i suoi diritti».

L'11 novembre, mentre gli Alleati rafforzavano la presa sull'Africa settentrionale francese, le forze di Hitler presero possesso della zona non occupata della Francia di Vichy. Due giorni dopo, in Africa, le forze di Montgomery entravano a Tobruk, che non sarebbe più caduta nelle mani dei tedeschi. Il 15 novembre Churchill ordinò che in tutta l'Inghilterra suonassero le campane per celebrare la vittoria in Africa. «La strada da percorrere è ancora lunga», telegrafò a re Abdullah, insediato sul trono di Amman nel 1921, «ma l'esito è certo».

28
PIANI DI VITTORIA

Il 17 dicembre Londra, Washington e Mosca espressero simultaneamente una vibrata protesta, che Churchill approvò personalmente, in cui si denunciava il massacro sistematico di milioni di ebrei, definito ora che i fatti erano gradualmente venuti a galla «una politica bestiale di sterminio a sangue freddo». Inoltre ammonivano che coloro che si macchiavano di questi crimini dopo la guerra sarebbero stati cacciati e trascinati in giudizio; Churchill volle sottolineare che gli assassini non sarebbero sfuggiti alla giustizia. Inoltre cercava di aiutare gli ebrei che cercavano di sfuggire al nazismo; quella settimana, quando seppe che 4.500 bambini ebrei e 500 adulti che li accompagnavano erano stati portati in salvo dai Balcani, un piano che aveva approvato di persona, scrisse su una minuta: «*Bravo!*».

A Natale, il quarto dall'inizio della guerra, rimase ai Chequers con la famiglia. Il giorno di Natale seppe che l'ammiraglio Darlan, l'ex comandante in capo di Vichy che era diventato Alto Commissario per il Marocco e l'Algeria, era stato assassinato ad Algeri da uno studente francese. «L'assassinio di Darlan», avrebbe poi scritto, «per quanto criminale, liberava gli Alleati dall'imbarazzo di lavorare con lui e lasciava loro al contempo tutti i vantaggi che aveva concesso nelle ore cruciali dello sbarco alleato». Fu nominato al suo posto il generale Giraud, da poco fuggito dalla prigionia in Germania.

Churchill decise di incontrare di nuovo Roosevelt, questa volta in Africa del nord, per concordare una strategia anglo-americana per il 1943. Sua figlia Mary scrisse il 3 gennaio 1943 sul diario: «Sembra che *possa* avere una trombosi delle coronarie, che potrebbe essere causata ad esempio da un volo lungo e/o ad alta quota. Il problema è se metterlo in guardia o no. Mamma pensa di no e io sono d'accordo».

Nove giorni dopo Churchill volò a Casablanca con i capi di stato maggiore, i membri della Commissione per la pianificazione militare e Mountbatten. Il 14 gennaio questa squadra formidabile fu raggiunta da Roosevelt e dallo stato maggiore americano. Discussero per otto giorni, durante i quali furono prese varie importanti decisioni politiche, prima fra tutte la priorità del Mediterraneo sull'attacco oltre Manica. Inoltre fu deciso che data la scarsità di naviglio e di scorte l'obiettivo più realistico nel Mediterraneo, dopo la conquista della Tunisia, era la Sicilia; le truppe non avrebbero dovuto essere trasportate attraverso l'Atlantico, potendo arrivare dall'Africa del nord. A fine 1943 sarebbero stati radunati in Gran Bretagna 938.000 soldati americani in vista di un attacco oltre Manica nel 1944. A metà del 1943 dovevano essere in numero sufficiente per compiere un'incursione «con l'obiettivo primario di scatenare battaglie aeree e causare perdite al nemico». In caso di morale basso e scarsità di risorse del nemico, una testa di ponte si sarebbe insediata nella penisola di Cherbourg.

Fu ribadita la priorità della sconfitta di Hitler rispetto a quella del Giappone. Una volta «messa in ginocchio» la Germania, assicurò Churchill a Roosevelt, l'Inghilterra avrebbe continuato a combattere il Giappone con ogni mezzo. Per dissipare i dubbi sulla volontà del suo paese di continuare la guerra fino alla sconfitta del Giappone, acconsentì a fare una dichiarazione pubblica che impegnava Gran Bretagna e Stati Uniti a portare avanti la guerra fino alla «resa incondizionata» sia della Germania sia del Giappone. Nessun armistizio, nessuna pace negoziata, nessuna contrattazione, solo la resa completa e assoluta di entrambi gli eserciti.

Il 23 gennaio, ultimo giorno dei colloqui di Casablanca, l'VIII Armata entrò a Tripoli. «Rommel continua a fuggire davanti a loro», riferì Churchill ai corrispondenti di guerra il giorno seguente. Poi accompagnò Roosevelt fino a Marrakech per mostrargli il luogo dove aveva trascorso le vacanze nel 1936. La sera ammirarono il fulgore del tramonto sui monti dell'Atlante incappucciati di neve; «il posto più incantevole del mondo», mormorò Churchill di fronte a quello spettacolo. Il mattino seguente Roosevelt lasciò Marrakech, mentre il premier inglese si fermò ancora un giorno e telegrafò a Clementine: «Questo pomeriggio dipingerò un po'». Il solo quadro che dipinse durante la guerra è una veduta dei monti dell'Atlante.

Si recò quindi in aereo al Cairo dove il 27 gennaio, dopo un colloquio con il colonnello Keble, capo dello Special Operations Executive in Medio Oriente, e con il suo ex assistente Bill Deakin, anch'egli membro del SOE al Cairo, decise di inviare una missione britannica presso il leader partigiano comunista iugoslavo Josip Broz, più noto ai suoi seguaci come Tito. Deakin offrì di paracadutarsi per primo con un ufficiale, il capitano Stuart, e due radiotelegrafisti.

Il 30 gennaio Churchill si trasferì in aereo lungo la costa della Palestina e la Siria fino a Adana, nel sud della Turchia. Il volo durò quattro ore e a Adana trovò a aspettarlo un treno che lo condusse a 10 chilometri di distanza, in una località dove fu agganciato a un altro convoglio su cui viaggiava il presidente turco Ismet Inönü; nel corso della prima giornata di colloqui, svoltisi sul treno di Inönü, cercò di convincere i turchi ad accettare l'aiuto anglo-americano nell'eventualità di un attacco tedesco alla Turchia. Inönü non volle impegnarsi e ribadì che la Turchia «per il momento era neutrale».

Quella notte Churchill dormì sul treno e il mattino seguente spiegò a Inönü che solo «in circostanze favorevoli» sarebbe stato nell'interesse della Turchia «fare la sua parte». Si stabilì che alcuni ufficiali inglesi di stato maggiore si sarebbero recati «subito» nella capitale turca per pianificare con lo stato maggiore turco «i movimenti e la successiva collocazione delle forze inglesi in Turchia nel caso che fosse coinvolta nella guerra». Volò quindi da Adana a Cipro dove trascorse la notte; il mattino seguente parlò agli ufficiali e ai soldati del 4° Ussari di cui era colonnello comandante. «Winston è stato grande», scrisse l'ufficiale comandante a sua moglie; «emanava fiducia e ha fatto un discorso assai commovente ai soldati». Nel pomeriggio tornò in aereo al Cairo, dove seppe che l'esercito tedesco di Stalingrado era stato circondato e si era arreso; erano stati fatti prigionieri 45.000 uomini. «È davvero un'impresa prodigiosa», telegrafò a Stalin.

Quella sera cenò all'ambasciata britannica al Cairo; tra i presenti c'era anche Randolph. «Padre e figlio si azzannavano davanti a me, una cosa davvero sconcertante», osservò Sir Alexander Cadogan. «Ma poi abbiamo portato il discorso sulla campagna di Omdurman, su cui Winston ha declamato a tavola fino alle 11 e 30». Il mattino seguente andò in aereo a Tripoli, quasi sei ore di viaggio per 2.500 chilometri di deserto che fino a poco prima era in mano ai tedeschi, dove parlò agli uomini dell'VIII Armata: «Quando sarà scritta la storia e tutti i fatti saranno noti, le vostre gesta rifulgiranno e daranno vita a canzoni e storie per molto tempo dopo che noi qui presenti saremo morti».

Churchill dormì in uno dei tre autocarri dell'esercito che Montgomery aveva trasformato in caravan e il 4 febbraio fu condotto dentro Tripoli. Gli vennero le lacrime agli occhi vedendo sfilare la 51° Highland Division e altre unità alleate, in tutto 40.000 uomini. Il commento del suo segretario militare, colonnello Jacob, fu: «L'amarezza del momento passato alla Casa Bianca, quando era caduta Tobruk, fu cancellata dalla gioia di quel mattino a Tripoli». Durante un pranzo all'aperto fatto preparare da Montgomery videro in cielo gli sbuffi della contraerea: un ricognitore tedesco era stato individuato e costretto ad allontanarsi. Nel pomeriggio passò in rassegna gli 8.000 uomini della New Zealand Division e disse loro: «La causa giusta non sarà sconfitta. Giustizia e libertà regneranno tra gli uomini». Quindi ispezionò le riparazioni fatte nel porto di Tripoli per poi cenare con Montgomery e dormire nel bombardiere che lo portò a Algeri nelle prime ore del 5 febbraio.

Arrivò a Algeri alle nove del mattino, dopo un viaggio di cinque ore e trascorse la giornata discutendo i problemi della nuova amministrazione francese nel paese, ribadendo che occorreva abrogare le leggi di Vichy, ancora in vigore, contro gli ebrei algerini. A mezzanotte si imbarcò sul suo Liberator per tornare in Inghilterra, ma un problema di avviamento bloccò l'aereo. Dopo essere rimasto per due ore e mezzo all'aeroporto, Churchill tornò nel pieno della notte ad Algeri dove trascorse tutta la giornata seguente; il mattino incontrò i due ex ufficiali superiori di Vichy che adesso governavano Algeri. «Dissi loro che se si fossero schierati con noi avremmo dimenticato le divergenze del passato».

Nel pomeriggio giocò a bazzica con Randolph prima di tornare all'aeroporto. Uno dei due Liberator che avevano riportato i partecipanti dalla conferenza di Casablanca era precipitato e due inglesi erano morti; mentre era seduto sull'aereo in attesa di decollare, Churchill disse a Jacob: «Sarebbe un peccato dover uscire nel mezzo di un dramma tanto interessante senza vederne la fine, ma non sarebbe un brutto momento per andarsene. Ormai la strada è in discesa e perfino il Gabinetto può farcela!»

Dopo un viaggio di otto ore e mezzo, poco prima di mezzanotte Churchill atterrò a Lyneham nel Wiltshire, prese un treno per Londra dove arrivò all'una del mattino e trovò ad accoglierlo alla stazione tredici membri del Gabinetto. Era stato via per quasi quattro settimane. «Prima che tu scenda, fammi salire sul treno», gli aveva scritto sua moglie, «vorrei baciare il mio ciuffolotto in privato senza che qualcuno ci fotografi!» Winston e Clementine furono condotti da Londra ai Chequers dove, in piena notte, egli fece un resoconto del viaggio al Gabinetto di guerra. Quattro giorni dopo, l'11 febbraio, dichiarò alla Camera dei Comuni che «l'obiettivo primario» della politica anglo-americana era «far sanguinare e bruciare il nemico in ogni modo materialmente e ragionevolmente possibile, così come sanguina e brucia lungo il vasto fronte russo, dal Mar Bianco al Mar Nero».

Un paio di mesi dopo, il 6 aprile, Montgomery lanciò un nuovo attacco ricacciando il nemico da Wadi Akarit. La sera del 7 aprile aveva fatto 6.000 prigionieri e proprio in quel momento Churchill fu informato che le truppe americane che avanzavano dalla Tunisia occidentale si erano «ricongiunte» con l'VIII Armata. Era tutto pronto per chiudere le forze tedesche e italiane in un angolo della Tunisia

Si respirava aria di vittoria: l'11 aprile Churchill riferì a Stalin che Montgomery aveva fatto 25.000 prigionieri in Tunisia e che il bombardamento a tappeto delle fabbriche tedesche proseguiva incessante. Decise che era necessario incontrare nuovamente Roosevelt e di fare il viaggio sulla *Queen Mary*. La sera del 7 maggio una serie di messaggi captati dalla nave comunicò la presa di Tunisi a opera della I Armata inglese e poi di Biserta a opera degli americani. Il giorno seguente Alexander riferì che erano stati fatti 20.000 prigionieri. Churchill gli rispose: «Felicissimo per le splendide notizie; la storia ammirerà il modo in cui avete condotto queste grandi armate». Due giorni dopo fu informato che erano stati presi altri 30.000 prigionieri, tra cui nove generali tedeschi. Diede subito ordine di far suonare di nuovo le campane in tutta l'Inghilterra.

Ora tutta l'Africa settentrionale era in mano agli Alleati, dopo tre anni di alterne fortune e di aspre battaglie. Mentre la *Queen Mary* entrava nelle acque territoriali americane, Alexander gli comunicò trionfalmente che probabilmente i prigionieri tedeschi e italiani sarebbero stati più di 100.000: «Non è sfuggito nessuno, salvo sparuti gruppetti via aerea». A fine mese si seppe che i prigionieri erano oltre 240.000.

Il 19 maggio Churchill parlò al Congresso degli Stati Uniti, ammonendolo che la «discordia o l'apatia» tra gli Alleati avrebbero permesso alla Germania e al Giappone di «metterci di fronte a fatti nuovi e terribili». «Abbiamo superato molti gravi pericoli, ma un altro serio ostacolo ci accompagnerà fino alla fine, ovvero un indebito prolungamento della guerra. Nessuno sa quali nuove complicazioni e rischi potranno sorgere in altri quattro o cinque anni di guerra. Oggi la Germania e il Giappone ripongono le loro maggiori speranze proprio nel protrarre la guerra con spese enormi, finché le democrazie saranno stanche, logore o divise». Clementine ascoltò alla radio inglese il discorso di suo marito. «Mi ha scaldato il cuore sentire la tua voce così forte, risonante e risoluta», gli scrisse.

L'11 giugno fu lanciata l'offensiva contro l'Italia meridionale con la presa di Pantelleria. Una settimana prima, ad Algeri, Churchill aveva affermato che sull'isola c'erano solo 3.000 italiani e aveva offerto a Eisenhower 5 centesimi di franco per ogni italiano catturato al di sopra di quel numero. Poiché furono fatti 9.500 prigionieri, Churchill dovette sborsare 65 franchi. Il 13 giugno si arresero Lampedusa e Linosa: la strada per l'invasione della Sicilia era sgombra. Frattanto il bombardamento della Germania continuava con intensità crescente; il 20 giugno, in un'incursione sulla città industriale di Wuppertal, i civili uccisi dalla tempesta di fuoco furono più di 3.000. Una settimana dopo, ai Chequers, dopo aver assistito alla proiezione di una pellicola sul bombardamento delle città tedesche Churchill balzò in piedi e disse al suo vicino: «Siamo degli animali? Non stiamo esagerando?»

Il 3 luglio gli Alleati, come preliminare dell'invasione, iniziarono i bombardamenti aerei contro i campi d'aviazione siciliani. Quattro giorni dopo Churchill telegrafò ad Alexander: «Come sapete, la mia speranza è che mettiate le mani sul continente quanto prima. Il centro del bersaglio è Roma».

Il 16 luglio, sesto giorno della battaglia in Sicilia, egli decise che occorreva discutere di nuovo con Roosevelt la fase successiva delle ostilità, l'invasione dell'Italia dalla località più settentrionale possibile. «Debbo dire che il primo ministro non si lascia crescere l'erba sotto i piedi», fu il commento che Oliver Harvey scrisse sul diario il 16 luglio. «È ansioso di spingere avanti gli americani prima che la loro ben nota avversione per le operazioni in Europa, a parte lo sbarco oltre Manica, abbia di nuovo la meglio, si riprendano i loro mezzi di sbarco e spediscano le loro navi nel Pacifico».

Churchill si preparò ad attraversare per la quarta volta nel corso della guerra l'Atlantico. Voleva convincere gli americani a procedere, dopo l'imminente conquista della Sicilia, almeno fino a Roma, per poi aiutare i partigiani iugoslavi, greci e albanesi nella liberazione dei Balcani con operazioni aeree, armi e sbarchi sulla costa di piccole unità di assalto. I tedeschi tenevano nei Balcani già 15 divisioni; una guerra partigiana bene orchestrata li avrebbe costretti a inviarne molte di più. La sera del 24 luglio Churchill ai Chequers discusse della guerra con Guy Gibson e sua moglie Eve; intendeva affidare all'asso dell'aviazione una missione di buona volontà in Canada e negli Stati Uniti. Eve Gibson avrebbe in seguito ricordato: «Ci fecero vedere un film preso ai tedeschi che descriveva le atrocità inflitte agli ebrei e agli abitanti dei paesi occupati. Era spaventoso, e il primo ministro ne fu profondamente commosso. Mi disse che veniva mostrato a tutti i militari americani in questo paese».

La sera dopo, mentre stava guardando un film, gli fu consegnato un messaggio: Mussolini era stato destituito e Vittorio Emanuele aveva assunto il comando delle forze armate, nominando Badoglio primo ministro. Il partito fascista era stato sciolto e il Gran Consiglio, suo strumento di governo, soppresso. «Ora che Mussolini se n'è andato», telegrafò Churchill a Roosevelt il 26 luglio, «tratterei con qualunque governo italiano non fascista che possa consegnare la merce»; la «merce» era l'ingresso delle forze alleate in Italia con il diritto, così gli rispose Roosevelt il giorno stesso, di usare «tutto il territorio e i mezzi di trasporto italiani» contro i tedeschi.

Furono subito avviati i negoziati per un armistizio con l'Italia. In Gran Bretagna c'era una forte eccitazione per la scomparsa di Mussolini dalla scena della guerra, ma il 27 luglio Churchill rammentò ai deputati che il «primo, capitale nemico non è l'Italia bensì la Germania». Nutriva tuttavia fiducia: nell'Atlantico, grazie al successo del lavoro di decifrazione delle comunicazioni segrete con i sottomarini tedeschi, nel mese di luglio furono affondati 35 U-Boot, per un totale di 85 a partire dal 1° maggio. A mezzanotte del 4 agosto, il 29° anniversario della dichiarazione di guerra della Gran Bretagna nel 1914, Churchill prese un treno da Londra per la Scozia con Clementine, Mary e altri trecento partecipanti inglesi alla Conferenza di Quebec; il pomeriggio del giorno seguente si imbarcarono sulla *Queen Mary*.

Il 9 agosto la nave giunse nel porto canadese di Halifax dove egli salì sul treno per Quebec. In ogni stazione c'era una folla ad attendere il treno: correva voce che a bordo ci fosse «un personaggio importante», chi diceva Stalin chi il papa. Giunto a Quebec, il primo ministro trovò un telegramma di Stalin che si congratulava con lui per le vittorie in Sicilia. Gli rispose mandandogli «un piccolo stereoscopio» con una serie di diapositive sui danni inflitti dalle bombe inglesi alle città tedesche e un biglietto: «Danno un'immagine più viva di quella che si può ricavare dalle fotografie». Durante l'incursione aerea su Amburgo due settimane prima erano morti 42.000 tedeschi, una cifra spaventosa, ed era stato distrutto un terzo delle case di abitazione della città.

Mentre si trovava a Quebec, il 17 agosto Churchill ricevette un telegramma di Alexander che annunciava: «L'ultimo soldato tedesco è stato buttato fuori dalla Sicilia; ora l'intera isola è nelle nostre mani». C'erano voluti 38 giorni per liberare l'isola. Quella sera 571 bombardieri pesanti inglesi colpirono la base tedesca di Peenemunde sul Baltico, dove si svolgevano le ricerche sui razzi, ritardando di parecchi mesi la produzione della nuova bomba volante. La conferenza di Quebec terminò due giorni dopo; le conclusioni erano state elaborate nell'arco di cinque giorni dai capi di stato maggiore riuniti sulla base del piano generale di Churchill e con l'approvazione di Roosevelt. Nel 1944 gli anglo-americani avrebbero concentrato i loro sforzi sullo sbarco oltre Manica, con l'obiettivo di impadronirsi della Francia settentrionale e di lì «colpire al cuore la Germania e distruggere le sue forze militari». Qualunque conflitto di priorità tra le operazioni nel Mediterraneo e nella Manica si sarebbe risolto a favore della seconda. Inoltre, cedendo alle notevoli pressioni dei capi di stato maggiore americani, si sarebbe compiuto uno sbarco diversivo anche nel sud della Francia per favorire l'operazione sulla costa settentrionale; i capi di stato maggiore americani erano più che certi che questa mossa avrebbe costretto i tedeschi ad allontanare truppe dalla Manica.

Per poter contare su forze sufficienti per lo sbarco l'avanzata in Italia, pur prevedendo la presa di Roma come desiderava Churchill, si sarebbe arrestata non oltre la linea ideale tra Pisa e Ancona, senza cercare di arrivare alla fine dell'Adriatico o nel meridione dell'Austria. Nei Balcani le operazioni sarebbero state limitate all'invio di rifornimenti via mare e via aria ai partigiani e all'uso di «reparti d'assalto di minore entità».

La Conferenza di Quebec si concluse il 24 agosto e due giorni dopo Eden si accorse che Churchill non aveva «una bella cera». Il primo ministro temeva ancora che trascorresse troppo tempo tra la vittoria in Sicilia della settimana passata e gli sbarchi sulla penisola italiana, in quanto i negoziati con gli italiani andavano per le lunghe. Aveva anche un timore personale: saputo che Eden, Brooke, Portal e Mountbatten sarebbero tornati insieme in Inghilterra sullo stesso idrovolante, disse al primo: «Non so che cosa farei se vi perdessi tutti. Dovrei tagliarmi la gola. Non è solo per affetto, anche se c'entra eccome, ma è che siete la mia macchina bellica. Brooke, Portal, tu e Dickie, non potrei sostituirvi in nessun modo».

Da Quebec, dopo qualche giorno di riposo, Churchill ritornò a Washington, dove il 1° settembre seppe che il governo italiano aveva accettato le condizioni della resa dettate dagli Alleati. Frattanto da nord affluivano in Italia truppe tedesche. «Lo sbarco in Italia è il rischio più grave che abbiamo corso finora», telegrafò al Gabinetto di guerra il 2 settembre, «anche se sono pienamente disposto a correrlo». Due giorni dopo, quarto anniversario della dichiarazione di guerra alla Germania, le forze inglesi e canadesi attraversarono lo stretto di Messina e sbarcarono in Calabria. Churchill si concentrò subito sulla fase finale di questa battaglia e il giorno stesso telegrafò a Eden e Attlee: voleva organizzare una conferenza tripartita per discutere che cosa fare della Germania in caso di vittoria. «Bisogna dividerla, e se sì, come?» Avrebbe invitato Stalin e Roosevelt a Londra o Edimburgo o in entrambe le città.

Il futuro della potenza russa avrebbe assorbito da quel momento buona parte dei suoi pensieri. Il 5 settembre telegrafò a Smuts: «Considero inevitabile che la Russia diverrà la più grande potenza terrestre al mondo dopo che con questa guerra si sarà disfatta delle due potenze militari, la Germania e il Giappone che nel corso della nostra vita le hanno inflitto sconfitte tanto pesanti. Spero tuttavia che "l'associazione fraterna" del Commonwealth britannico e degli Stati Uniti, insieme con la potenza sui mari e in cielo, possa consentirci buoni rapporti e un equilibrio amichevole con la Russia, almeno nel periodo della ricostruzione. Il mio occhio mortale non può andare oltre, e non sono ancora del tutto padrone dei telescopi celesti».

L'8 settembre, a Washington, Churchill fu informato della resa ufficiale delle forze armate italiane agli Alleati. La sera stessa i soldati tedeschi cominciarono l'occupazione di Roma e il mattino seguente gli Alleati sbarcarono a Salerno; bisognò invece rinunciare al piano di Eisenhower di lanciare una divisione aviotrasportata nei pressi di Roma. In un telegramma Alexander spiegò a Churchill: «Abbiamo ragione di credere che i tedeschi occupino i campi d'aviazione». Il primo ministro trascorse il pomeriggio del 9 settembre con Roosevelt; entrambi pensavano che se le forze anglo-americane avessero avuto in Italia un rapido successo, si sarebbe potuto dare alle formazioni partigiane nei Balcani un consistente aiuto in fatto di munizioni e rifornimenti. Churchill parlò dei 75.000 e più uomini dell'esercito polacco «che anelano a combattere il nemico» e che potevano essere sbarcati sulla costa dalmata. Senza dubbio poteva essere utile la costituzione di guarnigioni nei Balcani «con qualcuna delle nostre colonne mobili». Roosevelt era d'accordo e affermò che nei Balcani dovevano «essere pronti ad approfittare di ogni opportunità che si presenta».

Il 12 settembre era l'anniversario di matrimonio di Churchill e a cena Roosevelt bevve alla salute della coppia e quindi li accompagnò alla stazione, dove essi presero il treno per Halifax, un viaggio di più di 37 ore. Mentre erano in viaggio i paracadutisti tedeschi liberarono Mussolini e lo portarono in Germania, dove Hitler decise di metterlo a capo della neonata repubblica di Salò.

Churchill arrivò a Halifax il 14 settembre e, mentre saliva a bordo della nave da guerra *Renown,* a detta di Mary era «rilassato e gioviale». La sera, nella cabina dell'ammiraglio, chiese una scatola di fiammiferi con cui mostrò la disposizione delle forze di Kitchener nella battaglia di Omdurman del 1898. Quando osservò di aver avuto il battesimo del fuoco il giorno del 21°

compleanno, Mary, che compiva 21 anni il giorno seguente, osservò con entusiasmo di aver superato suo padre di poco più di un anno: la batteria antiaerea in cui prestava servizio era intervenuta varie volte l'anno passato contro i bombardieri tedeschi che volavano su Londra, «senza dubbio con scarsa efficacia», fu più avanti il suo commento.

Tre giorni dopo il ritorno a Londra, il primo ministro rispose alla Camera dei Comuni alle critiche sul fatto che la ritardata invasione dell'Italia era stata provocata dal protrarsi dei negoziati con i successori di Mussolini. «L'unico fattore limitante», spiegò, era stata la preparazione dei mezzi da sbarco necessari; «quando sento parlare con leggerezza di sbarcare qui o là un esercito moderno, come se si trattasse di balle di merce da scaricare su una spiaggia e lì dimenticare, mi stupisco della scarsa conoscenza tuttora imperante delle condizioni della guerra moderna». Quell'autunno aveva un altro motivo di preoccupazione: la possibilità, come spiegò a John Anderson, «che il bombardamento con razzi o cannoni a lunga gittata cominci alla fine dell'anno».

Il 7 ottobre, confidando nella possibilità di rapidi sviluppi nel Mediterraneo, Churchill propose ai capi di stato maggiore, tra cui il successore di Pound ammiraglio Sir Andrew Cunningham, che nel 1915 aveva combattuto nei Dardanelli, di preparare un'operazione per conquistare l'isola di Rodi, nel Mar Egeo. Il giorno prima il Comitato unificato per la pianificazione aveva presentato un piano d'attacco in questo senso, subordinato al fatto che le forze inglesi rinunciassero alla vicina isola di Kos, molto più piccola. Churchill approvò il piano di Rodi e ordinò subito di renderlo operativo; sarebbe volato a Tunisi per incontrare Eisenhower e ottenere le truppe necessarie. Non aveva però rinunciato alla speranza di tenere Kos. Quella sera Cadogan annotò sul diario: «È eccitato per Kos e vuole condurre una spedizione a Rodi!». Brooke non era affatto contento di tanto entusiasmo. «Non riesco più a trattenerlo», scrisse sul diario. «Si è fatto trasportare dall'esaltazione per l'attacco di Rodi, ne ha magnificato l'importanza al punto da non considerare niente altro e ha deciso di conquistare quest'isola anche a costo di mettere a repentaglio i rapporti con il presidente e gli americani e il futuro della campagna italiana. Ha rifiutato di ascoltare qualunque ragionamento o di rilevare i pericoli». Quella sera Churchill lavorò con Marian Holmes, che annotò sul diario: «Il primo ministro ha detto di aver avuto una cattiva, anzi una pessima giornata. Ha detto in tono confidenziale che "la difficoltà non sta nel vincere la guerra, ma nel convincere la gente a permetterti di vincerla – nel convincere gli stupidi". Mi è parso afflitto e ha affermato di sentirsi "quasi disposto a mollare". Aveva cercato di convincere gli americani a invadere Rodi».

Il mattino seguente ricevette un telegramma di Roosevelt che rifiutava assolutamente di dare il suo benestare all'operazione contro Rodi; occorreva evitare una «diversione di forze o mezzi», che rischiava di pesare sull'avanzata in Italia a nord di Roma o sullo sbarco oltre Manica, il cui nome in codice era «Overlord», fissato per il maggio 1944. Gli rispose che i mezzi necessari per l'operazione sarebbero stati riportati in Gran Bretagna «quasi sei mesi» prima dell'attacco oltre Manica, ma Roosevelt non cambiò idea.

Intanto il governo russo chiese alla Gran Bretagna di riconoscere le frontiere dell'Unione Sovietica del giugno 1941, che accorpavano alla Russia gli stati baltici e la Polonia orientale. Churchill non era contrario e il 6 ottobre confidò a Eden: «Penso che dovremmo fare quanto è in nostro potere per convincere i polacchi ad accordarsi con i russi sulla loro frontiera orientale», in cambio di territori tedeschi in Prussia orientale e Slesia. Sarebbe stato questo il punto di partenza della conferenza delle tre potenze che si pensava di tenere a Teheran. La questione che più di tutte premeva a Stalin era la data e la portata dello sbarco oltre Manica.

I due capi di stato occidentali stabilirono di dirimere tali problemi prima di incontrare Stalin. L'11 novembre Churchill, debilitato da raffreddore e mal di gola e dalle inoculazioni contro il colera e il tifo, partì in treno da Londra per Plymouth, dove si imbarcò di nuovo sulla stessa nave da guerra, la *Renown*, che lo aveva portato oltre oceano meno di due mesi prima. Fino a quel momento, calcolò il capitano Pim nella prima giornata di navigazione, il primo ministro aveva percorso un totale di 111.000 miglia per mare e per cielo dal settembre 1939, trascorrendo 792 ore in mare e 339 in aria. Giunto a Gibilterra, ebbe un lungo colloquio a bordo con Harold Macmillan, al quale espresse il timore che la situazione nel Mediterraneo, sia in Italia sia nel Mar Egeo, non fosse stata sfruttata «con vigore e flessibilità»; Macmillan scrisse quella sera sul diario: «Naturalmente questo rende furioso Winston, che ha la sensazione di combattere la guerra con le mani legate dietro la schiena; eppure solo lui, con straordinaria pazienza e abilità, avrebbe potuto coinvolgere gli americani nella guerra europea».

Il 16 novembre la *Renown* attraccò a Algeri e neppure qui Churchill sbarcò, ma ebbe lunghi colloqui con vari alti ufficiali che salirono a bordo. Quando qualcuno commentò che il comando unificato dei capi di stato maggiore era un buon sistema, obiettò: «Niente affatto. Comporta decisioni incerte e fiacche, o meglio indecisione. Diamine, si può prendere il marinaio più valoroso, l'aviatore più intrepido o il soldato più audace e metterli tutti intorno a un tavolo, e che cosa se ne otterrà? La somma totale delle loro paure!»

Quando arrivò a Malta il 17 novembre, si sentiva tanto indisposto che passò a letto gran parte dei due giorni sull'isola. Seppe che i tedeschi avevano preso l'isola di Leros nel Dodecanneso, facendo prigionieri 5.000 soldati inglesi: «Il primo successo» della Germania dopo Alamein, fu il suo commento. I tentativi per un'iniziativa più pressante e un intervento in forze nel Dodecanneso erano stati respinti dagli americani. Al comandante britannico nel Mediterraneo orientale, generale Sir Maitland Wilson, egli disse: «Come voi, anch'io penso si tratti di una perdita e di una disfatta gravi, e come voi ho combattuto con le mani legate dietro la schiena».

Il 21 novembre la *Renown* giunse ad Alessandria ed egli volò subito al Cairo, dove il giorno seguente accolse Roosevelt all'aeroporto. La Conferenza del Cairo ebbe inizio il 23 novembre. Saputo che Roosevelt non aveva mai visto la sfinge né le piramidi, fece un sopralluogo in automobile con Sarah per accertarsi che il presidente potesse visitarle senza dover camminare e quindi tornò indietro per fargli da guida. «È stata una bella gita», scrisse Sarah a sua madre; «il presidente era affascinante, semplice ed entusiasta. Penso che si sia divertito, e che abbia apprezzato il disturbo che si è preso papà».

Durante la conferenza Churchill continuò a sostenere che la campagna in Italia doveva avere la priorità e che non bisognava ridurre le forze presenti nella penisola fino alla presa di Roma a gennaio; quindi occorreva prendere Rodi, la principale isola del Dodecanneso, a febbraio, mandare rifornimenti ai partigiani iugoslavi e infine profondere il grosso delle energie nello sbarco oltre Manica, rinviato da maggio a luglio. Eisenhower era d'accordo sulla priorità dell'Italia ma voleva procedere oltre Roma; dichiarò infatti che a suo giudizio l'Italia era «il posto giusto dove spiegare il grosso delle nostre forze, avendo come obiettivo la Val Padana. Non esiste altra regione da cui potremmo minacciare altrettanto bene l'intera struttura tedesca, compresi la Francia, i Balcani e lo stesso Reich. Inoltre lì la nostra aviazione sarebbe più vicina a obiettivi vitali della Germania».

Anche lui voleva rinviare l'operazione «Overlord» e rilevò, secondo i verbali dell'incontro del 26 novembre, «l'importanza capitale di proseguire quanto più possibile le operazioni in un teatro già avviato, poiché si perdeva inevitabilmente molto tempo cambiando teatro, dato il compito impegnativo ma necessario di creare una nuova base». Non fu presa nessuna decisione, se non cercare di risolvere la questione dopo l'incontro di Churchill e Roosevelt con Stalin. Il 27 novembre gli statisti volarono su aerei diversi a Teheran, un viaggio di cinque ore e mezzo, e la sera il primo ministro inglese era troppo stanco per cenare con Stalin e Roosevelt, come aveva sperato. Il mattino dopo seppe che un'ora prima del primo colloquio ufficiale Stalin aveva incontrato da solo Roosevelt, il quale aveva preso le distanze dalle tesi circa la priorità della campagna in Italia. «Aveva invece spiegato», riferì Hopkins al medico di Churchill, «che intendeva allentare la pressione sul fronte russo invadendo la Francia».

Il primo incontro dei tre grandi ebbe luogo il pomeriggio del 28 novembre; Churchill dichiarò che le tre delegazioni rappresentavano probabilmente «la massima concentrazione di potere terreno che si sia mai vista nella storia dell'umanità». Nel corso delle discussioni di quel giorno Roosevelt parlò di una possibile avanzata alleata in Italia fino all'Adriatico settentrionale e all'Istria e di lì verso il Danubio. In seguito le voci hanno attribuito quest'idea a Churchill, il quale invece suggerì che a quel punto il passo successivo alla vittoria in Italia avrebbe dovuto essere uno sbarco nel sud della Francia, da effettuare contemporaneamente allo sbarco oltre Manica. Stalin era favorevole alla sua proposta: non gradiva la prospettiva di un esercito anglo-americano sul Danubio.

Nel corso della sera Roosevelt, anfitrione di una cena in onore degli altri due capi di stato, non si sentì bene e si ritirò presto. I suoi due ospiti discussero il futuro della Germania. Churchill affermò che voleva vietarle «l'aviazione, civile e militare», aggiungendo di non avere nulla contro i «lavoratori» tedeschi; Stalin replicò che i russi fucilavano tutti gli operai prigionieri di guerra che alla domanda perché combattevano rispondevano di aver solo ubbidito agli ordini. Passando alla questione dei confini polacchi, Churchill suggerì che «la Polonia poteva spostarsi verso ovest, come i soldati che in fila serrata fanno due passi a sinistra». La Russia avrebbe acquisito il terzo orientale della Polonia e questa avrebbe sottratto territorio alla Germania. «Non si può evitare che la Polonia pesti i piedi alla Germania», disse Churchill, «ma occorre la presenza di una Polonia forte, uno strumento necessario nell'orchestra europea». Prese quindi tre fiammiferi per mostrare che cosa aveva in mente: la frontiera orientale polacca sarebbe stata portata a occidente fino alla vecchia linea Curzon e quella occidentale al fiume Oder. Stalin era soddisfatto.

Nella successiva riunione plenaria Stalin si pronunciò con decisione contro ogni rinvio dello sbarco oltre Manica dopo maggio. Il giorno seguente i consiglieri di Churchill gli spiegarono che le sole fasi lunari favorevoli sarebbero state i cinque giorni successivi all'8 maggio e i cinque successivi al 10 giugno. In un incontro a quattr'occhi con Stalin, il mattino del 30 novembre, gli spiegò nuovamente le ragioni per cui voleva avanzare in Italia. La partenza delle quattro divisioni inglesi dall'Italia per prendere parte allo sbarco oltre Manica aveva «un po' demoralizzato» le truppe rimaste, cosicché «non abbiamo potuto approfittare fino in fondo del crollo dell'Italia». Proseguì affermando che la partenza di quelle divisioni «dimostrava anche la serietà dei preparativi per "Overlord"». Nella seduta del pomeriggio si stabilì di mantenere maggio come data dell'operazione. La campagna italiana passava in secondo piano, pur tenendo ancora impegnate le divisioni tedesche.

Quella sera Churchill fu l'anfitrione della terza cena della conferenza. Poiché era il giorno del suo 69° compleanno, i brindisi si sprecarono; a un certo punto egli sollevò il bicchiere e proclamò: «Bevo alle masse proletarie», al che Stalin sollevò il proprio dicendo: «Bevo al partito conservatore». Il primo ministro inglese disse al leader russo: «L'Inghilterra sta diventando più rosa» e Stalin replicò: «È un segno di buona salute».

Il giorno seguente la conferenza discusse le frontiere russe dopo la guerra e la cessione compensativa di territorio tedesco alla Polonia. Churchill era pronto a spiegare ai polacchi «che il progetto è buono, probabilmente quanto di meglio potranno ottenere; il governo di Sua Maestà non intende contrastare il governo sovietico al tavolo di pace». Egli dichiarò con un certo calore che «il suo cuore non sanguinava per la cessione di alcune regioni tedesche alla Polonia» né per la cessione della città di Lvov alla Russia, come voleva Stalin. La Polonia avrebbe dovuto accettare la linea Curzon, proposta dalla Gran Bretagna già nel 1920, con l'esclusione quindi del terzo orientale del paese, acquisito nel 1921 dopo la sconfitta delle forze bolsceviche russe. I polacchi, aggiunse, «farebbero bene a seguire il nostro consiglio: otterranno una regione di 800 chilometri quadrati»; non era disposto a «levare alti lai per Lvov». La Polonia poteva anche ottenere una parte della Prussia orientale, ma non si poteva essere certi che avrebbe accettato questi guadagni e queste perdite. Secondo i verbali, egli dichiarò anche: «Non riusciremo mai a far dire ai polacchi che sono soddisfatti. Nulla li può soddisfare». Ma li avrebbe convinti ad accettare.

Quanto alla Germania, erano tutti d'accordo che dovesse essere smembrata in una serie di stati più piccoli; Churchill sottolineò la necessità di «isolare» la Prussia. Propose inoltre di annettere gli stati della Germania meridionale a una confederazione danubiana incentrata su Baviera, Austria e Ungheria, «una grande confederazione pacifica come una mucca», fu la sua definizione.

Alla fine della conferenza di Teheran, Stalin aveva ottenuto quel che voleva sia sullo sbarco anglo-americano oltre Manica sia sulla frontiera occidentale dell'Unione Sovietica. Il 2 dicembre Churchill tornò in aereo al Cairo per cercare di convincere il presidente turco Inönü a entrare in guerra. Se la Turchia si fosse schierata con gli Alleati, la Bulgaria, la Romania e l'Ungheria, fino a quel momento fedeli alla Germania, «potrebbero cadere nelle nostre mani», e il successivo incontro dei tre grandi «si potrebbe tenere a Budapest!». Ma Inönü resistette alle lusinghe; la Turchia, al pari dell'Argentina, sarebbe entrata in guerra solo alla vigilia della disfatta finale della Germania.

Il 9 dicembre Churchill si sentì di nuovo poco bene. «Aveva un'aria molto stanca», osservò Brooke sul diario, «e diceva di sentirsi molto depresso, spossato e pieno di dolori ai reni»; era così esausto che dopo essersi lavato non se la sentì di asciugarsi e si sdraiò sul letto avvolto nell'asciugamano. Tuttavia ogni giorno partecipò a varie riunioni con esperti e consiglieri per discutere gli aiuti ai partigiani iugoslavi, greci e albanesi e la possibilità di riprendere il controllo del Dodecanneso. Tra coloro che cenavano con lui c'era Julian Amery, che aveva operato in Albania dietro le linee tedesche. Dopo la cena del 10 dicembre Amery raccontò per lettera a suo padre la risposta di Churchill a una domanda sui viaggi che aveva in progetto: «Sono vittima del capriccio e viaggio sulle ali della fantasia».

Un'ora dopo era di nuovo in volo, questa volta diretto in Tunisia, un viaggio di otto ore e mezzo che si concluse nell'aeroporto sbagliato. «Lo condussero fuori dall'aereo», avrebbe ricordato Brooke, «e si sedette sulla sua valigia nel gelido vento del mattino, come se niente fosse. Restammo lì un'ora prima di ripartire e a quel punto era congelato». La destinazione giusta era un campo d'aviazione a 60 chilometri di distanza, presso Cartagine, dove lo aspettava Eisenhower. Churchill aveva intenzione di andare in Italia per ispezionare le truppe inglesi, ma era sfinito. «Temo che dovrò restare con voi più di quanto prevedessi», disse ad Eisenhower; «sono allo stremo delle forze e non posso proseguire fino al fronte finché non mi sarò ripreso».

Rimase a letto l'11 dicembre e il mattino seguente aveva la febbre alta. Un aereo portò un patologo dal Cairo e da Tunisi fu fatto arrivare un apparecchio per radiografie: Churchill aveva la polmonite. Rimase a letto, continuando però a ricevere visitatori e a dettare telegrammi allo stenografo, Patrick Kinna. I medici protestarono per la mole di lavoro che sbrigava ma, secondo Kinna, «inutilmente».

La sera dell'11 dicembre il suo cuore cominciò a dar segni di affaticamento. Lord Moran temette che stesse per morire; quanto a Churchill, la prese con filosofia e disse a Sarah: «Non preoccupatevi se muoio, la guerra è vinta».

29
MALATTIA E GUARIGIONE

Il 17 dicembre Clementine arrivò a Cartagine per rimanere a fianco di suo marito e la sera cenarono da soli; erano trascorse quasi sei settimane dall'ultima volta che si erano visti. Dopo cena furono raggiunti da Sarah e Randolph. Lord Moran non voleva che il paziente si stancasse ma, scrisse Clementine a Mary, «papà non ha mostrato segni di stanchezza e una o due volte, quando mi sono alzata per andare a dormire, non mi ha lasciato andare». Nel corso della notte ebbe un secondo, leggero attacco di cuore. «Papà è molto scosso», le riscrisse il giorno dopo, «perché comincia a rendersi conto che non guarirà in pochi giorni e che dovrà condurre una vita che per lui è triste e monotona, priva di emozioni e di eccitazione».

Churchill continuò a ricevere visite, seppure una alla volta. Inoltre discusse per telegramma con i capi di stato maggiore il progettato sbarco ad Anzio. Il 23 dicembre ricevette la visita di Eisenhower e Alexander che volevano discutere i particolari dello sbarco, i cui obiettivi erano la presa di Roma e un'avanzata verso nord fino alla linea Pisa-Rimini. Il 24 dicembre lasciò il letto per la prima volta dopo due settimane per partecipare a un colloquio con Alexander e altri generali, ammiragli ed esperti militari su come procurarsi i mezzi da sbarco per l'operazione di Anzio entro la data stabilita del 20 gennaio. Anche quest'operazione, telegrafò ai capi di stato maggiore poco dopo mezzanotte, avrebbe comportato un ritardo di un mese nell'invio di parte dei mezzi da sbarco in Gran Bretagna per «Overlord». Il giorno di Natale cinque comandanti in capo, convocati per telegramma, raggiunsero Cartagine per elaborare gli ultimi dettagli dello sbarco ad Anzio, la cui importanza fu sottolineata all'inizio della discussione da Eisenhower, fermamente convinto, disse ai presenti, «che la strada giusta fosse colpire in Italia, dove i tedeschi mostravano ancora tutto il loro spirito combattivo».

Il mattino del 27 dicembre Churchill prese un aereo per Marrakech; nonostante i timori dei medici sui pericoli di un volo a 3.000 metri di quota per superare le montagne e la necessità di usare la maschera a ossigeno per gran parte del viaggio, il generale di brigata Kelly, l'ufficiale medico dell'Aeronautica di grado più elevato in Africa del nord, che lo accompagnò, avrebbe scritto che il «primo ministro era in gran forma». Nel tardo pomeriggio arrivò a Villa Taylor che sarebbe stata la sua residenza nei 18 giorni seguenti. Il 29 dicembre seppe che Roosevelt era d'accordo sullo sbarco ad Anzio e gli telegrafò: «Oggi splende il sole, ma niente mi ha fatto meglio del vostro telegramma, che dimostra con quanta facilità ci intendiamo sui problemi terribilmente semplici di questa vasta guerra». Alexander gli aveva spiegato che il primo sbarco sarebbe stato effettuato da una divisione inglese e una americana. «Ne sono lieto», scrisse a Roosevelt. «È giusto condividere in pari misura sofferenze, rischi e onori».

Il 31 dicembre arrivarono a Marrakech Eisenhower e Montgomery per discutere il progetto «Overlord» con Churchill, il quale si sentiva «abbastanza in forze da dipingere». Per la sera di Capodanno, scrisse Jock Colville che era tornato a far parte del suo ufficio privato dopo due anni nella Royal Air Force, «è stato preparato il ponce, il primo ministro ha fatto un discorsetto, sono arrivati impiegati, dattilografi e alcuni domestici e ci siamo messi in circolo per cantare *Auld Lang Syne* [Il bel tempo andato]».

Il 7 gennaio giunsero a Marrakech i comandanti dell'operazione Anzio e i loro esperti per discutere gli ultimi dettagli. «Sono tutti ottimisti», telegrafò Churchill a Roosevelt al termine dei colloqui, «e le risorse sembrano sufficienti. Nell'intervallo tra le due riunioni i sottocomitati hanno sviscerato a fondo ogni aspetto».

Di mattina Churchill lavorava e, se il tempo lo permetteva, a pranzo faceva un picnic. Il 12 gennaio fu suo ospite de Gaulle, al quale chiese di astenersi dal prendere iniziative contro gli ex membri del governo di Vichy tali da creare «una frattura tanto violenta in Francia che le tensioni nei territori liberati possano ostacolare le nostre operazioni militari e siano perciò motivo di preoccupazione». A un certo punto, di fronte all'ostinazione di de Gaulle, Churchill esclamò: «Insomma! Sono a capo di una nazione forte e invitta, eppure ogni mattina, quando mi sveglio, il mio primo pensiero è come soddisfare il presidente Roosevelt, il secondo come blandire il maresciallo Stalin. La vostra situazione è molto diversa. Allora perché quando vi svegliate il vostro primo pensiero è come ridicolizzare inglesi e americani?»

Aveva già avuto modo di dire che la croce più pesante che doveva portare era la Croce di Lorena, ma quel giorno le cose andarono tanto bene che de Gaulle lo invitò a passare in rassegna le truppe francesi della guarnigione di Marrakech; il mattino del 13 gennaio erano uno accanto all'altro sulla tribuna. Dopo la parata Churchill andò a fare un altro dei suoi picnic. «Winston era di ottimo umore», osservò uno dei presenti, «molto faceto e allegro».

Il giorno dopo volò da Marrakech a Gibilterra, dove salì a bordo della corazzata *King George V*. Nel corso del viaggio trascorse più di un'ora nel quadrato degli ufficiali subalterni rispondendo alle domande dei guardiamarina, uno dei quali scrisse ai genitori: «aveva un ottimo aspetto e ha una personalità grandiosa che irradia intorno a lui». Churchill confessò a Colville, che era stato come lui a Harrow, che i versi di una delle canzoni della scuola, «Il Signore ci dia basi da difendere e assediare», lo avevano sempre ispirato anche se «detestavo il *football*».

La nave entrò nel porto di Plymouth poco prima di mezzanotte; il re aveva mandato il suo treno personale per condurre il primo ministro a Londra. «Diversamente dai precedenti ritorni a casa», ricordò John Peck, suo segretario privato, «non bisognava affrontare drammi politici, strategici o diplomatici: si respirava un'atmosfera di enorme sollievo per il ritorno del primo ministro sano e salvo e con il pieno controllo degli eventi». Ma il suo programma di lavoro non conosceva pause; giunto a Londra il mattino del 18 gennaio, due ore dopo era alla Camera dei Comuni per rispondere alle interrogazioni; a mezzodì, nel suo studio alla Camera, fece un resoconto sui suoi viaggi al Gabinetto di guerra; Colville osservò che aveva lasciato lo studio «all'1 e 28 per pranzare con il re all'1 e 30».

Il 19 gennaio, sperando in un rapido successo ad Anzio, suggerì ai capi di stato maggiore due operazioni supplementari, cioè un'azione di un commando di 2.000 uomini sulla costa dalmata «per rastrellare e ripulire ogni isola occupata dai tedeschi, uccidendone o catturandone le guarnigioni», e un'avanzata in Italia settentrionale per costringere i tedeschi a ritirarsi oltr'Alpe, onde «poterci muovere a sinistra in Francia, inseguire i tedeschi verso Vienna o muovere a destra verso i Balcani».

Queste operazioni erano subordinate a un rapido successo ad Anzio, dove gli sbarchi cominciarono nelle prime ore del mattino del 22 gennaio. Quando Alexander riferì di aver inviato «pattuglie mobili bene armate» a prendere contatto con i tedeschi subito dopo lo sbarco, Churchill rispose: «Sono lietissimo che perlustriate il terreno anziché trincerarvi nella testa di sbarco». Ma dopo quattro giorni era evidente che i tedeschi volevano e potevano bloccare le truppe da sbarco sulle spiagge e che non ci sarebbe stato uno sfondamento rapido né un immediato ricongiungimento con il grosso dell'esercito alleato al sud. «I tedeschi combattono magnificamente», confessò Churchill a un amico durante una serata all'Other Club il 27 gennaio. «Mai credere che stiano cedendo. Il loro stato maggiore è brillante e flessibile; improvvisano unità con quel che resta di reparti esausti e queste unità si battono non meno bene di quelle nuove».

Il 28 gennaio era ormai evidente che lo sbarco di Anzio non aveva raggiunto i risultati previsti. «La situazione attuale», telegrafò a Sir John Cunningham, «non corrisponde all'attacco lampo progettato a Marrakech»; il 29 confessò ai capi di stato maggiore: «Speravamo di sbarcare una lince che strappasse le budella ai *Boche*, invece abbiamo un'enorme balena arenata, con la coda che sferza l'acqua». Due giorni dopo, quando i due generali americani responsabili dell'operazione, Mark Clark e Lucas, consolidarono la testa di ponte, disse ai colleghi del Gabinetto di guerra che Anzio era oramai «un'operazione americana, priva di mordente». Ma non aveva modo di influenzare lo stato maggiore americano, che il 3 febbraio ordinò di trasferire alcuni caccia dal Mediterraneo alla Cina, avendo deciso che di lì in poi l'esercito alleato avrebbe avuto in Italia un ruolo puramente difensivo.

Churchill ne fu profondamente irritato; una posizione difensiva in Italia era secondo lui «disastrosa», disse ai capi di stato maggiore il 3 febbraio. «Non avrei mai pensato che Alexander non sarebbe stato libero di avanzare a nord e irrompere in Val Padana». Fermare le armate in Italia «sarebbe vera miopia, e consentirebbe al nemico di trasferire rapidamente le sue divisioni dall'Italia settentrionale per contrastare l'operazione "Overlord"».

Mancavano ormai meno di tre mesi allo sbarco oltre Manica. Oltre a presiedere il comitato «Overlord» del Gabinetto di guerra, che si riuniva settimanalmente, Churchill aveva scambi regolari con Eisenhower e il suo capo di stato maggiore generale Bedell Smith, con cui esaminò ogni aspetto dello sbarco, tra cui i porti artificiali, l'assalto delle truppe aviotrasportate, il bombardamento navale, l'appoggio aereo. «Sono soddisfatto che tutto proceda bene», telegrafò a Marshall l'11 marzo. Il comando inglese, grazie alla regolare decifrazione dei messaggi segreti del nemico e ai rapporti dei servizi di informazioni, aveva ricostruito un quadro esauriente della posizione e della forza di ogni unità tedesca in Francia settentrionale.

Grazie alla riuscita di un piano inglese di depistaggio, elaborato dal colonnello Bevan e dai suoi assistenti alle Central War Rooms, i tedeschi si convinsero che l'attacco centrale sarebbe stato portato tra Dieppe e Calais. Una volta di più i loro messaggi segreti, debitamente decifrati, rivelarono che il depistaggio era riuscito. Il vero punto di sbarco, la costa della Normandia, rimase segreto al pari della sola condizione dettata dai capi di stato maggiore: se nel giorno stabilito per l'attacco i tedeschi avessero potuto disporre in Francia di 20 divisioni mobili in grado di rafforzare le difese sulla costa, l'intera operazione sarebbe stata annullata.

Per decidere il da farsi qualora alla data stabilita ci fossero state in Francia venti divisioni mobili tedesche, Churchill propose di incontrarsi alle Bermude con Roosevelt, ma se Lord Moran protestò invano, dichiarando che era «sbagliatissimo», i medici di Roosevelt riuscirono a convincere il presidente, vittima di un forte raffreddore, a non affrontare il rischio del viaggio. Churchill ne fu sollevato. «Questa mattina il primo ministro ha confessato di essere stanco», scrisse sul diario Cadogan il 21 marzo. «È quasi spossato».

La testa di sbarco di Anzio era ancora accerchiata dai tedeschi e il grosso delle forze alleate, che si trovava a 80 chilometri a est, non riusciva a ricongiungersi ad essa a causa della tenace difesa tedesca a Monte Cassino. Non si poteva più sperare di prendere Roma in primavera né di procedere verso nord. Quell'anno il solo altro punto di pressione sulla Germania sarebbe stata la Normandia.

Il 23 marzo Churchill effettuò con Eisenhower un'ispezione di due giorni delle truppe americane in Inghilterra che avrebbero preso parte allo sbarco in Normandia. Tornato ai Chequers, lavorò per due giorni al primo discorso radiofonico dopo un anno esatto. «Il primo ministro appariva molto stanco, ma di umore gentile e sollecito», osservò Marian Holmes al termine del primo giorno. Nel discorso, letto la sera del 26 marzo, sapendo che la Germania stava per produrre la bomba volante, parlò di possibili «forme nuove di attacco» da parte del nemico, dichiarando che «la Gran Bretagna resisterà. Non ha mai vacillato né si è tirata indietro. Quando verrà dato il segnale, l'intera cerchia delle nazioni vendicatrici si scaglierà contro il nemico e annienterà la più crudele tirannide che mai abbia cercato di ostacolare il progresso dell'umanità».

Molti ascoltatori si accorsero che il primo ministro era stanco. «La gente sembra pensare che il discorso di Winston di ieri sera fosse il discorso di un vecchio sfinito e petulante», osservò sul diario Harold Nicolson. Era senza dubbio sfinito, e due giorni dopo Brooke scrisse dopo una riunione dello stato maggiore: «Lo abbiamo trovato in uno stato di stanchezza estrema. Temo che perda rapidamente terreno. Non sembra in grado di concentrarsi nemmeno per pochi minuti di seguito e continua a divagare. Sbadiglia in continuazione, dicendo di sentirsi terribilmente stanco». Era anche logorato: il 29 marzo, dopo che il governo fu battuto su un articolo dell'Education Bill a seguito del voto di alcuni conservatori a favore della parità salariale tra gli insegnanti dei due sessi, il primo ministro chiese un voto di fiducia. «Sembrava stanco e ferito e lo si sentiva a malapena», osservò Henry Channon. Nella sala per fumatori Nicolson gli disse che era eccessivo esigere che i ribelli si rimangiassero il voto. Non si poteva pensare a qualcos'altro per ridurli alla ragione? «No. Niente affatto», rispose Churchill. «Non intendo dibattermi in gabbia come un canarino ferito. Mi avete fatto cadere dal posatoio. Ora mi ci dovete rimettere. In caso contrario non canterò».

La votazione ebbe luogo il 31 marzo. «Il governo ha avuto una maggioranza di oltre 400 voti», notò Colville sul diario, «e il primo ministro era raggiante. A me è parso che si sia schiacciata una noce con una mazza». Churchill era di nuovo in movimento: prese un treno notturno per lo Yorkshire per compiere un'ispezione alle truppe inglesi che si addestravano per lo sbarco in Normandia. Tra l'altro vide un autocarro anfibio.

Il 7 aprile, Venerdì Santo, parlò a tutti gli alti ufficiali inglesi e americani che prendevano parte al progetto «Overlord». Brooke scrisse che «sembrava vecchio e in gran parte privo della consueta vitalità». Il commento del direttore delle operazioni militari del ministero della Guerra, generale Kennedy, fu: «Winston parlò senza vigore. Non alzava gli occhi mentre parlava. C'era il solito meraviglioso fluire di frasi, ma pronunciate senza ardore. Pensai che stesse per scoppiare in lacrime quando scese per sedersi a fianco di Eisenhower e Monty e ai capi di stato maggiore, mentre gli ufficiali uscivano dalla sala. Ma poi sentii che quelli tra i presenti che lo avevano visto per la prima volta quel giorno erano profondamente impressionati e ispirati».

Era fisicamente prostrato. «Impressionato dall'aspetto stanco e logoro del primo ministro», scrisse Colville il 12 aprile. Churchill apprese con grande disappunto da Alexander, tornato in aereo a Londra, che la testa di sbarco di Anzio, seppure bene attestata, non riusciva ancora a ricongiungersi con il grosso dell'armata in Italia, e che un nuovo tentativo non era possibile prima di un mese. Nondimeno riuscì a evitare il ritiro di altre truppe dall'Italia. «Sebbene i combattimenti alla testa di ponte e sul fronte di Cassino abbiano provocato molte delusioni», disse al generale Marshall il 12 aprile, «spero che riconoscerete che almeno otto nuove divisioni tedesche sono state mandate in Italia a sud di Roma, e che hanno subìto pesanti perdite». Osservò che i messaggi decifrati rivelavano che secondo Hitler «le sconfitte in Russia meridionale sono dovute al tradimento dell'Italia di Badoglio, che ha coinvolto 35 divisioni».

«Ad ogni modo», aggiunse, «sono convinto che la nostra azione in Italia abbia contribuito in larga misura a rendere possibili i progressi di enorme importanza fatti in Russia meridionale, che per di più stanno sconvolgendo i paesi satelliti». Passò poi al problema di quale dovesse essere l'obiettivo degli Alleati in Italia e, ribadendo la richiesta degli inglesi di trasferire subito dei mezzi da sbarco dal Pacifico al Mediterraneo, disse a Marshall: «Al momento la mia posizione è la seguente: dobbiamo prima di ogni altra cosa sconfiggere l'esercito tedesco a sud di Roma e ricongiungere le nostre armate. Nulla va risparmiato a questo fine. Non possiamo sapere come usciranno dalla battaglia l'esercito alleato o quello nemico finché la battaglia non sarà stata combattuta. Può darsi che il nemico sia messo in rotta e che si aprano grandi opportunità di sfruttare il successo; può darsi invece che ci contenga e possa continuare a tenere le sue posizioni a sud di Roma con le forze di cui dispone. D'altro canto, può cercare di utilizzare parte delle sue divisioni per lo scontro principale in Francia. Mi sembra che dovremmo disporre di piani e preparativi per sfruttare le possibilità suddette».

Se l'avanzata verso Roma avesse avuto successo, «non escluderei a quel punto un inseguimento deciso del nemico sconfitto verso nord o una zampata più a nord per rallentarlo o isolarlo». Occorreva disporre piani e preparativi «per rendere possibile» uno sbarco a nord di Roma oppure nel sud della Francia «in una forma o nell'altra». Se fossero riusciti a bloccare nel teatro del Mediterraneo occidentale 34 divisioni tedesche, spiegò, «le nostre forze qui avranno dato un contributo immenso a "Overlord"». Quindi dichiarò di essere «molto più fiducioso su "Overlord"» e di sentirsi «ancor più incoraggiato dall'evidente fiducia di Eisenhower, Brooke e Montgomery».

Il mese di maggio cominciò con una protesta inglese contro la Russia, le cui forze erano entrate in Romania e avevano iniziato ad arrestare in massa sia i leader fascisti sia quelli anticomunisti. I russi si lamentarono subito dell'ingerenza inglese e il 2 maggio Churchill ammonì Eden: «Non dimenticate mai che i bolscevichi sono come i coccodrilli». Una settimana dopo, di fronte a nuove lagnanze di Mosca per le presunte ingerenze inglesi in Romania, disse ai colleghi del Gabinetto di guerra che tali lagnanze «lo spingono a disperare della possibilità di conservare buoni rapporti con la Russia». Temeva che anche in Grecia ci si avvicinasse a una prova di forza a causa degli «intrighi comunisti». «Dobbiamo sorvegliare attentamente questo movimento», rammentò a Eden il 4 maggio. «Dopo tutto in Grecia abbiamo perso 40.000 uomini e vi siete battuto per questo, allora. Non ritengo si debba cedere ancora ai russi in Grecia».

Ormai la stanchezza era un elemento ricorrente nelle sue giornate. «Mi è parso molto vecchio e stanco», fu il commento di Brooke il 7 maggio; la sera stessa scrisse sul diario che il primo ministro gli aveva detto di riuscire a dormire e mangiare «e soprattutto a bere, ma non saltava più giù dal letto come una volta e gli sarebbe piaciuto passarci tutto il giorno»; inoltre «non lo avevo mai sentito ammettere che cominciava a sentirsi debole». Churchill aveva 69 anni. Il 10 maggio cadeva il 4° anniversario della sua nomina a primo ministro: più di 200 settimane di responsabilità e di preoccupazioni. Lo spettro dello sbarco in Normandia incombeva su tutto; confessò a John J. McCloy, sottosegretario alla Guerra americano: «Se vi sembra che strascichi i piedi, non è perché non accetto le perdite, ma perché ho paura di quali possano essere»; gli parlò quindi del gran numero di coetanei morti in quella che definì «l'ecatombe» della prima guerra mondiale. Si sentiva «una specie di "anomalia" della natura, giacché gran parte della sua generazione era caduta a Passchendaele e sulla Somme. Un'intera generazione di leader potenziali era stata stroncata, e la Gran Bretagna non poteva permettersi di perderne un'altra».

Il 12 maggio lasciò Londra per un'ispezione di tre giorni delle truppe. Aveva già spiegato a Eisenhower, che lo accompagnò per una parte del viaggio, la necessità di altri mezzi per la divisione francese che si era unita alle truppe da sbarco. Osservò che ad Anzio 125.000 uomini e 23.000 mezzi «hanno percorso solo 20 chilometri» prima di essere fermati dai tedeschi. La sua vigilanza e la sua guida erano una componente cruciale della capacità bellica inglese. «Quali che siano i difetti del primo ministro», scrisse il 13 maggio Colville, «non c'è dubbio che sia una guida e uno sprone per i capi di stato maggiore e il ministero degli Esteri su questioni che senza di lui si perderebbero nei meandri ministeriali o sarebbero minate da cautele e compromessi. Possiede inoltre due qualità, fantasia e fermezza, che per lo più mancano ai ministri e ai capi di stato maggiore». Dopo l'ultimo incontro con gli ufficiali superiori il 15 maggio, il generale Kennedy osservò sul diario che Churchill si era espresso «con vigore e perfino con umorismo, e ha concluso esprimendo in modo toccante le sue speranze e i suoi auguri. Aveva un aspetto molto migliore dell'ultima riunione e ha parlato con grande energia, sollecitandoci a mantenere l'offensiva e sottolineando che a suo giudizio gli uomini anelavano a combattere».

Il 20 maggio si seppe che i tedeschi non avevano in Europa occidentale le 20 divisioni supplementari che avrebbero costretto gli Alleati ad annullare lo sbarco in Normandia. I partigiani di Tito, con l'aiuto delle armi paracadutate dagli inglesi, tenevano testa a 25 divisioni tedesche in Iugoslavia, dove Randolph operava come ufficiale di collegamento con Tito. In Italia erano impegnate altre 23 divisioni tedesche; il 14 maggio Alexander aveva lanciato una nuova offensiva e aveva finalmente preso Cassino. Altre divisioni tedesche erano ferme sulla costa della Manica presso Boulogne, che i tedeschi pensavano fosse il vero obiettivo dello sbarco grazie a una riuscita opera di depistaggio. Grazie alla decifrazione quotidiana dei messaggi del nemico, agli agenti e alla vigilanza incessante dei ricognitori, gli Alleati conoscevano forza e posizione di tutte queste divisioni.

Il 24 maggio Churchill fu informato di una mancanza di pompe navali necessarie per sollevare i cassoni di cemento del porto di Mulberry e rimorchiarli oltre Manica. Occorreva risolvere subito questo problema decisivo per lo sbarco ed egli suggerì di utilizzare le attrezzature dei pompieri di Londra.

Trascorse ai Chequers l'ultimo fine settimana prima dello sbarco; venne a sapere che Randolph era sfuggito per un pelo, con Tito, a un tentativo delle truppe paracadutate tedesche di prendere il quartier generale dei partigiani e il 28 maggio gli scrisse: «Ogni tanto qui c'è una giornata di sole e tutto sembra bello con i primi splendori dell'estate. La guerra è crudele e terribile, ma in questi prati soleggiati e pieni di ranuncoli è difficile rievocarne gli orrori». Il giorno dopo, saputo delle forti perdite tra i civili in seguito al bombardamento alleato dei nodi ferroviari francesi, scrisse al comandante dell'Aeronautica contestando la scelta degli obiettivi: «State accumulando un tremendo carico di odio».

Alexander riferì che le truppe di Anzio si erano ricongiunte con il grosso dell'armata in Italia; era tutto pronto per marciare su Roma. «È stata una fortuna», gli telegrafò Churchill il 31 maggio, «aver resistito ai nostri amici del comando militare americano e aver rifiutato di impedirvi di sfruttare a fondo questa battaglia!» Mentre Alexander si preparava alla battaglia di Roma, fu affidato all'ammiraglio Ramsay il comando di tutte le forze navali nella Manica. Il 2 giugno Churchill prese un treno per ispezionare i punti di adunata delle truppe in Inghilterra meridionale e il giorno dopo assistette all'imbarco dei soldati sui mezzi da sbarco a Southampton; il 4 giugno ispezionò altre truppe pronte a imbarcarsi. Quando tornò al treno, osservò Marian Holmes, «appariva inquieto, pur essendo gentile».

La sera del 4 Churchill ritornò a Londra alla Dipendenza del n° 10. «Arrivata dal primo ministro alle 10 e 30 di sera e uscita alle 3 e 45 del mattino», annotò sul diario Marian Holmes. «Si spreme troppo e si è quasi addormentato sulle carte». Nel corso della notte andò nella sala delle mappe e mentre era seduto sulla sua sedia osservando le mappe gli fu comunicata la notizia della presa di Roma.

Il mattino del 5 giugno il primo ministro non ricevette visite e mentre dettava alcuni appunti alle segretarie gli fu consegnato un biglietto di sua moglie: «Mi sento tanto vicina a te in questo momento tormentoso, così gravido di incertezza, che non permette di gioire per Roma!» Il pomeriggio del 5 giugno telegrafò a Stalin: «È per questa sera; utilizziamo 5.000 navi e disponiamo di 11.000 aerei».

La sera del 5 Churchill e Clementine cenarono da soli, quindi egli si recò nella sala delle mappe per dare un ultimo sguardo allo schieramento degli Alleati e dei tedeschi, quest'ultimo ricostruito soprattutto grazie alla decifrazione del codice Enigma. Prima di andare a dormire Clementine lo raggiunse nella sala; egli temeva per la vita di coloro che di lì a poche ore si sarebbero avvicinati alle spiagge francesi difese dal nemico, alla tanto vantata Fortezza Europa di Hitler. «Ti rendi conto», disse alla moglie, «che quando ti sveglierai domani mattina potrebbero essere morti ventimila uomini?»

30
LA NORMANDIA E DOPO

Mentre Churchill dormiva, nelle prime ore del mattino del 6 giugno 1944 le prime truppe alleate atterrarono in Normandia su alianti. Quando si svegliò egli fu informato che non avevano incontrato resistenza. Trascorse gran parte della mattina nella sala delle mappe, dove i progressi venivano segnati a mano a mano che arrivavano le notizie. A mezzodì andò ai Comuni e disse ai deputati muti e in attesa: «Questa grande operazione è senza dubbio la più complessa e difficile che abbia mai avuto luogo». La sera tornò alla Camera per comunicare che tutto procedeva «in modo pienamente soddisfacente». Il mattino seguente erano state superate le ultime difese tedesche sulle spiagge; nelle prime 24 ore di scontri erano caduti 3.000 uomini. «Avevamo previsto di perdere 10.000 uomini», telegrafò il giorno stesso a Stalin.

Nonostante la tenace resistenza tedesca, a mezzogiorno del 10 giugno erano stati sbarcati circa 400.000 uomini. «Uno sforzo congiunto», furono le parole che Churchill telegrafò a Tito, «e saremo liberi dalle angosce della guerra e dalla minaccia della tirannia». Sul fronte italiano Alexander stava respingendo verso nord i resti delle 23 divisioni tedesche e in Russia Stalin aveva lanciato la prima fase dell'annunciata offensiva estiva.

Fino a quel momento era sbarcato in Normandia più di mezzo milione di soldati alleati, ma i tedeschi tenevano ancora Caen; a Londra intanto, alla fine della prima settimana di attacchi delle bombe volanti, erano morti 526 civili. La sala delle mappe di Churchill ospitava quasi senza interruzioni riunioni destinate a cercare il modo migliore di neutralizzare gli attacchi. Su 700 bombe volanti lanciate la prima settimana, 200 erano state abbattute dalla contraerea e dai caccia, e per ridurre il pericolo che un sistema di difesa ostacolasse l'altro, Churchill propose che i caccia avessero «via libera» di giorno e la contraerea di notte. La nuova arma era un pericolo costante; il 20 giugno, mentre dettava un telegramma a Roosevelt sulla politica petrolifera anglo-americana postbellica, il primo ministro interruppe quanto stava dettando per riferire al presidente americano: «In questo momento una bomba volante si sta dirigendo verso l'edificio dove mi trovo». Dopo aver continuato a dettare ancora per qualche istante, aggiunse: «La bomba è caduta a una certa distanza».

Il 6 luglio le bombe volanti avevano fatto un totale di 2752 vittime. Quell'arma, dichiarò Churchill alla Camera, «è di natura, scopo ed effetto letteralmente ed essenzialmente indiscriminati». Per il pericolo delle bombe volanti la conferenza dello stato maggiore si tenne quella sera nelle Central War Rooms sotterranee. «Senza dubbio il primo ministro non era in condizione di discutere nulla», osservò sul diario Andrew Cunningham. «È molto stanco e beve troppo». Eden, anch'egli presente, la definì «una serata deplorevole». Quando Churchill prese a criticare Montgomery, osservando che perfino Eisenhower lo aveva definito «troppo prudente», Brooke andò in collera per questa critica.

Conclusa la riunione, Churchill ritornò in superficie alla Dipendenza per il lavoro serale di dettatura. «Il primo ministro di umore gioviale e piuttosto ciarliero», notò Marian Holmes. «Tanto lavoro e finalmente a dormire alle 3 e 40». Volendo attuare una rappresaglia che costringesse i tedeschi a rinunciare agli attacchi con le bombe volanti, quella sera dettò un appunto per i capi di stato maggiore sull'eventualità di usare i gas. «Sarei pronto a fare qualunque cosa», scriveva, «per colpire i tedeschi in modo sanguinoso. Naturalmente vi chiedo di appoggiare la mia proposta di usare il gas tossico. Potremmo irrorare le città della Ruhr e molte altre città della Germania in modo tale che la maggior parte della popolazione debba essere tenuta in continuazione sotto controllo medico. Potremmo bloccare ogni attività nei luoghi da cui partono le bombe volanti».

Pensava di usare l'iprite, «da cui quasi tutti si salvano». Vi avrebbe fatto ricorso soltanto «in caso di vita o di morte» o se il suo uso avesse «accorciato la guerra di un anno». «A questo scopo poteva essere usata anche sulle spiagge della Normandia. «È assurdo pensarla in termini morali, quando tutti l'hanno usata nell'ultima guerra senza che si levasse una parola di protesta dai moralisti o dalla chiesa. D'altro canto, nell'ultima guerra era considerato fuori legge il bombardamento delle città aperte, mentre oggi è per tutti ordinaria amministrazione. È solo un problema di cambiamento di moda, come le gonne lunghe o corte».

Intendeva chiedere «di inondare la Germania di gas tossico» soltanto dopo alcune settimane o anche mesi, e desiderava che nel frattempo la faccenda fosse analizzata «a sangue freddo da persone razionali e non da quel tipo particolare di disfattisti in uniforme che cantano salmi, che si incontrano qua e là». Lo studio fu fatto e saltò fuori che lo stato maggiore dell'Aeronautica aveva già elaborato un piano in base a cui un quinto dei bombardieri inglesi sarebbe stato impiegato per lanciare i gas, qualora si fosse deciso di farlo. Tuttavia gli esperti militari cui affidò la questione dubitavano che i gas del tipo essenzialmente non letale da lui previsto potessero avere un effetto decisivo, sicché si decise di non procedere. «È chiaro», fu il suo commento, «che non posso spuntarla al tempo stesso contro i parroci e i guerrieri».

A Londra cominciarono ad affluire le notizie dello sterminio, in camere a gas appositamente costruite, di oltre due milioni e mezzo di ebrei ad Auschwitz, che fino a quel momento era passato per un campo di lavoro schiavistico. Ai primi di luglio si seppe che oltre mezzo milione di ebrei ungheresi stava per essere deportato ad Auschwitz e annientato. Quando il leader sionista Chaim Weizmann chiese a Eden di bombardare le linee ferroviarie che portavano al campo di concentramento, questi inoltrò la richiesta a Churchill, il quale scrisse il giorno stesso, 7 luglio: «Prendete tutti gli aerei che potete e appellatevi a me se necessario». Weizmann chiedeva anche che si esprimesse la protesta più dura ed egli rispose immediatamente: «Sono pienamente d'accordo a elevare la più vibrata protesta».

Fu subito organizzata una campagna mediante un congruo numero di servizi giornalistici sui massacri e trasmissioni radiofoniche da Londra per i ferrovieri ungheresi, in cui li si ammoniva che sarebbero stati considerati criminali di guerra se avessero continuato a collaborare alle deportazioni. Nell'arco di 48 ore il governo ungherese costrinse le autorità tedesche in Ungheria a metter fine alle deportazioni e in tal modo furono salvati più di 100.000 ebrei.

Prima che giungesse la notizia della fine delle deportazioni in Ungheria, Churchill rifiutò l'offerta della Gestapo di «trattare» la liberazione di un milione di ebrei ungheresi in cambio di autocarri, cibo e denaro. L'offerta era un inganno per dare agli ebrei ungheresi una falsa speranza di salvezza proprio nel momento in cui più di 400.000 di loro venivano deportati per essere sterminati; l'11 luglio spiegò a Eden che si trattava di «un puro ricatto basato sulla minaccia di morte». Quanto allo sterminio degli ebrei, aggiunse, «non c'è dubbio che si tratta del crimine di più vaste dimensioni e più orrendo mai perpetrato in tutta la storia del mondo, ed è stato commesso in modo scientifico da uomini che si definiscono civili in nome di un grande stato e di uno dei grandi popoli d'Europa. È chiaro che quando metteremo le mani su coloro che si sono macchiati di questo crimine, compresi quelli che hanno soltanto ubbidito agli ordini eseguendo le stragi, essi dovranno essere condannati a morte una volta provata la loro complicità con le stragi».

Il 10 luglio le forze alleate entrarono a Caen e quel giorno Brooke trovò Churchill «di buon umore e affabile». Ma poche ore dopo giunsero notizie dolorose dal fronte interno: in un solo mese di attacchi delle bombe volanti erano state distrutte 10.000 case, «contro le 63.000 di tutto l'attacco del 1940/41», scrisse Churchill a Stalin. Quella sera, alla riunione del Comitato sulle bombe volanti del Gabinetto di guerra, dichiarò di essere pronto a «minacciare un attacco massiccio con i gas sulla Germania se non cesserà l'attacco indiscriminato a Londra». Non era però convinto che «l'attuale portata» dell'attacco «giustifichi un passo tanto grave».

Il 18 luglio i servizi di informazioni gli riferirono che i tedeschi avevano prodotto un'arma ancora più efficace della bomba volante, un razzo in grado di portare una bomba del peso di più di 11 tonnellate che volava a 6.000 chilometri all'ora e poteva colpire Londra quattro minuti dopo essere stato lanciato dall'Europa settentrionale. La bomba volante o V-1, con motore e ali da aeroplano, era dieci volte più lenta e molto più facile da intercettare di questa nuova bomba con propulsione a razzo, la V-2.

In Normandia l'offensiva congiunta anglo-americana era in procinto di superare la testa di ponte e Churchill, sollevato dalla prospettiva di un'avanzata rapida in Francia settentrionale, il 20 luglio volò a Cherbourg per ispezionare una postazione incompleta di bombe volanti che aveva come obiettivo Bristol e le spiagge dello sbarco. Mentre visitava il teatro della vittoria, a più di 1.500 chilometri di distanza Hitler rimase ferito nel suo quartier generale da una bomba piazzata sotto il tavolo su cui esaminava una mappa della battaglia. Il complotto dell'esercito era fallito e un castigo terribile si abbatté su tutti coloro che vi avevano preso parte o avevano espresso solidarietà a chi voleva eliminarlo. Il maggiore Ewald von Kleist, che era stato ospite di Churchill a Chartwell nel 1938, fu arrestato e tra le sue carte fu trovata la lettera che gli aveva scritto su sua richiesta. Kleist fu giustiziato. A Rommel, ferito in Normandia nell'attacco di un caccia alleato alla sua automobile e coinvolto marginalmente nel complotto, fu lasciata la scelta tra la fucilazione e il suicidio e scelse il secondo.

Churchill dormì a bordo dell'*Enterprise* e il giorno dopo tornò a terra, pranzò con Montgomery, ispezionò le piste d'atterraggio nella zona della battaglia e fece un volo su un aereo catturato al nemico. La sera stessa tornò in aereo in Inghilterra, dove venne a sapere che Stalin aveva costituito un Comitato polacco di liberazione nazionale a Lublino, in un territorio che dopo la guerra doveva essere incorporato alla Polonia. Il governo polacco a Londra era stato escluso dal Comitato. Telegrafò immediatamente a Roosevelt: era della «massima importanza non abbandonare il governo polacco ortodosso». La «grande speranza» era un «qualche genere di fusione tra i polacchi che contano sulla Russia e quelli che contano su USA e Gran Bretagna».

Il 31 luglio, con le unità dell'Armata Rossa a poco più di 20 chilometri da Varsavia, scoppiò la rivolta contro le forze tedesche di occupazione. Molti polacchi speravano di creare un'autorità indipendente nella capitale prima dell'arrivo dei russi. Il 4 agosto le forze tedesche, una divisione e mezzo, cominciarono ad attaccare gli insorti; dall'Italia fu richiamata la divisione Hermann Goering, insieme con due divisioni delle SS. Quel giorno cessarono le incursioni aeree russe su Varsavia; Churchill, che aveva appena accolto una richiesta polacca di paracadutare munizioni e rifornimenti in città, chiese a Stalin di soccorrere quel paese ma egli rifiutò, esprimendosi in termini ironici sulla loro capacità di resistere. Invece la resistenza polacca sarebbe durata più di un mese.

In Italia l'armata di Alexander era stata privata di sette divisioni, destinate allo sbarco in Francia meridionale; tuttavia il generale proseguì l'offensiva e il 10 agosto costrinse i tedeschi a ritirarsi da Firenze. Quella sera Churchill viaggiò in aereo fino a Algeri per poi atterrare in Italia. Voleva incontrare Alexander sia per osservare l'andamento della battaglia sia per discutere i numerosi problemi relativi alle operazioni nel Mediterraneo.

Durante la sosta ad Algeri ebbe una lunga discussione con Randolph, ancora sofferente per i postumi di un incidente aereo occorsogli nel secondo viaggio nella Iugoslavia liberata dai partigiani e scosso dal fallimento del suo matrimonio. «Nessuno dei due ha fatto alcun riferimento a vicende familiari», scrisse Churchill a Clementine. «È malinconico e non riesce ancora a camminare. Abbiamo parlato di politica, francese e inglese, e su questo si sono sprecati gli scherzi e le discussioni». Randolph consigliò a suo padre di rivedere la recente decisione di non incontrare de Gaulle. «Dopo tutto», scrisse qualche giorno dopo, «è un uomo frustrato che rappresenta un paese sconfitto. Puoi permetterti, giacché sei il leader incontestato dell'Inghilterra e il principale artefice della vittoria, di essere magnanimo senza tema di venire frainteso».

Da Algeri volò a Napoli dove fu ospite del generale Maitland Wilson alla Villa Rivalta che domina il golfo. Fu là che ricevette un appello dei polacchi che ancora si battevano a Varsavia, cui Stalin negava il suo aiuto. «Implorano mitragliatori e munizioni», telegrafò al leader russo da Napoli il 12 agosto. «Non potete dar loro altri aiuti, giacché l'Italia è tanto lontana?» Stalin rifiutò nuovamente e il giorno stesso 28 piloti inglesi e polacchi fecero per la quarta volta il viaggio di andata e ritorno di oltre 2.000 chilometri dall'Italia meridionale a Varsavia, perdendo tre aerei. La pista d'atterraggio sovietica operativa più vicina a Varsavia si trovava a meno di 80 chilometri dalla città. Il 12 agosto Churchill ricevette Tito a Villa Rivalta e lo sollecitò a istituire in Iugoslavia un sistema democratico «fondato sui contadini». Nel pomeriggio si fece portare dalla lancia dell'ammiraglio in una spiaggetta dove fece un bagno in una fonte d'acqua calda. Il 14 agosto, dopo essere tornato a Napoli per il pranzo, volò fino in Corsica dove si imbarcò nel porto di Ajaccio sul *Royal Scotsman*, un vecchio mercantile che trasportava sei mezzi da sbarco. Durante la notte, mentre dormiva a bordo, 11 divisioni alleate sbarcarono nel sud della Francia; alle otto del mattino del 15 agosto Churchill si trasferì sul cacciatorpediniere *Kimberley* che si diresse verso la costa francese dove, poco dopo mezzodì, «ci trovammo nel mezzo di un immenso concentrato di navi», scrisse a Clementine, «schierate lungo 30 chilometri di costa, con la povera Saint Tropez al centro. Era previsto che il bombardamento proseguisse per tutto il giorno, ma aviazione e marina avevano messo praticamente a tacere i cannoni nemici alle 8, il che ha reso alquanto monotone le operazioni».

La difesa tedesca nei cieli fu scarsa, in mare nulla e in terra assai debole e molto breve. Rispetto alle previsioni degli americani sull'operazione, ovvero un trasferimento massiccio di truppe tedesche dalla Francia settentrionale, lo sbarco fu il più grande insuccesso sul fronte occidentale. Churchill riferì al re: «Vostra Maestà conosce la mia opinione sulla strategia, ma l'esecuzione perfetta del piano è stata decisamente interessante».

Il 17 agosto Churchill attraversò in automobile il paese di Cassino devastato dai combattimenti e quindi volò sopra il monastero che era stato polverizzato dai bombardamenti alleati perché era la principale fortificazione tedesca. Infine si diresse a nord, al quartier generale di Alexander a Siena. Poiché il maltempo non consentì per tre giorni di ispezionare il fronte, passò in rassegna le truppe delle retrovie. Presso Livorno sparò il primo colpo di obice contro una postazione di artiglieria tedesca a nord di Pisa. Il 20 agosto il tempo si rasserenò e Alexander lo condusse in un posto d'osservazione avanzato, a circa tre chilometri dalla linea del fronte, sull'Arno. Quindi tornò in aereo a Napoli, dove la cena fu animata dai ripetuti attacchi a bassa quota di un aereo tedesco, che fu poi abbattuto e distrutto dall'artiglieria navale.

Stava ancora riflettendo sull'assurda riduzione delle forze di Alexander a favore dello sbarco nel sud della Francia. In seguito scrisse che con la metà degli effettivi sottratti al fronte italiano gli Alleati «avrebbero potuto fare irruzione in Val Padana, con le prospettive brillanti e i frutti che si potevano cogliere sulla via per Vienna. Quella sera Alexander conservava il suo buonumore militaresco, ma io andai a dormire di umor nero. In queste grandi questioni il fatto di non riuscire a imporre il proprio punto di vista non esenta dalle responsabilità per le soluzioni inferiori».

Il 23 agosto tornò di nuovo in aereo al quartier generale di Alexander a Siena, dove autorizzò la costituzione di una brigata ebraica che sarebbe stata parte integrante dell'armata di Alexander. «Ciò darà grande soddisfazione agli ebrei quando lo sapranno», scrisse, «e certo essi, tra tutti gli altri popoli, hanno il diritto di colpire i tedeschi in qualità di forza riconoscibile». Il giorno seguente ispezionò la New Zealand Division e il 25 agosto, mentre si trovava al quartier generale di Alexander, de Gaulle entrò a Parigi.

Lo stesso giorno Alexander lanciò una nuova offensiva contro le difese tedesche ed egli lo accompagnò su una collina da cui si dominava la zona dello scontro. «Si vedeva tutto il fronte dell'offensiva dell'VIII Armata», scrisse; «ma non c'era nulla da vedere, eccetto gli sbuffi di fumo delle granate che esplodevano qua e là a una distanza di sette od ottomila metri». Dopo essersi rifocillati i due si spinsero avanti fino a un antico castello che dava su una valle. «Qui si poteva vedere tutto quanto accadeva», raccontò in seguito Churchill. «I tedeschi facevano fuoco con fucili e mitragliatori da una folta macchia sull'altro versante della valle, a circa 500 metri di distanza. La nostra linea del fronte era sotto di noi. Gli spari erano sporadici e intermittenti, ma fu il momento in cui mi avvicinai ai più al nemico e sentii più spari di tutta la seconda guerra mondiale».

Il 27 agosto tornò in aereo a Napoli per due giorni di colloqui sull'imminente spedizione inglese in Grecia. Scrisse anche un messaggio al popolo italiano per spiegare quelle che definì «una o due prove alquanto semplici e pratiche» per rispondere alla domanda «che cos'è la libertà?» In realtà le domande erano sette e costituivano «gli atti su cui fondare una nuova Italia»:

Esiste il diritto di libera espressione delle opinioni e di opposizione e critica al governo in carica?

Il popolo ha il diritto di rifiutare un governo che esso disapprova e sono stati forniti gli strumenti costituzionali con cui possa esprimere la sua volontà?

I tribunali sono immuni dalla violenza del potere esecutivo e dalle minacce di violenza delle masse e svincolati da qualsivoglia associazione con particolari partiti politici?

Tali tribunali amministreranno leggi chiare e collaudate, associate nella mente dell'uomo ai princìpi generali di decoro e di giustizia?

Vi saranno condizioni uguali per i poveri e per i ricchi, per i singoli cittadini così come per i funzionari di governo?

I diritti dell'individuo, subordinatamente ai suoi doveri nei confronti dello stato, saranno mantenuti, difesi ed esaltati?

Il semplice contadino od operaio, che si guadagna da vivere con il sudore quotidiano e cerca di metter su famiglia, è libero dalla paura che una sinistra organizzazione poliziesca sotto il controllo di un partito unico, come la Gestapo, fondata dai partiti nazisti e fascisti, bussi alla sua porta e lo condanni, senza un processo equo e pubblico, alla servitù o ai maltrattamenti?

Queste domande, fu il commento del «Times», contenevano parole «di incoraggiamento e di monito»; costituivano inoltre l'essenza della filosofia politica di Churchill. Il giorno stesso egli partì in aereo per Londra e fece scalo a Rabat, dove fu costretto a fermarsi per la notte poiché il bollettino meteorologico prevedeva temporali più a nord. Il mattino del 29 agosto ritornò finalmente a Londra. Durante il volo si sentì male e gli venne la febbre: era un nuovo attacco di polmonite. A Londra si presero cura di lui due infermiere e un medico, il quale gli fece gli esami del sangue e alcune radiografie e gli somministrò un farmaco. «Sarebbe una tragedia se dovesse succedergli qualcosa proprio ora», scrisse sul diario Sir Andrew Cunningham che lo andò a trovare quella sera. «Con tutti i suoi difetti (è il più irritante degli uomini), ha fatto grandi cose per il paese; e poi non c'è nessun altro».

Mentre Churchill si ristabiliva lentamente nel suo letto alla Dipendenza del n° 10, i tedeschi avevano perso il controllo di gran parte della Francia del nord ed erano stati respinti al di là del confine belga. «È meraviglioso vedere finalmente la nostra gente balzare avanti dopo tanta dura lotta», telegrafò il 2 settembre a Montgomery, da poco promosso feldmaresciallo. Il giorno stesso le forze di Alexander entrarono a Pisa e sfondarono le difese della Linea Gotica, trovandosi però di fronte otto nuove divisioni tedesche mandate in tutta fretta per fermare l'avanzata verso nord. In risposta alla domanda più importante nel teatro italiano, «chi aggredisce e chi viene aggredito?», l'Italia continuava ad assorbire risorse tedesche.

Gli insorti di Varsavia continuavano a battersi nonostante la situazione disperata e senza l'aiuto sovietico. Il 3 settembre Churchill suggerì a Roosevelt che occorreva far capire a Stalin che se non avesse almeno permesso agli aerei inglesi e americani di utilizzare le basi aeree sovietiche vicino a Varsavia per lanciare aiuti agli insorti, la Gran Bretagna e l'America «agirebbero in modo drastico per quanto concerne i nostri approvvigionamenti alla Russia». Roosevelt però non intendeva irritare il leader russo, al quale aveva appena chiesto, senza che egli lo sapesse, di poter usare le basi aeree sovietiche in Siberia per le incursioni aeree americane contro il Giappone.

Churchill era così irritato dal rifiuto sovietico di soccorrere Varsavia che il 4 settembre, nonostante un attacco di febbre, lasciò il letto e scese nelle Central War Rooms. Il Gabinetto di guerra condivideva la sua ira, tuttavia era riluttante a prendere iniziative che potevano complicare ulteriormente il lavoro già problematico dell'alleanza, sicché la protesta si ridusse a un telegramma in cui si affermava che la decisione sovietica di non aiutare Varsavia «non ci sembra conforme allo spirito di cooperazione cui voi e noi attribuiamo tanta importanza, sia per il presente sia per il futuro».

La rivolta di Varsavia fu soffocata in modo sistematico e feroce e migliaia di polacchi furono passati per le armi. I russi entrarono nella capitale polacca soltanto più di quattro mesi dopo.

Il mattino del 5 settembre Churchill prese un treno per Greenock sul Clyde e il pomeriggio salì a bordo della *Queen Mary*. Lo accompagnavano un'infermiera, Dorothy Pugh, e un esperto di penicillina, il generale Whitby. Durante il viaggio seppe che i militari americani a bordo, che andavano in licenza, avevano perduto una settimana di libertà per aver dovuto aspettare sette giorni a Greenock che salisse a bordo. Churchill telegrafò immediatamente a Roosevelt per chiedergli se poteva restituire loro la settimana persa. «Mi farebbe piacere che la notizia fosse comunicata prima della fine del viaggio, fugando le loro preoccupazioni». Fu accontentato. Non si sentiva ancora bene e dopo il viaggio in Italia gli era stato raccomandato di continuare per altre due settimane una cura di pillole antimalariche, che aveva effetti collaterali. L'8 settembre, dopo una riunione di stato maggiore a bordo, Brooke scrisse che il primo ministro «sembrava vecchio, malato e depresso. Aveva evidenti difficoltà a concentrarsi e continuava a tenersi la testa tra le mani». Nel corso della riunione espresse ai capi di stato maggiore il timore che la proposta di dirottare forze dall'Italia all'Estremo Oriente, basata sull'ipotesi di un probabile crollo tedesco prima della fine del 1944, si fondasse su un'ipotesi azzardata, in quanto «le guarnigioni tedesche opponevano una tenace resistenza in gran parte dei porti». Gli americani non erano riusciti a prendere Saint Nazáre ed erano stati fermati a Nancy. I tedeschi opponevano una «tenace resistenza» anche nelle fortificazioni intorno a Anversa, «un porto che ci era assolutamente necessario».

Quel giorno, mentre la *Queen Mary* procedeva verso ovest, le forze inglesi entrarono a Bruxelles, ma un'altra notizia confermò i suoi timori: i tedeschi resistevano a Boulogne, Calais e Dunkerque e avevano riconquistato Metz. A oriente l'avanzata di Stalin non conosceva soste; il 9 settembre le forze russe entrarono in Bulgaria, che il giorno seguente si arrese; la Romania aveva già abbandonato la Germania per unirsi agli Alleati. Ora si apriva ai russi la prospettiva di una rapida avanzata nei Balcani e in Ungheria.

Il 10 settembre la *Queen Mary* entrò nel porto di Halifax dove Churchill prese un treno che in 24 ore lo portò a Quebec; qui lo aspettava il treno di Roosevelt. Il 12 settembre, primo giorno trascorso a Quebec, seppero che le forze americane avevano attraversato il confine tedesco a ovest di Aachen; un messaggio giunto quel giorno da Londra però li informò che «la resistenza del nemico cresce a mano a mano che gli Alleati si avvicinano al confine tedesco».

Roosevelt era d'accordo che non si dovevano più ridurre le forze di Alexander in Italia; anzi, gli americani erano disposti a fornirgli i mezzi necessari per sbarcare in Istria e Churchill ne fu enormemente sollevato. «Avevo sempre auspicato una manovra sulla destra con l'obiettivo di colpire la Germania nell'ascella adriatica»; «Il nostro obiettivo dovrebbe essere Vienna».

Il 13 settembre il ministro americano del Tesoro, Henry Morgenthau, dichiarò che dopo la guerra si doveva negare alla Germania qualsiasi industria, chiudendo la Ruhr e smantellando i cantieri navali. In un primo momento Churchill non condivise la proposta: «Sono d'accordo a disarmare la Germania», disse a Morgenthau, «ma non dobbiamo negarle un tenore di vita decoroso. Esiste un legame tra i lavoratori di tutti i paesi, e il popolo inglese non approverà la politica che sostenete. Sono d'accordo con Burke: non si può condannare un'intera nazione. Ciò che va fatto, va fatto presto. Uccidere i criminali, non trascinare la cosa per anni».

Ma due giorni dopo, riferendo per telegramma il progetto di Morgenthau al Gabinetto di guerra, egli scrisse: «In un primo momento sono stato preso alla sprovvista, ma ritengo che la tesi del disarmo sia decisiva e che ne derivino conseguenze positive per noi». Una Germania «pastorale» sarebbe stata un vantaggio per la Gran Bretagna, che avrebbe soddisfatto larga parte dei suoi bisogni industriali con grande giovamento per l'industria inglese. Il 15 settembre i due capi di stato firmarono un accordo «auspicando la conversione della Germania in paese di tipo prevalentemente agricolo e pastorale». L'accordo fu respinto dal Dipartimento di Stato americano prim'ancora di essere discusso dal Gabinetto di guerra a Londra.

Il 17 settembre, mentre Churchill era ancora a Quebec, tre divisioni aviotrasportate inglesi e americane più una brigata di paracadutisti polacchi, in tutto 35.000 uomini, furono lanciate dietro le linee tedesche in Olanda con l'obiettivo di prendere il ponte sul Reno a Arnhem. Mentre iniziava la battaglia, Churchill andò in treno a Hyde Park dove fu ospite di Roosevelt per due giorni. Era accompagnato da Clementine, che in una lettera a Mary scrisse che il presidente americano, «con tutto il suo ingegno, non lavora – in effetti non può lavorare (in parte a causa della salute e in parte per temperamento) – tutto il giorno come tuo padre. Direi che la sua mente non pensa alla guerra per più di quattro ore al giorno, il che non è davvero molto quando si è il capo supremo».

I due capi di stato discussero della bomba atomica che, secondo le ultime informazioni, sarebbe stata pronta «quasi certamente» nell'agosto 1945. Quella settimana c'erano volute 2.600 incursioni, con la perdita di più di cento aerei, per scaricare sulla Germania 9.360 tonnellate di bombe ad alto esplosivo; una sola bomba atomica, portata da un solo aereo, sarebbe stata pari almeno a 20.000 tonnellate di alto esplosivo. Churchill e Roosevelt respinsero il suggerimento di «informare il mondo» della bomba atomica allo scopo di pervenire a un accordo internazionale sul suo uso. Decisero inoltre che quando la bomba fosse stata pronta, «potrebbe forse essere usata, dopo attenta riflessione, contro i giapponesi, avvertendoli che tale bombardamento verrà ripetuto fino alla loro resa».

Churchill non era sicuro della necessità di usare la bomba atomica. Nell'ultima giornata dei lavori a Quebec aveva giudicato «più che possibile» che l'attuale bombardamento «massiccio, prolungato e sempre più intenso» sulle città giapponesi «possa indurre il Giappone a gettare la spugna». La popolazione avrebbe sopportato un bombardamento pesante se avesse pensato che «prima o poi» sarebbe finito. Ma «il Giappone non può nutrire una speranza del genere»; poteva aspettarsi soltanto «un carico via via crescente di esplosivi sui centri abitati». Churchill partì da Hyde Park il 19 settembre in treno per New York, dove il mattino seguente tornò a bordo della *Queen Mary*. «Il primo ministro è in ottima forma», osservò Cunningham, «e ci ha affascinato parlando del periodo passato all'Ammiragliato nell'ultima guerra».

Il 26 settembre la *Queen Mary* arrivò a Greenock, dove c'era ad attenderlo John Peck con gli ultimi e più urgenti telegrammi. Le notizie peggiori riguardavano Arnhem: il tentativo di impadronirsi e difendere il ponte sul Reno era fallito ed erano morti 1.400 soldati dei 35.000 impegnati nell'operazione. Nel corso della notte il treno su cui egli viaggiava si fermò a Rugby per raccogliere un altro messaggio urgente che comunicava una notizia dolorosa: a Varsavia la resistenza dei patrioti polacchi era stata vinta e si era scatenata una feroce rappresaglia che aveva coinvolto decine di migliaia di cittadini.

Il treno arrivò a Londra alle dieci del mattino e un'ora e mezzo più tardi Churchill era ai Comuni per rispondere alle interrogazioni. Il destino dei nazisti responsabili di tante atrocità era segnato; il governo era «deciso a fare quanto in suo potere per impedire che i criminali nazisti trovino rifugio in territorio neutrale, sottraendosi alle conseguenze dei loro misfatti». Anche la guerra in Estremo Oriente occupava i suoi pensieri; in un telegramma a Stalin spiegò che l'eventuale apertura di un fronte russo contro il Giappone, «soprattutto dall'aria, lo farebbe sanguinare e soffrire in modo tale da accelerarne enormemente la sconfitta».

Egli aveva intenzione di incontrare Stalin e quella sera chiese a Portal di preparare un piano di volo per Mosca. Aveva ottime ragioni per rimettersi subito in viaggio: temendo il peso finanziario e materiale di un lungo conflitto contro il Giappone, voleva convincere il leader russo a dichiarargli guerra subito dopo la sconfitta della Germania; inoltre voleva discutere il futuro politico della Iugoslavia e della Grecia, che sperava di sottrarre al controllo dei comunisti, e della Polonia, nei confronti della quale sentiva l'obbligo personale e morale di contribuire a istituire un governo liberamente eletto.

Prima di partire per Mosca Churchill portò due volte a teatro Clementine, il 3 ottobre per *Le armi e l'uomo* di G.B. Shaw e la sera seguente per il *Riccardo III* di Shakespeare, entrambi interpretati da Laurence Olivier, Ralph Richardson e Sybil Thorndike. Quando tornò alla Dipendenza del n° 10, il 4 ottobre, seppe che le forze inglesi erano riuscite a sbarcare a Patrasso, nel golfo di Corinto, da cui i tedeschi si erano ritirati. Invece in Polonia gli insorti di Varsavia erano stati annientati, con vivo dolore di Churchill che tanto si era prodigato per aiutarli. «Quando sarà conseguita la vittoria alleata», dichiarò egli ai Comuni il 5 ottobre, «l'epopea di Varsavia non verrà dimenticata. Resterà un ricordo imperituro per i polacchi e per i difensori della libertà in tutto il mondo».

Due giorni dopo, sempre riflettendo sul futuro politico della Polonia, prese un aereo per Napoli, dove gli fu comunicato che le armate di Alexander erano «bloccate negli Appennini con gli effettivi stanchi» e non potevano contribuire allo sbarco nell'Adriatico. Churchill si fermò a Napoli solo quattro ore e ripartì per Mosca, dove poco dopo il mezzodì del 9 ottobre l'aereo atterrò all'aeroporto sbagliato, decollò di nuovo e prese finalmente terra all'aeroporto dove lo attendevano Maiskij, Višinskij e una guardia d'onore. Fu portato alla dacia di Molotov, messa a sua disposizione.

La sera stessa Churchill fu condotto a Mosca in automobile. Nel primo colloquio con Stalin ribadì quanto aveva già detto a Teheran, ovvero che accettava la Linea Curzon come frontiera orientale della Russia, e promise di «esercitare pressioni» sui polacchi in questo senso. Passarono poi a discutere dell'Europa meridionale e dei Balcani. La Gran Bretagna aveva «particolarmente a cuore» la Grecia, mentre la Romania era «essenzialmente una faccenda dei russi»; non voleva usare l'espressione «divisione in sfere d'influenza, in quanto gli americani potrebbero scandalizzarsi», ma se lui e Stalin avessero trovato un'intesa, era in grado di spiegarlo agli americani.

Quindi Churchill esibì quello che definì «un documento indecente», sul quale erano elencati «gli interessi percentuali» della Russia e della Gran Bretagna in cinque paesi. Per la Romania il suo dato era del 90 per cento di interesse russo e del 10 per cento inglese; per la Grecia proponeva il 90 per cento all'Inghilterra «insieme con gli USA» e il 10 per cento alla Russia. Iugoslavia e Ungheria erano divise al 50 e 50 e la Bulgaria al 75 per cento per la Russia e al 25 per «gli altri».

Stalin studiò l'elenco e quindi, avrebbe poi scritto Churchill, «prese una matita blu, tracciò su di esso un grande visto e lo restituì. Seguì un lungo silenzio. Il foglio segnato a matita era al centro del tavolo». Poi egli domandò: «Non potrebbe sembrare alquanto cinico che si siano risolte tali questioni, cruciali per milioni di persone, in modo così sbrigativo? Bruciamo il foglio». «No, conservatelo», fu la risposta di Stalin.

Passarono quindi a discutere della Turchia e il premier inglese disse di essere favorevole al libero accesso della Russia al Mediterraneo attraverso i Dardanelli «sia per i mercantili sia per le navi da guerra». La Russia ne aveva il «diritto», anche «morale», ed egli l'avrebbe appoggiata. Quindi chiese a Stalin di non incoraggiare la partecipazione dei comunisti alla guerra civile in Grecia e di non «fomentare» i comunisti italiani. Il leader russo acconsentì e parlando di Togliatti, che Churchill aveva conosciuto a Roma a agosto, affermò che era «una persona ragionevole, non un estremista, e non è disposto a lanciarsi in un'avventura».

Churchill tornò alla dacia soltanto alle 3 e 10 del mattino, dopo aver viaggiato e lavorato senza soste per sessanta ore, dormendo solo in viaggio. «Gli consegnai alcuni documenti», osservò Marian Holmes che pensava di dover scrivere sotto dettatura, «ma disse che non era in grado di lavorare». Dopo un sonno ristoratore si svegliò e rimase a letto dettando alcuni appunti; quindi, poco dopo mezzogiorno, tornò in automobile al Cremlino, dove Stalin offrì un pranzo che durò quattro ore. Al termine del pasto il primo ministro inglese annunciò che tornava «all'ambasciata per prendere la mia signorina». Fu condotto all'ambasciata inglese, chiese a Elizabeth Layton di seguirlo e mentre tornavano alla dacia le disse: «Penso che detterò quando farà buio». Lungo i 35 chilometri del viaggio le guardie armate si misero sull'attenti e fecero il saluto militare al loro passaggio.

Churchill desiderava mandare a Stalin una nota ufficiale sul colloquio sui Balcani: «Le percentuali che ho messo per iscritto», spiegò, «non sono altro che un modo per cercare di capire quanto siamo vicini e poter decidere i passi necessari per pervenire a un'intesa completa». Quelle percentuali, se rese pubbliche, avrebbero potuto essere considerate «brutali e perfino spietate», ma potevano costituire «una buona guida per condurre i nostri affari» che, se ben utilizzata, poteva scongiurare «diverse guerre civili e molti spargimenti di sangue» nei paesi interessati. Inoltre «il principio di fondo dovrebbe essere di permettere a ogni paese di darsi la forma di governo che il popolo desidera». Non bisognava imporre alcuna ideologia ai piccoli stati. «Lasciamo che costruiscano le loro fortune negli anni futuri».

Harriman, che era presente ai colloqui di Mosca in qualità di emissario di Roosevelt e a cui egli mostrò questa lettera, affermò di essere sicuro che Roosevelt e Hull l'avrebbero «disconosciuta», cosicché non fu spedita benché affermasse il principio dell'autodeterminazione dei popoli. L'11 ottobre Churchill fece presente che nell'elenco mancava l'Albania, per la quale propose una percentuale del 50 e 50 come per Iugoslavia e Ungheria. Quanto a quest'ultima però, Molotov aveva insistito per un cambiamento a favore della Russia, da 50-50 a 80-20, e Eden aveva accettato. In un telegramma al Gabinetto di guerra Churchill spiegò che le percentuali erano «solo una guida provvisoria per l'immediato futuro postbellico» e sarebbero state «esaminate» dalle grandi potenze, compresi ovviamente gli Stati Uniti, quando si fossero incontrate al tavolo dell'armistizio o della pace per trovare «un'intesa generale sull'Europa». In realtà non ci sarebbe stata nessuna conferenza di pace e, ad eccezione della Grecia, il controllo esercitato dalla Russia sarebbe stato determinato non già dalle percentuali fissate nel «documento indecente», bensì dall'arrivo dell'Armata Rossa e dei suoi commissari politici. I russi, spiegò al Gabinetto di guerra, insistevano per imporre la loro autorità in Romania e in Bulgaria, «entrambi paesi sul Mar Nero».

Quella sera Churchill invitò Stalin a cenare all'ambasciata britannica, dall'altra parte della Moscova rispetto al Cremlino. Quando osservò che la sua ostilità nei confronti del popolo italiano era venuta meno, data l'accoglienza entusiastica che gli era stata fatta pochi giorni prima, Stalin gli fece notare che le stesse folle avevano inneggiato a Mussolini. La cena si concluse alle quattro del mattino, sicché Churchill dormì in un alloggio in città al numero 6 della via Ostrovskaja. «Ho avuto una conversazione molto piacevole con il Vecchio Orso», scrisse a Clementine il 13 ottobre; «più lo vedo e più mi piace. *Adesso* qui ci rispettano e sono certo che desiderano collaborare con noi».

La sera di quel giorno i due statisti ebbero un lungo colloquio al palazzo Spiridonovka, nel centro di Mosca, con alcuni esponenti del governo polacco a Londra, giunti a Mosca su invito di Churchill, che chiese loro di accettare la perdita del territorio prebellico in cambio della partecipazione al Comitato di liberazione nazionale, costituito da Stalin a Lublino e dominato dai comunisti. I polacchi di Londra non erano disposti ad accettare la Linea Curzon e quando egli propose di accettarla in attesa degli accordi definitivi di una conferenza di pace, fu Stalin a rifiutare: i polacchi dovevano accettare il nuovo confine senza condizioni. A quel punto, riportano i verbali dell'incontro, Churchill fece «un gesto di disappunto e di disperazione».

La sera i due capi di stato andarono al Bol'šoj, dove arrivarono dopo l'inizio del primo atto del balletto *Giselle*. Il pubblico si accorse della presenza del primo ministro inglese soltanto quando si accesero le luci per l'intervallo; a quel punto, così riferì al re, fu salutato da «un'ovazione prolungata». Poi, quando Stalin entrò nel palco e si mise al suo fianco, la «dimostrazione si fece quasi frenetica». Dopo l'intervallo seguirono due ore di canti e di balli del Coro dell'Armata Rossa. «Ho notato che il primo ministro era entusiasta dei canti», osservò Marian Holmes, «e batteva il tempo con le mani. Stalin non mutò espressione di una virgola».

Dal Bol'šoj Churchill ritornò per pochi minuti nell'alloggio in città prima di recarsi al Cremlino per un colloquio su questioni militari. L'Armata Rossa non aveva intenzione di avanzare fino alla Iugoslavia occidentale, affermò Stalin, ma avrebbe preferito congiungersi con Alexander in Austria; egli promise che Alexander sarebbe avanzato verso Vienna «il più presto possibile».

Il 17 ottobre i due capi di stato ebbero un ultimo colloquio di sei ore, dalle dieci di sera alle quattro del mattino. Circa il futuro della Germania, il primo ministro inglese propose di «mettere definitivamente fuori gioco» la Saar e la Ruhr e di chiudere le industrie metallurgiche, chimiche e elettriche tedesche «finché avesse avuto voce in capitolo, cioè sperava almeno per una generazione». Stalin non sollevò obiezioni; quindi il premier inglese affermò che bisognava «privare la Germania di tutta la sua aviazione» e il leader russo si disse d'accordo a non lasciarle «né l'aviazione civile né quella militare» e a chiudere le scuole di addestramento per piloti. Churchill affermò anche che gli sarebbe piaciuto che Polonia, Cecoslovacchia e Ungheria formassero un «gruppo separato», un'unione doganale senza barriere commerciali.

Sul punto che era al centro del suo viaggio a Mosca non ci fu quasi discussione e nessun contrasto: Stalin acconsentì a dichiarare guerra al Giappone «il giorno in cui le armate tedesche saranno annientate». Poco prima di partire da Mosca Churchill telegrafò a Roosevelt: «Dobbiamo ricordarci dell'enorme valore che ciò avrà nell'abbreviare l'intero conflitto».

In onore di Churchill, Stalin diede una cena di commiato al Cremlino che durò sei ore, fino alle due del mattino. Durante la cena giunse la notizia che i sovietici erano entrati in Cecoslovacchia e Mosca si illuminò di razzi multicolori. Il mattino seguente il leader russo andò all'aeroporto per salutare il suo ospite, ma poiché questi non era ancora arrivato attese sotto la pioggia. Poi, nella breve cerimonia di addio, Churchill comunicò all'interprete di Stalin, Vladimir Pavlov, che era stato nominato CBE onorario; il nuovo Commander [of the Order] of the British Empire era «a conoscenza dei più terribili segreti di stato». Il distintivo gli sarebbe stato consegnato in seguito. Stalin salì sull'aereo e poté vedere in mezzo a quali comodità viaggiava

Churchill, quindi scese e rimase sulla pista sventolando il fazzoletto mentre l'aereo decollava.

Churchill arrivò in Crimea dopo un volo di cinque ore, cenò all'aeroporto vicino a Simferopoli e ripartì, giungendo in piena notte al Cairo dopo altre sei ore di viaggio. Il mattino seguente fece rotta per Napoli, un volo di sette ore che comportò un'ampia deviazione verso ovest via Bengasi per evitare di sorvolare Creta, ancora in mano ai tedeschi. A Napoli trascorse la giornata a Villa Rivalta, chiedendo tra le altre cose che fossero concesse licenze a un maggior numero di soldati perché potessero tornare in Gran Bretagna, dato che con la liberazione di quasi tutta la Francia era possibile viaggiare in treno da Marsiglia a Parigi e di lì a Le Havre.

Il mattino del 22 ottobre Churchill tornò in aereo a Londra, giungendovi nel pomeriggio dopo un viaggio di sei ore e mezzo; le ore di volo totali da Mosca a Londra erano state più di 24. Ad attenderlo all'aeroporto c'era Clementine; fu condotto subito ai Chequers, dove tra coloro che lo aspettavano per dargli il benvenuto c'erano Sarah e Diana. «Non sta affatto peggio a causa dei viaggi», scrisse John Martin a Randolph, «e mi sembra che sia tornato da Mosca in buona salute e di umore migliore di quanto fosse da molto tempo».

Il 27 ottobre, riferendo i colloqui di Mosca ai Comuni, dichiarò: «Non ho esitato a viaggiare da una corte all'altra come un menestrello, cantando sempre la stessa canzone o lo stesso genere di canzoni». Suo obiettivo era «l'unità delle potenze alleate». Dopo averlo ascoltato, Harold Nicolson scrisse ai figli: «Alcuni mesi orsono sembrava malato e stanco e non trovava le parole con la consueta facilità. Invece oggi è stato magnifico. Angelico, roseo, solido e vociante».

Cinque giorni dopo tentò nuovamente di convincere il governo polacco a Londra ad accettare la Linea Curzon, andare a Mosca per informare Stalin e quindi partecipare ai dibattiti dei polacchi di Lublino; quando gli risposero che esigevano «assicurazioni» sul fatto di poter trattare sui territori a est della Linea Curzon, Churchill reagì dicendo «è un'assurdità, pura utopia!». Cadogan annotò sul diario: «Il primo ministro li ha malamente (e giustamente) bistrattati. Infine ha concesso loro 48 ore per rispondere sì o no. Penso sia giusto». La sera seguente i polacchi risposero negativamente; la sua lunga ricerca di un compromesso era stata vana.

31
GUERRA E DIPLOMAZIA

Tra i problemi che Churchill si trovò ad affrontare al ritorno da Mosca c'era il futuro della Palestina. Alcuni mesi prima aveva rifiutato di rendere effettiva la decisione presa con il documento ufficiale del 1939, che prevedeva un veto arabo sull'immigrazione ebraica dal maggio 1944, documento che all'epoca aveva suscitato la sua collera. Il 4 novembre 1944, due settimane dopo il ritorno dalla Crimea e dal Cairo, pranzò ai Chequers con Weizmann, il leader sionista, e nel corso della discussione gli disse che sarebbe stata «un'ottima cosa» se gli ebrei avessero ottenuto «tutta la Palestina», ma se si fosse trattato di scegliere tra non avere uno stato e avere una Palestina spartita tra due popoli, l'arabo e l'ebraico, «allora dovreste accettare la spartizione».

Nella speranza di promuovere la causa del futuro stato ebraico, Churchill suggerì a Weizmann di recarsi subito al Cairo per discutere il futuro della Palestina con il nuovo ministro per il Medio Oriente, Lord Moyne, uno dei suoi migliori amici, con cui aveva parlato due settimane prima e la cui nota ostilità nei confronti del sionismo, spiegò a Weizmann, era ormai «cosa del passato»; Moyne era «cambiato e cresciuto» negli ultimi due anni. Il leader sionista si preparò a partire subito per il Cairo, ma troppo tardi: 24 ore dopo Moyne era morto, freddato insieme con il suo autista da due terroristi ebrei.

Churchill ne rimase sconvolto, ma si oppose alle rappresaglie e resistette alle pressioni del ministro delle Colonie che voleva mettere subito fine all'immigrazione ebraica in Palestina. Rifiutò inoltre di nominare come successore di Moyne uno dei due candidati più idonei, perché li sapeva ostili al sionismo. Tuttavia, nel dibattito ai Comuni sull'omicidio di Moyne dichiarò: «Se i nostri sogni sul sionismo debbono finire nel fumo delle pistole degli assassini e le nostre fatiche per il suo futuro produrre solo una nuova banda di criminali degni della Germania nazista, come me molti dovranno riconsiderare la posizione che abbiamo mantenuto con tanta coerenza e per tanto tempo in passato. Se si vuole avere la speranza di un futuro pacifico e luminoso del sionismo, questi atti malvagi debbono cessare e i responsabili debbono essere totalmente annientati». Proseguì affermando che esistevano motivi di speranza: «Ho ricevuto una lettera del dottor Weizmann, presidente dell'Organizzazione Sionista Mondiale – un mio vecchio amico – il quale è arrivato in Palestina e mi assicura che gli ebrei della Palestina faranno tutto quanto è in loro potere per estirpare questo male». Weizmann aveva fatto appello alla popolazione ebraica «perché dia l'aiuto necessario alle autorità onde prevenire atti terroristici e sradicare l'organizzazione terroristica». Gli assassini di Moyne, membri dell'organizzazione estremista Stern, furono giustiziati al Cairo, teatro del loro delitto. Le autorità ebraiche e britanniche in Palestina collaborarono alla cattura di altri membri di Stern e dei loro depositi di armi. Churchill continuò ad appoggiare in modo fermo e inflessibile il progetto dello stato ebraico in Palestina.

Il 30 novembre festeggiò il 70° compleanno alla Dipendenza del n° 10 con Clementine, le sue tre figlie Diana, Sarah e Mary, suo fratello Jack e suo genero Duncan Sandys. C'erano anche tre amici intimi, Eden, Beaverbrook e Bracken. Dopo il brindisi, scrisse Mary, «papà disse una cosa che mi fece piangere, cioè che eravamo "le persone più care al mondo" e che era stato "confortato e aiutato dal nostro amore"; poi molto lentamente, quasi in modo solenne, brindò con ognuno di noi». Il giorno seguente andò a Harrow per la giornata dedicata agli inni scolastici e quindi partecipò a una festa in cui, scrisse Colville, «parlò a lungo e in modo avvincente ai capiclasse, così come aveva fatto nel gennaio scorso con i guardiamarina sul *King George V*, in modo appassionato ma mai con condiscendenza».

Nel corso di quella settimana la sua preoccupazione maggiore fu l'evidente rottura dell'accordo con Stalin sulla Iugoslavia. «Tito è diventato decisamente ostile», disse a Smuts, «e naturalmente pensa solo a assorbire Trieste, Fiume e l'Istria in una Iugoslavia virtualmente comunistizzata. Ho serie difficoltà a lanciare la manovra verso destra, su cui come sapete punto molto, in tempo per influenzare gli eventi. È tutto molto faticoso».

«La manovra verso destra» era l'avanzata dall'Adriatico attraverso il passo di Lubiana fino a Zagabria e di lì a nord in Austria, l'azione proposta dal generale Maitland Wilson cinque mesi prima. Il 3 dicembre Churchill protestò con Tito per il suo rifiuto di permettere alle navi inglesi di attraccare a Spalato e a Sebenico, due dei porti dalmati controllati dai partigiani. Protestò di nuovo quando Tito chiese il ritiro di un'unità militare britannica che operava con i partigiani intorno a Dubrovnik. Ma mentre era impegnato in questa battaglia perdente per ottenere un'influenza in Iugoslavia pari a quella dei sovietici, vide profilarsi un pericolo per la posizione predominante del suo paese in Grecia, dove il governo di Atene non riusciva a far smobilitare i guerriglieri comunisti. «È importante che si sappia», disse a Eden, «che se vi sarà guerra civile in Grecia ci schiereremo con il governo che abbiamo insediato a Atene, e soprattutto che non esiteremo a sparare».

Nel corso della giornata del 4 dicembre egli ricevette informazioni precise sulle violenze crescenti dei comunisti nelle strade di Atene, tra cui l'assassinio di molti poliziotti e l'assalto ai posti di polizia. La sera telegrafò all'ufficiale inglese di grado più elevato presente in Grecia, generale Scobie: «Ad Atene non esitate a sparare su ogni uomo armato che attacchi l'autorità britannica o quella greca con cui collaboriamo». L'autorità del governo greco poteva essere utile per eseguire quegli ordini, ma, precisò, «non esitate ad agire come se vi trovaste in una città conquistata dove sia in corso una rivolta». Quanto alle forze comuniste greche che si avvicinavano ad Atene dalla campagna circostante, «dovreste essere sicuramente in grado, con i carri armati, di dare ad alcuni di loro una lezione che dissuada gli altri dal provarci». Il telegramma si concludeva con queste parole: «Sarebbe un'ottima cosa se riusciste a farlo se possibile senza spargimenti di sangue, ma se è necessario sparate».

Scobie aveva fatto prigionieri 1.800 comunisti; il giorno seguente ai Comuni si levò una protesta contro l'iniziativa inglese e Churchill chiese che il dibattito si concludesse con un voto di fiducia. «Bisogna avere un certo rispetto per la democrazia e non usare con troppa leggerezza questa parola», dichiarò. «La cosa che meno somiglia alla democrazia è la legge imposta dalla plebe, bande di criminali armati di armi micidiali che penetrano a forza nelle grandi città catturando i commissariati e i punti chiave del governo, tentando di imporre un regime totalitario dal pugno di ferro e proclamando, come potrebbero fare oggi stesso se prendessero il potere, che fucileranno chiunque sia politicamente sgradito».

Inoltre «la democrazia non è una prostituta che un uomo col mitra può trovare per strada». Se il voto avesse condannato la sua azione in Grecia, «accetterò di buon grado la destituzione a opera della Camera; ma se non sarò destituito, statene certi, persisteremo in questa politica di ripulire Atene e la regione circostante da tutti coloro che si ribellano all'autorità del governo costituzionale della Grecia». 279 deputati votarono a favore del governo e 30 contro. La sera egli chiese a Macmillan di raggiungerlo alla Dipendenza. «Camminava su e giù con un'aria triste e depressa», osservò più tardi Macmillan sul diario.

Il 9 dicembre Churchill diede ordine di inviare rinforzi militari dall'Italia alla Grecia «senza il minimo indugio» e lo stesso giorno Scobie telegrafò di aver fatto ricorso a mitragliatrici e carri armati contro le roccaforti dei comunisti dentro Atene, uccidendo 14 «ribelli» e catturandone 250. Scobie giudicava «estremamente moleste» le «attività» della missione militare russa a Atene, al comando del colonnello Grigori Popov, mentre Churchill non si allarmò: dopo tutto Stalin non era intervenuto a proposito della Grecia. «Rammentate le percentuali che abbiamo messo su carta?» domandò a Eden l'11 dicembre. «Penso che in Grecia siamo stati trattati abbastanza bene da Stalin, di fatto molto meglio che dagli americani».

La sera del 22 dicembre studiò alla Dipendenza, con John Martin e Jock

Colville, l'eventualità di andare in Grecia «per risolvere la faccenda», ma nelle prime ore del mattino non era stata presa alcuna decisione; la discussione si era tanto protratta che era troppo tardi per tornare ai Chequers come previsto, sicché dormì lì. Il giorno seguente, 23 dicembre, lavorò tutto il giorno a letto fino alle 5 del pomeriggio. Dai campi di battaglia era giunta la notizia di un contrattacco vincente dei tedeschi sulle Ardenne; le truppe americane erano state ricacciate e circondate. Churchill andò quindi ai Chequers, dove già si trovava la sua famiglia per celebrare il Natale, ma appena arrivato disse a Clementine che non si sarebbe fermato per le festività perché doveva prendere un aereo per Atene. Clementine ne fu tanto afflitta che si ritirò in camera piangendo.

Mezz'ora prima della mezzanotte del 24, mentre in tutta la Gran Bretagna si festeggiava, Churchill partì per Northolt, dove si imbarcò all'1 e 5; il suo aereo, un bombardiere americano C54 Skymaster su cui erano state fatte le opportune modifiche, aveva completato le verifiche solo il giorno prima. Una tempesta di neve sopra la Francia costrinse l'aereo a salire a 4.500 metri e fu necessario svegliare il primo ministro per fargli mettere la maschera a ossigeno. L'aereo atterrò a Napoli per rifornirsi di carburante il mattino del 25 dicembre. «Tanti pensieri affettuosi per tutti per il pranzo», telegrafò a Clementine; «mi dispiace davvero di non vedere l'albero». Alle 10 e 45 risalì a bordo e durante il volo dettò un telegramma per Roosevelt: «Anthony e io stiamo andando a vedere che cosa si può fare per risolvere questo pasticcio greco. Non possiamo abbandonare chi ha preso le armi per la nostra causa e se necessario dobbiamo batterci al suo fianco».

Lo Skymaster atterrò all'aeroporto Kalamaki, vicino ad Atene, alle due del pomeriggio del giorno di Natale. Churchill non scese dall'aereo, ma ebbe una riunione a bordo con Alexander, Scobie, Macmillan e Leeper, mentre i soldati inglesi montavano la guardia. Intorno all'aereo urlava il vento e dentro faceva sempre più freddo. Fu stabilito di invitare i comunisti greci a una discussione con tutti i partiti del paese, nella speranza di mettere fine agli scontri e di insediare un governo interpartitico guidato dall'arcivescovo Damaskinos. Quindi Churchill stilò un comunicato con questo invito. Mentre lo dettava, osservò Elizabeth Layton, la cabina «sobbalzava nel vento. Churchill sembrava accaldato e a disagio ed era avvolto in diversi cappotti». A un certo momento smise di dettare e disse: «Un cannone, avete sentito?»

Alle quattro del pomeriggio il primo ministro scese dall'aereo e fu condotto alla base navale di Phaleron Bay, passando vicino a un punto bombardato quel mattino dai comunisti. Giunto alla base subito dopo il tramonto, si imbarcò su una lancia che lo portò sull'incrociatore *Ajax*, l'ammiraglia della flotta del Mediterraneo. Il mattino del 26 dicembre il primo ministro salì sul ponte da cui, osservò Colville, si poteva vedere «il fumo della battaglia nelle strade a ovest del Pireo e [si sentiva] il rumore incessante delle granate e delle mitragliatrici». In cielo si vedevano quattro caccia inglesi che bombardavano una roccaforte comunista sul fianco di una delle colline che circondano Atene. Poco dopo, mentre lavorava con Marian Holmes nella sua cabina, alcune granate esplosero vicino alla nave. «Ehi, la dannata ci ha mancato!», gridò. «Su, riprovaci!»

Mentre il primo ministro si accingeva ad andare a terra, la nave fu nuovamente presa di mira dal fuoco dei comunisti e poco dopo una salva cadde vicino alla lancia dell'ammiraglio dove egli si trovava. Sulla banchina lo aspettavano un'autoblindo e una scorta militare per condurlo all'ambasciata britannica, dove fece alle segretarie, dattilografe e addette ai cifrari un discorso che Colville definì «commovente», ringraziandole per l'ottimo lavoro svolto in condizioni problematiche.

«Mi sono rivolto a tutte le coraggiose donne del personale dell'ambasciata, che hanno corso un pericolo continuo e vissuto in mezzo ai disagi per settimane eppure conservano un ottimo umore», telegrafò a Clementine. Poco dopo le cinque salì sull'autoblindo per andare alla riunione al ministero degli Esteri greco. Tra coloro che lo attendevano c'era il colonnello Popov, rappresentante di Stalin.

I rappresentanti comunisti non erano ancora arrivati e Churchill non poteva sapere se avessero intenzione di partecipare. Si potevano ancora sentire le granate che esplodevano lontano e il rumore dei razzi lanciati dai caccia inglesi. In una sala illuminata solo da qualche lampada schermata, l'arcivescovo Damaskinos aprì i lavori affermando di essere pronto a costituire un governo, se necessario senza i comunisti. Dopo di lui parlò Churchill; era arrivato a metà del discorso quando d'improvviso tutti sentirono quello che Colville definì «un rumore soffocato; poi tre poveracci male in arnese, che erano stati perquisiti e quasi denudati prima di essere lasciati passare, fecero il loro ingresso nella sala delle conferenze debolmente illuminata». Era la delegazione comunista; a quel punto la riunione ricominciò da capo.

Dopo che l'arcivescovo ebbe ripetuto quanto aveva già detto, Churchill spiegò ai delegati: «Il signor Eden e io abbiamo fatto tutta questa strada, sebbene in Belgio e alla frontiera tedesca infurino aspre battaglie, per tentare di salvare la Grecia da un destino miserando e innalzarla alle vette della fama». Aggiunse che lui e Eden potevano essere consultati in qualunque momento e augurò loro ogni bene. Che la Grecia restasse una monarchia o diventasse una repubblica, «è una cosa che i greci e solo i greci decideranno». Mentre parlava, si sentiva il rumore delle sparatorie all'esterno. A un certo punto, osservò Colville, «il rombo dei razzi» lanciati dai caccia inglesi contro una vicina postazione comunista «soffocò quasi le sue parole».

Fu una riunione, così raccontò Churchill a Clementine, «fortemente drammatica, con quelle facce stravolte dei greci intorno al tavolo e l'arcivescovo con il suo enorme cappello, che lo faceva sembrare alto due metri». Quanto ai delegati comunisti, «sembrano senza dubbio gente molto migliore dei bastardi di Lublino». Quando cominciarono a parlare i greci la discussione si animò e Churchill si alzò in piedi dicendo: «Adesso vorrei andare. Abbiamo cominciato il lavoro. Cercate di terminarlo». Prima di uscire strinse la mano ai tre delegati comunisti. Il colonnello Popov, che aveva assistito a tutta la riunione, non aveva fatto nessun commento né intervento.

I delegati greci, riferì Churchill a sua moglie, «sono al massimo livello. Ora li abbiamo lasciati per conto loro, trattandosi di un affare greco. Può finire male da un momento all'altro. Aspetteremo un giorno o due, se necessario. Perlomeno abbiamo fatto del nostro meglio». Tornò sull'*Ajax*, che si era allontanata di un miglio dalla costa per sottrarsi al fuoco intermittente dei mortai comunisti. Nel pomeriggio, mentre era sul ponte con il comandante, altre granate caddero in mare intorno a loro. Il comandante gli chiese se doveva rispondere al fuoco e egli rispose: «Sono venuto in Grecia in missione di pace, comandante. Porto in mano il ramo d'olivo. Ma mi guardo bene dall'interferire con le necessità militari. RISPONDETE AL FUOCO!».

Quella notte dormì ancora a bordo dell'*Ajax* e, per precauzione contro gli attacchi subacquei, per tutta la notte furono fatte esplodere cariche di profondità. Il giorno dopo a mezzodì Churchill ritornò all'ambasciata britannica e, mentre stava per uscire dall'edificio con Scobie per ispezionare le postazioni militari britanniche in città, una raffica di mitragliatrice sparata da quasi due chilometri di distanza colpì il muro di una casa dieci metri sopra di lui. «Furono sparate diverse raffiche», osservò Colville, «e una donna che era in strada rimase uccisa».

Il mattino del 28 dicembre, mentre si trovava a bordo dell'*Ajax*, Churchill meditò di fermarsi un altro giorno ad Atene e di convocare un nuovo incontro tra le parti. Macmillan annotò sul diario che «non gli andava l'idea di tornarsene in patria senza aver preparato la pace o almeno una tregua». Ma a mezzogiorno decise di partire senza ulteriori indugi. Prima di dirigersi all'aeroporto inviò a Roosevelt un resoconto completo di quanto era stato fatto, affermando: «Non credo che l'arcivescovo sia affatto di sinistra, vale a dire comunista. Al contrario, sembra un uomo estremamente determinato, pronto a costituire un piccolo esecutivo forte in Grecia per far cessare la guerra civile». Era «uno spettacolo doloroso», aggiunse, «assistere agli scontri che infuriano nelle vie di questa città, ora qui ora là, con una popolazione tormentata e tenuta in vita solo dalle razioni che portiamo, spesso a prezzo della vita, nei vari spacci». La Gran Bretagna aveva perduto «più di mille uomini»; ora avrebbe fatto affluire rinforzi perché lo scontro militare non cessava. «La grande maggioranza della popolazione desidera una soluzione che la liberi dal terrore comunista».

Mentre stava per lasciare l'*Ajax*, ricevette un telegramma di Montgomery che gli comunicava il fallimento dell'offensiva tedesca sulle Ardenne, che aveva come obiettivo la riconquista di Anversa. Giunto all'aeroporto, fece un breve discorso al personale della Royal Air Force e quindi salì sul suo Skymaster. L'aereo decollò alle 2 e 30; egli sperava di essere di ritorno in Inghilterra per la sera, ma dopo aver fatto scalo a Napoli seppe che l'Inghilterra meridionale era avvolta nella nebbia e quindi avrebbe dovuto dormire a Napoli. «Spero di cenare con te domani», telegrafò a Clementine; «mi sento solo».

Il mattino del 29 dicembre tornò a Londra, volando sopra la Francia liberata da Tolone a Cherbourg; l'aereo atterrò alle tre e mezzo alla base aerea di Bovingdon, dove c'era ad attenderlo Clementine. Due ore e mezzo più tardi, a Downing Street, Churchill e Eden fecero un resoconto della missione al Gabinetto di guerra. Poi, alle dieci e mezzo di sera, ebbero un incontro di due ore con re Giorgio II di Grecia, che era riluttante a nominare reggente Damaskinos. All'una e mezzo incontrarono nuovamente il sovrano. «Dovetti dire al re che se non avesse accettato la questione sarebbe stata risolta senza di lui e che avremmo riconosciuto il nuovo governo al posto suo», scrisse a Roosevelt; infine, alle 4 del mattino, il monarca greco accettò la reggenza di Damaskinos e Churchill poté finalmente andare a dormire, 22 ore dopo essersi svegliato a Napoli.

Ad Atene i comunisti continuavano a porre condizioni che Damaskinos non era disposto a accettare; alla fine chiese al generale Plastiras di formare un governo da cui i comunisti erano esclusi. A Washington e a Londra si levarono forti critiche contro l'intervento della Gran Bretagna in Grecia. «I seri dissapori che sono sorti negli Stati Uniti e in alcuni circoli degenerati da noi», scrisse Churchill a Clementine, «sono solamente un'anticipazione dei furori che si scateneranno a ogni fase dell'accordo di pace. Sono sicuro di aver avuto in Grecia una delle migliori opportunità di agire saggiamente che questa guerra mi abbia portato con i suoi cupi marosi».

Frattanto Stalin minacciava di riconoscere i polacchi di Lublino come governo legittimo della Polonia e di escludere totalmente i polacchi di Londra. Non appena ne venne a conoscenza, Churchill sollecitò un incontro immediato con Roosevelt e Stalin. Questi dichiarò che i medici non gli permettevano di lasciare l'Unione Sovietica e suggerì di incontrarsi nella stazione balneare di Yalta, sul Mar Nero. In questo modo Roosevelt, che non stava bene, avrebbe dovuto percorrere diecimila chilometri, e il settantenne Churchill seimila. «Se ci avessimo pensato per dieci anni», fu il suo commento, «non avremmo potuto trovare un posto peggiore al mondo». Roosevelt avrebbe viaggiato via mare fino a Malta e di lì in aereo, mentre Churchill avrebbe fatto l'intero viaggio in aereo; voleva però incontrare prima il presidente americano a Malta. «Vi aspetterò sul molo», gli telegrafò il 1° gennaio 1945.

Churchill lavorò a letto per gran parte del giorno di Capodanno. «Sapete che non posso darvi le emozioni di Atene tutti i giorni», scherzò con Marian Holmes mentre dettava. Ma il 3 gennaio, solo cinque giorni dopo essere tornato dalla Grecia, partì di nuovo in aereo da Northolt per il quartier generale di Eisenhower, alle porte di Parigi. La sera seguente prese un treno per il quartier generale di Montgomery, vicino a Gand. Dopo aver trascorso la mattinata con lui, fu condotto a Bruxelles e di lì ritornò in aereo in Inghilterra. Questi incontri gli avevano fornito un quadro preciso dei piani per la fase successiva della guerra, l'avanzata verso il Reno. Non aveva trovato «traccia di contrasti», riferì a Roosevelt, ma «un fatto è certo: abbiamo bisogno di più effettivi per procedere».

Sul piano politico, l'11 gennaio fu firmato un accordo tra Tito e l'ex *Ban* della Croazia, Subasic, in base al quale il futuro governo della Iugoslavia sarebbe stato costituito dal partito comunista e da quelli non comunisti; sembrava insomma assicurata l'intesa del 50 e 50 stipulata a Mosca. «Dovremmo insistere per quanto è possibile», raccomandò Churchill a Roosevelt, «perché sia un'elezione generale e regolare a decidere il futuro regime del popolo o dei popoli iugoslavi».

Finalmente Churchill poté preparare il viaggio a Yalta. Crescevano le questioni da discutere. Il 15 gennaio telegrafò a Roosevelt circa le crescenti pressioni sovietiche in Persia, dove i russi speravano «di assicurarsi ciò che vogliono usando la forza». Prima di partire fece un riassunto della situazione bellica ai Comuni e il suo discorso, secondo Colville, «è stato il migliore che gli ho sentito fare dal 1941 e fors'anche dal 1940»; Harold Nicolson ne descrisse «l'enorme vivacità, la forza di persuasione, il senso dell'umorismo».

A proposito della richiesta anglo-americana di una resa incondizionata della Germania, che era stata da molti criticata perché troppo dura, ricordò che i tedeschi sapevano benissimo «quanto siano rigorosi i limiti morali entro cui è confinata la nostra azione» e si rivolse a loro, ai nemici della Gran Bretagna: «Non siamo estirpatori di nazioni né macellai di popoli; non trattiamo con voi. Non vi riconosciamo nessun diritto. Abbandonate senza condizioni ogni resistenza. Siamo vincolati dalle nostre usanze e dalla nostra natura».

Nicolson osservò che prima di pronunciare quest'ultima frase si era tolto gli occhiali e mentre parlava «si batteva il petto come un orangutan»: un gesto energico ed efficace. La Gran Bretagna si sarebbe comportata con umanità anche con i tiranni sconfitti.

Il 20 gennaio l'Ungheria firmò un armistizio con gli Alleati e lo stesso giorno l'Armata Rossa oltrepassò il confine tedesco in Prussia orientale e in Slesia. Il 29 gennaio Churchill lasciò Londra per la prima tappa del viaggio a Yalta. Quando giunse a Malta, alle 4 del mattino del 30 gennaio, si sentiva tanto spossato che rimase a letto per sei ore nell'aereo fermo sulla pista, dopo di che raggiunse l'incrociatore *Orion*, dove ritornò subito a letto; durante la cena si sentì meglio e poté sostenere quella che Eden definì una «discussione preliminare piuttosto impegnativa sui problemi della conferenza».

Nei due giorni successivi proseguirono le discussioni con Eden e con i capi di stato maggiore. Era anche tempo di riflessioni: «Mi sento di confessarti», scrisse a Clementine il 1° febbraio, «che il mio cuore soffre al pensiero delle masse di donne e bambini tedeschi che fuggono lungo le strade verso occidente, in colonne lunghe quaranta chilometri, davanti agli eserciti che avanzano. Sono più che convinto che se lo meritino, ma ciò non li cancella dalla mente. La miseria del mondo mi sgomenta, e ho sempre più paura che nuovi conflitti possano scaturire da quelli che stiamo portando vittoriosamente a termine».

Il mattino del 2 febbraio arrivò a Malta Roosevelt, in condizioni di salute palesemente precarie e non in possesso di tutte le sue facoltà. Nelle riunioni cui prese parte non disse quasi nulla, nonostante si dovessero prendere decisioni cruciali per il futuro dell'Europa e della democrazia, cosicché il peso della causa americana e inglese ricadde sulle spalle di Churchill, che lo sopportò senza vacillare; a una riunione generale dei capi di stato maggiore che si tenne quel pomeriggio sostenne che era «essenziale occupare quanto più territorio austriaco possibile, non essendo desiderabile che i russi occupino l'Europa occidentale in misura maggiore del necessario». Nessuno dissentì. La sera egli ispezionò il quadrato della *Orion* e, scrisse Marian Holmes, «si fermò al bar e bevve qualcosa, con tutti gli ufficiali che gli si affollavano intorno. È semplicemente meraviglioso in queste chiacchierate improvvisate». Poi si congedò dai giovani ufficiali dicendo loro: «Spero che vi siate presi cura delle mie due signorine. Mi accompagnano dappertutto e sono disposte a sopportare il mio brutto carattere».

Poco dopo mezzanotte Churchill, sua figlia Sarah e Eden andarono all'aeroporto di Malta; tre ore dopo salirono sull'aereo e sette ore più tardi atterrarono all'aeroporto Saki in Crimea, dove attesero l'arrivo dell'aereo di Roosevelt. Il presidente era una «figura tragica», avrebbe scritto Churchill. «Non riusciva a uscire dall'automobile scoperta e camminai al suo fianco mentre ispezionava la guardia». Dall'aeroporto fu condotto in automobile, con un viaggio di oltre sette ore attraverso la Crimea meridionale e i monti della Tauride, a Yalta nella sontuosa villa Voroncov sul Mar Nero, che sarebbe stata la sua base per gli otto giorni seguenti.

Il pomeriggio del 4 febbraio, a villa Voroncov arrivò Stalin; il primo atto di Churchill fu di consegnare a Pavlov, l'interprete del leader russo, il distintivo della CBE, come gli aveva promesso a Mosca tre mesi e mezzo prima. Quindi informò Stalin dell'offensiva anglo-americana che avrebbe dovuto essere lanciata quattro giorni dopo e che aveva come obiettivo il Reno e lo guidò nella sala delle mappe, dove il capitano Pim aveva aggiornato la situazione su tutti i fronti di guerra. Un'ora dopo Stalin se ne andò e Churchill si fece portare lungo la strada sulla costa a palazzo Livadia, un tempo residenza dello zar Nicola II, dove soggiornava Roosevelt e dove si sarebbe svolta la conferenza. La prima riunione cominciò alle cinque. «Avevamo il mondo ai nostri piedi», avrebbe scritto in seguito. «Venticinque milioni di uomini che marciavano ai nostri ordini per terra e per mare. Sembravamo amici».

Nella prima seduta plenaria egli propose che i capi di stato maggiore analizzassero la possibilità di uno sbarco anglo-americano nell'alto Adriatico e di un'avanzata attraverso il passo di Lubiana «per congiungersi con il fianco sinistro russo». Inoltre chiese ai sovietici di attaccare Danzica, dove i tedeschi costruivano un nuovo tipo di sommergibile «tecnicamente più avanzato dei nostri sotto alcuni aspetti», che aveva già affondato dodici navi nelle acque vicino alle isole britanniche. Stalin accettò. Quando, nel corso della cena, Roosevelt si disse improvvisamente d'accordo con il leader russo sul fatto che la pace doveva essere concordata dalle grandi potenze e non dalle piccole, Churchill osservò: «L'aquila deve permettere agli uccellini di cantare senza badare a ciò che cantano».

Il 5 febbraio, in una riunione dei capi di stato maggiore inglesi, americani e sovietici, i russi, rilevando che parecchie divisioni tedesche venivano trasferite attraverso l'Europa sul fronte orientale, chiesero che gli Alleati lanciassero un massiccio attacco aereo alle linee di comunicazione del nemico nella regione di Berlino-Lipsia-Dresda e il bombardamento di queste tre città, dichiarando che era una questione della massima urgenza. Inglesi e americani erano d'accordo e diedero ordine di fare una serie di incursioni. Il giorno stesso i tre grandi discussero il futuro politico della Germania. Stalin prospettò lo smembramento della Germania in cinque stati distinti, secondo la proposta fatta da Roosevelt a Teheran; Churchill confidò a Eden: «Il solo legame tra i vincitori è il loro odio comune», aggiungendo che per la futura sicurezza della Gran Bretagna, «essa deve diventare responsabile della sicurezza di un gruppo di stati deboli». Poi, suscitando la contrarietà di Stalin, consigliò cautela circa uno «smembramento» troppo rapido della Germania.

Nella discussione sull'occupazione alleata della Germania Churchill chiese e ottenne che alla Francia fosse affidata una zona; Roosevelt lo mise in allarme affermando che l'occupazione americana sarebbe stata «limitata a due anni». Per quanto riguardava le riparazioni di guerra, Churchill si oppose a una richiesta troppo gravosa, ricordando il fiasco delle pesanti riparazioni chieste dopo la Grande Guerra e dichiarando: «Se si vuole che il cavallo tiri il carro, occorre dargli del fieno». Si stabilì di incaricare una commissione di calcolare la somma da esigere. Prima di andare a dormire Churchill confessò a Sarah: «Non credo che in nessun periodo della storia il dolore del mondo sia stato tanto grande o diffuso. Questa sera il sole tramonta su una sofferenza più profonda che mai».

Il 6 febbraio i tre grandi parlarono dell'organizzazione mondiale che si accingevano a creare. Il principale strumento decisionale nelle dispute internazionali sarebbe stato un Consiglio di Sicurezza su cui le grandi potenze avrebbero esercitato un controllo. Tuttavia, Churchill sottolineò che il governo britannico non avrebbe reso giustizia ai propri princìpi se «non si fosse dato modo alle tante nazioni più piccole di esprimere il loro malcontento». Nessuna grande potenza doveva avere il diritto di veto su questioni in cui era parte in causa; portò a esempio la questione della Cina che chiedeva al Consiglio di Sicurezza la restituzione di Hong Kong. Le due parti avrebbero esposto le loro ragioni e il Consiglio avrebbe deciso.

L'argomento seguente, la Polonia, sarebbe stato al centro della conferenza di Yalta. Poiché veniva dall'America, Roosevelt aveva «un punto di vista vago sulla questione polacca; i cinque o sei milioni di polacchi residenti negli Stati Uniti appartenevano per lo più alla seconda generazione». Churchill difese il diritto dei polacchi di «vivere liberamente e di condurre la propria vita a loro piacimento» entro i nuovi confini più occidentali voluti da Stalin. La Gran Bretagna era entrata in guerra proprio perché la Polonia fosse «libera e sovrana» e voleva perciò che fosse «padrona in casa sua e signora della propria anima». Doveva godere di «libere elezioni generali»; era necessario «un libero voto del popolo polacco» sulla sua futura costituzione e amministrazione.

Quando Stalin appoggiò le pretese dei polacchi di Lublino di controllare l'organo provvisorio di governo, egli ribadì che il governo di Lublino non aveva alcun diritto di sostenere di rappresentare la nazione polacca. Roosevelt intervenne osservando con una certa irritazione che la «Polonia era fonte di guai da più di 500 anni», al che Churchill replicò: «Dobbiamo fare il possibile per mettere fine a questi guai». Nei cinque giorni seguenti passò ore e ore a invocare libere elezioni in Polonia e la pluralità dei partiti politici, chiedendo «una reale, sostanziale e effettiva rappresentanza» dei polacchi di Londra nel governo provvisorio nonché la partecipazione di altri leader indipendenti, sindacalisti e socialisti presenti in Polonia, che anche gli americani volevano nel governo.

Il 7 febbraio, mentre si recava con Sarah da villa Voroncov a palazzo Livadia per un altro incontro dei tre grandi, osservando il mare scintillante sotto i raggi del sole commentò: «La Riviera dell'Ade». Nel corso della riunione appoggiò la proposta di Molotov di dare all'Unione Sovietica tre seggi alle Nazioni Unite per la Russia, la Bielorussia e l'Ucraina. «Desidero fare un gesto amichevole verso la Russia a questo proposito», telegrafò al Gabinetto di guerra, «in vista di altre sue importanti concessioni, già acquisite o in sospeso». La Russia ottenne i tre seggi, che ha conservato fino a oggi.

Uno dei problemi affrontati il 7 febbraio furono i confini occidentali della Polonia. Stalin voleva che arrivassero fino alla città tedesca di Breslau, concedendole una larga fetta di territorio tra il corso orientale e quello occidentale del fiume Neisse; a giudizio di Churchill quel confine era troppo occidentale e il corso orientale del Neisse doveva essere il limite dell'espansione polacca verso ovest: il Neisse occidentale in alcuni punti si spingeva di oltre

150 chilometri più a ovest. «Sarebbe un gran peccato», furono le sue parole, «ingozzare l'oca polacca di cibo tedesco tanto da farla morire di indigestione». Stalin ribatté che nella regione non c'erano più tedeschi, «dal momento che erano fuggiti tutti», e anche in questo caso sarebbe prevalso il suo punto di vista: l'Armata Rossa controllava già gran parte di quella regione.

Nella seduta plenaria dell'8 febbraio Stalin sostenne che alla prima conferenza delle Nazioni Unite del 25 aprile bisognava invitare solo gli stati che avevano dichiarato guerra alla Germania; Churchill insistette per invitare la Turchia, «se è disposta a pentirsi in punto di morte e a dichiarare guerra». Stalin si disse d'accordo e la Turchia si affrettò ad accettare, dichiarando guerra alla Germania il 23 febbraio con effetto dal 1° marzo.

Quindi tornarono a parlare della Polonia. Poiché Stalin non era disposto a concedere ai polacchi di Londra una posizione di parità nel governo provvisorio del paese, Churchill propose un'altra soluzione: i timori della Gran Bretagna circa il governo di Lublino sarebbero rientrati «se in Polonia si terranno libere elezioni generali senza pressioni esterne, con voto segreto, suffragio universale e candidature libere». Non appena si fossero svolte, l'Inghilterra avrebbe «salutato il governo espresso dal paese senza più curarsi del governo polacco a Londra». Il giorno stesso telegrafò al Gabinetto di Guerra informandolo che stava battendosi per «un'elezione libera, regolare e senza pressioni esterne, la sola che possa dare vita a un governo polacco».

Stalin, sorprendendolo, promise che ci sarebbero state libere elezioni e, a Roosevelt che chiedeva quando si sarebbero tenute, rispose in modo rassicurante: «Dovrebbero essere possibili nell'arco di un mese». A Churchill non restava altro che accettare la promessa. Quando nelle settimane seguenti tale promessa fu sistematicamente disattesa con l'inganno, con essa finì l'alleanza anglo-sovietica del periodo della guerra.

Quel pomeriggio la discussione si concluse con un breve riferimento alla Grecia; Stalin disse a Churchill che non «intendeva interferire» e questi rispose di essergli «molto grato».

Nel corso della seduta plenaria del 9 febbraio Churchill e Roosevelt ebbero da Stalin l'assicurazione che osservatori inglesi e americani avrebbero potuto sorvegliare l'andamento delle elezioni in Polonia e che il leader dei polacchi di Londra, Stanislav Mokolajczyk, avrebbe potuto parteciparvi insieme con altri candidati del suo partito contadino. In questo modo Stalin diede ulteriore credito alla promessa di libere elezioni in tempi brevi. Diede anche assicurazioni sulla Iugoslavia, dichiarando che avrebbe usato la sua influenza per convincere Tito a rispettare l'accordo dell'11 febbraio con Subasic per la costituzione di un comitato di liberazione nazionale, formato da tutti i partiti esistenti prima della guerra e di un'assemblea costituente liberamente eletta, che a suo tempo avrebbe ratificato la legislazione emanata. Quando Churchill affermò che sapeva di poter «contare sulla volontà del maresciallo Stalin» di ottenere da Tito queste assicurazioni, il leader russo rispose con calore, secondo i verbali, «che quando prendeva un impegno lo manteneva».

L'ultimo argomento affrontato quel giorno fu la questione dei criminali di guerra. A Teheran Stalin aveva proposto di prendere 50.000 tedeschi e di fucilarli senza processo. Churchill, che allora si era tanto indignato da lasciare per protesta la sala, questa volta propose di compilare un elenco di criminali di guerra e di processarli, anche se personalmente pensava che «dovessero essere fucilati non appena venivano presi e la loro identità provata». Stalin, che fino a quel momento aveva invocato esecuzioni sommarie, si disse ora favorevole ai processi. Roosevelt dichiarò che non dovevano essere «troppo giudiziari»; giornalisti e fotografi dovevano essere tenuti lontani «finché i criminali saranno morti».

La seduta plenaria era finita e, tornando a villa Voroncov, Churchill trovò ad attenderlo un telegramma di Montgomery: i soldati inglesi e canadesi avevano raggiunto e sfondato la Linea Sigfrido. Erano state prese diverse città e paesi tedeschi e fatti 1.800 prigionieri. Sulla riva occidentale del Reno a sud di Strasburgo la resistenza tedesca era completamente cessata. Quella sera era di buon uomore; «Il primo ministro sembra in forma», annotò Cadogan, «pur avendo bevuto quantità di champagne del Caucaso che rovinerebbero la salute di qualunque persona normale».

Il pomeriggio del 10 febbraio, in un incontro privato con Stalin a palazzo Jusupov, Churchill accettò di far rimpatriare nel loro paese i russi che avevano combattuto con unità tedesche ed erano stati fatti prigionieri dagli inglesi; il leader russo chiese in particolare che non fossero «maltrattati» prima di essere rispediti in patria e egli lo «pregò» a sua volta di trattare bene i prigionieri di guerra inglesi che le forze sovietiche stavano liberando dai campi di prigionia in Europa orientale, aggiungendo: «Ogni madre in Inghilterra è in ansia per la sorte dei suoi figli prigionieri».

In questo modo la sorte di centomila russi, di cui diecimila almeno furono fucilati non appena rimpatriarono, fu legata a quella di centomila inglesi che sarebbero stati accolti in patria con entusiasmo e con affetto.

Al termine dell'incontro Churchill disse a Stalin che avrebbe «salutato con piacere la comparsa delle navi russe nel Pacifico» e che per l'avvenire le navi da guerra russe avrebbero potuto transitare liberamente nello stretto dei Dardanelli, sebbene le clausole della Convenzione di Montreux del 1936 lo vietassero. Era «intollerabile» che la Russia si trovasse «alla mercè dei turchi, non solo in guerra ma anche in pace». Poi i due leader si trasferirono, ciascuno con la propria automobile, a palazzo Livadia per l'ultima seduta plenaria. Churchill, incoraggiato da un telegramma del Gabinetto di guerra, espresse di nuovo i suoi dubbi sulla frontiera occidentale polacca proposta dai russi. Si trovò un compromesso: la Polonia avrebbe ottenuto «consistenti» guadagni territoriali a occidente, ma il confine sarebbe stato fissato in un secondo tempo. In realtà il confine definitivo fu fissato nel momento in cui l'Armata Rossa vi giunse, esattamente dove voleva Stalin.

Nell'ultima seduta questi si inchinò alla tesi di Churchill, anch'essa supportata da un energico telegramma del Gabinetto di guerra, rinunciando alle enormi riparazioni di guerra che aveva sperato di ottenere dalla Germania; ma anche in tal caso non gli fu difficile piegarsi, visto che nei sei anni seguenti avrebbe preso ciò che voleva a tutti gli stati sconfitti e liberati che erano finiti sotto il suo controllo militare e politico. Nel massimo segreto, a Yalta diede un'altra assicurazione che invece rispettò scrupolosamente: l'Unione Sovietica sarebbe scesa in guerra contro il Giappone non appena possibile dopo la sconfitta della Germania.

La sera Churchill invitò a cena a villa Voroncov gli altri due grandi e dopo condusse gli ospiti nella sala delle mappe, dove aveva preparato una sorpresa per entrambi: mostrò loro che le forze sovietiche si trovavano sulla riva orientale dell'Oder, a 60 chilometri da Berlino, quelle inglesi e canadesi erano sulla riva occidentale del Reno e quelle americane, ritornate nelle Filippine, erano entrate a Manila.

Il giorno seguente, l'11 febbraio, i tre grandi si incontrarono a mezzodì per firmare una dichiarazione sull'Europa liberata, sostenendo «il diritto di tutti i popoli a scegliere la forma di governo sotto cui vivere» e impegnandosi a «ripristinare i diritti sovrani e l'indipendenza dei popoli che ne sono stati privati con la forza dall'aggressore». Se necessario, per favorire la formazione di governi provvisori «largamente rappresentativi di tutti gli elementi democratici nella popolazione», i tre grandi avrebbero «contribuito unitamente» a indire «libere elezioni».

In un comunicato separato fu inoltre confermato che in Polonia si sarebbero tenute elezioni per formare un governo provvisorio di unità nazionale. Anche se a prima vista sembrava che la Polonia fosse la principale beneficiaria di Yalta e il comunicato confermava il principio delle libere elezioni, la formula con cui si esprimeva era quella proposta dallo stesso Churchill per superare lo stallo, ovvero che il governo di Lublino avrebbe costituito il fondamento del governo, «riorganizzato su una base democratica più ampia, con l'inclusione dei dirigenti democratici della stessa Polonia e dei polacchi all'estero».

Nonostante l'impegno a indire «libere elezioni senza pressioni esterne non appena possibile, sulla base del suffragio universale e del voto segreto», dal comunicato sulla Polonia emergeva con chiarezza che i polacchi di Londra, il governo a favore del quale si erano tanto battuti la Gran Bretagna e Churchill in particolare, erano stati relegati al rango di «polacchi all'estero»; non sarebbero insomma stati su un piano di parità con quelli di Lublino. Su questo punto il comunicato era altrettanto chiaro di quanto era stato Stalin. Negli ultimi colloqui ufficiali svoltisi a Yalta, Churchill rammentò al leader sovietico che sarebbe stato «duramente criticato in patria, in quanto ci siamo piegati completamente alle tesi russe». Aveva ragione: in Gran Bretagna si diffuse un notevole malumore per l'emarginazione dei polacchi di Londra e per non poter contribuire all'affermazione di una Polonia democratica e indipendente. Ma nel momento in cui i soldati sovietici erano arrivati sulle rive dell'Oder, come era accaduto nel corso della settimana, o si erano impadroniti di Varsavia, come era successo tre settimane prima, nessun comunicato né presa di posizione poteva più modificare la situazione.

32
«ADVANCE, BRITANNIA!»

Il 2 marzo 1945, undici giorni dopo il ritorno da Yalta, Churchill volò da Londra a Bruxelles dove pranzò con Mary, che prestava servizio presso una batteria antiaerea, quindi proseguì per Eindhoven, in Olanda, per cenare con Montgomery prima di procedere in automobile fino a Geldrop, dove trascorse la notte sul treno di Eisenhower. Il mattino del 3 marzo, per la prima volta dal 1932, attraversò il confine con la Germania; ispezionò la IX Armata americana a Jülich e fu condotto fino alla Linea Sigfrido. «Arrivata là», avrebbe ricordato il generale Brooke, «la colonna di venti o trenta automobili si fermò, formammo una processione solenne e ci schierammo lungo la Linea. Poiché i fotografi si erano precipitati avanti per occupare buone posizioni, si rivolse a loro dicendo: "Questa è una delle operazioni legate a questa grande guerra che non devono essere riprodotte in immagini". Va detto a loro merito che ubbidirono agli ordini e in tal modo persero l'occasione di pubblicare il più grande scoop fotografico della guerra! Non dimenticherò mai il sorriso infantile di intensa soddisfazione che si dipinse sul suo viso mentre li guardava nel momento critico».

Trascorse anche quella notte sul treno di Eisenhower prima di ritornare in Germania il 4 marzo per passare in rassegna la I Armata canadese; poi, nel paese tedesco di Goch, tirò la corda che azionava un cannone da otto pollici. «Winston è irritato perché non gli è stato permesso di avvicinarsi di più al fronte», annotò sul diario Brooke. La sera dormì di nuovo sul treno in viaggio verso Rheims dove, al quartier generale di Eisenhower alle porte della città, trascorse il giorno successivo seguendo nella sala delle mappe il corso della battaglia che aveva sperato di osservare più da vicino.

Era «ansioso di andare fino in fondo sulla questione della Polonia», telegrafò a Eden da Rheims, e per questo motivo non voleva che la Gran Bretagna protestasse per le iniziative sovietiche in Romania, per evitare che Stalin, rifacendosi all'accordo di Mosca dell'ottobre passato, rimproverasse all'Inghilterra di «violare la nostra intesa sulla Romania» proprio nel momento in cui la lotta per la Polonia toccava il momento culminante. Aveva «ogni intenzione», così disse a Eden in un secondo telegramma spedito quel giorno, «di battersi a fondo per una Polonia libera di occuparsi dei suoi affari – e in cui i soldati polacchi al nostro servizio saranno felici di ritornare».

Trascorse la quarta notte consecutiva sul treno di Eisenhower prima di ritornare in aereo a Londra il mattino del 6 marzo. La prima lettera che scrisse quel giorno era destinata a un deputato conservatore preoccupato per le sorti della Polonia: «Stiamo lavorando per accertarci che l'accordo di Yalta sulla Polonia e le libere elezioni sia rispettato nello spirito, oltre che nella lettera». Tuttavia, nel corso della giornata seppe che soltanto i candidati di Mosca avrebbero fatto parte del nuovo governo polacco. Era quindi «chiaro che i russi non stavano rispettando le condizioni che avevamo concordato». Con queste parole veniva effettivamente a cadere l'accordo di Yalta sulla Polonia, ventitré giorni dopo essere stato stipulato.

Il 7 marzo giunsero dalla Polonia notizie inquietanti: due treni piombati, che trasportavano ciascuno duemila preti, intellettuali e insegnanti, erano in viaggio per i campi di lavoro sovietici sul Volga; erano stati arrestati ben seimila ufficiali polacchi che avevano combattuto contro i tedeschi in unità fedeli al governo polacco a Londra; molti di loro erano stati uccisi. Letti i dettagli, Churchill ordinò di trasmetterli a Roosevelt.

Il giorno stesso, mentre Colonia veniva abbandonata dai suoi difensori, alcune unità dell'esercito americano attraversarono il Reno a Remagen, ma l'entusiasmo per questi successi fu guastato dal fatto che le autorità militari sovietiche in Romania minacciavano di prelevare l'ex primo ministro generale Radescu dal suo rifugio, la missione militare britannica. Quella sera Churchill informò il Gabinetto di guerra che era intenzione delle missioni inglesi in Romania aprire il fuoco sui russi qualora avessero tentato di prelevare Radescu con la forza. Il Gabinetto le autorizzò ad «aprire il fuoco se necessario per difendere il rifugiato».

Churchill non si faceva più nessuna illusione su Stalin e non aveva più intenzione di lasciare ai russi mano libera in Romania in cambio del loro consenso a un governo non comunista in Grecia. Il rifiuto di ammettere partiti di opposizione e le deportazioni degli avversari del comunismo che si erano susseguite nelle ultime settimane erano una beffa, così telegrafò a Roosevelt l'8 marzo, per la dichiarazione sull'Europa liberata firmata a Yalta. Tutti i partiti e le classi, scrisse al presidente degli Stati Uniti, intendevano impedire la dominazione sovietica in Polonia: «I laburisti sono non meno decisi dei conservatori e i socialisti dei cattolici». Una volta accertato «che siamo stati ingannati e che a porte chiuse viene applicata in Polonia la nota tecnica comunista, direttamente dai russi o tramite i loro fantocci di Lublino, si creerebbe un serio allarme nell'opinione pubblica inglese».

A Roosevelt chiedeva quindi di schierarsi al suo fianco per esercitare «una risoluta pressione e persistere» nella difesa della libertà polacca, ma il presidente americano non era in grado di rispondere e neppure di leggere il suo telegramma: era moribondo e la gravità del suo stato veniva nascosta perfino al suo alleato e partner più stretto. Il 18 marzo Churchill gli rivolse un appello personale, esprimendo la speranza che i recenti telegrammi «in buon numero» sulla Polonia, la Romania e altri argomenti, otto lunghi telegrammi in meno di tre settimane, «non diventino una seccatura» e aggiungendo: «La nostra amicizia è la roccia su cui costruisco per il futuro del mondo, finché sono uno dei costruttori». La pace con la Germania e il Giappone «non concederà a voi né a me (se sarò ancora il responsabile) una lunga tregua. Come ho osservato la volta scorsa, quando sarà finita la guerra dei giganti cominceranno le guerre dei pigmei. Bisognerà aiutare un mondo lacerato, logoro e affamato a rimettersi in piedi». Che cosa avrebbe detto Stalin, o il suo successore, «sul modo in cui entrambi vorremmo farlo?».

Il giorno in cui spedì questo telegramma, fu informato che dal giorno dello sbarco in Normandia erano morti in combattimento 71.000 soldati americani. Nello stesso periodo erano caduti 33.000 soldati inglesi e canadesi. Frattanto Montgomery stava preparando una nuova offensiva. Il 23 marzo Churchill prese un Dakota per l'Olanda e atterrò all'aeroporto di Venlo, segnato dai bombardamenti, quindi attraversò il confine tedesco e arrivò al quartier generale di Montgomery a Straelen. «Si spera di attraversare il fiume questa notte», telegrafò la sera a Stalin, «e stabilire le teste di ponte domani».

Nelle prime ore del 24 marzo Churchill seguì l'inizio dell'offensiva di Montgomery da un posto di osservazione dell'artiglieria a Ginderich; le truppe aviotrasportate avanzarono di circa 6 chilometri a est del Reno e più di 2.000 aerei passarono sopra la sua testa attraversando il fiume.

A Londra Cadogan annotò sul diario: «Monty ha attaccato la notte scorse e a quanto sembra è andata bene. Il primo ministro era là, naturalmente». Più di 2.000 aerei si spinsero fino a Wesel e oltre, ma Churchill vide anche, sono parole sue, «gruppi di due o tre aerei tornare indietro inclinati, fumando e alcuni in fiamme. Piccole particelle scendevano fluttuando nell'aria. L'immaginazione, basandosi su un bel po' di esperienza, raccontava una vicenda dura e dolorosa».

Da Ginderich percorse con Brooke la linea di Montgomery in tutta la sua lunghezza, prima a Xanten, poi attraverso Marienbaum e infine su un'altura a sud di Kalkar da cui poterono vedere il punto in cui la 51ª Highland Division attraversava il fiume. Il mattino dopo decollò dalla pista di Straelen, volando per più di un'ora e mezzo sul piccolo Messenger di Montgomery. Percorse in tutto 210 chilometri, per lo più a 150-200 metri di altezza. Il suo pilota, comandante di squadriglia Trevor Martin, avrebbe ricordato in seguito di aver visto i lampi dell'artiglieria inglese a ovest dell'aereo mentre sorvolavano le posizioni difensive tedesche a est del Reno senza una radio con cui comunicare con terra. «Avevo paura che gli americani soprattutto non sapessero che era uno dei nostri aerei».

Tornato sano e salvo a Straelen, fu portato al quartier generale di Eisenhower che si trovava più a sud, vicino a Rheinburg e di lì, insieme con Montgomery e lo stesso Eisenhower, si spinse fino a Büderich, sulla riva occidentale del Reno. Dopo la partenza del comandante americano, mentre si preparava a partire con Montgomery vide avvicinarsi una piccola motolancia. «Perché non attraversiamo il fiume e diamo un'occhiata dall'altra parte?» chiese Churchill. «Perché no?», fu la risposta inaspettatamente concisa di Montgomery.

Attraversato il fiume con diversi alti ufficiali americani, misero piede sulla sponda orientale. «Sbarcammo sotto un sole splendente e in una quiete assoluta sulla sponda tedesca», avrebbe poi scritto Churchill, «camminando per una mezz'ora indisturbati». Riattraversato il fiume, raggiunsero Büderich dove egli si arrampicò sulle travi contorte e le macerie del ponte stradale. In quel momento cominciarono a piovere granate tedesche nel fiume a un chilometro e mezzo di distanza. «Poco dopo si avvicinarono e una salva passò sopra di noi e finì nell'acqua dalla nostra parte del ponte. Le granate esplodevano all'impatto con il fondo, sollevando grandi getti di schiuma a un'altezza di un centinaio di metri». Altre granate caddero in mezzo alle auto nascoste sulla sponda non lontano da loro. In quel momento il generale Simpson, responsabile di quel settore, gli si avvicinò dicendogli: «Signor primo ministro, ci sono dei cecchini davanti a voi che stanno tirando su entrambi i lati del ponte; ora hanno anche cominciato a bombardare la strada dietro di voi. Non mi assumo la responsabilità di lasciarvi qui e devo chiedervi di venir via».

Mentre Brooke restava di guardia, Churchill mise le braccia intorno a una delle travi contorte del ponte. «Il volto di Winston sembrava quello di un bambino che la bambinaia allontana dai castelli di sabbia sulla spiaggia!» Tornato al quartier generale di Montgomery a Straelen, Churchill, riflettendo sul futuro politico dell'Europa, disse a Colville di non «voler prendere in considerazione lo smembramento della Germania finché non si saranno dissipati i suoi dubbi sulle intenzioni della Russia».

A fine marzo una seria controversia strategica incrinò l'armonia della pianificazione bellica anglo-americana. Eisenhower decise che le forze angloamericane non sarebbero avanzate, come previsto fino a quel momento, in direzione di Berlino, ma più a sud, attraverso Lipsia fino a Dresda, e lo comunicò per telegramma a Montgomery. A giudizio del generale americano Berlino era meno importante delle città meridionali come centro industriale e della resistenza, anche se il cambiamento di rotta avrebbe lasciato la capitale tedesca alla mercè dei russi. Si era messo in contatto con Stalin e aveva avuto il suo assenso al nuovo piano, senza consultare e neppure informare prima lo stato maggiore unificato.

Il 30 marzo i capi dello stato maggiore britannico protestarono energicamente contro questa decisione di Eisenhower e Churchill li sostenne. «Non mi sembra corretta l'idea di trascurare Berlino e di lasciare che siano i russi a prenderla in una fase successiva», scrisse il 31 marzo. «Finché Berlino resiste e sostiene l'assedio tra le rovine, come può accadere, la resistenza tedesca ne sarà incoraggiata. La sua caduta invece potrebbe spingere i tedeschi alla disperazione».

Eisenhower spiegò che il suo obiettivo era ricongiungersi con i russi sul fiume Elba a sud di Berlino, ma senza attraversarlo. Churchill andò su tutte le furie e il 31 marzo telegrafò direttamente a Eisenhower: «Perché non dovremmo attraversare l'Elba e avanzare il più possibile verso est?» Questa manovra aveva «un peso politico importante», in quanto i russi erano ormai certi di poter entrare a Vienna. «Se lasciamo loro volutamente Berlino, pur essendo alla nostra portata, questo duplice evento potrebbe rafforzare in loro la convinzione già evidente di aver fatto tutto».

In un altro telegramma a Eisenhower, il 2 aprile, sottolineò «l'importanza di entrare in Polonia, che può essere alla nostra portata» se Eisenhower fosse avanzato a est dell'Elba. «Ritengo assai importante stringere la mano ai russi quanto più a oriente possibile». Durante questo scambio telegrafico, seppe che quattordici leader polacchi arrestati dai russi lontano da Varsavia erano scomparsi e protestò immediatamente con Stalin, ammonendolo che avrebbe dovuto riferire al parlamento questa grave violazione degli accordi di Yalta e rammentandogli che «nessuno ha perorato la causa della Russia con maggior fervore e convinzione di quanto ho cercato di fare io. Sono stato il primo a levare la voce il 22 giugno 1941. È trascorso più di un anno da quando ho dichiarato a un mondo allarmato che la Linea Curzon era la giusta frontiera occidentale della Russia, e ora questa frontiera è stata accettata sia dal parlamento britannico sia dal presidente degli Stati Uniti. È in qualità di amico sincero della Russia che rivolgo il mio appello personale a voi perché accettiate una seria intesa sulla Polonia con le democrazie occidentali e non disprezziate la mano che vi offriamo per guidare insieme il futuro del mondo».

Ma né Stalin né Eisenhower avrebbero accolto gli appelli che Churchill aveva rivolto loro. La Polonia non avrebbe avuto un governo indipendente e l'esercito anglo-americano non avrebbe attraversato l'Elba né sarebbe entrato a Berlino. Non era «affatto certo», dichiarò Churchill ai rappresentanti dei dominion il 3 aprile, «che possiamo contare sulla Russia come influenza benefica in Europa o come partner volenterosa per mantenere la pace nel mondo. Eppure a fine guerra si troverebbe in una posizione di potere e di influenza preponderanti su tutta l'Europa».

La fine della guerra in Europa era chiaramente vicina; attraversato il Reno, le forze di Montgomery facevano ogni giorno 15-20.000 prigionieri a mano a mano che si inoltravano nella Ruhr. Il 9 aprile in Italia le armate di Alexander lanciarono una nuova offensiva, e due giorni dopo le forze di Eisenhower raggiunsero l'Elba. Pur trovandosi a meno di 100 chilometri da Berlino, non marciarono sulla capitale devastata dalle bombe. Il giorno stesso, a dimostrazione della nuova realtà politica, l'Unione Sovietica firmò un trattato di amicizia, aiuto reciproco e collaborazione postbellica con la Iugoslavia di Tito.

Il 12 aprile Churchill fu informato della morte in battaglia di due cari amici di famiglia, il cugino di Clementine Tom Mitford e Basil Dufferin, quarto marchese di Dufferin e Ava. Lo stesso giorno fu conferita a Mary la MBE per le sue azioni con la batteria antiaerea. Suo padre diede la notizia a Clementine, che si trovava in Russia, in un telegramma spedito a mezzanotte del 12 aprile. Mentre stava ancora lavorando, fu informato della morte di Roosevelt. «Provo un doloroso senso di perdita personale, al di là delle attività pubbliche che ci hanno legato tanto strettamente», telegrafò a Harry Hopkins. «Nutrivo un affetto sincero per Franklin».

Il 17 aprile le truppe americane entrarono a Norimberga, teatro delle trionfali adunate prebelliche di Hitler, e il giorno seguente, alla Camera dei Comuni, Churchill rese omaggio a Roosevelt. Secondo le dichiarazioni ufficiali, la morte lo aveva colto dopo che «aveva sbrigato la corrispondenza; quella parte del suo lavoro quotidiano era fatta. Come si suol dire, è morto sulla breccia, e possiamo ben dire combattendo, come i suoi soldati, marinai e aviatori che stanno compiendo il loro dovere a fianco dei nostri in tutto il mondo. È stata davvero una morte invidiabile. Ha condotto il suo paese attraverso il peggiore dei pericoli e le più dure fatiche. La vittoria lo ha illuminato con i suoi raggi assidui e certi».

Bisognava adesso entrare in rapporto con il successore di Roosevelt, Harry Truman, che egli non conosceva. Attraverso gli scambi telegrafici, quotidiani e consistenti, ebbe l'impressione, come confidò a Eden il 20 aprile, «che il nuovo presidente non si farà intimidire dai sovietici». Tuttavia era impossibile arrestare o deviare l'avanzata inesorabile delle forze sovietiche, che il 21 aprile giunsero alle porte di Berlino. Il giorno stesso il governo sovietico firmò un trattato di assistenza reciproca con il governo di Lublino: per quanto riguardava la Polonia, com'era accaduto dodici giorni prima con la Iugoslavia, gli accordi di Yalta erano stati vanificati.

Il 29 aprile Churchill rivolse un ultimo appello a Stalin perché rinunciasse all'imposizione unilaterale del volere sovietico alla Polonia e anche alla Iugoslavia. «Non è molto rassicurante», gli scrisse, «considerare un futuro in cui voi e i paesi che dominate, più i partiti comunisti in molti altri stati, sarete tutti schierati da una parte, mentre quelli che si richiamano alle nazioni di lingua inglese e i loro alleati o dominion saranno schierati dall'altra. È più che ovvio che una contesa tra loro distruggerebbe il mondo e che i responsabili di entrambi gli schieramenti sarebbero disonorati davanti alla storia. Anche un lungo periodo di sospetti, insulti e contro-insulti e di politiche contrapposte sarebbe un disastro e ostacolerebbe il grande sviluppo della prosperità mondiale delle masse, conseguibile solo da noi tre insieme».

Churchill si augurava che il telegramma non contenesse nulla di involontariamente offensivo per Stalin. «Ma vi prego, amico Stalin, non sottovalutate le divergenze che si stanno determinando su questioni che potete giudicare di poco conto per noi, ma che sono emblematiche del modo in cui le democrazie di lingua inglese considerano la vita». Quella sera radio Mosca annunciò che dopo l'ingresso delle forze sovietiche a Vienna era stato creato un governo austriaco provvisorio; gli Alleati occidentali non erano stati consultati sulla sua composizione e si videro negare l'autorizzazione a inviare una delegazione nella capitale austriaca. Churchill protestò immediatamente e Truman si affiancò alla sua protesta.

Nel corso della serata, dopo aver cenato ai Chequers, stava guardando il film tratto da *The Mikado* e cantandone le canzoni quando giunse una telefonata del generale Alexander. La proiezione fu interrotta; le armate tedesche in Italia si erano arrese senza condizioni, dunque la guerra in Italia era finita. In Europa centrale le forze di Eisenhower erano arrivate sul Danubio a Linz ed egli suggerì a Truman di farle procedere fino alla Cecoslovacchia. «Non possono esserci dubbi», telegrafò al presidente americano il 30 aprile, «che la liberazione di Praga e di quanto più territorio possibile in Cecoslovacchia occidentale a opera delle vostre forze potrebbe modificare radicalmente la situazione postbellica del paese e anche influenzare quella dei paesi vicini. D'altro canto, se gli Alleati occidentali non avranno un ruolo significativo nella liberazione del paese, esso prenderà la strada della Iugoslavia».

Ancora una volta il suo appello giungeva troppo tardi: Eisenhower aveva già comunicato all'Alto Comando sovietico che non si sarebbe spinto oltre Linz. Inoltre gli americani si erano impegnati a ritirarsi, a guerra finita, di 210 chilometri dalle posizioni più avanzate raggiunte in Germania, in quanto si trovavano dentro la regione indicata a Yalta come zona sovietica. In un telegramma a Truman del 30 aprile Churchill tentò di rinviare il ritiro, sollecitando anche un'occupazione alleata dell'Istria per evitare che cadesse nelle mani delle forze comuniste di Tito. Truman accettò quest'ultimo suggerimento, mentre non volle mancare all'intesa sulle future zone di occupazione in Germania. Gli Alleati occidentali avrebbero fatto di tutto per entrare a Trieste e difenderla: «Non è necessario ottenere il consenso preliminare dei russi», gli comunicò Truman, ma il giorno stesso i partigiani iugoslavi combattevano già per le strade di Trieste, mentre i primi soldati neozelandesi sarebbero arrivati non prima di 48 ore. «Non debbono verificarsi violenze se non per autodifesa», telegrafò Churchill ad Alexander; ogni contrasto con Tito, spiegò, «va risolto al tavolo della pace, non sul campo».

Proprio nel momento in cui quell'estremo lembo dell'Italia prebellica finiva in mano agli iugoslavi e agli angloamericani, Mussolini venne preso dai partigiani e fucilato. Due giorni dopo, la sera del 1° maggio, mentre Churchill cenava al numero 10 di Downing Street, Radio Amburgo annunciò che Hitler era morto. La notizia gli fu comunicata mentre mangiava. «Come vedi», telegrafò a Clementine che ancora si trovava in Unione Sovietica, «entrambi i nostri grandi nemici sono morti». Hitler si era suicidato.

La sconfitta completa della Germania era imminente; il 3 maggio più di mezzo milione di soldati tedeschi si arresero a Montgomery e a essi se ne aggiunse, telegrafò Churchill a Clementine il giorno dopo, «più di un milione oggi». In Italia Alexander aveva fatto un milione di prigionieri di guerra. Tutte le forze tedesche in Germania nordoccidentale, Olanda e Danimarca «si arrenderanno domani mattina». Nondimeno, aggiunse, «dietro questi trionfi si nascondono realtà politiche velenose e rivalità internazionali funeste». Si rendeva necessario un nuovo incontro tra i tre grandi, se si volevano risolvere tali rivalità. «Frattanto», telegrafò Churchill a Truman il 6 maggio, «dovremmo difendere fermamente le posizioni attuali che le nostre armate hanno conquistato o stanno per conquistare in Iugoslavia, Austria e Cecoslovacchia, sul centro del fronte americano e sul fronte inglese che tocca Lubecca, compresa la Danimarca».

Nel corso della notte, mentre Churchill dormiva, il capo di stato maggiore tedesco generale Jodl firmò l'atto di resa al quartier generale di Eisenhower a Rheims. Ogni combattimento sarebbe cessato a mezzanotte dell'8 maggio. Eisenhower comunicò di persona la notizia per telefono a Ismay nelle prime ore del mattino e questi la trasmise subito per telefono a John Martin in Downing Street; Martin decise di non svegliare Churchill e di comunicargli la notizia non appena si fosse svegliato. Fu incaricato di portargliela il capitano Pim e Churchill commentò: «Per cinque anni mi avete portato brutte notizie, una peggio dell'altra. Oggi vi siete riscattato».

Il 7 maggio Churchill sollecitò Eisenhower a far avanzare le sue truppe verso Praga e il generale così fece, con il risultato che alcune unità americane giunsero nella capitale ceca prima dei russi, ritirandosi però non appena arrivarono gli alleati orientali. Il giorno stesso Churchill chiese per telegramma ad Alexander di avanzare verso est da Trieste e verso sud in Istria: «Fatemi sapere quali sono le vostre mosse mentre ammassate le truppe contro questo tentacolo moscovita, di cui Tito è l'estremità».

In tutta la Gran Bretagna cresceva l'eccitazione per la vittoria imminente e il pomeriggio del 7 maggio Churchill cercò di convincere Truman ad annunciare la sera stessa la vittoria in Europa; il presidente americano era riluttante perché Stalin gli aveva chiesto di differire i festeggiamenti fino al 9 maggio, dato che le sue truppe stavano ancora combattendo in alcune zone della Cecoslovacchia e lungo il Baltico. Alle cinque del pomeriggio del 7, ritelefonando a Truman dopo meno di un'ora, gli spiegò che «le folle che festeggiano nelle strade di Londra erano incontrollabili» e che doveva dare l'annuncio della vittoria al più tardi a mezzogiorno dell'8. Nel frattempo preparò un breve comunicato radiofonico, che sperava ancora di trasmettere quella sera, finendo di dettarlo poco prima delle sei. Ma poi una chiamata da Washington lo convinse a rimandare almeno fino al giorno dopo.

Poco prima dell'una dell'8 maggio Churchill si recò a Buckingham Palace dove pranzò con il re. «Ci siamo congratulati l'uno con l'altro per la fine della guerra europea», scrisse il re nel suo diario. «Il giorno che tanto abbiamo atteso è finalmente arrivato, e possiamo dire, alzando a Dio un grato pensiero, che le nostre tribolazioni sono finite». Tornato a Downing Street alle tre, Churchill parlò per radio al popolo inglese, descrivendo i vari negoziati per la resa del nemico e annunciando che «pertanto la guerra tedesca è terminata». «I malfattori», disse, «adesso sono prosternati davanti a noi», e a queste parole la folla raccolta in Parliament Square per ascoltare il suo discorso ebbe un sussulto. Poi ricordò che la guerra con il Giappone doveva ancora essere vinta; «Il Giappone, con tutta la sua perfidia e la sua avidità, non è ancora sottomesso»; e terminò il discorso con le parole «*Advance, Britannia!*».

33
UNA CORTINA DI FERRO

Il 12 maggio Churchill, allarmato dalle notizie comparse sui giornali circa la partenza imminente di almeno metà delle forze americane in Europa per combattere nel Pacifico, telegrafò a Truman per avvertirlo che i russi sarebbero stati in grado di mantenere «forze molto consistenti in campo per un lungo periodo».

La nuova mappa dell'Europa gli dava motivo di allarme circa le intenzioni sovietiche. «Una cortina di ferro viene calata sul loro fronte», scrisse a Truman: «Non sappiamo che cosa accade dietro di essa. Non c'è dubbio che entro breve l'intera regione Lubecca-Trieste-Corfù sarà completamente nelle loro mani». A essa si sarebbe aggiunta «l'immensa regione» da cui gli americani si accingevano a ritirarsi, la Germania centrale tra Eisenach e l'Elba. Una volta concluso il ritiro, «un'ampia striscia di molte centinaia di chilometri di territorio occupato dai russi ci isolerà dalla Polonia». Poi, mentre gli Alleati occidentali si sarebbero preoccupati soprattutto di infliggere «severe punizioni» alla Germania, «sarebbe facile per i russi, se lo vogliono, avanzare in pochissimo tempo fino alle acque del Mare del Nord e dell'Atlantico».

Chiese a Truman di aiutarlo a trovare «un'intesa» con la Russia o a «capire a che punto siamo con essa» prima di un ritiro consistente delle forze anglo-americane dall'Europa; ciò era possibile solo tramite un incontro personale con Stalin. «Il problema di un accordo con la Russia finché ne abbiamo la forza», concluse, «mi sembra prevalere su tutti gli altri». Truman fu d'accordo e i due statisti stabilirono di incontrare Stalin a Potsdam entro due mesi.

La sera del 13 maggio Churchill si rivolse di nuovo per radio al popolo inglese. Cinque anni prima il re lo aveva incaricato «di formare un governo nazionale di tutti i partiti per condurre i nostri affari». Cinque anni erano «un lungo periodo nella vita di un uomo, soprattutto quando non vi è condono per buona condotta». Avrebbe voluto poter dire «che tutte le nostre fatiche e pene sono finite. Allora potrei terminare felicemente questi cinque anni al servizio del paese, e se pensaste di averne abbastanza di me, che è ora di mandarmi al pascolo, vi dico che accetterei di buon grado». Ma c'era ancora «molto da fare». Sul continente europeo «dobbiamo ancora accertarci che gli scopi chiari e onorevoli per cui siamo entrati in guerra non siano ignorati o dimenticati nei mesi successivi alla nostra vittoria e che il vero significato che attribuiamo alle parole "libertà", "democrazia" e "liberazione" non venga travisato». Sarebbe stato «inutile punire i seguaci di Hitler per i loro crimini, se non prevalessero la legge e la giustizia e se governi totalitari o di polizia prendessero il posto degli invasori tedeschi».

Privatamente, prevedeva una «resa dei conti» con la Russia sulla sovranità e l'indipendenza di Polonia, Cecoslovacchia, Austria e Iugoslavia, ma cercava anche di accelerare l'ingresso in guerra dei sovietici contro il Giappone, ora che la Germania era stata sconfitta. Anche questa decisione era stata presa a Yalta.

Egli sperava di portare avanti la guerra e di affrontare il dopoguerra con il governo di coalizione. Come nel maggio 1940, così nel maggio 1945 il partito laburista tenne il congresso annuale in un momento in cui occorreva prendere una decisione politica: nel 1940 il rifiuto degli attivisti del partito, riuniti a Bournemouth, di collaborare con Chamberlain aveva in effetti portato al potere Churchill; adesso a porre fine alla coalizione fu il desiderio non meno forte dei membri del partito, riuniti a Blackpool, di ritornare al botta e risposta della politica di partito, oltre alla possibilità di formare un nuovo governo laburista, il primo dal 1931. Erano trascorsi dieci anni dalle ultime elezioni generali e molti uomini politici laburisti avevano ricoperto incarichi di governo con Churchill, avevano fatto esperienza e soprattutto volevano mettere in pratica gli ideali socialisti. La sera dei 21 maggio Attlee telefonò da Blackpool a Churchill per informarlo della situazione.

Il primo ministro capì che ormai nulla poteva salvare la coalizione e a mezzogiorno del 23 maggio si recò a Buckingham Palace per offrire le proprie dimissioni al re. Aveva diretto un governo interpartitico, che ebbe a definire la «grande coalizione», per cinque anni e tredici giorni. Il re gli chiese di formare un governo ponte in attesa che si svolgessero le elezioni e si raccogliessero i voti dei soldati che si trovavano oltremare; ci sarebbero voluti almeno due mesi. Churchill accettò di restare come primo ministro e di formare un Gabinetto conservatore: «Dobbiamo sperare in una nuova unione», scrisse a Bevin, «in cui le passioni di partito siano meno forti».

Iniziata la campagna elettorale, il tema centrale dei suoi discorsi furono i pericoli insiti nel socialismo. Osservando con angoscia i regimi che i sovietici cominciavano a imporre in Europa orientale, in un discorso radiofonico del 4 giugno ammonì che nessun governo laburista «avrebbe consentito l'espressione libera, critica o formulata in modo violento del malcontento pubblico» e proseguì affermando: «Finirebbero per ricorrere a qualche forma di Gestapo, certo gestita in modo molto umano in una prima fase. E questo taciterebbe le opinioni sul nascere, troncherebbe le critiche non appena si manifestassero e metterebbe tutto il potere nelle mani del partito supremo e dei suoi dirigenti, che si ergerebbero come grandiosi pinnacoli al di sopra della loro estesa burocrazia di funzionari pubblici, non più funzionari e non più pubblici. E che cosa farebbero gli individui normali – la gente comune, come amano chiamarla in America – che cosa farebbero nel momento in cui questo potente organismo li tenesse in pugno?»

Churchill non si limitò a mettere in guardia sul fatto che un governo laburista avrebbe creato «qualche forma di Gestapo», ma dichiarò anche che il socialismo era «inseparabilmente connesso al totalitarismo e al culto abietto dello stato». Non solo la proprietà, ma anche la libertà «in tutte le sue forme» era vittima delle concezioni basilari del socialismo.

Il 21 giugno, mentre la campagna elettorale era al culmine, da Mosca giunse la notizia che dodici dei quattordici dirigenti politici polacchi arrestati erano stati condannati fino a un massimo di otto anni di carcere. Per Churchill, che si era tanto battuto per un futuro democratico della Polonia, la notizia costituì la conferma definitiva della paura che la tirannide avrebbe accompagnato ovunque l'affermazione del comunismo.

Le votazioni si svolsero il 5 luglio e per poter conteggiare i voti dei militari ci fu un intervallo di tre settimane prima dell'annuncio dei risultati. Churchill aveva già in programma una vacanza di dieci giorni tra il giorno delle elezioni e l'inizio della conferenza di Potsdam. Il 7 luglio prese un aereo per Bordeaux e proseguì in automobile al Château de Bordaberry, presso il confine spagnolo, per una settimana di riposo. Di mattino faceva una nuotata nell'Atlantico e di pomeriggio dipingeva. «Dapprima era abbattuto e stanco», scrisse Mary, «ma la magia della pittura si impadronì ben presto di lui, assorbendolo per ore e ore e fugando i pensieri inquietanti sul presente o sul futuro».

Da Bordaberry egli spedì un solo telegramma ufficiale, al feldmaresciallo Montgomery, ora comandante in capo dell'esercito britannico di occupazione: «Vi prego di provvedere affinché nessuno stabilimento in cui i tedeschi svolgevano ricerca e sviluppo venga distrutto. Gran parte dell'apparecchiatura potrebbe essere utilizzata dai nostri ingegneri e scienziati». Il pomeriggio del 15 luglio si imbarcò con Mary a Bordeaux su un aereo che lo portò a Berlino, un viaggio di quattro ore e mezzo. La settimana di riposo era finita. Alla villa che sarebbe stata la sua base durante la conferenza di Potsdam, al 23 di Ringstrasse, lo aspettavano Eden, Attlee, Alexander e Montgomery.

Il mattino seguente Churchill ebbe il primo incontro con Truman, trascorrendo due ore nella sua residenza a Berlino a meno di 400 metri dalla propria, e il pomeriggio visitò le rovine della cancelleria di Hitler. Nella piazza di fronte all'edificio si era raccolta una folla di tedeschi. A eccezione di un uomo anziano che «scosse la testa con aria di disapprovazione, tutti cominciarono ad applaudire. Il mio odio era svanito con la loro resa e fui molto commosso dalle loro dimostrazioni nonché dagli sguardi sofferenti e dagli abiti logori».

Durante il secondo giorno a Potsdam Churchill pranzò al 23 di Ringstrasse con Truman e il ministro americano della Guerra Henry Stimson, che gli passò un foglietto su cui era scritto: «I bambini sono nati senza problemi». Non aveva la benché minima idea di che cosa significasse. «Significa», gli spiegò Stimson, «che l'esperimento nel deserto americano è riuscito. La bomba atomica è una realtà».

Non era ancora arrivato il momento di informare Stalin di questo sviluppo drammatico. Nella prima seduta plenaria, che si tenne dopo pranzo, Churchill chiese con forza «immediate libere elezioni in Polonia che riflettano realmente i desideri del popolo polacco», una delle principali decisioni prese a Yalta. In un colloquio privato con Stalin dopo la seduta ufficiale parlò del popolo tedesco, che aveva sempre creduto «in un simbolo. Se si fosse permesso a un Hohenzollern di regnare dopo l'ultima guerra, non ci sarebbe stato nessun Hitler». Non aggiunse di aver conosciuto un Hohenzollern, l'imperatore Guglielmo II, già 54 anni prima, nel maggio 1891 al Crystal Palace.

In un momento di frivolezza, Stalin confidò a Churchill di aver cominciato a fumare sigari e questi commentò che se una fotografia del leader sovietico che fumava il sigaro avesse fatto «il giro del mondo, avrebbe destato sensazione».

Il 18 luglio Truman fu ospite di Churchill a pranzo; rimasero soli per due ore e nel corso della discussione il premier britannico chiese se non fosse possibile esprimere «in qualche altro modo» la frase «resa incondizionata» nel caso del Giappone, «perché ci sia possibile ottenere tutti gli elementi essenziali per la pace e la sicurezza future, consentendo tuttavia ai giapponesi di salvare una parvenza di onore militare e una certa fiducia nella propria esistenza nazionale, dopo che avranno accettato tutte le salvaguardie necessarie al vincitore». Truman, riporta il verbale della conversazione, disse «di non ritenere che i giapponesi avessero un onore militare dopo Pearl Harbor».

La seconda seduta plenaria si tenne il pomeriggio del 18 luglio; quando Churchill incalzò Stalin a proposito della Polonia, il leader sovietico gli assicurò che il governo provvisorio non aveva «mai rifiutato di indire libere elezioni». La seduta terminò dopo un'ora e venti minuti «con vivo disappunto del primo ministro», scrisse ai suoi Sir Alexander Cadogan, «in quanto voleva continuare i colloqui a oltranza e rimase deluso, come un bambino che si vede togliere i giocattoli. Ma Truman aggiornò il dibattito».

La sera Churchill cenò da solo con Stalin; rimasero insieme per cinque ore e il leader sovietico disse a quello inglese che il popolo russo era privo di istruzione e di educazione «e doveva ancora fare molta strada». Prevedeva una maggioranza conservatrice di 80 seggi alle elezioni generali inglesi. A proposito della situazione politica globale, Churchill affermò che avrebbe «dato il benvenuto alla Russia come grande potenza navale» ai Dardanelli, nel Pacifico e nel canale di Kiel, «che dovrebbe godere di un regime internazionale come il canale di Suez». Parlando delle nazioni dell'Europa centrale, Stalin gli assicurò di essere «contrario a una sovietizzazione di qualcuno di questi paesi. Avrebbero avuto libere elezioni». Anche questa, come l'assicurazione circa la Polonia di poche ore prima, era una menzogna.

Il mattino del 21 luglio si svolse a Berlino la parata inglese per la vittoria. Churchill e Attlee furono condotti alla tribuna d'onore su due jeep e sfilarono lungo una fila di soldati acclamanti. Il segretario privato del primo ministro, John Peck, avrebbe poi scritto: «Mi parve decisamente strano, e forse anche ad altri sebbene non se ne parlasse, che Winston Churchill, il grande leader della guerra senza il quale non ci saremmo mai trovati a Berlino, fosse accolto da un applauso nettamente meno entusiastico di Mr.Attlee il quale – per quanto fosse stato grande il suo contributo alla coalizione – non aveva fino ad allora riscosso un grande successo personale tra le forze armate».

Quel pomeriggio, durante una nuova seduta plenaria, sia Churchill sia Attlee protestarono con Stalin perché la nuova frontiera polacca era stata fissata troppo a occidente, annettendo alla Polonia un quarto della terra arativa tedesca. Truman appoggiò la loro protesta, ma Stalin non aveva alcuna intenzione di restituire la Slesia alla Germania; in una successiva seduta plenaria dominata dalle discussioni sulla Polonia, non volle accettare che Stettino e Breslavia restassero alla Germania; la nuova frontiera tra Polonia e Germania sarebbero stati l'Oder e il Neisse occidentale. Gli sforzi combinati di Churchill e Truman non gli fecero cambiare idea.

Gli americani avevano adesso le idee più chiare sul test atomico effettuato nel deserto del New Mexico e il mattino del 22 luglio Stimson si recò da Churchill per fornirgli i particolari: l'esplosione era stata devastante per un raggio di un miglio. Churchill si precipitò da Truman: era convinto, avrebbe scritto in seguito, che la nuova arma potesse fornire ai giapponesi «la scusa che salvava il loro onore e li scioglieva dall'obbligo di farsi uccidere fino all'ultimo uomo».

Erano trascorsi due mesi e mezzo dalla sconfitta della Germania e adesso la sconfitta del Giappone non sembrava più dipendere dall'intervento sovietico bensì dalla bomba atomica. Al termine della seduta plenaria del 24 luglio Truman prese da parte Stalin per informarlo della costruzione della nuova arma. Churchill, studiando la reazione del russo all'annuncio di Truman, la raccontò in questi termini: «Una nuova bomba! Di potenza straordinaria! Probabilmente decisiva per la guerra con il Giappone! Che bella fortuna!» La sera Churchill cenò solo con l'ammiraglio Lord Louis Mountbatten, comandante in capo in Asia sudorientale, che invitò a Downing Street al suo ritorno a Londra per parlare del futuro dell'ammiraglio, dicendogli di avere «in mente grandi progetti». Mountbatten, che era stato di recente in India tra i soldati inglesi che avevano già votato, scrisse di aver provato «una sensazione strana e triste, seduto a fare progetti con un uomo che sembrava così sicuro della vittoria, mentre io mi sentivo non meno sicuro che avrebbe perso la carica nell'arco di ventiquattr'ore».

Churchill e Attlee dovevano partire da Potsdam il pomeriggio del 25 luglio; in mattinata il premier ebbe un secondo incontro con il leader comunista polacco Boleslaw Bierut, che gli garantì nuovamente che la Polonia non avrebbe emulato il sistema sovietico, cercando anzi di seguire «il modello inglese» di democrazia per diventare «uno dei paesi più democratici d'Europa»; «tutte le forze russe» stavano lasciando la Polonia e le elezioni imminenti sarebbero state «ancor più democratiche di quelle inglesi». Ma Churchill sapeva che la Polonia democratica per la quale la Gran Bretagna era entrata in guerra nel settembre del 1939 e che aveva cercato di ricostituire a Teheran e a Yalta non esisteva più.

In un'altra seduta plenaria di quel mattino Churchill chiese di nuovo a Stalin di non spingere tanto a occidente la frontiera polacca e fu ancora una volta appoggiato da Truman; il leader russo respinse di nuovo la loro richiesta e ne avanzò una a sua volta: il carbone estratto dai tedeschi nella Ruhr poteva essere mandato nella zona russa della Germania e in Polonia? Churchill rispose che era possibile, ma solo in cambio di cibo per i tedeschi stessi. Stalin ribatté: «In Germania c'è ancora un bel po' di grasso».

Non si giunse a un'intesa e si decise di rimandare la questione «a un incontro successivo». Erano le 12 e 15 e così si concluse la nona seduta plenaria della conferenza di Potsdam. Non ci furono commiati: tanto Stalin quanto Truman pensavano che Churchill sarebbe tornato entro 48 ore, ancora primo ministro e ancora a capo della delegazione britannica. Tornò alla sua villa, donde fu condotto pochi minuti dopo all'aeroporto di Gatow. All'1 e 23 l'aereo decollò per l'Inghilterra e due ore e 20 minuti più tardi atterrò a Northolt, dove gli fu detto che alla sede del partito laburista regnava lo sconforto perché si prevedeva che il partito conservatore avrebbe vinto le elezioni con una maggioranza di 30 seggi. Anche se inferiore di 40 seggi alla valutazione fatta da Eden, si trattava pur sempre di una maggioranza solida.

Nel corso della cena alla Dipendenza del n° 10 Churchill seppe che sua figlia Diana e suo cognato Duncan Sandys «erano pessimisti sulla sorte di Duncan» nella circoscrizione elettorale londinese in cui si era presentato. Quella notte si svegliò poco prima dell'alba «con una fitta di dolore quasi fisico», dopo di che «venne a galla e si impadronì di me la convinzione [fino a quel momento] inconscia che saremmo stati battuti». Gli sarebbe stato negato il potere di forgiare il futuro, «sarebbero state vanificate le conoscenze e le esperienze accumulate, l'autorità e la benevolenza che mi ero conquistato in tanti paesi».

Alle dieci del mattino di giovedì 26 luglio il capitano Pim ricevette i primi risultati elettorali: dieci seggi conservatori erano andati ai laburisti. Si precipitò da Churchill. «Il primo ministro era in bagno e apparve certamente sorpreso, se non sconvolto. Mi chiese di porgergli un asciugamano e dopo pochi minuti, indossato l'abito blu sirena e con il suo sigaro, si sedette sulla sua poltrona nella sala delle mappe, dove rimase tutto il giorno». A mezzodì era chiaro che si profilava un trionfo laburista. Randolph Churchill e Duncan Sandys erano tra i deputati conservatori che avevano perso il seggio. Uno degli ospiti a pranzo, David Margesson, scrisse sei anni dopo a Churchill: «Fino al giorno in cui morirò non dimenticherò il coraggio e la calma che avete mostrato durante quel disgraziatissimo pranzo dopo la notizia della sconfitta. È stato un esempio straordinario di come si possa incassare un colpo senza vacillare».

Clementine sostenne che «forse non tutto il male viene per nuocere» e suo marito replicò: «Per il momento parrebbe proprio di sì».

I laburisti, che conquistarono 393 seggi nel nuovo parlamento, avevano una maggioranza di 146 seggi su tutti gli altri partiti. I conservatori erano passati da 585 seggi nel parlamento del 1935 a 213. Per la prima volta nella storia inglese i laburisti ottenevano più voti dei conservatori. Quando Moran parlò dell'«ingratitudine» del popolo inglese, Churchill replicò: «Non la chiamerei così. Hanno vissuto un periodo molto difficile».

Secondo la legge egli avrebbe potuto tornare a Potsdam come primo ministro e dimettersi solo quando il parlamento si fosse riunito qualche giorno dopo, ma era deciso a inchinarsi subito al giudizio dell'elettorato e alle sette di sera si presentò a Buckingham Palace per rassegnare le dimissioni, diventando quindi il leader dell'opposizione. Due ore dopo fu letta alla radio la dichiarazione che aveva dettato dopo l'incontro con il re: «Responsabilità immense all'estero e in patria attendono il nuovo governo; tutti dobbiamo augurarci che sappia affrontarle con successo».

Il mattino del 27 luglio, Attlee ritornò in aereo a Potsdam come primo ministro. Churchill, ora leader dell'opposizione, rimase a Londra e nel corso della mattinata salutò i capi di stato maggiore. «È stato un breve incontro molto triste e toccante, in cui non ho potuto dire molto perché temevo di emozionarmi», scrisse Brooke sul diario, aggiungendo: «Ha retto il colpo in modo incredibile». Poi si congedò dai segretari privati e quindi dal Gabinetto. Finiti i saluti, richiamò Eden. «Era alquanto depresso, povero amico mio», scrisse questi sul diario. «Ha detto che non si sentiva affatto rassegnato questa mattina, al contrario la cosa gli bruciava di più, come una ferita che si fa più dolorosa dopo la botta iniziale».

Quarant'anni dopo Elizabeth Layton avrebbe ricordato che la sera del 27 luglio «Mary era in lacrime, la signora C andò a letto presto e il signor C rimase calmo». Mentre si accingeva a fare un bagno, Churchill fece chiamare il capitano Pim, il quale avrebbe poi scritto: «Diventò quasi grigio nel bagno e pensai che sarebbe svenuto. Poi si voltò verso di me e disse: "Hanno tutto il diritto di votare per chi gli pare. Questa è la democrazia. È per questo che abbiamo combattuto"».

Il 6 agosto fu sganciata la bomba atomica su Hiroshima, con un effetto devastante: le vittime identificate furono 138.690. Un anno dopo Churchill confidò a Mountbatten che «la decisione di sganciare la bomba atomica è stata forse l'unica cosa su cui la storia solleverebbe seri dubbi», aggiungendo che «forse il mio Creatore mi chiederà perché l'ho usata, ma mi difenderò energicamente e gli chiederò: "Perché tu ci hai dato questo sapere, mentre l'umanità si scatenava in battaglie furibonde?"» Nell'agosto del 1946 scrisse a George Bernard Shaw: «Pensate che la bomba atomica dimostri che l'architetto dell'universo si è stancato di disegnare il suo scenario senza fine? C'era molto da dire sulla fine del panda. Lo sganciamento della bomba sembra essere la svolta successiva».

Il giorno dopo la bomba su Hiroshima, Churchill confidò a un amico che se fosse stato confermato in carica sarebbe riuscito a convincere gli americani a usare la nuova arma «per frenare i russi». Avrebbe avuto una «spiegazione con Stalin, chiedendogli di comportarsi in modo ragionevole e conveniente in Europa, e se necessario mi sarei mostrato brusco e incollerito». Invece Truman e i suoi consiglieri si erano mostrati «deboli».

Due giorni dopo l'esplosione di Hiroshima l'Unione Sovietica dichiarò guerra al Giappone e il giorno seguente fu sganciata la seconda bomba su Nagasaki, che provocò 48.857 vittime. «Può darsi», scrisse Churchill ad Attlee il 10 agosto, «che gli eventi mettano presto fine alla guerra con il Giappone. Spero proprio che sia così, perché ciò significherebbe alleggerire enormemente il fardello che pensavamo di dover sopportare». Quel giorno disse alla segretaria Elizabeth Layton, mentre percorrevano in automobile la strada per Chartwell tra folle eccitate dalla prospettiva della vittoria sul Giappone: «Sapete, da quando abbiamo lasciato la carica non è stata presa una sola decisione per conseguirla». Non sapendo che dire, la signora Layton mormorò se non era meglio per lui prendersi un po' di riposo. «No», rispose, «volevo... volevo fare anche la pace».

Il 15 agosto il Giappone si arrese senza condizioni alle potenze alleate: la seconda guerra mondiale era finita. Altri avrebbero condotto il processo di pace cui Churchill tanto ambiva prendere parte. Al pensiero di essere stato escluso, in certi momenti era «amaro», scrisse Clementine a Mary, in altri «coraggioso». Una settimana dopo la batosta elettorale aveva confidato ad Averell Harriman: «È stata la settimana più lunga della mia vita, ma adesso sto bene».

Il 2 settembre Churchill andò in Italia con Sarah sull'aereo che il primo ministro Attlee gli aveva messo a disposizione. Clementine rimase in Inghilterra, cercando sia di rendere abitabile Chartwell dopo averla trascurata negli anni di guerra, sia di terminare i lavori nella nuova residenza londinese al 28 di Hyde Park Gate. Portò con sé, cominciando a leggerla già in aereo, la raccolta a stampa delle sue note in tempo di guerra per i capi di stato maggiore. Stava già concentrandosi su un lavoro che l'avrebbe assorbito per più di cinque anni, la preparazione delle memorie di guerra. «Continuò a leggere anche durante il pranzo», scrisse Lord Moran sul viaggio in Italia, «sollevando gli occhi dal testo solo per accendersi un sigaro».

La destinazione dell'ex primo ministro era Villa delle Rose sul lago di Como, scelta per lui da Alexander come posto ideale per un riposo assoluto e per dipingere. La villa assisa sopra il lago, con una serie di giardini digradanti verso la spiaggia e una veduta panoramica della sponda opposta con i suoi paesi, i boschi e le montagne, diventò la sua residenza per diciassette giorni felici. Il primo giorno attraversò i monti per visitare il lago di Lugano, dove trovò una veduta che catturò il suo sguardo, sicché iniziò subito a dipingere. Il giorno seguente, dopo aver dipinto per tre ore sulla riva del lago vicino alla villa, disse a Sarah di aver «trascorso una giornata felice», e Sarah scrisse alla madre: «Non glielo sentivo dire da non so quanto tempo».

In una lettera del 5 settembre scrisse a Clementine: «Mi sento molto meglio e non mi preoccupo di niente. Non abbiamo letto i giornali da quando sono partito e non provo più un grande desiderio di sfogliarli. Per la prima volta da moltissimi anni mi sono completamente isolato dal mondo. Conclusa vittoriosamente la guerra con il Giappone, provo un grande sollievo, che cresce di ora in ora: tocca ad altri affrontare i problemi terribili del dopoguerra. Sulle loro spalle e coscienze pesa la responsabilità di ciò che sta accadendo in Europa. Forse davvero "non tutto il male viene per nuocere"».

In una settimana trascorsa a Villa delle Rose aveva dipinto tre quadri e ne aveva iniziato un quarto. «Dipingo tutto il giorno e tutti i giorni», scrisse a Mary il 10 settembre, «e ho gettato alle ortiche affanni e disillusioni». Ma non poteva gettare alle ortiche gli affari internazionali; Attlee lo consultò sulla bomba atomica e sulla necessità di un'intesa internazionale al riguardo ed egli rispose parlando del suo effetto deterrente qualora «tutte le nazioni che possiedono o possono avere l'arma siano assolutamente decise a usarla subito e insieme contro qualunque nazione che la utilizzi in guerra». In questo senso, «quanto maggiore sarà il potere degli USA e della Gran Bretagna nei prossimi anni, tanto maggiori sono le speranze. Perciò gli Stati Uniti non dovrebbero spartire la loro conoscenza e il loro vantaggio, se non in cambio di un sistema di ispezioni sulla produzione di questa e di tutte le altre armi in ciascun paese, di cui saranno convinti se la verifica sarà stata reale».

Il 19 settembre lasciò il lago di Como e si trasferì a Villa Pirelli, a una ventina di chilometri a est di Genova. «Quel che cerco è il bel tempo», scrisse a sua moglie. Il primo giorno fece un bagno in mare e il giorno seguente fece una visita al vicino paese di Recco, dove cominciò a dipingere il viadotto ferroviario e alcune case bombardate. Gli abitanti del paese non ne furono entusiasti e cominciarono a fischiare e a minacciarlo con i pugni. «Senza altri inconvenienti», avrebbe ricordato il locale comandante militare britannico colonnello Wathen, «il signor Churchill fece fagotto e tornò a casa. L'incidente lo turbò un po', ma riconobbe prontamente di aver agito con poco tatto e disse che anche lui si sarebbe terribilmente seccato se Hitler si fosse messo a dipingere i danni provocati dalle bombe a Londra».

Da Genova percorse in automobile la strada per Montecarlo, che aveva fatto per l'ultima volta con Clementine nel 1921 dopo la Conferenza del Cairo. Trascorse due giorni all'Hôtel de Paris di Montecarlo. «Cibo delizioso, i vini migliori. È stato come ai vecchi tempi», le scrisse. L'ultima volta c'erano stati nel 1932. Il 23 settembre proseguì verso occidente fino ad Antibes, dove Eisenhower gli mise a disposizione una villa con tanto di domestici.

Churchill avrebbe voluto che sua moglie lo raggiungesse nel sud della Francia, ma Clementine aveva troppo da fare a Chartwell e nella nuova residenza londinese al 28 di Hyde Park Gate. Il 24 settembre, quando seppe della richiesta russa di basi navali e aeree nel Mediterraneo, precisamente nell'ex colonia italiana della Tripolitania, Winston le scrisse: «È una richiesta singolare e fa parte di un tipo di imperialismo zarista molto rozzo e obsoleto. In queste faccende essi sono in ritardo di una quarantina d'anni sui tempi e personalmente non solleverei serie obiezioni a soddisfarli se saranno ragionevoli su altre questioni. Le flotte, il commercio marittimo e le basi navali e aeree oltremare non sono che ostaggi nelle mani della potenza marina e aerea più forte. Non ho dubbi, tuttavia, che queste richieste provocheranno un gran subbuglio. La bolscevizzazione d'Europa continua rapida e tutti i Gabinetti dell'Europa centrale, orientale e meridionale sono controllati dai sovietici, a eccezione di Atene. Questa l'ho strappata dal fuoco il giorno di Natale». Non si sapeva molto, le disse, su ciò che succedeva «dietro la cortina di ferro russa, ma è chiaro che polacchi e cecoslovacchi vengono maltrattati, com'era prevedibile».

Dopo aver trascorso venticinque giorni al sole dell'Italia e aver dipinto quindici quadri, Churchill tornò a Londra nella casa di Hyde Park Gate. Tra i numerosi inviti che lo aspettavano c'era quello del presidente Truman, che gli chiedeva di tenere un ciclo di tre o quattro conferenze al Westminster College di Fulton nel Missouri, «una scuola magnifica nel mio stato natio», la definì Truman. Churchill e sua moglie avevano già in programma di passare l'inverno a Miami Beach.

L'8 gennaio del 1946 i due si imbarcarono per gli Stati Uniti sulla *Queen Elizabeth*. Con loro viaggiava una delle segretarie del tempo di guerra, Jo Sturdee, mentre una nuova segretaria, Elizabeth Gilliatt, rimase a Hyde Park Gate per occuparsi della corrispondenza e tenerlo al corrente degli avvenimenti in patria. Churchill aveva deciso di pubblicare i suoi discorsi nelle sedute segrete durante la guerra e l'incarico principale della signorina Gilliatt era di batterli a macchina.

Il viaggio fu rattristato dalla notizia che il matrimonio di Randolph si era concluso con un divorzio. «Mi dispiace davvero», scrisse Churchill a Lady Digby, la madre di Pamela, due giorni prima di partire, «per quanto è successo, che ha messo fine a tante speranze di Randolph e Pamela. Ma la guerra ha invaso la vita di milioni di persone. Dobbiamo cavarcela con ciò che resta tra le rovine».

Dopo essere sbarcati a New York la sera del 14 gennaio, presero subito un treno per Miami Beach dove, al loro arrivo il mattino del 16 gennaio, Churchill tenne una conferenza stampa nel patio della casa nella quale avrebbe abitato per quasi tre settimane, al 5905 di North Bay Road, che aveva un proprio accesso all'oceano. L'operatore di un cinegiornale gli chiese di dire dieci parole al microfono ed egli dichiarò: «Mi è stato chiesto di dire solo dieci parole, ma non mi è stato detto quali. Le dieci che mi sono venute in mente sono le seguenti: "Mi piace molto assaporare il caldo sole di Miami Beach"».

Durante la prima settimana a Miami Beach ebbe un attacco di febbre che durò diversi giorni; quando guarì non si limitò a dipingere, ma fece numerosi bagni nell'oceano. Il 30 gennaio ebbe un lungo colloquio con Emery Reves, che prima della guerra aveva garantito un'ampia diffusione dei suoi articoli in tutt'Europa, sulla pubblicazione delle memorie di guerra. «Non ho dimenticato ciò che avete fatto per me prima della guerra», gli disse, «e vorrei che foste voi a occuparvene». Nei dieci e più anni seguenti Reves assicurò la massima diffusione e la traduzione delle memorie, nonché notevoli profitti.

Il 1° marzo Churchill prese un treno per Washington, dove mostrò il discorso che doveva pronunciare a Fulton all'ammiraglio Leahy, consigliere navale di Truman, il quale, riferì a Attlee e Bevin, ne fu «entusiasta». Byrnes, quando lo lesse, ne fu «commosso e non suggerì nessuna modifica». La notizia che arrivò quel giorno a Washington sulla decisione sovietica di non ritirare le truppe dalla Persia settentrionale, secondo l'accordo raggiunto da Bevin e Molotov sei mesi prima, rafforzava la sua convinzione che gli anglo-americani dovevano mostrarsi fermi.

Il 4 marzo dall'ambasciata britannica raggiunse la Casa Bianca, dove Truman e Leahy salirono con lui sul treno che in 24 ore li portò in Missouri. Churchill fu lieto di sapere che, per affermare la determinazione degli Stati Uniti ad arginare l'espansione sovietica nell'Egeo o nel Mediterraneo, di lì a poco sarebbe stata mandata nel Mediterraneo, con una *task force* navale, la *Missouri*, la corazzata su cui era stata firmata nella baia di Tokyo la resa del Giappone.

Ad Attlee e Bevin disse che durante il viaggio in treno Leahy l'aveva informato che la *task force* sarebbe stata «formata da un'altra corazzata tra le più potenti, due tra le maggiori e più moderne portaerei, parecchi incrociatori e una dozzina di cacciatorpediniere». Sia Truman sia Leahy «hanno sottolineato il fatto che la classe *Missouri* è armata con oltre 140 pezzi antiaerei; tutto ciò mi convince che si tratta di un atto ufficiale di grande importanza, volto a convincere la Russia che deve discutere in termini ragionevoli con le democrazie occidentali. Dal nostro punto di vista, sono certo che l'arrivo e la permanenza di una flotta americana così potente nello stretto non potrà che giovare, sia in quanto rassicurerà la Turchia e la Grecia, sia come contraltare a quella che Bevin ha definito l'interruzione della nostra linea vitale di comunicazione nel Mediterraneo con la creazione di una base navale russa a Tripoli».

Continuò a preparare il discorso durante il viaggio in treno e lo mostrò a Truman mentre correvano lungo il maestoso Missouri. «Mi ha detto che è un discorso mirabile», scrisse ad Attlee e Bevin, «e che non potrà fare che bene, anche se susciterà un vespaio».

Il discorso di Fulton fu diffuso per radio in tutti gli Stati Uniti; Churchill parlò del «compito e del dovere supremo» della democrazia americana e del mondo di lingua inglese «di difendere le case della gente comune dagli orrori e dalle miserie di un'altra guerra». Le Nazioni Unite dovevano essere messe in grado di operare con efficacia, dovevano essere «una forza attiva, non solamente una fonte di parole». Ogni stato membro doveva fornire una squadra aerea, che in caso di necessità sarebbe stata diretta dalle stesse Nazioni Unite; «Avrei voluto che ciò fosse stato fatto dopo la prima guerra mondiale e confido sinceramente che lo si possa fare adesso». Ma Gran Bretagna, Canada e Stati Uniti dovevano custodire il segreto della bomba atomica e non rivelarlo alle Nazioni Unite: «Non credo che tutti noi dormiremmo così tranquillamente se le posizioni fossero invertite e qualche stato comunista o neofascista avesse il monopolio di questi temuti ordigni».

Quindi Churchill espresse la sua ammirazione per le imprese russe nella guerra e dichiarò: «Siamo lieti che la Russia occupi il posto che le compete tra le grandi nazioni del mondo; salutiamo la sua bandiera sui mari e soprattutto auspichiamo contatti costanti, frequenti e crescenti tra il popolo russo e i nostri popoli su entrambe le sponde dell'Atlantico. Tuttavia è mio dovere, poiché sono certo che volete che vi esponga le cose così come le vedo, farvi presenti alcuni fatti circa la situazione attuale in Europa». I «fatti», come li vedeva lui, erano questi: «Da Stettino nel Baltico a Trieste nell'Adriatico è calata attraverso il continente una cortina di ferro. Dietro questa linea si trovano tutte le capitali degli antichi stati d'Europa centrale e orientale, Varsavia, Berlino, Praga, Vienna, Budapest, Belgrado, Bucarest e Sofia; tutte queste città famose e le popolazioni circostanti si trovano in quella che debbo chiamare la sfera sovietica e sono tutte soggette, in una forma o nell'altra, non soltanto all'influenza sovietica, ma anche a un controllo assai stretto e in molti casi crescente da parte di Mosca. Solo Atene – la Grecia, con le sue glorie immortali – è libera di decidere il suo futuro con un'elezione sotto l'egida inglese, americana e francese».

Passò poi a parlare della «preminenza e della forza» dei partiti comunisti dell'Europa orientale, di gran lunga superiori al numero di aderenti, e del loro tentativo di ottenere un «controllo totalitario»; non era «certo questa l'Europa liberata che combattemmo per costruire e neppure quella che può gettare le fondamenta di una pace permanente». Era necessaria «un'unità nuova in Europa» nel quadro della struttura delle Nazioni Unite e della sua carta, un'unità da cui nessuna nazione fosse «bandita per sempre». Occorreva inoltre crearla in fretta: anche «davanti alla cortina di ferro», per esempio in Italia e in Francia, e lontano dalla frontiera russa, «in tutto il mondo» i partiti comunisti o le quinte colonne comuniste «costituiscono un pericolo e una sfida crescenti per la civiltà cristiana».

Egli dichiarò che un'altra guerra non era né inevitabile né imminente, e questo perché era convinto che «abbiamo il potere di preservare il nostro futuro. Non credo che la Russia sovietica voglia la guerra. Ciò che essa vuole sono i frutti della guerra e l'espansione illimitata del suo potere e delle sue dottrine». Era quindi necessario «un accordo» con essa, e quanto più lo si procrastinava tanto maggiori sarebbero stati i pericoli. In base a ciò che aveva visto «dei nostri amici e alleati russi durante la guerra, sono convinto che essi non ammirino nulla quanto la forza e che la cosa per cui nutrono meno rispetto è la debolezza, in special modo la debolezza militare». Un margine ristretto di superiorità militare non era sufficiente, perché essi potevano cedere alla «tentazione di una prova di forza». Se le democrazie occidentali fossero state unite, probabilmente nessuno le «avrebbe molestate», ma «se si dividono o vengono meno al loro dovere, se permetteremo che questi anni cruciali scorrano via, allora la catastrofe può davvero travolgerci tutti».

Rievocò quindi gli anni amari che avevano preceduto la guerra. «L'ultima volta l'ho vista arrivare e ho messo in guardia i miei connazionali e il mondo, ma nessuno mi ha prestato attenzione»; spiegò poi che «fino al 1933 o anche al 1935 si sarebbe potuta salvare la Germania dal destino terribile che l'ha travolta e a tutti noi sarebbero state risparmiate le miserie che Hitler ha inflitto all'umanità. In tutta la storia non c'è stata una sola guerra più facile da scongiurare con un'azione tempestiva di quella che ha appena devastato regioni tanto vaste della terra. A mio parere avrebbe potuto essere scongiurata senza sparare un sol colpo, e oggi la Germania potrebbe essere potente, prospera e rispettata; ma nessuno volle ascoltare e, a uno a uno, tutti furono inghiottiti dall'orribile vortice». Non bisognava permettere che questo si ripetesse, occorreva impedirlo «pervenendo oggi, nel 1946, a una valida intesa globale con la Russia».

Quindi pregò gli americani di non sottovalutare la forza della Gran Bretagna e del Commonwealth britannico. Se questa forza si fosse affiancata a quella degli Stati Uniti, «con tutto ciò che tale cooperazione comporta nei cieli, sui mari, in tutta la terra, nella scienza e nell'industria, nella forza morale, non ci saranno brividi né equilibri precari che inducano a cedere alla tentazione dell'avventura o all'ambizione»; si sarebbe creata così «un'enorme garanzia di sicurezza». Se tutte «le forze e le convinzioni morali e materiali» della Gran Bretagna si fossero affiancate a quelle degli Stati Uniti «in un'associazione fraterna», era convinto che «la strada maestra del futuro sarà aperta non soltanto a noi ma a tutti, non soltanto nella nostra epoca ma nel prossimo secolo».

In un primo momento aveva pensato di intitolare il discorso *La pace mondiale*, poi optò per *Le risorse della pace*. La sua era una visione nobile, ma il discorso fu ancora una volta criticato in quanto allarmista, al pari di quelli del periodo 1932-1938. Il «Times» di Londra definì «men che felice» la contrapposizione tra democrazia occidentale e comunismo, scrivendo che i due credi avevano «molto da imparare l'uno dall'altro, il comunismo sul processo delle istituzioni politiche e l'affermazione dei diritti dell'individuo, la democrazia occidentale sullo sviluppo della pianificazione economica e sociale». Il discorso, anziché passare alla storia come *Le risorse della pace*, diventò in breve tempo il discorso della *Cortina di ferro*, quasi che Churchill l'avesse creata e cercasse di mantenerla. Secondo il «Wall Street Journal», «gli Stati Uniti non vogliono un'alleanza né altro che somigli a un'alleanza con nessun'altra nazione».

Churchill era «convinto», così disse ad Attlee e a Bevin il 7 marzo, quando tornò a Washington, «che uno sfoggio di forza e di resistenza sia necessario per una buona intesa con la Russia», aggiungendo: «Ritengo che questa sarà l'opinione che prevarrà negli Stati Uniti in un prossimo futuro».

Il 20 marzo i Churchill si imbarcarono a New York sulla *Queen Mary* e due giorni dopo la corazzata *Missouri* salpò da New York dirigendosi verso Istanbul. Lo stesso giorno l'Unione Sovietica annunciò che tutte le truppe sovietiche sarebbero state evacuate dalla Persia. «Il "New York Times" attribuisce il cambiamento di rotta russo ai tuoi due discorsi», telegrafò il 24 marzo Randolph da New York; da Londra ricevette un messaggio di congratulazioni di Violet, la figlia di Asquith, che gli scrisse: «Gli eventi hanno confermato con forza le vostre parole». Sua figlia Sarah, ringraziandolo per il viaggio che avevano fatto, gli scrisse: «So che è stato tutt'altro che perfetto per te, ma hai contribuito alla causa mondiale, oltre a tutto ciò che hai fatto per la cara vecchia Inghilterra».

Il 29 marzo 1946, tre giorni dopo essere tornato dagli Stati Uniti in Inghilterra, Churchill invitò Bill Deakin a pranzo a Hyde Park Gate, il primo passo per costituire un gruppo di ricerca per le memorie di guerra ed elaborare un metodo di lavoro per il progetto iniziale di quattro o cinque volumi, che sarebbero poi diventati sei. Deakin aveva il compito di esaminare tutti i verbali del tempo di guerra di Churchill, raccolti in una cantina a Whitehall, e di scegliere le principali note e appunti. Aveva inoltre il compito di preparare lo schema e il progetto di ciascun capitolo, in particolare per gli aspetti diplomatici e politici.

Per gli aspetti militari si rivolse a un ex capo di stato maggiore di Mountbatten, generale Sir Henry Pownall. Le questioni navali furono affidate al commodoro G.R.G. Allen. Inoltre chiese al generale Ismay, ex capo del suo Defence Office, di controllare quanto veniva scritto; Ismay era anche disposto a fornire i propri ricordi degli eventi che Churchill non ricordava nei dettagli. Decine di persone gli inviarono resoconti tratti dai loro diari di episodi particolari che egli desiderava descrivere.

La preparazione delle memorie di guerra assorbì a Churchill una quantità enorme di tempo e di energie. Fu assunto un giovane avvocato, Denis Kelly, per esaminare il suo archivio a Chartwell e due nuove segretarie, Lettice Marston e Chips Gemmell, si affiancarono a Jo Sturdee ed Elizabeth Gilliatt.

Che si trovasse a Chartwell, a Londra o in viaggio, egli si dedicava ogni giorno al lavoro sulle memorie di guerra. Il 31 marzo, su richiesta di Attlee, espose le sue teorie sull'importanza di un coordinatore in tempo di pace delle esigenze delle tre armi della difesa, richiamando l'attenzione di Attlee non su ciò che aveva affermato nel 1936 ma su un promemoria di suo padre, in data 21 marzo 1890, in cui si sosteneva la necessità di nominare una persona che «istituisca per così dire un grande magazzino da cui le autorità navali e militari possano attingere gran parte delle forniture necessarie». «L'avvento dell'aviazione», fu il suo commento, aveva reso «indispensabile» quel progetto.

Churchill si mise anche a studiare la letteratura del movimento per la formazione degli Stati Uniti d'Europa, ma quando il 19 giugno gli fu detto che il suo obiettivo principale era «contenere la Russia», scrisse immediatamente a uno di coloro che lo volevano nel movimento: «Ritengo sarebbe per me un errore far parte di un'organizzazione con una così spiccata propensione antirussa». Stabilì di esporre le proprie idee sull'Europa unita in un discorso a Zurigo e il 23 agosto partì per Villa Choisi, sulle rive del Lago Lemano, messa a sua disposizione dal locale cantone di Bursinel, e lì, nella piacevole solitudine di un ambiente lacustre idillico, lavorò al discorso, continuò a scrivere le memorie di guerra e si dedicò alla pittura.

Il 19 settembre, quando parlò all'università di Zurigo, auspicò la costituzione di «una specie di Stati Uniti d'Europa»; chiese ai suoi ascoltatori da dove bisognava cominciare e dichiarò che la sua proposta li avrebbe «sbalorditi»: «il primo passo per la creazione della famiglia europea dev'essere un'associazione tra Francia e Germania». La rinascita europea era impossibile «senza una Francia e una Germania spiritualmente grandi». Affermò che questo appello alla riconciliazione tra la Francia e la Germania occidentale, preludio dell'unità europea, veniva lanciato sotto la minaccia di uno «strumento terrificante di distruzione», la bomba atomica. Questa bomba, se fosse stata usata da «alcune nazioni in guerra», non solo avrebbe messo fine a «tutto ciò che chiamiamo civiltà, ma potrebbe disintegrare la terra stessa». Di qui l'urgenza di porre fine alla secolare contesa tra le due grandi nazioni dell'Europa occidentale. Il processo «deve iniziare adesso». Ma l'opera di riconciliazione non riguardava la sola Europa: richiedeva «amici e garanti», la Gran Bretagna e il Commonwealth, nonché «la potente America e, spero, la Russia sovietica: allora tutto andrebbe per il meglio».

Una volta ancora aveva parlato della Russia non come di un'avversaria permanente ma come di un potenziale alleato. Quanto al suo appello alla riconciliazione franco-tedesca, «i francesi sono allarmati com'era inevitabile che fossero», gli riferì Leo Amery, «ma l'idea malgrado tutto prenderà piede».

L'11 febbraio 1947 Winston e Clementine Churchill si trovavano nella chiesa di St. Margaret's a Westminster per il matrimonio della figlia Mary con Christopher Soames, un ufficiale delle guardie che ella aveva conosciuto quando era secondo attaché militare a Parigi. Da quel momento Soames sarebbe diventato un compagno assiduo di Churchill, aiutandolo nella conduzione di Chartwell Farm, che aveva appena acquistato insieme con altre terre vicino a Chartwell, e accompagnandolo in numerosi viaggi oltremare.

Alla gioia per il matrimonio della figlia minore fece seguito la tristezza per le condizioni disperate di suo fratello Jack. Il 20 febbraio parlò a un amico «del caro Jack, il quale giorno dopo giorno si avvicina alla sua sponda, che guarda con occhio intrepido». Tre giorni dopo Jack morì e Sarah scrisse a suo padre: «So che lo amavi profondamente e che lui ti adorava di un amore privo di invidia per i trionfi, l'esaltazione e l'alto destino della tua vita». Rispondendo a una lettera di condoglianze di Lord Quickswood, il suo testimone alle nozze Lord Hugh Cecil, Churchill scrisse: «Siamo sempre stati legati e dopo che la sua casa saltò per aria durante la guerra ha abitato con me al numero 10 o alla Dipendenza. Non aveva paura e ha sofferto poco. La morte sembra tanto facile al termine della strada. Credete che ci sarà consentito dormire a lungo? Io lo spero (pronto a prestare servizio se davvero necessario). La sola cosa di cui Jack si preoccupava era l'Inghilterra. Gli ho detto che tutto sarebbe andato bene».

Il 19 aprile «Life» cominciò la pubblicazione a puntate del primo volume delle sue memorie di guerra, l'inizio di una massiccia diffusione dell'opera, che crebbe con la pubblicazione del volume e si rinnovò all'uscita di ciascuno dei cinque successivi. L'insieme dell'opera costituì il primo resoconto pienamente documentato della guerra e il solo scritto da uno dei tre grandi. Le memorie ebbero un successo enorme e furono tradotte in diverse lingue.

Il 22 agosto Churchill e Clementine partirono per Aix-en-Provence dove egli, all'Hôtel du Roy René, continuò a lavorare alle memorie. Rifletté anche su come mettere fine al blocco di Berlino; a un amico che era andato a trovarlo disse: «Vorrei concludere la cosa ora, altrimenti potrebbe scoppiare la guerra. Direi gentilmente loro: "Il giorno in cui lasceremo Berlino voi dovrete lasciare Mosca"». Suggerì a Eden che la prova di forza poteva essere rimandata di un anno, quando l'Aeronautica americana «avrà un terzo in più di bombe atomiche e strumenti assai più efficaci per sganciarle, sia dagli aerei sia dalle basi che stanno costruendo, la più grande delle quali è in East Anglia». Non sapeva però che il governo laburista stava già producendo la bomba atomica inglese.

Il 20 settembre Churchill andò ospite di Beaverbrook a villa La Capponcina, sulla Costa Azzurra, mentre Clementine tornò a Londra. Fino al ritorno a Chartwell il 2 ottobre continuò a porre ogni giorno ai suoi collaboratori una serie di quesiti storici. Fece diversi viaggi nei dintorni di Chartwell per ribadire la necessità di «opporsi alla tirannide in tutte le sue forme», frase che pronunciò a Biggin Hill parlando al 615° squadrone il 5 ottobre, e di nuovo quattro giorni dopo a Llandudno, nel Galles del nord, a una riunione del partito conservatore, quando disse che i russi dovevano «mollare la presa sugli stati satelliti d'Europa. Si ritirino nel loro paese, che è pari a un sesto delle terre emerse del globo. Lascino libere le undici antiche capitali dell'Europa orientale che oggi stringono tra i loro artigli»; ribadendo in termini diversi una tesi già formulata a proposito della Germania nel 1932, dichiarò: «Le nazioni occidentali avranno molte più probabilità di raggiungere un accordo duraturo senza spargimenti di sangue se formuleranno le loro giuste richieste finché hanno il potere atomico e prima che l'abbiano anche i russi».

Il 27 novembre, tre giorni prima di compiere 74 anni, secondo quanto riferì il «Times» Churchill «indossò i pantaloni da equitazione, si rinvigorì con un ponce al rum e partì per una partita di caccia su un cavallo preso in prestito». Un mese dopo era di nuovo in viaggio, questa volta per Parigi e la Francia meridionale, dove soggiornò ancora per due settimane all'Hôtel de Paris di Montecarlo. Fu là che lesse, nelle memorie di un ufficiale americano, che nel 1944 «non si prendeva più in considerazione un'invasione su vasta scala nei Balcani». La sua strategia bellica veniva già travisata per molti versi in misura crescente. Replicò a ciò che aveva letto: «Nessuno ha mai pensato in nessun momento a un'invasione su vasta scala dei Balcani. Si tratta di una delle sciocchezze messe in circolazione dagli americani. Per quanto mi riguarda, non ho mai pensato ad altro che a azioni di commando e di assistenza ai partigiani».

Nell'estate di quell'anno fece un viaggio in Italia, anche questa volta con una scorta di segretarie e con casse di materiale sufficienti a consentirgli di continuare a lavorare al quarto volume delle memorie di guerra. Lo accompagnarono Clementine, il generale Ismay e Bill Deakin. Soggiornarono prima a Gardone sul lago di Como e poi a Carezza. La sua vacanza di lavoro fu interrotta a metà agosto quando si recò a Strasburgo per l'incontro inaugurale del Consiglio d'Europa a capo del gruppo di opposizione parlamentare britannico. Herbert Morrison era a capo del gruppo del governo. Uno dei delegati conservatori, Harold Macmillan, rimase stupito dal modo in cui Churchill entrò nello spirito del dibattito e della politica. «Camminava avanti e indietro, chiacchierava con ogni delegato, andava nella sala per fumatori e in generale si diede un gran daffare per guadagnarsi l'affetto e la simpatia dei nuovi colleghi parlamentari». Per quattro giorni ospitò i delegati francesi, belgi, olandesi e italiani nella sua villa e poi, nel discorso del 17 agosto, invitò il Consiglio d'Europa a muoversi come «entità europea» alle Nazioni Unite e, guardandosi intorno, chiese in tono drammatico: «Dove sono i tedeschi?».

Quindi pregò il Consiglio di invitare una delegazione tedesca occidentale a prendere parte quanto prima al dibattito; occorreva che ciò avvenisse entro la fine del mese, perché l'anno seguente era «troppo prezioso per essere sprecato. Se così fosse, potrebbe essere perduto per sempre. Potrebbe non essere *un* anno ma *l'*anno». Solamente con la «crescita e l'unione del sentimento dell'europeismo, espresso qui e ascoltato in tutto il mondo, noi riusciremo non a prendere una semplice decisione esecutiva ma a assumere un ruolo centrale e attivo nella rinascita del più grande dei continenti, sprofondato nella peggiore miseria». Accogliendo il suo suggerimento, la Germania fu invitata a far parte del Consiglio d'Europa, anche se la decisione fu presa solo nella seduta seguente, che si tenne a Parigi ai primi di novembre. Due anni dopo ne faceva parte a pieno titolo con diritto di voto.

Da Strasburgo Churchill si spostò sulla riviera francese dove, appartandosi di nuovo a La Capponcina e con l'aiuto di Denis Kelly, lavorò per qualche giorno alle memorie di guerra prima di tornare a Strasburgo. Tra gli ospiti alla villa c'era la famosa attrice Merle Oberon e il pomeriggio del 23 agosto Churchill, opportunamente abbigliato, si mise a far capriole in mare per divertirla. Kelly avrebbe ricordato che «dopo, mentre eravamo seduti a bere Martini dry in asciugamano, di colpo posò il suo whisky e soda diluito, guardò il mio corpo macilento e grugnì: "Denis, sei un disonore per l'impero britannico"».

Quella sera giocò a carte con Beaverbrook e quando si alzò per un momento dal tavolo scoprì che la gamba destra era intorpidita. Continuò a giocare finché sentì un «crampo» al braccio destro. Nel corso della notte, ignaro di ciò che gli era successo, confidò a Kelly i suoi timori per l'antiamericanismo di Beaverbrook. «Questa gente non sa come stanno le cose» disse, prima di immergersi nel bagno.

Il mattino seguente si rese conto che qualcosa non andava; i crampi non erano scomparsi e non riusciva a scrivere con facilità. Da Londra fu convocato Lord Moran, che partì subito in aereo. Churchill aveva avuto un leggero attacco di paralisi e si accorse di non riuscire a fare la propria firma. Subito cancellò il nuovo viaggio a Strasburgo e rinunciò al progetto di andare in Svizzera per dedicarsi alla pittura. Per tre giorni smise completamente di lavorare, salvo esercitarsi a fare la firma chiedendo in continuazione a Elizabeth Gilliatt se gli riusciva bene. Il quarto giorno si sentì abbastanza in forze da riprendere a dettare qualche brano.

Nei mesi successivi si riprese, ma la vecchiaia esigeva il suo pedaggio e il 25 maggio del 1950 l'insigne neurologo Sir Russell Brain gli spiegò che la ragione della crescente «tensione» delle spalle era la morte delle cellule cerebrali che ricevevano i messaggi sensoriali dalle spalle. Un mese dopo un altro specialista, Sir Victor Negus, confermò che era vittima di una sordità crescente e gli disse che non avrebbe più sentito «il cinguettio degli uccelli e le voci acute dei bambini». Ma Churchill non si scoraggiò e per tutto giugno lavorò alle memorie; Deakin e Kelly si alternavano nei fine settimana per aiutarlo. Deakin ricordò la sua «incredibile capacità di vivere momento per momento, la più intensa concentrazione che abbia mai conosciuto».

Il 1° ottobre Churchill festeggiò un evento eccezionale per un uomo politico, il 50° anniversario della prima elezione al parlamento. Dieci giorni dopo volò in Danimarca per ricevere la laurea ad honorem dall'università di Copenaghen. Dopo aver ascoltato un discorso adulatorio sugli anni in cui aveva condotto la guerra, rispose: «Non ero altro che il servitore del mio paese e se in qualunque momento non avessi espresso la ferma determinazione a combattere e a vincere, sarei stato subito e giustamente messo da parte».

Intanto egli continuava a criticare la politica laburista sia alla Camera dei Comuni sia nel paese. Il 18 maggio, mentre le forze cinesi e delle Nazioni Unite combattevano in Corea, biasimò a Glasgow i deputati laburisti per la loro posizione filocinese e antiamericana «sebbene siano i cinesi ad ammazzare i nostri soldati e gli americani ad aiutarci». Il 7 giugno guidò l'opposizione in un dibattito che durò 24 ore, e Harold Macmillan commentò: «Consapevole che molti lo giudicano troppo vecchio per formare un governo e che ciò sarà usato probabilmente come slogan contro di lui alle elezioni, ha sfruttato queste giornate per dare una dimostrazione di energia e vitalità. Ha votato in tutte le occasioni, ha fatto una serie di brevi interventi brillanti, mostrando per intero le sue doti di umorismo e sarcasmo, coronando il tutto con una formidabile colazione (alle 7 e 30 del mattino) a base di uova, pancetta, salame e caffè, seguiti da un bel whisky e soda e da un grosso sigaro. Quest'impresa ha riscosso l'ammirazione generale. Per tutto ciò è stato elogiato ogni giorno dai giornali di Lord Beaverbrook; ha fatto avanti e indietro da Palace Yard tra gruppi di turisti ammirati che lo applaudivano, insomma manca soltanto che Colonist II [il cavallo di Churchill] vinca la Gold Cup di Ascot oggi pomeriggio».

Clementine non approvava la nuova passione di suo marito per le corse ippiche. «Penso che sia un nuovo e bizzarro aspetto della vita multiforme di Winston», aveva scritto a un amico in maggio, aggiungendo: «Prima che comprasse il cavallo (non riesco a capirne il motivo) non era mai stato in un ippodromo in vita sua. Confesso che non lo trovo follemente divertente». Ma per Churchill lo era. Quando qualche mese prima, in una corsa a Hurst Park, Colonist II era arrivato primo superando Above Board, che portava i colori reali, aveva scritto alla principessa Elisabetta: «Vorrei che avessimo vinto entrambi, ma questo non potrebbe suscitare l'eccitazione e l'animazione del mondo delle corse».

Le elezioni generali del 1951 videro Churchill partecipare per la sedicesima volta dal 1899 a una campagna elettorale. Il 2 ottobre fece il suo primo discorso a Liverpool e il giorno seguente fu reso noto il programma elettorale conservatore, che conteneva una sorpresa: l'impegno a introdurre un'imposta sui sovraprofitti dei fabbricanti di armi durante il periodo del riarmo. Questa tassa era una sua idea; ricordando la propria opposizione agli alti profitti incamerati dai fabbricanti di armi nella prima guerra mondiale e anche prima del 1939, disse di non volere che ciò si ripetesse qualora fosse stato lui a guidare il governo.

Nel pieno della campagna elettorale, il «Daily Mirror» coniò una frase che lo preoccupò molto: «Quale dito vogliono sul grilletto, quello di Attlee o quello di Churchill?» Il 6 ottobre, in un discorso ai suoi elettori, rispose: «Sono certo che non vogliamo nessun dito su nessun grilletto, e tanto meno un dito maldestro». Non credeva nell'inevitabilità di una terza guerra mondiale, ma comunque non sarebbe stato un dito inglese a premere il grilletto che l'avrebbe scatenata. «Potrà essere russo o americano o dell'ONU, ma non sarà inglese». L'influenza della Gran Bretagna nel mondo non era pari a quella di un tempo e avrebbe voluto che fosse maggiore «perché sono certo che sarebbe usata, come è sempre stata usata quanto più possibile, per scongiurare un conflitto all'ultimo sangue tra le nazioni».

Le elezioni ebbero luogo il 25 ottobre e il mattino di quel giorno, riproponendo graficamente la domanda del «dito sul grilletto» di due settimane prima, il «Daily Mirror» pubblicò la fotografia di un uomo con un sigaro, di mezzo profilo, con la didascalia «Quale dito sul grilletto?» Questo attacco, per il quale Churchill ottenne pronte scuse formali, non impedì il suo ritorno al potere. Nonostante che il numero di voti per i laburisti fosse leggermente superiore a quello per i conservatori, questi ultimi ottennero 321 seggi contro i 295 degli avversari. I seggi liberali scesero da 9 a 6.

Tra i candidati conservatori, Randolph Churchill fu nuovamente sconfitto e non si sarebbe più ricandidato al parlamento. La sera del 26 ottobre suo padre si presentò a Buckingham Palace dove il re gli chiese di nuovo, come nel maggio 1940 e nel maggio 1945, di formare un governo. «Spero che Winston sia in grado di aiutare il paese», scrisse Clementine a un amico. «Sarà un lavoro arduo, ma è pieno di entusiasmo e di buona volontà».

34
PRIMO MINISTRO IN TEMPO DI PACE

Il consiglio dei ministri del primo governo Churchill in tempo di pace si riunì il 30 ottobre 1951 e il suo primo atto fu, come egli aveva promesso, di avviare la denazionalizzazione dell'industria metallurgica. Alla luce della seria crisi economica, fu stabilito che tutti i ministri avrebbero subìto un'immediata decurtazione dello stipendio; Churchill propose per sé 7.000 sterline anziché le 10.000 previste dalla legge per il primo ministro. Nella seconda riunione di Gabinetto del 1° novembre appoggiò la proposta di Butler di tagliare drasticamente le spese del governo. Quattro giorni dopo, parlando degli affari esteri per la prima volta da quando era stato nominato primo ministro, dichiarò ai Comuni che lui e Eden, il ministro degli Esteri, ritenevano si dovesse fare «uno sforzo supremo per colmare le divergenze tra i due mondi affinché ciascuno di noi possa vivere la sua vita, se non in amicizia, perlomeno senza la paura, gli odi, lo spaventoso spreco della "guerra fredda"».

Il 6 febbraio morì Giorgio VI e il giorno dopo Churchill fece alla radio un discorso commosso sui suoi ultimi giorni. «Durante gli ultimi mesi il re camminava con la morte a fianco, quasi fosse una compagna, una conoscente che riconosceva e di cui non aveva paura. Alla fine la morte è sopraggiunta come un'amica, e dopo una felice giornata di sole e di sport, dopo aver augurato la "buona notte" a coloro che più lo amavano, si è addormentato come possono sperare di fare ogni uomo o donna che cerchi di temere Dio e null'altro al mondo». Della nuova regina, «la seconda regina Elisabetta», egli disse: «Dopo aver trascorso la gioventù tra le glorie auguste, incontestate e serene dell'era vittoriana, provo un fremito intonando di nuovo la preghiera e l'inno *Dio salvi la regina*».

Neppure lui stava troppo bene: il 21 febbraio ebbe un lieve spasmo arterioso, e Lord Moran temette che potesse essere seguito da una paralisi; occorreva pertanto alleviare il peso delle sue responsabilità. Diversi esponenti del partito suggerirono che avrebbe potuto dimettersi al termine della cerimonia di incoronazione, nel maggio 1953. Altri suggerirono che poteva agire come primo ministro alla Camera dei Lord, lasciando a Eden la responsabilità ai Comuni. Frattanto egli rimase a Chartwell per ristabilirsi, lavorando al contempo al discorso di replica a una mozione di censura dei laburisti che lo accusavano di voler muovere guerra alla Cina per affrettare la fine dello stallo militare in Corea.

Per ridurre il carico di lavoro Churchill chiese al feldmaresciallo Alexander di subentrargli come ministro della Difesa, anche se i problemi legati alla difesa dominavano ancora i suoi pensieri; il 19 marzo, quando il Comitato di difesa del Gabinetto discusse la proposta americana di allargare l'area del conflitto nella guerra di Corea bombardando porti e linee di comunicazione in Cina, egli si disse contrario: «Sarebbe sciocco sprecare bombe nell'immenso continente cinese e sbagliato uccidere senza scopo migliaia di persone».

Un paio di mesi dopo, il 16 giugno, quattro membri del governo si riunirono a Londra a sua insaputa e decisero di chiedergli di dimettersi subito, oppure di fissare la data in cui si sarebbe dimesso. Erano il leader della Camera e Lord del Sigillo Privato Harry Crookshank, il ministro del Commonwealth Lord Salisbury, il ministro scozzese James Stuart e il responsabile dell'organizzazione del partito, Patrick Buchan-Hepburn; quest'ultimo, che era stato il suo segretario privato dopo la sconfitta elettorale del 1929, fu incaricato di consegnargli il messaggio, cosa che fece la sera del 23 giugno. Non fu accolto nel migliore dei modi; tre giorni prima Churchill aveva confidato a Lord Moran: «Si manovra per farmi fuori».

Ora sapeva come stavano le cose, ma trovò ancora le riserve di energia necessarie per guidare il partito e difendere il suo governo. Il 1° luglio l'opposizione attaccò il governo perché non aveva saputo in anticipo del bombardamento americano contro le centrali idroelettriche nordcoreane, che si trovavano sul fiume Yalu, lungo il confine con la Cina. Churchill difese la linea del governo con abilità ed efficacia, tanto che Channon scrisse sul diario: «Il vecchio leone, inappuntabile in pantaloni e giacca grigio chiaro, ha annientato i suoi assalitori; raramente è stato più devastante», aggiungendo: «Forse è consapevole del crescente malcontento tory».

In autunno, il 4 novembre, il generale Eisenhower fu eletto presidente degli Stati Uniti e Churchill espresse pubblicamente la sua soddisfazione, mentre in privato era tutt'altro che felice; cinque giorni dopo confessò a Colville di essere «molto preoccupato. Penso che ciò renda molto più probabile la guerra». Adesso aveva un'altra missione e un nuovo obiettivo: ricorrere alla sua grande autorità di primo ministro per pervenire a una riconciliazione tra Stati Uniti e Unione Sovietica. Ne avrebbe avuto la forza? Quel giorno Colville scrisse sul diario: «(W) è stanco e visibilmente invecchiato. Fa molta fatica a preparare un discorso e le idee non sgorgano più con facilità».

Eden voleva sapere quando si sarebbe dimesso e il 7 dicembre, ai Chequers, Churchill gli parlò delle cose che avrebbe potuto «fare più facilmente se non fossi il primo ministro», ma non fece nessuna promessa e non fissò una data precisa. Voleva incontrare Eisenhower.

Quando il 9 marzo 1953 Radio Mosca diede l'annuncio della morte di Stalin, Churchill intravvide subito la possibilità di avviare un dialogo con i suoi successori, ai quali mandò un messaggio di «cordoglio e di condoglianze» per la morte del loro leader.

Il 17 aprile parlò a Glasgow a un'assemblea di conservatori scozzesi ed espresse le sue speranze: «Forse una brezza nuova soffia sul mondo tormentato?» Tre giorni dopo queste speranze furono alimentate dall'annuncio di Washington che Eisenhower era disposto a prendere in considerazione un incontro con i russi su questioni essenziali, un'iniziativa che egli definì quel giorno ai Comuni «coraggiosa e ispirata». Tuttavia, proprio nel momento in cui sembravano schiudersi in politica estera nuove opportunità, Eden si ammalò gravemente a seguito del cattivo esito di un'operazione. Il 29 aprile rischiò di morire per una seconda operazione; disperato, volò fino a Boston per sottoporsi a una terza. Churchill decise di assumersi l'onere del ministero degli Esteri, come aveva fatto durante la precedente malattia di Eden. Il 2 maggio, pranzando con il diplomatico inglese Person Dixon, circa la crisi nel Laos disse di essere riuscito a «restare nell'ignoranza su quelle regioni remote per tutta la vita; era seccante che venissero ora a rovinargli la vecchiaia».

In primavera accettò la richiesta della regina di insignirlo dell'Ordine della Giarrettiera; diventò così «Sir» Winston. Rispondendo alla lettera di felicitazioni di Pamela Lytton, le scrisse: «Ho accettato perché era desiderio della regina. Penso sia meravigliosa».

Nell'ultima settimana di maggio politica interna ed estera passarono in secondo piano di fronte ai preparativi per l'incoronazione di Elisabetta II. Il 27 maggio Churchill, smagliante negli abiti del nuovo Ordine, offrì un pranzo in Downing Street prima dell'incoronazione, che ebbe luogo il 2 giugno. «Quel giorno era molto stanco e quasi riluttante a partecipare», avrebbe ricordato Jane Portal. Ma partecipò, con Clementine, giungendo all'abbazia di Westminster in una carrozza chiusa a due cavalli. Conclusasi la cerimonia, lasciò la processione che si dirigeva a palazzo reale e ritornò in carrozza a Downing Street.

Ma il lavoro non lasciava tregua. Il pomeriggio del 3 giugno egli assunse la presidenza alla riunione inaugurale dei primi ministri del Commonwealth al n° 10, dando loro il benvenuto a Londra e illustrando la situazione mondiale. I dirigenti russi dovevano preoccuparsi seriamente del pericolo di una guerra atomica: se fosse scoppiata, «l'imponente e immenso territorio della Russia e della Siberia diverrebbe rapidamente incontrollabile e, non appena la popolazione capisse di essere libera di fare ciò che vuole, senza poter più essere tenuta a bada dall'apparato centrale del governo sovietico, potrebbe scegliere di vivere felicemente per suo conto senza giurare fedeltà a uno stato sovietico unificato». Era importante scoprire quali fossero le intenzioni e gli indirizzi sovietici e per questo, disse ai primi ministri, era sua intenzione avere «scambi informali» con i dirigenti sovietici non appena possibile.

Il 5 giugno, in assenza di Eden, Churchill fu l'anfitrione a Lancaster House a un banchetto del ministero degli Esteri in onore della regina e l'8 e il 9 presiedette di nuovo le riunioni dei primi ministri del Commonwealth. Riuscì a tornare a Chartwell soltanto il 12, ma doveva ancora preparare nei dettagli la conferenza delle Bermude tra i leader occidentali, in cui sperava di convincere americani e francesi ad approvare la sua proposta di incontrare i nuovi dirigenti russi, se possibile da solo e se necessario a Mosca. Il 20 giugno discusse a Downing Street i suoi progetti con Selwyn Lloyd e Pierson Dixon. «Mentalmente è più vigile di quanto era verso la fine della guerra», osservò Dixon sul suo diario. «Come sempre ha fatto tutto da solo, dettando di persona i telegrammi dopo aver preso la sua decisione».

Tre giorni dopo tornò a Londra per una cena a Downing Street in onore del presidente del consiglio italiano De Gasperi, ultimo suo impegno ufficiale prima di partire per le Bermude. Al termine della cena pronunciò un breve discorso parlando di Giulio Cesare, della conquista romana dell'Inghilterra e delle legioni romane. Poi, quando venne il momento di lasciare la sala da pranzo, guidò i suoi ospiti nel salotto e, fatti pochi passi, si lasciò cadere sulla sedia più vicina: era stato nuovamente vittima di un malore. Uno degli ospiti, allarmato dal suo pallore, andò subito a cercare Mary, che in seguito avrebbe ricordato che suo padre «aveva l'aria triste e malsicura ed era molto incoerente». Il mattino seguente, tra lo stupore delle persone più vicine, insistette per presiedere il consiglio dei ministri «anche se», scrisse Colville, «la mascella gli pendeva e aveva difficoltà a usare il braccio sinistro». Il consiglio dei ministri si riunì a mezzogiorno e nessuno dei presenti si accorse di niente; in seguito Butler osservò che Churchill era rimasto «stranamente e inaspettatamente silenzioso, lasciando procedere l'ordine del giorno senza fare molte osservazioni». Macmillan osservò che era «molto pallido» e «non parlò molto».

Dopo la riunione pranzò con Clementine, Mary e Christopher Soames. «Winston era terribilmente affaticato», secondo Mary, «e fece di nuovo fatica ad alzarsi dalla sedia». Il mattino seguente era peggiorato; sperò fino all'ultimo momento di poter partecipare alla riunione di Gabinetto, ma a mezzogiorno volle tornare a Chartwell, dove la sera «le sue condizioni fisiche erano notevolmente peggiorate», osservò Colville.

Il giorno dopo, 26 giugno, era parzialmente paralizzato sul lato sinistro del corpo e aveva perso l'uso del braccio sinistro. Lord Moran lo visitò nel pomeriggio e temette che non superasse il fine settimana, ma la sera si era rimesso abbastanza da dettare un telegramma per Eisenhower per rinviare l'incontro alle Bermude. Un comunicato rilasciato a tarda sera da Moran e Sir Russell Brain annunciò che Churchill aveva bisogno di «assoluto riposo», ma senza spiegare perché.

Era chiaro che la guarigione sarebbe stata lunga e difficile, ma cominciò quasi subito, smentendo le paure di Moran. La domenica seguente Churchill si era già ripreso, tanto da sedere a capotavola per il pranzo. L'ospite d'onore era Beaverbrook; parlando della televisione commerciale, Churchill gli disse che la Camera dei Comuni avrebbe dovuto votare liberamente. «Oggi è più allegro», osservò Mary sul diario. «C'è un netto miglioramento». Il giorno seguente, in un colloquio con Colville, il primo ministro gli disse «che pensava che probabilmente ciò comportava il suo ritiro, ma voleva vedere che cosa sarebbe successo e, se si fosse ristabilito abbastanza da intervenire all'assemblea annuale del partito conservatore a ottobre, sarebbe rimasto in carica».

Si era dato una scadenza, quattro mesi, e a quanto pare questo lo aiutò a guarire. Il 30 giugno, una settimana dopo l'attacco, ricevette a Chartwell il segretario del Gabinetto Sir Norman Brook. «Era seduto in una sedia a rotelle», scrisse questi. «E dopo pranzo, in salotto, disse che intendeva alzarsi in piedi. Colville e io lo pregammo di non farlo ma, dal momento che insisteva, ci mettemmo di fianco a lui per afferrarlo se fosse caduto. Lui ci fece segno di allontanarci con il bastone e ci disse di restare dov'eravamo. Quindi appoggiò i piedi sul pavimento, afferrò i braccioli della sedia e con uno sforzo tremendo, con il sudore che gli rigava il viso, si mise in piedi e rimase in posizione eretta. Dopo aver dimostrato di esserne capace, si risedette e prese il suo sigaro». Norman Brook pensò che fosse «deciso a guarire».

35
LA GUARIGIONE, L'ULTIMA AMBIZIONE, LE DIMISSIONI

A mano a mano che superava l'attacco, Churchill invitava un numero crescente di amici e colleghi ad andarlo a trovare a Chartwell. Harold Macmillan, che pranzò con lui il 2 luglio 1953, ricordò il suo «stupore che un uomo vittima di una simile calamità potesse mostrarsi tanto allegro e coraggioso». Lungi dall'essere oppressiva, l'atmosfera durante il pranzo era stata «quasi animata».

Il 4 luglio Churchill poté fare una breve passeggiata senza aiuti e due giorni dopo si sentì così bene da ricevere un funzionario del ministero degli Esteri, Sir William Strang, con cui discusse la richiesta francese di un incontro dei ministri degli Esteri delle tre potenze per ottenere il sostegno all'intervento francese in Indocina.

L'8 agosto si era rimesso abbastanza da presiedere ai Chequers una riunione ministeriale per discutere la risposta dell'Unione Sovietica alla nota delle tre potenze che la invitava a una conferenza di ministri degli Esteri. «A parte il passo incerto», scrisse Colville sul diario, «le conseguenze dell'attacco sono superate, anche se si stanca ancora facilmente». Quattro giorni dopo i russi annunciarono di aver prodotto la bomba atomica. «Il primo ministro ancora propenso a pensare che dovremmo cercare un'intesa», scrisse Colville. Churchill gli aveva detto: «Non dobbiamo procedere sulla via della guerra se non siamo certi che non ve ne sia una che porta alla pace».

Erano trascorse otto settimane dall'attacco; il 14 agosto Brendan Bracken scrisse a Beaverbrook: «Questo prodigioso miglioramento è quanto mai incoraggiante». Quattro giorni dopo Churchill andò a Londra dove, per la prima volta dal giorno del malore, presiedette una riunione di Gabinetto. Il mattino seguente incontrò l'ambasciatore britannico a Mosca e il giorno stesso gettò le basi di un'altra fatica letteraria, una nuova edizione della storia dei popoli di lingua inglese, che era stata approntata alla vigilia della guerra ma non era stata pubblicata. Il suo principale collaboratore, che quel giorno andò a trovarlo nella sala del consiglio dei ministri, fu Alan Hodge, direttore del mensile «History Today». «Ho vissuto per la seconda guerra mondiale», disse Churchill a Lord Moran. «Adesso vivrò per questa storia. Intendo deporre un uovo all'anno: un volume ogni dodici mesi non dovrebbe comportare troppo lavoro».

Il 16 ottobre 1953 apprese di aver vinto il Premio Nobel per la letteratura, il giusto tributo all'uomo che aveva pubblicato la sua prima opera più di cinquant'anni prima, la cui storia in cinque volumi della prima guerra mondiale era diventata un classico e quella in sei volumi della seconda guerra mondiale era pressoché terminata. Quattro giorni dopo ritornò finalmente alla Camera dei Comuni per rispondere alle interrogazioni; continuavano però le pressioni perché rassegnasse le dimissioni. Clementine voleva che lasciasse l'incarico a Eden, il quale non aspettava altro che prendere il suo posto, ma il 3 novembre, quando pronunciò il primo discorso in Parlamento dopo la malattia, si sentì tanto pieno di energie da convincersi che poteva andare avanti. Channon commentò così il suo discorso sul diario: «Brillante, pieno di astuzie e di fascino, di battute e di spirito, ha elargito le sue frasi alla Macaulay a una Camera muta e intimorita. È stato uno spettacolo olimpico, una scena grandiosa che non rivedremo mai più, né con lui né con altri. In diciotto anni trascorsi in questa onorata Camera non ho mai sentito nulla di simile».

Churchill lasciò la Camera e si diresse senza alcun aiuto verso la sala fumatori; poi, notò Channon, «rosso di orgoglio e di piacere, vi rimase due ore con aria trionfale sorseggiando brandy e accettando i complimenti. Gongolava come uno scolaro». Né Channon né nessun altro di coloro che si affollarono intorno all'oratore trionfante si resero conto che si stava riprendendo da un attacco di cuore che aveva indotto gran parte di coloro che gli erano vicini, medici compresi, a pensare che non avrebbe più parlato alla Camera dei Comuni. «Questo è l'ultimo maledetto ostacolo», disse a Moran tornando nel suo studio ai Comuni, aggiungendo: «E adesso, Charles, è ora di pensare a Mosca».

La prima fase di un incontro con Mosca non poteva che essere una riunione preparatoria con gli americani e i francesi; 48 ore dopo il trionfo alla Camera, invitò di nuovo Eisenhower alle Bermude. Stabilirono di incontrarsi per quattro giorni a partire dal 4 dicembre con il nuovo primo ministro francese Joseph Laniel. Churchill era deciso a trovare il modo di ripristinare le relazioni con la Russia e, su suo suggerimento, Colville e Soames si erano recati all'ambasciata sovietica per un colloquio privato sulle possibilità della distensione, ma un telegramma del nuovo ambasciatore britannico a Mosca, William Hayter, non lasciava molte speranze. Per i sovietici la coesistenza, scriveva Hayter il 24 novembre, era tra «un serpente e un coniglio»; il nuovo leader sovietico Malenkov «sembra essere giunto alla conclusione che i metodi di Stalin erano troppo rozzi. D'ora in poi saranno adottati altri metodi più sottili per indebolire l'Occidente».

Churchill non si lasciò scoraggiare da quest'analisi pessimistica e il 1° dicembre, il giorno dopo aver compiuto 79 anni, prese un aereo per le Bermude, un viaggio lungo e disagevole di 17 ore. Il giorno dopo si recò all'aeroporto per salutare il primo ministro francese Laniel e il suo ministro degli Esteri Georges Bidault e il giorno seguente tornò di nuovo all'aeroporto per salutare Eisenhower e Dulles. Nel corso di un incontro privato, il presidente americano lo informò che se i comunisti avessero infranto di proposito l'armistizio in Corea, gli Stati Uniti «prevedono di reagire con armi atomiche contro obiettivi militari». Egli non fece obiezione e, secondo i verbali, rispose a Eisenhower che «accettava pienamente» la decisione. Poi, avrebbe scritto Colville, scese fino alla spiaggia e lì si sedette «come re Canuto che sfida la marea montante (e così si bagna i piedi)».

La prima seduta plenaria della Conferenza delle Bermude ebbe luogo nel pomeriggio. Discutendo dell'Unione Sovietica, Bidault disse di non credere a un «nuovo abito», e Churchill replicò: «Vediamo di non liquidare troppo alla leggera questa possibilità»; non voleva «convincersi con eccessiva fretta che da quel robusto ramo della famiglia umana emani solo il male o che da quel vasto oceano di terra, da un'unica sfera tanto poco conosciuta e compresa, non provengano altro che pericoli e rischi». Lasciandolo perplesso, Eisenhower definì la nuova Russia una sgualdrina: «Nonostante i bagni, i profumi o i merletti, era sempre la stessa donnaccia». Ma forse potevano toglierla «dalla strada principale e cacciarla in un vicolo». Dichiarò che non intendeva «accostarsi a questo problema a partire da un ipotetico cambiamento della politica sovietica di distruzione del mondo libero capitalista con ogni mezzo, con la forza, con l'inganno o con le menzogne. Questo era il loro obiettivo a lungo termine. In base a ciò che scrivevano, era chiaro che non c'era stato alcun cambiamento dai tempi di Lenin».

Eisenhower gli chiese di «correggerlo» se sbagliava, quindi aggiornò la Conferenza. Quella sera, discutendo con Churchill e Eden, sollevò nuovamente il problema dell'azione futura dell'America in Corea nel caso la tregua fosse stata rotta. Churchill, con il pieno consenso di Eden, ora «si oppose decisamente» all'ipotesi di Eisenhower di usare la bomba atomica qualora fossero riprese le ostilità.

Quanto all'obiettivo di Churchill, un approccio comune alla Russia in vista di un vertice, gli americani furono inflessibili nel ribadire che non sarebbe stato altro che una vittoria propagandistica dei sovietici. Al termine della Conferenza, l'8 dicembre, Churchill era un uomo deluso. Aveva fatto un lungo viaggio superando il suo male, ma la sua tesi era stata respinta.

Frattanto il partito di coloro che volevano le sue dimissioni si faceva più rumoroso e deciso. Il 22 marzo, nell'intimità del suo diario, Harry Crookshank lo definì un «rimbambito», ma quattro giorni dopo Jane Portal, che lo vedeva quasi ogni giorno, disse a Lord Moran che era «decisamente vispo». Inoltre cercava con ogni mezzo di convincere Eisenhower a fare un nuovo tentativo di organizzare una conferenza al vertice con la Russia e favorire un maggiore scambio commerciale est-ovest. Ma Eisenhower, rispondendo alla richiesta di accrescere gli scambi con la Russia, dichiarò che non voleva che i russi godessero dei benefici dei prodotti occidentali.

Churchill non rinunciò al tentativo di influenzare il presidente americano; quando, nel corso di quel mese, gli Stati Uniti sperimentarono la bomba all'idrogeno, molti furono presi dal panico. Invece il premier inglese sperava ancora, così disse a Eisenhower il 27 marzo, «di promuovere una distensione nei rapporti con la Russia sovietica e incoraggiare e aiutare lo sviluppo della vita in quel paese, di modo che le masse russe possano godere in misura maggiore dei beni di consumo di cui parlate e dei moderni divertimenti e passatempi popolari che tanta parte hanno nella vita inglese e americana». Nel clima della guerra fredda questi sentimenti erano lungimiranti. Ma a ogni telegramma che mandava a Eisenhower Anthony Eden vedeva minata la propria autorità di ministro degli Esteri, e la tensione tra loro arrivò quasi al punto di rottura. Il 31 marzo il ministro degli Esteri disse esasperato a uno dei suoi consiglieri: «Non si può assolutamente andare avanti così; è rimbambito, non riesce a concludere le frasi».

Per quanto fosse debole, Churchill stava preparando proprio in quel momento un discorso sulla bomba all'idrogeno, che pronunciò ai Comuni il 5 aprile. Non si poteva immaginare nulla di più rovinoso per la sopravvivenza dell'Europa occidentale e la sicurezza della Gran Bretagna «di una seria disputa tra la Gran Bretagna e gli Stati Uniti». Parlò anche, come aveva fatto l'11 maggio dell'anno passato, della possibilità di un vertice che adesso avrebbe avuto un «tema» diverso dopo il discorso con cui Eisenhower aveva proposto alle Nazioni Unite una nuova organizzazione consultiva e cooperativa per il settore atomico industriale.

Ai deputati disse che «se la Russia, il Commonwealth britannico e gli Stati Uniti si riunissero intorno a un tavolo per parlare delle applicazioni commerciali dell'energia atomica e della riconversione di parte delle loro riserve di armi atomiche, non sarebbe strano che spuntasse la questione della bomba all'idrogeno, che potrebbe far saltare in aria tutti questi bei progetti, e ciò che ho auspicato, ovvero un colloquio sui punti cruciali tra i capi degli stati e dei governi interessati, si rivelasse meno impossibile di quanto è apparso finora». La politica britannica doveva porsi due obiettivi centrali: «Il primo è non lasciarsi sfuggire l'opportunità di convincere i leader sovietici e, se potremo rivolgerci ad esso, il popolo russo, che le democrazie occidentali non hanno propositi bellicosi. Il secondo è assicurarsi di avere la forza necessaria per scoraggiare una loro aggressione o respingerla, qualora avesse luogo, finché avremo raggiunto il primo scopo».

Mentre parlava, il suo discorso fu accompagnato dal grido di «dimissioni» lanciato dai banchi laburisti, a volte tanto forte da sommergere le sue parole. Ma ciò che più stupì non furono le interruzioni, bensì la sua mancata reazione. «Per una volta la virulenza dell'attacco non lo ha spinto a combattere», scrisse il corrispondente del «Times» dal parlamento. «Sembrava togliere forza alla sua voce e indurlo a portare a termine a fatica questa parte del discorso».

Il suo intervento del 5 aprile segnò una svolta decisiva: «Per la prima volta», scrisse in seguito Anthony Montague Brown, uno dei suoi segretari privati, «mi resi conto senza alcun dubbio di quanto le sue facoltà si fossero indebolite. In passato avrebbe posato gli appunti e annientato l'opposizione, dato che aveva le ragioni migliori». «L'impressione soverchiante», scrisse Evelyn Shuckburgh sul diario, «è che il primo ministro abbia commesso un vero errore e mostrato alla Camera la debolezza dovuta all'età».

Il 27 maggio doveva intervenire a una riunione di donne conservatrici all'Albert Hall. «Non ti nascondo che la stesura del discorso mi costa molta più fatica che in passato», scrisse a Clementine due giorni prima, «mentre continuo come sempre a non gradire che siano altri a preparare i miei discorsi». Lavorò all'intervento per più di due giorni e parlò poi per quaranta minuti, dicendo alle ascoltatrici che a suo giudizio sarebbero vissute fino a vedere «i segreti terribili che la scienza ha strappato alla natura messi al servizio dell'umanità, anziché della sua distruzione, fino a scongiurare le guerre che avrebbero dovuto servire a combattere».

Continuava a pensare di poter convincere gli americani a seguire una linea di distensione con la Russia, dopo aver prima costruito quello che in un messaggio a Eisenhower del 21 giugno definì «il fronte mondiale contro l'aggressione comunista», nel quale sarebbero potute confluire Grecia, Turchia, Iraq, Pakistan e la Iugoslavia di Tito, che nel 1948 aveva rotto con Mosca. «Come sapete», aggiunse, «tento di convincere la Russia che esiste una via di uscita amichevole e semplice grazie a cui i suoi popoli, tanto provati, avranno una vita più libera, più piena e più felice».

La sera del 24 giugno Churchill, Eden e Cherwell partirono in aereo per Washington; era trascorso un anno dal suo malore. L'obiettivo principale dell'incontro, osservò Colville durante il viaggio, era «convincere il presidente che dobbiamo cooperare in modo più fruttuoso nel campo della bomba atomica e all'idrogeno e che noi, americani e inglesi, dobbiamo impostare un colloquio con i russi nel tentativo di scongiurare la guerra, limitare gli effetti della guerra fredda e avviare un decennio di "distensione" in cui poter impiegare le nostre ricchezze e conoscenze scientifiche per scopi più proficui della produzione di armi catastrofiche».

Ad accogliere Churchill all'aeroporto di Washington c'erano Dulles e il vicepresidente Richard Nixon, che lo accompagnarono alla Casa Bianca, la sua residenza per tutta la durata dei colloqui. Con sua grande meraviglia, nel primo incontro di quel mattino Eisenhower accettò finalmente l'ipotesi di un incontro al vertice con i russi. Allora Churchill propose una «ricognizione in forze» a Mosca, condotta se possibile da lui stesso, «per capire se possano esserci sviluppi promettenti». Eisenhower accettò di lasciarlo andare da solo; quanto a sé, non era disposto a partecipare a un incontro «dovunque sia con l'attuale regime sovietico», ma accettò la proposta di un vertice Malenkov-Eisenhower-Churchill nella neutrale Stoccolma o a Londra. Quanto alla «ricognizione in forze» a Mosca, il premier inglese disse al presidente americano: «Vi giuro che non vi comprometterò minimamente».

Prima della partenza di Churchill per Washington, il Comitato per la politica di difesa del Gabinetto, di cui era presidente, aveva deciso che la Gran Bretagna avrebbe prodotto la propria bomba H, una decisione di cui il Gabinetto non fu messo a parte. Invece il 26 giugno Churchill informò Eisenhower che il suo paese avrebbe costruito la bomba H e l'avrebbe fatto in Gran Bretagna. Discussero anche «i pericoli derivanti dalla portabilità della bomba». Si giudicò tuttavia «poco prudente» una moratoria generale sugli esperimenti con la bomba all'idrogeno, alla luce di quelle che i verbali della riunione definirono «le difficoltà di individuazione» e della possibilità di mascherare le esplosioni.

I colloqui di Washington terminarono il 29 giugno e nel comunicato finale emesso quel mattino i due capi di stato annunciarono il loro consenso sul fatto che la Germania occidentale, adesso Repubblica Federale Tedesca, «trovi posto su un piano di parità nella comunità delle nazioni occidentali, dove potrà dare un contributo adeguato alla difesa del mondo libero». Si realizzava dunque l'idea che Churchill aveva enunciato a Zurigo otto anni prima. Durante il pranzo si discusse della cooperazione nucleare anglo-americana; a tutt'oggi le conclusioni raggiunte quel giorno sono rimaste segrete. Quindi Churchill prese un aereo per Ottawa, dove comunicò al primo ministro e al ministro della Difesa del Canada la decisione inglese di produrre la bomba all'idrogeno.

A mezzogiorno del 30 giugno egli parlò alla radio al popolo canadese prima di pranzare con il primo ministro, quindi fu condotto all'aeroporto dove lo aspettava l'aereo per New York. Vi giunse dopo mezzanotte, proseguì subito per il porto dove si imbarcò sulla *Queen Elizabeth* che a mezzodì del giorno seguente fece rotta per l'Inghilterra. Nel corso del viaggio prese la decisione definitiva su quella che Colville chiamò «la spedizione in Russia, in cui avrebbe chiesto la libertà per l'Austria come pegno di relazioni migliori».

Eden lo sollecitò a chiedere un impegno preciso a ritirarsi ed egli si disse d'accordo; il mattino del 2 luglio gli comunicò che sarebbe andato a Mosca ai primi di agosto e poi, il 21 settembre, avrebbe dato le dimissioni. Sempre quel giorno dettò un telegramma per Molotov in cui propose un incontro con i leader sovietici «quale preludio a una riunione allargata in cui si potrebbero risolvere molte cose». Quando ricevette il testo del telegramma, Eisenhower gli scrisse: «Non vi siete lasciato crescere l'erba sotto i piedi».

Eden era contrario a spedire il telegramma dalla nave senza consultare il Gabinetto. «Dopo lunghe discussioni», osservò Colville sul suo diario, «fu mandato a chiamare Eden, che infine accettò un compromesso»; Churchill, come desiderava il ministro degli Esteri, avrebbe inviato il telegramma al gabinetto «purché possa dire che Eden è d'accordo con lui in via di principio (il che naturalmente non è vero). Eden ha ceduto». Il primo ministro fu sorpreso e lieto di ricevere un messaggio di R.A. Butler circa il telegramma per Molotov, in cui si diceva «soddisfatto in generale dell'idea di fondo». Poi il telegramma fu spedito a Mosca. Tuttavia, a parte Butler, nessun altro membro del Gabinetto lo aveva letto.

Il 6 luglio la *Queen Elizabeth* giunse a Southampton e il giorno seguente Churchill comunicò al Gabinetto la decisione di produrre la bomba H. Non aveva dubbi che il modo migliore «di preservare la pace mondiale era di rendere chiaro ai potenziali aggressori che non avevano nessuna speranza di sottrarsi a una rappresaglia devastante con le armi atomiche». Quella sera ricevette la risposta di Molotov al telegramma, decisamente favorevole all'incontro a Mosca che egli aveva proposto. Tutto sembrava a favore dell'ultimo suo grande atto di governo. Tuttavia, quando l'8 luglio si riunì il consiglio dei ministri, apparve chiaro che molti di loro erano assolutamente contrari all'iniziativa ed estremamente irritati dal fatto che era stata presa senza consultarli.

Sia Lord Salisbury sia Harry Crookshank criticarono il messaggio spedito a Molotov, ma fu Butler a dare il colpo di grazia all'iniziativa di Churchill. La copia del telegramma gli era arrivata il pomeriggio di sabato 3 luglio, mentre si trovava a Norfolk, ed era indirizzata a lui personalmente: «Nulla nel telegramma sollecitava un'opinione del Gabinetto». In effetti, prima ancora che potesse inviare i suoi commenti, gli «era stato consegnato un altro telegramma del primo ministro in cui si chiedeva se il messaggio fosse stato trasmesso a Mosca» e questo, a detta di Butler, «aveva confermato la sua convinzione che non era stato incaricato di raccogliere le opinioni dei colleghi di Gabinetto: in ogni caso gli sarebbe stato difficile farlo, giacché i ministri si trovavano in varie località per il fine settimana».

Il resoconto di Butler indignò i ministri e a mano a mano che il dibattito proseguiva appariva evidente che la maggioranza non intendeva approvare il viaggio a Mosca. Churchill cercò una via d'uscita dicendo che avrebbe consultato preliminarmente Eisenhower, dopo di che in settembre si sarebbe potuta organizzare a Londra una conferenza a tre o a quattro.

Nel Gabinetto Eden si batté decisamente contro il proseguimento di questa iniziativa. Il 9 luglio affermò che i pericoli di un incontro come quello proposto erano l'assenza di un ordine del giorno preciso e il problema delle «questioni che probabilmente i russi solleveranno». A suo giudizio, in alternativa alla creazione di una Comunità Europea di Difesa, «essi suggerirebbero con ogni probabilità che la Germania unita venga ammessa nella NATO e che in seguito la NATO sia estesa all'Unione Sovietica». Per quanto concerneva «un incontro allargato», la Gran Bretagna doveva aspettarsi che i russi proponessero un vertice a cinque, «includendo la Cina comunista». Anche se Churchill non intendeva rinunciare alle speranze di un incontro con Malenkov, il Gabinetto gli era chiaramente ostile.

Il consiglio dei ministri stabilì di rimandare ogni decisione alla riunione di tre giorni dopo; quando si riunì il 26 luglio, la maggioranza era chiaramente contraria all'incontro Churchill-Molotov, ovunque si fosse tenuto, cosicché ritirò la proposta. Ma il fattore nuovo della bomba H lo convinse che occorreva fare uno sforzo per mettere fine alla guerra fredda; quando il 29 luglio furono espresse alla Camera dei Comuni critiche all'accordo anglo-egiziano firmato due giorni prima al Cairo, in base al quale le truppe britanniche si sarebbero ritirate dalla zona del Canale di Suez, chiese ai deputati di considerare la questione in una prospettiva più ampia. «Il Canale di Suez e la nostra posizione in Egitto sono assolutamente sproporzionati rispetto agli sviluppi spaventosi e allo spettacolo terribile che l'immaginazione ci presenta»; spiegò quindi che «il solo tentativo di immaginare a grandi linee le prime settimane di una guerra in condizioni che non conoscevamo quando si è aperta questa legislatura, e di cui non sapevamo nulla: la sola descrizione di questo quadro di fronte alla Camera convincerebbe gli onorevoli, ne sono certo, dell'obsolescenza delle cognizioni e dell'assoluta necessità di un senso delle proporzioni, non soltanto nelle disposizioni militari ma in ogni nostro tentativo di stabilire rapporti umani tra nazione e nazione».

Il suo appello ebbe successo. «Prima ancora che si sedesse», scrisse Moran sul diario, «aveva ridato alla Camera il senso delle proporzioni affinché potesse valutare l'importanza di Suez rispetto alle incredibili calamità di una guerra di annientamento». Ma, nonostante questo successo con un intervento che durò appena quattro minuti, un numero crescente di ministri si schierava con il partito informale ma determinato che voleva le sue dimissioni. Non aveva indicato prima giugno, poi luglio e infine settembre come il mese in cui si sarebbe dimesso? Non poteva stabilire ora una data? Costituiva «una meraviglia e un mistero», scrisse il 29 luglio sul diario sua figlia Mary; «nessuno di noi conosce *davvero* le sue intenzioni – forse neppure lui!».

L'ultimo giorno di agosto Churchill ebbe un moto di stizza quando seppe che l'assemblea francese aveva respinto la Comunità Europea di Difesa con 319 voti contro 264. Scrisse immediatamente al Cancelliere tedesco Konrad Adenauer per chiedergli di non esigere, in un accordo futuro di difesa, una presenza di truppe tedesche superiore a quanto previsto nel progetto della CED. «Ciò conferirebbe alla nuova Germania una dignità morale e un rispetto ben più importanti della rivendicazione del diritto di creare tutte le divisioni che desidera, o in numero pari agli altri, immergendosi in interminabili dispute legalistiche al riguardo». Questo era il consiglio «di un uomo che dopo tanti anni di lotta ha tra i più vivi il desiderio di vedere la nazione tedesca assumere il posto che le compete nella famiglia mondiale delle nazioni libere».

In una lettera del 18 settembre a Eisenhower, scrisse: «Spero e prego che voi e io considereremo ancora il contributo dei tedeschi il nostro primo obiettivo, in modo da tirarli dalla nostra parte anziché spingerli dall'altra».

Intanto ai Chequers Graham Sutherland stava dipingendo un ritratto di Churchill, che gli sarebbe stato offerto dai due rami del parlamento il giorno del suo 80° compleanno. Il 1° settembre Clementine scrisse a Mary: «Il signor Graham Sutherland è "grande". È un uomo davvero attraente, e si stenta a credere che i feroci, crudeli disegni che espone siano opera del suo pennello». Suo marito aveva già posato tre volte, ma nessuno aveva visto le prime fasi dell'opera «salvo papà, che è molto impressionato dalla forza del disegno»; Sutherland si preoccupava di nascondere il quadro a mano a mano che procedeva. Quando finì di dipingerlo lo portò via e né Churchill né Clementine videro la versione definitiva.

Il 30 novembre Churchill compì 80 anni; nessuno, dai tempi di Gladstone, aveva ricoperto la carica di primo ministro a quell'età, e nessun altro deputato oltre a lui era stato eletto per la prima volta durante il regno della regina Vittoria. Il mattino, di fronte a una vasta folla in Westminster Hall, gli fu donato il ritratto eseguito da Sutherland, che egli definì «un esempio ragguardevole di arte moderna. Combina indubbiamente forza e schiettezza». In verità non gli era piaciuto, perché gli sembrava che esprimesse un misto di senilità e di crudeltà insopprimibile. Dopo la morte di suo marito Clementine diede ordine di distruggerlo.

Più gradito fu l'omaggio resogli quel mattino da Attlee, il quale elogiò la «paternità» di Churchill sulle riforme sociali liberali prima della prima guerra mondiale e definì la campagna dei Dardanelli nel 1915 «l'unica idea strategica fantasiosa della guerra», concludendo con queste parole: «Vorrei solo che aveste avuto il potere per condurla vittoriosamente in porto». Rispose dicendo di essere «vicino alla fine del viaggio. Spero di potermi ancora rendere utile»; rispondendo alle felicitazioni di Eisenhower, il 7 dicembre gli scrisse che gli restava una sola aspirazione: «Spero ancora che si possa arrivare a un incontro al vertice con il nuovo regime russo e che voi e io potremo essere presenti».

Il 21 dicembre Eden si recò in Downing Street per chiedergli di fissare la data delle dimissioni. Il primo ministro accennò «alla fine di giugno o luglio», ma non volle impegnarsi di più. Quando il giorno dopo un gruppo di membri del Gabinetto si presentò da lui, disse loro, così annotò Eden sul diario, «che era chiaro che volevano mandarlo via». Nessuno lo contraddisse, né d'altronde intendeva opporsi ancora al desiderio unanime che si dimettesse non durante l'estate ma in tempo per dare a Eden pieno spazio per le elezioni.

All'inizio del 1955 decise, senza informarne Eden o Macmillan, di dimettersi all'inizio della vacanza parlamentare per la Pasqua; quell'anno la Camera avrebbe sospeso i lavori il 7 aprile. «Ora il suo unico desiderio è di trovare una villetta in Francia meridionale dove trascorrere i mesi invernali per gli anni che gli restano da vivere», scrisse Bracken a Beaverbrook il 17 gennaio.

Ma doveva ancora preparare un discorso importante. «Lo dettò tutto di persona», ricorda Jane Portal. Al pari dei primi discorsi in parlamento, nel 1901, riguardava il cambiamento drammatico della natura della guerra. Nel 1901 si era trattato della prospettiva inquietante dell'uso di tutte le risorse industriali di una nazione per la guerra; nel 1955 si trattò della bomba H. «Che cosa dobbiamo fare?» si chiedeva; «che strada prendere per salvare le nostre vite e il futuro del mondo? Ciò non preoccupa molto i vecchi, che comunque moriranno presto, ma trovo angoscioso pensare alla gioventù, nel pieno della sua attività e del suo ardore, e più ancora osservare i bambini che giocano felici e chiedermi che cosa li aspetterebbe se il Signore dovesse stancarsi dell'umanità».

La migliore difesa era «un genuino disarmo generale», ma «la lunga storia e la tradizione della Russia rendono odioso al governo sovietico accettare un sistema reale di ispezione internazionale». Le grandi potenze dovevano escogitare «un sistema di disarmo equilibrato e articolato in varie fasi». Finché non si fosse arrivati a questo, il mondo libero avrebbe avuto solo «una politica sensata», la politica di difesa attraverso la deterrenza. «Questa deterrenza può portare in ogni momento al disarmo, posto che sia tale».

La bomba all'idrogeno, «con il suo enorme raggio di distruzione e la zona di contaminazione ancor più vasta, sarebbe efficace anche contro nazioni la cui popolazione finora era dispersa su aree così vaste da farla sentire al riparo dai pericoli»; i leader di entrambi gli schieramenti ne erano «ben consapevoli»; ecco perché aveva sperato «a lungo» in una conferenza al vertice «dove tali questioni possano essere esposte in modo chiaro e schietto da un partecipante all'altro, in modo amichevole». In quel modo «arriveremo forse, per una sublime ironia, a una fase in cui la sicurezza sarà l'altra faccia del terrore e la sopravvivenza la gemella dell'annientamento». C'erano ancora tempo e speranza «se uniremo la pazienza al coraggio». Nella sua arringa, l'ultima che avrebbe pronunciato alla Camera, dichiarò che «spunterà il giorno in cui la lealtà, l'amore per i propri simili, il rispetto per la giustizia e la libertà permetteranno a generazioni tormentate di allontanarsi serene e trionfali dall'epoca sinistra in cui dobbiamo vivere. Nel frattempo non dobbiamo indietreggiare né stancarci o disperare».

Il discorso durò tre quarti d'ora; il «Sunday Times» scrisse che «le sue capacità, come ha dimostrato in modo tanto brillante, sono ancora di prim'ordine». Il giornale non sapeva però che Churchill aveva deciso infine di dimettersi; il secondo giorno del dibattito, rispondendo alla critica che sulla bomba

H la Gran Bretagna aveva ubbidito agli ordini americani, egli sorprese i colleghi parlando per la prima volta in pubblico del colpo apoplettico. «Ero prontissimo a incontrare il presidente», dichiarò a proposito dei primi mesi del 1953, «ma sono stato colpito da un male improvviso che mi ha completamente paralizzato nel fisico. Ecco perché ho dovuto rinunciare». Sei giorni dopo, l'8 marzo, a un pranzo con Eden in Downing Street, confermò che si sarebbe dimesso il 5 aprile, meno di un mese dopo.

Si avviava alla fine un'esistenza dedicata alla politica, ma uno sciopero dei giornali non lasciò molto spazio alle sue dimissioni. Il 4 aprile Churchill e sua moglie diedero la cena di commiato al N°10 in onore della regina e del duca di Edimburgo; a mezzodì del giorno seguente egli partecipò per l'ultima volta al Gabinetto, augurò ai colleghi «ogni fortuna nella situazione difficile ma promettente che avevano di fronte» e poi incontrò i ministri che non facevano parte del Gabinetto, dicendo loro «l'uomo è spirito» e dando un solo consiglio: «Non distaccatevi mai dagli americani».

Fu quindi condotto a Buckingham Palace, dove rassegnò le dimissioni alla regina. «Mi chiese se volevo indicare un successore», annotò al ritorno in Downing Street, «e le dissi che preferivo lasciare a lei la scelta. Affermò che non era difficile e che avrebbe convocato Sir Anthony Eden. Dopo aver conversato qualche tempo, Sua Maestà si disse persuasa che volessi restare ai Comuni; in caso contrario mi avrebbe conferito il titolo di duca. Le risposi che volevo restare ai Comuni finché ero fisicamente in grado di farlo, ma se avessi considerato il lavoro troppo gravoso sarei stato onorato se avesse voluto riconsiderare la proposta». Nel pomeriggio, l'ultimo trascorso a Downing Street, Churchill offrì un tè al personale del n° 10, un centinaio di persone tra segretari, telefonisti, fattorini e autisti. Poi, tra gli applausi dei presenti, partì per Chartwell.

Non aveva nessuna intenzione di permettere che l'età o l'isolamento sopraffacessero il suo amore dell'avventura; una settimana dopo essersi dimesso era già in viaggio con Clementine per la Sicilia. Mentre saliva sull'aereo gli fu consegnata una lettera della regina, scritta di suo pugno. «Ringraziandovi per quanto avete fatto», gli scriveva, «debbo limitarmi alla mia esperienza, al periodo relativamente breve – poco più di tre anni – in cui ho occupato il trono e siete stato il mio primo ministro. Se non parlo degli anni precedenti con tutti i loro gravi eventi, in cui tanta parte avete avuto, è perché già sapete quanto valore mio padre attribuisse alle vostre imprese e sapete altresì che, insieme con il suo popolo e i popoli di tutto il mondo libero, riconosceva di avere con voi un debito di profonda e sincera gratitudine».

La lettera proseguiva con queste parole: «Negli ultimi anni avete dovuto far fronte alla guerra fredda, con le sue minacce e insidie più terribili di quelle che doveste sostenere in passato, in guerra o in pace. Con la vostra previdenza e regolando il nostro destino, avete se possibile accresciuto l'ammirazione di cui godete non solo qui ma in gran parte del mondo, e sapete che porterete con voi, nel vostro riposo, una grande riserva di affettuosa benevolenza. Quanto a me, so che pur perdendo il mio consigliere costituzionale guadagno un amico saggio a cui non mi rivolgerò invano per un aiuto e un sostegno nei giorni futuri. Possano essere molti».

Churchill soggiornò per due settimane in un albergo di Siracusa, Villa Politi, da cui il 18 aprile rispose alla regina, dicendole che fin da quando era salita sul trono egli aveva avvertito «l'impatto di una personalità nuova sulla nostra storia in evoluzione» e spiegando che «la nostra isola non gode più della medesima autorità o potere che aveva ai tempi della regina Vittoria. Un vasto mondo torreggia all'intorno e nonostante tutte le nostre vittorie, non potremmo rivendicare la posizione che occupiamo se non fosse per il rispetto per il nostro carattere e buon senso e per l'ammirazione generale, non macchiata da invidia, per le nostre istituzioni e per il nostro modo di vivere. Tutto questo era già consolidato e aveva trovato fondamenta più profonde durante i primi anni dell'attuale regno, e il fatto che l'intera struttura del nostro nuovo Commonwealth sia unita e rischiarata da una presenza splendente alla sua sommità è a mio parere il segno più diretto del favore di Dio che abbiamo ricevuto durante la mia lunga esistenza».

Concluse la lettera con una riflessione sull'«atmosfera storica» che si respirava a Siracusa. «Il nostro albergo sorge sopra cave sinistre, nelle quali seimila prigionieri di guerra ateniesi furono messi a faticare e morirono di fame nel 413 a.C.; sto cercando di dipingere la bocca di una caverna vicino a una galleria i cui echi portavano i segreti [dei prigionieri] alle orecchie di Dionigi. Tutto ciò si confà ai processi mentali e psicologici di chi non ha più la responsabilità diretta della conduzione dei grandi affari, e si rifugia nel pensiero consolante di "aver fatto del suo meglio"».

36
GLI ULTIMI ANNI

Ritornato a Londra il 28 aprile 1955, Churchill seguì con soddisfazione il modo in cui Eden conduceva il partito conservatore verso le elezioni generali. Fu inoltre felice di sapere che finalmente d'estate ci sarebbe stato un incontro tra i ministri degli Esteri inglese, francese, americano e sovietico. Nel corso della campagna elettorale fece diversi discorsi nella sua circoscrizione elettorale e uno a Bedford per suo genero Christopher Soames. Non tentò in nessun modo di influenzare la linea politica conservatrice né di orientare la conduzione della campagna elettorale: «Per il momento ho un vivo desiderio di star tranquillo e non fare niente», scrisse il 26 maggio a Bernard Baruch.

Le elezioni segnarono una vittoria decisiva per i conservatori. Il giorno in cui furono resi noti i risultati, il segretario del Gabinetto, Sir Norman Brook, scrisse a Churchill dal suo ufficio: «Vi ho pensato molto durante queste elezioni e desidero esprimervi le mie sincere congratulazioni per il risultato. Si tratta infatti di un attestato eccezionale del lavoro e dei risultati del vostro governo negli ultimi tre anni e mezzo. Il vero punto era se la gente fosse soddisfatta del governo che aveva avuto, ed è più che evidente che lo è. La caduta dei voti laburisti è certamente significativa. Sono sicuro che bisogna dire grazie a voi per come sono andate le cose».

A Chartwell Churchill lavorava alla sua storia con l'aiuto di Denis Kelly e di Alan Hodge. Il 2 giugno dovette interrompere il lavoro a causa di uno spasmo arterioso, e per qualche giorno non gli fu facile scrivere, prendere in mano una tazza di caffè o tenere il sigaro in bocca. Sei giorni dopo però si sentì abbastanza in forze da recarsi a Londra per l'apertura del parlamento e provò una grande gioia quando, entrando alla Camera, sentì un deputato gridare «Churchill», al che dalla tribuna riservata al pubblico si levò un grande battimani e i deputati gli si affollarono intorno, applaudendo e agitando con entusiasmo i fogli con l'ordine del giorno.

Quando tornò a Chartwell riprese a lavorare alla sua storia; il 15 giugno Macmillan lo informò che poteva tenere al suo servizio uno dei suoi ex segretari privati, Anthony Montague Browne. «Vi prego di servirvi di lui per tutto il tempo che desiderate», gli scrisse. Scrisse anche a Montague Browne:

«vi cedo a Winston perché ha bisogno di qualcuno. Secondo la natura delle cose, si tratterà solo di un anno o due». In realtà Montague Browne sarebbe stato il suo devoto segretario privato quasi per altri dieci anni. «Dal 1955 al momento in cui mio padre esalò l'ultimo respiro», avrebbe ricordato Mary, «Anthony non si allontanò praticamente mai dal suo fianco». «Arrivava una gran quantità di posta. Anthony sorvegliava e dirigeva, consigliava e aiutava mio padre negli affari e nella vita privata. La sua cultura, la sua preparazione professionale, la sua devozione a mio padre furono uno degli elementi essenziali nei suoi ultimi dieci anni di vita».

Il 21 giugno Churchill tornò a Londra per parlare alla Guildhall quando fu scoperta la sua statua. «Confesso che, come Disraeli, sono dalla parte degli ottimisti. Non credo che l'umanità voglia distruggersi. Per diverso tempo ho pensato che sarebbe stato bene che i leader delle grandi nazioni si parlassero di persona. Sono molto lieto che ora ciò si stia per verificare». La statua che scoprì era opera di un profugo ebreo iugoslavo, Oscar Nemon.

Dalla Guildhall Churchill ritornò a Chartwell, da cui scrisse il 30 giugno a Pamela Lytton: «Sto diventando molto più vecchio ora che ho perduto lo stimolo della responsabilità e del potere, e mi aggiro tra le ombre della solitudine». Il 18 luglio scrisse a Eisenhower: «Rinunciare alla responsabilità e lasciar cadere tutte insieme le insegne del potere è un'esperienza strana e formidabile. Un senso di rilassamento non soltanto psicologico ma fisico si impossessa di me, lasciandomi un'impressione sia di sollievo sia di nudità. Non ho capito quanto ero stanco finché non ho smesso di lavorare». Un mese dopo scrisse all'amico generale Tudor sulle sue dimissioni: «La cosa peggiore è che quando ci si libera di tutte queste responsabilità, si sente venire meno il potere insieme con ciò su cui si esercitava ».

Il 15 settembre Churchill andò in aereo con Clementine in Francia meridionale per un lungo soggiorno nella villa di Beaverbrook, l'inizio di un nuovo tipo di vita in cui trascorse una quantità crescente di tempo al sole e tra gli agi della riviera francese. Passava gran parte della giornata a dipingere e dettò anche la prefazione del suo nuovo libro. A ottobre per aiutarlo lo raggiunsero Hodge e Kelly e il 16 Clementine tornò in Inghilterra. Le riferì che George Christ gli aveva mandato «un bel mucchio di appunti» per cinque brevi interventi che aveva accettato di fare al suo ritorno. In Inghilterra Deakin aveva di nuovo offerto la sua collaborazione e il 28 ottobre raggiunse Churchill, che prima di tornare a Londra cominciò a cercare «la villa dei suoi sogni», che sperava di acquistare, ma non avrebbe mai trovato.

Tornato in Inghilterra il 14 novembre, fece i cinque brevi discorsi, ai suoi elettori, agli studenti di Harrow, ai giovani conservatori, alla Drapers' Hall e alla Mansion House. In quest'ultima occasione gli fu conferita la cittadinanza onoraria di Belfast e Londonderry. Il 30 novembre festeggiò l'ottantunesimo compleanno e, nella seconda settimana di gennaio del 1956, ritornò in aereo in Francia meridionale, questa volta non nella villa di Beaverbrook a Cap d'Ail ma a villa La Pausa, a Roquebrune, assisa tra gli uliveti sopra la Corniche. La villa, residenza di Emery Reves e di sua moglie Wendy, finì per diventare la «villa dei sogni» degli ultimi anni della sua vita. «Pausaland», come l'aveva ribattezzata, gli permise di vivere sereno e appartato nella quiete, in mezzo a panorami splendidi da dipingere. Il 15 gennaio scrisse a Clementine: «Finora non ho lasciato questa casa sontuosa e ho passato il tempo soprattutto a letto a rivedere il libro». Due giorni dopo le riscrisse: «Reves e Wendy sono davvero gentili. Invitano soltanto gli ospiti che mi sono graditi».

Da tutte le sue lettere emerge con evidenza il piacere di questa nuova vita. Il 30 gennaio scrisse a Clementine, che era rimasta a Londra perché non stava bene e progettava un lungo viaggio per mare a Ceylon: «Trascorro gran parte delle giornate a letto e mi alzo per pranzo e per cena. Sto seguendo un corso su Monet, Manet, Cézanne e compagnia tenuto dai miei ospiti, che si intendono di pittura moderna e di pratica in studio – ora in parte un ufficio con Miss Maturin. Inoltre hanno un magnifico grammofono che suona in continuazione dischi di Mozart e altri valenti compositori e tutto ciò che si vuole. In sostanza, mi sto facendo un'istruzione artistica con insegnanti molto ben disposti». Il piacere di questo primo soggiorno a La Pausa è evidente: «*A parte il libro*», scrisse a sua moglie ai primi di febbraio, «non faccio niente e mi impigrisco».

Una settimana dopo tornò in aereo a Londra. «È stato un vero piacere godere per un mese delle vostre attenzioni», scrisse a Wendy Reves il giorno dopo, «e mi ha fatto certamente bene, anche se invecchio ogni giorno di più». Quel mese si recò alla Camera per una votazione libera sulla pena di morte, in cui votò per mantenerla. Il 1° marzo tornò in aereo a La Pausa e fu là che lo stampatore gli mandò le prime copie rilegate del primo volume di *A History of the English-Speaking Peoples*, intitolato *The Birth of Britain*. Nel frattempo lavorava con Kelly e Hodge al quarto e ultimo volume. Ogni mattino i due collaboratori lo raggiungevano dal loro albergo ed egli si sedeva nel letto, circondato da libri e documenti. Quando il resoconto al quale stavano lavorando toccò il Congresso di Berlino del 1878, Churchill, indicando la frase che parlava di quell'anno, disse a Kelly: «Ora mi sento vivo».

Nel mese di aprile, quando giunsero in Inghilterra i dirigenti sovietici Bulganin e Kruscev, Eden invitò l'ex primo ministro e sua moglie a pranzare con loro a Downing Street il giorno 17. «Ero seduto vicino a Kruscev», raccontò Churchill a Moran. «I russi erano felicissimi di vedermi e Anthony disse loro che avevo vinto la guerra». La guerra occupò di nuovo i suoi pensieri tre settimane dopo, quando volò da Londra ad Aachen per ricevere il Premio Carlomagno. La cerimonia ebbe luogo il 10 maggio, sedici anni dopo il giorno in cui era diventato primo ministro nella guerra contro la Germania. Nel discorso di ringraziamento si proponeva due cose: sollecitare i tedeschi a raccogliere qualunque apertura nella politica sovietica e al contempo ammonirli a non essere precipitosi sul tema della riunificazione. Montague Browne aveva preparato il discorso sulla base di questi due temi ed egli lo lesse. «Le idee erano le sue», avrebbe ricordato in seguito Montague Browne, aggiungendo: «Suscitò il gelo».

Nei tre giorni seguenti Churchill ispezionò alcune basi dell'esercito inglese e in sei occasioni parlò a braccio. La cena con i soldati inglesi a Celle fu «un successo straordinario», secondo Montague Browne: «I soldati furono molto gentili con lui. Era decisamente nel suo ambiente». Il pomeriggio del 13 maggio tornò in aereo a Biggin Hill, scortato dalla 615ª squadriglia. «Nel complesso la visita mi ha lasciato un ricordo piacevole», scrisse ad Eisenhower, «e ho constatato con gioia che nonostante il passare del tempo sono ancora in grado di faticare per quattro giorni di seguito».

A fine maggio ritornò a La Pausa, accompagnato da Clementine e Sarah. A luglio fece un nuovo viaggio in Germania per un concorso ippico a Düsseldorf. Poco dopo il suo ritorno in Inghilterra, il presidente egiziano Nasser nazionalizzò il Canale di Suez. «Personalmente ritengo che Gran Bretagna e Francia dovrebbero intervenire insieme in modo energico», scrisse Churchill a Clementine il 30 luglio, «se necessario con le armi, mentre l'America tiene d'occhio la Russia. Non credo che i russi abbiano alcuna intenzione di farsi coinvolgere in una guerra di ampia portata».

Eden aveva cominciato i preparativi per una possibile invasione dell'Egitto e gli fece avere un numero considerevole di telegrammi segreti per tenerlo informato degli sviluppi. Il 30 luglio lo incontrò nel suo studio alla Camera dei Comuni e gli fornì maggiori particolari. «Sono soddisfatto della politica seguita su Suez», scrisse Churchill a Clementine il 3 agosto; «faremo quanto è in nostro potere. Anthony mi ha raccontato tutto e ho pensato anche di fare un intervento, ma nel dibattito di giovedì tutto è filato così liscio che sarebbe stato un rischio inutile. Pur essendo al corrente di tutto, non posso rivelarti alcun segreto in una lettera non protetta, ma puoi essere certa che non ci saranno motivi di lagnarsi di ciò che cerchiamo di fare». Due giorni dopo Macmillan cenò con lui a Chartwell; discussero di una possibile invasione inglese dell'Egitto. «Se sbarcassimo dovremmo scovare le forze egiziane, distruggerle e far cadere il governo di Nasser?», domandò Macmillan, al che egli «tirò fuori alcune mappe, in preda a una grande eccitazione».

Il 6 agosto Churchill, ansioso di dare a Eden i suoi preziosi consigli, andò in automobile da Chartwell ai Chequers portando con sé Doreen Pugh e dettando lungo il viaggio; quindi si fermarono in una piazzuola affinché ella potesse battere a macchina quanto le aveva dettato: «L'operazione militare si prospetta molto seria. Siamo in grave ritardo, dal momento che le nostre intenzioni sono note. Giornali e corrispondenti esteri sono liberi di pubblicare ciò che vogliono. Bisognerebbe imporre una censura. In un mese è possibile che almeno 1.000 volontari russi e simili assumano il comando del fior fiore dell'aviazione e dei reparti corazzati egiziani. Ciò potrebbe esporci a una resistenza molto più dura»; aggiunse che «quanto più si riflette sulla presa del Canale, tanto meno la si auspica. La lunga strada rialzata è facilmente bloccabile con una serie di mine. Dovremmo assumerci gran parte della responsabilità di interrompere l'attività, se si vuole che al momento del nostro attacco tutto fili liscio. Il Cairo è il centro del potere di Nasser».

Era stato lieto di sapere da Eden che sarebbero state impiegate divisioni corazzate «con l'adeguato supporto dell'aviazione». Quando arrivò ai Chequers, gli diede l'appunto e dopo un breve colloquio tornò a Chartwell. Tre giorni dopo scrisse a Clementine, che era in vacanza in Svizzera: «L'unità dell'Islam è sorprendente. Non c'è dubbio che la Libia, cui abbiamo versato 5 milioni di sterline all'anno, e la Giordania, cui ne abbiamo dati 10 o più, manifestano una totale ostilità».

Il 12 settembre Winston e Clementine si trovavano nella casa di Hyde Park Gate per festeggiare il 48° anniversario delle nozze. Cinque giorni dopo egli prese un aereo per tornare a La Pausa e sua moglie rimase a Londra. Lo accompagnavano Lord Cherwell e, per aiutarlo con l'ultimo volume della storia, Hodge e un giovane docente di Oxford, Maurice Shock, che collaborava per la parte su Gladstone e Disraeli. A metà ottobre Hodge tornò a Londra con sua moglie Jane, la quale scrisse a Churchill che quando le figlie le avessero chiesto dov'era stata, «risponderò di aver incontrato il grande più gentile del mondo».

Il 19 ottobre Churchill perse i sensi, cadde per terra e rimase privo di coscienza per venti minuti; aveva avuto un altro colpo apoplettico. Nove giorni dopo si era rimesso abbastanza da tornare in Inghilterra; due giorni dopo le forze israeliane irruppero nel deserto del Sinai, distrussero l'esercito egiziano e arrivarono a pochi chilometri dal Canale di Suez. Dopo la scadenza dell'ultimatum anglo-francese all'Egitto perché permettesse a un corpo di spedizione anglo-francese di «installarsi temporaneamente» sul Canale di Suez, i bombardieri inglesi colpirono gli aeroporti egiziani, mentre le truppe britanniche salpavano da Malta verso Porto Said, all'estremità settentrionale del Canale.

Il 3 novembre, mentre le forze britanniche stavano ancora dirigendosi verso l'Egitto, Churchill diramò un comunicato per spiegare «le ragioni che mi inducono ad appoggiare il governo sulla questione egiziana». Nonostante gli sforzi fatti da Gran Bretagna, Francia e Stati Uniti, «le frontiere di Israele sono oggetto di attentati e incursioni armate» e l'Egitto, «il principale istigatore di questi incidenti», aveva «rifiutato di desistere». Quindi Israele, «data la gravissima provocazione», si era «lanciato contro l'Egitto». La Gran Bretagna era decisa a «riportare pace e ordine» in Medio Oriente; «Sono convinto che conseguiremo il nostro obiettivo». Confidava inoltre «che i nostri amici americani comprenderanno che ci siamo mossi in modo indipendente, non per la prima volta, per il bene comune».

Il messaggio fu pubblicato dai giornali il mattino del 5 novembre, nello stesso momento in cui le truppe paracadutate inglesi e francesi, precedendo le forze ancora in viaggio via mare, toccavano terra all'estremità settentrionale del Canale di Suez e si impadronivano di Porto Said. «Mio caro Winston», gli scrisse quel giorno Eden, «non ti ringrazierò a sufficienza per il tuo meraviglioso messaggio. Ha avuto un effetto enorme e sono certo che negli Stati Uniti potrà avere un'influenza ancora maggiore». Aggiunse: «Sono giorni difficili, ma l'alternativa era una lenta, funesta emorragia». Churchill gli rispose: «Grazie per le parole gentili; sono felice di essere stato d'aiuto».

Il mattino del 6 novembre le truppe inglesi e francesi sbarcarono infine a Porto Said e avanzarono verso sud lungo il Canale di Suez, ma il giorno stesso, dopo una settimana di intense pressioni americane accresciute dal rifiuto di molti membri del Gabinetto di dare il loro consenso, Eden accettò un cessate il fuoco. Il giorno dopo, 7 novembre, Churchill presenziò a una cerimonia in Parliament Square in cui fu scoperta la statua del feldmaresciallo Smuts. In un suo breve intervento, pensando al trionfo di Nasser, dichiarò: «Oggi, tra i tanti clamori e tensioni del mondo, siamo assediati da una forma angusta e sterile della forza grande e a volte magnifica del nazionalismo. Per Smuts, che pure fu un grande patriota, questo credo volgare sarebbe stato disgustoso ed estraneo. Le sue qualità trascendevano la nazionalità».

Il 20 novembre Jock Colville cenò con lui al 28 di Hyde Park Gate. Il ritiro delle forze anglo-francesi era stato accettato da Eden in quanto l'unica condizione alla quale Eisenhower e gli Stati Uniti avrebbero continuato a sostenere la Gran Bretagna. Parlando della decisione del primo ministro di attaccare l'Egitto, Colville chiese a Churchill: «Se foste stato voi il primo ministro, l'avreste fatto?». La risposta fu: «Non avrei mai osato, e se avessi osato, non mi sarei mai azzardato a fermarmi». A un altro amico confidò, con una certa asprezza: «Questo non sarebbe mai successo se Eisenhower fosse stato *vivo*».

Il 9 gennaio Eden si dimise per motivi di salute e perché travolto dalle critiche alla sua iniziativa di Suez. Il giorno seguente l'ottantaduenne Churchill, giunto a Londra da Chartwell, fu convocato per cortesia a Buckingham Palace, dove gli fu chiesto un parere sul successore di Eden. Raccomandò Macmillan, al pari degli altri tre consiglieri privati che la regina consultò. La sera Macmillan fu nominato primo ministro e il giorno seguente cenò a Hyde Park Gate con il vecchio Winston, il quale si accingeva a lasciare nuovamente l'Inghilterra per la soleggiata La Pausa. L'ultimo volume della sua storia era pressoché completato e Kelly, Hodge e Montague Browne lo accompagnarono per verificare gli ultimi dettagli. Il lavoro fu terminato dopo tre settimane e il 13 febbraio Churchill tornò in Inghilterra per una serie di impegni, tra cui un pranzo con Macmillan, una cena all'Other Club e una tranquilla serata con Randolph, prima di ritornare a La Pausa con Clementine. «È invecchiato», scrisse Macmillan sul diario, «ma si tiene ancora informato e non si lascia sfuggire ciò che succede».

La vita a La Pausa ruotava intorno alla pittura; tra coloro che andarono a trovarlo c'era l'armatore greco Aristotele Onassis, di cui Churchill apprezzò molto la conversazione e la personalità. «Abbiamo discusso soprattutto di politica e di petrolio», scrisse a sua moglie, che era tornata in Inghilterra. «Gli ho ricordato che quaranta o cinquant'anni orsono avevo acquistato [la Compagnia] anglo-persiana per conto del ministero della Marina, procurando al governo britannico un buon profitto di tre o quattrocento milioni! Mi ha detto che conosceva tutta la storia. Questo mi ha ricordato il povero Hopkins: direi che l'abbiamo fatto insieme, ma il merito è andato a me». Hopkins, funzionario trentatreenne del Tesoro nel 1913, era morto nel 1955.

Tornò in Inghilterra dopo aver trascorso cinque settimane a La Pausa. La vecchiaia imponeva gradualmente il suo pedaggio, tanto che dopo aver cenato a Chartwell Macmillan annotò sul diario: «Era in buona forma, anche se è sempre più sordo. Ora non parla molto, per la prima volta ascolta. Tutto questo è piuttosto triste, lo spirito combattivo lo ha abbandonato. È un vecchio signore molto affascinante e cortese». Ma in occasioni particolari era ancora in grado di parlare in pubblico, come fece a maggio, al raduno annuale della Primrose League all'Albert Hall. Adorava trascorrere quanto più tempo possibile nel sud della Francia; quell'estate rimase per un mese a La Pausa, scrivendo regolarmente a Clementine di suo pugno. Dipingeva quasi ogni giorno, pranzava fuori, leggeva romanzi, continuava a cercare la villa dei sogni, ma era sempre più spesso meditabondo. «Sono stufo di un lavoro ormai terminato», scrisse in una delle lettere alla moglie, «e spero di non vacillare quando sarà tutto finito. Il mio solo desiderio è di vivere in pace gli anni che mi restano – se di anni si tratterà».

A ottobre fu pubblicato il terzo volume della sua storia. Il quarto era terminato. «Ho smesso di dedicarmi alla letteratura», scrisse a Bernard Baruch, «e mi sforzo di trovare il modo di trascorrere piacevolmente gli anni che mi restano da vivere». In autunno fu ospite con Clementine per tre settimane nella villa di Beaverbrook a Cap d'Ail. Durante un pranzo, discutendo dell'India con uno degli ospiti, dichiarò strizzando un occhio: «Ormai sono solo un vecchio e stanco reazionario in pensione». Qualche giorno dopo confidò a Montague Browne: «Penso che la terra verrà presto distrutta da una bomba al cobalto. Se fossi l'Onnipotente credo che non la rifarei, nell'eventualità che la prossima volta distruggano anche Me».

Da La Capponcina tornò a villa La Pausa. «Ho cominciato un nuovo quadro di fiori in un interno», scrisse a Clementine che era tornata in Inghilterra, «e sto per alzarmi per lavorare». A ottobre, mentre egli si trovava ancora a La

Pausa, l'Unione Sovietica lanciò il primo satellite. «Il satellite in sé non mi turba», scrisse a Clementine. «La cosa sconcertante è la dimostrazione del progresso della scienza sovietica a paragone con quella americana. Il Prof [Lord Cherwell, scomparso a luglio] era come al solito vigile e attento. Sono stati dati tanti avvertimenti, ma siamo rimasti irrimediabilmente indietro nell'istruzione tecnica, e quel poco che abbiamo tende a disperdersi tra l'America e i dominions. Questa è l'era meccanizzata, e dove ci troviamo noi? Possediamo ancora *qualità, e di primo piano*, ma manca la quantità. Non c'è il terreno fertile necessario. Dobbiamo continuare a lottare e puntare all'unione con l'America».

A luglio la rivolta scoppiata in Iraq sfociò nell'assassinio del re, della sua famiglia e del primo ministro. In Libano la richiesta di aiuto agli Stati Uniti si concluse con l'arrivo dei soldati americani a Beirut. In Gran Bretagna il governo appoggiò l'iniziativa americana, osteggiata invece dall'opposizione laburista, ancora risentita per l'intervento a Suez. Churchill decise di intervenire alla Camera dei Comuni su tali questioni per sostenere la posizione del governo e, dopo aver informato Macmillan della sua intenzione, mise per iscritto in forma di appunti ciò che intendeva dire, come era sua abitudine da più di cinquant'anni:

«*America e Gran Bretagna* debbono collaborare e arrivare a *un'unità* di intenti»; «Le complicazioni sollevate dal problema possono essere superate se e soltanto se verranno affrontate in modo unitario e sulla base di princìpi comuni, non solamente da un incremento della forza»; «Divisi perdiamo»; «Non si tratta essenzialmente di una questione di forza materiale»; «Anthony Eden e Suez. Aveva *ragione*. Gli avvenimenti recenti lo dimostrano. È possibile che le sue iniziative fossero *premature*».

Aveva pensato di aggiungere che sarebbe stato «troppo facile ridere degli USA» per la loro iniziativa in Libano; non era il momento di «cercare di saldare un vecchio conto» con l'America per la sua opposizione a Suez. «I conti si saldano da sé. È veramente assurdo che due nazioni come l'Inghilterra e gli Stati Uniti cerchino motivi di divergenza». Gli americani avevano «tutte le ragioni» per occupare il Libano; «non hanno bisogno del nostro aiuto materiale o militare. Se ne avessero bisogno, sono certo che l'otterrebbero».

Dopo aver buttato giù gli appunti per il discorso, fu preso dal dubbio; era troppo debole e stanco per affrontare una nuova fatica in parlamento. «Ho passato una o due ore a pensare a ciò che avrei detto», scrisse il 15 luglio a Macmillan, «e sono giunto alla conclusione che non avevo niente di importante da dire. Mi limiterò a darvi il mio appoggio alla Camera. Perdonate il cambiamento di programma».

Il 12 settembre i Churchill festeggiarono le nozze d'oro a villa La Capponcina, dove li raggiunsero Randolph e sua figlia Arabella. Dieci giorni dopo Churchill si lanciò in una nuova avventura, una crociera sullo yacht *Chri-*

stina come ospite di Onassis. I giorni trascorsi a bordo dello yacht furono giorni tranquilli, tra le attenzioni di un anfitrione premuroso e faceto. Nel corso della giornata egli riposava o giocava a bazzica e tutte le sere vedeva un film. Dieci giorni dopo il *Christina* arrivò a Gibilterra, dove Churchill prese un aereo per tornare in Inghilterra. Il 12 ottobre era di nuovo a La Pausa. Aveva in animo di dipingere, «ma», spiegò a Clementine, «sono irresoluto, apatico e pigro». In quella lettera le scrisse anche che «gli ultimi giorni o anni della vita sono grigi e tristi, ma ho la fortuna di averti al mio fianco».

La vita a villa La Pausa offriva divertimenti e perfino momenti eccitanti; poiché non era mai salito su un elicottero, accettò l'invito del comandante della portaerei americana *Randolph* di volare fino alla nave per passare in rassegna una guardia d'onore. Il volo in elicottero fu «un avvenimento esaltante», disse a Wendy Reves che lo aveva accompagnato. Il 6 novembre andò a Parigi per ricevere da de Gaulle la Croix de la Libération, la massima onorificenza conferita a coloro che avevano combattuto con le forze per la liberazione della Francia o nella resistenza. Iniziò il discorso di ringraziamento, che fece in inglese, con queste parole: «Ho pronunciato molti discorsi in francese, ma c'era la guerra, e non intendo sottoporvi alle terribili prove di quei giorni oscuri».

Ritornato a Londra, si recò quasi ogni giorno ai Comuni, meditando nuovamente di intervenire e rinunciando di nuovo. Il 30 novembre compì 84 anni e cinque settimane dopo partì con Clementine per Marrakech per trascorrere cinque settimane al sole dell'Africa settentrionale che tanto amava, poi imbarcarsi sul *Christina* per una seconda crociera lungo le coste del Marocco e nelle isole Canarie. Nel marzo 1959 tornò a Londra dove trascorse quattro giorni molto intensi, facendo tra l'altro una puntata a Chartwell e cenando all'Other Club, prima di tornare in aereo in Francia meridionale.

A villa La Pausa si dedicò principalmente alla pittura. Trentacinque anni prima aveva scritto su «Nash's Pall Mall»: «La pittura è un'amica che non fa richieste eccessive, non provoca fatiche logoranti, tiene perfettamente il passo anche se si procede incerti, frappone la sua tela come uno schermo tra noi e gli sguardi d'invidia del Tempo o l'incedere arcigno della Decrepitezza. Felici sono i pittori perché non saranno soli: luce e colore, pace e speranza terranno loro compagnia fino alla fine o quasi del giorno».

Mentre si trovava a La Pausa, Sarah, che recitava allora in una commedia a Liverpool, fu arrestata a notte fonda dopo essersi smarrita mentre tornava al suo albergo e il mattino seguente, dopo una breve comparizione in tribunale, fu multata di 2 sterline per ubriachezza e rilasciata. Alcuni giornali sguazzarono in questa storia. «Mi pare che l'abbiano trattata brutalmente a Liverpool e provocato il suo spirito bellicoso», scrisse Churchill a sua moglie, aggiungendo: «Mi dispiace che tu debba sopportare questo fardello e spero che la vicinanza di Mary e Christopher ti sia di conforto. Mia cara, ti penso tanto. Pesa tutto su di te. "Povero agnellino!" Con tutto il mio amore, resto un rottame (ma con la bandiera ancora sventolante)».

Ritornò a Londra all'inizio di aprile e una settimana dopo ebbe un altro piccolo malore, ma ancora una volta la sua determinazione vinse l'infermità, e sette giorni dopo si recò nella circoscrizione elettorale per intervenire all'assemblea in cui doveva ripresentare la sua candidatura. L'intervento fu preparato da Montague Browne ed egli lo lesse, parlando per più di venti minuti lentamente e con una voce in alcuni momenti a malapena udibile. Fu uno sforzo formidabile, al termine del quale si rivolse a Montague Browne dicendogli: «E adesso in America».

Nulla poteva dissuaderlo dall'attraversare una volta ancora l'Atlantico. «È deciso a ritornare in America e basta!», disse a un amico Montague Browne. Clementine non si sentiva abbastanza in forze da accompagnarlo, ed egli la tenne al corrente di quanto faceva; il 5 maggio le scrisse dalla Casa Bianca, dove era ospite di Eisenhower: «Mia cara Clemmie, eccomi qui. Tutto procede bene e il presidente è un vero amico. Ieri sera c'è stata una cena molto piacevole, dopo di che ho recuperato il sonno arretrato dormendo 11 (undici) ore. Penso di restare a letto tutta la mattina e dopo pranzo incontrerò Dulles». Quando lo vide rimase colpito dall'aspetto del segretario di stato americano, che due settimane dopo morì di cancro.

Nel corso di vari colloqui con Eisenhower, Churchill sollevò diverse questioni che il ministero degli Esteri lo aveva pregato di porre circa la discriminazione americana nei riguardi degli imprenditori inglesi. Sulla via per l'aeroporto, al termine della visita, disse all'ambasciatore britannico: «Spero che farete al primo ministro un rapporto favorevole sulla mia visita e direte che mi sono ben comportato».

Dopo essere tornato in Gran Bretagna a metà maggio, ripartì subito per climi più soleggiati, raggiungendo il *Christina* per una crociera in Grecia e Turchia e trascorrendo poi alcune settimane a La Pausa, da quattro anni un'oasi di pace e serenità, la sua amata «Pausaland».

Il 29 settembre, debole ma indomito, parlò all'assemblea in cui pose la propria candidatura e qualche giorno dopo intervenne nella vicina circoscrizione di Walthamstow a favore del candidato locale. Nelle elezioni generali del 3 ottobre i conservatori riconquistarono il potere con un margine superiore; il 30 novembre Churchill compì 85 anni e, alla ricerca di un clima più mite, ritornò all'Hôtel de Paris di Montecarlo, dove soggiornò con Clementine in un appartamento all'ultimo piano con una vista magnifica sulla Corniche e sul mare. Qualche tempo dopo fece un'altra crociera sul *Christina* nelle Indie occidentali e quando tornò in Inghilterra confidò a sua figlia Diana: «La mia vita è giunta al termine, ma non è ancora finita».

Una settimana prima di compiere 86 anni ebbe un nuovo lieve attacco di cuore, ma il giorno del suo compleanno si era ripreso tanto da alzarsi per pranzare con i familiari. Tre mesi dopo ricominciò a viaggiare; andò in aereo a Gibilterra e si imbarcò sul *Christina* per un'altra crociera con «Ari» Onassis nelle Indie occidentali.

Il *Christina* fece rotta dalle Indie occidentali lungo la costa atlantica degli Stati Uniti fino a New York, da dove prese un aereo per Londra; dopo avervi trascorso due mesi, ritornò a Montecarlo per il resto dell'inverno. Non gli era più possibile dipingere e adesso il suo passatempo preferito era la lettura di romanzi e la compagnia degli amici e della famiglia; tra coloro che andarono a trovarlo c'era il nipote ventunenne Winston.

All'inizio del settembre 1961 tornò a Chartwell e il 30 ottobre fu presente all'apertura ufficiale del parlamento; un mese dopo compì 87 anni e la sera cenò con Beaverbrook a Hyde Park Gate; il giorno dopo ritornò a Montecarlo. Nel giugno del 1962, mentre si trovava a Montecarlo, cadde e si ruppe un femore. Gli fu messo a disposizione un letto in un ospedale francese ma disse a Montague Browne che voleva «morire in Inghilterra». Non appena ne fu informato, Harold Macmillan mandò un Comet della Royal Air Force per riportarlo a Londra. Scendendo dall'aereo su una barella, Churchill rivolse ai presenti il segno della vittoria.

Nell'aprile del 1963 ritornò all'Hôtel de Paris di Montecarlo, dove rimase due settimane prima di tornare a Londra. Cedendo alle forti pressioni di sua moglie decise di non ricandidarsi al parlamento e a giugno ritornò a Montecarlo e poi si imbarcò sul *Christina* per la sua ultima crociera, in Sardegna, a Corfù e ad Atene. Quando tornò a Londra a luglio, volle recarsi di nuovo alla Camera dei Comuni, dove i deputati furono impressionati dalla sua debolezza. Due settimane dopo ebbe un nuovo attacco di cuore; a ottobre Diana si suicidò, all'età di 54 anni e dopo una lunga depressione. «Il letargo dell'estrema vecchiaia intorpidisce molte facoltà», ha scritto Mary, «e mio padre comprese solo lentamente ciò che gli dissi, ma poi si chiuse in un silenzio profondo e distante».

Due giorni prima di compiere 89 anni, Churchill si recò di nuovo alla Camera dei Comuni e fu portato dentro l'aula su una sedia a rotelle; quella sera cenò all'Other Club. Sarebbe ritornato ancora due volte alla Camera dei Comuni, l'ultima il 27 luglio 1964. A metà ottobre si fece portare per l'ultima volta da Chartwell a Londra. Il 30 novembre compì 90 anni e quando fu condotto alla finestra della casa di Hyde Park Gate per rispondere agli applausi della folla, sollevò la mano nel celebre segno della vittoria. L'8 dicembre Bill Deakin fu suo ospite a pranzo e due giorni dopo andarono insieme all'Other Club. «Era sempre più difficile accendere la scintilla, un tempo così viva», avrebbe ricordato uno dei presenti al Club, «e tutto ciò che si può dire è che sapeva dove si trovava ed era felice di esserci». Un mese dopo, il 10 gennaio 1965, Winston Churchill ebbe un violento colpo apoplettico e due settimane dopo si spense.

L'intera nazione lo pianse e mostrò il suo dolore, prima a Westminster Hall, quando fu allestita la camera ardente e 300.000 persone salutarono la sua bara, e poi durante i funerali di stato, i primi in onore di un *commoner* dopo la morte del duca di Wellington più di un secolo prima. Molte donne e uomini piansero al passaggio della bara, collocata su un affusto di cannone, lungo le strade di Londra. La seguivano i membri della sua famiglia, Clementine e Randolph in testa. Il servizio funebre nella chiesa di St. Paul's si concluse con l'esecuzione del Silenzio e della Sveglia da parte di un trombettiere dalla Galleria acustica. La bara fu trasportata su una lancia sul Tamigi fino alla Waterloo Station e poi in treno alla chiesa parrocchiale di Bladon, dove Churchill fu sepolto accanto ai genitori e a suo fratello Jack in vista del luogo in cui era nato, Blenheim Palace.

Nel messaggio al parlamento la regina lo definì «un eroe nazionale»; Attlee, suo vice durante la guerra e successore dopo il conflitto, lo definì «il più grande inglese del nostro tempo e a mio giudizio il più grande cittadino del mondo del nostro tempo». Nella riunione successiva dell'Other Club, cui Churchill aveva sperato di partecipare, Macmillan disse ai presenti: «La nostra ora più bella, il nostro momento più grande sono trascorsi lavorando con lui»; Lord Chandos, già Oliver Lyttelton, ricordò le sue qualità di statista: «Amava il conflitto di idee, ma non il conflitto tra le persone. Possedeva le qualità della fantasia, dell'esperienza e della magnanimità. Forse non si è sottolineata a sufficienza quest'ultima. Egli considerava l'uomo una creatura nobile e non meschina. Le sole persone che non perdonò mai erano quelle che, per usare le parole che pronunciò tanto sovente, "non erano all'altezza degli eventi"».

Ogni generazione darà il suo giudizio sulla carriera di Churchill. «È difficile vincere la calunnia», aveva scritto egli stesso nel febbraio 1942, «ma anche la verità è molto potente». Con il passare degli anni e con lo studio obiettivo della documentazione storica, ci si accorgerà che le sue azioni e scopi furono umani e lungimiranti. Il suo patriottismo, il senso della giustizia, la fede nella democrazia e la speranza nella razza umana si affiancavano a una capacità formidabile di lavorare e riflettere, all'intuizione e alla previdenza. Il suo cammino fu spesso accompagnato da controversie, delusioni e maldicenze, che però nulla tolsero al suo senso del dovere e alla sua fiducia nel popolo inglese.

«Non è affatto nella natura delle cose», aveva scritto Mary a suo padre nel 1951, «che i tuoi discendenti ereditino il tuo genio; tuttavia spero ardentemente che in qualche modo possano condividere le qualità del tuo cuore». Quattro anni più tardi Randolph gli aveva scritto: «Il potere passa e svanisce. Resta solo la gloria, che si acquisisce tramite un equo esercizio del potere – a sua volta accumulato in virtù dell'ingegno, della fatica, del coraggio e del sacrificio. La tua gloria è serbata per sempre nel plinto imperituro delle tue azioni, e non potrà mai essere distrutta o offuscata. Essa risplenderà nei secoli». Questo fu l'incoraggiamento del figlio al momento delle dimissioni del padre. Nove anni dopo Mary ebbe per lui altre parole di conforto nel momento in cui si dileguavano i grandi impulsi che avevano animato la sua vita: «Oltre a tutti i sentimenti che una figlia prova per un padre amoroso e generoso», gli scrisse, «ti devo ciò che ti deve ogni uomo, donna e bambino inglesi: la libertà stessa».

INDICE DEI NOMI

Abdullah, emiro, 219
Adams, Vyvyan, 287
Addison, Christopher, 190, 192, 193
Adenauer, Konrad, 433
Aitken, Max, 188, 189
Alexander, Sir Harold Rupert Leofric George, generale, 333, 335, 336, 341, 342, 344, 345, 352-355, 357, 359, 361, 365-367, 369, 371, 374, 395, 397, 398, 402, 408, 422
Allen, G.R.G., 414
Amery, Julian, 332, 350
Amery, Leo, 238, 258, 270, 271, 281, 283, 290, 415
Anderson, Sir John, 281, 346
Aristofane, 11
Arnold-Forster, Hugh, 94
Ascroft, Robert, 61, 62
Ashley, Maurice, 237, 243
Asquith, H.H., 23, 62, 83, 92, 94, 103, 104, 107, 108, 110-112, 115, 120-122,127-130, 135, 136, 138, 139, 142, 144-147, 149-156, 160-166, 167-169, 180, 181, 183-185, 187-190, 206, 207, 229, 276
Asquith, Margot, 108, 127
Asquith, Violet, 99, 112, 127, 170, 210, 229, 413
Atkins, John, 65, 66, 69, 94
Attlee, Clement, 246, 247, 254, 269, 271, 277, 278, 288, 293, 294, 298, 300, 305, 345, 401, 402, 404-408, 410, 411, 413, 414, 419, 434
Auchinleck, Sir Claude, generale, 323, 324, 329-331, 333
Auriol, Vincent, 234

Badoglio, Pietro, 343, 357
Baldwin, Stanley, 227, 229-231, 233, 234, 236, 237, 240, 242, 250, 253, 256-258, 260, 263, 267, 296
Balfour, Arthur J., 49, 62, 63, 87, 88, 92-94, 109, 116, 119, , 149, 152, 156, 157, 167, 169, 178, 179, 186, 208, 213, 221, 224, 228, 230
Balsan, Consuelo, 234
Baring, Hugo, 39
Baring, Maurice, 7
Barnes, Reginald, 34-36, 39, 45, 46, 62, 65
Baruch, Bernard, 195, 196, 239, 258, 438, 444
Battenberg, principe Luigi di, 133, 135, 140, 143, 146
Baudouin, Paul, 303
Beardmore, Sir William, 193, 194
Beaverbrook, Lord William Maxwell Aitken, 137, 238, 253, 294, 303, 322, 377, 416-418, 425, 426, 435, 439, 440, 444, 448
Beckenham, Harry, 168, 228
Bedell Smith, Walter, generale, 355
Bellman, Harold, 193
Benes, Edouard, 269
Beresford, Lord William, 46, 48
Berkeley, Claude, capitano, 288, 296, 297, 300, 301, 303-305, 320
Bertie, Lady Gwendaline, 105
Bevan, Aneurin, 331
Bevan, John, colonnello, 35
Beveridge, Sir William, 260
Bevin, Ernest, 293, 294, 401, 410, 411, 413
Bidault, Georges, 428
Bierut, Boleslaw, 405
Blood, Sir Bindon, 42-44, 46, 47, 76
Bonar Law, Andrew, 137, 169, 170, 180, 183, 188, 189, 191, 215, 227, 228
Bonar Law, Richard, 271

Boothby, Robert, 257
Borthwick, Oliver, 52, 63
Botha, Louis, generale, 96
Brabazon, John, colonnello, 46, 47
Bracken, Brendan, 229, 258, 269, 277, 281, 377, 426, 435
Brain, Sir Russell, 418, 424
Brockie, sergente, 70-73
Brodrick, St. John, 83, 86, 167
Brook, Sir Norman, 425, 438
Brooke, Alan, 76, 322, 325, 330, 333, 335, 344, 346, 350, 351, 356-358, 362, 363, 368, 391, 393, 394, 406
Brooke, Ronald, 76, 322
Brooke, Rupert, 141
Brooke, Victor, 322
Browne-Clayton, luogotenente, 47
Broz, Josip (Tito), 339, 359, 361, 365, 377, 383, 387, 388, 396-398, 430
Buchan-Hepburn, Patrick, 422
Bulganin, Nikolaj Aleksandovič, maresciallo, 440
Buller, generale, 65, 75, 76
Burgin, Leslie, 277
Burke, Edmond, 369
Burnham, Charles, 74, 75
Butler, David, 421
Butler, R.A., 424, 432
Buzzard, Thomas, medico, 30
Byrnes, James, 410

Cadogan, Sir Alexander, 303, 340, 346, 355, 375, 388, 393, 403
Caillaux, Joseph, 233
Campbell, Patrick, 201
Campbell, Sir Ronald, 303, 316
Campbell-Bannerman, Sir Henry, 27, 32, 83, 92, 94, 97, 103
Camrose, Lord, 266
Carden, S., ammiraglio, 146, 148, 149, 151, 153, 155-159, 162
Carson, Sir Edward, 23, 27, 128, 131, 132, 167, 181-184, 186, 188, 189, 230
Cartland, Ronald, 278
Cassel, Sir Ernest, 96, 97, 123-125
Cassells, luogotenente, 45
Cecil, Lord Hugh, 84, 85, 88, 89, 92, 94, 415
Cecil, Lord Robert, 137
Cézanne, Paul, 440
Chamberlain, Austen, 223, 226, 227, 231
Chamberlain, Joseph, 9, 37, 61, 63, 77, 83, 85, 87, 88, 116
Chamberlain, Neville, 232, 236, 238, 242, 244, 250, 257, 260, 263-266, 268-270, 272, 274-278, 280-283, 285, 288-292, 295, 298, 299, 305, 311, 313, 331, 401
Chandos, Lord, 449
Channon, Henry, 289, 290, 356, 422, 427
Chaplin, Charlie, 239
Chapman, generale, 34
Charfield, ammiraglio, 251
Cherwell, Lord, 430, 442, 445
Christ, George, 439
Churchill, Arabella, 445
Churchill, Clementine S., 107, 109-111, 116-119, 126-128, 131, 132, 136, 137, 147, 170-172, 174-183, 191, 197, 201, 202, 205, 211, 212, 221, 223, 225, 228, 231, 232, 238, 249, 253, 259, 283, 305, 309, 322, 328, 333, 335, 339, 341-343, 352, 360, 365, 370, 373, 375, 379, 380, 382, 384, 396, 398, 406-409, 415-417, 419, 420, 423, 424, 427, 430, 434, 436, 439-442, 444-447, 449
Churchill, Diana, 110, 111, 233, 375, 377, 405, 447, 448
Churchill, John S. (Jack), 4, 7, 12, 19, 20, 22, 23, 26-29, 33, 48, 49, 61, 78, 96, 105, 187, 202, 221, 238, 377, 415, 449
Churchill, Lady Randolph, 3, 5, 7-9, 11, 15, 19, 22, 25, 26, 28, 29, 33, 34, 37-40, 43, 51, 52, 58, 60, 68, 92, 94, 104, 201, 220, 221
Churchill, Lord Randolph, 3, 6, 8-12, 15, 16, 19-25, 27-30, 42, 86, 90, 91, 102, 106, 172, 221
Churchill, Marigold, 206, 221
Churchill, Mary, 225, 228, 233, 328, 338, 343, 345, 346, 352, 370, 377, 391, 396, 402, 407, 408, 415, 424, 425, 433, 434, 439, 446, 448-450
Churchill, Pamela, 309, 410
Churchill, Randolph, 31, 117, 172, 175, 233, 238, 241, 285, 291, 335, 341, 352, 359, 365, 375, 406, 410, 413, 419, 445, 449
Churchill, Sarah, 101, 145, 348, 351, 352, 375, 377, 385, 386, 407, 408, 413, 415, 441, 446
Churchill, Winston S., nipote di Sir W., 448
Clark Kerr, Sir Archibald, 332

Clark, Mark, 354
Clemenceau, Georges, 199, 209
Cockran, Bourke, 37, 70, 81
Collins, Michael, 222-224
Colville, John, 285, 295, 309-312, 319, 353, 354, 356-358, 377-381, 383, 394, 422, 424-427, 430-432, 443
Connaught, duca di, 32
Cork, Lord, 289, 290
Cornwallis-West, George, 80, 201
Costantino, re di Grecia, 153
Courtney, Ivon, 127
Cox, Sir Percy, 218
Creswell, Michael, 249
Crewe, Lady, 92, 102
Crewe, Lord, 121
Cripps, Sir Stafford, 319
Cromie, Francis, 202, 207
Cromwell, Oliver, 290
Crookshank, Harry, 422, 428, 432
Cudlipp, Percy, 277
Cunningham, Sir Andrew, 346, 362, 367, 370
Cunningham, Sir John, 354
Curzon, Lord, 170, 186, 191, 221, 224
Cvetkovic, primo ministro, 315

Daladier, Edouard, 270, 286
Dalton, Hugh, 298, 308
Damaskinos, arcivescovo, 380, 382
Darlan, François, ammiraglio, 286, 307, 336, 338
Davidson, J.C.C., 253
Davidson, Henry, 15, 81
Davies, Lord, 260
Dawnay, Hugh, 147
Dawson, Geoffrey, 260
De Broqueville, Charles, 143
De Forest, Maurice Arnold, barone, 96, 97, 99, 100, 107
De Gasperi, Alcide, 424
De Gaulle, Charles, 302, 305, 306, 310, 311, 353, 365, 366, 446
De Hirsch, Maurice, barone, 99
De La Warr, conte, 281
De Ramsey, Lady, 83
De Robeck, John, contrammiraglio, 159-165, 189
De Souza, Louis, 69, 70, 75
De Valera, Eamon, 223, 224
Deakin, Bill, 339, 413, 414, 417, 418, 439, 448
Denikin, Anton Ivanovič, generale, 208, 210, 212-214
Dent, orologiaio, 26
Derby, Lord, 188, 192, 215, 262
Dewsnap, Dan, 74, 80, 103
Digby, Lady, 410
Digby, Pamela, 285
Dill, generale, 300, 319
Disraeli, Benjamin, 42, 439, 442
Dixon, Pierson, 423, 424
Douglas-Jones, Eric, 309
Duff Cooper, Alfred, 252, 270, 271, 281
Dufferin, Basil, 396
Dulles, John Foster, 428, 430, 447
Dundonald, Lord, 76
Dyer,generale, 214

Eden, Sir Anthony, 247, 262, 265, 270, 271, 275, 277, 278, 281, 294, 297, 311, 315, 319, 324, 332, 344, 345, 347, 358, 362, 363, 373, 377-380, 382, 383, 385, 391, 396, 402, 405, 406, 416, 421-424, 427-430, 432, 434-436, 438, 440-443, 445
Edinburgo, duca di, 436
Edoardo VII, re d'Inghilterra, 86, 93, 97, 99, 107, 115
Edoardo VIII, re d'Inghilterra, 256, 257
Eisenhower, Dwight, generale, 342, 345, 346, 348, 351-353, 355-358, 362, 383, 391, 392, 394-398, 409, 422-424, 427-432, 434, 439, 441, 443, 447
Elgin, Lord, 94, 97-99, 100, 103
Elisabetta II, regina d'Inghilterra, 421, 423
Elisabetta, principessa, 316, 419
Elliot, Maxine, 251
Elliot, Walter, 281
Everest, Anne, 3-5, 9, 12, 15, 19, 25, 26, 33, 34

Feisal, emiro, 218, 219
Filson Young, Alexander, 248
Fincastle, Lord, 50
Fisher, Herbert, 229
Fisher, Lord, ammiraglio, 124, 146-149, 151-153, 157-160, 163-166, 170, 178-180, 185
Flower, Sir Newman, 278, 280
Foch, Ferdinand, maresciallo, 199

Fox, Robert, 175
Fraser, Forbes, 275
French, Sir John, 151
Freund, Richard, 267
Frewen, Oswald, 328
Fry, Roger, 5

Galles, principe di (poi Edoardo VII), 60, 67, 70
Galsworthy, John, 112-114
Gandhi, Mahatma, 240-242
Garnett, Theresa, 111
Garvin, J.L., 167, 178, 181, 251
Gemmell, Chips, 414
Gensoul, ammiraglio, 306, 307
Georges, generale, 279
Gibbon, Edward, 43
Gibson, Eve, 343
Gibson, Guy, 343
Gillespie, James, 74
Gilliat, Elizabeth, 409, 410, 414, 418
Giorgio II, re di Grecia, 382
Giorgio V, red'Inghilterra, 115, 118
Giorgio VI, re d'Inghilterra, 421
Giraud, generale, 338
Gladstone, William Ewart, 8, 20, 23, 42, 84, 91, 222, 236, 434, 442
Goering, Hermann, maresciallo, 275
Goodenough, Sir William, 254
Gort, Lord, 300
Grandi, conte Dino, 252
Greaves, R.T., 50
Greenwood, Arthur, 283, 288, 293, 298
Grenfell, Robert, 59
Grey, Sir Edward, 110, 119, 120, 124, 132, 134, 135, 137-139, 142, 143, 147, 148, 151, 153, 156, 159, 232
Grey, Spenser, 126, 127, 250
Griffith, Arthur, 222
Guest, Frederick, 105, 256, 257
Guest, Ivor, 95
Guglielmo II, imperatore di Germania, 36, 97, 403
Guthrie, Murray, 64

Hacket, Polly, 32
Haggard, Rider, 13
Haig, William Douglas, generale, 183, 191, 195, 199-201
Hailsham, Lord, 244
Haldane, Aylmer, 66-68, 70-73, 219
Haldane, R.B., Lord, 119, 142, 145
Halifax, Lord, 262-264, 266-268, 270, 289, 291, 295, 298, 299, 303
Hamilton, Sir Ian, generale, 55-57, 77, 78, 158-161, 187
Hanfstaengel, Ernst, 243
Hankey, Maurice, 148-150, 153, 155, 158, 163, 169, 171, 173, 265
Harington, Tim, 226, 227
Harriman, Averell, 322, 324, 373, 407
Harvey, Oliver, 342
Hayter, William, 427
Hearn, maggiore, 173
Hearst, William Randolph, 239
Henderson, Nevile, 275
Herriot, Edouard, 304
Hetherington, Thomas, 154
Higham, John, 286
Hill, Henry, 260
Hill, Kathleen, 261, 281, 284, 313
Hindenburg, Paul Ludwig, feldmaresciallo, 244, 247
Hitler, Adolf, 242-244, 247, 249, 252-255, 261-275, 280-282, 289, 296, 301, 305, 306, 308, 315-320, 324, 325, 332, 337, 345, 357, 360, 364, 398, 401, 402, 409, 412
Hoare, Lord, 250, 254, 268, 275
Hoare, Reginald, 62
Hoare, Sir Samuel, 242, 285, 291, 292
Hodge, Alan, 426, 438-440, 442, 443
Hodge, Jane, 442
Hollis, Leslie, 302, 303
Holman, generale, 212, 214
Holmes, Marian, 346, 356, 359, 360, 362, 372, 374, 380, 382, 384
Hopkins, Harry, 307, 331, 332, 348, 396
Hopkins, Richard, 444
Hopwood, Sir Francis, 100
Horabin, T.L., 278
Hore-Belisha, Leslie, 277
Horne, Sir Robert, 225, 230
House, E.M., 209
Howard, Hubert, 59, 60
Howard, John, 74
Howe, Lady, 83
Hozier, Bill, 106
Hozier, Clementine (vedi Churchill, Clementine), 92, 102, 104, 105, 106
Hozier, Lady Blanche, 230
Hozier, Mary, 92

Hughes, luogotenente, 45
Hull, Cordell, 373
Hussein, re del Hejaz, 218

Inskip, Sir Thomas, 254, 258, 264, 266
Ironside, generale, 263, 278, 290
Irwin, Lord, 240, 241
Ismay, Lionel, generale, 296, 297, 300, 303, 305, 308, 330, 398 414, 417
Ismet, Inönü, 226, 339, 340, 350

Jacob, Ian, colonnello, 340, 341
Jellicoe, Sir John, ammiraglio, 141, 151
Jeune, Lady, 52
Jodl, Alfred, generale, 398
Jones, Thomas, 253
Judenič, Nikolaj Nikolaevič, generale, 212, 213

Kamenev, Lev, 215
Keble, colonnello, 339
Keith, George, 27, 29, 33
Kelly, comandante, 352
Kelly, Denis, 414, 417, 418, 438-440, 443
Kennedy, John, generale, 317, 332, 356, 358
Keyes, Sir Roger, 292
Keynes, J.M., 235
King, ammiraglio, 332
Kinna, Patrick, 351
Kipling, Rudyard, 44
Kirkwood, David, 193, 194
Kitchener, Horatio H., generale, 37, 39, 51-55, 58-61, 85, 127, 135, 141-145, 147-158, 160-162, 164, 169, 180, 187, 189, 345
Knox, Frank, 312
Knox, generale, 214
Kolčak, Aleksandr Vasil'evič, ammiraglio, 208, 210, 212-214
Krasnoff, generale, 208
Krassin, Leonid, 215
Kruscev, Nikita, 440

Lambert, George, 231
Laniel, Joseph, 427, 428
Lansdowne, Lord, 38, 112, 167
Lavery, Hazel, 167
Lavery, Sir John, 167
Lawrence, T.E., 219, 229, 236
Layton, Elizabeth, 336, 372, 379, 406, 407
Leahy, William D., ammiraglio, 410, 411
Lee di Fareham, Lord, 225
Leeper, Reginald, 379
Lees-Milne, James, 235
Lenin, Vladimir Il'ič, 200, 203, 210, 212, 213, 238
Leslie, Lady (zia Leonie), 30, 113
Leslie, Norman, 147
Lindemann, Frederick, 243, 250, 254
Linlithgow, Lord, 261, 262
Little, John, 23, 27, 28
Lloyd George, David, 84, 85, 89, 91, 92, 107, 108, 110, 116, 118, 120, 121, 124, 129, 139, 141, 147, 150, 151, 153, 156, 157, 166, 167, 169, 180, 183, 187-194, 196-199, 204-210, 212, 214-218, 220, 222, 224, 225-229, 242, 258, 277, 290, 294, 296
Lloyd, Lord, 237, 269, 288, 306
Lloyd, Selwyn, 424
Londonderry, Lady, 211
Londonderry, Lord, 244
Loucher, Louis, 195, 196, 202, 234
Lucas, generale, 354
Lyttelton, Oliver, 321
Lytton, Pamela, 423, 439

MacArthur, Douglas, 335
Macaulay, Thomas Babington, Lord, 14, 427
MacDavid, Jock, 174, 177
MacDonald, Malcom, 273
MacDonald, Ramsay, 230, 236, 237, 240-242, 244, 250
Machno, Nestor, 213
Mackesy, generale, 289
MacMillan, Harold, 276, 278, 290, 347, 378, 379, 381, 417, 418, 426, 435, 438, 441, 443-445, 448, 449
Maiskij, Ivan, 255, 267, 320, 371
Malenkov, Georgj, 427, 431, 433
Mandel, Georges, 303, 304
Manet, Edouard, 440
Margesson, David, 287, 291, 406
Marlborough, duchessa vedova di (Fanny), 19, 20, 25, 62
Marlborough, duchessa vedova di (Lily), 22, 23, 42
Marlborough, nono duca di, 20
Marlborough, ottavo duca di, 20

Marlborough, primo duca di, 3, 237, 242, 243, 262
Marlborough, settimo duca di, 3, 6
Marsh, Edward, 94-96, 95, 100, 101, 105, 168, 194, 195, 203, 204, 236, 241, 243
Marshall, generale, 332, 355, 357
Marston, Lettice, 414
Martin, Sir John, 375, 378, 398
Martin, Trevor, 393
Mary, consorte di Giorgio V d'Inghilterra, 118
Masterton-Smith, James, 165, 170, 172
Maturin, Miss, 440
Maurois, André, 174, 176
Mayo, C.P.H., 107
Maze, Paul, 280
McCloy, John J., 358
McKenna, Reginald, 107, 120, 121
McKinley, William, 82
Menzies, Stuart, colonnello, 322
Metternich, conte, 110
Meux, Sir Hedworth, 180
Mikolajzyk, Stanislav, 387
Millerand, Alexandre, 218
Milner, Sir Alfred, 65, 75, 111, 167, 208, 217
Mitford, Tom, 396
Molotov, Vjačeslav, 371, 373, 386, 410, 431-433
Molyneux, Richard, 60
Monet, Claude, 440
Montague Brown, Anthony, 430, 438, 439, 441, 443, 444, 447, 448
Montague, Edwin, 193
Montgomery, Bernard, generale, 203, 306, 333, 335, 337, 340, 341, 353, 356, 357, 362, 364, 367, 381, 383, 388, 391, 393-395, 398, 402
Moran, Lord, 326, 351, 352, 355, 406, 408, 418, 421, 422, 424-428, 433, 440
Morel, E.D., 228
Morgenthau, Henry, 369
Moriarty, Louis, 20
Morin, Charles, 218
Morley, John, 84, 85, 90, 103, 104, 122
Morrison, Herbert, 293, 294, 417
Morton, Desmond, 244, 247, 250, 306
Mosley, Sir Oswald, 298
Mountbatten, Lord, 335, 338, 344, 404, 407
Mowatt, Sir Francis, 87, 90
Moyne, Lord, 268, 376, 3
Muirhead-Gould, Gerald, 253
Mussolini, Benito, 234, 250-252, 265, 270, 276, 295, 298, 315, 317, 343, 345, 346, 373, 397
Mustafa Kemal, 226

Nasrulla Khan, 32
Nasser, Gamal, 441, 443
Negus, Sir Victor, 418
Nehru, Jawaharlal, 240
Nemon, Oscar, 439
Nicola II Romanov, zar di Russia, 384
Nicola, granduca, 156
Nicolson, Harold, 257, 269, 270, 356, 375, 383
Nixon, Richard, 430

O'Neill, Ronald, 128
Oberon, Merle, 417
Olivier, Sir Laurence, 371
Onassis, Aristotele, 444, 446, 448
Oosthuizen, alfiere, 69, 70
Ottley, Sir Charles, 120

Paget, generale, 131
Pakenham-Walsh, Ridley, 243
Pavlov, Vladimir, 374, 384
Pearman, Violet, 241, 243, 261
Peck, John, 354, 370, 404
Peel, primo visconte, 102
Peel, Robert, 112, 236
Peel, Sidney, 102
Pétain, Henri Philippe Omer, maresciallo, 300-303, 305, 307
Phillips, Tom, ammiraglio, 306
Phipps, Sir Eric, 253
Pim, Richard, capitano, 328, 347, 384, 398, 405, 406
Pitt, William, 236
Pla.tiras, generale, 382
Pleven, René, 304
Plowden, Pamela, 39, 61-63, 76, 82, 95
Popov, Grigorij, 378, 380, 381
Porch, Montagu, 201, 220
Portal, Jane, 423, 428, 435
Portal, Sir Charles, 325, 344
Portland, duca di, 110
Pound, Sir Dudley, 285, 288, 305, 307, 325, 332, 346
Pownall, Sir Henry, 414
Pugh, Doreen, 441

Pugh, Dorothy, 368

Quain, Sir Richard, 30

Raczynski, conte, 280
Radescu, generale, 392
Ramsay, Bertram, ammiraglio, 260, 359
Rashid Ali, 316
Rawlinson, Sir Henry, generale, 144, 145, 201
Reves, Emery, 260, 410, 440
Reves, Wendy, 440, 446
Reynaud, Paul, 273, 297, 299-306
Richards, A.H., 268
Richardson, Ralph, 371
Richmond, Herbert, capitano, 151
Riddel, Sir George, 216
Roberts, Lord Cecil, 78, 229
Robinson, Sir Arthur, 261
Rolls, C.S., 108
Rommel, Erwin, generale, 315-317, 323, 329-331, 335-337, 339, 364
Roose, Robson, 7, 9, 12, 29
Roosevelt, Theodore, 82, 200, 295, 304, 307, 314, 315, 318, 323-326, 328-332, 334, 338, 339, 341-349, 353, 355, 361, 364, 368-370, 373, 374, 379, 381-388, 392, 396
Rosebery, Lord, 23, 84-87, 93, 94
Rothschild, famiglia, 20
Rothschild, Lionel, 97
Rothschild, Lord, 41
Rowntree, Seebohm, 84
Ruggles-Brise, Sir Evelyn, 112
Rumbold, Sir Horace, 227, 254, 255, 275

Salisbury, Lord, 40, 51, 52, 63, 84, 86, 292, 422, 432
Salisbury, terzo conte di, 20
Salisbury, terzo marchese di, 8, 9, 11
Samuel, Sir Herbert, 219, 220, 247
Sandys, Duncan, 377, 405, 406
Sargent, Orme, 248
Sassoon, Philip, 216, 249
Savory, Albert, 62
Schleicher, generale, 247
Schuschnigg, Kurt von, 266
Schwab, Charles, 238, 239
Scobie, generale, 378, 379, 381
Scott, C.P., 178, 181, 182
Scott, Jack, 211
Scrymgeour, Edwin, 228
Semon, Felix, 94
Shakespeare, William, 15, 371
Shaw, George Bernard, 371, 407
Sheean, Vincent, 251
Shock, Maurice, 442
Shuckburgh, Sir Evelyn, 430
Simon, Felix, 39
Simon, Sir John, 264, 281
Simpson, W.H., generale, 394
Simpson, Wallis, 256, 257
Sinclair, Sir Archibald, 168, 173, 182, 183, 246, 257, 269, 278, 294, 305
Sitwell, Osbert, 251
Smethurst, Samuel, 86
Smillie, Bob, 104
Smith, F.E., 100, 106, 117, 128, 137, 183, 188, 189, 205
Smuts, generale, 314, 315, 345, 377
Snowden, Philip, 236, 241
Soames, Christopher, 415, 424, 427, 438, 446
Somervell, Robert, 16
Somerville, Sir James, 307
Spears, Edward Louis, 228, 279, 301, 303
Spencer, primo conte, 3
Spier, Eugene, 261
Stalin, Iosif, 318, 320-323, 325, 326, 332-335, 340, 341, 343, 345, 347-350, 353, 360, 361, 363, 365, 368, 369, 371-375, 377, 378, 380, 382, 384-389, 391-398, 400, 403-405, 407, 423, 427
Stanley, Oliver, 291
Stanley, Venetia, 139, 142, 145, 146, 155, 156, 160, 166
Stevenson, Robert Louis, 7
Stimson, Henry, 403, 404
Strang, Sir William, 426
Stuart, capitano, 330
Stuart, James, 422
Stumme, generale, 335
Sturdee, Jo, 409, 414
Subasic, Ivan, 383, 387
Sutherland, Alastair, 221
Sutherland, duca di, 221
Sutherland, Graham, 434

Tennyson D'Eyncourt, Eustace, 154, 260
Theron, Daniel, capitano, 70
Thomas, Albert, 200
Thompson, Walter, sergente, 228

Thomson, Charlotte, 8, 10, 12
Thomson, sorelle, 7, 10
Thorndike, Sybil, 371
Togliatti, Palmiro, 372
Toole, Joseph, 262
Trockij, Leone, 200, 203, 210, 238
Troup, Sir Edward, 112, 113
Truman, Harry, 396-398, 400, 402-405, 407, 409-411
Tudor, Sir Hugh, generale, 198, 203, 204, 215, 439
Twain, Mark, 82
Tweedmouth, Lady, 83
Tweedmouth, Lord, 88, 103

Valdez, generale, 35, 36
Vansittart, Sir Robert, 252, 255, 259
Vian, Philip, 288
Vincent, Lady Helen, 97
Vittoria, regina d'Inghilterra, 42, 82, 437
Vittorio Emanuele III, re d'Italia, 343
Von Kleist, Ewald, 267, 364

Wagner, Charles, 67, 68
Walden, Thomas, 64, 67, 68
Walls, soldato, 68
Walpole, Horace, 236
Washington, George, 3
Wathen, colonnello, 409
Watson-Watt, Robert, 255
Watt, A.P., 49
Wavell, Sir Archibald, generale, 313, 314, 317, 321
Weaslet, Miss, 19
Weizmann, Chaim, 363, 376, 377
Welldon, dottor, 15, 16, 23, 107
Wellington, duca di, 449
Westminster, duca di, 258
Weygand, Maxime, generale, 296, 302-305
Whitby, generale, 368
White, Sir George, 65, 77
Wigram, Ava, 259
Wigram, Ralph, 249, 253, 254, 259
Wilson, Charles, 326, 333
Wilson, Gordon, 101
Wilson, Sir Henry, generale, 198, 205, 208-210, 214, 215
Wilson, Lord Arthur, ammiraglio, 120, 121
Wilson, Muriel, 97
Wilson, Sir Maitland, 347, 365, 377
Wilson, Thomas, 199, 209
Wimborne, Lady, 83
Winant, Gilbert, 319, 324
Windsor, duca di, 260
Winterton, Lord, 117
Wolseley, Lord, 34, 81
Wood, Kingsley, 279, 284, 291, 292
Wood, Sir Evelyn, 52
Wright, Orville, 108
Wyllie, Hugh, 22

Young, G.M., 280
Younghusband, colonnello, 49

ULTIMI VOLUMI PUBBLICATI
NELLA COLLEZIONE LE SCIE

G.Rocca, *Stalin*
Quel "meraviglioso" georgiano

A. Spinòsa, *Mussolini*
Il fascino di un dittatore

F. Stern, *L'oro del Reich*
Bismark e i suoi banchieri

B.Litvinoff, *Il roveto ardente*
Storia dell'antisemitismo

D.Eisenhower, *Eisenhower*
Gli anni della guerra 1943-45

S. Wiesenthal, *Giustizia, non vendetta*

B.Maddox, *Nora*
Biografia di Nora Joyce

D. Irving, *Göring*
Il maresciallo del Reich

G. Giorgerini, *Da Matapan al Golfo Persico*
La marina militare dal fascismo alla Repubblica

M. Isnenghi, *Le guerre degli italiani*
Parole, immagini, ricordi 1848-1945

G. F. Venè, *Coprifuoco*
Vita quotidiana degli italiani nella guerra civile

F. Cardini, *Francesco d'Assisi*

G. Gerosa, *Carlo V*
Un sovrano per due mondi

S.Bramly, *Leonardo da Vinci*

G.Friedman, *Da Beirut a Gerusalemme*

C. D'Este, *1943, lo sbarco in Sicilia*

V. Di Dario, *Oh, mia Patria!*
1861. Un inviato speciale nel primo anno d'Italia

A. Spinosa, *Vittorio Emanuele III*
L'astuzia di un re

G. Artieri, *Prima, durante e dopo Mussolini*

G.Zizola, *Il microfono di Dio*
Pio XII, Padre Lombardi e i cattolici italiani

G. F. Venè, *Vola Colomba*
Vita quotidiana degli italiani negli anni del dopoguerra

M. Gilbert, *La grande storia della seconda guerra mondiale*

A. Pieroni, *I russi*
L'anima e la storia di un popolo

A. Vaksberg, *Viscinski*
L'artefice del grande terrore

F. Cardini, *La vera storia della Lega Lombarda*

G. Pansa, *Il gladio e l'alloro*
L'esercito di Salò

R. D. Breitman, *Himmler*
Il burocrate dello sterminio

M.Venturi, *Sdraiati sulla linea*
Come si viveva nel PCI di Togliatti

P. G. Jaeger, *Le mura di Sebastopìoli*
Gli italiani in Crimea, 1855-56

G. Rocca, *I disperati*
La tragedia dell'Aeronautica italiana nella seconda guerra mondiale

D. Volkogonov, *Trionfo e tragedia*
Il primo ritratto russo di Stalin

L. Lami, *Garibaldi e Anita corsari*

B.Lincoln, *I Bianchi e i Rossi*
Storia della guerra civile russa

M. R. Beschloss, *Guerra fredda*

A. Stille, *Uno su mille*
Cinque famiglie ebraiche durante il fascismo

J. Orieux, *Talleyrand*

Maria José di Savoia, *Giovinezza di una regina*

A. Spinosa, *Hitler, il figlio della Germania*

C. Erikson, *Maria Antonietta*

A. Lepre, *L'occhio del Duce*
Gli italiani e la censura di guerra 1940-1943

E. Magrì, *L'onorevole padrino*
Il delitto Notarbartolo: politici e mafiosi di cent'anni fa

D. Mack Smith, *Le guerre del Duce*

A. Petacco, *La regina del Sud*
Amori e intrighi di Maria Sofia di Berbone

M. Mafai, *Il lungo freddo*
Storia di Bruno Pontecorvo, lo scienziato che scelse l'URSS

A. Barrett, *Caligola*
L'ambiguità di un tiranno

G. Artieri, *Italia mia*
Brogliaccio istruttivo e divertente di storie, ritratti, viaggi

Questo volume è stato impresso
nel mese di ottobre dell'anno 1992
presso lo stabilimento Nuova Stampa di Mondadori - Cles (TN)

Stampato in Italia - Printed in Italy